중국적 문화변용의 한 예:
18세기 귀주성

Un exemple d'Acculturation chinoise:
La Province du Guizhou au XVIIIe siècle

클로딘 롱바르-살몽 저 ▌정 철 웅 역

세창出版사

중국적 문화변용의 한 예:
18세기 귀주성

1판 1쇄 인쇄 2015년 8월 20일
1판 1쇄 발행 2015년 9월 1일

저 자 | 클로딘 롱바르-살몽
역 자 | 정철웅
발행인 | 이방원
발행처 | 세창출판사
신고번호 | 제300-1990-63호
주소 | 서울 서대문구 경기대로 88 냉천빌딩 4층
전화 | (02) 723-8660 팩스 | (02) 720-4579
http://www.sechangpub.co.kr
e-mail: sc1992@empal.com

ISBN 978-89-8411-535-4 93910

UN EXEMPLE D'ACCULTURATION CHINOISE: LA PROVINCE DU GUI ZHOU AU XVIIIE SIECLE, by Claudine LOMBARD-SALMON

이 도서의 국립중앙도서관 출판시도서목록(CIP)은 e-CIP홈페이지(http://www.nl.go.kr/ecip)와 국가자료공동목록시스템(http://www.nl.go.kr/kolisnet)에서 이용하실 수 있습니다.(CIP제어번호: CIP2015022225)

역자서문

중국 관련 뉴스가 홍수처럼 쏟아져 나오고 많은 사람들이 중국으로 여행을 하고 있는 지금도, 우리에게 중국은 여전히 낯선 나라 중 하나다. 그러나 시베리아의 동토凍土 부근부터 아열대 지방까지 걸쳐 있는 중국의 광대한 영토와 적어도 13억에 이르는 인구를 생각하면, 중국이 여전히 생소하다는 우리의 생각이 크게 잘못된 일은 아니다. 이처럼 광대한 중국의 서남부 자락에 위치한 귀주성貴州省의 역사가 중요한 이유는 무엇일까? 클로딘 롱바르-살몽의 저서가 지닌 가장 큰 장점은 쉽게 관심을 갖기 어려운 귀주성의 역사를 충실하게 복원해, 현재의 거대한 중국이 변방 지역에 대한 점진적인 통합 과정을 통해 형성되었다는 사실을 오롯이 들춰낸 데 있다.

지금까지도 서양의 중국학자들이 소수민족 문제를 언급할 때마다 거의 한결같이 그녀의 저서를 인용하고 있으며, 그 덕에 나는 오래전부터 이 책에 관심을 가져 왔다. 이 책에 대한 해설을 따로 붙이면, 오히려 독자들의 판단에 방해가 될지 모른다는 생각이 들어, 나는 서문을 통해 이 연구의 대략적인 내용과 중요한 시사점을 언급하고자 한다.

우선, 이 책의 가장 큰 장점은 좁게는 귀주성, 넓게는 중국 소수민족 연구를 위한 중요한 안내자 역할을 할 수 있다는 사실이다. 그 이유는 이 책이 18세기 귀주성 소수민족에 대한 연구에 그치지 않고, 중국 전체 소수민족 연구라는 거대한 틀을 곳곳에서 제시하고 있기 때문이다. 현재 우리나라 중국사 연구에서 공백으로 남아 있는 분야 중 하나가 소수민족 관련 연구라는 점에서, 이 책의 이러한 장점은 더욱 소중하다고 할 수 있다.

그렇게 볼 때, 이 연구에 등장하는 1차 사료는 매우 중요하다. 실제로 이 책에는 명청 시대는 물론, 그 이전 시기 소수민족 관련 자료가 매우 자세히 언급되어 있다. 더구나 중국뿐 아니라, 일본이나 서구에 소수민족 관련 자료가 상당수 존재한다는 언급도 이 연구의 중요한 수확이다. 내가 과문한 탓인지는 모르지만, 이 책에 등장하는 『묘족수고본』과 같은 종류의 사료는 우리나라에 처음으로 소개되는 자료이다. 아울러, 19세기부터 본격적으로 등장한 서양인들의 중국 관련 여행기와 연구서에도 소수민족에 관한 언급과 중요한 자료가 포함되어 있다는 사실은 우리가 소수민족 연구에서 반드시 고려해야 할 사안이다.

둘째, 앞서 언급한 것처럼 현재 중국의 판도 형성을 이해하는 데 필요한 또 다른 역사적 과정을 정밀하게 분석하고 있다는 사실이다. 중국사를 일별하면 한대漢代 흉노족의 침입, 위진남북조 시대 화북평원에 수립된 북방 민족 국가는 물론, 송대 요나라와 금나라, 그리고 원 제국과 청 제국을 세운 북방의 이민족이 자주 등장한다. 거칠게 말하자면 이러한 북방 민족과 한족漢族 사이의 대립과 갈등은 청 제국의 등장과 함께 사라졌지만, 현재 중국 본토(proper China) 내에 살고 있는 소수민족은 명청 두 왕조에게 전혀 다른 차원의 문제였다. 그것은 다른 무엇보다 소수민족이 제국의 중심지역과 매우 가깝게 존재한다는 공간적 근접성이었다.

황제 권력이 엄연히 미칠 수 있는, 아니 당연히 미쳐야 하는 제국

안에, 전혀 다른 이질적인 사회와 종족이 존재한다는 사실을 명청 왕조는 어떻게 받아들이고 인식했을까? 저자는 이 문제와 관련해 명청 두 왕조의 입장 차이를 명확하게 설명하고 있지는 않다. 그렇지만 이 책의 내용으로 보건대, 특히 18세기 청 제국의 입장은 분명하게 확인할 수 있다. 그것은 발전 지역이나 평야 지대에서 당시 중국 사회가 겪은 인구 증가와 그에 따른 자원 압박으로, 새로운 지역에 대한 개척과 일률적인 장악이 절실했다는 점이다. 이 연구에 자세히 등장하는 소수민족 지역에 대한 청 제국의 군사적 정벌은 그러한 필요를 충족시키기 위한 1차적인 수단이었다.

그러나 저자의 지적처럼, 새롭게 장악한 식민사회를 완전히 뒤바꾸기 위해서는 군사적 수단만으로는 불충분했다. 그러므로 한편으로는 당연한 수순이기도 하지만, 다른 한편으로는 교묘하다고 할 수 있는 한족 문화의 적극적 이식이야말로 18세기 소수민족 지역을 변화시키기 위해 청 왕조가 택한 중요한 정책이었다. 학교와 사묘祠廟의 건립, 고유한 풍속의 차단, 행정 부서의 건설은 그러한 정책의 구체적 양상이었다. 그 결과 소수민족 고유의 기풍과 그들 사회가 파괴되었다는 사실을 떠올린다면, 이 책의 제목인 '문화적 변용(acculturation)'이란 단어는 차라리 겉치레에 불과하다.

하지만 두 민족 관계의 이러한 부정적 양상보다 더 중요한 질문을 저자는 제기하고 있다. 새로운 지역을 정복하고 통치하는 데 있어, 한족의 고유한 문화가 일종의 효율적인 무기가 될 수 있다는 발상의 근원은 무엇이었을까? 이 문제에 대한 대답은 당연히 중국에 대한 우리들의 시각, 그리고 현재 우리가 직면해 있는 한중 관계와도 깊이 연결되어 있다. 어쨌든 저자는 한족의 문화적 우월성에 기초한 '한족 의식의 확대'야말로 18세기 청 제국이 일관되게 견지한 소수민족 정책이라는 점을 이 책에서 매우 정치하게 서술하고 있다. 물론 이러한 정책을 왜 명 왕조는 시행하지 않았으며, 명청 두 왕조 당시 소수민족 존재 양태의 차이점은 여전히 숙제로 남아 있다.

셋째, 소수민족 연구에 대한 방법론적 고민이 들어 있다는 점을 들 수 있다. 물론 이 책의 제목과 저자의 지적에서도 알 수 있듯이, 이 책은 한족의 관점에서 소수민족을 다뤘다. 이는 소수민족 관련 중국 사료가 지닌 기본적인 한계 때문이기도 하지만, 소수민족이라는 단어에서 금방 알 수 있듯이 소수민족에 대한 부정적인 시각도 분명히 작용하고 있는 탓이 더 크다고 하겠다. 저자는 이 문제에 대해 의식적으로 공평한 입장을 가지려 노력했다는 사실을 감지할 수 있지만, 역사 시기는 물론 지금도 소수민족에 대한 차별적 시각을 일시에 없애기는 쉬운 일이 아니다. 이런 점에서 저자가 과제로 제시한 비교사적 관점은 소수민족 연구의 지평을 확대할 수 있는 중요한 방법이다.

일례로 명청시대 각 성省에 존재한 소수민족들의 차이점을 밝히는 일은 현재에도 매우 중요한 연구 대상이다. 또한 소수민족과 중앙정부 사이의 관계도 아직 밝혀내지 못한 부분이 많다. 더구나 18세기 귀주성에서 전개된 양상과는 달리, 중국 제국의 침략으로 소수민족 지배 세력의 권력이 강화된 예도 존재한다는 점에서, 저자의 지적처럼 앞으로 비교사적 관점의 소수민족 연구가 절실하다. 나아가 두 민족의 의식의 측면에서도, 소수민족의 사회와 자연 경관에 매료되어 거꾸로 소수민족에 동화된 한족 지식인이 존재했다는 이 책의 언급은 한족과 소수민족 사이의 관계가 매우 다층적이었음을 보여주는 좋은 예이다.

우리에게 소수민족이라는 단어가 새삼스럽지는 않지만, 그렇다고 명확하게 다가오는 의미가 있는 것도 아니다. 그런 점에서 1972년 프랑스의 한 여류 중국 학자가 이처럼 세밀한 소수민족 연구를 발간한 건 참으로 놀랄 만한 일이다. 중국 소수민족 연구의 한 전형을 보여 주고 있다는 점이야말로 이 책이 지닌 진정한 가치라고 생각한다.

프랑스의 중국 학자가 쓴 책을 이처럼 세세한 각주를 달고 원문을 살펴보면서 번역한 건 P. E. 빌 교수의 『18세기 중국의 관료제도와 자연재해』에 이어 이 책이 두 번째다. 엄연한 텍스트가 존재하기 때문에 번역 작업은 극도로 그 운신의 폭이 좁다. 번역을 경시하는 풍토도 어제오늘 일은 아니다. 그래도 번역을 마칠 때마다 내 딴에는 적어도 책 한 권을 정말 성실하게 읽었다는 생각이 든다. '창조'와 '모방'이라는 간극 사이에서 어설픈 방황을 할 때도 있지만, 자신을 낮춰야 번역에 뛰어들 수 있다고 나는 생각한다. 이 책은 컴퓨터가 없었던 꽤 오래전에 발간된 탓에, 서지 사항 등이 불완전했다. 또한 저자의 원문 해석에 선뜻 동의하기 어려운 부분도 있어, 역자의 일천한 의견을 첨부했음을 밝힌다. 행여 노학자에게 누가 되지 않기를 바란다.

늘 그렇듯, 이 책을 번역하고 발간하기까지 많은 사람의 도움을 받았다. 우선 이 연구를 지원해준 한국연구재단과 이 책을 연구재단에 추천해 준 명청사 연구자들에게 고마움을 표한다. 또한 난삽한 글을 잘 정리해 준 세창출판사 편집부에게도 감사를 드린다. 마지막으로 옆에서 귀찮은 일은 도맡아 해 준 이시하 조교, 이승수 조교, 한지훈 조교에게도 고마운 말을 전하고 싶다.

여러 독자들의 비판과 성원을 기대한다.

2015년 8월 3일

남가좌동 연구실에서 정철웅

범례

❶ 번역자의 각주는 (역주)라는 형식으로 표기했으며, 저자의 각주 뒤에 따로 첨부한 역자의 설명과 원문은 글자 크기를 작게 해 [ ]로 표시했음.

❷ 번역문의 모든 한문 원문은 번역자가 해당 원문을 찾아 기입한 것임.

❸ 영어로 된 주요 연구와 그 외 서양어로 된 書名이나 논문명은 우리 글로 번역해서 ( )에 넣었음.

❹ 원저자가 저서와 논문을 구분하지 않은 채 표기한 것을 따로 구분해서 표기했음.

❺ 한문 표기는 한글(한문) 방식으로 했으며, 반복해서 등장할 경우 한문 표기는 생략했지만, 혼동을 피하거나 이해를 돕기 위한 경우 재기입했음. 가능한 한 한글과 한문을 병기했음.

❻ 본문에 등장하는 서력 연도는, 그것이 서양과 관련된 경우를 제외하고는 가능한 한 황제 연호를 병기했음.

❼ 저자의 인용문은 가독성을 높이기 위해 가능한 한 문단을 바꿔 서술했음.

❽ 인물의 괄호 안에 써넣은 연도는 모두 생몰연대임.

❾ 한문 인용문의 번역은 저자의 번역 의도를 최대로 살렸지만, 수정할 부분이나 생략된 부분은 번역자의 판단으로 번역했음.

표 차례

차례

서 론

제 1 장 귀주성의 자연 조건

제 2 장 묘족苗族

제 3 장 한족의 경제적 정착

제 4 장 한족 질서

제 5 장 식민지 경영자들의 마을

결 론 / 567

부 록

서 언

내가 이 연구를 하겠다고 처음 생각하게 된 계기는 1965년 북경대학北京大學 도서관에서 묘족 관련 수고본手稿本 자료와 거기에 들어 있는 많은 수채화 그림을 본 후의 일이다. 이 묘족 수고본 자료는 얼른 보기에도 귀주 지역 비한족非漢族 주민에 대한 꽤 자세한 자료를 담고 있으며, 좀 더 흥미로운 사실은 소수민족에 대한 민족학적 고찰과 함께 그들에 대한 한족의 지위를 입증해 줄 수 있는 자료처럼 생각되었다는 점이다.

한족과 묘족苗族 사이의 문제가 극렬하게 표출된 18세기 당시의 두 민족 관계를 좀 더 집중적으로 연구한다면, 여러 장점이 있을 수 있다. 우선, 한 성省의 접경 지역에 국한시켜 연구를 진행할 수 있다는 점이다. 실제로 중국 연구는 그 수효가 급증한 지역 연구를 많이 이용할 수 있는 것처럼 보인다. 그러나 일찍부터 발달한 중국 제국의 비교적 효율적인 중앙집권화 탓에, 연구자들은 제국의 수도에 머물렀던 관료들의 시점을 통해 여러 사실들을 단지 전체적인 입장에서만 생각하게 되었다. 전적으로 특정 연구를 다룬 유럽의 전문 연구들이 이러저러한 영지領地나 항구港口를 중심으로 저술된 것과 비교한다면, 중국의 연구 경향은 크게 뒤처져 있다.

두 번째 장점은 우리가 연구하려 하는 성省이 중국 남서부에 위치한 지역으로서, 완전히 한화漢化된 주민들 외에, 상당수의 비한족 주민들이 현재까지도 살고 있는 곳이라는 점이다. 아주 먼 고대시기 이래, 사람들은 한족에 의한 주변 이민족들의 '문화변용(acculturation)'이나 '동화(assimilation)'를 언급해 왔지만, 특정 영역과 시기를 대상으로 그러한 변성의 다양한 방식들을 자세히 연구한 예는 극히 드물다. 귀주성貴州省에서는 그러한 과정이 북중국 평원과 남동 지역, 그리고 광동廣東 지역보다 좀 더 늦게 전개되었다. 그러한 현상이 비교적 늦게 발생한 덕분에 우리는 한족과 비한족의 접촉 방법을 이해할 수 있는 충분한 사료를 참조할 수 있다.

세 번째 유리한 점은 그러한 과정이 동일하게 진행되었지만, 시기적으로는 약간 빨랐던 이웃 운남성雲南省이나 광서성廣西省과 비교한다면 귀주성의 면적과 인구가 비교적 적다는 사실이다. 제1장에서 언급할 귀주성의 자연 조건에 대한 분석을 통해, 우리들은 귀주성이 단일한 지형(일종의 고지대 저수지 역할을 하는 카르스트 지형)을 가지고 있다는 사실을 알 수 있다. 면적이 훨씬 넓고 지형도 다채로운 운남성이나 광서성에 대해서는 그렇게 말할 수 없을 것이다. 또한 귀주성에 관한 사료가 풍부하다 해도, 다른 서남 지역에 비하면 귀주성 관련 사료의 양은 적은 편이며, 이 때문에 여전히 개인의 단독 연구가 가능하다. 분명히 다채롭기는 하지만 귀주성에 비해 훨씬 양이 많은 운남성의 사료를 살펴보는 일은 공동 연구로만 가능할 것이다.

끝으로, 그 충격이 우리 유럽인들에게 즉각적으로 미치지는 않았지만, 최근에 발생한 사건 역시 귀주성에 대한 관심을 갖게 만들었다. 즉 '문화혁명' 시기에 귀주가 매우 중요한 역할을 했다는 사실에 대해 연구자들이 꽤 놀랐기 때문이다. 귀주 지역의 역사를 좀 더 깊이 이해할 수 있다면, 결국 문화혁명과 관련된 여러 사안을 밝힐 수 있을 것이다.

이 연구의 지도를 기꺼이 허락해 주신 고등연구원(Ecole Pratique des Hautes Etudes)의 지도교수인 콘도미나(G. Condominas) 교수와 제르네(J. Gernet) 교수, 매우 귀중한 비판을 해 주신 한학漢學고등연구소(Institut des Hautes Etudes Chinoises)의 드미에빌(M. P. Demiéville) 교

수, 이 연구의 초기 단계에 많은 도움을 주신 북경대학의 증각지(曾覺之, 1901~1982) 교수에게 제일 먼저 깊은 감사를 드린다.

아울러 여러 곳의 전문 도서관을 이용할 수 있도록 도와주신 파리 현대중국자료센터(Centre de Documentation sur la Chine Contemporaine)의 소장이신 기에르마즈(J. Guillermaz) 장군, 라이덴 중국학연구소(Sinologisch Institut de Leyde)의 소장이신 훌스웨(A.F.P. Hulsewé) 교수, 싱가포르 대학 중국학연구소(Institut de Sinologie de l'Université de Singapour)의 소장이신 하광중賀光中 교수, 인도네시아 자카르타 대학 중국학연구소(Institut de Sinologie de l'Université Indonesia de Djakarta)의 오에이 소아니오(Oey Soannio, 黃鑽娘) 소장께도 역시 깊은 감사를 드린다.

증주삼曾朱森 교수, 장복예張馥蕊 교수, 오기욱吳其昱 씨는 어려운 중국 원문을 해석할 수 있도록 도와주었으며, 빌레터(M.J.F. Billeter), 더트(M.H.Durt), 온커(M.D.R. Jonker), 레비(M.A. Lévy), 이동윤李東潤 씨, 리크만(M.P. Ryckmans), 소이미에(M.M. Soymié), 당산순唐珊純, 피라촐리-체르스티븐스(M. Pirazzoli-T'Serstevens), 시라이시 아키코白石晶子는 자카르타에 가서 귀중한 자료의 복사와 마이크로 필름을 떴다. 나를 도와준 이 모든 사람에게도 깊은 감사를 드린다.

끝으로 오드리쿠르(M.A. Haudricourt)는 소수민족 언어와 관련된 일부 언어의 번역을 기꺼이 도와줬으며, 베르노(L. Bernot), 쉐노(J. Chesneaux), 에르브에(Y. Hervouet)는 심사위원으로 참석해 주신 덕분에, 그들의 비판을 수용할 수 있었던 점에 깊이 감사드린다.

약어로 표시한 참고문헌

정기간행물

B.E.F.E.O. *Bulletin de l'Ecole française de l'Extrême-Orient*(『프랑스극동학원회보』)

H.J.A.S. *Harvard Journal of Asiatic Studies*(『하버드아시아연구잡지』)

J.A.S. *Journal of Asian Studies*(『아시아연구잡지』)

J.W.C.B.R.S. *Journal of the West China Border Research Society*(『화서변강연구학회잡지華西邊疆研究學會雜志』)

저서(괄호 안의 수치는 이 책 말미에 수록한 참고 문헌에 표시된 수치를 의미한다.)

D.Q.X.Z. 육차운陸次雲, 『동계섬지峒溪纖志』(『소방호재여지총초小方壺齋輿地叢鈔』本)[81]

G.Z.T.Z. 乾隆 『귀주통지貴州通志』[63]

G.Z.T.Z de Kangxi 康熙 『귀주통지貴州通志』[62]

G.Z.Z.J. 임부林溥, 『고주잡기古州雜記』(『小方壺齋輿地叢鈔』本)[109]

Gu Zu-yu, 康熙 5년(1666) 『독사방여기요讀史方輿紀要』와 『讀史方輿紀要』, 中華書局 : 上海, 1955[72]

M.F.B.L. 엄여익嚴如熤, 嘉慶 『묘방비람苗防備覽』[94]

M.L. Chambre de Commerce de Lyon, *La Mission Lyonnaise d'exploration commerciale en Chine, 1895~1897*(『중국의 리용상업사절단』, 1859~1897』) 2 vols., 1898, Lyon(이 책에는 리용 사절단이 가져온 자료에 근거한 지도, 그림, 동판이 들어 있으며, 1권은 386쪽, 2권은 473쪽이다.)

M.M.K. 공시龔柴, 『묘민고苗民考』(『小方壺齋輿地叢鈔』本)[91]

N.Z.J.W. 포여즙包汝楫, 『남중기문南中紀聞』(『叢書集成』本)[37]

Q.J. 이종방李宗昉, 『검기黔記』(『小方壺齋輿地叢鈔』本)[77]

Q.N. 단췌檀萃, 『검낭黔囊』(『小方壺齋輿地叢鈔』本)[105]

Q.N.Z.L. 애필달愛必達, 道光 『검남식략黔南識略』[74]

Q.S. 전문田雯, 『검서黔書』(『총서집성叢書集成』本)[73]

Q.Y.J. 진정陳鼎, 『검유기黔遊記』(『小方壺齋輿地叢鈔』本)[102]

Q.Z. 왕사성王士性, 『검지黔志』(『叢書集成』本)[33]

S.M. 단췌檀萃, 『설만說蠻』(『小方壺齋輿地叢鈔』本)[86]

Tian Ru-cheng 전여성田汝成, 『염요기문炎徼紀聞』(『叢書集成』本)[32]

X.Q.S. 장주張澍, 『속검서續黔書』(『검지사종黔志四種』)[76]

Xu Xia-ke 서하객徐霞客, 『서하객유기徐霞客遊記』, 大衆書局 : 上海, 연도 불분명[39]

Y.D.Z.J. 조익趙翼, 『월전잡기粵滇雜記』(『小方壺齋輿地叢鈔』本)[107]

Z.Y.F.Z. 道光 『준의부지遵義府志』[67]

중국어 표기법

중국의 공식적인 외국어 표기법인 〈병음자모拼音字母〉를 사용했다.

도량형

중국 사료에 등장하는 도량형을 유럽식 단위로 정확하게 표기할 수 없다. 중국의 도량형은 지역과 시대에 따라 다양하기 때문이다. 그러나 중국 도량형을 크기 순서로 살펴보기 위해, 유럽 연구자들이 일반적으로 사용하는 도량형을 적어두고자 한다.

길이 단위

1촌寸 : 3.5센티미터

1척尺(10寸) : 35센티미터

1인仞(7~8척) : 2.45~2.80미터

1장丈(10척) : 3.5미터

1리里(180장) : 1/2킬로미터

넓이 단위

1무畝 : 1/15 헥타아르

1경頃(100무) : 7헥타아르

무게 단위

1근斤 : 600그램

용량단위

1승升 : 1리터

1두斗(10승) : 10리터

1석石(10두) : 100리터

서술 체제에 대한 설명

지면과 시간 절약을 위해 기술적인 용어, 여러 특수 표현과 보통 명사는 본문이나 각주에 한문 병기를 한 번만 표기했다.

인명, 지명, 서명에 대한 한자 표기는 좀 더 쉽게 전사轉寫할 수 있는 색인에 모두 집어넣었다.

동일한 이유로 한문 원본의 재인용 횟수를 제한했으며, 본서에 사용된 원문은 이 책 말미에 적었다. 인용한 참고문헌 뒤의 괄호 속에 표기된 각주의 대문자는 해당 문헌을 참조할 수 있도록 해줄 것이다.[1]

서론에서 꽤 길게 언급한 관련 사료의 한문 표기는 그 제목 뒤에 붙인 괄호 속의 일련번호 덕분에 참고문헌에서 바로 찾아볼 수 있으며, 해당 번호를 참고문헌 항목에도 동일하게 붙였다.

일반적으로 색인에서도 관련 저서의 완전한 서명을 다시 확인할 수 있으며, 색인에 넣은 서명이나 저자 뒤의 괄호 안 숫자도 참고문헌의 숫자와 동일하다.

귀주와 검중黔中의 지명地名에 대한 설명

귀주貴州(이미 당대唐代부터 존재했으며 현재 광서성 귀현貴縣[2]을 지칭하는 귀주와 혼동해서는 안 된다)란 명칭은 원대元代부터 등장했다. 당시 이곳은 선위사宣慰司가 설치되었으며, 그 이상의 정확한 위치는 알 수 없지만, 원대 선위사 영역이 현재 귀주성과 대체로 일치하는 것처럼 보인다.[3]

명대에도 귀주라는 명칭이 여전히 사용됐지만, 이때에는 호광성湖廣省, 운남성, 귀주성의 일부 영역을 따로 떼어내 신설한 성省을 지칭하는 말이었다.[4] 현재까지 지속적으로 귀주성이라는 지명이 유지되어 온 건 바로 두 번째 의미에서이다.

그러나 명대를 지나 청대에 이르러 귀주성을 검黔, 혹은 검중黔中이라 불렀는데, 그 명칭의 연원은 귀주성이란 명칭보다 훨씬 오래전이며 복잡하다. 사실상 검중이란 지명은 현재 사천, 호남, 귀주 세 성省의 접경 지역을 가리키는 데 사용되었다. '검黔'이란 단어가 현재에도 여전히 사천성과 호남성에서 등장하고 있다는 사실을 주목할 필요가 있다. 오강烏江 하류(장강과 합쳐지는 지점까지)와 오강의 지류에 위치한 촌락 일대를 동시에 지칭하는 사천의 검강黔江이나 호남성 보경부寶慶府 북쪽에 위치한 검산黔山과 청수강淸水江 유역의 귀주 경계 지역에 있는 검양黔陽[5] 등의 지명이 그런 예이다.

건륭 연간(1736~1795)에 『귀주통지貴州通志』 편찬에 참여한 정도모靖道謨는 우리들보다 앞서 검중이란 지명이 왜 귀주성을 지칭하는 데만 사용되는지에 대한 문제를 명확히 해야 한다는 사실을 제기한 바 있다. 이러한 궁금증 때문에 그는 「검중고黔中考」(乾隆 『貴州通志』 권37, 「藝文」, 58쪽 상~하와 59쪽 상)[6]라는 작은 글을 쓰게 되었는데, 그 글은 검중이란 단어가 겪은 변화를 상당히 잘 요약하고 있으며, 검중의 의미를 설명해준다. 다음은 그의 글 일부이며, 괄호는 필자가 넣었다.

> "검중이란 명칭은 진대秦代에 처음 등장한다. 당·송唐·宋 시기에는 (검중) 지역이 모두 군郡이었다. 그러나 그 지역은 현재 호남, 사천 지역에 모두 걸쳐 있으니, 왜 유독 (검중)을 귀주 지역에 속한 지역이라고 하는지 알 수 없다."

> "진秦 나라가 천하를 36군郡으로 나눌 (당시), 초楚 나라가 점령했던 무巫와 검중 지역을 검중군으로 만들었다. 한漢 고제高帝 4년(기원전

203) 무릉군武陵郡으로 그 명칭이 바뀌었다. 따라서 진 이전부터 현재까지 호남의 상덕常德, 진주辰州, 보경寶慶, 정주靖州의 여러 부府와 주州 모두가 검중 지역이 되었다. 한대 이후부터 현재 귀주성의 사주思州, 석천石阡, 동인銅仁, 여평黎平은 모두 무릉군이 되었다… 한 고제가 검중군이란 이름을 없앤 이후, 무릇 전한前漢과 후한後漢 시대의 주·현州·縣(명칭)에는 검중이란 (지명이) 존재하지 않았다. 검黔이란 명칭은 진晋 나라 『태강지太康志』에 (등장하는데), 당시 무릉군 관할 지역에 겸양현黚陽縣이 존재했다. 그러나 그 (지명의) 글자는 '겸黚'을 썼으며, '검'자를 쓰지 않았으므로, 그 뜻은 같지만, 글자 형태는 다르다. 송宋 나라[7]와 제齊 나라 시대에도 (이 상황이) 그대로 유지됐다. 검안군黔安郡이라는 명칭은 「수지隋志」[8]에 처음 등장한다… 당나라 천보天寶 연간(742~756)에 검안군을 검중군으로 개칭하고 여섯 군郡을 통할하게 했으며, 군치郡治는 팽수彭水에 두었다. 따라서 진대秦代의 옛 명칭을 다시 회복한 셈이지만, (그곳은) 진대 검중군의 지역과는 다른 곳이었다. 송초宋初에는 당대唐代의 행정구역을 그대로 따랐지만, 그 관할구역은 팽수彭水와 검강黔江 두 현縣에 불과했다."

"따라서 당·송시대 검중군은 현재 중경부重慶府 팽수현 일대라고 한다면, 어떻게 그 지역이 귀주지역에 속한다고 할 수 있을까? 오직 당대唐代에 검중채방사黔中採訪使[9]를 두었으며, 현재 귀주성 안의 사주思州, 파주播州, 진주珍州(현재 정안正安), 비주費州(현재 사남)가 예속되었다. 이런 이유 때문에 귀주를 검중이라고 부를 수 있다. 마찬가지로, 당·송시대의 검중을 (현재, 청대)의 귀주로 부를 수 없는 것이다."[10]

당대唐代 검중 지역의 정확한 관할 구역을 알아보기 위해서는 본서 〈지도 1〉을 참조하기 바란다.

주註

1 역주 내가 살펴본 범위 내에서는 저자가 이런 방식의 각주 표시를 한 부분은 196쪽 각주 195)의 X.Q.S., I, p.7a(E)가 유일하다. 여기서 저자가 표시한 'E'는 본서 말미에 수록된 원문의 차례 표시를 의미한다.

2 역주 귀현(貴縣) : 1988년부터 귀항시(貴港市)로 불리는 곳이다. 서강(西江)과 연결되는 울강(郁江) 중류에 위치한 도시로서 저자가 말하는 귀주라는 지명은 당(唐) 정관(貞觀) 9년(635) 남이주(南伊州)를 고쳐 부른 명칭이다. 원대(元代) 호광행성(湖廣行省)에 속했지만, 명 홍무(洪武) 2년(1369) 귀현으로 고쳤으며, 명청(明淸) 시대 내내 심주부(潯州府)에 속했다.

3 역주 원 지원(至元) 17년(1280) 나씨귀국(羅氏鬼國)을 순원로선위사(順元路宣慰司)로 바꾼 일을 말한다.

4 역주 중국의 행정 단위의 설치와 폐지는 시대마다 매우 복잡하며, 귀주성도 예외는 아니다. 본문 내내 이러한 문제가 제기되기 때문에, 명대 이후~淸初까지 귀주성의 변화를 일별할 필요가 있다. 다음은 乾隆『貴州通志』권3, 「地理」(建置), 7쪽 하~11쪽 하에 등장하는 기록 가운데 행정 단위와 관련된 주된 변화를 시대별로 간추린 내용이다. 아울러 역자가 본서를 번역하면서 참조한 乾隆『貴州通志』는 『四庫全書』本임을 밝힌다.

황제	연도	행정 관할 변경
洪武	?	思南 田仁智 귀부(歸附) → 思南宣撫司/思州 田仁厚 귀부 → 思州宣慰司
	4년(1371)	順元宣慰使 靄翠 귀부 → 貴州宣撫司
	5년(1372)	播州宣慰司 楊鏗 귀부 → 播州宣慰司
	6년(1373)	永寧衛 설치 / 重安長官司와 都雲과 金竹 二府 → 按撫司
	14년(1381)	普定路 → 普定府
	16년(1383)	普安路 → 普安軍民府/都雲府→都勻按撫司

	18년(1385)	普定府 폐지
	22년(1389)	赤水, 興隆, 安莊의 三衛 설치/普安府를 衛로 변경
	23년(1390)	蠻葛按撫司 → 新添衛/都勻按撫司 → 都勻衛
	26년(1393)	貴州前衛 설치/思南과 思州 선위사를 湖廣省에 예속/普安衛를 운남성에 예속
永樂	원년1403)	普安按撫司 설치
	11년(1413)	思南과 思州 선위사 폐지/鎭遠, 銅仁, 石阡, 黎平, 烏羅, 新化 6府 설치
	13년(1415)	普安按撫司를 普安州로 승격
	18년(1420)	貴州等處提刑按察使司 설치/오라(烏羅)를 동인부에, 新化를 黎平府에 편입
正統	3년(1438)	鎭遠州를 鎭遠府에 편입
成化	10년(1474)	定番長官司에 定番府 설치
弘治	6년(1493)	都勻衛를 都勻府로 승격
隆慶	2년(1568)	定番府를 貴陽府 布政司 治都로 이동시킴
萬曆	19년(1591)	新貴縣에 貴筑長官司 설치
	20년(1592)	安順州를 安順軍民府로 승격
	28년(1600)	播州 일대를 진압하고 平越府와 遵義府 설치/준의부는 사천 관할로 둠/호광 관할인 平溪, 淸狼, 偏橋, 鎭遠의 네 衛를 귀주에 예속시킴/黎平府를 湖廣에 예속시킴
	31년1603)	평계, 청랑, 편교, 진원의 네 衛를 다시 호광에 예속시킴
崇禎	3년(1630)	水西 지역에 開州를 설치하고 敷勇과 鎭西의 두 衛를 둠
順治	18년(1661)	普安縣을 설치(安順府 관할로 둠)
康熙	3년(1664)	수서를 평정하고 平遠, 大定, 黔西, 威寧 네 府를 설치
	11년(1672)	龍里, 平越, 淸平, 都勻, 普定의 다섯 衛를 縣으로 바꿈/安莊衛를 鎭寧州에 편입시킴
	22년(1683)	호광 관할 진원, 편교 두 衛를 귀주성 관할에 둠/鎭遠衛를 鎭遠縣에 편입시킴
	23년(1684)	黔西와 平遠을 州로 바꿈
	26년(1687)	貴州衛와 貴前衛를 貴筑縣으로, 敷勇衛를 修文縣으로 바꾸고, 新添衛를 없애고 貴定縣에 편입시켜 귀양부 관할에 둠/威淸衛와 鎭西衛를 淸鎭縣으로, 平壩衛를 安平縣으로, 安南衛를 安南縣으로 바꾸었으며, 普安衛를 없애 普安州에 편입시키고, 安籠所를 南籠廳으로 바꿔 모두 安順府 관할로 둠/烏撒衛를 없애 威寧府에 편입시킴/大定府를 州로 바꾸고, 永寧과 畢節 두 衛를 縣으로 바꾸는 한편, 赤水衛를 없애 畢節縣에 예속시키고 모두 威寧府 관할에 둠/興隆衛를 없애 黃平州에 편입시키고 平越府 관할에 둠/偏橋衛를 없애 施秉縣에 편입시키고 진원부에 예속시킴

	34년1695)	新貴를 없애 貴筑縣에 편입시킴
雍正	3년(1725)	호광 관할 五開衛와 銅鼓衛를 귀주성 여평부 관할로 둠
	4년(1726)	長寨의 仲苗를 평정하고 貴陽同知를 주둔시킴
	5년(1727)	南籠廳을 府로 승격시킴/普安州를 普安縣과 安南縣으로 나누고, 永豊州를 신설해 두 縣을 모두 영풍주 관할에 둠/銅鼓衛를 錦屛縣으로 바꿨으며, 五開衛를 開泰縣으로 바꿔 모두 黎平府 관할에 둠/호광의 平溪衛를 玉屛縣에, 淸浪衛를 淸溪縣으로 바꾸고 모두 思州府 관할로 둠/天柱縣을 黎平府 관할에 두고, 사천에서 준의부를 분리시키고 준의부 소속 遵義, 正安, 綏陽, 桐梓, 仁懷의 5개 州·縣을 귀주에 편입시킴/永寧縣을 사천에 예속시킴
	8년(1730)	大定州를 다시 府로 승격시킴/威寧府를 州로 바꿈/위녕부 관할 黔西, 平遠, 畢節의 세 州縣을 모두 大定府에 예속시킴/苗疆에 同知 3명을 설치해, 八寨의 동지는 都勻府 관할, 淸江의 동지는 鎭遠府 관할, 古州의 동지는 黎平府 관할에 둠/또한 通判 3명을 두어 都江과 丹江의 통판은 都勻府 관할, 歸化의 통판은 安順府 관할에 둠
	9년(1731)	松桃廳의 紅苗를 평정하고 正大營 同知를 그 지역에 주둔시킨 한편, 銅仁府 관할에 둠/郎岱에 동지를 설치해 安順府 관할에 둠
	10년(1732)	廣西省 여파(荔波)를 都勻府에 예속시킴
	11년(1733)	天柱縣을 鎭遠府 관할로 하고 大定府 通判을 水城에 주둔하도록 함/淸水江 동지를 台拱에 주둔시키고, 通判을 설치해 청수강에 주둔하도록 했으며, 모두 鎭遠府 관할에 둠

이 표를 통해 알 수 있듯이 행정적으로 커다란 변화를 겪은 시기는 강희 26년(1687)과 청 옹정 연간이라고 할 수 있으며, 바로 옹정 연간의 그러한 행정 변화의 요인이 본서의 중요한 내용 가운데 하나이기도 하다.

5 역주 검양(黔陽) : 행정구역상 湖南省 원주부(沅州府) 관할이었다.

6 역주 필자가 이용한 乾隆『貴州通志』가 어느 판본인지는 알 수 없지만,『四庫全書』본에 의하면 정도모의 글은 74쪽 하~75쪽 하에 있다.

7 역주 문맥으로 보아 이 송(宋) 나라는 송 무제(武帝)인 유유(劉裕)가 동진(東晋) 정권을 탈취해 세운 위진남북조 시기의 劉宋(420~479)을 의미한다.

8 역주 정확히 말하자면『수서(隋書)』권29,「地理」(上)을 의미한다.

9 역주 채방사(採訪使) : 관직명이다. 唐 초기에 각 道에 두었던 안찰사(按察使)를 開元 21년(733) 단행한 행정 개편을 통해 전국 15道에 채방처치사(採訪處置使)를 두었다. 간칭해서 채방사라 했으며, 법률 문제와 州 · 縣의 관리를 감찰하는 직무를 담당했다.

10 역주 해당 원문은 다음과 같다. "黔中之名, 始於秦. 唐宋皆以爲郡. 然其地今湖南四川皆有之. 不知何以獨屬貴州也. 秦分天下爲三十六郡, 以所取楚巫黔中之地, 爲黔中郡. 漢高帝四年, 改爲武陵郡. 是自秦以前今湖南之常辰寶靖諸府州, 皆黔中也. 自漢以後, 今貴州之思石銅黎諸府, 皆武陵也…自高帝改黔中郡後, 凡兩漢州縣無有以黔名者, 晋太康志, 武陵郡所領, 始有黚陽縣. 然其字從黚不從黔, 義同而形異, 宋齊皆因之. 黔安郡之名, 始見自隋志,…唐天寶中, 改黔安爲黔中, 領縣六, 郡治彭水, 郡復秦之舊名, 地已不仍秦之舊地矣. 宋初因之, 止存彭水黔江二縣…乃今重慶府之彭水諸縣, 豈能及貴州哉. 惟唐設黔中採訪使, 凡在今貴州境內之思播珍費諸州皆隸焉. 以是稱貴州爲黔中可也. 若卽以唐宋之黔中爲貴州, 不可也."

서 론

Un exemple
d'Acculturation
chinoise

La Province du

Guizhou au XVIIIe siècle

/

1 민족학자와 역사가들이 본 서남 중국

우리는 먼저 서남 중국이 19세기와 20세기에 어떻게 유럽인들과 중국인들의 관심을 끌게 되었으며, 그 지역에 대해 어떤 연구가 진행되었는지를 살펴보기로 하자.

1. 19세기 : 중국학자, 선교사 그리고 유럽 상인들의 서남 지역 발견

중국학자

19세기 후반에 이르러, 유럽의 중국학자들이 중국 사료를 통해 흔히 〈중국〉이라고 불리는 지역에 살았던 주민들로부터 이질적인 요소를 조금씩 인식했다는 사실을 떠올려 보는 것은 흥미로운 일이다. 당시 유럽의 중국학자들은 그러한 지역에서의 한족漢族 정착이 놀랍게도 자신들이 생각했던 것보다 그리 오래되지 않았다는 사실을 알게 되었다. 서남 중국에 관심을 가진 학자들 가운데, 에르베 드 생-드니(Hervey de Saint-Denis, 1822~1892)[1]와 샤를르 드 아를레즈(Charle de Harlez, 1832~1899)[2]는 그러한 무지의 원인에 대해 흥미를 가졌던 한편, 그 문제가 관심을 가질 만한 사안이라는 점을 인식한 최초의 학자들이었다.

다음은 아를레즈의 「중국 남부 지역의 민족학("Ethnographie du midi de la Chine")」[3]이라는 논문의 한 구절을 인용한 것으로서, 길지만 꽤 흥미로운 사실을 보여주는 발췌문이다.

"고인이 된 에르베 생-드니 후작은 이미 15년 전 마단임(馬端臨, 1254~1323)[4]의 책을 번역한 서문[5]에서, 현재 중화 제국 남쪽 지역에 강력한 중국 세력이 매우 오래전부터 자리 잡고 있었다는 주장은 그릇된 것이라는 사실을 당시 학계에 환기시켰다 : '클라프로트(Klaproth, 1783~1835)[6] 자신도 마단임의 『문헌통고文獻通考』권328~권332[7]에서 다룬 남쪽 지역의 토착민들이 운남雲南, 베트남 남부, 도서島嶼 지역이 아니라, 중국의 한 중심부에 살고 있었으며, 장강長江 유역 부근이나 심지어 장강 이북 지역까지도 존재했다고 생각했다.' 그러한 발견과 함께, 한족의 정착 이전에 살았던 주민들이 아주 최근까지도 원거주지역의 반半 이상을 차지하고 있었다는 사실을 입증한 프랑스 학자(에르베 생-드니 후작)는 13세기 중국 제국은 현재 중국의 1/3 정도에도 미치지 못했다는 점을 매우 놀란 어조로 증명한 바 있다."

"그러나 어떻게 이런 사실을 착각할 수 있을까? 착각의 원인은 중화 제국 남부의 정치 상황에 대해 독자들을 현혹시키곤 했던 중국 역사학자들의 능숙한 솜씨 때문이거나, 그렇지 않다면 중국 고유의 관습 때문이다… 콜레쥬 드 프랑스(Collège de France)[8]의 저명한 교수의 여러 충고들은 그가 기대했던 결과를 가져다주지 못했다. 서남 지역이 관심을 가질 만한 곳이라는 그의 주장에 대해 역사학자와 민족학자들은 전혀 관심을 기울이지 않았다. 즉 당시 중국 연구는 그러한 주장들을 거의 혹은 전혀 이용하지 않았는데, 그 이유는 에르베 생 드니가 자신의 최초 연구에서 단지 서남 지역을 소홀히 하고 있다는 사실만을 환기시켰을 뿐 관련 증거를 전혀 제시하지 않았으며, 또한 당시 사람들에게 거의 알려지지 않았지만 매우 귀중한 자료인 마단임馬端臨의 저서에 대한 번역은 서남지역을 소홀히 하고 있다는 생-드니 후작의 감정을 직접적으로 드러낸 것이 아닌, 그러한 감정에 대한 구체적인 자료의 제시에 불과하다고 생각했기 때문이었다."

아를레즈는 계속해서 다음과 같이 언급한다.

"중국 원전에 대한 좀 더 깊은 연구를 통해, 엄청난 양의 중국 자료로부터 증거로 사용할 수 있는 특정 사실을 끄집어낼 수 있는 경우에만, 장강長江 이남 지역에 위치한 여러 성省의 13세기까지 상황에 대한 정확한 생각을 가질 수 있다… 우리가 이 연구를 시도한 이유는 바로 그러한 공백을 메우기 위한 것이다. 우리들은 마단임의 저서에 대한 연구를 다시 시작해 남쪽 지역에 대한 정보를 끄집어냄으로써, 천자天子가 통치하는 제국의 여러 남쪽 지역의 민족과 지리에 관한 도표를 작성하고, 또한 이 거대한 지역의 지속적인 여러 상황을 정확하게 이해하는 데 필요한 모든 정보를 독자들이 자세히 볼 수 있게 될 것이다. 마단임은 20여 개 종족에 달하는 남쪽 지역 토착민들에 대한 연대기와 민족지를 우리들에게 남겼다. 그들 종족들의 명칭은 그들이 속한 민족명이나 그들이 살고 있는 지역명칭에서 비롯된다. 그들은 운남성, 광서성廣西省, 귀주성貴州省, 호북성湖北省, 사천성四川省, 그리고 심지어 중국 중부 지역 너머에서도 발견된다. 중국 성별省別 지도의 제작 준비를 위해 중국 전역을 조사하러 다닐 당시, 많은 소수민족非漢族을 만나 그들을 〈묘족苗族〉이라 명명한 바 있는 예수회(Jésuites) 선교사들의 이야기를 에르베 드 생-드니와 그의 동료학자들은 읽지 않았음이 분명하다."[9]

이처럼 중국학자들이 남쪽 지역의 〈중국화〉에 대한 문제를 제기했던 다른 한편에선, 유럽의 선교사와 상인들이 동시에 〈변방 지역〉을 찾아 나섰다.

선교사

귀주성에 대한 여행기와 함께, 천주교도가 존재하는 지명과 그 지역의 아이들을 포함한 성인成人 천주교도의 이름(모두 599명이다)이 들어 있는 1799년의 한 도표에 따르면,[10] 당시 귀주성에 대한 선교사들의 영향은 매우 미약했음을 알 수 있다. 사실상 선교사들이 귀주성 주민들에 대한 포교에 관심을 갖게 된 시기는 19세기 중엽 무렵부터이다. 사천 교구敎區에 속해 있던[11] 귀주성에 로마교황청 직속 보좌신부 관할구가 설립되었던 도광道光 26년(1846) 이전까지는, 그 어떤 유럽 선교사도 귀주성에 체류하지 않았다. 19세기 후엽에 이르러서야, 당시까지 사람들이 거의 몰랐던 귀주성에 대한 선교사들의 정력적인 연구가 세상 사람들을 놀라게 했다.

1849~1853년 귀주성의 교구 행정을 담당했던 알브랑(Albrand) 주교[12]는 귀주성의 지도를 만들기 시작했으며, 그 지도는 귀주성 선교사였던 보디니에(P. Bodinier)에 의해 완성되어 『천주교 포교(*Missions catholiques*)』[13]라는 잡지를 통해 출간되었다. 알브랑의 후임인 페르니(Pergny) 주교[14]는 「귀주성의 자연, 기후, 인구, 산업, 재부財富, 자연 명소("Province du Kouy tcheou, son aspect physique, son climat, sa population, son industrie, ses richesses, ses curiosités naturelles")」라는 1859년 논문[15]을 통해 귀주성 지리에 대한 새로운 지식을 제공했다.

1871년 포리 주교(Mgr. Faurie)의 사망으로 그의 주교직을 계승한 리옹 주교(Mgr. Lions)는 비한족 주민들에게 천주교 교리 교육을 처음으로 전개했다. 그는 낭대郎岱[16] 남서쪽에 위치한 모구毛口에 가, 수개월 동안 머무르면서 초보 신도들을 가르쳤으며, 약간의 중가족仲家族[17] 언어를 배웠다. 다른 한편, 리옹 주교는 자신이 수집한 귀주성 관련 모든 사료를 모아 『귀주성 소수민족에 관한 서간집(*Lettres sur les sauvages du Kouy-tcheou*)』[18]이라는 제목으로 정리했다. 19세기 말엽 귀주성 선교사였던 르 P. 까발르리(Le P. Cavalerie, 1869~1927)[19]도 한 편의 논문 출간을 통해,[20] 수가족水家族과 지낸 자신의 경험을 언급했다. 마지막으로 언급할 인물은 1881년 귀주를 방문했던 쇼터(P. A. Schotter)로서, 그는 리옹 주교가 했던 작업을 다시 했다. 그의 수고본手稿本 일부는 『앙트로포스(*Anthropos*)』라는 잡지에 「귀주성 여러 부족에 대한 민족학적 기록("Notes ethnographiques sur les tribus du Kouy-tcheou")」이라는 제목으로 게재되었다.[21]

선교사들의 관심은 나날이 증대되었다. 특히 영국인들은 묘족에 많은 관심을 가졌다. 동치同治 9년인 1870년부터 에드킨스(P. J. Edkins, 1823~1905)[22]는 묘족의 역사와 언어에 열광했다. 그는 『중국에 대한 기록과 선교 잡지(*Chinese Recorder and Missionary Journal*)』에 「묘족과 그들의 역사("The Miau tsi tribes, their history")」라는 제목의 논문을 발표했다.[23] 이 논문 후반부에는 꽤 흥미로운 묘족들의 언어가 수록되어 있는데, 새로 간행된 『흥의부지興義府志』[24]에는 묘족 언어가 좀 더 광범위하게 수록되어 있다. 에드킨스는 자신이 북경에서 그림 그리기와 인장印章 제조에 몰두하고 있던 절강성浙江省 출신의 한 관료를 알게 되었다고 언급했다. 흥의부 지부知府의 명령을 받아 일을 하고 있었던 그 관리는, 당시 흥의부 지부가 주도하는 새로운 부지府志 편찬 작업에 참여하고 있었기 때문에, 흥의부 지역에 많이

살고 있었던 묘족들의 어휘를 편찬하도록 에드킨스에게 간청했다.[25]

전적으로 선교사들이 이러한 최초의 모든 〈민족학적〉 연구들을 진행했으며, 그들은 중국 서남 지방과 그 주민들에 대해 알아야 한다는 실질적인 필요성을 처음으로 감지한 사람들이었음이 틀림없다. 그들은 당시 지방 현실에 대해 좀 더 잘 알고 있었는데, 그 이유는 그들이 그 지역에서 장기간 머물렀던 최초의 외국인들이었기 때문이다. 리옹 지역 선교회[26] 보고서 저자들이 귀주의 선교사들에게 고마움을 표시했다는 사실 역시 전혀 놀라운 일이 아니다. 그들은 특히 쇼터와 보디니에와 같은 귀주 지역 선교사들 덕분에 귀주성의 지리, 민족, 그리고 귀주 지역 생산물에 대한 매우 흥미로운 정보를 얻게 되었기 때문이다.

상업 사절단

이미 존재하고 있었던 상업 관계 덕분에 유럽 상인들 자신들이 극동 지역 시장에 대한 여러 상황을 조사하기에 이르렀다. 7월 왕정[27] 당시인 1843년 프랑스는 그 구성원 수와 그들이 수집한 풍부한 정보의 양적인 측면에서 매우 중요했던 최초의 상업 사절단을 파견했다.[28] 겨우 50년[29]이 지난 다음에야 비로소 프랑스인들은 전적으로 리옹 상공회의소(Chambre de Commerce de Lyon)[30]가 조직한 새로운 원정대를 준비했다.

"이러한 원정대를 조직하게 된 동기는 중일中日 전쟁과 광서 21년(1895) 4월 17일 시모노세끼 조약下關條約[31]이 체결된 후, 이 두 사건에서 비롯된 여러 문제들이 표면화되자, 프랑스 상인들은 중국의 거대한 시장, 자원, 중국의 장래에 대한 좀 더 자세한 연구가 유용하다고 느꼈기 때문이었다."[32]

1895년 9월 15일, 리옹 상공회의소 원정대는 마르세이유(Marseille)에서 배를 탔다.

"1년의 시차를 두고 그들을 뒤따라 간 영국 블랙번 상공회의소(Chambre anglaise de Blackburn), 독일의 크레펠트(Crefeld), 글라드바흐(Gladbach), 브레멘(Brême) 상공회의소들에게 리옹 원정대는 하나의 모범적인 사례를 제공하게 되었으며, 적어도 이들 모든 원정대 각각은 그들 정부로부터 비공식적인 지원을 받았다. 우리들은 일본 원정대보다 중경重慶에 늦게 도착했는데, 당시 일본 원정대는 장강長江 유역의 주요 항구를 이미 거쳤기 때문에, 결과적으로 우리들과 거의 동시에 활동을 시작할 수밖에 없었다. 각국 원정대를 비교할 의도는 없지만, 대장격인 본(Bourne) 영사를 포함해서 겨우 3명으로 구성된 블랙번 상공회의소 원정대는 단지 면제품, 운송 수단, 그리고 이금釐金[33]에만 관심을 두었던 것에서 알 수 있듯이, 그 구성 인원이 적고 특정 목적만을 염두에 두었다는 점에서, 그리고 9명으로 구성된 독일 상공회의소 원정대는 해안가와 장강 하류의 큰 항구港口만을 방문했기 때문에 중국에 대한 조사의 지리적 범위가 매우 제한적이었다는 점에서, 중국인들의 관점에서 본다면 다른 나라의 활동 범위는 리옹 원정대의 그것과는 비교할 수 없을 정도로 미약했다고 말할 수 있다."[34]

리옹 원정대의 계획은 원정대 규칙 첫 번째 조항에 명시되어 있다.

"리옹의 상업 원정대는 프랑스의 전반적인 이익 고취를 위해 통킹과 인접한 성省과 사천성의 상업과 경제 자원을 (조사하여) 보고하는 것을 그 목적으로 한다."[35]

"첫 번째 목적은 인도차이나를 해외 원정대의 본거지로 삼아, 인도차이나 접경 지역에 위치하고 있는 중국의 여러 성省들과 상호 관계를 맺기 위한 침투 경로와 무역 대상 품목을 연구하는 것이다."

"두 번째 목적은 광대한 사천성의 경제적·상업적 중요성을 조사하여 보고하는 것인데, 사천성의 잠상업은 그 실상이 잘못 알려져 있지만 매우 발달되어 있기 때문에, 리용 상공회의소는 특별한 관심을 가지고 있다."

중경에서의 체류와 사절단의 여행 덕분에, 어떻게 하면 사천성을 프랑스의 직접적인 상업적·정치적 영향권 안으로 편입시킬 수 있는지를 알 수 있게 되었다.[36]

세 번째 목표는 당연히 대규모 상품 집산지인 홍콩과 상해를 방문하는 것이었다. 원정대의 마지막 네 번째 목적은 출발 전에 작성된 광범위한 질문 사항에 대해 만족할 만한 대답을 가져오는 데 있었는데, 그 질문 사항에는 통신과 수송, 생산, 소비, 상업에 관련된 여러 문제가 들어 있으며, 사회 상황과 미래 예측에 대한 다양한 문제들도 포함되어 있었다.[37] 2년 동안의 연구 여행에 참여한 구성원들에게는 이처럼 대규모 계획을 달성시켜야 한다는 요구도 있었을 것이다. 1895년 9월 15일 마르세이유를 떠난 그들은 1897년에 마르세이유로 귀환했다.

이것은 실업가들에 의해 조직된 가장 큰 규모의 탐험대 중 하나로서, 당시까지 한 번도 시도된 적이 없었다. 원정대의 주도권은 리용 상공회의소가 장악하고 있었는데, 그러한 사실은 리용이 극동 지역과 장기간의 관계를 유지했다는 점을 잘 말해준다. 1897년 상해에서 수출된 생사生絲의 반 이상, 즉 70,690 상자 중 36,862 상자가 프랑스, 다시 말해 리용으로 갔다는 점을 주목할 필요가 있다.[38] 그러나 리용 상공회의소는 다른 상공회의소와의 협력을 주저하지 않았다. 리용의 그러한 의사를 타진받은 12개의 상공회의소(파리Paris, 루앙Rouen, 에피날Epignal, 랭스Reims, 생-떼띠엔느Saint-Etienne, 르아브르Le Havre 등) 가운데 단지 다섯 곳(마르세이유Marseille, 릴Lille, 보르도Bordeaux, 루베Roubaix, 로안느Roanne)의 상공회의소만 리용과의 협력에 동의했으며, 그러한 협력 덕분에 리용 원정대의 관할 영역과 조사 수단이 대폭 증대되었다.[39] 원정대가 수적으로 증가하자 여러 그룹으로 분리하는 것이 가능해졌다. 각각의 그룹들은 특정 조사 대상 지역이나 특정 문제를 고찰하는 등의 개별적인 임무를 갖게 되었다.[40] 당시 사람들은 해당 지역의 설명과 함께 다양한 여정이 표시된 지도를 통해 중국에서 여행을 할 수 있으리라는 생각을 갖게 되었다.

원정대 구성원들은 수고본이나 사진으로 된 상당량의 자료들을 프랑스로 가져왔는데, 그러한 자료들은 리용 상공회의소 문서보관소에 보관되었으며 1897년 그것을 열람할 수 있게 되었다.[41] 그러한 자료의 일부만이 『지도, 그림, 도판이 들어 있는 중국의 리용 상업원정대, 1895~1897(*La Mission Lyonnaise d'exploration commerciale en Chine, 1895-1897, avec cartes, plans et gravures*, deux tomes, Lyon, 1898)』이라는 제목의 보고서 형태로 출간되었다. 386쪽으로 된 이 책의 제1권에는 그날그날 보고된 여행담을 모아 놓았으며, 지리(고저, 기후, 인구), 경제(시장과 상업·수공업 활동에 대한 설명), 민족(여행 도중 만난 소수민족 주민들에 대한 수많은 언급)에 관한 정보가 포함되어 있다. 제2권에는 원정대가 갔던 지방과 여러 성(통킹, 운남, 홍콩,

광주廣州와 북해가北海街,[42] 귀주, 사천, 한구漢口)에 대한 상업 보고서, 광산과 야금술, 비단, 면화와 면포, 지방脂肪과 그 지방을 이용해 만든 제품, 중국의 화폐 유통에 대한 특별보고서와 함께, 마지막으로는 기타 다양한 양상에 대한 짤막한 설명이 들어 있다. 총 473페이지로 된 제2권의 제2부는 19세기 말엽 중국 남부와 서남 지역 경제활동에 대한 일종의 도표가 들어 있기 때문에 매우 귀중한 자료이다. 리용 사절단의 보고서는 여러 사실들을 지역별로 구분해서 설명하고 있는 장점과 함께, 해당 자료가 서구에서는 극히 드문 탓에 서양인들이 거의 모르고 있는 중국 지역에 관한 여러 사실들이 들어 있다. 마지막으로 전문가들이 여러 경제적 양상들을 관찰하고 자세히 묘사했다는 점에서, 이 보고서는 더욱 가치가 있다.

2. 20세기 전반 : 원전原典과 현장 연구, 그리고 유럽인들 최초의 종합 연구

원전 분석

19세기에 이르러 유럽인들은 묘족의 상황을 설명한 수고본 자료[43]에 대해 여러 차례 관심을 드러냈는데, 거기에는 중국 서남 지역 비한족 주민들苗族의 관습을 묘사한 짤막한 설명과 함께 그 각각에는 그림이 첨부되어 있다. 그림이 들어 있어서 높이 평가되는 그러한 자료들이 유럽의 여러 개인과 공공 수장품 속에 들어가게 되었다. 다양한 잡지[44]에 그 자료에 대한 여러 종류의 번역본이 게재되었지만, 그 어떤 것도 진지한 소개를 담고 있지 않다.

1915년에 이르러서야 비로소 폰 예거(J. von Jäger)가 「중국 『묘족

수고본』에 대해("Über chinesische Alben")」[45]라는 제목의 논문을 썼으며, 그 논문을 통해 그는 묘족이 등장하는 수고본에 관련된 문제를 처음으로 언급했다. 폰 예거는 그의 논문 전반부에서 〈야만인〉으로 표상된 중국인들의 취향에 대한 역사를 서술했는데, 그의 설명에 의하면 그러한 이미지의 기원은 제갈량(諸葛亮, 181~234)까지 거슬러 올라간다. 그의 논문 두 번째 부분에서 그는 사람들에게 이미 알려진 또 다른 『묘족수고본』을 원문이나 다른 사람의 번역을 토대로 자세히 검토해서 일종의 목록을 작성하는 한편, 다양한 소수민족에 대한 설명과 그림이 들어 있는 일련의 다른 중국 자료를 통해 그 목록을 보완했다. 그러한 연구를 통해 그는 『황청직공도皇淸職貢圖』,[46] 『귀주통지貴州通志』, 그리고 두 자료가 출간되기 이전 시기를 좀 더 깊이 연구할 수 있게 되었다. 끝으로 그의 논문 마지막 부분에서는 여러 예시를 통해 그러한 자료들이 지닌 가치를 분석했다.

몇 년 후, 에버하르트(W. Eberhard)는 「라이프찌히 민족 박물관의 『묘족수고본』("Die Miaotse Alben des Leipziger Völker-Museum")」[47]이라는 제목의 논문을 통해 묘족수고본에 대한 새로운 분석을 시도했다. 에버하르트는 라이프찌히에 있는 수고본을 토대로 묘족 분포도와 문화도표 작성을 시도했다. 본서 244쪽에서 그가 거둔 수확을 살펴볼 예정이다.

1963년 브로이티감(H. Bräutigam)은 「『묘족수고본』에 대해("Über Miaotse Alben")」라는 제목의 논문을 통해 묘족 연구에 새로운 기여를 했다.[48] 그 논문에는 중국과 유럽에 소장된 묘족 수고본과 여러 번역 속에 등장하는 『묘족수고본』에 대한 매우 풍부한 목록이 들어 있으며, 그러한 수고본을 비한족에 대한 자료로 이용할 수 있는지에 대해 비판적인 분석을 내놓았다.

마지막으로 구소련에서는 1960년 이츠(R. F. Its, 1928~1990)가 「묘족(Miao)」[49]이라는 방대한 분량의 논문을 발표했다. 그러나 그의 연구는 매우 아쉽게도 원문에만 충실한 것이었다. 이 저자는 서문에서 이미 발표된 유럽어와 중국어로 된 여러 연구를 간략하게 분석했다. 그의 연구의 핵심적인 부분은 현재 묘족 사회에 대한 연구이다. 그것은 인체측정학(anthropométrie), 고고학, 언어학, 역사와 문화에 대한 문제를 다룬 여러 장章으로 나뉘어져 있다.

특히 라라족玀玀族이나 이족彝族과 같은 다른 소수민족 또한 유럽인들의 흥미를 자극했는데, 그들 민족에 대한 많은 연구 목록을 제시할 수 있다. 여기서는 단지 슈리오크(J.K. Shryock)와 풍한기(馮漢驥, Feng Han-yi, 1899~1977)의 훌륭한 연구인 「라라족의 역사적 연원("The Historical origins of Lolo")」만을 언급하기로 하겠다.[50]

현장 연구

현장에서 꽤 긴 기간 동안 체류하면서 수행된 매우 많은 연구들 가운데, 여기서는 그 일부만을 언급하기로 하겠다. 여전히 지역 주민들에 대한 흥미를 가졌던 선교사들 외에, 학생들을 가르치기 위해 각 성省의 대학에 왔던 교수들이 존재한다. 데이빗 그래함(David C. Graham, 1884~1961)[51]과 보클레르(I. de Beauclair)가 바로 그런 교수 그룹에 속하는 연구자들이다.

데이빗 그래함은 1921년 의빈宜賓(운남과의 접경지역)에서 사천 묘족川苗을 처음 접했다. 그곳에서 수년간 머물렀던 덕분에, 그는 묘족 거주 지역을 매우 빈번하게 방문할 수 있었다. 그렇게 해서 그는 묘족들의 사냥에 참가하고, 그들의 노래를 듣기도 하며 그들의 관습과 종교에 관해 얘기를 나눌 수 있었던 한편, 인류학적 측면에서 묘족들의 신체를 측정하기도 했다. 1932년 사천성 성도成都로 옮겨 온 그는 화서협화대학華西協和大學(West China Union University)의 고고예술민족 박물관의 큐레이터가 되었다.[52] 묘족 거주 지역과 매우 멀리 떨어져 있었지만, 그는 인류학자이자 의사인 워스(W.C. Worse), 그리고 음악학자인 고든 애그뉴(Gordon Agnew)와 함께 묘족에 대한 자신의 조사를 계속했다. 그는 모두 732종에 달하는 천묘족川苗族의 노래, 전설, 역사 자료를 수집해서 가져왔는데, 거기에는 묘족으로부터 직접 들은 묘족언어나 글을 배운 묘족이 사용한 중국어로 된 설명을 첨부했다. 이 조사 결과는 일련의 논문으로 출간되었는데, 그중 가장 중요한 것을 언급한다면 다음과 같다. 즉 「사천 남부의 천묘("The Ch'uan Miao of the Southern Sze-ch'uan")」,[53] 「천묘의 관습("The customs of the Ch'uan Miao")」,[54] 「천묘의 의례儀禮("The Ceremonies of the Ch'uan Miao")」,[55] 「천묘의 전설("The Legends of the Ch'uan Miao")」,[56] 「천묘의 어휘("Vocabulary of the Ch'uan Miao")」,[57] 「천묘의 종교("Religion of the Ch'uan Miao")」,[58] 「천묘의 노래와 이야기("Songs and Stories of the Ch'uan Miao")」[59]들이다.

귀양貴陽대학에서 거의 20년 동안 독일어를 가르친 보클레르(I. de Beauclair)는 자신의 휴가를 이용하여 귀주 지역의 소수민족, 특히 묘족, 흘료족仡佬族, 중가족을 조사했다. 그녀는 일련의 논문들을 출간했는데, 그 논문에서 그녀는 종종 중국 원문을 이용해서 자신이 직접 관찰한 사실을 재분류했다. 그녀의 논문을 열거하면 다음과 같다. 「귀주성 안순安順 일대 포의족의 의상과 장식("Tracht und Ornamentik der Pa Miao in Anshun Kreis des Provinz Kweichou")」,[60] 「중국 기록에 등장하는 흘료족과 그들의 역사("The Koh Lao of Kweichou and their History according to Chinese Records")」,[61] 「귀주성의 전형적인 흘료족("Representatives of the Lao of Kweichou Province")」,[62] 「서남 중국 귀주성 비한족의 문화적 특징("Traits of Non-chinese Tribes of Kweichou

Province Southwest China")」,[63] 「귀주성 남동 지역의 묘족과 그들의 문화 형태("A Miao Tribes of Southeast Kweichou and its cultural configuration")」,[64] 「귀주성의 대화묘大花苗("Die Ta hua Miao der Provinz Kweichou")」[65]이다.

마지막으로 1902년 서남 지역 여러 성(운남, 귀주, 호남, 사천)에서 체류한 뒤 발간된 도리 류조(鳥居龍藏, 1870~1953)[66]의 묘족 주민에 관한 보고서를 언급해야 한다.[67] 도리 류조는 유럽인들에 뒤이어 자신 저서의 상당 부분에서 묘족의 인체 측정학을 다뤘으며, 그것을 위해 그는 많은 분량의 자료를 수집했다. 저서 서문에서 그는 묘족에 관련된 중국측 사료를 비판적으로 분석했지만, 저서 나머지 부분에서는 거의 전적으로 그 당시 묘족 사회만을 다뤘다.

중국의 정치 체제 변화로 현장 연구나, 1922년 성도成都에서 창간된 『화서변강연구학회잡지(*Journal of West China Border Research Society*)』, 『민속 연구(*Folklore Studies*)』, 그리고 북경 기독교대학에서 간행된 『동양민족학 박물관(*Museum of Oriental Ethnology*)』과 같은 서양언어로 된 중국의 민속학과 민족학 전문 잡지들의 출간이 중단되었다.

종합 연구

1936년 에버하르트(W. Eberhard)는 「초기 중국문화와 그 발전("Early Chinese Cultures and their Development")」이라는 제목의 한 학술대회[68]에서 "이제 중국 문화를 더 이상 단일한 문화로 간주해서는 안 되며, 오히려 중국 사료에 등장하는 매우 풍부한 다문화 관련 자료에 근거해서 중국 문화에 대한 분석을 시도해야 한다. 그러한 연구를 통해 우리들은 지역 문화의 다층성과 중국의 고급문화(hochchinesische Kultur)는 지역 문화와의 융합에서 비롯되었다는 점을 발견할 수 있을 것이다"라는 개념을 제시했다. 뒤이어 출간된 두 개의 방대한 연구는 이러한 연구 가설에서 비롯되었다.

「중국 변방 지역의 문화와 주거("Kulture und Siedlung der Randvölker Chinas")」[69]라는 제목의 첫 번째 연구에서 에버하르트는 해당 자료의 시대에 관계없이 변방 지역 주민들에 관한 자료를 최대한 수집하기를 원했다. 그처럼 거대한 시도에 대해 저자 또한 이 연구의 서문에서 자신의 의도를 다음과 같이 밝혔다.

> "이 연구는 변방 지역 주민들에 대한 백과전서적인 연구는 아니다. 그것은 지금까지 오직 중국측 자료에 입각해서 별도로 취급된 민족(Stamm) 문화를 설명하는 〈표준적인 방식〉(Musterbeispiel)이자, 아직 세련되지는 않았지만 체계적인 방법으로 그들을 분류하기 위한 시도일 뿐이다."[70]

이러한 연구 방법을 통해, 그의 언급에 따른다면 기원전 7세기까지 거슬러 올라갈 수 있는 일군一群의 거대한 문화 집단으로 〈비한족〉을 재분류한 후, 그는 「고대 중국의 지역 문화("Lokalkulturen in alten China")」[71]라는 두 번째 연구를 시도했는데, 그 연구의 목적은 지방의 다양한 문화를 토대로 한 중국의 고급문화(hochchinesische Kultur)가 어떤 과정을 통해 서서히 형성되었는지를 밝히는 데 있었다. 저자의 설명에 의하면 "고급문화의 개별적인 문화 양상(Kulturgut)[72]에 대한 연구를 시도하여 그 기원까지 거슬러 올라가는 게 바람직하다"는 것이었다. 그러나 한 사람만으로는 그러한 작업의 수행이 불가능하기 때문에, 그는 문화적 양상 가운데 자신이 가장 중요하다고 간주한 일부 사실만을 연구하기로 마음먹었다.[73] 그러한 방법으로 연구를 진행하기 위해, 그는 여러 문화적 사실事實들을 자신이 구분한 대문화 그룹으로 재편성했다. 그는 자신이 관심을 가지고 있는 문화 현상들이 언급된 모든 시대의 사료를 각각의 문화 그룹별로 인용해서 모아 놓았다. 두 번째 연구의 주요한 수확 덕분에 변방 지역 주민들에 대한 새로운 시각을 가지게 되었는데, 그러한 시각은 「중국 변방 지역의 문화와 주거」에서 사용된 방법론을 통해 얻은 기존의 사실들을 매우 풍부하게 만들었다. 더 나아가 에버하르트는 자신의 결론에서 다음과 같이 말했다.

> "이제 우리들은 기원전 2~3세기부터[74] 변방 지역 주민들이 형성되어 그들만의 고유한 특성을 형성했다는 사실을 인정할 수 있으며, 그 시기야말로 동남아시아와 중앙아시아 민족학자들에게 분명 흥미 있는 시기일 것이다."

그의 연구 의도는 가장 많은 칭송을 받았으며, 중요한 결과를 가져다준 작업이지만, 그가 사용한 연구방법에 대해서는 약간 조심스런 입장을 취할 필요가 있다. 에버하르트가 문화적 요소만을 고집하는 것에 대해 사람들은 거북함을 느꼈으며, 유감스럽게도 그러한 방법론이 역사의 본질로 대체될 수는 없었다. 융합과 가설 사이의 뚜렷한 연계성이 드러나지 않았음에도, 한편으로는 우리들에게 여러 자세한 사실에 대한 융합을 제시하고, 다른 한편으로는 여러 가설들을 받아들이라고 요구하는 것이다. 그것은 그 연계 과정이 마치 시간의 영역 밖에서 일어났던 것과 같은 것으로서, 사람들이 추적하기를 원했던 건 단지 그 연계 과정의 여러 단계들이었다.[75]

1954년 위엔즈(H. J. Wiens)는 『적도지역으로 향한 중국의 행진(*China's March toward the Tropics*)』이라는 그의 저서에서, 좀 더 역사

적 방법을 동원해 흥미로운 시도를 했다. 저자는 이미 에버하르트가 진행했던 연구 결과를 이용해서 소수민족들을 구분한 것은 사실이지만, 그 다음 부분에서는 소수민족 주민들의 움직임과 이동, 한족과 여타 다른 민족과의 관계, 그리고 한족이 소수민족에게 적용했던 판이한 행정 제도와 그에 따른 여러 부작용을 시대별로 고찰했다. 하지만 자신이 다룬 주제의 범위가 넓어 분명 제약을 받았던 이 저자는 유감스럽게도 1차 사료를 바탕으로 연구를 진행하지는 않았다. 그는 좀 더 지역적 특성을 지닌 시각의 제시를 통해, 〈남쪽으로 내려간 중국인들〉이 야기한 경제적 문제를 고찰해야만 했을 것이다.[76]

3. 중국인들의 서남 지역 〈재발견〉

유럽학파

유럽인들보다 먼저 서남 중국을 〈발견했다〉고 생각하는 중국인들 입장에서는 〈재발견〉이라는 용어가 결코 허용될 수 없는 말이라는 점을 먼저 언급할 필요가 있으며, 중국인들의 그러한 생각이 결코 잘못된 건 아니다. 15세기 이후 여러 중국인들이 남긴 이 지역에 관한 수많은 여행기를 한번 살펴본다면, 중국인들의 그러한 주장을 수긍할 수 있다. 그러나 〈재발견〉이라는 용어를 사용했던 유럽인들은 그 단어를 통해, 20세기 후반의 중국인들은 자신의 연구 방법론 일부를 포기한 이후, 서양의 민족학 방법론을 통해 서남 지역을 연구하려 했다는 사실을 지적하고자 했다. 이 당시 등장한 연구가 상당히 많지만, 오래전에 절판絶版된 중국 잡지에 당시 연구 결과가 산재되어 있기 때문에, 그것을 입수하기가 용이하지 않다. 예를 들어 귀양에서 발행된 『귀주묘이사회연구貴州苗夷社會研究』와 같은 잡지를 들 수 있다.[77] 진국균陳國鈞은 귀주성 묘족의 분포, 관습, 음식, 주민 구성 등을 다룬 6편의 논문을 1942년 이 잡지에 발표했다.[78] 또한 어수란於樹巒은 『동방잡지東方雜誌』에 「귀주묘족적혼절풍속貴州苗族的婚節風俗」이란 제목의 논문을 발표했으며, 그 논문을 높이 평가한 에버하르트는 이 논문의 일부를 번역했다.[79]

이러한 민족학적 접근 방법에 대해 묘족들 자신이 커다란 매력을 느꼈다는 것은 흥미로운 일이다. 보클레르의 연구를 도왔던 양한선(楊漢先, 1913~1998)이라는 묘족은 귀주성 서쪽 위녕주威寧州의 대화묘족大花苗族 출신으로서, 성도成都의 화서대학華西大學 사회학과를 졸업했다. 그는 귀주와 운남의 대화묘족들의 이주移住 전설과 대화묘족에 관련된 문제들에 대한 여러 연구를 출간한 바 있다.[80]

또한 문자 기록이 없는 소수민족 역사를 재발견하려는 시도로, 사료를 토대로 진행된 일련의 연구들을 찾아볼 수 있다. 1928년 양성지(楊成志, 1902~1991)와 여영량(余永梁, 1906~1950)은 묘족을 언급한 모든 중국 문헌 목록을 작성했다.[81] 또한 중국인들은 현재 묘족의 조상[82]이라고 알려진 삼묘三苗[83]의 옛 거주 지역에 대한 연구도 시작했다. 끝으로 외국에 거주하고 있는 중국인들은 당시 조류에 부응하여 『묘족수고본』의 번역을 시도했다.[84]

중국에서의 서남 지역 연구 현황

서유럽 학문의 영향을 받은 학파가 등장한 후, 중국인들은 마르크시즘을 연구하기 시작했다. 그 영향으로 1954년 『민족문제역총民族問題譯叢』[85]이라는 잡지가 창간되었는데, 이 잡지의 창간 목적은 소수민족과 관련된 소련의 연구 결과를 번역하는 데 있었다. 1958년 이 잡지는 명칭을 『민족연구民族研究』[86]로 변경했다. 명칭 변경과 함께 그 목적도 확대되었다. 이제 소련의 연구 결과를 번역하는 일은 부수적인 일이 되었으며, 중국의 민족 문제와 관련된 마르크스주의자들의 이론, 그리고 민족문제와 관련된 공산당의 정책과 현장 연구를 토대로 완성된 연구 업적을 주로 소개했다. 마지막으로 이 잡지는 당시 여러 소수민족의 상황, 그들의 사회경제적 조건을 소개함과 동시에 그들에 대한 역사와 소수민족 사이의 관계를 연구하려 했다.

잡지 명칭의 변경과 함께 1958년 민족학원民族學院이 창립되어 구술 자료, 전설, 음악과 노래 자료의 수집, 종교 조사, 사회경제적 상황과 같은 언어학과 민족학 영역에 대한 조사의 실시, 다큐멘터리 영화 제작, 중국 사료에 기초한 역사 연구를 진행했다. 이처럼 거대한 연구 계획 하에 언어학 분야에서 일련의 사전, 소수민족 언어의 문법과 언어학 연구 결과가 출간되었는데, 묘 · 한苗·漢사전, 장 · 한壯 · 漢사전, 태 · 한傣 · 漢사전과 같은 사전류, 묘족, 경파景頗족, 포의佈依족 언어의 문법, 묘족과 요족 언어에 대한 연구 등이 그것이다.[87] 소수민족에 대한 역사학적 연구로는 다음과 같은 연구가 출간됐다. 1) 중국 사서史書에 전해져 내려오는 묘족, 요족, 흘료족仡佬族, 이족彝族 등의 소수민족을 가리키는 용어의 확인과 그 분포 지역 문제를 밝힌 일련의 짤막한 논문,[88] 2) 청대 묘족 반란과 혁명 영웅에 대한 연구,[89] 3) 묘족과 포의족의 사회와 경제를 개관한 연구,[90] 4) 위 연구와는 별도로, 『역사연구歷史研究』에 게재된 호경균(胡慶鈞, 1918~1996)의 이족彝族 사회에 대한 훌륭한 연구를 언급할 필요가 있다.[91]

최근 언어학적 방면의 연구가 소수민족 연구에 기여하는 바가 크지만, 전체적인 역사학적 연구는 여전히 불충분하다. 그리고 이러한 현상은 근대 시기 중국 사료가 풍부하게 남아 있다는 점에서 꽤 의외의 일이다.

2 사료

서남 중국에서 제일 작은 귀주성 한 곳만을 놓고 본다면, 꽤 풍부한 사료 목록을 작성할 수 있다. 만일 귀주성에 대한 또 다른 종류의 연구를 계획하고자 하는 독자가 있다면, 이 책 말미에 적은 참고문헌에서 귀주성 관련 사료 목록을 찾아볼 수 있을 것이다.

실제로 많은 문헌들이 자취를 감춰버렸기 때문에, 특히 명대 사료에서 볼 수 있는 것처럼 단지 그 제목만 알 수 있거나, 지방지[92]의 경우처럼 중국의 지방 도서관에 보존된 몇몇 희귀본만이 존재하는 경우도 있다. 참조할 수 있는 모든 자료를 우리가 손에 넣을 수 없다는 점은 자명한 일이며, 여기서는 단지 우리가 참조할 수 있는 자료 가운데 가장 유용한 것만을 언급하고자 한다.

1. 귀주성 관련 명대 사료

우리는 먼저 명대에 편집·출간된 자료들을 언급한 다음, 청대에 편집·출간된 자료를 언급할 예정이다.

명대 편집 · 출간된 자료

1) 90권으로 된 『대명일통지大明一通志』. 천순天順 5년(1461)에 완성된 이 자료는 성별省別 지리를 설명해주는 책으로서 귀주성에 관련된 내용은 권88에 있다.[93] 이 책을 통해 행정 단위에 대한 정보뿐 아니

라, 지형의 기복, 생산물, 인구, 관습, 유명인에 대한 언급을 발견할 수 있으며, 또한 각 성省의 지도도 볼 수 있다.

2) 「감처파주사정소勘處播州事情疏」. 매우 흥미로운 이 자료는 성화成化 23년(1487) 현재 준의遵義에 해당하는 파주播州 지역 수장首長[94]의 계승권 문제에 대한 조사 책임을 맡은 하교신(何喬新, 1427~1502)[95]이 추후 작성한 보고서이다. 이 자료에는 지역 수장의 〈법정〉, 그리고 수장首長들이 행한 목재 판매, 납연광, 사냥감의 보관, 차 재배, 양어장, 양봉養蜂 등과 같은 경제활동에 대한 귀중한 정보가 담겨 있다.

3) 「정이기사靖夷紀事」. 이 자료는 융경隆慶 4년(1570) 동일 씨족의 두 토관土官이었던 안국형安國亨과 안지安智 사이에 발생한 분쟁에 뒤이어, 한족이 수서水西 이족彝族 지역에 개입한 상황을 고공(高拱, 1512~1578)[96]이 밝힌 내용이다.[97]

4) 『염요기문炎徼紀聞』(1560년). 총 4권으로 구성된 이 책은 광서, 귀주, 운남의 토사 정책과 관련된 중요 자료를 모아 놓았다. 이외에도 남쪽과 서남 지역에서 볼 수 있는 여러 비한족 그룹에 대한 설명도 들어 있다. 이 책의 저자인 전여성田汝成은 서남 지역에서 10년 이상 관료를 지낸 인물로서, 그에 대해서는 본서 92쪽에서 언급된 내용을 참조할 수 있다.

5) 『검지黔志』. 비교적 짤막한 책이지만, 귀주성과 귀주성의 소수민족, 교통로, 지리, 경제와 같은 여러 문제들을 다루고 있으며, 저자는 왕사성(王士性, 1546~1598)[98]이다.

6)「파지선후사의소播地善後事宜疏」. 사료 2)에서 언급한 바 있는 파주 지역에서 만력 29년(1601) 발생한 반란 진압 후 취해진 행정 조치들을 언급한 책이다. 이 상소上疏의 주인공은 이화룡(李化龍, 1554~1611)으로 알려져 있으며, 그는 사후 대책에 앞서 진행된 안무책按撫策[99]도 언급했다. 이 책은 단 한 단원으로 구성되어 있다.

7)『서하객유기徐霞客遊記』. 이 책은 지칠 줄 모르는 모험가이자, 지리학자이며 동굴학자이기도 했던 서하객(徐霞客, 1587~1641)[100]의 여행기로서, 그는 명말에 여러 성省을 종횡으로 누비고 다녔다. 그는 특히 귀주성의 카르스트 지형과 동굴에 대한 흥미있는 묘사를 남겼다. 서하객에 대해서는 본서 94쪽에 언급된 내용을 참조할 수 있다.

8)『남중기문南中紀聞』. 포여즙包汝楫이 쓴 이 책은 서남 지역에 대한 여행기이다. 이 책에서는 특히 귀주성에서 생산된 숯과 이족彝族의 사회 조직에 대한 정보를 볼 수 있다.

청대 편집된 자료

1)『명사기사본말明史紀事本末』. 초판은 순치順治 15년(1658)에 나왔으며, 순치 13년(1656) 무렵 곡응태(谷應泰, 1620~1690)[101]가 편집한 책으로서, 명대를 역사적으로 고찰한 최초의 저서 가운데 하나이다. 80권으로 된 이 책은 여러 자료들을 모아 주요 관심 분야에 따라 분류했다. 귀주성에 관한 내용은 권19,「개설귀주開設貴州」에 있다.

2)『만사합지蠻司合志』. 모기령(毛奇齡, 1623~1716)[102]이 편집했으며, 15권으로 된 이 책은 명대 서남 지역 토사의 역사를 각 성省별로 다

루고 있다.

3) 『안룡기사安龍記事』. 남명南明 영력제(永曆帝, 1623~1662)[103]가 귀주성 남서 지역에 있는 안룡에 머물렀던 상황을 강지춘江之春이 기록한 책이다.

4) 『명사明史』. 여러 사람이 공동으로 편수한 명대 공식 역사서로서 건륭 원년(1736)에 완성되었다. 권316에는 귀주성 토사에 관한 풍부한 자료를 발견할 수 있으며, 권312에서는 이 당시 귀주성 관할이었던 사천성의 파주토사播州土司를 언급하고 있다.

2. 귀주성 관련 청대 사료

청대에 이르러 귀주성에 대한 관심이 매우 증가되었기 때문에, 해당 자료 또한 급증했다.[104] 우리들은 지방지, 여행기, 특정 주제에 대한 연구, 묘족에 대한 수고본 자료, 고문서 자료와 일반 역사서를 차례로 언급할 예정이다.

지방지地方志

1) 귀주성 전체를 다루고 있는 지방지인 『귀주통지貴州通志』를 먼저 언급하기로 하겠다. 이 지방지는 최소한 3종류의 다른 판본이 있는데, 둘은 강희康熙 연간(1662~1722)에, 그리고 세 번째는 건륭乾隆 연간(1736~1795)에 간행되었다.[105]

첫 번째 판본은 모두 33장章으로 되어 있으며, 당시 귀주 순무巡撫

였던 조신길(曹申吉, 1635~1680)과 반순(潘馴, 1610~1681)[106]의 주도로 찬수된 것으로, 강희 12년(1637)에 간행되었다. 이 지방지는 단지 네 부가 남아 있을 뿐이며, 모두 중국 도서관에 소장되어 있다.[107] 이 지방지를 참조하지는 못했다.

두 번째 판본은 당시 운귀총독雲貴總督으로 있던 범승훈(范承勳, 1641~1714)[108]의 주도로 찬수되었으며, 강희 31년(1692)에 완성되었다. 36권으로 된 둘째 판본의 제 1권에는 귀주성과 귀주성의 여러 부府, 그리고 귀양의 지도와 같은 매우 흥미로운 지도가 들어 있다. 토사 문제를 다룬 권30에는 비한족 주민들과 관련된 보편補編이 들어 있는데, 그림이 첨부되어 있다. 「예문지藝文志」(권31~권36)에 등장하는 상당수 글들은 건륭 『귀주통지』에 다시 수록되어 있다. 이 둘째 판본은 파리의 국립도서관에 보존되어 있다(분류 번호 : fonds chinois, 1791-1794). 주사가朱士嘉의 『중국지방지종록中國地方志綜錄』 287쪽과 에르브에(Y. Hervouet)의 『유럽 도서관 소장 중국지방지 목록(*Catalogue des monographies locales chinoises dans les bibliothèques d'Europe*)』 82쪽에는 위기제(衛旣齊, 1645~1701)[109]와 설재덕薛載德의 주도로 찬수된 강희 36년(1697)에 간행된 또 다른 종류의 『귀주통지』가 수록되어 있다. 이 판본 역시 36권으로 되어 있으며, 유럽에서는 오직 케임브리지 대학 도서관에만 소장되어 있다. 이 판본도 참조할 수 없었지만, 이것이 강희 31년 판본과는 다르거나 수정본이라고 말하기는 어렵다. 건륭 연간본은 강희 36년 판본의 서문을 일체 재수록하지 않았다.

장광사(張廣泗, ?~1748), 정도모靖道謨,[110] 두전杜詮의 주도로 찬수된 세 번째 판본은 건륭 6년(1741)에 완성되었다. 이 세 번째 판본에는 서문이 없는 대신, 「귀주통지범례貴州通志凡例」[111]를 수록하여 편찬 계획과 편찬자들이 직면한 여러 문제들을 설명했다. 파리에서는 중국학고등연구소(Institut des Hautes Etudes chinoises), 국립동양언어학교

(Ecole nationale des langues orientales), 아시아협회(Société Asiatique)의 세 곳 도서관에 이 책이 보존되어 있다. 이 책의 집필을 위해 이 세 번째 판본을 매우 많이 이용했으며, 이 책에 대한 기본적인 소개를 위해 그 목차를 번역해서 언급한다.[112]

천문天文

권1 - 성야星野,[113] 기후, 상이祥異[114]

지리地理

권2 - 여도輿圖[115]

권3 - 건치建置[116]

권4 - 강역疆域,[117] 형승形勝[118]

권5 - 산천山川

권6 - 관량關梁,[119] 우전郵傳[120]

권7 - 풍속風俗, 묘만苗蠻, 고적古蹟,[121] 구묘邱墓[122]

영건營建

권8 - 성지城池,[123] 공서公署[124]

권9 - 학교, 공원貢院,[125] 서원書院, 의학義學

권10 - 단묘壇廟, 사원寺院

식화食貨

권11 - 호구戶口

권12~권13 - 전부田賦

권14 - 과정課程[126]

권15 - 경비經費,[127] 견휼蠲恤,[128] 적저積貯,[129] 물산物産

질관秩官

권16 - 관제官制[130]

권17~권18 - 직관職官[131]

권19~권20 - 명환名宦[132]

권21 - 토사土司

무비武備

권22 - 병제兵制

권23~권24 - 사려고師旅考[133]

권25 - 묘강사려시말苗疆師旅始末

인물

권26~권27 - 선거選擧[134]

권28 - 향현鄕賢

권29 - 충렬忠烈, 효의孝義

권30 - 환적宦蹟,[135] 문학文學, 은일隱逸[136]

권31 - 열녀列女

권32 - 유우流寓,[137] 선석仙釋,[138] 방기方技[139]

예문藝文[140]

권33 - 칙勅, 조詔, 유諭

권34~권36 - 주소奏疏

권37 - 장狀, 송訟, 찬贊, 잠箴, 명銘, 서書, 론論, 해解, 고考, 변辯

권38 - 전傳

권39 - 서序, 기사紀事

권40 - 기記

권41~권42 - 비기碑記

권43 - 문文, 의議, 교敎, 설說

권44 - 부賦, 시詩

권45 - 시

권46 - 잡기雜記

2) 다른 한편, 유럽에서 볼 수 있는 두 종류의 부지府志를 참조했다.

방제수方齊壽와 양대용楊大鏞이 찬수한 광서 2년(1876) 판본으로서 파리 국립도서관에 수장되어 있는 『석천부지石阡府志』이다. 이 지방지는 현재 중국에만 유일본이 남아 있는 건륭 30년(1765) 판본에 등장하는 여러 내용을 다시 싣고 있다.[141]

도광 21년(1841) 간본인 『준의부지遵義府志』는 라이덴 중국학 연구소(Sinoloisch Instituut de Leyde)에 보관되어 있으며, 1841년 간본을 광서 18년(1892)에 재판한 것 또한 코펜하겐에 보관되어 있다. 이 지방지는 귀주성 동남부 독산獨山 출신의 막우지(莫友芝, 1811~1871)[142]와 특히 준의의 유명한 의사 집안의 아들인 정진(鄭珍, 1806~1864)[143]이 여러 사람과 공동으로 편찬했다. 정진은 특히 그의 여러 저작들로 유명한 인물이다. 그는 자신의 고향 특산물 가운데 하나였던 잠상업 관련 소책자인 『저견보樗繭譜』를 저술했다. 그는 또한 준의 출신 시인들의 시를 한데 모은 24권의 『파아播雅』를 편찬해서 함풍 5년(1855) 출간했다(Hummel, *Eminent Chinese of the Ch'ing Period*, t.I, 107~108쪽 참조). 『준의부지』는 청대 지방지 가운데 최고로 꼽히는 것 중의 하나이다. 우리들은 『준의부지』에서 특히 목재업(권 19)과 잠상업(권 14)에 관한 흥미 있는 정보를 얻을 수 있다.

3) 또한 나는 대만에서 『중국방지총서中國方志叢書』라는 이름으로 영인된 또 다른 네 종류의 지방지를 참고했다.

귀주 서쪽의 안순부安順府 관할이었던 보안주普安州 출신의 왕복종王復宗이 편찬한 『천주현지天柱縣志』를 우선 들 수 있다. 이 총서 속에 들어 있는 영인본 내용은 강희 22년(1683)으로 표시된 저자 서문보다 앞선 시기에 출간된 재판본과 일치한다. 이 지방지는 당시 존재한 수리시설에 대한 풍부한 정보를 싣고 있으며, 해당 수리시설의 관개 면적을 기록해 놓았다.

다음은 황배걸黃培杰이 편찬해서 도광道光 17년(1837)에 출간된 『영녕주지永寧州志』이다. 이 지방지의 저자는 자신의 서문에서 건륭 연간에 사정순謝廷珣이라는 사람이 이 지방지의 초판본을 편찬했지만, 그 후 소실되었다고 언급했다. 이후 이 지방지는 『영녕주지보유永寧州志補遺』라는 제목의 보편補編 형태로 함풍咸豐 4년(1854)에 다시 출간되었다. 이 지방지에는 운남으로 가기 위해서는 반드시 거쳐야 할 관색령關索嶺[144] 일대의 지리 상황에 대한 풍부한 자료가 담겨 있다.[145] 또한 양은 많지 않지만, 중가어仲家語와 묘족어가 실려 있음을 알 수 있다.

호학우胡翯羽가 편찬한 『삼합현지략三合縣志略』은 민국民國 29년(1940)에 간행되었다. 고주古州 상류의 도강都江변에 위치한 현재 삼도현三都縣 지역 일대에 관련된 지방지이다. 이 지방지는 옹정 연간(1723~1736)에 이르러서야 겨우 묘족이 정복되었던 삼도현 지역에 대한 최초의 지방지이다. 다른 자료에서 찾아볼 수 있는 고대 자료에서 발췌한 원문 외에도, 유럽에서는 찾아볼 수 없는 지방지의 인용문과 흥미로운 비문碑文이 들어 있다. 비한족 주민들에 대한 짤막한 고찰에 뒤이어 수가족水家族의 문자와 중국 방언도 포함되어 있다.[146]

마지막으로는 왕세흠王世鑫과 공동으로 곽보상郭輔相이 편찬했으며 민국 21년(1932)에 출간된 『팔채현지고八寨縣志稿』가 있다.[147] 이 지방지는 17세기 초반에 만들어진 이래, 한 번도 지방지 편찬 작업이 없었던 팔채현 최초의 지방지이다. 이전의 지방지와는 달리, 팔채현 지방지는 현재에 많은 비중을 두었던 반면, 과거에 대한 기술은 매우 적다. 예문지에는 일부 흥미로운 원문들이 들어 있지만, 그 모두는 건륭 『귀주통지』에 들어 있다. 묘족과 수가족의 언어와 함께, 수가족 언어를 표기하기 위해 사용된 문자도 발견할 수 있다.

여행기

귀주 지역을 여행하고 남긴 여행기는 왕석기(王錫祺, 1855~1913)[148]가 편찬해서 광서 17년(1891)에 처음으로 출간한 『소방호재여지총초小方壺齋輿地叢鈔』[149] 속에 들어 있다.

여행을 좋아한 사람이나 여행을 한 관료들이 남긴 작품인 여행기에는 매우 다양한 사실들이 기록되어 있다. 상당수 여행기는 풍경이나 〈볼거리〉, 예를 들어 우리가 뒤에서 언급하겠지만 가장 유명한 흥밋거리로 간주됐던 동굴 등만을 묘사했다. 그러한 종류의 여행기로서 허원중許元仲의 「비운동기飛雲洞記」나 홍량길(洪亮吉, 1746~1809)[150]의 「사자애기獅子涯記」 등을 들 수 있다.

또 다른 여행가들은 좀 더 심도 있는 묘사를 했지만, 여전히 외적인 지리적 경관景觀의 설명에 그치고 있다. 이런 종류의 여행기로는 귀주성의 수도水道를 훌륭하게 설명하고 있는 안사성(晏斯盛, ?~1752)[151]의 「검중수도고黔中水道考」[152]와 홍량길의 「귀주수도고貴州水道考」를 들 수 있다. 특히 홍량길은 귀주 지역 수도에 대한 언급 외에도, 이리하伊犁河[153] 유역에 대한 설명과 특히 『건륭부청주현도지乾隆府廳州縣圖志』를 작성한 것으로도 유명하다.

사회경제적 양상이나 비한족 주민들에 관련된 사항들을 자세히 묘사한 저자들이 우리들에게는 좀 더 흥미롭다. 그러한 저서들 가운데 특히 주목할 만한 것을 출간 연대순으로 배열하면 다음과 같다.

– 허찬증許纘曾[154], 『전행기정滇行紀程』(『叢書集成』本, 1680년)

– 황원치黃元治,[155] 『검중잡기黔中雜記』(『小方壺齋輿地叢鈔』本). 황원치가 귀주성 서쪽 지방인 평원주平遠州[156]에 부임한 연도는 강희 22년(1683)이다.

– 사계수(謝階樹, 1778~1825),[157] 「귀주도중기貴州道中記」(『小方壺齋輿地叢鈔』本). 진원鎭遠에서 귀양까지의 여정을 묘사한 책이다.

– 진정陳鼎, 『검유기黔遊記』(『小方壺齋輿地叢鈔』本). 그는 대략 순치 7년(1650) 무렵 출생했다.

– 양명시(楊名時, 1660~1736), 「자전입도정기自滇入都程記」(1735)

– 단췌檀萃, 『검낭黔囊』(18세기)

– 조익(趙翼, 1727~1814), 『월전잡기粵滇雜記』

– 임부林溥, 『고주잡기古州雜記』. 저자는 가경 원년(1796)부터 도광 원년(1821)까지 고주古州에서 관직을 지냈다.

– 이종방(李宗昉, 1779~1846), 『검기黔記』(1813)[158]

특정 연구

귀주의 다양한 상황을 언급하고는 있지만, 이 지역을 전적으로 다루고 있지 않은 저서나 여행기를 특정 연구라는 소제목 항목에 집어넣었다. 각 성省의 전반적인 상황을 다룬 저서를 먼저 살펴볼 예정이다.

1) 고염무(顧炎武, 1613~1682)[159]와 고조우(顧祖禹, 1631~1692)[160]의 저서

17세기 중국 역사에 대한 그 어떤 주제를 다루더라도, 우리들은 항상 위 두 저자의 유명한 두 종류의 대작을 떠올릴 것이다. 하나는 고염무가 쓴 120권의 『천하군국이병서天下郡國利病書』이며, 다른 하나는 총 131권으로 된 고조우의 『독사방여기요讀史方輿紀要』(최초 판본은 강희 5년인 1666년 직후에 나왔다)이다. 여기서 우리가 관심을 갖고 살펴볼 위 두 권의 저서가 지닌 가치는 큰 폭의 차이가 있다. 고염무의 저서에서 귀주성을 다룬 장(권113~권114)은 사료로서의 의미는 거의 없으며, 단지 장가강牂牁江의 비정批正과 관련해서 다른 저자들이 쓴 저서의 일부를 발췌해 놓았거나 묘족과 토사제도에 대한 일부 언급이 전부이다. 반면 『독사방여기요』에 기술된 귀주성 설명 부분(권120~권123)은 이 지역의 자연·인문지리와 역사에 대한 귀중한 정보를 담고 있다.

2) 전문(田雯, 1635~1704)의 『검서黔書』. 산동성 덕주德州 출신인 전문은 강희 27년(1688) 귀주성 순무巡撫로 임명되었다. 그는 부임 초기에 특히 현학縣學 건립과 같은 지역 개선 사업을 시행했으며, 그가 사망하자 그를 기리기 위한 사당이 세워졌다. 이 책을 저술하기 위해 그는 만력萬曆 연간(1573~1620) 운귀총독을 지낸 곽자장(郭子章, 1542~1618)[161]의 『검기黔記』를 많이 이용했지만, 곽자장의 저서는 아마도 소실된 것처럼 보인다. 『검서黔書』는 1) 역사, 2) 지리, 유명 지역, 경제, 3) 인물명환人物名宦, 4) 생산물의 네 부분으로 구성되어 있다.[162] 최초 판본은 강희 29년(1690)에 출간되었다. 의도적으로 기교를 부려 쓴 전문의 문체는 얼른 해독하기 어렵다. 그는 또한 자신만의 비방秘方을 찾았으며, 의사들이 처방한 약초 이름이 괴상한 명칭이

아닌 경우에는 그 처방을 받아들이지 않았던 것(Hummel, *Eminent Chinese of the Ch'ing Period*, t.2, p.719 참조)으로도 유명한 인물이었다.

3) 애필달(愛必達, ?~1771)[163]의 『검남식략黔南識略』. 총 32권으로 된 이 책은 건륭 14년(1749) 초판본이 간행되었으며, 이후 나요전(羅繞典, 1793~1854)[164]이 초판본의 내용을 보충해서 도광 27년(1847)에 재판본이 간행되었다. 서문에 이어 저자는 행정구역별로 자료를 분류해서 각 현縣 단위에 대한 역사(반란과 안무按撫), 경제(숲과 광산 개발, 시장), 인구(소수민족들의 관습)와 관련된 정보를 싣고 있다. 다른 책에서도 찾아볼 수 있는 자료를 이용해서 만든 이 책은 매우 정확한 지리적 배치에 따라 그러한 자료들을 제시하고 있는 장점 때문에, 역사적 사실을 지역별로 구분하는 것이 가능하다.

4) 유법현猶法賢[165]의 『검사黔史』. 이 책은 도광 14년(1834) 웅담영熊湛英이 최초로 간행했다. 자료는 연대순으로 배열되어 있다. 발문跋文에서 웅담영은 다른 성과는 달리 귀주성은 아직도 고유한 역사적 소개 대상 지역이 되지 못했으며, 유법현이 그러한 공백을 채웠다고 언급했다. 그러나 그는 덧붙여 말하기를, 역사가들의 노력에도 불구하고 묘족에 대한 저항과 반란이 빈번하게 발생했던 귀주의 과거가 분명하게 드러나지 않았다는 점을 신랄한 어조로 언급했다. 이 책은 1) 주대周代~오대五代(9쪽 분량), 2) 송원대(8쪽 분량), 3) 명대(24쪽 분량), 4) 청대~1796년(9쪽 분량)의 네 부분으로 구성되어 있다.

5) 장주(張澍, 1781~1847)[166]의 『속검서續黔書』. 서문에서 저자는 『검서』의 형식을 충실히 따라 이 책을 편찬했음을 밝혔다. 이어 그는 바

로 그런 이유 때문에 저서 명칭을 원래 이름이었던 『검중기문黔中記聞』 대신에 『속검서』라고 붙였음을 밝혔다. 실제로 일부 다른 판본에서는 『속검서』라는 명칭 대신에 여전히 『검중기문』이라는 제목으로 출간되고 있다. 이 책은 모두 8권으로 구성되어 있다. 1) 지리와 역사, 2) 열전, 3) 형세形勢, 4) 명승고적, 5) 특산물, 6) 물산, 7) 식물, 8) 동물이 그것이다.[167] 이 책의 첫 번째 판본은 가경 4년(1804)에 간행되었다.

6) 운귀총독을 지냈던 나요전(羅繞典, 1793~1854)[168]의 『검남직방기략黔南職方紀略』 9권. 이 책의 저술에 앞서, 그는 「호남요채전략도湖南猺寨戰略圖」를 그려, 소수민족이 거주하고 있는 지역에 대한 그 자신의 관심을 이미 보여준 바 있다. 귀주에 대한 그의 연구에는 도광 27년(1847)으로 명기된 서문이 있으며, 위 저서는 저자가 많이 참고했던 『검남식략』을 보완한 것이라고 할 수 있다. 그러나 『검남식략』과는 달리, 토사土司와 묘만苗蠻에 관련된 자료는 마지막 3권에 별도로 기록되어 있다(토사제도는 권7과 권8에, 그리고 묘만과 관련된 부분은 권9이다).

7) 절강성浙江省 전당錢塘 출신인 오진역(吳振棫, 1792~1870)[169]이 쓴 『검어黔語』 2권. 함풍 4년(1854)으로 기록된 저자의 서문이 들어 있는 이 『검어』는 여러 항목으로 구성된 저서이다. 그런 방법을 통해 귀주성 행정 연혁, 지리(저자는 다른 성省과의 교통로로 이용된 하천의 중요성을 매우 강조했다), 물산物産, 사당, 명승지와 열전을 배열했다.

이제 우리들은 소수민족만을 전문적으로 다룬 연구들을 살펴볼 차례이다.

몇 페이지 혹은 수십 페이지에 이르는 여러 종류의 소수민족 관련 사료들이 존재하는데, 그러한 사료를 통해 소수민족들의 일상생활, 관습, 그리고 종종은 그들 종족의 역사에 관한 정보를 발견할 수 있다. 그러한 종류의 책을 발간 연도순으로 배열하면 다음과 같다.

—『동계섬지峒溪纖志』[170] 3권. 절강성 전당錢塘 출신의 시인이자 문인이었던 육차운陸次雲의 저서로서, 대략 강희 19년(1680) 무렵 저술되었다.

—『도월기跳月記』. 이 책 또한 육차운의 저서로서, 남녀가 서로 배우자를 선택하기 위해 묘족들 사이에서 행해진 그들의 춤을 매우 훌륭하게 묘사하고 있다.

—『설만說蠻』. 18세기 무렵의 인물인 단췌檀萃[171]가 쓴 저서로서, 서남 지역과 남쪽 지역의 여러 다른 소수민족을 설명한 책이다.

—『황청직공도皇淸職貢圖』 9권. 최초 판본이 건륭 26년(1761)에 등장한 이 책의 일부에서는 중화 제국 내에 살고 있는 소수민족들을 언급하고 있다. 이 책은 뒤에서 언급할 『묘풍도록苗風圖錄』과 같은 형식과 매우 유사하게 만들어졌지만, 『묘풍도록』 등과는 달리 수고본이 아닌 인쇄본이다.

—『검묘죽지사黔苗竹枝詞』 1권. 시인이자 음악가였으며, 희곡 작곡가이기도 했던 서위(舒位, 1765~1815)[172]의 작품으로서, 그는 어머니가 소주蘇州에 살았던 탓에 소주 출신으로 알려져 있다. 이 저서는 저자 자신이 묘족 반란을 진압하기 위해 직접 귀주성을 다녀온 후에 저술된 것임에도 불구하고, 매우 문학적인 반면, 그리 사실적이지는 않다.

— 공시龔柴의 『묘민고苗民考』.[173]

— 패청교貝青喬의 『묘속기苗俗記』.

— 호남성 서포현溆浦縣 출신의 엄여익(嚴如熤, 1759~1826)[174]이 쓴 『묘방비람苗防備覽』 22권. 이 저서는 우리가 조사할 수 있는 해당 자료 가운데 가장 자세하고 중요한 자료이다. 엄여익은 또한 사천, 섬서, 호남성의 변방 지역 방어 대책을 논한 『삼변방三邊防』[175] 40권의 저자이기도 하다. 호남성과 귀주 경계 지역에 있는 묘족 지역을 주로 다루고 있는 『묘방비람』은 군사용으로 쓰인 매뉴얼 이상의 가치를 지닌다. 무엇보다 『묘방비람』에서는 매우 흥미로운 일련의 지도를 발견할 수 있으며, 각 촌채村寨의 열거, 도로와 수로에 대한 묘사, 한족이 건설한 영신營迅과 성보城堡, 다양한 소수민족들의 민족학적 정보, 그리고 특히 군사 작전과 다양한 행정 조치 등을 언급한 여러 역사 문헌을 묶어 놓은 역사 관련 부분이 같이 들어 있다.

— 호남성 소양현邵陽縣 출신으로서 유명한 역사가이자 지리학자인 위원(魏源, 1794~1857)[176]의 『성무기聖武記』 14권(초판은 도광 22년인 1842년에 출간되었다). 이 책의 권7[177] 대부분은 서남 지역 비한족 주민들을 진압하기 위해 전개된 군사작전을 다루고 있다. 『성무기』 권7 안에는 「옹정서남이개토귀류雍正西南夷改土歸流」(상, 하), 「건륭호귀정묘기乾隆湖貴征苗記」, 「도광호월평요기道光湖粤平瑤記」 등의 소단원이 있다.[178]

묘족 관련 수고본手稿本 자료

정확한 저자를 알 수 없는 묘족 관련 수고본은 묘족 혹은 묘만족이라는 소제목으로 나눠 중국 서남 지역 여러 소수민족들의 관습을 짤막하게 서술하고 있으며, 각각의 설명에는 그림이 첨부되어 있다. 18세기와 19세기에 해당하는 것들이 꽤 많은 이 자료(브로이디김이 작성한 중국과 유럽의 수장 목록 참고)[179]들은 세부적인 면에서 대체로 서로 다르다. 나는 특히 북경대학 도서관에 있는 두 종류의 수고본을 참조했다.

— 『묘풍도록苗風圖錄』(두 권의 책에 각각 35개의 도판과 37개의 도판이 설명과 함께 들어 있으며, 크기는 20 × 15cm).

— 『묘만풍속도지苗蠻風俗圖志』(두 권의 책에 각각 39개의 도판이 설명과 함께 들어 있으며, 크기는 18 × 12cm).

위 두 수고본은 책의 내용과 성격이 매우 흡사하며, 귀주 지역의 소수민족만을 다루고 있다.

프랑스에서는 다음 네 종류의 수고본을 참조할 수 있는데, 이 책들은 브로이티감의 목록에는 들어 있지 않다.

— 『묘종도설苗種圖說』(1권으로 된 이 책은 완간본이 아니며, 32개의 도판이 들어 있는 이 책의 크기는 35 × 25cm이다). 중국학고등연구원(Institut des Hautes Etudes chinoises) 도서관에 분류 기호 E, XII.7.93으로 보존되어 있다.

— 『중국내지번묘풍속도中國內地番苗風俗圖』. 기메 박물관(Musée Guimet) 도서관에 보존되어 있으며, 분류 번호는 fonds chinois 32.216이다.

— 『묘도육십사혈苗圖六十四頁』(크기는 30 × 21cm). 『중국내지번묘풍속도』와 함께 기메 박물관 도서관에 보존되어 있으며, 분류 번호는 fonds chinois 23.242이다.

— 『초남묘강도설楚南苗疆圖說』. 이 자료 역시 기메 박물관 도서관에 보존되어 있으며, 분류 기호는 fonds chinois 32.229이다. 이 자료는 최근에 출간된 것(19세기 말)이지만, 단연코 가장 흥미롭다. 다른 수

고본 자료와는 달리, 이 책은 묘족의 서로 다른 〈하위 그룹〉을 그림으로 표현한 것이 아니라, 소수민족들이 한족들에 의해 서서히 한화漢化되어 가는 과정을 그림으로 표현했다. 이 책은 전체가 소수민족으로 구성된 호남성 동부 지역에 대한 지도로 시작된다. 이어 12장의 도판이 들어 있는데, 그 도판들은 묘족 정복, 군軍으로의 편입, 한족이 개설한 학교에서 교육을 받는 묘족의 어린 아이들, 부역賦役의 징수, 정기 시장 등을 보여주고 있다(본서 권말의 〈도판 6~11〉 참조).

마지막으로 나는 일본에 보존되어 있는 『귀주묘채도貴州苗寨圖』[180]라는 책을 별도로 언급하고자 한다. 그 제목과는 달리, 이 책은 호남성 서부의 묘족 지역에서 발생한 건륭 60년(1795)의 끔찍한 반란 이후 건설된 성벽에 관련된 내용을 담고 있다. 이 자료에는 구간별로 성벽을 보여주고 있는 총 42개의 도판이 들어 있다. 그런 점에서 당시 중국 제국이 사용한 방어 기술에 대한 정보를 우리들에게 제공해주는 귀중한 자료이다.

정전류政典類와 전집全集

여기에서 나는 다음과 같은 자료를 열거하려 한다.

1) 60책으로 된 『옹정주비유지雍正硃批諭旨』112권. 이 자료의 서두에는 건륭제가 건륭 3년(1738)에 쓴 서문이 들어 있다. 각 지역의 고위 관리들이 옹정제에게 올린 상주문 옆에는 그 상주문에 대한 대답으로서 옹정제의 명령과 허가 내용이 기재되어 있다. 지방관들의 상주문은 각 저자별 연대순으로 정리되어 있다. 운귀총독雲貴總督을 역임한 악이태(鄂爾泰, 1677~1745)[181]의 상주문上奏文은 2권 20책에 들어 있다.

2) 『동화록東華錄』.[182] 이 책에서는 특히 강희제 말년과 옹정·건륭 연간과 관련된 장을 참조했다.

3) 『청실록淸實錄』. 1958년 남개대학역사계南開大學歷史系가 훌륭하게 편집한 1009쪽에 달하는 『청실록경제자료집요淸實錄經濟資料輯要』를 통해 『청실록』에 나오는 특히 경제 관련 자료를 이용했다. 『청실록경제자료집요』는 『청실록』에 나오는 경제 관련 자료를 주제별로 모아 시대별로 배열했다.

4) 『청대초당淸代抄檔』. 이 자료에 등장하는 경제 관련 기사를 참조했는데, 팽택익彭澤益 編, 『중국근대수공업사자료中國近代手工業史資料』권1에서 이용한 『청대초당』 자료를 재인용했다.

5) 건륭 연간에 편집된 『청조문헌통고淸朝文獻通考』 308권. 이 책은 주제별로 편찬되었다. 나는 특히 이 책의 권1~권12의 「전부고田賦考」와 권19~권20의 「호구고戶口考」부분을 참조했다.

6) 『대청일통지大淸一統志』. 권391이 귀주성을 다루고 있다.

7) 도광 6년(1826) 하장령(賀長齡, 1785~1848)이 편집한 『황조경세문편皇朝經世文編』 120권. 하장령은 도광 16년(1836년) 귀주순무에 임명되었다.[183] 이 책은 7개 주제로 나눠 청대 사료를 모아놓은 것이다. 처음 「학술學術」과 「치체治體」를 제외하면, 나머지 다섯 주제[184]는 행정 5부(이부, 호부, 예부, 형부, 공부)에 맞춰 설정되었다. 나는 특히 묘방苗防과 관련된 「병정兵政」 부문에 인용된 여러 저자들의 글을 이용했다.

8) 마지막으로 『청사고淸史稿』를 참조했는데, 이 책의 일부에서는 귀주의 토사제도를 언급하고 있다.

3 17세기 말엽까지의 귀주 지역

나는 의도적으로 성省이라는 단어 대신, 꽤 흔히 사용되는 〈지역〉이라는 말을 사용했는데, 그 이유는 행정 단위로서 귀주는 명대에 이르러서야 등장했기 때문이다. 명대까지만 하더라도 귀주는 그 일부나 전체가 이상한 지역으로 간주되었으며, 이웃 행정 단위에 합병된 채로 남아 있었다.[185] 이러한 상황 때문에, 귀주성의 역사를 재추적하기가 용이하지 않다. 현재 남아 있는 고대 시기 귀주성 관련 자료들은 매우 드물고, 해석하기도 쉽지 않다. 이 지역에 대한 역사를 연구하려는 중국인들 역시 동일한 어려움에 직면해 있다. 귀주 지역 일대 지명이 남아 있는 가장 오래된 지방지는 송대의 것이지만, 오래전에 유실되었다.[186] 의미심장하게도 건륭 『귀주통지』의 「예문지藝文志」에는 시문詩文을 제외한다면 명 이전의 글이 담겨 있지 않다는 점을 확인할 수 있다.[187]

우리는 귀주 지역을 대략 두 시기로 나눌 수 있다. 첫 번째 시기는 원대까지로, 이 당시 귀주 지역은 동쪽에서 시작하여 점진적으로 개방을 시도했던 시장 지역에 불과했다. 두 번째 시기는 18세기까지 거슬러 올라갈 수 있는데, 이 시기의 특징은 한족에 의한 정복과 점진적인 한화漢化 과정이라고 할 수 있다.

1. 원대元代까지의 귀주 지역

주대周代 화북 지역 동부 대평원의 봉건 왕국의 일부로 존재했던 변방 왕국이며, 주대 문화와의 결합 정도나 그 차이에 따라 만이蠻夷 지역으로 간주할 수 있는지의 여부를 따져야 하는 이 지역의 매우 오래전 역사를 거슬러 올라가기란 불가능한 일이다.[188] 『관자管子』[189]에는 이 주변 지역 왕국 가운데 하나인 장가국牂牁國[190]이라는 나라가 기원전 7세기 무렵 존재했다는 언급이 등장하며, 중국 학자들은 장가국이 귀주 지역에 해당된다고 말한다. 제齊나라의 강력한 환공(桓公, 기원전 716~643)을 두려워한 장가국은 제나라 왕에게 공물을 바쳐야만 했다.[191] 어쨌든, 장가와 귀주 사이의 관련성은 그리 명백해 보이지는 않는다. 현재까지 귀주성에서는 고고학적 발굴이 거의 이루어지지 않은 탓에, 이 지역 역사 재구성에 고고학은 도움이 되지 못한다.[192]

기원전 4세기 말(또 다른 해석에 의하면 기원전 3세기 초엽) 자신의 나라를 위해 서남이족에 대한 원정을 단행한 초楚나라 군대[193]의 장군이었던 장교莊蹻[194]의 원정대 이야기에는 운남과 귀주 접경 지역에 있었던 야랑국夜郎國에 대한 언급이 등장한다.[195] 그러나 원정대가 거쳐 간 후, 이 지역에 대한 정복과 식민지화가 얼마나 진행되었는지는 알기 어렵다. 진시황(秦始皇, 기원전 259~210)이 이 지역에 대한 점령을 시도한 이후, 이 변방 지역 일대는 한대漢代에 이르러 다시 자치권을 얻었다.[196] 에르브에의 설명에 따르면, 이 지역 부족의 수장인 죽왕竹王[197]이 귀주성 남서쪽으로 흐르는 현재의 북반강北盤江[198] 유역인 둔강遯江에서 반란을 일으켰다.

"아마도 이 지역에 임명된 한족 관리들이 모두 제거되었을 것이며,

한漢 왕조 개국 이래 81년 동안 황제들은 변방 지역의 상황보다는 내부 문제에 더 관심을 가졌을 것이다.”

서남 지역에 대한 중국인들의 재침투는 당몽唐蒙의 진군으로 시작되었는데, 그는 기원전 133년 혹은 기원전 134년[199] 남월南越[200]을 배후에서 공격하기 위해 당시 서남 지역 왕국 가운데 가장 강대한 장가와 야랑夜郎을 행해 출발했다.

“당몽의 원정대는 귀주 북쪽 산악 지역의 기슭에 있는 현재 합강合江 유역의 부관符關을 경유해서 한漢 제국 영토를 벗어났다. 다시 이 부관에서 오랫동안 당몽을 따라다닌 파촉巴蜀 상인들의 안내로, 산악 지역을 가로 질러 야랑국에 도착했다. 당몽은 다동多同이라 불리는 야랑후夜郎侯를 만나 그에게 많은 하사품을 내렸다. 동시에 당몽은 위엄있는 황은의 덕으로 그를 효유했다… 이어 야랑후와 당몽은 한漢의 행정 제도에 따라 그곳에 관리를 두었으며, 야랑국의 아들을 그 지역의 책임자令로 삼았다.”[201]

위엔즈(H. J. Wiens)에 의하면, 한대漢代 남쪽과 서남 지역에 대한 중국인들의 정복은 군사적인 것이라기보다는 외교적인 것이었다. 그 지역 행정을 위한 주·현州·縣의 설치는 고대 시기 이 지역의 자치적 성격에 입각한 것이었다. 그러나 사실상 이처럼 새롭게 설치된 행정 단위는 이전의 자치적인 통제에 머물러 있었다. 전滇과 야랑국의 왕들은 그들의 예전 지위를 그대로 유지했으며 행정 개혁은 명목뿐이었다. 중국인들은 이 변방 지역의 내부 문제에 개입하지 않은 채 명목상의 지위를 하사하는 것에 그쳤으며, 그 대가로 국경 지역의 평화를 얻고자 했다. 위엔즈는 당시 중국인들이 행한 정책의 의미를 보여주는 다음과 같은 글을 인용한 바 있다.

> 그대 변방 지역의 수장들과 그 백성들이여
> 우리 국경을 침범하지 말지어다.
> 그대가 공물貢物을 바치면,
> 나는 그대들에게 (그에 대한) 상을 하사하리라.[202]

그러나 그러한 정책에 결함이 없는 것은 아니었다. 상징적인 지위를 부여했지만, 지역 수장들의 충성심을 결코 확신할 수 없었다. 또한 한漢 제국의 세력이 약화되자, 변방 지역의 모든 민족들이 다시 독립과 반란을 일으켰다. 촉한蜀漢 건흥建興 4년(226) 제갈량(諸葛亮, 181~234)이 등장해서야 비로소 이 지역에 대한 중국인들의 새로운 시도가 다시 시작되었다. 대체로 제갈량의 정책은 한대漢代와 매우 유사했다.

그는 그 지역의 점령자가 지역에 필요한 물자를 공급해야 하며, 과거에 중국에 복속한 옛 수장들의 지배를 서슴지 않고 용인해야 한다고 주장했다.[203] 제갈량의 이런 정책과 관련된 인물이 바로 안씨安氏가 지배한 이족彝族 수장의 조상인 제화濟火이며, 그들은 청초까지 귀주 서쪽 지역에서 독립을 유지했다. 제화는 제갈량의 원정대를 도와 식량을 징발하고 도로를 건설했으며, 나전후羅甸侯가 되었다. 그는 현재 보정위普定衛인 보리普里를 수도로 정했다.[204]

이후 이 지역에 대한 역사적 흔적은 자취를 감췄다가 당대唐代에 이르러 다시 등장한다. 이족彝族의 한 계통인 백족白族의 조상들로 구성된 남조南詔[205]가 수립되자, 당시 한족들은 서남 지역에 대한 관심을 갖게 되었다. 남조의 지역 범위는 현재 운남에 해당하며, 대리大理 서쪽에서 현재 귀주 중심 지역에까지 이르렀다. 한족에게 남조는 상업 파트너였던 동시에 숙적이기도 했다.[206] 당시 남조 지역으로 가는 출발점은 사천이었는데,[207] 그 이유는 강력한 세력이 밀집되어 있으며 여전히 잘 알지 못하는 귀주 평원을 의도적으로 피하기 위해서였다.

> "이 지역에는 성곽이 없으며, 촌락이 산재해 있다. 날씨가 무덥고 비가 많이 내리며, 벼와 오곡을 모두 1년에 두 번 수확한다."[208]

『신당서新唐書』[209]를 검토해 보면 현재 귀주성 동쪽을 포함했던 검중黔中 지역의 범위가 서쪽으로 어느 정도까지 더 뻗어 있었는지를 확인할 수 있다. 따라서 귀주로 가는 자연스러운 경로를 따라가면, 바위를 부숴야 나아갈 수 있을 정도로 후미진 지역에 중국인들의 촌락이 어떻게 자리 잡고 있었는지를 알 수 있다. 사천을 출발하면 검주黔州(현재의 彭水), 파주播州(현재의 遵義), 진주溱州(현재의 桐梓), 고주高州(현재의 正安), 비주費州(현재의 思南)의 경로를 발견할 수 있다. 호남성에서 출발할 경우는 금주錦州(현재의 銅仁), 사주思州(현재의 岑鞏), 장주獎州(현재의 鎭遠), 이주夷州(현재의 石阡), 서주敘州(현재의 黎平)의 경로가 있다. 각 주州마다 관할 현명縣名과 인구수, 그리고 공물로 바치는 생산품[토공土貢] [210]목록을 볼 수 있다. 명백히 언급하지는 않았지만, 행정을 책임진 당사자들은 이미 잘 알려진 절차에 따라 중국 당국자들이 지위를 부여하고 그들이 지닌 권한의 세습적인 성격을 인정해준 옛 지역 수장들이었다고 생각할 수 있다.

이러한 지역들은 『신당서新唐書』「지리지」에 등장하는 기미주羈縻州 혹은 기미부羈縻府라고 불렸던 지역으로서 〈당 왕조의 통제 하에 있던 주州 혹은 부府〉였다.[211] 당 왕조 치하에서 그러한 기미 지역이 서남 변방 지역에 다수 설치되어, 여이택余貽澤의 연구에 의하면 그 수효가 850개 이상이었다.[212] 중앙정부는 이러한 기미주나 기미부를 전혀 통제할 수 없었다는 점에서, 한족 지역 행정 단위의 주·부州·府와 그 이름만 동일할 뿐이었다는 사실을 주목할 필요가 있다. 당 왕조의 전례前例를 그대로 좇았던 송대에 적용된 제도 역시 그러했다.

이러한 지역에 사는 주민들에 대해 우리는 무엇을 알고 있을까? 토공을 바치러 온 사람들이 이 지역 주민들에 대해 언급했다. 장가군의 한 사신에게 그 지역의 지리와 풍습에 관해 물었던 송 태종(太宗, 939~997)에게 사신이 답한 지도至道 원년(995)의 이야기를 들어보기로 하자.[213]

> "우리나라는 의주宜州(광서성 慶遠府 宜山縣)와 육로로 45일 거리입니다. 토양은 오곡이 자라기 적당하며, 메벼를 많이 심습니다. 나무로 만든 쇠뇌로 노루와 사슴을 잡아 식량으로 충당합니다. 200~300호戶로 한 주州를 만들고, 주에는 우두머리長가 있습니다. 살인한 자들에게 사형을 내리지 않는 대신, 가산을 털어 그 돈으로 속죄贖罪합니다. 국왕은 성곽에 살고 있지만, 울타리와 성채는 없습니다. 관부官府에는 겨우 낮은 담이 있을 뿐입니다."

그리고 『송사宋史』의 저자는 다음과 같이 계속 언급했다.

> "사신이 지금 말한 내용은 이전의 기록과 크게 다르지 않다…황제는 그 나라의 노래와 춤을 공연하라고 명했다. 한 사람이 호리병[214] 모양의 생황을 불자 마치 모기가 앵앵거리는 것과 같은 소리가 났다. 잠시 후, 수십 명이 연이어 천천히 춤을 추는데, 발로 바닥을 두드려 박자를 맞췄다. (황제가) 그 곡이 어떤 음악이냐고 묻자, 수곡水曲이라 대답했다. 그 사신 일행은 수십 명씩 무리를 이루었으며 수행원들은 1,000여

명에 달했는데, 머리는 모두 산발한 채였으며, 얼굴은 검은 색이어서 그 모습이 마치 원숭이 같았다. 사신들은 호랑이 가죽과 모피를 입었으며, 호랑이 꼬리를 머리에 꽂아 장식을 했다."[215]

현존하는 자료에 등장하고 있는 또 다른 언급을 통해 호남과 광서[216]에 거주했던 계동만溪洞蠻 주민들에 대한 의미 있는 많은 사실을 알 수 있는 데 비해, 이 계동만과 우리가 꽤 많은 정보를 알고 있는 남조南詔 사이에 존재했던 서남만西南蠻에 대해서는 사실상 아는 게 전혀 없다. 서남 지역이 명청 시기 이전까지 중국인들의 이주를 경험하지 않았다는 점을 감안하면, 이는 놀라운 일이 아니다. 위엔즈는 명청 시기 이전 운남-귀주 평원에 중국인들이 들어가 살았던 지역은 10%~20% 정도에 불과했다고 지적했다.[217]

2. 원元 왕조의 정책과 명초明初 성省의 설치

현상 유지 정책을 고수한 송대 이후, 원대가 들어서면서부터 확장 정책이 다시 채택되었다. 그러한 정책은 원 세조世祖 지원至元 20년(1283) 남쪽의 참파(Champa) 왕국,[218] 지원 22년(1285) 베트남, 그리고 지원 29년(1292) 자바에 대한 각각의 원정, 그리고 남서쪽으로 대리국大理國에 대한 원정을 통해 원 나라 헌종憲宗(蒙哥, 1209~1259) 3년인 1253년 그들을 멸망시켜 운남에 귀속시켰다. 〈적도 지방으로 계속 내려간〉 원 왕조는 미얀마에 다다랐으며 지원 24년(1287)에는 파간(Pagan)[219]을 함락했다. 원 왕조가 서남 지역과 특히 운남성에 관심을 가졌던 이유는 사천 평원을 가로지르는 노선보다 좀 더 빠른 길을 찾기 위해서였다. 그러한 이유로 원 왕조는 귀주 산악 지역에 관심을 가지게 되었는데, 당시 그 지역은 운남, 사천, 호광의 세 행정구역으로 분할되어 있었다(본서 〈지도 2〉 참조). 그러한 목적 때문에 원 왕조는 이 지역에 대한 정복을 단행했다.

지원 15년(1278) 이후, 나전羅殿의 추장 나아찰羅阿察과 하중부방번河中府方番의 추장인 위창성韋昌盛이 원에 복속했다.[220] 지원 16년(1279)에는 현재 귀양 지역에 있는 팔번순원만八番順元蠻[221]이 복속해 왔다. 그들 지역에 원 왕조는 팔번순원선위사八番順元宣慰司를 설치하고 수도를 순원에 두었다. 원 왕조는 이 행정 기구를 대단히 중요하게 간주했는데, 그 기구는 운남 평원의 심장부에 자리 잡고 있을 뿐 아니라, 호광湖廣 지역과 운남에서 동서로 나 있는 매우 중요한 길목이었다. 그 명칭이 『신원사新元史』에는 등장하지만, 명대에는 결코 다시 등장하지 않았던[222] 이 지역 주민들은 매우 사나웠다. 그들을 무마시키려는 정책은 아마도 끊임없는 도전을 받았던 것처럼 보인다.[223]

순원선위사 소속의 고위 관리들을 추도하는 지정至正 10년(1350) 비문碑文에 의하면 이 지역의 정복사업이 매우 어려웠다는 사실을 추측할 수 있다.[224] 마찬가지로 원 왕조는 12장관사長官司[225]를 관할하는 안무사安撫司[226]가 설치되었던 사주思州 동쪽과 파주에 대한 행정력을 다시 장악했다. 수많은 어려움 때문에 자주 변경될 수밖에 없었던 행정력을 이 지역에서 면밀하게 시행하는 게 당면의 목적은 아니었을 것이다.[227] 원 왕조가 시행한 이러한 정책의 핵심은, 우선 진원鎭遠, 신첨新添, 황평黃平, 순원, 평월平越, 안순安順, 보안普安으로 이어지는 동에서 서로 향하는 긴 역참로驛站路[228]를 성공적으로 확보하는 한편, 그 지역 수장들에게 세습 권한을 부여하는 대신, 자신들의 이해관계가 있는 한 그들은 원 왕조에게 복종을 표시하고 충성을 다할 수 있게 되었다는 데 있다. 따라서 이러한 소수민족들은 당 왕조 이래 자신의 소규모 지역에서 지속적으로 존재할 수 있게 되었다.

원 왕조에 복속했던 일부 추장들이 원에 뒤이어 등장한 명 왕조에게도 복종을 서약한 건 당연한 일이었다.

성省의 설치

성의 설치를 언급하기에 앞서, 당시 중국의 인구 상황을 매우 간단하게 언급하고자 한다. 당시 인구 증가는 사실상 〈서남 지역으로의 이러한 확장〉에 기인한 것이라고 생각할 수 있다. 그러나 허핑티何炳棣(Ho Ping-ti)가 지적한 것처럼 명대는 인구가 비교적 적었기 때문에, 인구 부양에 필요한 식량 생산량과 비교할 때 경작 면적은 대체로 여유가 있는 편이었다.[229] 그러므로 이 무렵부터 시작된 중국의 적도 지역으로의 확대는 자발적인 이주보다는 계획적인 식민정책 때문이었던 것처럼 보인다.

이 문제와 관련해서 우리들은 운남성에 대한 홍무제洪武帝의 정책을 상기할 필요가 있다.[230] 그가 명 제국의 수도를 금릉金陵(현재 南京)으로 결정했을 당시, 그는 금릉 주민의 상당수를 운남의 비옥한 평야지대로 이주시키고, 그렇게 해서 생긴 금릉의 인구 공백을 절강성浙江省과 강소성江蘇省의 주민들로 채웠다. 사조제(謝肇淛, 1567~1624)가 운남 지역에 대해 다음과 같이 언급한 것으로 보아, 홍무제의 이 정책은 성공적이었던 것처럼 보인다. "의복과 머리 모양, 문물文物, 풍속, 언어 모두가 금릉에서 유행하고 볼 수 있는 것과 전혀 다르지 않다."[231] 그러나 그러한 방법을 모든 지역에 쉽게 적용시킬 수 없었다는 사실은 자명하다. 다른 무엇보다, 그러한 정책 시행에 유리한 선행 조건을 형성시켜야만 했다. 남조의 마지막 후예들이 있는 운남 지역을 홍무 15년(1382) 재정복하기 위해 왔던 한족으로서는 귀주지역이 매우 중요한 곳이었지만, 귀주 지역의 추장들이 그곳을 다스리고 있었기 때문에 불가피하게 중국 내지에서 시행되는 제도와 유사한 행정 제도를 그곳에 적용시킬 수밖에 없었다. 귀주 지역에 성省을 설치하고자 했던 근본적인 이유는 바로 그런 상황 때문이었다.[232]

홍무 15년(1382) 명 왕조는 현재 귀주 지역에 도지휘사사都指揮使司를 설치해서,[233] 그 관할 지역의 중요성에 따라[234] 위衛 혹은 소所[235]를 두었으며, 둔전屯田을 실시했다.[236] 그러나 현재 귀주성 서쪽 수서水西 지역에 있었던 이족彝族 수장으로서 안씨安氏 성을 하사받았던 애취靄翠[237]처럼 일부 강력한 추장들에 의한 소요에 직면했던 한족들은 늘 불안했다. 애취는 산악 지역과 숲으로 뒤덮인 지역을 차지했던 주민들을 지배하고 있었는데, 그 영역은 남쪽으로 육광陸廣(修文縣의 陸廣河[238] 연변 지역), 동쪽으로 파주의 선위사 접경지역, 서쪽으로는 적수赤水, 북쪽으로는 영녕永寧(현재 사천의 서영현敍永縣) 지역까지 펼쳐져 있었다.[239] 애취를 잘 방어한다 해도, 그는 운남으로 가는 길을 자기 마음대로 차단할 수 있었을 것이다. 따라서 홍무제는 다음과 같이 말하지 않았던가! "우리가 운남을 정복했지만, 그곳을 잘 지킬 수는 없다"라고.[240]

그러나 원대 선위사의 지위를 얻었던 애취는 송족宋族에 예속된 이족彝族의 또 다른 추장인 송몽宋蒙과 함께 복종의 예를 취하러 왔다. 그 점을 매우 흡족해 했던 홍무제는 그에게 이전 지위를 그대로 수여했다. 애취 일행은 귀양에 본거지를 마련하고 수서 서쪽 지역에 있는 48개 이족을 계속 지배했던 한편, 수세대에 걸쳐 귀양 부근에 자리 잡고 있었던 송족 역시 그곳에 머물면서 수서 동쪽에 설치된 10개 장관사를 계속 다스렸다. 이 둘은 모두 사천 관할 하에 있었다. 홍무 6년(1373) 홍무제는 애취를 모든 선위사의 수장으로 승진시켰다. 그 대가로 애취는 매년 세금을 부담했다. 그는 또한 말을 공물로 바치도록 했다.[241] 이에 황제는 그에게 좋은 비단과 동전을 그 이상으로 하사했다. 홍무 14년(1381) 송몽이 사망하자 그 부인인 유씨劉氏가 그를 계승했다. 부인이 수장 지위를 계승하는 것이 일반적인 관례였다.[242] 유씨는 자신의 아들을 대동하고 남경을 방문했다. 바로 직후 이번에는 애취가 사망해서 그의 부인인 사향奢香이 애취를 계승했다. 이 두 명의 후계자들은 홍무제와 우호적인 관계를 유지했다.[243]

그러나 귀주성 동쪽 지역[244]에서는 많은 곤경이 발생했는데, 그 지역은 선위사들이 호광성湖廣省[245]에서 예속된 주州를 다스렸던 곳이다. 전씨田氏 일족인 전인지田仁智와 전무안田茂安이 사주思州와 사남思南을 다스리고 있었다. 홍무 18년(1385) 사주 지역의 토착 만족이 말썽을 일으켰다. 그들을 제압하기 위해서는 명 왕조의 군대가 항구적으로 이 지역에 머물면서 만·한족蠻·漢族 농민들과 함께 경작을 해야만 했다.[246] 홍무 31년(1398)에는 귀주성 남동쪽에 위치한 고주古州에서 다시 소요가 발생했다. 영락 연간(1403~1425) 초엽, 사주와 사남 선위사가 사망해서 그들의 아들들인 침琛과 종정宗鼎이 각각 지위를 계승했으며, 광산 개발을 둘러싸고 분쟁을 일으켰다.[247] 영락제는 즉시 이 분쟁을 조사하도록 했다. 조사책임자를 대동하고 황제 면전에서 직접 경위를 설명한 침琛은 황제로부터 유죄 판정을 받았으며, 만일 그러한 범죄를 다시 저지른다면 사형에 처해질 수 있는 위기에 처했다. 자신의 영토로 돌아온 그는 즉시 소요를 부추겼다. 이에 황제는 두 선위사를 체포하도록 밀지密旨를 내려 수도에서 처형했다.

영락 11년(1413) 사주와 사남은 중앙 정부가 직접 임명하는 관리가 다스리는 부府로 변경되었으며, 그들이 다스리는 전 지역에 귀주성을 설치했다. 이러한 성省의 설치로 승선포정사承宣布政司가 처음으로 만들어졌다.[248] 당시에는 설치하지 않았던 제형안찰사提刑按察司를 삼사三司[249] 가운데 마지막으로 영락 14년(1416)에 설치했다. 성보다 하급 행정단위에는 8府(烏羅, 사남, 사주, 진원, 석천, 동인, 여평, 新化)와 4개의 주州(보안, 영령, 鎭寧, 안순) 그리고 75개의 장관사를 설치했다. 이러한 행정적 변화는 완벽하게 이루어지지 않았기 때문에, 부府 이하의 모든 행정 단위에서 계속 토사를 임명했다.[250] 『대명일통지大明一統志』에 포함된 귀주성의 지도에는 이러한 행정적 변화 양상이 잘 드러나 있다는 점을 주목할 필요가 있다.[251]

토사제도土司制度

일부 중국 저자들이 토관土官[252]과 병행해서 사용하고 있음을 알 수 있는 토사土司라는 용어는 명대에 비로소 비롯되었지만,[253] 명대 훨씬 이전부터 기능하고 있었다. 사실상 사천, 귀주, 운남, 호광 지역의 소수민족들을 다스리기 위한 독특한 유형의 행정 지위인 토사는 이미 한대漢代부터 알려져 있었다. 토착민이건 한족이건 간에 그들은 황제에 대해 자신들이 책임을 지고 있는 영역을 다스리기 위해, 세습적인 권한을 부여받거나 인정받은 지역 수장들로서, 연방 국가의 한 수장과 어느 정도 비슷한 존재였다. 이러한 관리 체제의 기원을 찾기는 어렵지만, 언어와 풍속을 알지 못할 뿐 아니라, 징세徵稅도 어려웠으며, 그들을 막기 위해 상당한 정도의 군사를 유지시켜야만 했던 소수민족 지역 주민들을 한족은 그러한 체제를 통해 직접 통치했다.

새롭게 정권이 들어섰던 명 왕조의 초기 황제들이, 잘 운용만 된다면 중앙정부의 비용이 거의 들지 않는 장점을 지닌 이러한 종류의 행정 체제를 유지하려 했던 것은 당연한 일이다. 전반적인 관리 체제 내에서 독특한 계층을 구성했던 이러한 관리들이 어느 정도 통제 권한을 행사할 수 있도록 허용했던 원 왕조가 이미 수립해 놓은 여

러 규칙들을 명 왕조가 보완을 통해 완성시킨 건 바로 그런 이유 때문이었다.[254]

명이 수립된 후, 행정 단위에 사용된 용어라는 측면에서 본다면, 적어도 서남 지역의 여러 성省에서 그들이 확인한 행정 단위는 꽤 다양했다. 부府·주州·현縣으로 조직된 일부 지명 앞에는 〈토착〉의 의미를 지닌 〈土〉라는 단어가 붙어 있었으며, 이부吏部 관할이었다.[255] 다른 한편으로 〈안무按撫를 담당하는 직위〉라고 부를 수 있는 이 지역 고유의 관직명은 선위사宣慰使, 선무사宣撫使, 안무사安撫使, 초토사招討使, 장관사長官使와 같은 일련의 관직명으로 나뉘어져 있었다. 그러한 관리들은 병부兵部 관할이었다.[256] 홍무 연간인 1397년(홍무 30년) 이러한 지위를 모두 병부 관할로 단일화했다. 이어 가정 9년(1530)에는 최초의 제도로 되돌아왔다. 민간 지위인 토관은 각 성省의 민간 통치 기구를 경유하는 이부吏部 관할로 된 반면, 군사 지위인 토사는 여전히 병부 관할 하에 두었으며, 각 성에 있는 도지휘사사都指揮使司의 명령을 받았다.[257] 귀주성이 설치되었던 당시, 부府 이하의 행정 단위에서 토관을 여전히 고용했음을 알 수 있으며, 따라서『명사明史』에 의하면 토관들은 여전히 이부에 속해 있던 것처럼 보인다.[258] 성省이 설치된 후, 현재 귀주성 남서 지역이 귀주성에 합병되었지만, 파주 양씨楊氏의 파주선위사와[259]와 수서 지역 안씨安氏의 영녕선무사永寧宣撫司가 여전히 존속했음을 주목할 필요가 있다.

이러한 지역의 모든 관리들은 그들이 민간인이건 군인이건 간에, 일반적인 관리들과는 달리 중앙정부로부터 봉급을 받지 않았으며, 자신이 관할하고 있는 주민들로부터 자신들의 수입을 갹출해야 했을 뿐 아니라, 자신들의 권한 또한 세습적이었다. 요약하자면, 그들은 그들의 권한을 인정하는 것에 그쳤던 한족 행정부로부터 매우 독립적인 존재였으며, 그 점이 토사제도의 요체라고 할 수 있다. 권력 계승을 장악할 수 있는 일련의 규칙을 제정해서 간접적인 통제를 행사했다고도 생각할 수 있다. 그러한 규칙을 준수하지 않는다면, 그 계승자는 자신의 권한을 행사할 수 없었으며, 그러한 상황이 발생하면 중앙정부가 개입할 수 있는 권한을 지니게 되었다. 한족에게 가장 중요했던 건 최소한의 비용으로 변방 지역의 평화를 유지하는 것이었다. 따라서 권력 계승 분쟁으로 평화가 위협받는 상황이 발생하지 않도록 해야만 했다. 또한 소수민족의 개별 통치자들은 후계자의 이름을 예부禮部에 전달하도록 규정했으며, 동시에 그가 통치할 영역의 범위를 획정劃定하도록 했다. 그의 청원서에는 상급자의 관인官印을 찍었으며, 그러한 관인이 있어야 청원서의 내용이 진정한 것으로 간주되었다. 이러한 서류 외에도 청원자의 가계도家系圖와 함께, 관할 영역이 청원자의 영토와 인접해 있는 토사들이 작성한 제반 사실에 대한 증명서를 첨부하도록 해, 장차 발생할 수 있는 분쟁을 차단했다. 마지막으로 해당 후계자에게 지방 정부가 운용하는 학교[260]에 들어가도록 했으며, 그렇지 않을 경우 그는 권력 계승이 불가능했다.[261] 후계자 지명을 좌우할 수 있는 다양한 규칙이 존재했다는 사실도 주목할 만하다. 권력 계승자는 아들, 손자 혹은 형제가 될 수 있었으며, 호광 지역을 제외하면 부인들 역시 남자 형제, 아버지 혹은 자식들의 지위를 계승할 수 있었다. 홍무 연간에, 그러한 부인들이 귀주와 운남에 특히 많았다.[262]

따라서 계승 규칙은 그들에 대한 통제 체제 그 이상의 것이 되었다. 당시 중국인들은 토사들에 대한 교육을 통해 소수민족들에 대한 동화 과정의 첫 단계가 시작되기를 기대했다. 명 왕조는 소수민족들이 한족과 동질성을 느끼고, 그것과 동시에 그들의 분리주의적 경향을 없애기 위해 실시한 새로운 문화 정책에 많은 기대를 걸었다. 또한 그 체제가 성공할 수 있도록 모든 수단을 동원했다. 토사의 자제들은 그들 지역의 성省이나 수도에 있는 학교에 입학할 수 있었다.[263] 명 왕조는 그들의 입학에 필요한 특정 연령 조건과 함께 별도의 시험을 마련했다.[264]

토사들에게 제국의 존재를 알리고 존경심을 불러일으키기 위한 또 다른 절차는 그들에게 정기적으로 수도를 방문하고 공물을 바치게 한 것이었다.[265] 그것은 상업적 기능과도 결부된 외교적 관행이라는 점을 주목해야 한다. 아마도 그러한 조공이 지니는 상업적 측면을 무시해서는 안 될 것이다. 공물을 가진 사신 일행이 수도에 도착하면, 상인들은 그들과의 상업 거래를 위해 3~5일 동안 장을 열었다. 무기의 판매, 구리와 철의 밀매 등을 금지시키는 몇몇 금지 조항도 존재했다. 감독을 책임진 관리들은 남에게 해를 입히거나, 외상으로 물건을 사고, 시장 개설 기간을 넘기지 않는지를 세심하게 살폈다.[266]

그러나 명 초기에 마련된 이러한 규칙들은 불충분하다는 사실이 드러났으며, 우리들은 후대 황제들이 어떻게 명 초기의 정책을 발 빠르게 변경시키게 되었는지를 살펴볼 예정이다.

3. 2세기 동안의 우유부단한 정책

『명사』의 「귀주토사貴州土司」를 읽어보면, 귀주 지역에서 반란이나 소요가 거의 한 해도 거르지 않고 발생했다는 사실에 놀란다.[267] 그러한 소요가 지역 수장들 사이의 분쟁이나 한족과의 갈등에서 비롯되었다 하더라도, 그 결과는 동일했다. 즉 각 지역의 불안감이 확대되고 도로가 단절되며, 식량이 유통되지 않았다. 그러한 소요를 진압하기 위해 지속적으로 군사를 파견해야만 했다. 이는 토사제도가 적절하지 않은 제도이므로 그것을 폐지해야 한다는 증거가 될 수 있지 않을까? 이 문제에 대한 대답은 다양할 것이다.

일부 저자들은 토사제도를 중앙정부에서 직접 파견된 관리, 즉 유관流官으로 대체하는 것이 바람직하다고 생각했다. 개토귀류改土歸流라고 알려진 정책이 바로 그것이다.[268] 개토귀류 정책을 처음으로 주창했던 사람 중 하나가 마욱馬煜으로서, 그는 홍무 연간(1368~1398)에 이미 체계적인 개토귀류 정책의 실시를 원했다.[269] 반대로 다른 사람들은 소수민족의 특징에 좀 더 잘 맞는 토사제도의 지속적인 실시가 최상의 방법이라고 생각했다. 왕양명(王陽明, 1472~1529)의 의견이 그러했는데, 널리 알려진 대로 그는 광서성廣西省에서 발생한 여러 반란을 진압하고, 사은思恩에 다시 토사제도를 실시해야 한다고 중앙정부에 제안했다.[270] 변방을 지키기 위한 군대의 유지가 중앙 정부에게 비용 부담이 더 많아질 수 있다고 그는 생각했으며, 또한 천성이 호전적인 소수민족들 사이에서 평화를 유지하는 건 불가능하다고 한족 행정가들은 생각했다.[271] 그의 주장의 요지는 결국 토사들의 권한을 가능한 한 분열시켜야, 권한이 약해져 그들을 잘 통제할 수 있다는 것이었다. 전여성田汝成도 토사 수장들에 의한 통치를 찬성했다.[272]

토사 통치 방법에 대한 여러 의견이 명대 내내 분열된 채로 남아 있었으며, 그 어떤 의견도 우세를 차지하지 못했다. 사건이 발생할 때마다, 중앙 정부는 당사자들 가운데 어느 한편의 손을 들어주거나,[273] 사건 자체에 개입하는 방법을 통해[274] 해당 사건을 조정하려 들었다. 예를 들어 사향奢香 사건의 경우처럼, 그러한 시도가 성공을 거뒀다면, 해당 사건은 더 이상 악화되지 않은 채 그대로 유지되었다. 그러나 그러한 시도가 실패했을 경우, 사주思州와 사남思南의 분쟁에서 알 수 있듯이 무력을 동원해 토사의 수장들을 주저하지 않고 제거했기 때문에 유관으로 대체되는 경우도 발생했다. 특히 귀주성과 호광성湖廣省은 유관流官으로 대체되는 정책이 가장 빈번하게 실행되었던 지역이었다.

명대에 이르러 원대의 행성行省이 폐지되고 성省이 설치된 시기에, 일부 장관사長官司도 폐지되었다. 그러나 일례로 도균都匀 지역 묘족苗族의 토사인 아향阿向이 개구凱口 일대의 요새화된 촌채[275]를 건설한 후, 자신의 지위를 믿고 이웃 지역이나 특히 가정 16년(1537) 아마도 왕중맹王仲孟의 거주 지역을 차지하려 했던 예를 통해서 알 수 있듯이,[276] 토지 쟁탈을 둘러싼 상호간의 공격을 차단하기가 불가능해졌다. 또한 한족 정부 입장에서 본다면 토사들이 지나치게 무례하게 보이는 상황도 발생했다. 이 지역에 가장 중요한 영향을 끼친 군사작전은 만력 23년(1595)부터 만력 29년(1601)까지 반란을 일으킨 파주선위사播州宣慰使 양응룡楊應龍[277]을 진압하기 위한 것이었다. 『명사』의 서술에 의하면, 당시 귀주순무貴州巡撫인 엽몽웅(葉夢熊, 1531~1597)은 양응룡이 여러 악행을 저질렀다는 이유로 그를 중앙에 고발했다.[278] 그러나 양응룡을 옹호한 사천성 당국은[279] 그를 처벌할 수 없다는 사실을 분명히 했다. 결국 그의 죄에 대한 조사를 진행한 결과, 유죄임이 밝혀져 그는 사형을 선고받았다. 양응룡은 돈을 내 속죄를 간청했지만, 거부당했다. 당시 일본이[280] 조선을 침략하자, 그는 자신 휘하의 병사 5천 명을 징발해, 명 왕조가 이용할 수 있도록 제안했지만, 그의 이 제안도 거부당했다. 명 왕조는 그를 진압하기 위해 군사를 파견했으며, 결국 그는 포로가 되어, 이후 처형되었다. 그가 다스린 지역은 명 정부 관할로 통합되었으며, 그 지역을 직접 통치했다.[281]

우리들은 이 일대 지역의 행정 개편에 관한 사료를 확인할 수 있다.[282] 우선 부府 두 개가 설치되었는데, 사천성에 예속된 북쪽의 준의부遵義府와 귀주성 관할이었던 평월부平越府가 그것이다.[283] 아울러 직예주直隸州인 진주眞州[284]와 함께, 준의, 수양綏陽, 동재桐梓, 인회仁懷, 미담湄潭, 옥병玉屛, 옹안瓮安, 황평黃平의 여덟 현縣을 설치했다. 이어 위소衛所와 군둔軍屯을 설치했다. 토지 대장을 마련하고, 토지를 측정해 상전上田, 중전中田, 하전下田의 세 부류로 구분했으며, 토질土質의 다양성을 고려해 토지를 차등해서 지급했다. 고정적으로 세금을 부과하기 위한 호적을 만들었다. 아울러 학교를 건립했다. 역참도 다시 설치했는데, 그러한 역참의 인부와 말馬들은 반란 진압 기간에 모두 사라져 버렸다. 마을 주변에는 성벽을 다시 세웠으며, 명 왕조에 투항한 이목夷目(소수민족의 수장)에게도 나름의 책임을 부가하는 한편, 마지막으로는 이웃 토사인 영녕永寧(永寧宣撫司)과 수서水西(貴州宣慰司)와의 경계도 분명하게 획정劃定했다.

이러한 개토귀류改土歸流 정책과 병행해, 그들 소수민족들이 항상 야기했던 여러 분규에도 불구하고 토사를 그대로 존속시킬 수밖에 없었던 상황이 발생했다. 그들이 관할하고 있던 주민들에게 한족漢族의 권위를 받아들이도록 한다는 것은 불가능한 일이었다. 이런 점에서 16세기 말엽부터 17세기 초엽에 수서 지역 이족彝族을 겨냥해 시행된 초무招撫정책이 심각한 문제를 불러일으켰다는 사실을 상기할 필요가 있다.[285]

천계天啓 연간(1621~1627) 초엽, 안강신(安疆臣, ?~1608)[286]이 사망하자, 나약하며 나이 어린 그의 아들 안위安位가 안강신을 계승했다.[287] 수서 선위사宣慰司 동지同知인 안방언(安邦彦, ?~1629)은 당시 영녕현永寧縣(현재 사천성 서영敍永) 선무사宣撫使였던 사숭명(奢崇明, ?~1629)[288]과 함께 자신이 일으킨 반란에 가담하도록 안위를 핍박했다. 운남과 귀주 지역 일대를 공포로 몰아넣었던 안방언은 귀양貴陽으로 들어가 공격 거점 도시를 확보한 후, 동쪽으로 편교偏橋 지역까지 진격해 들어갔는데, 편교는 명대 운남으로 통하는 가장 중요한 전략 요충지 가운데 하나였다. 이 분쟁은 수년간 지속되었다. 명 왕조는 인접 성省의 모든 병력을 동원해야 했던 한편, 적들을 고립시키기 위해 또 다른 길을 이용해 그 병력을 귀주로 침투시켜야만 했다. 결국 안방언은 살해되었으며, 오합지졸이 된 그의 군사들은 적대적 행위의 중단을 요구하며, 수서 변방에 정착해 있던 6개 부족 지역을 양도하는 한편, 심지어 필절畢節을 경유하는 도로를 개척할 수 있다고 제의했다. 중국인들은 수서의 광대한 지역을 몇몇 토착 수장들에게 분할해주기로 결정함으로써, 이족彝族의 통일성을 약화시키고 그들을 좀 더 잘 통제할 수 있기를 고대했다. 명 정부의 조치는 여기서 그쳤으며, 여전히 이웃 성省에서 병력을 동원하는 군사적 노력이 고작이었다. 이러한 조치야말로 명 제국의 약화에 기여했던 요인 가운데 하나였다.

한족은 서쪽 지역의 이족을 경계해야 했지만, 특히 귀주성과 호남성을 가르는 경계 지역에 있는 동부 지역의 묘족도 경계해야만 했는데, 이 지역 일대에는 호남으로부터 시작된 한족의 소수민족 지역 통치에 적극적으로 저항했던 집단들이 빽빽이 자리 잡고 있었다. 궁극적으로는 중국인 소유가 되어 버렸지만, 이 지역에 대한 소수민족들의 침투는 가공할만한 것이어서, 한족은 자신들을 보호하기 위한 성벽邊牆을 쌓아야만 했다. 그러나 이러한 성벽 건설에 대한 기억은 꽤 급속하게 사라져 버린 듯하다. 한 중국 관리는 강희 25년(1686) 그러한 기억의 잔재를 발견해낸 바 있는데,[289] 그는 묘족 마을에 사는 한 노인에게 이 점에 대해 물었다. 예전에는 봉황청鳳凰廳[290] 남동쪽에 위치한 왕회영王會營에서 시작해 건주乾州 북쪽에 있는 진계鎭溪까지 연결되었던 그 성벽은 산과 강을 가로질러 300리 이상 뻗어 있다는 사실을 그 노인은 중국 관리에게 알려줬다. 변장의 건설 시기가 언제인지를 묻자, 그 노인은 만력 연간(1573~1620)에 건설되었다는 말을 자신의 할아버지로부터 들었다고 대답했다. 그 노인은 또한 당시 이 성벽을 건설하기 위해 1만량 이상의 공적 자금(공탕, 公帑)이 소요되었다고 말했다.[291] 아울러 그 노인은 성벽의 높이가 8척이며 그 두께는 하부가 5척, 상부가 3척이라고 말했다. 그 노인의 말을 다시 인용하면, 공사에 참여한 병사와 민간인들에게 노임을 지불했는데, 1장 높이의 성벽을 쌓을 경우 병사에게는 1전錢 2푼分, 민간인들에게는 1전 8푼이 지급되었다. 또한 초소(영초, 營哨)를 설치해 한족과 소수민족 병사 7천 명을 훈련시켰다. 이어 천계天啓 연간(1621~1627)에 이르러 성벽을 다시 진계소鎭溪所[292]에서 희작영喜鵲營까지 북쪽으로 약 60리를 더 쌓았다. 그러나 숭정崇禎 연간(1628~1644)에 도적들과 묘민들의 반란으로 이 성벽은 파괴되었다.

4. 만주족에 대한 저항

명 왕조가 멸망(1644)한 이후, 남중국 전역에서는 일군의 군사적 모험가들이 등장했는데, 각 지역의 소규모 군사 집단의 우두머리로 행세한 군인 출신들이었던 그들의 일부가, 〈남명 정권南明政權〉을 지지한 이유는 신념 때문이라기보다는 대체로 개인적인 이해관계 때문이었다. 명 왕조의 질서를 옹호했던 집단 내부에서 전개된 투쟁과 경쟁관계, 그리고 결국 그들의 시도가 실패했다는 점이 그러한 사실을 말해준다.

순치 원년(1644) 이후, 장헌충(張獻忠, 1606~1647)[293]은 대서大西 정권[294]을 수립하고, 그 수도를 사천성 성도成都에 정했으며, 성도에서 청조에 대한 저항을 준비했다. 당시 장헌충 주변에는 그의 청조 저항을 도운 네 명의 장수가 있었는데, 손가망(孫可望, ?~1660), 이정국

(李定國, 1621~1662), 유문수(劉文秀, ?~1658), 애능기(艾能奇, ?~1647)가 그들이었다. 장헌충이 사망한 후,[295] 손가망이 청조 저항군의 수장이 되었다. 한때 그는 서남 지역 전역을 장악하기도 했다. 그는 순치 4년(1647) 준의를 점령한 후, 귀양貴陽을 다시 점령했으며, 이정국을 파견해 연안延安을 재정복했다. 이 당시 주유랑(朱由榔, 1623~1662)은 손가망을 진왕秦王으로 봉했는데, 신종神宗의 손자인 주유랑은 순치 3년(1646) 영력永曆이라는 연호와 함께 황제를 칭했으나, 청 나라 군대에 쫓겨 호남湖南을 거쳐 광서廣西로 도주했다가 마침내 운남雲南에서 손가망 일행의 영접을 받았다. 귀양에 수도를 정한 손가망은 뒤이어 영력제를 불러들여 그에게 안룡安龍(귀주성 남서 지역)에 거주하도록 권유했다. 영력제는 그곳에서 특별한 결실을 거두지 못한 채 3~4년을 머물렀다.[296] 결국 영력제는 손가망에 의해 축출당해 운남으로 피신했으며, 그곳에서 이정국의 도움을 받았다.[297] 손가망 일당이 집결하자, 순치 15년(1658) 만주 왕조는 오삼계吳三桂를 파견했는데, 그는 당시 귀주를 재점령한 다음 자신의 군대를 운남과 미얀마까지 진격시켰다. 당시 청 왕조의 인정을 받고자 했던 망백莽白이 미얀마에 피신하고 있던 영력제를 오삼계에게 넘겨줬다. 영력제는 오삼계의 명령으로 강희 원년(1662) 곤명昆明에서 처형당했다. 바로 그 직후 이정국이 병사했다.[298]

서남 지역의 여러 성省은 오삼계 손으로 넘어갔는데, 그는 명 멸망 후 진왕晉王에 올랐다. 그의 관할구역은 귀주까지 확대되었다. 그는 당시 소수민족 진압 작전에 참여해 성공을 거두었으며, 토지를 몰수하고 개토귀류 정책을 시행했다. 이런 과정을 거쳐 진압 작전이 시행된 후인 강희 4년(1665) 수서 지역의 이족彝族 지역이 평원부平遠府, 대정부大定府, 검서부黔西府, 위녕부威寧府의 넷으로 분할되었다. 그러나 이 지역은 여전히 토착 토사들의 관할 하에 있었다.[299]

오삼계는 세금을 올리고, 염정과 금·동광金·銅鑛 개발의 독점권 및 인삼과 대황大黃 거래의 독점권을 마련하는 등의 매우 강력한 정책을 펼쳤다. 또한 그는 티벳과의 상업을 활성화시켰다. 그의 권한은 사천, 섬서, 감숙 지역으로 차츰 확대되었다. 그러나 북경에서는 청 제국 안의 또 다른 왕국이었던 번왕藩王들을 제거하기로 결정했다. 강희 12년(1673) 그 소식을 들은 오삼계는 반란을 일으켰다. 그는 전투 중 사망했으며, 강희 17년(1678) 오삼계의 손자인 오세번吳世璠이 그의 지위를 계승했다. 오세번의 영향력은 여전히 운남, 귀주, 호남의 일부 지역과 광서까지 미쳤다. 그러나 바로 직후에 청 왕조의 군대가 이 지역을 재점령했다. 강희 19년(1680) 사천이, 그리고 강희 20년(1681) 귀주가 정복당하자, 오세번은 운남으로 도망가 자살했다.[300] 서남 지역은 적어도 행정적으로는 청 제국에 다시 합병되었다. 17세기 말엽에 거의 완성된 이러한 평화의 회복으로 다음 세기에 진행된 이 지역의 식민화가 가능해졌다.

4 1650년 이전 지식인들의 서남 지역에 대한 관심

완만하고도 점진적인 한족의 이러한 안착과 병행해 서남 지역 전체나 특히 귀주 지역에 대한 일말의 관심이 등장하고 그것이 다시 확산되었다는 사실은 흥미로운 일이다.

당시까지 이 지역은 사람들에게 거의 알려지지 않은 곳이었다.[301] 서남 지역의 〈개방〉으로 호기심이 자극된 결과, 이곳에 관련된 문학이 꽃을 피웠다.

나는 여기서 명대 네 명의 저자들을 시대별로 소개할 예정인데, 그들은 귀양, 공직 수행, 모험, 정치적 도피와 같은 다양한 이유 때문에 간 〈변방 지역〉에서의 삶을 자신의 방식대로 읊었으며, 순치 7년(1650) 이전 일종의 이국취향을 완성시키는 데도 일조했다. 그들은 명성이 자자한 인물이었으며, 관심사가 무엇이었든지 간에 그들을 개척자로 간주할 수 있다.

1. 양신(楊愼, 1488~1559), 유배지역에 지대한 관심을 가진 관료

양신이란 인물의 초기 시기에 대해 폴 펠리오(P. Pelliot, 1878~1945)[302]는 서로 다른 저서를 바탕으로 다음과 같은 사실을 언급한 바 있다.[303]

"호號가 승암升菴이었던 양신은 홍치弘治 원년(1488) 사천성 성도부成都府 신도현新都縣에서 태어났다. 그는 호부상서와 이부상서를 역임한 양정화(楊廷和, 1459~1520)의 아들로, 명 무종武宗 정덕正德 6년(1511) 전시殿試에서 장원으로 급제했다. 따라서 전도양양한 경력이 그 앞에 펼쳐졌다. 그러나 가정嘉靖 3년(1524) 가정제嘉靖帝가 계악(桂萼, ?~1531)과 장총(張璁, 1475~1539)을 한림원翰林院 학사學士로 임명하자 주저하지 않고 자리를 박차고 나왔다. 양신과 그의 동료 35명의 관원들은 황제에게 상주上奏를 올려, 새로 한림원 학사로 임명된 두 사람을 이단적인 주장의 신봉자로 고발하면서 한림원에서 쫓아내라고 요구했다. 가정제의 처벌은 그들에 대한 녹봉祿俸의 지급을 중단시키는 것에 그쳤다. 한 달 뒤, 양신 일행의 두 번째 상소를 통해 황제는 비로소 8명의 주동자를 알게 되었다. 당시 양신과 왕원정王元正은 궁궐 문에서 울부짖기 시작했다. 황제는 그들을 장형杖刑에 처했으며, 10일 동안 감옥에 가두었다. 양신과 그 밖의 인물들은 궁궐 문에서 다시 울부짖자, 가정제는 그들을 다시 체포해 장형에 처했으며, 양신은 운남의 영창위永昌衛로 추방되었다.[304] 그의 추방 시간은 자신의 아픔을 추스르는 기회가 되었지만, 그는 결코 복권되지 못했으며, 생애의 마지막 기간을 자신이 태어난 사천과 운남을 오가다가 가정 38년(1559) 61세로 사망했다."

추방 생활 덕분에 양신은 역사와 문학 서적을 읽을 수 있는 여가 시간을 충분히 가질 수 있었다. 그는 꽤 많은 양의 저술을 남겼다. 그는 당시 가장 많은 저작을 남긴 저술가 중 한 사람이다. 그의 서남 지역에 대한 특별한 관심 때문에 그 자신이 서남 지역을 공부하게 되었다.

그는 운남성의 역사서를 쓴 저자인데, 『전재기滇載記』라는 그 책에서 귀주 지역의 여러 유력 성씨들을 차례로 언급했으며, 귀주성 지리서인 두 권의 책, 『운남산천지雲南山川志』[305]와 『전정기滇程記』의 저자이기도 하다. 또한 그는 귀주성 인근 지역이나 당연히 자신의 고향인 사천지역에도 관심을 가졌다. 그는 고대부터 명대까지 사천에 관한 문학 작품을 한데 모아 40권으로 편찬했는데, 그는 서명書名을 『전촉예문지全蜀藝文志』라 붙였다.

귀주가 그에게 준 매력은 적지 않았다. 그는 귀주에 여러 차례 머물렀으며,[306] 가정 34년(1555) 간본刊本 『귀주통지貴州通志』[307] 서문을 쓰고, 귀주성의 아름다움을 읊기도 했다. 양신은 위대한 시인이기도 했다. 그가 쓴 시의 대부분은 『승암집升菴集』에 들어 있는데, 귀주와 좀 더 특별한 관련성이 있는 시들은 『준의부지遵義府志』와 『귀주통지』에 실려 있다.[308]

양신의 저서들은 청조에서 매우 높은 평가를 받았던 것처럼 보인다. 일반적으로 양신이 저술했다고 추정되는 『남조야사南詔野史』[309]가 건륭 40년(1775) 호위胡尉에 의해 사실상 최초로 발간되었다. 호위는 자신의 서문에서 그가 양신에 대해 품은 존경심을 다음과 같이 표현했다.

"나는 승암 선생의 저작인 『남조야사』를 읽고 많은 사실을 알게 되었다. 그 책은 연대기나 주소류奏疏類에서 빠트린 많은 사실을 담고 있다. 그 책은 그러한 종류의 저서가 중요하게 여기지 않은 주제들을 다루고 있다. 아홉 몽씨蒙氏들이 세운 나라와 그들 사이에 벌어진 합병, 단씨와 구성九姓 등에 관련된 이야기의 전말顚末이 다른 곳에서는 볼 수 없을 정도로 그 책에 자세히 등장한다. 이 책에서 양신은 높은 산과 하천의 흐름을 말하고 있는데, 만일 우리가 그것을 알고자 한다면 반드시 그 존재를 확인할 수 있을 것이다. 전운滇雲에 관련된 모든 역사가 이 책에 들어 있다. 이 책을 읽고 나서 나는 다음과 같이 외칠 수밖에 없었다. '옛것을 사랑하고 가꾸기란 진정으로 쉽지 않은 일이로다!' 좋아하게 되어 여행을 갈 정도까지 될 수 있는 사물들이 많지 않다. 이런 이유로 양신의 책을 다시 읽고 일부 오류와 누락된 부분을 고쳤으며, 이해할 수 없는 부분을 바로잡아 그 책을 다시 필사했다. 그리고 산으로 여행하거나 먼 지방을 탐험할 때 필요한 조언자와 같은 그 책을 내 여행 보따리에 집어넣었다."[310]

우리는 이 책 후반부에서 그의 일부 시가 지닌 사료적 가치를 평가할 수 있게 될 것이다.[311] 중국인들은 현재에도 서남 지역에 대한 그의 저서들이 매우 독특한 가치를 지니고 있다는 점에 동의한다. 즉 1964년 발표된 「양신대서남민족사연구적공헌楊愼對西南民族史研究的

貢獻」과 같은 논문이 그러한 증거이다.[312]

2. 소수민족 지역의 개혁에 전념한 전여성(田汝成, 1503~1557)

그의 자字는 숙화叔禾이며 절강성 전당현錢塘縣 출신이다. 그는 가정 5년(1526) 진사에 합격했다. 이후 남경형부주사南京刑部主事를 거쳐, 예부주사禮部主事를 역임했는데, 예부에서 그는 제사를 주관하는 사제중랑祠祭中郎으로 있었다.[313] 이어 그는 광동제학첨사廣東提學僉事를 제수받았으며, 다시 귀주에서 제학첨사를 역임했다. 그리고 다시 광서로 전근해 광서우참의廣西右參議를 지냈다. 그는 마지막으로 복건제학부사福建提學副使를 역임했으며, 이후 관직에서 은퇴해 자신이 태어난 절강성 일대 많은 곳을 여행했다.

분명 그의 직업 덕분에 많은 여가 시간을 할애할 수 있었던 전여성은 꽤 다작多作을 한 저자였다. 우선 그의 그러한 문학적 자질 덕분에, 『명사』의 「문원文苑」(3)편에서 그에 관한 기록을 찾아볼 수 있다.[314]

그는 여러 저서의 저자로 널리 알려져 있지만,[315] 그의 저서 가운데 특히 두 저서는 독자들의 관심을 끌었다. 우선 우리들은 총 14편篇으로 된 『염요기문炎徼紀聞』(1560年刊)[316]을 언급할 필요가 있다. 이 책에서 저자는 자신이 서문에서 언급했듯이, 광서廣西, 귀주, 운남에서 발생한 일련의 역사 사건을 독자들에게 제시하고, 그러한 역사 사건을 통해 위 지역에서 중국 정부가 주도한 정책이 실패로 돌아간 원인을 살펴보려 했다. 전여성 자신이 그러한 사실을 언급한 것처럼, 그가 위험을 무릅쓰면서 정부 정책을 비판했던 까닭은 그 자신이 이 지역에서 10년 이상의 세월을 보냈으며, 그의 여정의 반절 이상이 변방지역이었기 때문이었다.[317] 그는 이 지역의 행정과 관련된 언급을 통해, 이 지역은 징수할 세금이 거의 없는 대신, 걱정거리는 오히려 소송에서 비롯된다고 말했다. 가장 놀랍고 충격적인 사실은 소수민족夷人들의 성정性情이며, 그러한 그들의 성정 가운데 가장 방해가 되는 요소는 토추土酋들의 사나움이었다. 토추의 그러한 성향 때문에 행정 당국의 정책 효력이 감소되고, 서로간의 증오가 일상적일 뿐 아니라, 반란이 계속되며, 법령의 적용이 방해를 받아 무력화된다.

> "(따라서) 법령 시행이 이내 불가능해진다. 이는 마치 동물의 꼬리가 너무 비대해져 쉽게 움직일 수 없는 이치와 같다. (중국의 전통적인 이민족 통치방법인) 기미羈縻[318] 정책을 시행하고자 해도, 그러한 정책으로 그들을 점점 다스릴 수 없는 지경이 된다."[319]

이러한 악습을 제거하기 위해서는 현명하고도 청렴한 관리를 임명해야 하며, 소수민족의 풍속을 이해해서 그에 상응하는 중요한 정책을 시행할 수 있는 시간적 여유를 갖기 위해, 오랜 기간 동안 해당 지위에 머물러 있어야 한다고 주장했다. 그에 따르면, 여러 가지 사단이 발생하는 이유는 잘못된 위무慰撫 정책 탓이라고 언급했다.[320]

그가 일종의 부록을 편찬해 다른 부류의 〈소수민족〉과 그들의 생활방식을 간략하게 언급한 까닭은 분명 관원들을 교육시키기 위한 것이었다. 발생해서는 안 될 역사로 그가 제시한 상황은 소수민족의 수장이 다른 소수민족 수장이나 중국 관원들과 대립하는 양상이었다.[321]

전여성의 두 번째 저작인 『서호유람지西湖游覽志』는 항주杭州에 대한 진정한 여행 가이드이다. 그 책은 우리에게 알려진 가장 오래된 저서로서, 가정 26년(1547) 처음으로 인쇄되었다. 따라서 자신의 경력 기간 내내 가능한 한 최상의 행정을 구현하려 했던 관원인 전여성은 세상의 아름다움을 관조해, 다른 사람이 그 아름다움을 발견할 수 있도록 도와준 예술가로 변모되어 있었다.

3. 모험가이자 비범한 지리학자인 서하객(徐霞客, 1586~1641)[322]

그의 본 이름은 홍조弘祖이며, 하객霞客은 그의 호號이다. 그는 명말엽인 만력 14년(1586) 강소성江蘇省(명대에는 南直隷 일대에 해당함)[323]에 위치한 강음현江陰縣 남양기南陽岐라는 곳의 관료 가문에서 태어났다.[324] 어린 시절부터 그는 여행에 대한 열정을 키웠다. 자신의 부친이 사망한 지 3년 후인 만력 35년(1607)에 3년상喪이 끝나자, 그는 처음으로 자신의 여행길에 나섰다. 이후 숭정 14년(1641) 사망 때까지, 즉 30년 이상 한 해도 거르지 않고 세상을 돌아다녔다. 그는 현재 강소성, 산동성山東省, 하북성河北省, 산서성山西省, 섬서성陝西省, 하남성河南省, 절강성浙江省, 안휘성安徽省, 강서성江西省, 복건성福建省, 광동성廣東省, 호북성湖北省, 호남성湖南省, 광서성廣西省, 귀주성貴州省, 운남성雲南省, 그리고 아마도 사천성四川省[325]까지도 돌아다녔다. 모험을 즐긴 그의 생애는 두 시기로 나눌 수 있다. 만력 35년~숭정 8년(1607~1635)까지가 첫 번째 시기로서, 이 기간 동안 그는 거의 매년 쉽게 여행할 수 있는 지역으로 짤막한 여행을 했다. 이어 두 번째 시기인 숭정 9년~숭정 13년(1636~1640) 사이에는 장거리 여행을 떠난 탓에 4년 동안 자신의 고향에서 멀리 떨어져 있었는데, 이 시기에 그는 중국 서남 지역의 여행은 물론이고 운남 극서極西 지역인 등월騰越 지역까지 밟았다.[326]

그가 살았던 시대의 일반적인 풍조와는 달리, 그는 시종 한 명만을 거느린 채 호위하는 사람도 없이 여행을 다녔다. 서남 지역을 횡단하는 장거리 여행 중 길가에 앉아 짐을 지키는 고씨顧氏라는 인물을 언급하고 있는 반면, 서하객 자신은 혼자 바위를 기어올랐다. 또한 운남 북서쪽에 있는 계족산鷄足山으로 순례 여행을 원했던 정문靜聞이라는 이름의 승려[327]와 같은 인물처럼, 여행 중에 그는 일시적인 친구도 만났다. 종종 그에게는 그리 유쾌하지 않은 만남도 있었다. 그는 동행한 한 여행객에게 자신의 돈을 빼앗기기도 했다. 그러나 알지 못하는 사람에 대한 깊은 관심과 위험을 즐기는 그의 성향 때문에, 그는 당시 다른 사람들은 감히 할 수 없었던 일을 시도했다. 광서성 융현融縣에서 그는 그 입구에 뱀 한 마리가 꿈틀거리는 동굴에 들어갔다.[328] 귀주성에서는 그 자신이 여행 가방을 들었다. 운남성에서는 땅바닥에서 자고 소금기가 없는 음식을 먹기도 했다.[329]

하루 여정을 마친 후 저녁이 되면 그는 자신이 여행한 거리, 관찰한 풍경, 지형의 고저 유형, 식물상植物相, 통과한 촌락, 만난 사람들을 매우 자세히 기록했다. 그는 그가 참조할 수 있을 때마다 들춰본 지방지의 내용과 자신의 기록을 일일이 대조했다. 무엇보다 그는 자신의 그러한 작업을 통해 발견한 오류를 주저하지 않고 표시했다. 그가 쓴 일기의 원본은 남아 있지 않으며, 현재 우리가 이용하는 서하객의 일기 일부는 그의 막내아들인 서이기徐李寄가 편집한 것이다.[330] 『서하객유기徐霞客遊記』라는 제목으로 된 그의 일기에는 그날그날의 행적에 대한 기록 외에도, 반강盤江과 같은 일부 하천 흐름과 계족산과 같은 산, 그리고 특정 지방에 대한 연구가 들어 있다.

서하객이란 인물에 대해 중국인들은 항상 흥미를 가지고 있었지만, 오랫동안 그는 〈매우 괴상한 책을 저술한 기인으로 간주되어 왔다奇人奇書〉. 20세기 초에 이르러서야 비로소 중국과 유럽의 지리학자들이 서하객을 근대 지리학의 개척자로 인식하게 되었다. 사실상 서하객이야말로 산악의 고저高低,[331] 중국 서남 지역의 지질 구조에 관심을 가졌을 뿐 아니라, 거의 과학적인 정확성과 함께 그러한 양상을 서술한 최초의 인물이기도 하다. 현대의 저명한 지리학자인 정문강(丁文江, 1887~1936)은 서하객의 통찰력이 대단하다는 예를 보여준 바 있다. 즉 수정질의 편암片巖이 매우 드문 운남을 1914년 여행한 정문강은 원모현元謀縣 계곡의 붉은 사암층에서 운모편암이 노출되어 있는 모습을 발견했다. 그러나 정문강은 자신보다 3세기나 앞서 서하객이 그것을 발견했다는 기록을 남겼다는 사실을, 귀가 후 자신의 서재에서 알게 되었다. 서하객의 기록에 의하면 숭정 12년(1639) 12월 6일 그는 원모현 계곡에서 "암석이 사금沙金처럼 빛나고, 태양이 비치면 양쪽에서 압착된 운모판처럼 아름답고도 밝은 황색을 띤다는 사실"을 적고 있다.[332] 운남에서 서하객은 수리水理에 관련된 흥미로운 발견을 한 바 있다. 즉 그는 메콩(Mekong)강과 살루엔(Salouen)강이 별개의 강이라는 사실을 정립했다. 또한 금사강金沙江은 장강 상류라는 사실도 지적했다.[333]

자신의 마지막 여행으로 탈진한 서하객은 그 여행에서 돌아온 직후 사망했다. 자신을 찾아온 손님들을 더 이상 맞이할 수 없게 된 그는 아마도 서남 지역에서 가져온 일종의 석회석으로 짐작되는 괴석怪石을 가져오게 한 후, 마지막 순간까지 그 돌을 어루만지다 사망했다.[334]

4. 광로(鄺露, 1604~1650), 괴상한 아마추어

광로의 자字는 담약湛若이며 호는 해설海雪이다. 그는 광동성 출신

이다. 어린 시절부터 그의 부모는 그가 범상치 않은 아이라는 사실을 알아챘다.[335]

"그가 태어날 때, 감로甘露가 홰나무에 내려, 그의 이름에 이슬을 의미하는 '로露'자를 사용했다. 갓난아이였지만, 그는 모유를 빨려고 하지 않았다. 감산선사憨山禪師[336]가 다가가 그를 일으켜 세운 다음, 광로의 머리를 쓰다듬으면서 다음과 같이 말했다. '이 아이는 하늘에서 온 일각수一角獸인데, 어찌 모유 냄새를 맡고 숨을 쉴 수 있겠는가? 그러므로 이 아이에게는 죽에 이슬을 섞어 마시도록 해야 한다.' 그의 나이 5세 때, 아버지와 스승의 요구로 그는 시를 배웠다… 13세에 향시鄕試에 급제했다. 그는 오직 고서古書만을 생각했을 뿐이며, 단지 과거 합격만을 염두에 두지는 않았다. 그의 문장 형식은 한대漢代와 위魏 왕조의 그것과 닮았다. 그의 운율은 당대唐代 황금시기의 운율이다.[337] 그의 전서篆書와 예서隸書는 진대秦代의 것이다. 그의 초서草書는 왕王과 장張의 서체와 유사하다.[338] 그의 거동과 풍모는 죽림칠현竹林七賢[339]을 연상시킨다. 그는 한 번도 돈 문제를 거론한 적이 없다. 그는 드러내놓고 자신의 재능을 신뢰했다. 소박한 옷차림과 낡은 신을 신은 채, 그는 저자거리를 돌아다니고 노래했으며, 다른 사람이 그런 자신의 모습을 볼지 모른다는 점을 전혀 신경 쓰지 않았다. 그는 농담을 좋아했으며, 말하기를 즐겼다. 종종 자신의 영혼을 침범해 들어오는 육체적 고통을 당당하게 직시했다."

그가 진씨陳氏와 번씨藩氏 등의 공자公子들과 함께 말을 타고 산책을 나갔던 어느 날, 남해현南海縣(광동성 관할 지역) 지현知縣 황희黃熙로 출행하던 길이었다. 광로 일행은 제때 그의 가마 일행을 피하지 못하고 가마와 충돌했다. 크게 분노한 지현은 그들을 체포하도록 했다. 어사 양원귀[340]가 그들에 대한 용서를 빌기 위해 지현에게 갔지만, 지현은 그들을 석방하지 않은 채, 그들 이름을 문적文籍에서 삭제한다고 공포하도록 했다.[341] 광로는 귀문관鬼門關,[342] 동주銅柱[343] 그리고 그 밖의 다른 유적을 찾아 광서성으로 떠났다. 그는 요족인 잠씨岑氏와 남씨藍氏 등의 토사 지역을 편력했으며, 군사 권한을 가진 요녀猺女 운타양雲嚲孃이란 인물의 서기書記가 되기도 했다. 광로가 그러한 토사 수장들에게 어떻게 소개되었는지에 대한 정확한 정보는 알 수 없지만,[344] 소수민족 지역에 중국 문화를 가르치기 위해 운남성 토사 수장 가족의 교사 자격으로 그 지역에 들어갈 수 있었던 진정(陳鼎, 1388~1437)의 예를 통해 판단한다면,[345] 대다수의 토사 수장들은 이웃하고 있는 한족 문명에 동화되기를 갈망했기 때문에 학식있는 한족으로부터 봉사를 받는 것을 다행스럽게 생각했을 것이다.

광로는 그가 요족 마을에 머무는 동안 느꼈던 개인적인 인상에 대해서는 사실상 전혀 언급하지 않았다. 그러나 그는 3권으로 구성되었으며, 남쪽 지역의 놀랄 만한 광경[346]이라고 번역할 수 있는『적아赤雅』라는 소책자를 통해 요족의 종족, 지리, 그리고 역사 분야에 대한 정보를 기록한 바 있다. 이 책은 사건을 날짜별로 이야기하는 여행기가 아니라, 오히려 짤막한 단상들을 딱히 논리적인 관계를 고려하지 않은 채 다양한 장章으로 묶어 놓은 책이다. 광로는 그 책을 잠씨岑氏 토사에 대한 고찰로 시작한다. 그는 잠씨 토사의 군사제도의 언급에 뒤이어 종교 의례儀禮에 대한 정보를 전달해 준다. 이 책의 다른 장에서 그는 다양한 소수민족을 열거하기도 하고 이 지역 고유의 특산물을 알려주기도 한다. 제2권에서는 체계적이지는 않지만, 그가 밟은 지역의 지형(동洞, 산천, 촌락)을 소개하고 있다. 그가 설명하는 지형을 통해 우리는 광로가 특히 광서성의 일부 지역을 방문했다는 사실을 짐작할 수 있다.[347] 마지막으로 제3권에는 식물, 동물, 희귀 광물, 단편적인 역사 사실, 환상적인 이야기와 전설 등을 담은 매우 다양한 내용이 들어 있다.

『적아』의 전체 내용은 세련된 언어로 편집된 흥미 있는 이야기처럼 보인다. 이후 시기 내내 중국 지식인들에게 이 책이 호평을 받을 수 있었던 행운을 가지게 된 이유는 바로 그의 세련된 문체 덕분이었다. 단순히 지식에 대한 욕구를 넘어 기괴한 것에 대한 취향이라 할 수 있는 이국적 취향에 대한 필요성을 충분히 충족시킬 수 있는 그 어떤 것을 우리들은 『적아』에서 발견할 수 있다. 건륭 34년(1769) 판본의 발문跋文을 쓴 포정박(鮑廷博, 1728~1814)의 글에 그러한 인상이 잘 드러나 있다. 그는 다음과 같이 적었다.

"이 책은 기괴함이 살아 있는 우아한 문체로 되어 있다. 이전 사람들은 『적아』를 『산해경山海經』이나 『서경잡기西京雜記』[348]와 비교하곤 했지만, 위 두 책이 『적아』가 지닌 아름다움을 모두 갖추진 못했다. 또한 100여 년이 넘은 뒤에도 이 책은 매우 가치 있는 책으로 평가될 것이다. 이 책은 매우 귀중한 책이 된 탓에, 나는 귀중한 새 판본을 서둘러 만들었으므로, 기괴함을 사랑하는 모든 사람들이 이 판본에 대한 평가를 내려주기 바란다."[349]

정확하게 체류 기간을 알 수 없지만, 광서성에서 일정 기간을 머문 후 그는 귀가했다. 이후 그는 하북성河北省, 산서성山西省, 강소성江蘇省, 호남성湖南省을 여행했는데, 그는 현지 명사名士들로부터 큰 환영을 받았다. 이어 그는 광주廣州로 되돌아왔다. 순치 7년(1650)에 광주가 만주족 군사들에게 함락되자, 한 번도 손에서 놓지 않았던 거문고를 든 채 집을 나가 해설당海雪堂이라 불린 별채로 피신했다. "그는 두 개의 거문고, 칼, 고대 유물, 서적, 회소(懷素, 725~785)[350]의 글씨를 곁에 두고 노래 부르기 시작했다. 광로는 청군이 밀어닥치는 사이에 사망했다."[351]

위 네 명의 인물들은 낭만적이며, 굳이 말하자면 이국적인 취향을 발견하려 했던 시대에 속했던 사람들이다. 18세기 귀주 지역에 대한 연구를 시도하기에 앞서, 이러한 개척자들의 작품을 다시 기억하는 것은 분명 유익한 일이라 할 수 있다.

서론 주註

1 역주 에르베 드 생-드니(Hervey de Saint-Denis) : 본명은 Marie-Jean-Léon Le Coq, baron d'Hervey de Juchereau, marquis de Saint-Denys로 1822년 파리에서 태어나 1892년에 사망했다. 프랑스 동양어학교 교수를 지냈으며, 1867년 파리만국박람회에서 처음으로 중국관을 개설한 인물이다. 그는 연구 초기에 중국의 동식물과 원예농업이 서유럽에 어떻게 전파되었는지에 대한 관심을 가졌으며, 당(唐) 나라의 시와 함께 본문에서 언급된 마단임(馬端臨)의 『문헌통고(文獻通考)』를 번역했다.

2 역주 샤를르 드 아를레즈(Charles de Harlez) : 벨기에 루뱅(Louvin)에서 출생한 동양학자로서 중국뿐 아니라, 고대 페르시아와 산스크리트 언어 연구로 유명한 인물이다. 만주족의 언어에도 깊은 조예가 있었던 그는 중국의 종교, 언어, 의례에 대한 연구와 함께 인류학적 접근 방법에 많은 관심을 가졌다. 동양학에 대한 저서나 논문 약 60여 편을 남겼으며, 동양학과 언어학에 관한 유럽 최초의 학술지 가운데 하나인 *Museon*을 1881년 창간했다.

3 C. de Harlez, "L'Ethnographie du midi de la Chine, ses population préchinoise(「한족 형성 이전 중국 남부 주민들의 민족학」)," *Le Museon*, Revue internationale, 1896, 136~137쪽과 141~142쪽.

4 역주 마단임(馬端臨) : 현재 강서성 낙평현(樂平縣) 출생이다. 송 함순(咸淳) 연간(1265~1274)에 우승상(右丞相)에 올랐으며, 원 세조(世祖) 지원(至元) 27년(1290)에 『문헌통고』를 집필하기 시작해서 원 영종(英宗) 지치(至治) 2년(1322)에 완성했다. 역사 기술에 있어 단대사(斷代史)보다는 통사(通史)를 중요시한 그는 『통전(通典)』을 쓴 당 왕조의 두우(杜佑)와 『통지(通志)』를 쓴 남송(南宋) 정초(鄭樵) 등의 통사적 역사기술을 옹호한 반면, 반고(班固)가 쓴 단대사인 『한서(漢書)』에 대해서는 비판적인 태도를 가졌다.

5 에르베 드 생-드니 후작의 유명한 번역서인 *L'Ethnographie des peuples*

étrangers à la Chine(『중국의 이방인들에 대한 민족학』), Genève, Georg, 1876-1883, 2 vol.을 말한다. [마단임의 『文獻通考』를 번역한 에르베 드 생-드니의 이 저서는 http://gallica.bnf.fr/ark:/12148/bpt6k75981x/f3.image 라는 프랑스 국립도서관 사이트에서 그 원문을 볼 수 있다.]

6 역주 클라프로트(Julius Klaproth) : 종종 분석화학의 아버지라고 불리는 마틴 하인리히 클라프로트(Martin Heinrich Klaproth)의 아들로서, 베를린 태생이다. 초기에는 화학과 물리학을 공부했지만, 1805년 러시아 대사를 따라 중국에 약 3년간 머물다가, 1807년 귀국하면서 중국어, 만주어, 일본어로 된 다량의 책을 가져왔다. 1812년 현재 리투아니아 수도인 벨로루스에 있는 아시아언어학교 교수로 임명되었으며, 아시아 언어 연구를 시작으로 『아시아에 대한 기억(*Mémoires sur l'Asie*)』과 『아시아 역사 연표(*Tableaux historiques de l'Asie*)』 등의 저술을 남겼다. 1815년 프랑스로 귀화했다.

7 역주 『文獻通考』권328에서 권332는 「四裔考」(5)에서 「四裔考」(9)까지에 해당되며, 주로 본서에 등장하는 반호(槃瓠), 장가(牂牁), 야랑국(夜郎國), 남조(南詔) 등뿐 아니라, 교지(交趾), 남평만(南平蠻), 작도(筰都) 등에 대한 언급이 등장한다.

8 역주 프랑스의 저명한 고대 문헌 번역가인 기욤므 뷔데(Guillaume Budé)가 1530년 프랑스와(François) 1세에게 왕실 독자들의 모임을 결성할 것을 제안하여 설립된 기관으로서, 설립 초기에는 왕으로부터 봉급을 받는 인문학자들이 파리 대학에서 소홀히 다루는 학문 분야를 가르쳤다. 프러시아와의 전쟁에서 패배한 나폴레옹 3세를 폐위하고 공화정이 들어선 1870년 이후 콜레쥬 드 프랑스라고 불리게 되었다. 2010년 콜레쥬 드 프랑스는 역사상 처음으로 다른 상급교육기관과 연합을 단행했으며, 현재 7개 분과로 나눠 일반 대중들에게 무료 강의를 제공하고 있다. 콜레쥬 드 프랑스의 교수가 된다는 것은 해당 학문 분야에서 권위를 인정받았다는 의미로, 매우 커다란 명예를 지닌다.

9 뒤 알드(Du Halde)의 책 *Description de l'empire de la Chine et de la Tartarie chinoise*(『중국과 이방인 제국에 대한 설명』), La Haye, 1736, 아미오 신부(Père Amiot)의 책 *Mémoires concernant les Chinoises*(『중국인에 관련된 기억』), 1784, 그리고 그로지에 신부(l'Abbé Grosier)의 *Description de la Chine*(『중국에 대한 설명』), 1819의 저서는 서남 지역 묘족들에 관해 많은 페이지를 할애하고 있다.

10

지명	성도省都 까지의 거리 (단위 : km)	개종자	초보 신도	성인 세례 교인	아동 세례 교인	전체 천주교도 수효
귀양부貴陽府	-	6	66	13	12	100
무천현婺川縣	90	215	5	3	18	300
수양현綏陽縣	42	-	3	7	5	16
준의부遵義府	30	38	33	24	3	140
청진현清鎭縣	9	-	-	-	-	16
귀정현貴定縣	16	-	-	-	-	16
검서부黔西府	14	-	-	-	-	3
도균부都匀府	36	-	-	-	-	3
신첨위新添衛	60	-	-	-	-	5
합계	-	259	107	47	38	599

* 출처 : A. Launay, *Histoire des missions de la Chine*(『중국 선교사』) : *L'Histoire de la mission du Kouy-tcheou*(『귀주 선교사』), t.3, 1907. 위 도표는 이 책 권1, 76쪽에서 발췌한 것임.

11 역주 1769년 이래 귀주성은 사천, 운남, 귀주를 한꺼번에 통할하는 교구에 속해 있었다.

12 역주 본문에서는 중세 영국과 프랑스에서 왕이나 기사 등에게 붙였던 Mgr.(monseigneur)을 사용했지만, 이 단어는 18세기 이후 주교나 대주교를 가리키는 명칭이 되었다.

13 *Missions catholiques*, IV, 1871-1872, 352~354쪽. [이 잡지의 원제목은 『기독교 선교 : 신앙 전파 활동을 위한 주간 회보(*Missions catholiques : bulletin hebdomadaire de l'oeuvre de la propagation de la foi*)』이며 선교 활동을 지원하기 위해 1822년 리용 출신 사람들이 발행하기 시작한 잡지이다. 창간 이래 동서양의 가장 중요한 선교 잡지였으며, 1830년부터는 해외판이 발행되기 시작했다. 이 잡지는 1822년 창간 당시에 『신앙 전파 연대기(*Les Annales de la Propagation de la Foi*)』라는 제목으로 1845년 초기까지는 1년에 4번, 이후에는 1년에 6번이 발행되었으며, 주로 선교사들의 서간문이 발간되었다. 당시 9개국의 언어로 15만부가 발행되었다. 이후 1868년 6월부터 1927년까지는 『천주교 선교(*Les Missions Catholiques*)』라는 이름으로 좀 더 많은 대중들을 대상으로 매주 발행되었다.]

14 역주 페르니(Pergny) 주교 : 그는 1853~1860년까지 귀주성의 주교를 지냈으며, 함풍咸豐 10년(1860) 영불 연합군의 승리에 따른 북경 조약의 체결로 서양 세력은 자유로운 선교활동을 하게 되었다.

15 *Annales de la propagation de la foi*(『기독교 전파 연대기』), vol.31, 1859, 130~141쪽 ; 또한 *Revue de l'Orient et de l'Algérie*(『동방과 알제리 잡지』), nouvelle série, IX, 1859, 330~337쪽 참조.

16 역주 郞岱 : 귀주성 남서쪽에 위치한 지역으로, 청대 낭대(郞岱) 토사인 롱안번(隴安藩)이 있었던 곳이다. 강희 18년(1679) 토사 롱씨를 천총(千總)으로 만들어 낭대와 육지(六枝)를 다스리게 했다. 건륭 19년(1755)에 안순부(安順府) 관할이 되었다.

17 즉 다른 말로 포의족을 의미한다. 저자는 자신의 논문에서 이 포의족 언어를 배우는 데 따른 어려움을 고백한 바 있다. 그는 다음과 같이 말했다. "나는 그들의 언어 습득에 사실상 실패했음을 고백한다. 제롬 루(Jérome Lôu)의 도움으로 나는 곤잘레스(Gonzales)의 소사전 외에 천주 교리와 일부 소단원을 번역할 수 있었다. 그러나 나는 중국 성조(聲調)보다 훨씬 다양한 성조를 지닌 그들의 언어를 결코 구사할 수 없었다… 그럼에도 불구하고 포의족의 가난한 촌부들은 거의 중국어를 한 마디도 알지 못했지만, 글자를 배우고자 하는 상당수 어린 소녀들이 있다는 사실을 알고 있었기 때문에, 그들을 가르치기 위해 나는 아가트 린(Agathe Lin)을 파견했다." A. Launay, *L'Histoire de la mission du Kouy-tcheou*, t.I, 379쪽에서 재인용.

18 이 사료는 천주교 포교원(Missions catholiques) 자료실에 587번으로 분류되어 소장되어 있다. 이 사료의 일부는 르쎄르뙤르(M. Lesserteur)가 1877년 『천주교 선교(*Missions catholiques*)』의 149쪽, 162쪽, 173 쪽, 186쪽에 「이족(彝族)」(*Les Y ren*)이라는 제목으로 출간했다. 포리 주교를 기리기 위해 집필된 그의 저작은 1867년에 완성되었다.

19 역주 르 P 까발르리(Pierre Julien Le Cavalerie) : 1894년 7월 사제로 임명된 후 1달 만에 귀주로 향한 그는 특히 식물학 분야에 커다란 공헌을 한 인물이다. 따라서 수가족(水家族)과의 경험을 언급한 본서의 연구보다는 1905년부터 발표한 귀주성의 식물과 관련된 논문이 훨씬 의의 있는 연구이다. 그는 1927년 운남성 昆明에서 자신의 시중꾼에게 살해되었다.

20 "Chez les Chouy kia(「수가족의 거주 지역에서」)," *Annales de la société des*

Missions étrangères(『외국선교회 연대기』), mai-juin 1899, 101~107쪽.

21 *Anthropos*, III(1908) ; IV(1909), 318~353쪽. 이에 앞서 그의 수고본 일부가 *Annales de la société des Missions étrangères*, 1899, 265쪽에 "Notes sur le Kouy-tcheou(「귀주 관련 기록」)"이라는 제목으로 출간된 적이 있음을 상기할 필요가 있다.

22 역주 에드킨스(P. Joseph Edkins) : 그는 신교 선교사(protestant missionary)로서, 30년 동안의 북경 생활을 포함해서 총 57년을 중국에서 보냈다. 언어학자이자, 번역가였으며, 문헌학자였다. 1852년부터 1858년까지 『중서통서(中西通書, *Chinese and Western Almanac*)』를 편집했으며, 1872년부터 윌리엄 알렉산더 파슨즈 마틴(William Alexander Parsons Martin)과 함께 『중서문견록(中西聞見錄, *Peking Magazine*)』을 발간했다. 본문의 설명과는 달리 그의 연구 대부분은 중국 언어와 종교에 집중되었으며, 귀주와 관련된 연구는 본서에 언급된 것이 거의 유일하다. 1905년 상해에서 사망했다.

23 *Chinese Recorder and Missionary Journal*(『중국에 대한 기록과 선교 잡지』), vol.3, 1890.

24 역주 현존 『홍의부지』는 咸豊 4년(1854), 光緖 9년(1883) 간본이 있다는 점을 감안하면, 본서에서 말하는 『홍의부지』의 새로운 편찬 작업은 광서 9년 간본의 편찬 작업일 가능성이 크다. 광서 9년 간본은 장지동(張之洞, 1837~1909)의 아버지인 장영(張瑛)이 편찬했으며, 귀주성 반강(盤江) 유역 일대 소수민족에 대한 귀중한 정보가 담겨 있다. 한편 民國 35년(1946)에는 『홍의현지(興義縣志)』가 간행되었다.

25 *Chinese Recorder and Missionary Journal*, vol.3, 33쪽.

26 *Mission lyonnaise*, t.I, 107쪽. 리옹 선교회에 대해서는 본서 34쪽 참조. [여기서 *Mission lyonnaise*라고 표기한 저서는 *La Mission Lyonnaise d'exploration commerciale en Chine, 1895-1897, avec cartes, plans et gravures*, deux tomes, Lyon, 1898을 말한다. 저자의 표기대로 이하 이 책은 모두 *Mission lyonnaise*라 적었음을 밝힌다.]

27 역주 7월 왕정 : 1830~1848까지 루이 필립(Louis Philippe) 1세가 이끌었던 자유주의적인 성향의 입헌왕정. 1848년 2월 혁명으로 무너졌다.

28 1843년 공식적인 성격을 지닌 상업 사절단이 라그르네(M. de Lagrenée)의 주도로 조직되었다. 그 사절단의 목적은 극동 지역의 여러 나라, 특히 중국의 생

산품, 산업 기술, 교역 가능성을 알아보는 데 있었다. 사절단의 여러 계획의 규모를 통해 판단하건대, 그들의 주요한 관심지역은 해안 지방이었다. 또한 중국과 관련해서는 내륙지역에 관해 그 어떤 종류의 심도 있는 조사도 계획하지 않았다. 그러나 사절단이 얻은 결과는 당시로서는 주목할 만한 것이었다. 다양한 생산품과 특히 〈비단 생산품〉 견본을 모은 귀한 소장품과 함께, 지방 예술가들이 주문을 받아 그린 그림으로써, 광산개발, 철로 만든 제품, 사직업(絲織業)과 면직업, 나염 기법 등을 묘사한 그림을 가지고 돌아왔다.

프랑스로 돌아온 사절단은 생-떼띠엔느와 리용에서 최초의 전시회를 열었다. 그렇게 가져온 여러 자료들을 대중들이 손쉽게 접근할 수 있도록, 전시회 개최 당시 세심한 작업이 병행되었다. 즉 각각의 자료마다 자세한 설명을 붙였다. 이 전시회는 커다란 성공을 거둬 마침내 파리에서 세 번째 전시회가 개최되었다. 에드(I. Hedde)가 작성했으며, 다음과 같은 제목으로 된 매우 자세한 전시회 도록을 통해 당시 수행된 연구 범위를 짐작할 수 있다.

1. 『중국의 상업 사절단. 생사와 사직업. 리용에서 제작된 중국과 인도의 생산품 목록(Mission commerciale en Chine. Industrie des soies et soieries. Catalogue des produits de l'Inde et de la Chine à Lyon)』, 120쪽, Lyon, 1847.
2. 『중국 비단 공장에서 생산된 생산품의 전시(Exposition des produits de l'industrie séricigène)』, 400쪽, Saint-Etienne, 1848.
3. 『중국 여행에서 수집했으며 생-떼띠엔느 상공회의소가 전시한 여러 생산품에 대한 제작 설명(Description méthodique des produits divers recueillis dans un voyage en Chine et exposés par la Chambre de commerce de Saint-Etienne)』, 400쪽, Saint-Etienne, 1848.
4. 『중국 여행에서 수집한 여러 생산품에 대한 제작 설명(Description méthodique des produits divers recueillis dans un voyage en Chine)』.
5. 『에드가 중국 여행에서 수집한 비단 생산품 전시(Exposition des produits de l'industrie séricigène en Chine recueillis par M. I. Hedde)』, 400쪽, Saint-Etienne, 1848.

현재로서는 당시 어떤 것을 견본품과 삽화에 집어넣었는지를 알 수 없다. 국립도서관 판화수장고에 삽화의 일부가 보존되어 있는지의 여부도 궁금하다. 놀랍게도 에드가 작성한 목록 속에는 그 시기가 결코 19세기 이전으로 소급되지는 않지만, 중국의 여러 직업(철 생산 작업, 朱砂 제조, 광산 개발, 행상)에 대한 일련의 흥미 있는 그림들이 꽤 들어 있다는 사실을 확인할 수 있다. [에드(Isidore Hedde)는 1802년 오뜨 르와르(Haute-Loire)에서 태어나 1880년 리용에서 사망했다. 생-테띠엔느 지역에서 리본 제작을 했던 그는 라그르네를 따라 1843년~1846년 중국에 다녀왔다. 당시 그는 중국의 직물 산업에 많은 관심을 가졌으며, 중국에서 모은 직물 관련 자료를 1879년 리용 지리학회(Société de géographie de Lyon) 도서관에 기증했다.]

29 그 사이에 중국 서남 지역을 탐험하기 위해 그 성격이 축소되거나 개인적인 성격을 띤 여러 외국 원정대가 조직되었다는 점을 염두에 두어야 한다. 미얀마를 점령한 영국인들은 운남성에 매우 많은 흥미를 가졌다. 아취발드 R. 콜크혼(Archibald R. Colquhoun)은 미얀마에서 중국으로 가는 도로를 개척했다. 그의 탐험 결과는 *Across Chrysê, A Journey of Exploration through the South China Border Lands from Canton to Mandalay*(『광주에서 만달레이로 가는 중국 남부 지역의 탐험 여행』), 2 vols., 1833이라는 제목으로 출간되었다. 1882년 알렉산더 호지(Alexander Hosie)는 사천, 귀주, 운남을 지나는 3년의 여행을 떠났다. 그는 돌아와서 맨체스터 상공회의소(Chambre de commerce de Manchester)에 『중국 남서 지역의 상업(*Le commerce dans la Chine du Sud-ouest*)』이라는 제목의 보고서를 제출했다. 그는 이어 이 보고서를 책으로 출간했는데, 부록에 *Three years in Western China. A narrative of three Journeys in Ssu-ch'uan, Kuei-chou and Yun-nan,* 2e édition, 1897, 302쪽(『서부 지역에서 보낸 3년 : 사천, 귀주, 운남 세 곳의 여행담』)이라는 제목으로 자신의 여행기를 실었다. 이 여행기를 통해 저자는 인도 제국이 중국 국경까지 확장되고 프랑스인들이 통킹 지역을 병합한 이후 매우 중요한 지역으로 부상했던 이 지역에 대한 자신의 관심을 드러냈다.

30 역주 리용 상공회의소(Chambre de Commerce de Lyon) : 1702년 발렝땡 비에누아(Valentin Viennois) 왕이 그 창립을 허락한 기관으로, 리용 상인과 수공업자들의 권익을 보호하기 위한 것이었다. 리용 상공회의소는 1599년 마르세이유, 1601년 루앙(Rouen)과 파리, 1700년 덩케르크(Dunkerque)에 이어 네 번째로 설립되었다.

31 역주 시모노세끼 조약(下關條約) : 일본 혼슈 서쪽 끝에 있는 하관(下關)에서 맺은 조약 이름이다. 중일전쟁 패배로 맺은 조약으로 중국 측에서는 이홍장(李

鴻章)이, 일본측에서는 이토 히로부미(伊藤博文)가 대표로 조약을 체결했으며, 이 조약으로 중국은 2억량의 배상금과 함께 대만을 일본에게 할양했다. 하관의 이전 지명이 마관(馬關)이었던 탓에 마관조약으로도 불린다.

32 *Mission lyonnaise*, t.I, 1쪽. 1966년 코넬 대학(Cornell University)에서 라페이(J. F. Laffey)가 리용 선교사를 주제로 한 "French Imperialism and the Lyon Mission to China(「프랑스 제국주의와 중국으로 간 리용 상업사절단」)"이라는 제목의 박사학위 논문을 제출했다는 사실도 염두에 두어야 할 것이다. 내가 잘못 알고 있지 않다면, 이 학위 논문은 출간되지 않았다. 관련 사항은 그의 논문 596쪽 참조.

33 역주 이금(釐金) : 청 咸豊 3년(1853)에 처음 실시된 내지 상업세로서 원칙적으로 세율은 상품 가치의 1%였다.

34 *Mission lyonnaise*, t.I, p. v, vi.

35 *Mission lyonnaise*, t.I, p. vi.

36 *Mission lyonnaise*, t.I, p. vii.

37 전체 질문 사항은 *Mission lyonnaise*의 서문 p.viii에 실려 있다.

38 *Mission lyonnaise*, t.I, p.II, III.

39 각각 생사(生絲), 그리고 비단과 염색 전문가로서 리용과 마르띠니에르 상업학교(Ecole de commerce de Lyon et de la Martiniere) 출신자였으며 자연스럽게 리용과 같은 중심 지역을 선택했던 앙뚜완느(Antoine)와 메트랄(Métral), 당시 야금술과 광산업을 대표했던 생-떼띠엔느 광산 학교(Ecole des mines de Saint-Etienne) 졸업자인 뒤끌로(Duclos), 역시 리용 상업학교 출신이었으며 리용 지역 상공회의소 위원이었던 쉴포르(Sulfort) 외에도, 그로쟝(Grosjean)과 라보(Rabaud) 두 사람이 주요 도시와 식민 지역에서 실질적인 업무를 관장했으며, 전반적인 상업 업무도 담당했다. 북쪽 지역 산업, 즉 아마와 삼 그리고 특히 모시와 양모 산업에 대한 전반적인 이해관계를 담당했던 비알(Vial)과 바엘스(Waeles), 그리고 면사와 면직물과 관련해서 릴(Lille)과 루베(Roubaix) 대표단과의 협력이라는 과중하지만 홍미로운 책임을 담당했던 리오(Riault) 등이 자리 잡고 있었다. 따라서 우리 일행 속에는 국가 활동의 모든 주요 형태가 들어 있었다. *Mission lyonnaise*, t.I, p.III.

40 원정대의 보고서에는 원정대의 월별 행사 일정과(*Mission lyonnaise*, t.I, pp. xxvii-xxxii) 서로 다른 답사 지역에 대한 기본 사항을 정리한 도표가 들어 있다

(*Mission lyonnaise*, t.I, p.xxxiii-xxxvi).

41 *Mission lyonnaise* 10쪽 각주 1)에 의하면, 문서 보관서에 보관되어 출간되지 않은 채, 어떤 때는 의도적으로 참고용으로만 이용된 자료가 상당수 존재한다. 예를 들어 이전에 개발되었던 운남의 광산 리스트나 구체적인 지명은 밝히지 않았지만, 중국인들과의 거래 방법에 대한 자세한 사항과 조언 등이 그러한 것들이다.

42 역주 북해가(北海街) : 현재 홍콩 유첨왕구(油尖旺區) 일대를 말한다.

43 역주 저자는 이 표현을 'Albums manuscrits'라고 표현했다. 아직 우리나라에 소개되지 않은 『苗防圖錄』과 같은 종류의 책을 말하며, 편의상 『묘족수고본』으로 통일해서 표기했다. 본서 63쪽 참조.

44 주요한 것을 든다면 다음과 같다. 1. C.F. Neuman, "Die Urbevölkerung einiger Provinzen des Chinesischen Reiches(「중화제국 몇 개 성(省)의 원주민」)," *Asiatische Studien*(『아시아학』), erster Teil. Leipzig, 1837, 35~120쪽 ; 2. "Notices of the Miau Tsz', or Aboriginal Tribes inhabiting various Highlands in the southern and western Provinces of China proper(「묘족에 대한 설명 : 중국 본토 남부와 서부의 여러 고지대에 거주하는 소수민족」)," *Chinese Repository*, 1845, 105~115쪽 ; 3. E. C. Bridgman, "Sketches of the Miau-Tsze(「묘족에 대한 간단한 설명」)," *Journal of the North-China Branch of the Royal Asiatic Society*, no.III(december 1859), 257~286쪽 ; 4. G. M. H. Playfair, "The Miautzu of Kwiechou and Yunnan from Chinese Descriptions(「중국인들의 설명을 통해 본 귀주와 운남의 묘족」)," *China Review*, vol.V(1876-1877), 92~108쪽 ; 5. G. W. Clark, "Traduction d'un rapport manuscrit sur les Miao du Gui zhou(「귀주 묘족 수고본의 번역」)." 이 논문은 A. R. Colquhoun, *Across Chrysê*, Londres, 1883에 있는 부록에 수록되었다.

45 *Ostasiatische Zeitschrift*(『동아시아잡지』), Bd. IV(1915-1916), 81~89쪽 ; Bd. V, VI(1916-1918), 266~283쪽.

46 역주 황청직공도(皇清職貢圖) : 건륭 연간 대학사(大學士)를 지낸 부항(傅恒)이 편집한 책으로 조선, 영국, 프랑스, 일본 등의 외국과 중국 각 지역의 소수민족의 풍속을 설명한 책이다. 건륭 16년(1751)에 시작하여 22년(1757)에 완성된 이 책에는 약 300여 개의 그림이 들어 있다.

47 *Archiv für Anthropologie*(『인류학 자료』), N.F., Bd. 26(1941), 125~137쪽.

48 *Mitteilungen des Instituts für Orientforschung*(『동양학연구소 통신』), Berlin, Bd.IX, 2-3(1963), 284~309쪽.

49 F. R. Its, "Miao(istoriko-etnografičeskii očerk)(「묘족(역사 - 민족학적 개관」)" in *Vostočno-aziatskii etnografičeskiisbornik*(『동방 - 아시아 민족학논총』) vol. 60, L'Institut ethnographique Mikluxo-Maklai, nouvelle série, tome LX, Académie des Sciences d'URSS, Moscou, 1960, 3~118쪽. [영어식 표현으로 쓰면 루돌프 페르디난도비치 이츠(Rudolf Ferdinandovich Its)의 러시아어 본명은 Р. Ф. Ит с이며 1928년 탈린에서 출생했다. 그의 연구가 우리나라에 전혀 알려져 있지 않지만, 그는 1950년 레닌그라드국립대학을 졸업한 후, 1982~1990년까지 소련과학아카데미 민족학연구소 레닌그라드 분소 소장을 역임했다. 본서에 소개된 업적 외에도 *Obshchina I Sotsialnaia Organizatsiia U Narodov Vostochnoi I Iugo-Vostochnoi Azil(Community and Social Organization Among the Vostochnoi Peoples and Southeast Asia : A Compilation)*, Academiia Nauk SSSR, Moscow, 1967 등과 같은 다수의 저작을 남긴 러시아 민족학 분야의 대표적인 학자 중 한 사람이다.]

50 *Harvard Journal of Asiatic Studies*, III(1938), 103~127쪽. [이 논문은 두품광(杜品光)과 진종상(陳宗祥)이 사천성민족연구소(四川省民族硏究所)에서 1979년에 출간한 『양산이족노예제연구(凉山彝族奴隸制硏究)』에 번역되어 있다. 한편 저자가 표기한 Feng Han-yi는 Feng Han-ji(馮漢驥)의 오기이다.]

51 역주 데이빗 그래함(David Crokett Graham) : 미국 선교사로서 동물 수집가이자 인류학자이다. 그가 스미스소니언 연구소에 약 40만 종에 달하는 동물, 그리고 뉴욕 동물원에 팬더 곰 두 마리를 기증한 일은 유명하다. 스미스소니언 웹사이트(https://www.mnh.si.edu)에서 그의 기증 목록을 찾아볼 수 있다.

52 데이빗 그래함의 생애에 관한 정보는 그의 저서인 *Songs and Stories of the Ch'uan Miao*(『천묘족의 노래와 전설』), The Smithsonian Institution : Washington, 1954에 실린 매우 짤막한 그의 전기에 근거했다.

53 *Journal of the West China Border Research Society*(이하 이 잡지는 *J. W. C. B. R. S.*로 약칭함), I(1922-1923), 56쪽과 그 이하.

54 *J. W. C. B. R. S.* IX(1937), 13~70쪽.

55 *J. W. C. B. R. S.* IX(1937), 71~119쪽.

56 *J. W. C. B. R. S.* X(1938), 9~52쪽.

57 *J. W. C. B. R. S.* X(1938), 54~151쪽.

58 *Religion*, 1941, Columbia University, 276~289쪽.

59 *Smithsonian Miscellaneous Collections*, vol.123, no.1(1954), 336쪽.

60 *Studia Serica*, vol.2(1941).

61 *Studia Serica*, vol.5(1946).

62 *Annals of Academia Sinica*, no.3(1956).

63 *Sinologica*, vol.V(1956), no.1, 20~35쪽.

64 *Bulletin of the Institute of Ethnology*. Academia Sinica, no.10(1960), 127~199쪽.

65 *Mitteilungen der Gesellschaft für Natur und Völkerkunde Ostasiens*(『동아시아 자연과 민족학 연구 통신』), vol.37, Hambourg.

66 역주 도리 류조(鳥居龍藏) : 일본 제국 시기에 활동한 인류학자이자 고고학자. 이른바 체질 인류학에 정통한 학자로서 1896년~1900년 사이 네 번에 걸쳐 대만 전역과 특히 서남 지역의 원주민에 대한 인류학 연구를 진행했다. 1910년~1917년에는 한반도 고고학 발굴을 통해 한반도의 외부문화 유입을 증명하려고 노력했던 인물이기도 하다.

67 샤반느(E. Chavannes)가 *T'oung Pao*(『通報』), IX, 1908, 274~275쪽에 도리 류조, "Rapport sur une enquête au sujet des Miao"(「묘족조사급추가(苗族調査及追加)」)라는 제목으로 게재한 서평 참조. 도리 류조의 책은 1907년 東京帝國大學 理科大學 人類學教室에서 간행했으며, 총 341쪽이다. 이 책은 다시 1936년 『묘족조사보고(苗族調查報告)』라는 제목으로 중국어 번역본이 출간되었다.

68 *Smithsonian Report*, 1937, 513~530쪽. 위 내용은 "Kulture und Siedlung der Randvölker Chinas," *Einleitung*, 4쪽에서 인용했다.

69 *T'oung Pao* 보편(補編), no.36(1942).

70 *T'uong Pao*, no.36(1942), 서문, 4쪽.

71 "Lokalkulturen in alten China," Teil I, "Die Lokalkulturen des Nordens und Westens," *T'oung Pao* (보편), no.37(1942). Teil II, "Die Lokalkulturen des Südens und Ostens," *Monumenta Serica*, Monographs, III, Pekin, 1942. 두 번째 연구에 대한 영어 번역판은 *The Local Cultures of South and East China*(E.J. Brill, Leiden, 1968, 520p.)라는 제목으로 출간되었다. 이 영어 번역본에는 독일어판을 약간 수정한 내용이 담겨 있다.

72 그의 책 목차를 일별하면 이러한 문화적 양상이 극도로 다양하다는 생각이 자

연스럽게 생긴다.

73 즉 그는 그가 이전에 행한 연구를 준비하기 위해 수집한 자료를 이용했다.

74 "Die Lokalkulturen des Südens und Ostens," vol.II, 510쪽.

75 그러나 우리들이 그의 저서를 일종의 백과사전으로 이용한다면, 각 장에서 우리들은 그의 고유한 연구 방향을 결정짓게 만든 매우 유익한 인용 사료를 발견할 수 있다.

76 *Sinologica*, 4, 190~192쪽에 실린 가스파르돈느(E. Gaspardone)의 서평 참조.

77 이 잡지의 1942년 간행본은 싱가포르 말레이 대학 도서관에 보관되어 있다. 이 1942년 간행본에는 20세기 묘족, 중가족, 수가족(水家族) 사회의 여러 양상, 즉 지리 분포, 물질 생활, 사회 생활, 종교생활 등을 다룬 45개의 논문이 들어 있다.

78 6편의 논문 제목은 다음과 같다. 1. 「도류강묘이족분포(都柳江苗夷族分布)」, 2. 「청수강묘이적분포(清水江苗夷的分布)」, 3. 「생묘적식속(生苗的食俗)」, 4. 「동가중적고루(侗家中的鼓樓)」, 5. 「묘족흘고장적풍속(苗族吃牯髒的風俗)」, 6. 「생묘적상속(生苗的喪俗)」. [吳澤霖, 陳國鈞 等著, 『貴州苗夷社會研究』, 民族出版社, 2004에는 진국균을 비롯한 오택림, 장소미(張少微) 등이 1930년대와 40년대 귀주 지역의 현장 조사를 토대로 한 51편의 논문이 실려 있다.]

79 W. Eberhard, "Heiratsitten und Feste der Miaotse von Kueichou(「귀주 묘족의 결혼 풍습과 축제」)," *Der Weltkreis*(『세계』), Bd.11, Berlin, 1931, 114~121쪽. 어수란의 논문은 『동방잡지(東方雜誌)』권20, 14호, 50~60쪽에 게재되었다. [『東方雜志』는 상해에서 1904년에 창간되어 1948년에 종간된 것과, 1967년 대만에서 창간된 것으로 『東方雜志』라고 표기하는 두 종류가 있다.]

80 楊漢先, 「大花苗移入烏撒傳說考」, 『中國文化研究滙刊』권11(1942), 421~460쪽 ; 「大花苗的氏族」, 『中國文化研究滙刊』권3(1943), 387~396쪽. [1959년~1966년까지 貴州大學 부총장 및 貴州省民族研究所 소장을 역임한 바 있는 양한선은 본문에 언급한 연구 외에도 『川南八十家苗民人口調查』, 「大花苗名稱來源」 등의 연구를 출간했다.]

81 楊成志, 余永梁, 「關於苗族書籍之書目」, 『國立中山大學語言歷史研究所集刊』권3, 35-36, 1292~1299쪽.

82 王文萱, 「苗人起源傳說之研究」, 『新政治』38, 12, 72~77쪽.

83 錢穆, 「古代三苗疆域考」, 『燕京學報』12, 1932.

84 Chiu Chang-kang, "Die Kultur der Miao-tse nach älteren chinesischen Quellen(「고대 중국 자료를 통해서 본 묘족 문화」)," *Mitteilungen aus dem Museum für Völkerkunde*(『민족학 박물관 통신』), Hambourg, Bd. 18(1937) ; Lin Yue-hua, "The Miao-man peoples of Kweichou. Annotated translation of the Miao-man section of the Ch'ien nan ch'ih fang chi lieh, on the History, Customs and Distribution of the non-chinese people of Kweichou," *Harvard Journal of Asiatic Studies*, vol.V(1940), 161~345쪽.

85 이 잡지는 1954년~1958년까지 간행되었다.

86 이 잡지는 1958년~1960년까지 간행되었다.

87 喩世長,『佈依語語法硏究』,『語言專刊』, 科學出版社: 北京, 1956, 382쪽 ;『佈依語調査報告』, 과학출판사: 북경, 1959, 382쪽 ;『景頗語語法綱要』, 과학출판사: 북경, 1959, 176쪽 ;『傈僳語語法綱要』, 과학출판사: 북경, 1958, 164쪽 ; 中國科學院少數民族語言硏究所主編,『中國少數民族語言簡志 - 苗瑤語族部分』, 1959, 132쪽. 중국 비한족의 글자체와 언어를 매우 짤막하게 소개하고 있지만, 매우 잘 만들어진 훌륭한 소책자를 아울러 인용할 필요가 있다. 그 책은 나상배(羅常培)의 주도로 여러 사람이 공동으로 참여해 만든 161쪽의 책으로서 제목은『國內少數民族語言文字的概況』, 中華書局, 1954이다.

88 雲峰,「貴州少數民族史上若干問題的討論」,『民族團結』, 1963, I, 37~38쪽 ; 華西,「仡佬族的民族來源和遷徙」,『民族硏究』, 1960, 6, 41~43쪽.

89 馬少僑,『淸代苗民起義』, 湖北人民出版社 : 武漢, 1957, 76쪽.

90 苗原,「古代與近代時期的苗族社會經濟」,『民族硏究』, 1960, 5, 39~48쪽.

91 胡慶鈞,「明代水西彝族的奴隷制度」,『歷史硏究』, 1964, 5-6, 143~164쪽.

92 본서 90쪽, 각주 307) 참조

93 이현(李賢, 1408~1466)의 주도로 찬수된 이 책은 귀주성에 대한 언급을 찾아볼 수 있는 명대 최초의 자료일 것이다. [권88,「貴州布政司」라는 제목 하에, 사남부, 석천부, 여평부, 사주부, 진원부, 동인부의 6개 부(府)와 함께, 영녕주(永寧州), 안순주(安順州), 보안주(普安州), 진녕주(鎭寧州), 금축안무사(金筑按撫司), 보정위군민지휘사사(普定衛軍民指揮使司), 신첨위군민지휘사사(新添衛軍民指揮使司), 평월위군민지휘사사(平越衛軍民指揮使司), 용리위군민지휘사사(龍里衛軍民指揮使司), 도균위지휘군민사사(都勻衛軍民指揮使司), 위청위(威淸衛), 청평위(淸平衛), 안남위(安南衛), 안장위(安莊衛), 평패위(平壩衛), 보시수어천호소(普市守禦千戶所)가 기록되어 있다. 따라서

본서에서 다루는 청대와 명대의 행정단위 변화를 유심히 살펴볼 필요가 있다.]

94 역주 파주선위사(播州宣慰使로) 있던 양애(楊愛)를 말한다.

95 역주 하교신(何喬新) : 강서성 광창(廣昌)출신으로 명 중기 문학가이자 시인이다. 경태(景泰) 5년(1454) 진사에 합격한 후, 형부상서(刑部尙書) 등을 지냈다. 퇴임 후에는 저술에 몰두해서 『추구문집(椒丘文集)』, 『주례집주(周禮集注)』 등의 저서를 남겼으며, 청렴한 관리로 명성이 높았다. 파주 사건은 그가 형부우시랑(刑部右侍郎)으로 있을 때의 이야기이다. 『明史』권183, 「列傳」(71)에 그의 전기가 나온다.

96 역주 고공(高拱) : 가정(嘉靖)~융경(隆慶) 연간에 활동한 대정치가로서 하남성 신정현(新鄭縣) 출신이다. 嘉靖 20년(1541) 진사에 합격한 후, 예부상서 등을 역임했다. 다만 『明史』권213, 「列傳」(101)에 의하면 隆慶 4년(1570) 안국형이 반란을 일으켰다고 귀주 순무가 보고하자, 오히려 순무가 가볍게 다른 사람의 말을 믿고 상황을 잘못 파악했다고 판단한 고공의 자세한 조사 덕분에, 반란의 확산을 막을 수 있었다고 기술되어 있다.

97 역주 이 글은 乾隆 『貴州通志』권39, 「藝文」(紀事)에는 「撫夷紀事」라는 제목으로 게재되어 있다.

98 역주 왕사성(王士性) : 浙江省 임해(臨海) 출신으로 萬曆 5년(1577) 진사에 합격한 후, 예과급사중(禮科給事中), 우첨도어사(右僉都御史) 등의 관직을 지냈지만, 그의 관심은 사방을 돌아다니는 것이었다. 중국사 연구자들에게 비교적 널리 알려진 그의 저서 『광지역(廣志繹)』은 중국 각 지역의 산천과 풍물을 자세히 소개하고 있다. 서하객(徐霞客)이 자연지리적 측면에서 여행기를 썼던 반면, 그는 인문지리적 관점에서 책을 저술했다.

99 역주 이화룡이 이 파주 지역을 점령한 후, 본격적인 안무책(按撫策)의 실시에 앞서 반포한 「현구규칙서(懸購規則書)」를 말한다. 그는 여기에서 명조에 투항한 인회리(仁懷里) 장관(長官) 왕계선(王繼先), 상적수리(上赤水里) 장관 원무(元鏊) 등에 대한 죄를 묻지 않으며, 그들 토지를 몰수하지 않겠다는 의사를 밝혔다.

100 역주 서하객(徐霞客) : 이름은 홍조(弘祖)이며 남직예(南直隸) 강음(江陰) 출신이다. 중국 역사상 가장 저명한 여행가로 알려진 그는 그의 나이 28세인 萬曆 43년(1615)부터 본격적으로 여행에 나서 거의 25년 동안 중국 전역을 여행했다.

101 역주 곡응태(谷應泰) : 직예성(直隸省) 풍윤(豊潤) 출신으로, 順治 4년(1647) 進士에 합격했다. 호부주사(戶部主事)와 절강제학(浙江提學) 등의 관직을 지냈으며, 『명사기사본말』 외에 『공익당집(筇益堂集)』을 남겼다.

102 역주 모기령(毛奇齡) : 청대 경학자(經學者)이자 문학가로 널리 알려진 그는 형 모만령(毛萬齡)과 함께 강동이모(江東二毛)로 불렸다. 康熙 연간에 급제해 『明史』 찬수에 참여했다. 시와 산문, 그리고 서법에도 뛰어났으며, 문학 작품 외에 지방지에도 조예가 있어 『상호수리지(湘湖水利志)』와 『소산현지간오(蕭山縣志刊誤)』 등을 저술했다.

103 역주 영력제(永曆帝) : 명 멸망 후 세워진 남명 정권의 최후 황제였던 소종(昭宗)을 말한다. 본서에서 언급한 그의 안룡(安龍) 체류는 한때 양광(兩廣) 지역과 호남, 사천, 운남, 귀주 지역까지 세력을 펼쳤던 남명(南明) 세력이 1649~1650년에 이르러 쇠퇴하자, 장헌충(張獻忠) 일당이었던 손가망(孫可望)의 본영이 있는 안룡으로 옮겼던 順治 9년(1652)의 일을 말한다.

104 임가징(任可澄) 주편 하에 귀양의 문통서국(文通書局)에서 1922년부터 1943년 사이에 출간된 『검남총서(黔南叢書)』의 목차를 훑어보는 것만으로도 청대 귀주성 관련 사료가 매우 풍부하게 등장했다는 사실에 대한 일차적인 생각을 가질 수 있다. 총 7집으로 구성된 이 총서에는 69종의 비공식적인 자료가 포함되어 있으며, 그 대부분은 청대에 편찬되었다. 그 69종의 일부는 귀주성에 관련된 것이며, 또 일부는 귀주성 출신자들이 저자로 되어 있다. 이 총서는 파리에 있는 한학고등연구소(Institut des Hautes Etudes Chinoises)의 도서관에 보존되어 있지만, 이 연구소의 소장본에는 다른 간본의 『검남총서』에도 들어 있지 않다고 판단되는 서가간(徐家幹), 『苗疆見聞錄』이 포함된 5집과 별집(別集)이 존재하지 않는다. 아마도 『검남총서』에 대한 완전한 목록은 Joseph Dzen-Hsi Lowe, *A Catalogue of the Official Gazetters of China in the University of Washington*, no.1, 1966에 들어 있을 것이다.

105 역주 저자는 서술 목적상 청대 지방지만을 언급했지만, 명대에도 홍치(弘治) 『귀주도경신지(貴州圖經新志)』, 가정(嘉靖) 34년(1555) 간본 『貴州通志』, 만력(萬曆) 25년(1597) 간본 『貴州通志』가 각각 존재한다. 아울러 저자가 참조한 『귀주통지』는 대부분 건륭 연간본이다.

106 역주 반수(潘馴) : 귀주성 귀양(貴陽) 출신으로 명 숭정(崇禎) 12년(1639) 거인(擧人)에 올랐다. 남명(南明) 왕조에 참여를 거부하다 청 왕조가 귀주를 정복

한 후, 운남성 몽자현(蒙自縣) 知縣을 지냈다.

107 역주 강희 12년(1673) 간본 『귀주통지』는 각각 북경도서관, 상해도서관, 천진시인민도서관(天津市人民圖書館), 운남성도서관에 소장되어 있다.

108 역주 범승훈(范承勳) : 저자는 '범성훈'(范成勳)으로 표기했는데, 이는 '범승훈'을 잘못 기재한 것이다. 後金~順治 시대 명신이었던 범문정(范文程)의 셋째 아들로 운귀총독뿐 아니라, 강남강서총독(江南江西總督), 병부상서(兵部尙書) 등의 관직을 지냈다. 그가 운귀총독(雲貴總督)을 지낸 시기는 강희 25~32년(1686~1693) 사이다.

109 역주 위기제(衛既齊) : 산서성(山西省) 의씨현(猗氏縣) 출신으로 강희 3년(1664) 진사(進士)에 올랐으며, 강희 30년(1691) 귀주순무(貴州巡撫)를 제수받았다.

110 역주 정도모(靖道謨) : 호북성(湖北省) 황강현(黃岡縣) 출신으로 강희 60년(1721) 진사에 올라 서길사(庶吉士)에 선임되었다. 雍正 원년(1723) 운남성 요주(姚州) 지주(知州)로 있을 당시, 운귀총독이었던 악이태(鄂爾泰)의 요청으로 『雲南通志』와 『貴州通志』편찬에 참여했다.

111 역주 총 23개 항목으로 구성되어 있으며, 건륭 『귀주통지』의 각 장별 특징을 귀주성의 상황과 결부시켜 설명하고 있다.

112 역주 지방지는 특히 명청시대 연구자들에게 매우 친숙한 자료이다. 송대부터 본격적으로 간행된 지방지는 본서에 등장하는 목차에서 알 수 있듯이, 한 지역의 지리, 관공서의 형태와 위치, 자연 환경, 다리, 풍속과 풍습, 그 지역 고유의 생산물, 학교, 종교시설, 인구와 세금 액수, 그 지역 출신 유명인과 관직을 담당한 사람, 유명인, 관광 명소, 자연 재해와 전쟁, 역사적 사건, 동식물, 열녀, 그리고 그 지역 관리나 지식인들이 지역 사안에 관련된 내용을 적을 글이나 상소문(上疏文), 詩文 등이 들어 있다. 특히 이러한 지방지는 시차를 두고 간행되었기 때문에, 한 지역의 시간에 따른 변화를 알 수 있는 매우 귀중한 자료이다. 다만 상당수는 이전 시기의 내용을 반복한 경우가 많으며, 일부 지방지는 유실된 상태이다. 현재 중국에서는 각 성(省)이나 도시별로 근현대의 상황을 담은 이른바 신편지방지(新編地方志)가 계속 출간되고 있으며, 여기에도 역사시대 내용을 담고 있는 경우가 빈번하다. 아울러 이런 특정 지방지 외에도, 임업지(林業志)나 향토지(鄕土志)처럼 특정 주제를 다룬 지방지도 존재한다.

113 역주 성야(星野) : 지리 형상을 별자리에 빗대어 지역의 형세를 언급한 부분.

114 역주 상이(祥異) : 자연재해나 기이한 자연현상 혹은 인재(人災)를 기록한 장(章).

115 역주 여도(輿圖) : 지역의 지형적 특성에 대한 간단한 설명과 함께 지도가 들어 있는 장.

116 역주 건치(建置) : 해당 지역의 역대 행정 구역의 변화를 설명한 장.

117 역주 강역(疆域) : 외부 지역과의 거리를 표시하고 있는 장.

118 역주 형승(形勝) : 특정 산천(山川)에 대한 설명과 함께, 그곳에 어린 민간 신앙이나 간단한 고사(古事)를 기록한 장.

119 역주 관량(關梁) : 주요 관문(關門)이나 다리를 기록해 놓은 장.

120 역주 우전(郵傳) : 역참(驛站) 제도를 설명한 장.

121 역주 고적(古蹟) : 보통은 그 지역의 풍광을 설명하는 게 대부분이지만, 건륭 『貴州通志』에서는 이전 행정 수도나 土司의 폐지 상황도 동시에 설명하고 있다.

122 역주 구묘(邱墓) : 이 지역에 묻힌 이전 유명인들의 분묘를 설명하고 있는 장.

123 역주 성지(城池) : 지역에 남아 있는 성성(省城)이나 부성(府城) 또는 현성(縣城) 등의 위치와 건설 상황을 언급한 장.

124 역주 공서(公署) : 지역 관공서의 건립 시기와 변화 상황을 설명하고 있는 장.

125 역주 공원(貢院) : 명청시대 성(省) 단위에서 거행된 과거 시험인 회시(會試)를 거행한 장소.

126 역주 과정(課程) : 행정 관아에서 지출하는 여러 명목의 세금량을 기록한 장.

127 역주 경비(經費) : 관원들에게 지급한 봉급량을 기록한 장.

128 역주 견휼(蠲恤) : 자연재해가 발생했을 경우, 감면해 준 세금의 액수를 기록한 장.

129 역주 적저(積貯) : 흉년을 대비해서 쌓아 놓은 상평창(常平倉)의 곡물량을 기록해 놓은 장.

130 역주 관제(官制) : 지방 관아의 관리 명칭과 그 수효를 적어 놓은 장.

131 역주 직관(職官) : 지역의 역대 관리들의 성명과 그 출신 지역을 기록한 장.

132 역주 명환(名宦) : 해당 지역의 역대 유명한 관리들에 대한 행적을 기록한 장.

133 역주 사려고(師旅考) : 지역에서 발생한 역대 병란의 발생 사실과 그 진압 상황을 기록해 놓은 장.

134 역주 선거(選擧) : 지역의 역대 과거 합격자를 기록해 놓은 장. 해당 지역의 과거제도 변천도 동시에 기록되어 있는 경우도 있다.

135 역주 환적(宦蹟) : 이전 관리들의 업적을 기록해 놓은 장. 명환(名宦) 부분이 역사 시대 대부분을 다루고 있는 반면, 환적은 포괄하는 시기가 상대적으로 길지 않다. 건륭 『貴州通志』의 환적에서는 명대 이후의 관리들에 대한 업적을 기술하고 있다.

136 역주 은일(隱逸) : 학문과 문학에 뛰어난 사람이지만, 관리에 나아가지 않은 사람을 기록한 장이다.

137 역주 유우(流寓) : 지역에 거주한 적이 있는 타 지역 출신 유명인을 기록한 장이다. 관리도 포함되어 있는 경우도 있다.

138 역주 선석(仙釋) : 유명 승려에 관한 기록을 말함.

139 역주 방기(方技) : 유명 도인(道人)의 행적을 기록한 장.

140 역주 예문(藝文) : 해당 지역에 관련된 황제의 칙유와 관리들이 황제에게 올린 상주문, 해당 지역 출신의 관리나 학자들이 쓴 글과 문학작품 등을 수록한 장으로서, 대체로 지방지에서 가장 많은 분량을 차지한다.

141 역주 방제수와 양대용이 편찬한 『석천부지』는 본래 동치(同治) 10년(1871)에 발간되었으므로, 광서(光緖) 2년(1876) 간본은 동치 연간본을 바탕으로 간행되었다. 한편 건륭 30년 『석천부지』는 고궁박물원도서관(故宮博物院圖書館)과 귀주성도서관에 보존되어 있다.

142 역주 막우지(莫友芝) : 지식인 가문에서 태어난 그는 道光 11년(1831) 거인(擧人)에 합격했다. 鄭珍과 함께 저술한 『준의부지』의 체제가 뛰어나, 후일 양계초(梁啓超)는 '天下第一府志'라고 칭송했다. 정진과 더불어 '서남거유(西南巨儒)'라 불렸다.

143 역주 정진(鄭珍) : 준의 태생으로 道光 17년(1837) 거인(擧人)에 합격했다. 經學 연구에 뛰어났던 그는 『소경소경설(巢經巢經說)』, 『의례사전(儀禮私箋)』, 『노자주(老子注)』등의 저서를 남겼다.

144 역주 관색령(關索嶺) : 귀주성 서남부에 위치하고 있으며, 동북쪽에서 서남방향으로 뻗어 있다. 총 1만 7000여 미터에 달하며 남쪽은 귀주와 운남을 잇는 역도(驛道)로서, 예로부터 두 省의 요충지라는 의미의 '전검쇄약(滇黔鎖鑰)'으

로 불렸다.

145 역주 저자의 『永寧州志』에 대한 설명을 약간 보완할 필요가 있다. 저자의 지적대로 道光 17년(1837)에 황배걸이 간행한 『永寧州志』가 존재하지만, 이 지방지는 光緖 20년(1894)에 다시 출간되었다. 한편 『永寧州志補遺』는 이 도광 연간의 『永寧州志』를 보완한 것이지만 관색령에 대한 언급보다는 별도의 책으로 구성되어 있는 『永寧州志學校補』라는 곳에 학교에 관한 글이 매우 자세히 등장한다. 참고로 광서 『永寧州志』는 총 권16으로, 『永寧州志補遺』는 총 권45로 각각 구성되어 있다.

146 역주 『삼합현지략(三合縣志略)』: 이 지방지는 총 권45로 되어 있는 꽤 방대한 분량의 지방지이다. 권41과 권42가 「民族略」이며, 그 가운데 권41에는 客家, 仲家, 水家, 苗家에 대한 간단한 설명이 등장한다. 한편 권43에는 水族의 文字와 함께 이 지역의 方言이 소개되어 있는데, 그 방언이 소수민족들에 관련된 것인지는 명확하게 언급하지 않았다.

147 역주 『팔채현지고(八寨縣志稿)』: 이 지방지는 민국 20년이 아닌 민국 21년(1932)에 편찬되었으며, 당시 명칭으로 현장(縣長)이었던 곽보상(郭輔相)과 왕세흠(王世鑫) 등이 편찬했다. 총 권30으로 되어 있다. 저자가 말한 묘족과 수가족의 언어는 권21, 「風俗」, 13쪽 상~15쪽 상에 백묘어(白苗語), 흑묘어(黑苗語), 빙가어(狇家語)가 들어 있으며 언어 표기를 위해 사용된 문자가 狇家反書라는 항목에 등장한다. 저자가 '빙(狇)'을 단지 수가족으로 표현했지만, 빙가족이 수가족과 동일한 민족인지는 불분명하다. 다만 『八寨縣志稿』권21, 「풍속」, 8쪽 하에 빙가족의 풍속이 한족과 동일하며 혼례와 장례도 그러하다는 언급으로 보아, 漢化된 소수민족이라 할 수 있다. 또한 그들의 문자를 쉽게 이해할 수 없기 때문에 그것을 '反書'라 부른다고 설명하고 있다.

148 역주 왕석기(王錫祺): 同治 11년(1872) 수재(秀才)에 올랐으며, 자신의 서재 이름을 '소방호재(小方壺齋)'라 이름 붙이고 중국과 서양의 지리를 연구했다. 일본을 방문해서 명치유신 이후 정치 상황을 살폈으며, 『중아교계기(中俄交界記)』, 『서장건행성의(西藏建行省議)』 등의 저술을 남겼다. 그가 남긴 가장 중요한 편찬서인 『소방호재여지총초』에는 1,348종의 책이 수록되어 있으며, 수록된 저자의 수효가 600여 명에 달한다. 그 가운데 40여 명 정도의 외국 저자가 포함되어 있을 정도로, 그는 외국과 중국, 그리고 변방 지역에 대한 관심이 많았다.

149 역주 『소방호재여지총초(小方壺齋輿地叢鈔)』: 보편(補編)과 再補編이 아울러 존재하며, 청대 광서 연간의 유명한 편찬자인 왕석기(王錫祺, 1855~1913)가 집대성한 책이다. 본책에는 12질 64권이 있으며, 권수를 구분하지 않은 補編에는 12질, 再補編에는 12질이 들어 있다. 총 1,348종의 책이 수록되어 있다.

150 역주 홍량길(洪亮吉): 청대 經學家이자 문학가로서 강소성 상주(常州) 출신이다. 건륭 55년(1790) 진사에 합격했으며, 귀주학정(貴州學政)을 역임했다. 그의 『권시각시문집(卷施閣詩文集』의 「치평(治平)」편에 나오는 인구론은 청 중엽 중국이 직면한 인구 증가 상황을 잘 묘사하고 있어 '중국의 맬더스'라고 불린다.

151 역주 안사성(晏斯盛): 康熙 60년(1721) 進士에 합격한 후, 산동도감찰어사(山東道監察御史), 귀주학정(貴州學政), 안휘포정사(安徽布政使) 등의 벼슬을 지냈다. 각 省의 여러 행정상의 폐해를 지적하고 개선책을 언급한 『초몽산방집(楚蒙山房集)』 등의 저서가 있다.

152 역주 이 글은 乾隆 『貴州通志』권37, 「藝文」(考), 55쪽 하~71쪽 상에 실려 있다.

153 역주 이리하(伊犁河): 新疆 위구르 자치구 천산 서쪽에서 발원하는 강으로 옛 이름은 이리수(伊利水), 제제하(帝帝河) 등으로 불렸다. 총 길이는 1,500 킬로미터이며, 그중 441 킬로미터가 중국으로 흐른다. 18개의 저수지와 함께 많은 수효의 수력 발전소가 있으며 그 주변 토지가 비옥해 신강 지역의 중요한 농업 지대이다.

154 역주 허찬증(許纘曾): 생졸연대 미상. 康熙 9년(1670) 운남안찰사를 역임했다.

155 역주 황원치(黃元治): 안휘성(安徽省) 이현(黟縣) 출신으로 康熙 15년(1676) 進士에 올랐다. 원매(袁枚)가 최고의 변강(邊疆) 詩人이라고 칭할 정도로 文才가 뛰어났으며, 平遠府 통판(通判)을 역임했다.

156 역주 저자는 黃元治가 平越(Pingyue)에 부임했다고 기술했지만, 정확한 지명은 평월이 아닌 平遠이다. 평원은 康熙 3년(1664) 府가 설치되었지만, 康熙 23년(1684) 다시 州로 바뀠으므로, 본문의 설명대로 그가 康熙 22년(1683)에 부임했다면 당시 황원치의 지위는 知府라고 해야 한다.

157 역주 사계수(謝階樹): 字는 흔식(欣植)이며, 江西省 의황현(宜黃縣) 출신으로, 초기 선남시사(宣南詩社)의 일원이다. 그가 귀주성을 여행한 시기는 嘉慶 3

년(1798) 이후의 일이며, 이 여행을 계기로 그의 문학 세계가 한층 더 폭넓게 되었다.

158 역주 검기(黔記) : 명대 곽자장(郭子章, 1543~1618)이 편찬한 『黔記』도 존재한다. 단 여기서는 명대 곽자장이 편찬한 『黔記』만을 별도로 표시했으며, 청대 이종방(李宗昉)이 편찬한 『黔記』에는 별도의 표시를 하지 않았다.

159 역주 고염무(顧炎武) : 소주부(蘇州府) 곤산현(昆山縣) 출신이며, 본명은 계곤(繼坤)이었지만, 청에 대한 항쟁에서 패배한 후 염무라 개명했다. 황종희(黃宗羲), 왕부지(王夫之)와 더불어 명말청초의 세 유로(遺老)라 불린다. 송명이학(宋明理學)을 비판했으며 經世的 경향이 강했다. 본서에서 언급한 『천하군국이병서』외에도 『일지록(日知錄)』, 『음학오서(音學五書)』, 『조역지(肇域志)』 등의 저서를 남겼다.

160 역주 고조우(顧祖禹) : 강소성 무석(無錫) 출생으로 가풍의 영향을 받아 일찍부터 지리 방면에 많은 관심을 가졌다. 본서에 언급된 『독사방여기요』는 그가 30여 년에 걸쳐 저술한 역작으로서, 그는 명 멸망의 원인이 전략 요충지에 대한 기록이 자세하지 않고 오류가 많은 탓이라고 생각했다. 따라서 그는 자신의 저서가 반청복명(反淸復明)에 공헌할 수 있을 것이라고 기대했다.

161 역주 곽자장(郭子章) : 저자는 곽자장의 직함을 운귀총독(gouverneur-général du Yunan-Guizhou)라고 기술했지만, 당시 그는 귀주순무였으며, 湖廣과 川貴 총독이었던 이화룡(李化龍)과 함께 파주(播州)의 양응룡(楊應龍) 반란을 진압했다.

162 역주 이런 저자의 설명에도 불구하고 『검서(黔書)』는 실제로 크게 상·하로 나뉘어져 있으며, 상권에는 묘만(苗蠻), 묘속(苗俗), 방언과 이 지역의 유명한 장소를, 그리고 하권에는 이 지역의 광물이나 특산품, 질병 등을 언급했다.

163 역주 애필달(愛必達) : 만주 양황기인(鑲黃旗人)으로서 이부랑중(吏部郎中), 강소포정사(江蘇布政使), 산서순무(山西巡撫) 등의 벼슬을 지냈다. 그는 乾隆 13년(1748)부터 건륭 15년(1750)까지 귀주순무를 역임했기 때문에, 『黔南識略』은 이 시기에 저술되었다고 할 수 있다.

164 역주 나요전(羅繞典) : 道光 9년(1829) 진사에 합격했으며, 산서성 평양부(平陽府) 지부(知府)와 섬서 안찰사독량도(按察使督糧道) 등의 벼슬을 거쳐 咸豊 2년(1852) 사천총독을 지냈다. 그는 도광 25년(1845)~29년(1849) 초엽까지 귀주 포정사(布政使)를 지냈으므로, 이 재판본의 작업은 이 시기에 이루어졌을

것이다.

165 역주 유법현(猶法賢) : 乾隆 27년(1762)에 진사(進士)에 올랐으며, 진원부 부학(府學)의 教授 등을 지냈다. 본서에 언급된 『검사』 외에도 건륭 『진원부지(鎭遠府志)』를 집필했다.

166 역주 장주(張澍) : 청대의 저명한 학자로서, 감숙성(甘肅省) 양주부(凉州府) 무위현(武威縣) 출신이다. 24세에 진사에 올라 귀주성 옥병현(玉屛縣) 知縣과 준의 지현 등, 주로 사천과 귀주, 그리고 강서성 일대 지방관을 역임했다.

167 역주 실제로는 각권마다 이러한 별도의 제목은 붙어 있지 않으며, 다양한 소제목으로 각권이 구성되어 있다.

168 역주 나요전이 운귀총독(雲貴總督)직을 수행했던 시기는 咸豊 3년(1853)이다.

169 역주 오진역(吳振棫) : 절강성 항주(杭州) 출신으로 嘉慶 19년(1814) 진사에 올랐다. 가경 24년(1819) 귀주 부고관(副考官)을, 道光 2년(1822) 대리부(大理府) 지부(知府)를 역임했다. 그는 함풍 4년(1854)에 운귀총독으로 임명되었기 때문에, 아마도 본문의 『黔語』도 이 무렵에 저술했다고 추측할 수 있다.

170 역주 동계섬지(峒溪纖志) : 이 책은 엄밀히 말해 총 4권으로 되어 있다. 상권은 「동계군언고정(峒谿群言考正)」, 중권은 「만료지(蠻獠志)」, 하권은 「전중동계소산(滇中峒谿所産)」이며, 「지여(志餘)」라는 이름이 붙은 나머지 권에는 만족의 가요가 실려 있다.

171 역주 단췌(檀萃) : 안휘성(安徽省) 망강현(望江縣) 출신으로 건륭 26년(1761) 진사에 올랐다. 귀주성 청계현(淸溪縣) 知縣을 시작으로 운남성에서도 지현을 지내면서 많은 곳을 여행했다. 여기에 소개된 『說蠻』 외에도 『黔囊』, 『전해우형지(滇海虞衡志)』 등의 저서가 있다.

172 역주 서위(舒位) : 실제 그는 오늘날 북경에서 태어났으며, 14세때 부친의 임지를 따라 광서성(廣西省) 영복현(永福縣)에서 생활했다. 건륭 53년인 1788년 거인(擧人)에 합격했지만, 9번에 걸친 회시(會試) 응시에서 번번이 낙방했다. 귀주성에서 막우(幕友) 생활을 할 당시 희곡 작곡가인 장사전(蔣士銓) 등과 사귀었다. 자신의 문재(文才)와 작품은 대해(大海) 중의 물병에 불과하다는 의미에서 자신의 서재를 병수재(甁水齋)라고 칭했다. 『병수재시집(甁水齋詩集)』 등의 저서가 있다.

173 역주 묘민고(苗民考) : 공시의 이 책은 『小方壺齋輿地叢鈔』 제8帙 1책에 들

어 있으며, 이외에도 그는 『만주고략(滿洲考略)』으로 시작해서 『귀주고략(貴州考略)』으로 끝나는 중국 전역의 지리서를 저술했으며 『서장기략(西藏紀略)』, 『대만소지(臺灣小志)』 등과 같은 저서도 남겼다. 수많은 지리 관련 저서를 남겼지만, 그의 생애는 불분명하다.

174 역주 엄여익(嚴如熤) : 호남성 서포현(漵浦縣) 출신으로 악록서원(岳麓書院)에서 수학했으며, 청 중엽의 대표적인 경세사상가 중 한 사람이다. 건륭 60년(1795) 귀주 지역의 묘족 반란 당시 호남순무 강성(姜晟)의 막우(幕友)로 참여한 이래, 산악 지역과 소수민족에 대한 중요한 저작을 남겼다. 가경 13년(1808) 漢中府 知府로 발탁된 이후 귀주와 섬서안찰사(陝西按察使)를 역임했다. 특히 호북성, 사천성, 섬서성 산간의 산방(山防) 대책을 논한 그의 저서 『삼성변방비람(三省邊防備覽)』은 청 중엽 산악 지역 상황을 알려주는 중요한 자료이다.

175 역주 『삼변방(三邊防)』 : 저자는 『삼변방』이라는 40권으로 된 책명을 언급하고 있지만, 적어도 엄여익의 저서 가운데 『삼변방』이라는 저서명은 존재하지 않는다. 아마도 저자는 엄여익이 도광 2년(1822) 간행한 『삼성변방비람(三省邊防備覽)』을 혼동한 듯하며, 이 책은 사천과 섬서 그리고 호북성을 주로 논하고 있는 저서로서, 40권이 아닌 14권으로 된 책이다. 엄여익이 저술한 비슷한 제목의 책으로는 『소방호재여지총초』권6질, 3책에 들어 있는 『삼성변방형세록(三省邊防形勢錄)』이라는 책이 있지만, 이것은 1권으로 되어 있는 그리 분량이 많은 책은 아니다. 다만 그의 다른 저서인 『三省山內風土雜識』이라는 책이 존재하고 있는 점으로 보아, 이 세 저서를 한꺼번에 『三邊防』이라 칭했을 가능성은 있다.

176 역주 위원(魏源) : 도광 연간(1821~1850)에 진사에 합격했으며, 청 중엽 중요한 경세사상가 중 한 사람이다. 도광 6년(1826) 강소포정사(江蘇布政使) 하장령(賀長齡)의 초빙에 응해 『황조경세문편(皇朝經世文編)』의 편찬에 참여했으며, 임칙서(林則徐)의 위탁을 받아 『해국도지(海國圖志)』를 집필하여 외국기술을 받아들여야 한다고 주장했다.

177 역주 「토사묘요회민편(土司苗瑤回民篇)」을 말한다.

178 역주 이 외에도 권7에는 乾隆 연간에 단행된 사천성 금천 지역 정복을 언급한 「건륭초정금천토사기(乾隆初定金川土司記)」와 「건륭재정금천토사기(乾隆再定金川土司記)」, 그리고 順治 연간과 乾隆 연간에 발생한 감숙(甘肅) 지역의 회족(回族) 반란 진압을 다룬 「국조감숙재정반회기(國朝甘肅再征叛回記)」, 마

지막으로 가경 연간 호남성과 귀주성에서 발생한 회족 반란의 진압을 언급한 「가경호귀정묘기(嘉慶湖貴征苗記)」가 있다.

179 본서 39쪽 참조.

180 이 책은 천리도서관(天理圖書館)에 보존되어 있는데, 천리는 근대 종교 단체의 본부가 있던 곳으로서, 가치 있는 중국학 관련 도서를 수장(收藏)하고 있다.

181 역주 악이태(鄂爾泰) : 청 만주 양람기인(鑲藍旗人) 출신으로 옹정 연간 당시 전문경(田文鏡), 이위(李衛) 등과 함께 옹정제가 특히 신임했던 관료였다. 운귀총독으로 재직할 당시, 귀주 지역에 대한 개토귀류(改土歸流)를 단행했다.

182 『東華錄』의 또 다른 판본에 대해서는 K.N. Biggerstaff, "Some Notes on the Tung hua lu and the Shi lu," *Harvard Journal of Asiatic Studies*, 1939, vol.IV, 101~115쪽 참조.

183 역주 하장령(賀長齡)은 뒤이어 道光 25년인 1845년 운귀총독겸 운남순무(雲貴總督兼雲南巡撫)에 발탁되었다. 이 기간 동안 그는 회족 반란을 진압했다.

184 역주 각각 권15~권25는 이정(吏政), 권26~권53은 호정(戶政), 권54~권69는 예정(禮政), 권70~권94는 병정(兵政), 권95~권120은 공정(工政)으로 되어 있다.

185 역주 귀주라는 명칭이 본격적으로 등장한 시기는 송 태조(太祖) 개보(開寶) 7년(974) 귀주 大方 지역에서 온 보귀(普貴)의 入朝를 계기로 貴州라 불렸다. 본문에 나오는 '이웃 행정 단위에 합병된 채였다'라는 언급은 아마도 元代 이 지역이 호광행중서성(湖廣行中書省)에 속했던 사실을 말하며, 명대 永樂 11년(1413)에 이르러 布政使司를 설치하게 되어 귀주가 성(省) 단위의 행정구역으로 등장하게 되었다.

186 장국감(張國淦)은 그의 책 『中國古方志考』, 中華書局 : 上海, 1962, 712~713쪽에서 다음과 같은 귀주성 지방지 목록을 언급한 바 있다. 송대에 관한 것으로는 1) 『사주도경(思州圖經)』, 2) 『준의군도경(遵義軍圖經)』, 3) 『진주도경(珍州圖經)』[眞州의 옛 명칭인 珍州는 현재 正安 일대를 가리키며, 正安縣은 1997년 遵義市로 편입되었다], 원대 귀주 지역 지방지로는 1) 『순원로안무사지(順元路安撫司志)』, 2) 『진양풍토기(鎭陽風土記)』(현재 鎭遠)를 거론했다. 그가 정확한 시기를 밝히지 않은 지방지에는 『황평부지(黃平府志)』와 『파주지(播州志)』(현재 준의)가 있다.

187 元代 때의 碑文도 언급해야 하지만, 이 비문에 대해서는 원대 귀주의 역사를

언급하면서 다시 거론하기로 하겠다.

188 Lien-sheng Yang, "Historical Notes on the Chinese World Order," in John K. Fairbank(ed.), *The Chinese World Order*, Harvard University Press : Cambridge, Mass., 1968, 20~33쪽 참조.

189 『관자』(四部叢刊本) 권8, 12쪽 상. Y. Hervouet, *Un Poète à la cour des Han : Sse-ma Siang-jou*(『漢代 궁정의 한 시인 : 司馬相如』), Bibliothèque de l'Institut des Hautes Etudes Chinoises, vol.XIX, Paris, 1964, 109쪽의 각주 3)에는 이 책의 일부 내용은 六朝 시대 이전의 것이 아니라는 점 때문에 『관자』 본문의 이용에는 주의가 필요하다는 점을 상기시켰으며, 그런 점을 들어 이 자료가 지닌 사료로서의 가치를 인정하지 않았다.

190 지리적인 명칭인 동시에 종족의 이름이기도 한 이 장가는 많은 논란을 불러일으켰다. 여기서는 에르브에가 그의 저서(위 각주 189) 109쪽 각주 3)에서 제기한 문제를 다시 언급하고자 한다. 그는 다음과 같이 지적했다. "배를 묶어두는 말뚝이라는 의미를 가진 '장가(牂柯)'라는 단어는 그 후 장가의 병사들이 그들의 배를 묶어두거나 하선하는 장소를 가리키게 되었다. 약 2세기가 경과한 뒤에는 그렇게 명명된 지역 전체를 가리키는 단어가 되었으며, 이어 광주(廣州) 사람들에게는 장가에서 발원하는 하천을 의미했다(이 하천이 다른 지역에 존재할 가능성이 있다는 점에 대해서는 하관주(何觀洲), 「장가강고(牂牁江考)」, 『燕京學報』12, 1932, 2595~2599쪽 참조). 이어 장가라는 이름을 가진 이 지역 행정 단위가 만들어졌다. 『華陽國志』권4, 10쪽 상에는 바로 이 장가군이 등장하며, 사실상 야랑(夜郞)과 관련된 단어가 여러 번 등장하는 것 말고는 장가에 사는 지역 주민들에게 다른 명칭을 부여하지 않았다. 『後漢書』권116, 21쪽 상에서는 공도(邛都)를 장가와 대비시키고 있다. 지리적 명칭이 이미 지역 주민을 가리키는 셈이 되었다. 마단임(에르베 드 생드니의 번역인 *L'Ethno-graphie des peuples*, 86쪽과 그 이하 참조)과 에버하르트("Kultur und Siedlung," 117~118쪽)는 장가라는 이름을 야랑과는 별도의 주민들로 지칭했다. 위엔즈(Wiens)의 저서, *China's March toward the tropics*, 114~115쪽에서는 서송석(徐松石)의 연구[그의 저서인 『월강유역인민사(粵江流域人民史)』, 상해, 1938을 가리킨다]를 인용하여 장가가 夏나라 이래 귀주에 세워졌던 태족(泰族)이었다고 언급했다. 그들의 이름은 태족의 원래 명칭이었던 장오(菖梧)였을 것이다." 또한 E. Gaspardone, *Sseu-ma Siang-jou chez les barbares*(『사마상여와 만족(蠻族)』),

III, 2, Le Tsang k'o(牂柯), *Sinologica*, vol.IX, 3-4, 1967, 145~217쪽 참조. [저자가 참고한 『後漢書』가 어떤 판본인지는 알 수 없으나, 권116은 志23(郡國五)가 더 정확하다. 한편 저자가 표기한 K'iong-tou는 분명 邛都를 지칭하는 말이지만, 그 지역을 장가와 대비시키고 있다는 서술은 부정확하다. 장가군의 대략적인 지역이 현재 귀주성 일대를 지칭하고 있는 반면, 邛都가 속해 있던 월수군(越巂郡)은 현재 사천성 남부 영원부(寧遠府)의 西昌 일대를 이르는 지명이기 때문이다. 이 일대는 後漢 후엽에 익주자사부(益州刺史部)로 편입되었다.]

191 역주 이 부분은 『管子』제20편, 「소광(小匡)」에 나오는 내용으로 환공이 북으로는 고죽(孤竹), 산융(山戎), 예맥(穢貉)에 이르고 태하(泰夏)의 왕을 사로잡았으며, 서쪽으로는 유사(流沙)와 서우(西虞)에 이르고, 남쪽으로는 오(吳), 월(越), 파(巴), 장가, 장(䍧), 불유(不庾), 조제(雕題), 흑치(黑齒)에 이르기까지 주변의 이민족들을 제압했지만, 오히려 중원의 나라들이 자신을 업신여긴다고 언급한 대목이다. 다만 장가국이 천자에게 공물을 바쳤다는 저자의 설명은 『관자』에 등장하지 않는다.

192 『考古』나 『文物』 잡지를 조사해 보면 중국 서남 지역에 대한 고고학적인 연구는 대다수가 운남성과 사천성에 집중되어 있음을 알 수 있다. 반면 광서성과 귀주성에 대한 발굴 작업은 미미한 편이다. 그럼에도 불구하고 한대의 몇몇 묘지에 대한 발굴이 이루어졌음을 알 수 있다. 『考古學報』1기, 1959와 『考古』2기, 1972.

193 역주 楚 나라의 위왕(威王)을 말함.

194 『史記』권116, 「西南夷列傳」. [해당 원문은 "始楚威王時, 使將軍莊蹻, 將兵循江上略巴黔中以西. 莊蹻者, 故楚莊王苗裔也. 蹻至滇池…"라고 되어 있어, 장교의 원정 지역에는 야랑이라는 지명이 직접 거론되지 않았음을 알 수 있다. 오히려 「서남이열전」의 맨 첫머리에 "西南夷君長以什數, 夜郎最大…"라는 언급이 나오지만, 이 문장만으로는 야랑의 위치를 확인하기는 어렵다.]

195 야랑국의 정확한 위치에 대한 좀 더 자세한 내용은 Y. Hervouet, 1964, 105쪽 각주 1)과 E. Gaspardone, 1967 참조.

196 역주 『史記』권116, 「西南夷列傳」에는 "十餘歲, 秦滅. 及漢興, 皆弃此國而開蜀故徼. 巴蜀民或竊出商賈…"라고 기술되어 있는 것으로 보아, 한대에는 이 지역을 방치한 대신 파촉(巴蜀) 지역으로 관심을 돌렸던 것처럼 보인다.

197 竹王에 대한 일화는 아직도 생생하게 전해져 내려온다. 청대 학자들은 이 지

역 역사를 기술할 때, 줄기차게 그 이야기를 언급해 왔다. Y. Hervouet, 1964, 108쪽에 의하면 그 일화는 『후한서(後漢書)』권116, 14상 쪽과 『화양국지』권4, 1쪽 상~하에 처음으로 등장한다. 그 일화는 다음과 같다. "소녀가 둔수(遯水)에서 몸을 씻으려 할 때, 마디가 셋인 큰 대나무가 떠내려 오다 소녀의 발에 걸렸다. 그녀는 대나무를 밀어냈지만, 대나무는 떠내려가지 않았다. 대나무에서 아기 울음소리가 들렸다. 그녀가 대나무를 쪼개자 그 안에서 어린 소년이 나왔다. 그녀는 그 아이를 집으로 데려가 길렀다. 어른이 된 그 소년은 재주와 무예가 출중해서 스스로 야랑후가 되었으며 죽(竹)을 성(姓)으로 삼았다. 그 죽왕이 한나라에 저항하는 반란을 일으켰다." [저자는 이 내용이 『후한서』권116에 등장한다고 언급했지만, 『후한서』권86 「南蠻西南夷列傳」에 나오는 내용이다. 『후한서』의 원문은 다음과 같다. "夜郎者, 初有女子浣於遯水, 有三節大竹流入足閒, 聞其中有號聲, 剖竹視之, 得一男兒, 歸而養之. 及長, 有才武, 自立爲夜郎侯, 以竹爲姓." 따라서 "그녀는 대나무를 밀어냈지만, 대나무는 떠내려 가지 않았다. 대나무에서 아기 울음소리가 들렸다"라는 부분은 『화양국지』권4, 「南中志」에 나오는 말이다.] 다른 일화에서도 여전히 죽왕을 언급하고 있다. "어린 소녀가 대나무를 던지자마자, 그곳에는 이내 숲이 생겼다. 그 숲이 바로 왕사죽림(王祠竹林)이다. 어느 날 시종들이 그 왕을 따르다가 커다란 돌 한가운데서 멈추자, 왕은 시종들에게 죽을 끓이라고 명령했다. 시종들이 왕에게 물이 없다고 고하자, 왕이 바위를 칼로 내려쳐서 물이 나오도록 했다. 지금의 죽왕수(竹王水)가 바로 그것이다." 『華陽國志』권4, 「南中志」, 1쪽 하 참조. [이 부분과 관련된 내용은 『화양국지』권4에 등장하며, 『후한서』 각주 부분에도 등장한다. 『화양국지』에는 다음과 같이 기록되어 있다. "…得一男兒…長養有才武. 遂雄夷狄氏, 以竹爲姓. 捐所破竹於野, 成竹林, 今王祠竹林是也. 王嘗從人止大石上, 命作羹, 從者白無水, 王以劍擊石出水, 今竹王水是也."]

청대 이르러 죽왕과 그의 두 아들을 기리는 사당이 존재했다는 사실은 흥미로운 일이다. 사료에 언급된 사당들은 귀주 남쪽에 있다. 『滇行紀程』, 4쪽에는 평월(平越)에 죽귀사(竹鬼祠)라는 그러한 종류의 사당이 있으며, 그 사당에서는 죽이랑(竹二郎)과 죽삼랑(竹三郎)을 기린다고 기록되어 있다. 『黔書』, 56쪽과 『黔遊記』, 354쪽 하에는 양로역(楊老驛)과 황사역(黃絲驛, 貴陽 동쪽)에 있는 죽왕사(竹王祠)를 언급하고 있다. 마지막으로 『楚洞志略』의 저자는 그의 책 1쪽에서 호남 묘족들의 죽왕 숭배를 언급하고 있는데, 그들은 축제 기간에 죽왕 숭배를 통해 장기(瘴氣)의 증가를 방지하고자 했다. 야랑 왕국이 존재했을 것으로 추정되는 서부 지역에서는 흥미롭게도 이러한 죽왕 숭배가 언급되고 있지 않다.

198 역주 북반강(北盤江) : 雲南省 서부 곡정부(曲靖府) 고익현(沾益縣) 오몽산맥(烏蒙山脈)에서 발원해서 운남과 귀주성의 낭대청(郎岱廳)과 정풍주(貞豐州) 부근을 경유해 광서성과 귀주성 경계를 가르는 紅水江으로 유입되는 강이며, 총 449킬로미터에 달한다.

199 역주 『史記』의 기록에 의하면 무제(武帝) 당시 번양령(番陽令)에 임명된 당몽이 남월(南越) 지역으로 출정한 시기는 武帝 建元 6년인 기원전 135년이었다. 저자는 이 연대를 기원후로 표기했다.

200 Y. Hervouet, 1964, 108쪽에 의하면, 우리가 야랑의 주민들을 파악할 수 있는 언급이 등장한다. "야랑국 사람들은 숲에서 사냥하는 유목민이 아니라, 『사기』의 기록에 따르면 도시에 거주하는 정착민이자 경작자들이다. [『史記』권116, 「서남이열전」(56)에 나오는 기록이다.] 당몽이 출정에 앞서 황제에게 올린 상주문에 의하면 야랑은 뛰어난 전사들로서, 중앙 정부의 권한을 이 지역에 행사하기가 어려우며, 그들을 제압해야만 하는 반란이 일어났다는 사실을 그 증거로 들 수 있다." 한편 그들의 풍속에 대해서 에르브에는 다음과 같이 기술했다. "그들의 머리 모양은 방망이 모양으로 머리를 틀어 올렸으며, 옷을 왼쪽으로 접는다. 그들은 많은 귀신과 무당을 섬기고 많은 금기를 지킨다… 경작 수준과 초보적인 형태의 목축업, 그리고 많은 가내 노예가 있는 것으로 보아, 그들은 꽤 가난하다." [에르브에의 이 언급은 『後漢書』권86, 「南蠻西南夷列傳」(76)에 나오며, 그 해당 원문은 "…其人皆椎結左衽, 邑聚而居, 能耕田…俗好巫鬼禁忌, 寡畜生, 又無蠶桑, 故其郡最貧…"이다. 이 「남만서남이열전」(76)에 등장하는 서남이에 대한 최초 설명은 야랑국에 대한 것이며, 그 후반부는 야랑국이 멸망한 다음 등장한 장가국에 대한 내용이다. 그러나 가내 노예에 대한 언급은 등장하지 않는다.]

201 Y. Hervouet, 1964, 82~83쪽. [저자가 인용한 에르브에의 책을 보면, 에르브에의 이 언급은 에두아르 샤반느(Edouard Chavannes)가 1895년~1905년 사이에 번역한 『史記』(*Les Mémoires historiques de Se-ma Ts'ien*)에 근거한 것이다. 해당 원문은 다음과 같다. "…從巴蜀筰關入, 遂見夜郎侯多同. 蒙厚賜, 喩以威德, 約爲置吏, 使其子爲令."]

202 Wiens, *China's March toward the tropics*, 147~148쪽. [저자는 위엔즈가 인용한 黃奮生, 『邊疆政敎之硏究』, 商務印書館, 1947년에 나오는 위 구절을 재인용했다. 그러나 위엔즈 역시 해당 문장에 대한 출처는 밝히지 않았다. 이 문장은 황분생의 책 95쪽

에 언급되어 있다. 이 시의 원문은 다음과 같다. "爾牧爾民, *毋犯我疆*. *汝有貢*, 我有賞."] 중국과 서남이(西南夷) 지역 사이에 이루어진 무역의 중요성에 대해서는 Ying-Shih Yu, *Trade and Expansion in Han China*, University of California, Berkeley : Los Angeles, 1967, 112쪽 이하 참조.

203 귀주 지역 주민들의 기억 속에는 제갈량이 매우 생생하게 남아 있었다. 그의 흔적은 사방에 남겨져 있는 것처럼 보이며, 그의 이름은 제갈동(諸葛洞, 본서, 201쪽, 각주 207) 참조)이나 제갈영(諸葛營, 본서, 532쪽 참조)와 같은 지명에 여러 차례 등장한다.

204 『黔書』, 56~57쪽. [해당 원문은 다음과 같다. "濟火, 漢牂牁帥, 黑盧鹿水西, 安氏遠祖也…聞諸葛武侯南征, 積糧通道以迎師. 遂佐武侯平西南═擒孟獲. 封羅甸國王, 世長其土, 勒四十八部, 部之凡九,…明洪武四年, 以需翠爲貴州宣慰使, 統四十八部, 正德間加安貴榮參政, 後世襲宣慰司之職…."] 아울러 『炎徼紀聞』의 玀玀族에 관한 장(章) 참조. 보정위는 안순(安順) 북서쪽에 위치해 있다. 보정위는 송대에 보정만부(普定蠻部)라 칭했으며, 보정로(普定路)라고 불렸던 원대에는 운남 관할이었다. 명대에 보정위(普定衛)가 되었다.

205 역주 남조(南詔) : 唐代에는 학척(鶴拓), 용미(龍尾) 등의 명칭으로도 불렸으며, 738~937년 사이 현재 운남성 전역과 귀주, 사천, 월남 일부 지역에 피라각(皮邏閣)이란 인물이 세웠던 국가이다. 오만족의 한 부류로 알려져 있으며, '詔'라는 말은 이들 언어로 '왕'을 의미한다. 피라각은 당 나라 현종(玄宗) 開元 원년(713) 태등군왕(台登郡王)에 봉해진 이후, 세력을 확대했다. 당이 토번과 전쟁을 전개할 당시, 오조(五詔)를 공격해서 토번을 견제했다. 수도는 태화성(太和城, 현재 大理 일대)이었다. 937년 단사평(段思平)에게 멸망당해 대리국(大理國)으로 흡수되었다.

206 당나라 영토와 남조의 영토가 인접해 있는 지역 주민들에 대한 통치권을 두 왕조가 서로 주장하는 바람에 촉발된 가장 치열한 전투가 玄宗 天寶 10년(751)에 발생했다. 이 전투는 당나라의 대패로 끝났으며, 이 사건 이후 남조는 당 왕조의 속국으로서의 지위를 거부했다. [이 사건의 발단은 운남 태수로 있던 장건타(張虔陀)와 영토 확장을 꾀했던 각라봉(閣羅鳳, 피라각의 아들)의 남조 왕국이 현종(玄宗) 天寶 9년(750년)에 발생한 충돌 때문이었다. 당시 각라봉은 운남태수를 살해하고 32개의 기미주를 차지했다. 이에 검남절도시(劍南節度使) 선우중통(鮮于仲通)이 병력 8만을 이끌고 남조를 공격했지만, 결국 패배했으며 당 왕조는 남조를 형제의 나라로 인정했

다. 『新唐書』권222(상), 「列傳」147(南蠻上) 참조.]

207 본서 185쪽 참조.

208 『宋史』권496, 「列傳」(255), 5910쪽에는 당대(唐代)의 상황이 언급되어 있다. [이 부분의 해당 원문은 "無城郭, 散居村落. 土熱, 多霖雨, 稻粟皆再熟"이다. 저자는 '多霖雨'를 '비와 안개가 많다'로, '稻粟皆再熟'을 '쌀과 곡식이 잘 익는다'로 번역했다. 그러나 '임우'는 안개와 비가 아니라 장마비를 의미하며, '재숙'은 이모작을 말한다.]

209 『新唐書』권41, 「地理志」(五), 493쪽 이하와 이 책 말미에 있는 〈지도 1〉 참조. [해당 원문은 다음과 같다. "黔州黔中郡…縣六, 彭水, 黔江, 洪杜, 洋水, 信寧, 都濡."]

210 진사(辰砂), 밀랍, 코뿔소의 뿔(犀角), 거북이, 직물과 같은 귀한 물건이나 값비싼 물건을 말한다.

211 역주 『新唐書』의 「地理志」는 권37(志第27)~권43(志第33 下)까지이며, 기미주 관련 서술은 맨 마지막 장인 '志第33 하'에 등장한다. 그 서술에 따르면 "其大者爲都督府, 以其首領爲都督刺史, 皆得世業…"이라 적혀 있다.

212 余貽澤, 『中國土司制度』, 正中書局 : 上海, 1944, 7쪽.

213 『宋史』권496, 「列傳」(255), 5911쪽. [그 사신은 장가군의 夷王 龍漢璒가 보낸 용광진(龍光進)이며, 해당 원문은 다음과 같다. "太宗召見其使, 詢以地里風俗, 譯對曰, 地去宜州陸行四十五日. 土宜五穀, 多種秔稻, 以木弩射麞鹿充食. 每三二百戶爲一州, 州有長. 殺人者不償死, 出家財以贖. 國王居有城郭, 無壁壘, 官府惟短垣." 저자는 실수로 육로 '45일'의 길을 '15일'로 번역했다.]

214 '표(瓢)'라는 단어는 호리병박을 뜻한다. 아마도 이 악기의 몸통 자체가 박으로 만들어졌을 것이며, 실제로 이 박을 이용해서 표주박을 만든다. 그렇지 않다면 악기의 형태가 호리병박처럼 생겼다는 의미로도 해석할 수 있을 것이다.

215 역주 해당 원문은 다음과 같다. "光進之說, 與前書所記小異, 故幷敍之. 上因令作本國歌舞, 一人吹瓢笙如蚊蚋聲, 良久, 數十輩連袂宛轉而舞, 以足頓地爲節. 詢其曲, 則名曰水曲. 其使十數輩, 從者千餘人, 皆蓬髮, 面目黧黑, 狀如猿猱. 使者衣虎皮氈裘, 以虎尾插首爲飾."

216 현재 호남성 상서(湘西) 지역과 같은 경우, 12세기에 출간된 다음 세 종류의 저서를 들 수 있다. 육유(陸游, 1125~1210), 『노학암필기(老學菴筆記)』; 범성대(范成大, 1126~1193), 『계해우형지(桂海虞衡志)』; 주보(朱輔), 『계만총소(溪蠻叢笑)』가 그것이다. 광서성에 대한 것으로는 주거비(周去非), 『영외대답(嶺外代答)』이 있다.

217 Wiens, 1954, 185쪽 참조.

218 역주 참파(Champa) 왕국 : 약 7세기 이후부터 현재 베트남 중부와 남부를 다스렸던 왕국으로 중국 사료에서는 점성(占城)이란 이름으로 등장한다. 1832년 베트남에게 멸망당했다.

219 역주 파간(Pagan) : 현재 영어명은 바간(Bagan)이며, 이라와디 강 동쪽 연변의 미얀마 중앙에 위치했던 왕국이다. 1057년 소승불교를 받아들인 아나루와타(Anawratha) 왕의 등장으로, 12~13세기 서남 아시아 일대의 가장 중요한 불교 연구 중심지가 되었다.

220 역주 이 내용은 『新元史』권248, 「列傳」(145)에 나온다. 해당 원문은 다음과 같다. "至元十五年, 羅殿酋羅阿察, 河中府方番酋韋昌盛, 皆納土來降."

221 순원(順元)이란 말은 〈원에 복속한다〉라는 의미이다.

222 『新元史』권248, 「列傳」(145), 2200쪽에는 원 왕조에 복속한 서남 지역 8개 소수민족 명칭과 그 추장이 기록되어 있다. 즉 와룡번(臥龍番)과 그 추장 용창녕(龍昌甯), 대룡번(大龍番)과 그 추장 용연(龍延), 삼소룡번(三小龍番)과 그 추장 용연만(龍延萬), 무성군번(武盛軍番)과 그 추장 정연(程延), 수알만군번(隨遏蠻軍番)과 그 추장 용라독(龍羅篤), 太平番과 그 추장 석연이(石延異), 영성군번(永盛軍番)과 그 추장 홍연(洪延), 창정해군일번(暢靜海軍一番)과 그 추장 노연릉(盧延陵)이 그것이다. 명 · 청 시대에 이르면 포의족(布衣族)이나 중가족(仲家族)을 이들 팔번(八番)의 후예로 인식하게 되었는데, 그들은 이 팔번이 살았던 귀주성 중부와 남부에 거주했던 것처럼 보인다. [저자는 네 번째 '武盛軍番'을 '五盛軍番'으로 잘못 표기했다.]

223 『新元史』권248, 「列傳」(145), 2200쪽과 그 이하에 나오는 '팔번순원제만(八番順元諸蠻)' 항목에 의하면, 그들이 갑옷을 입고 있으며, 추장들이 항복하러 올 때에는 커다란 칼을 차고 방물(方物)과 함께, 항복에 대한 증거로서 죽계(竹契)를 가져왔다고 언급하고 있지만, 이 지역 주민들 자체에 관련된 언급은 거의 없다는 점을 상기할 필요가 있다. [이 부분에 관련된 내용은 『新元史』권248, 「列傳」(145), 2201쪽에 등장한다. 元 大德 2년(1298) 八番의 상탁만왕(桑拓蠻王)과 이만마충(二萬馬蟲) 등이 반란을 일으키자, 大德 3년 湖廣 平章(원대 가장 큰 행정단위였던 行中書省의 장관으로서 지방 최고위직이었던 平章政事를 말함)인 유국걸(劉國傑)을 보내 진압시켰으며, 당시 항복하러 왔을 때의 그들 복장을 언급한 대목이다. 원문은 다음과 같다. "(大德)三年, 命湖廣平章劉國傑征之, 四年正月猫桑拓遣所部文何, 持竹契長刀及方

物, 來降."]

224 본서 부록 577쪽과 그 이하에 있는 順元宣慰司의 고위 관리들을 추모하는 비문 참조. [저자의 설명에 의하면 이 비문은 乾隆『貴州通志』권17, 「秩官」, 4쪽 상에 등장하는 범휘(范滙)라는 인물이 쓴 것으로서 그는 順元宣慰司副使를 역임했다. 이 비문의 원문은 乾隆『貴州通志』권41, 「藝文」(記二), 1쪽 상~2쪽 상에 나오며, 제목은 「八番順元宣慰司題名碑記」이다.]

225 역주 12長官司 : 원대 소수민족 지역에 처음 설치했던 지방 행정기구로서 만이장관사(蠻夷長官司)라고도 불렸다. 명대에도 원대의 제도를 모방해서 소수민족 지역에 설치했으며 주로 土官이 세습했다. 清 雍正 연간의 개토귀류(改土歸流) 실시로 폐지되었다.

226 역주 안무사(安撫司) : 按撫司라고도 불리며, 金, 元, 明, 清代 소수민족 지역의 지방관명이다. 隋·唐시대에는 안무대사(按撫大使) 등으로 불렸으며 재해나 전쟁 지역에 임시로 파견했던 관직이었다. 원대에 이르러 서남 소수민족 지역을 전담하는 기구였던 안무사는 명청시대뿐 아니라, 일부 지역은 민국연간까지 존속되었다.

227 『新元史』권51, 「지리지」(6) 참조.

228 역주 역참로(驛站路) : 원대에는 참적(站赤), 즉 잠치로 불렸다.

229 Ho Ping-ti, *Studies on the Population of China, 1368~1968*, 138~139쪽. "명대 淮河 유역 일대와 호북성 저지대는 여전히 인구가 희소했으며, 아직 경작되지 않은 대량의 경작지가 남아 있었다는 사실은 잘 알려져 있다. 사조제(謝肇淛)의 『오잡조(五雜組)』에 나오는 명대 중국 지리에 대한 설명에 따르면, 서남 지역의 모든 산악 지역, 즉 광동, 호남, 호북의 대부분 지역과 회하(淮河) 유역 일대, 그리고 북중국의 일부 지역은 아직 체계적으로 개발되지 않은 경작 가능 지역이 남아 있었다. 당시 인구가 조밀했던 지역은 장강 하류 지역, 절강 북부, 徽州(안휘 남부)와 복건성뿐이었다."

230 張其昀, 『中國民族志』, 1929, 商務印書館 : 上海, 29쪽.

231 謝肇淛, 『五雜組』(國學珍本文庫本), 「地部」, 1934, 154쪽. [해당 원문은 다음과 같다. "滇中沃野千里, 地富物饒, 高皇帝旣定昆明, 盡徙江左諸民以實之, 故其地衣冠文物風俗言語, 皆與金陵無別…." 저자는 문물이란 단어를 공예품(productions artistiques)으로 번역했지만, 공구나 비석, 역사 시대에 사용된 생활용품 등을 지칭하는 좀 더 광범위한 의미를 지닌다.]

232 이런 이유는 許纘曾, 『滇行紀程』(총서집성본), 17쪽에 매우 분명하게 드러나 있다. "이전부터 모든 사람들이 운남성은 매우 중요한 지역이라고 얘기해 왔으며, 귀주성을 경유해서 운남에 이를 수 있다고 생각했다. 귀주성을 설치한 이유 역시 운남성과의 교통을 고려해서였다. 그러나 명대 200여 년 동안 귀주성에서는 여러 분란이 끊이지 않아, 운남처럼 번영하지 못했다. 근래에 이르러 귀주 지역이 점차 안정되고 있으며, 지금까지 황무지로 남아 있던 곳이 개간되고 있다." [해당 원문은 다음과 같다. "從來談者皆謂滇南重地, 而取道于黔中一線, 設黔省總爲通滇計. 然明時二百年中, 黔常多事, 不及滇雲之盛. 近則黔地漸安, 荒蕪開闢矣."]

233 『明史紀事本末』권19, 61쪽. [「開設貴州」조에는 "太祖洪武十五年春正月, 置貴州都指揮使司, 命平涼侯費聚, 汝南侯梅思祖署司事…"라고 기록되어 있다.]

234 『黔志』의 저자는 그의 책 2쪽에서 다음과 같이 언급했다. "이 지역을 개발할 당시, 단지 위(衛)와 소(所)만을 설치했다. 이어 지역의 토사를 점차 임기가 있는 한족 관리로 대체하고, 군(郡)과 읍(邑)을 설치했는데, 그것은 모두 위·소 가운데 설치되었다. 그러나 위·소가 주요 역할을 한 반면, 군·읍은 부수적인 역할을 하는 데 그쳤다. 지역의 유력 인물들이 위·소에 거주했으며, 상부로 보내는 보고서도 위·소가 올렸다. 또한 공식적인 의례 행사도 위·소에서 거행했다. 위·소는 군인을 다스렸으며, 읍과 군은 민간인을 다스렸다. 군인들은 군적(軍籍)에 등록된 자로서, 군역에 종사하기 위해 변방 지역으로 온 사람들이었다. 따라서 위·소에 속해 있는 모든 사람들은 한족이었다. 민간인들의 경우, 이 지역의 유일한 거주자인 묘족과 이족(彝族)이었다. 그러나 그들은 동일한 집단이 아니며, 풍속도 서로 다르다. 송가(宋家), 채가(蔡家), 중가(仲家), 용가(龍家), 증행용가(曾行龍家), 라라(羅羅), 타아힐로(打牙犵狫), 홍힐로(紅犵狫), 화힐로(花犵狫), 동묘(東苗), 서묘(西苗), 자강묘(紫薑苗) 등이 그들이다. 그들 모두 반호(盤瓠)의 후예들이다. 그들은 추발(椎髮)을 했으며, 짧은 의복을 입고, 모자를 쓰거나 신발을 신지 않았다. 그들은 화전경작을 하며, 땔감을 수집하고 사냥을 했다. 그들은 살인과 전투에 뛰어났다. 민간 거주 지역에 살기 원하는 사람들은 세금과 부역을 감당해야 한다. 그들은 소송이 아닌 전투로 그들 사이의 분쟁을 해결한다. 군읍에 속해 있는 주민들은 모두 그러하다." [이 부분의 원문은 다음과 같다. "…其開設初, 只有衛所. 後雖漸漸改流, 置立郡邑, 皆建於衛所之中. 衛所爲主, 郡邑爲客. 縉紳拜表祝聖, 皆在衛所. 衛所治軍, 郡邑治民. 軍卽尺籍來役戍者也. 故衛所所治皆中國人, 民卽苗也. 土無他民止苗彝, 然非一種, 亦各異俗. 曰宋家曰蔡家曰仲家曰

龍家曰曾行龍家曰羅羅曰打牙犵狫曰紅犵狫曰花犵狫曰東苗曰西苗曰紫薑苗, 總之槃瓠子孫. 椎髮短衣, 不冠不履, 刀耕火種, 樵獵爲生, 殺鬪爲業. 郡邑中但征賦稅, 不訟鬪爭, 所治之民卽此而已矣."] 매우 흥미로운 위 언급은 변방 지역 군사 행정의 역할을 잘 보여준다. 그 지역에서의 한족은 그리 중요성을 가지지 못했으며, 행정은 전적으로 성급(省級) 군사 관리에 의해 이루어졌던 한편, 하위 행정단위에서는 衛와 所에 의해 이루어졌다.

235 역주 위·소(衛·所) : 위·소란 명대 군사조직을 말한다. 각 부(府)에 所를 설치했으며, 몇 개 府를 통할했던 단위가 衛였다. 위에는 지휘사(指揮使)를 두었으며, 5,600여명의 군사가 있었다. 衛 밑에 1,120여 명의 군사를 둔 천호소(千戶所)와 112명의 군사를 둔 백호소(百戶所)를 두었다. 각 府·縣의 지휘사를 통할하는 도지휘사(都指揮使)가 있었으며, 도지휘사는 중앙의 오군도독부(五軍都督府) 관할이었다.

236 둔전의 목적은 병사들에게 식량을 보조해주기 위한 것이었다. 변방 지역에 설치된 둔전병 70%는 경작지에서 일했던 반면, 단지 30%만 군사 업무를 수행했다. 좀 더 멀리 떨어진 변방 지역에서는 이 비율이 80%대 20%였다. 병사는 약 50무(畝)의 농지와 농기구, 그리고 경작에 필요한 가축을 받았다. 가장 나이 어린 병사들은 보통 군사 업무를 책임지는 반면, 나이가 많고 육체적으로 쇠약한 병사들은 경작을 담당했다. Wiens, 1954, 197쪽에서 재인용한 孫媛貞, 「明代屯田制硏究」, 『食貨』3-2, 1935 참조.

237 역주 애취(靄翠) : 水西 이족(彝族)의 제66대 군장(君長)이다. 원 왕조 말엽 순원로선무사를 세습한 이래 수서 48개 부족을 거느렸다. 본문에 언급된 것처럼, 그가 송몽 등을 이끌고 명 왕조에 귀순했던 시기는 洪武 4년(1371)으로 이때 그는 안씨 성을 하사받았다. 홍무 8년(1375) 명 왕조가 서남 지역을 토벌할 당시, 명군에게 군량과 군사로를 확보해주었으며, 말 1만필을 바쳤다. 후사가 없어 그의 부인인 사향(奢香)이 선위사 지위를 세습했다.

238 역주 육광하(陸廣河) : 귀주성 오강(烏江) 상류에 해당하는 하천으로 수문현(修文縣) 서북쪽의 육광역(陸廣驛)을 지나는 탓에 육광하라 불렸다. 현재는 이곳이 六廣으로 개명되어 六廣河라 한다.

239 顧祖禹, 『讀史方輿紀要』권123, 4876쪽. [해당 원문은 다음과 같다. "…仍各統所部居水西, 而靄翠最强. 靄翠死, 第安的襲職, 因爲安氏. 安氏領羅夷民四十八部, 部長曰頭目. 宋氏世居衛城側, 領夷民十二部, 部長曰馬頭. 同知安氏領夷民一部, 部長亦曰頭目.

安氏世據水西之地, 南逾陸廣, 東接遵義, 西連赤水, 北抵永寧….”]

240 『明史紀事本末』권19, 61쪽. [해당 원문은 다음과 같다. “…前已置貴州都指揮使司, 然靄翠輩不盡服, 雖有雲南, 不能守也. 靄翠故元宣慰使, 已而見雲南俱平, 乃與同知宋欽皆降, 上仍授靄翠宣慰使, 欽宣慰同知….” 이러한 기록으로 보아, 당시 애취의 세력은 운남에 상당히 위협적이었던 것처럼 보인다.]

241 『明史』권316, 「列傳」(204), 235쪽. 명대에도 여전히 귀주 지역에서 산출되는 말, 특히 귀양 북서쪽 양용갱(養龍坑) 선위사의 말은 명성이 매우 높았다. 본서 283쪽 참조. [『명사』권316, 「열전」(204)에 의하면 당시 정황을 이렇게 기록하고 있다. “自蜀漢時, 濟火從諸葛亮南征有功…後五十六代爲宋普貴, 傳至元阿畫, 世有土於水西宣慰司. 靄翠, 其裔也, 後爲安氏. 洪武初, 同宣慰宋蒙古歹來歸, 賜明欽, 俱令領原職世襲. 及設布政使司, 而宣慰司如故. 安氏領水西, 宋氏領水東. 八番降者, 皆令世其職. 六年詔靄翠位各宣慰之上. 靄翠每年貢方物與馬, 帝賜錦綺鈔幣有加.”]

242 본서 80쪽 참조.

243 본서 93쪽 각주 320)과 185쪽 각주 138) 참조.

244 동인(銅仁), 진원, 석천, 사남, 사주, 여평 일대를 말한다. [저자는 이 부분에 대한 각주 번호를 본문에 표기하지 않은 채, 각주만을 달았다. 글의 맥락으로 보아 당시 소요가 일어났던 지역을 설명하고 있는 것처럼 보인다.]

245 **역주** 호광성(湖廣省) : 현재 호북성(湖北省)과 호남성(湖南省) 일대에 해당하는 명대 행정구역이었으며, 청대 康熙 3년(1664) 左布政司와 右布政司를 각각 무창(武昌)과 장사(長沙)에 두고 그대로 호광성(湖廣省)이라 불렀지만, 康熙 6년(1667) 좌포정사를 湖北布政司로, 우포정사를 湖南布政司로 바꿔 호북성과 호남성으로 분리되었다.

246 『明史紀事本末』권19, 62쪽. 이미 76쪽, 각주 236)에서 언급한 것처럼 바로 이러한 양상이 둔전 정책을 시행한 예이다. [해당 원문은 다음과 같다. “(洪武)十八年夏四月, 思州諸洞蠻作亂, 命信國公湯和江夏侯周德興從楚王楨討平之. 時蠻寇出沒不常, 王師至輒竄匿, 退則復出剽掠. 和等抵其地, 恐蠻人驚潰, 乃於諸洞分屯立柵, 與蠻民雜耕, 使不復疑….” 한편 거의 동일한 내용이 『명사』권316, 「열전」(204)에도 기재되어 있다.]

247 제1장에서 살펴보겠지만, 아마도 그것은 이 지역의 주요한 광산물이었던 진사나 철광석일 것이다. [이 내용은 『明史紀事本末』권19, 「開設貴州」조에 등장한다. 해당 원문은 다음과 같다. “至永樂初, 思州宣慰使田仁智子琛, 思南宣慰使田茂安子宗鼎, 各嗣立, 以爭沙坑, 故日尋兵, 上遣行人蔣廷瓚往勘之. 琛從廷瓚入見, 上白事, 自言思南故

思州地, 當歸之, 又數宗鼎罪狀. 上曰, 思南舊歸明玉珍時, 汝何不取以自屬, 乃今言耶, 且罪惡在彼, 汝何與焉. 亟歸守爾土, 靖爾封疆, 愼勿搆釁启兵端, 再犯, 吾磔汝矣. 琛歸與宗鼎仇殺如故, 屢禁之, 不能之. 至是, 上密遣鎭遠侯顧成率校士數人, 潛入二境, 執琛宗鼎去. 二人旣就執…琛宗鼎至京師, 俱斬之….”]

248 역주 『明史』권316, 「列傳」(204)에 의하면, 당시 戶部尙書였던 하원길(夏原吉)은 다음과 같은 언급과 함께, 귀주 지역에 포정사의 설치를 주장하는 상주를 올렸다. “琛, 宗鼎分治思州思南, 皆爲民害. 琛不道, 已正其辜. 宗鼎滅倫, 罪不可宥. 其思州思南三十九長官地, 可更郡縣, 設貴州布政使司總轄之.” 이에 따라 永樂 12년(1414) 귀주성을 8府 4州로 나눴으며, 두 지역의 선위사가 폐지됨에 따라 이 지역을 다스렸던 田氏도 멸망했다.

249 C. O. Hucker, “Government Organization of the Ming Dynasty,” *Harvard Journal of Asiatic Studies*, no.21, 1958, pp.38-66에 의하면, 명대 각 省의 행정은 보통 三司라고 부르는 관청에 예속해 있었다. 즉 承宣布政司 혹은 布政司는 인구와 토지 조사, 부역의 분배와 징수, 지출, 관리들의 감독, 의례의 시행, 건설, 수리 공사, 중앙 정부로의 문서 전달과 같은 성의 전반적인 행정을 담당했다. 둘째 제형안찰사(提刑按察司) 혹은 按察司는 省 관리를 감찰하고, 권력의 남용과 부패 방지 업무를 담당했다. 이러한 행정 재판소의 역할 외에, 제형안찰사는 순무(巡撫)가 보낸 판결에 대한 항소법원 역할도 했다. 마지막으로 도지휘사(都指揮司) 혹은 都司는 위 본문에서 언급한 역할을 했다.

250 『明史』권316, 「貴州土司」. [저자의 이 설명은 『明史』권316, 「列傳」(204)에 있는 귀주토사의 첫 부분에 나와 있는 다음 언급을 의미하는 것처럼 보인다. “…永樂十一年, 思南思州相仇殺, 始命成以兵五萬執之, 送京師. 乃分其地爲八府四州, 設貴州布政使司, 而以長官司七十五分隷焉, 屬戶部.”]

251 귀주성의 행정적 변화를 지적한 이 부분을 언급하기 위해 다음 세 자료를 이용했다. 우선 『明史』권316, 「列傳(204)」(貴州土司), 그리고 귀주성 설치를 다루고 있는 『明史紀事本末』권19, 마지막으로는 『炎徼紀聞』권3이 그것이다. 본서 권말(卷末)의 〈지도 3〉과 〈도판 1〉 참조.

252 그러나 토사와 토관은 차이가 있다. 토관이란 용어는 민간 계서(階序, hierarchie)에 속한 토착 관리를 지칭하는 반면, 토사는 군사 계서에 속하는 토착관리를 의미한다.

253 Wiens, 1954, 214쪽 참조.

254 원대와 명대 토사 제도를 비교하기 위해서는 黃開華, 「明代土司制度設施與西南的開發」, 『新亞學報』권6, 1호, 2호, 1964 참조.

255 余貽澤, 1944, 21쪽 참조.

256 『明史』권76, 「職官」(5), 30쪽에 나오는 토사 목록은 다음과 같다.

관청명	관리명	관리 수효	등급
선위사사(宣慰使司)	선위사(宣慰使)	1	종3품
	동지(同知)	1	정4품
	부사(副使)	1	종4품
	첨사(僉使)	1	정5품
선무사사(宣撫使司)	선무사(宣撫使)	1	종4품
	동지(同知)	1	정5품
	부사(副使)	1	종5품
	첨사(僉使)	1	정6품
안무사사(按撫使司)	안무사(按撫使)	1	종5품
	동지(同知)	1	정6품
	부사(副使)	1	종6품
	첨사(僉使)	1	정7품
초토사(招討司)	초토사(招討使)	1	종5품
	부초토(副招討)	1	정6품
장관사(長官司)	장관(長官)	1	정6품
	부장관(副長官)	1	종7품
만이장관사(蠻夷長官司)	장관(長官)	1	정6품
	부장관(副長官)	1	종7품

257 余貽澤, 1944, 21~22쪽.

258 『明史』권316, 「列傳(204)」(貴州土司), 2225쪽 참조. [저자가 인용한 『明史』권316, 「列傳」(204), 귀주토사조에 의하면 "永樂十一年…府以下參用土官, 其土官之朝貢符信屬禮部, 承襲屬吏部, 領土兵者屬兵部. 其後府幷爲六, 州幷爲四, 長官司或分或合, 釐革不一…"이라고 기록하고 있는 것으로 보아 永樂 연간에는 토사 지역에 대한 관리가 각부(各部)로 나뉘어져 있었다. 즉 조공(朝貢)은 예부(禮部), 계승 문제는 이부(吏部), 토병(土兵)은 병부(兵部) 관할이었으며, 따라서 아직 토사 지역에 대한 일률적인 규칙이 제정되지 않은 상태였다. 그러므로 본문에서 서사가 말하는 '토관들은 여전히 이부에 속

해 있었다'라는 언급은 정확한 사실이라고는 할 수 없다.]

259 파주 선위사의 역사는 당대(唐代)까지 거슬러 올라간다. "건부(乾符) 연간(874~880) 초기 남조(南詔)가 파주(播州)를 함락했다. 태원(太原) 출신의 양단응(楊端應)이라는 자가 군사를 일으켜 그 지역을 재점령했다. 파주의 모든 주민들이 그에게 복속했으며 양단응의 권세는 5대에 걸쳐 대대로 이어졌다." [해당 원문은 다음과 같다. "…唐貞觀中, 改播州. 乾符初, 南詔陷播, 太原楊端應募復其城, 爲播人所懷服, 歷五代, 子孫世有其地." 저자는 위 본문 가운데 '양단'이란 인명을 '양단응'으로 잘못 해석했다. 양단은 당 희종(僖宗) 함통(咸通) 14년(873) 남조를 격파하고 파주를 회복해서 희종 건부(乾符) 3년(876)부터 그 지역을 다스렸으며, 후량(後粱) 貞明 원년(915)에 사망했다.] 『明史』권312, 「列傳(20)」(四川土司2), 2189쪽 참조. 명대에 양씨 가문의 영지는 귀주 지역에서 마치 별도의 지역처럼 자리잡고 있었다. "동쪽으로는 사남의 경계지역, 서쪽으로는 노(瀘, 중경 서쪽 장강 유역에 있는 현재의 瀘州), 북쪽으로는 기강(綦江, 중경 남쪽 지역으로 현재 사천성과 귀주성 접경 지역에 매우 가깝다), 그리고 남쪽으로는 귀주 접경 지역(貴陽府)까지 뻗어 있었으며, 그 지역은 여러 개의 구릉과 오강(烏江)으로 격리되어 있었다." [해당 원문은 다음과 같다. "播州東通思南, 西接瀘, 北走綦江, 南距貴竹. 萬山一水, 抱遶縈迴."] 『黔志』, 4쪽 참조.

260 **역주** 현학(縣學)과 부학(府學) 등을 말한다.

261 余貽澤, 1944, 21~24쪽 참조.

262 黃開華, 1964, 권6, 2호, 424~425쪽.

263 『明史』권312, 「列傳200」(四川土司2), 2189쪽에는 "홍무 21년(1388) 파주 선위사와 그 관할 하에 있는 모든 宣撫司官들이 아들을 보내 조공했으며, 太學의 입학을 청했다. 황제는 칙령을 내려 국자감 관원들에게 그들을 잘 가르치도록 명령했다"라고 쓰여 있다. [해당 원문은 다음과 같다. "(洪武)二十一年, 播州宣慰使司幷所屬宣撫司官, 各遣其子來朝, 請入太學, 帝勅國子監善訓導之."]

264 黃開華, 1964, 권6, 2호, 450쪽 이하에서 토사들에 대한 교육 제도를 훌륭하게 분석하고 있다.

265 원칙적으로 3년에 한 번씩이었다. 『明會要』권42, 770쪽. [해당 원문은 다음과 같다. "…元土官子孫量授以職, 從所招官司管屬, 皆從之. 令三年一朝貢, 如故事."] 그러나 이 규칙을 지키지 않은 많은 예가 존재했다.

266 『大明會典』권108, 29쪽 상~하.

267 『明史』권316, 「列傳204」의 「貴州土司」참조. [이 부분의 서술에 의하면 永樂 11년(1413) 사남과 사주가 서로 원수지간이 되어 반란을 일으킨 이래, 귀양부에서는 天順 3년(1459) 東苗의 반란, 萬曆 26년(1598) 강신(疆臣)의 반란 등이 발생했다. 또한 思南府에서도 永樂 8년(1410)에 대규모 반란이 발생했다. 특히 동인부(銅仁府)의 경우에는 宣德 5년(1430) 치고(治古)와 답의(答意)를 다스리는 석각야(石各野) 등의 두 장관사의 반란을 시작으로, 宣德 8년(1433)에는 오불도(吳不跳)가, 成化 11년(1475)에는 오라(烏羅)의 묘족 석전주(石全州)가, 嘉靖 22년(1543)에는 평두(平頭)의 묘족 용상과(龍桑科)가 각각 반란을 일으켰다.]

268 개토귀류(改土歸流)를 개류(改流)라는 축약된 형태로 지칭하기도 한다.

269 본서 93쪽 각주 321) 참조.

270 王陽明은 또한 正德 연간(1506~1522)에 貴州省 용장역(龍場驛)에서 귀양 생활을 한 적이 있다.

271 『明史』권195, 「列傳」(83), 1347쪽. [嘉靖 6년(1527) 思恩과 田州의 土酋인 노소(盧蘇)와 왕수(王受)가 반란을 일으키자, 왕수인에게 左都御史와 아울러 總督兩廣兼巡撫를 제수해 반란을 진압하게 한 사건을 말한다. 이후 왕수인은 "思恩未設流官, 土酋歲出兵三千, 聽官征調. 旣設流官, 我反歲遣兵數千防戍. 是流官之設, 無益可知…若改土爲流, 則邊鄙之患, 我自當之, 後必有悔"라 말하며 유관의 설치에 반대했다. 다만 저자가 말하는 토사들의 권한을 분산해야 한다는 언급은 왕수인의 지적에서 등장하지 않는다.]

272 田汝成에 대한 좀 더 자세한 사항에 대해서는 본서 92쪽 참조.

273 사향(奢香)과 마욱(馬煜)이 서로 대립했던 사건에서, 송몽(宋蒙)의 지위를 세습한 그의 부인 유씨(劉氏)는 그녀 자신이 사건을 황제에게 직접 설명하고 중재를 요구할 것을 제안했다. 田汝成, 『炎徼紀聞』권3, 37쪽. [이 사건과 관련된 해당 원문은 뒤에서 다시 자세히 소개할 기회가 있다. 다만 홍무 연간에는 여전히 소수민족 수장들이 황제를 알현해 자신의 문제점을 하소연할 수 있는 기회가 있었다는 사실은 특기할 만하다. 이런 유연성과 비교하면 당시 지방관이었던 마욱의 지나친 군사적 야욕도 매우 이채롭다. 다만 저자가 말한 '송몽'은 '송흠(宋欽)'의 오류이다.]

274 思南과 思州 토사들의 분쟁에서 볼 수 있듯이, 꽤 빈번하게 중국 정부는 현장에 관료를 파견해 사건을 조사한 후, 보고서를 쓰도록 했다. 田汝成, 『炎徼紀聞』권3, 37쪽 참조. 따라서 播州 토사 가문의 세습 문제를 다룬 何喬新(1427~1502)이 成化 23년(1487)에 작성한 「감처파주사정소(勘處播州事情疏)」와 같은 몇몇 보고서가 존재한다. 명대 叢書 가운데 하나인 『紀錄彙編』권51에 들어 있는 이

보고서는 꽤 분량이 있는 자료로서 楊氏 토사들의 사회경제적 양상에 대한 많은 정보를 담고 있다.

275 역주 본문에는 '돈(囤)'이란 단어로 표기되어 있다.

276 田汝成, 『炎徼紀聞』권3, 41쪽. [본문에 나온 '왕중맹(王仲孟)'은 '왕중무(王仲武)'의 오기이다. 해당 본문은 다음과 같다. "阿向者, 都勻府苗也. 嘉靖十六年, 與土官王仲武爭田, 搆殺仲武出奔, 阿向遂據凱口囤爲亂, 囤圍十餘里, 高四十丈…."]

277 楊應龍은 黃平按撫司와 초당안무사(草塘按撫司), 그리고 眞州, 파주(播州), 여경(餘慶), 容山, 백니(白泥), 重安의 여섯 長官司를 관할하는 당시 가장 강력한 토사 가운데 하나였다. [실제 『明史』에 의하면 洪武 5년(1372) 파주선위사 양갱(楊鏗), 同知 나침(羅琛), 총관(總管) 하영(何嬰), 만이총관(蠻夷總管) 정호(鄭瑚)가 귀항한 이후 파주선위사를 설치했으며, 본문의 설명대로 안무사 둘과 장관사 여섯을 거느렸다.] 『明史』권312, 「四川土司二」(播州宣慰司), 2189쪽 참조. "이 지역(귀주)은 사방이 (산으로) 둘러싸여 있어, 본래부터 (도둑들의) 소굴로 적당한 곳이며, 7일 만에 내지(內地, 사천)에 도달할 수 있다. 따라서 파주가 귀주 지역에 자리잡고 있지만, (그곳을 관할하는) 관청은 사천에 귀속되어 있다. 이런 이유로 추장 양응룡은 사천의 상관에게는 공손하고, 귀주의 관원에게는 거만하게 행동하는 탓에, 사천의 관원들은 (양응룡)에게 상을 내려야 한다고 주장하는 반면, 귀주 관원들은 그를 토벌해야 한다고 하는 주장이 오랫동안 지속되어 왔다. [이 부분에 대한 해당 원문은 다음과 같다. "抱邊縈迴, 天生巢穴, 七日而達內地. 然其地坐貴竹而官繫川中. 故楊酋應龍伺川中上司則恭, 見貴竹則倨, 川議賞貴議勦, 非一日矣."] 『黔志』, 4쪽 참조.

278 『明史』권312, 「四川土司二」(播州宣慰司), 2190쪽 참조. [귀주순무 엽몽웅이 양응룡의 악행을 거론하고 순안(巡按) 진효(陳效) 역시 양응룡의 24대죄(大罪)를 거론한 시기는 만력(萬曆) 18년(1590)이었다. 그러나 각주 277)에서 언급하고 있는 것처럼, 따로 죄상을 조사할 정도의 죄가 없다고 주장하는 사천성 관리와, 사천 당국자들이 사심을 품고 양응룡을 옹호하려 한다는 귀주성 관리들의 의견 대립으로 그를 효율적으로 통제하지 못했다. 그가 반란을 일으킨 해는 만력 19년(1591)이었으며, 명군의 토벌로 자살한 시기는 만력 28년(1600)이었다. 그의 죽음으로 당대(唐代)부터 지속되어 온 파주지역 양씨(楊氏)의 세력이 800여 년 만에 막을 내렸다.]

279 역주 당시 사천순안(四川巡按)이었던 이화룡(李化龍)을 말한다.

280 널리 알려진 것처럼, 일본의 왜구(倭寇)는 16세기 후반부터 중국 해안 지역에

점점 더 빈번하게 출현해 약탈을 자행했다. 가정 34년(1555)에는 南京까지 진격해 그 지역 일대를 약탈했다. 이어 만력 20년(1592)에는 쇼군인 도요토미 히데요시(豊臣秀吉)의 치하가 된 일본이 조선 침략을 개시했다. 일본과의 어려운 전쟁을 전개한 이후에야 비로소 명나라 군사들은 동맹국인 조선을 옹호하고 바다로의 침략을 방어할 수 있었다. [양응룡은 萬曆 20년(1592) 중경(重慶)으로 가 조사를 받은 결과, 참수형에 해당한다는 판결을 받았다. 이에 2만금을 주고 속죄를 청했지만, 거절당하자, 다시 자신의 군사를 동원해 왜군 정벌에 나서도록 요청했으며, 명 왕조는 그의 요청을 받아들여 군사를 출정시켰지만, 이내 그것을 중단시켰다.]

281 역주 시기상으로 보면 양응룡이 자신의 속죄를 위해 5천 명의 병사를 보내겠다고 한 것은 萬曆 20년(1592)이었으며, 이 지역에 엽몽웅의 주재로 파주관할 5개 토사 지역에 대한 개토귀류를 실시한 연도는 萬曆 19년(1591)이다.

282 乾隆『貴州通志』권34, 「藝文」(疏), 19쪽 상~28쪽 하에 기재된 이화룡의 「파지선후사의소(播地善後事宜疏)」이다.

283 이화룡은 乾隆『貴州通志』권34, 「藝文」(疏), 19쪽 상~하에 기재된 그의 「파지선후사의소(播地善後事宜疏)」에서 "사천은 파주 지역으로부터 한 번도 세금을 거둬들인 적이 없는데, (그 이유는) 귀주성의 토양이 척박하기 때문이다. 만일 이 시기를 이용해 파주를 사천에 합병한다면, 사천에는 손해가 없는 대신, 귀주성에게는 도움이 될 수 있다. 또한 臣等이 호광성(湖廣省) 관할인 네 개의 위(衛)를 귀주성에 합병하기를 별도의 상소를 통해 간청해서 그대로 시행한다면, 귀주성의 (관할) 영역이 다른 성에 비해 넓어져 매우 편해질 것이다. 그러나 (위 지역이) 모두 귀주성에 속하게 되면 그 지역이 천리가 되어, 그 지역을 모두 관할하는 데 오히려 비용이 많이 들며, 귀주성이 그 비용을 감당할 수 없다"는 사실을 환기시켰다. 따라서 이러한 이유 때문에 이화룡은 파주의 이전 관할 지역의 반절은 사천성 관할로, 나머지 반절은 귀주성 관할로 해야 한다고 제안했다. [이 부분에 해당하는 원문은 다음과 같다. "夫蜀無藉於播, 黔瘠壤也. 若乘此時而割播地以附黔, 則於蜀無損, 於黔有裨. 且臣等別疏又請, 以楚之四衛幷割附之, 從此, 黔省幅隕, 得與十二省比長絜大, 甚爲長便. 但盡屬之黔, 則地方千里, 諸凡締造, 勞費尙多, 亦黔所不能堪. 因議設爲二府, 分隷黔蜀."]

284 역주 진주(眞州) : 한문을 병음으로 표기할 경우 '眞州'와 '珍州'는 모두 Zhen zhou로 표기되기 때문에 혼동할 염려가 있다. 명 왕조가 이 일대 행정 개편을 실시할 당시 명칭은 眞州이며, 이 眞州의 옛 명칭이 珍州이다. 현재 귀주

성 正安縣으로 되어 있는 珍州라는 본래 명칭을 명옥진(明玉珍)이 이 지역을 점령한 후, 眞州로 개칭했다.

285 이하 설명은 顧祖禹, 『讀史方輿紀要』권123, 4876쪽을 근거로 했다.

286 안강신(安疆臣)은 분명 龍場驛 일대 토사였다. [정확히는 수서 지역의 대방현(大方縣) 일대를 의미한다.]

287 역주 실제로는 萬曆 36년(1608) 안강신의 사망 후, 그의 동생인 안요신(安堯臣)이 뒤를 이었지만, 만력 41년(1613)에 안요신이 사망하자 그의 아들인 안위가 토사 지위를 계승했으므로 실제 안위는 안강신의 조카인 셈이다.

288 사숭명(奢崇明)은 사천과 귀주 경계 지역에 위치한 이족(彝族)의 수장이었다.

289 劉應中, 「변장의(邊牆議)」. 嚴如熤, 『苗防備覽』권21, 「藝文志」(下), 6쪽 상과 8쪽 하. 이 저자는 묘족 마을에서 성벽 건설의 역사에 대한 나레이션(narration)을 서술한 것을 발견했는데, 자신이 들은 이야기와 그 내용이 일치한다는 사실을 언급하고 있다. [해당 원문은 다음과 같다. "應中遵同總統郭忠孝, 暨鎭筸協, 親歷會商. 凡邊牆舊址, 俱已殘塌, 所存廢堵百不一二. 有詢之寨老有能言其顚末者, 曰舊日邊疆上起王會營下止鎭溪, 所繞水踰山, 統三百餘里. 問其築自何時, 曰祖父傳聞, 創自先明萬曆時, 問其當日需費若干出自何項, 則稱用銀四萬兩有餘, 出於公帑. 問其牆之高闊, 則稱高八尺, 許基厚五尺, 頂三尺, 募兵民給與工食. 凡築一丈, 給銀一錢二分, 民給銀一錢八分, 復設營哨, 養漢土官兵七千八百名, 各哨選遊兵頭目, 巡牆隊長領兵數十名. 雖雨夜接替傳簽沿牆巡視, 牆圮則令兵時爲補葺. 後天啓中又起自鎭溪所至喜鵲營, 止添牆六十里, 及崇禎間寇亂苗叛, 土牆盡踏爲平地矣."]

290 역주 봉황청(鳳凰廳) : 호남성 서부에 위치한 지역으로서, 元代에는 사주안무사(思州按撫司) 관할이었지만, 명대에 이르러 이곳에 오채장관사(五寨長官司)를 설치하고 보정선위사(保靖宣慰司) 관할에 두었다. 康熙 43년(1704) 土司를 폐지하고 설치한 봉황영(鳳凰營)을 乾隆 16년(1751)에 봉황청으로 승격시켰다. 이 봉황청이 호남성 관할로 된 시기는 비교적 늦은 청 嘉慶 2년(1797)의 일이다.

291 역주 위 각주 289)에서 확인할 수 있듯이 1만 량이 아닌 4만 량 정도가 소요되었다.

292 역주 저자는 본문에서 '진계소(鎭溪所)'란 지명 대신 '계견(溪鵳)'이란 지명을 사용했다. 아울러 계견의 위치를 보정 약간 북쪽이라고 설명했지만, 실제로

劉應中의 〈변장의〉의 무대는 永順府 관할에 있는 保靖縣이 아니라 鳳凰廳이다. 또한 원문에도 진계소라 나와 있기 때문에 계견이란 지명 대신 진계소라고 표기했다.

293 장헌충(張獻忠)은 섬서성 延安 출신이다. 군인으로 있다가, 지방 당국에 저항하는 반란 집단에 가담했다. A.W. Hummel, *Eminent Chinese of the Ch'ing Period(1644-1912)*, 2 vols., Washington, 1943-1944, t.1, 37쪽. [여기 설명대로 연안 柳樹澗이라는 곳에서 태어난 장헌충이 자신의 세력을 확대한 최초의 시기는 숭정 3년(1630)의 일이다. 다만 본문에 등장하는 네 명의 장수가 본격적으로 활동한 시기는 장헌충이 호북 지역을 탈출해 사천으로 들어간 崇禎 17년(1644) 무렵이다. 이후 약 1년 동안이 장헌충의 세력이 가장 강성했던 시기이며, 이 때 손가망을 平東將軍, 이정국을 安西將軍, 유문수를 무남장군(撫南將軍), 애능기를 定北將軍에 각각 임명했다. 한편 저자는 '유문수(劉文秀)'를 '유문수(劉文修)'로 잘못 표기하고 있다.]

294 역주 大西 정권 : 장헌충이 호북성 武漢을 함락한 후, 楚王을 살해하고 崇禎 16년(1643)에 무한에 세운 정권이다. 사천으로 옮겨간 장헌충이 청 順治 3년(1646) 사망한 후, 그의 의붓아들인 孫可望이 대서 정권을 계승했지만, 손가망이 南明 政權에 투항하는 바람에 소멸되었다.

295 장헌충은 청군과 처절한 전투를 벌이다가, 체포되어 처형당했다.

296 영력제의 안룡 체류 시기를 간략하게 서술한 江之春의 「安龍記事」 참조.

297 謝國楨, 『南明史略』, 上海, 1957, 178~199쪽 참조.

298 Hummel, *Eminent Chinese of the Ch'ing Period*, vol.1, 489~490쪽, 그리고 郭影秋, 『李定國紀年』, 北京, 1961 참조.

299 『清史稿』권302, 「列傳」(土司傳4), 1쪽 하~2쪽 상.

300 A. Hummel, *Eminent Chinese of the Ch'ing Period*, vol.2, 877~880쪽 참조.

301 에드워드 샤퍼(Edward H. Schafer)가 그의 책 *The Vermilion Bird : Tang Images of the South*, Berkley and Los Angeles, University of California, 1967, 380쪽에서 지적한 것처럼, 분명 남쪽 지역(현재 광서와 광동 지역)은 업무 수행을 위해 그곳에 갔던 당대(唐代) 관료들에게 우리가 이국적이라고 부를 수 있는 문학적 감흥을 불러 일으켰다.

302 역주 폴 펠리오(P, Pelliot) : 프랑스 파리에서 출생했으며, 처음에는 외무부에서 일할 목적으로 중국어를 배우기 위해 에두아르 샤반느(Edouard Chavannes)

의 문하생이 되었다. 하노이에 있는 프랑스극동학원에서 일을 하다, 1900년에 중국으로 건너갔다. 콜레쥬 드 프랑스의 교수를 지냈으며, 돈황(敦煌) 문서의 발굴과 마르코 폴로에 관련된 일련의 연구로 유명하다. 그가 없었다면 프랑스의 중국학이 존재하지 않았다는 평을 받을 정도로 프랑스 초기 중국학에 많은 공헌을 한 학자로 알려져 있다.

303 우리들은 『明史』권192와 자일즈(Giles)의 『인명사전』(*Dictionnaire biographique*), 그리고C. 생송(C. Sainson)이 『南詔野史』를 번역한 책인 *Histoire particulière du Nanzhao*(*Bulletin d'Ecole Française d'Extrême-Orient,* IV, 1904, 1097~1127쪽)의 서평에 보편(補編)으로 발표된 자료를 통해 폴 펠리오가 재구성한 양신의 일생을 확인할 수 있다. 또한 중국어로 된 일련의 다른 자료에서도 양신에 관한 정보가 들어 있는데, 특히 『八十九種明代傳記綜合引得』, 北京, 1959, 166쪽을 참조할 수 있다. [본문에 등장하는 내용은 嘉靖 연간(1522~1566)에 전개된 이른바 大禮義 論爭에 관련된 것이다. 嘉靖帝는 藩王의 신분으로 있다가 황제가 된 인물인데, 그가 제위에 오른 후 자신의 生父인 홍원왕(興獻王) 주우원(朱祐杬)을 황제로 추증하려는 시도에 대해 본문에 등장하는 양신의 아버지 양정화 등이 반대하자, 이른바 대례의 논쟁이 촉발되었다. 결국 가정제의 의도대로 자신의 아버지를 홍헌제, 어머니를 홍헌황후(興獻皇后)로 봉했으며, 기존 대신들의 주장을 꺾고 자신의 주장을 관철시킨 가정제가 이후 황권을 자의적으로 행사하는 계기가 되기도 했다. 이 문제를 정리한 『大禮集議』라는 책이 가정 4년(1525) 출간됐다. 한편 저자는 '張璁'을 'Zhang Ren'이라고 표기하고 있어 아마도 다른 인물을 의미한다고도 할 수 있지만, 대례의 논쟁에 관련된 내용을 보건대, 이는 '장총(Zhang Cong)'이 분명하다.]

304 역주 양신과 양원정 등 200여 명이 左順門에서 嘉靖帝 부친의 황제 추증의 부당성을 지적한 좌순문 사건을 말한다. 이 사건으로 王元正은 사천성 무주(茂州)로 유배되었다.

305 역주 저자는 楊愼의 이 저서를 『雲南山水志』(Yunnan Shanshuizhi)라고 표기했지만, 『雲南山川志』가 정확한 서명이다.

306 그의 귀주성 체류에 대해서는 康熙 『貴州通志』권32, 「流寓」, 1쪽 상 참조.

307 朱士嘉, 『中國地方志綜錄』, 287쪽에 의하면, 사동산(謝東山)이 편찬한 가정 年刊本 『貴州通志』는 浙江省 영파도서관(寧波圖書館)에 단 한 질이 보존되어 있다. [아마도 이런 지적은 클로딘의 이 책이 비교적 오래전에 출간된 탓에, 책의 존재 여부를 다양하게 확인할 수 없었던 데서 비롯되었다고 판단된다. 따라서 중국 각 지역의 지방

지의 소장처를 비교적 용이하게 확인할 수 있는 中國科學院北京天文臺 主編, 『中國地方志聯合目錄』, 803쪽에 따르면, 이 『귀주통지』는 저자가 밝힌 寧波市文管會天一閣뿐 아니라, 상해도서관, 운남성도서관, 운남대학도서관이나 대만에도 소장되어 있다.]

308 역주 예를 들어 乾隆 『貴州通志』권44, 「藝文」(賦,詩)에는 楊愼이 쓴 「성천편(聖泉篇)」, 「오살희청(烏撒喜晴)」이라는 시가, 권44, 「藝文」(七言古)에는 「비월봉천마가(飛越峰天馬歌)」, 「적훼하행(赤虺河行)」 등의 시가 실려 있다.

309 『南詔野史』를 번역한 C. 생송의 책(앞서 인용한 C. Sainson, 1098~1099쪽 참조)에 대한 서평을 통해 폴 펠리오는 이 책이 양신의 저작이라는 기존의 주장을 신랄하게 비판했다.

310 C. Sainson, *Histoire particulière du Nanzhao*, 5~6쪽 참조.

311 이 책 195쪽 각주 190) 참조.

312 顧峰, 「楊愼對西南民族史硏究的貢獻」, 『民族團結』4, 1964, 42~43쪽 참조.

313 역주 실제로는 그가 올린 상소가 황제의 심기를 건드려 2개월 봉급을 정지당한 후, 사제중랑(祠祭中郎)으로 옮겼다.

314 『明史』권287, 「列傳」(175), 1997쪽.

315 최근 재출간된 『西湖游覽志』, 上海: 中華書局, 1965의 서문에 따르면 전여성은 특히 『용빙기략(龍憑紀略)』, 『무이유영(武夷遊詠)』, 『전숙화집(田叔禾集)』의 저자이기도 하다.

316 이 책은 만력 46년(1618)에 그 수집이 완료된 明代 叢書 『記錄彙編』에 들어 있다. 또한 『叢書集成』에도 이 책이 들어 있으며, 『行邊記聞』이라는 제목의 또 다른 판본에도 들어 있다. [『기록휘편』은 절강성 오정현(烏程縣) 출신의 심절보(沈節甫)가 편집한 叢書類로서 총 216권으로 되어 있다. 대체로 嘉靖 연간 이전의 여러 雜記들을 모아 놓은 책으로 明 太祖 朱元璋이 편찬한 『御制西征記』 등의 저서를 비롯해, 명대 유명 관료인 마문승(馬文升), 楊一淸, 고공(高拱), 王世貞 등의 저작이 들어 있다. 한편 『叢書集成』은 그 명칭과 수록 저서들이 매우 다양하고 복잡해 일률적인 체계가 없다는 사실에 착안해, 1935년~1937년 商務印書館이 중국 역대 다양한 총서들을 정리해 총 4,000책으로 발간할 계획을 세운 데서 비롯된 총서이다. 중일전쟁 발발로 당시 3467권의 발간에 그쳤으며, 1982년 中華書局에서 초기의 판본을 재판해 출간했다.]

317 田汝成, 『炎徼紀聞』「序文」, 1쪽. [저자가 전여성의 서문을 번역한 마지막 대목의 原文은 "余承乏藩臬者十餘年, 而宦履所經半涉炎徼"이다. 이 구절에서 번얼(藩臬)의 '번'은 '布政使'를, '얼'은 '按察使'를 각각 가리키는 말이지만, 그가 포정사나 안찰사를 지낸

적이 없기 때문에 지방관 정도로 번역하는 것이 타당하다. 따라서 이 문장은 "나는 10여 년 동안 지방관을 지냈으며, 그런 지방관의 이력 중 반 이상을 변방지역에서 보냈다"라고 번역하는 것이 원문에 좀 더 가까운 번역이다. 아마도 저자는 '환이(宦履)'라는 단어를 관료로서의 이력이 아닌, 단순히 돌아다니는 것으로 해석했다고 판단된다.]

318 田汝成, 『炎徼紀聞』, 41쪽 참조.

319 田汝成, 『炎徼紀聞』「序文」참조. [해당 원문은 다음과 같다. "炎徼之政, 少催科, 獄訟之擾. 其卒然隳突驚心駭目者, 多夷情, 而夷情之尤掣肘者, 在乎土酋獷悍, 抗敗王略效, 尤習惡, 逆節比, 起法令格閡而不行駸駸乎. 尾大不掉之患. 雖欲羈縻, 漸不可得以治…."]

320 역주 전여성은 이러한 저자의 설명보다 좀 더 자세한 내용을 기록하고 있다. 그는 "故遠方之吏, 非廉不足以彰威, 非信不足以立約, 非才識不足以排難解紛, 非久任不足以暗土俗練兵機也. 自余涉炎徼而所聞若干事, 皆起於撫綏, 缺狀賞罰…"이라고 언급했다. 따라서 전여성은 소수민족과의 신뢰도 아울러 중시했음을 알 수 있다. 다만 저자는 '연병기(練兵機)'라는 부분을 '중요 정책의 시행'이라고 번역했지만 의미상 분명히 '병사 훈련시키고 무기의 취급 방법을 배우는 것'을 말한다.

321 그러한 예로서, 水西 지역 일대 나이족(羅夷族)의 宣慰使 애취(靄翠)의 부인인 女官 사향(奢香)과 都督 마욱(馬煜)의 대립을 들 수 있는데, 流官이었던 마욱은 나이족을 대량으로 학살한 탓에 나이족은 그를 마염왕(馬閻王)이라 불렀다. 일찍이 마욱이 귀주(이후 貴陽) 都城을 쌓을 당시, 벽돌의 두께를 5촌으로 규정하고, 만일 그 규정에서 한 치라도 벗어나면, 그 벽돌 제작자를 사형에 처한다고 말했다. 이어 그는 나이족에게 명령을 내려 벽돌 제작소에서 도성(都城)까지 주민들을 한 줄로 늘어서게 한 후 벽돌을 나르도록 했으며, 건물 등에 기대어 감히 쉴 수 없었다… 한편 마욱은 나이족 일대 지역이 한데 결집하는 것을 방지하고자, 사향의 사소한 잘못을 구실로 그녀를 조사한 다음, 그녀를 발가벗겨 형틀에 묶고 채찍질을 가했으며, 이렇게 해 나이족을 격노하게 만들어 그들이 병란을 일으키도록 의도했다. 그러나 반대로 나이족이 황제에게 이 사실을 고하자, 마욱의 행위를 비난한 황제는 변방 지역을 편안하게 만드는 것이 한 사람을 희생시키는 것보다 낫다고 판단해 마침내 그를 처형시켰다(전여성, 『炎徼紀聞』권3, 「奢香」참조). [해당 본문의 내용은 다음과 같다. "靄翠死, 奢香代立. 煜欲盡滅諸羅郡縣之, 會奢香有小罪當勘, 煜械致奢香裸撻之, 欲以激怒諸羅爲兵釁. 諸羅果勃勃欲反, 時宋欽亦死, 其妻劉氏多智. 謂奢香部羅曰, 無譁, 吾爲汝訴天子, 天子不聽反未晚

也. 諸羅乃已, 劉氏遂飈馳見太祖白事. 太祖召訊之, 劉氏對曰, 羅夷服義, 貢馬七八年, 非有罪馬都督, 無故騷屑, 恐一旦糜沸, 反謂妾等不戢, 敢昧死以聞. 太祖然之, 還宮以語高后, 且曰, 朕固知馬煜忠潔無他腸, 第何惜借一人以安一隅也….” 위 원문에서 나타난 것처럼 명 태조는 당초 마욱에 대한 처형을 얼른 결정하지 못했다. 그러나 유씨에 뒤이어 조정에 온 사향으로부터 마욱의 죄상을 들은 후 그를 처단했다.] 그러나 사향이란 인물이 오늘날에도 여전히 유명하다는 사실은 매우 흥미롭다. 몇 년 전, 귀양 극장의 일부 연출자들이 그녀를 소재로 한 연극 한 편을 만들기로 결정했다. 일단 대본을 집필해 북경대학 사학과로 보냈으며, 그곳에서 허대령(許大齡, 1922~1996) 교수가 대본의 내용이 역사적 사실과 부합하는지 검토했다. 이후 대본이 귀주로 되돌아갔지만, 실제 그 연극이 상연되었는지의 여부는 알 수 없다.

322 이하 서하객에 관한 설명은 『中國歷史叢書』 안에 들어 있는 侯仁志, 『徐霞客』, 北京, 1961과 A. W. Hummel, *Eminent Chinese of the Ch'ing Period*, vol.I, 314~316쪽 참조.

323 역주 강소성(江蘇省) : 順治 2년(1645) 남직예(南直隸)를 江南省으로 개칭했으며, 康熙 5년(1666)에 처음으로 江蘇省이 설치되었다.

324 이 남양기라는 곳에 현재에도 여전히 그의 묘지가 존재한다. 서하객에 관련된 저작들을 모은 축가정(竺可楨) 主編, 『地理學家徐霞客』, 商務印書館, 1948에 들어 있는 王維屏, 「徐霞客的故鄕」, 101쪽 참조. 다른 무엇보다 왕유병은 자신의 글을 저술할 당시 서하객의 묘지 방문은 진정한 모험이었다고 피력했는데, 그 이유는 당시 그곳을 도적떼들이 점령하고 있었기 때문이었다. 1961년 서하객에 관한 글을 새긴 여러 비석들을 재분류해 그의 고향에 세운 조그마한 건물에 안치했다.

325 즉 그가 사천 지역을 여행했다는 자료가 정확하게 남아 있지는 않다. 그러나 우리가 볼 수 있는 다른 자료에 의하면 그가 사천 지역을 여행했다는 암시가 들어 있다. 이 문제에 대해서는 任美鍔, 『徐霞客游記』(『中國古代地理名著選讀』 1권), 北京, 1959, 122쪽, 각주 3) 참조.

326 본서 말미에 있는 〈지도 4〉 참조.

327 정문(靜聞)은 廣西를 여행할 때 南寧에서 病死했다. 서하객은 정문이 자칭한 순례 대상 지역이었던 운남성 계족산으로 정문의 유골을 가져가리라 스스로에게 다짐했다. 『徐霞客游記』 권2, 125쪽 참조. [해당 원문은 “時日色尙高, 余展轉念靜聞索鞋茶不已, 蓋其意, 猶望更生, 更復向鷄足, 不欲待予來也. 若與其來而不遇, 旣非余

心. 若預期其必死,而來携其骨, 又非靜聞心. 不若以二物付之, 遂與永別, 不作轉念, 可併酬蛾眉之願也. 乃復登涯東行, 出窯頭村…又東行一里, 渡白衣庵西大橋, 入崇善寺, 已日薄崦嵫. 入別靜聞, 與之永訣"이라 쓰여 있다. 靜聞은 이질로 사망한 것처럼 보이며, 『서하객유기』에는 정문을 어떻게 만났는지에 대한 정확한 언급이 없이 崇禎 9년(1636) 9월에 쓴 「浙遊日記」에 정문과 함께 余山에 올랐다는 기록이 처음 등장한다. 이후 「粵西日記」(3) 丁丑年(1637) 9월에 정문이 사망했다는 추측을 가능하게 하는 기사가 등장하므로 서하객과 정문은 정확히 1년 동안 같이 여행한 셈이다. 다만 저자가 각주에서 설명한 것과 달리, 서하객이 정문의 유골을 계족산으로 가져가리라 마음먹지는 않았다.]

328 돌 밑에 커다란 뱀 한 마리가 가로로 누워 있었다. 횃불로 그곳을 비춰봤으나, 머리와 꼬리를 볼 수 없었지만, 뱀은 엎드린 채 움직이지 않았다. 나는 그 뱀을 넘어 (동굴에) 들어 갔다가 다시 뱀을 넘어 동굴에서 나왔다. 뱀은 그대로 누워 있었다. 『徐霞客遊記』권2, 60쪽. [해당 원문은 다음과 같다. "石下有巨蛇橫臥, 以火燭之, 不見首尾, 然伏而不動, 踰而入, 復踰而出, 竟如故也."]

329 운남과 귀주에서는 소금이 매우 비싸 부유층만 소금을 사용할 수 있다는 사실은 널리 알려져 있다. 본서 392쪽 참조.

330 侯仁志, 『徐霞客』, 12쪽. [서하객은 자신이 사망하기 이전에 자신의 외조카인 계몽량(季夢良) 등에게 원고의 정리를 맡겼지만, 계몽량이 항청 운동에 참여하는 바람에 상당수 원고가 유실되었다. 이후 서이기(徐李寄)와 계몽량이 다시 원고를 정리해 『서하객유기』라는 제목으로 책을 출간했다.]

331 다음 장에 나오는 〈귀주성의 자연 조건〉 참조.

332 丁文江, "On Hsu Hsia-k'o(1596~1641), Explorer and Geographer," *New China Review*, vol.III, no.5, 1921, 325~337쪽. 정문강은 『徐霞客遊記』에 표점을 찍어 1928년 商務印書館에서 출간했다. 이 판본에는 『徐霞客遊記』원본을 담은 두 권과 지도 한 장이 들어 있다. 또한 Chiao-min Hsieh, "Hsai-ke Hsu-Pioneer of Modern Geographers in China," *Annals of the Association of American Geographer*, vol.48, no.1, 1958, 73~82쪽 참조. [『徐霞客遊記』권6(下), 「滇游日記」(5)에 나오는 해당 원문은 다음과 같다. "…其坡突石, 皆金沙燁燁, 如雲母堆疊, 而黃映有光. 時日色漸開, 蹈其上, 如身在祥雲金粟中也."]

333 정문강, 1921, 334쪽 참조. [『徐霞客遊記』권6(下), 「滇游日記」(5)에 나오는 해당 원문은 다음과 같다. "…爲金沙江, 渡江北十五里, 爲江驛, 與黎溪接界. 江驛在金沙江北, 大山之南. 由其後北逾坡五里, 有古石碑, 大書蜀滇交會四大字. 然此驛在江北, 其前後二十

里地, 所謂江外也."]

334 民國 시기 上海 大衆書局에서 발간된 『徐霞客遊記』 부록에 있는 진함휘(陳函輝), 「徐霞客墓志銘」 참조.

335 광로의 어린 시절과 청년 시절에 대한 언급은 도광 5년(1825) 『赤雅』에 들어 있는 인물 전기에 근거한 것인데, 『적아』의 서술 스타일을 통해 『적아』가 염두에 뒀던 대중들에 대한 취향을 발견할 수 있다. 1825년 간본은 매우 귀한 편인데, 북경대학 도서관에 소장되어 있다. [원문을 확인하지 못한 탓에, 이 부분에 대한 정확한 번역이 어려웠음을 밝힌다. 대체로 『적아』라는 책은 어렵지 않게 구할 수 있으며, 『文淵閣四庫全書』에도 이 책이 포함되어 있다. 그러나 저자가 밝혔듯이, 저자의 이 부분에 대한 언급은 사고전서본 등을 이용하지 않고 북경대학에 소장된 道光 5년간본을 이용했다.]

336 일명 감산(憨山)이라 불렸던 禪宗의 禪師인 德淸을 말하며, 17세기 초엽 광동 지역에서 특히 유명했던 인물이다. 그는 광동성 남동쪽 曲江縣 조계(曹溪)의 寶林寺에서 天啓 3년(1623)에 사망했다.

337 광로가 자신이 쓴 시를 스스로 편집해 출간한 『교아(嶠雅)』라는 시집이 전해 내려오고 있다. 登之誠, 『淸詩紀事初編』, 中華書局 : 北京, 권1, 290쪽에 들어 있는 그 책에 대한 간략한 소개 참조.

338 두 명의 저명한 서예가인 왕희지(王羲之, 303~361)와 唐代의 장욱(張旭, 675~?)을 가리킬 가능성이 많다.

339 **역주** 죽림칠현(竹林七賢) : 魏 나라 正始 연간(240~249) 하남성 산양현(山陽縣) 일대의 죽림에서 어지러운 세상을 피해 음주와 시가를 지으면서 생활한 혜강(嵇康), 완적(阮籍), 산도(山濤), 상수(向秀), 유령(劉伶), 왕융(王戎), 완함(阮咸)을 말한다.

340 **역주** 道光 年刊本 『赤雅』를 참조하지 못한 탓에 동치 8년 刊本 『南海縣志』를 살펴봤지만, 의외로 광로(鄺露)에 대한 언급이 列傳에 등장하지 않았다. 아마도 그가 청조에 항거한 문인이었기 때문이라고 추측된다. 한편 본서에서는 남해현 知縣을 '황희(Hunag Xi)'라고 표현했지만, 명말 남해현 지현 가운데 이 이름과 유사한 인물은 황희윤(黃熙允)이라는 인물이 유일하다(同治 8년 『南海縣志』권18, 「職官」, 16쪽 하 참조). 아울러 본서에서 le censeur Liang Yuan-gui라고 표기된 인물 역시 정확한 파악이 어려워, 일단 그 발음대로 '양윈귀'라고 번역했음을 밝힌다.

341 이러한 종류의 사건은 꽤 빈번히 발생했다. Ho Ping-ti, *The Ladder of Success in Imperial China*, 44쪽에는 사조제(謝肇淛, 16세기)가 쓴 유명한 『오잡조(五雜俎)』에 등장하는 유사한 사건을 언급하고 있다. 그것은 徽州의 부유한 상인인 왕종희(汪宗姬)와 관련된 사건이다. 巨萬의 부자인 왕종희는 많은 하인과 기녀들과 함께 여행을 했다. 그의 일행이 지방 관리와 맞닥뜨렸을 때, 재빨리 양보하지 않았기 때문에 그에 대한 처벌을 오랫동안 계속한 결과 파산하고 말았다. [『五雜俎』의 원문에는 "新安大賈, 魚鹽爲業, 藏鏹有至百萬者, 其他二三十萬則中賈耳…新安奢而山右儉也. 然新安人衣食亦甚菲嗇, 薄糜鹽虀, 欣然一飽矣, 惟娶妾宿妓爭訟則揮金如土. 余友人汪宗姬家巨萬, 與人爭數尺地, 捐萬金, 娶一狹邪如之, 鮮車怒馬, 不避監司前驅, 監司捕之, 立捐數萬金, 不十年間蕭然矣…"로 되어 있다. 즉 新安 商人들이 일상 생활에서는 검소하게 지내지만, 여자를 들이거나 소송에는 수만금을 아끼지 않고 소비한다고 적고 있다. 따라서 『오잡조』에는 저자가 허핑티의 저서를 인용해 말한 것처럼, 왕종희라는 인물이 실제 많은 시종을 거느리고 거리를 누볐는지는 분명하지 않다. 오히려 『오잡조』의 서술에는 당시 관리들이 新安 상인들에게 이런저런 구실로 많은 돈을 거둬들였다는 뉘앙스가 강하다.]

342 광로의 저서 『赤雅』(嘯園叢書本) 권2, 2쪽 상에서 鬼門關에 관련된 그의 언급을 볼 수 있다. "귀문관은 北流(광서성 남동쪽의 욱림주郁林州 관할 玉林 북쪽)에서 40리 떨어진 곳에 자리 잡고 있다. 그곳에는 두 봉우리가 서로 마주보고 있는데, 그 사이에 귀문관이 있다. 이 지방의 속언에 의하면, '귀문관으로 간 10명 중 9명은 되돌아오지 못한다.' 해가 지면 검은 구름과 흙비가 음산한 바람과 합해져 그 풍광이 매우 스산하다. 창오(蒼鼯)가 울면 귀신의 자물쇠가 닫히고, 하늘의 닭이 울면 뱀의 안개가 열린다. 당 · 송시대 시인들이 이곳에 유배되어 사망한 자들이 줄을 이었다. 몇 걸음을 옮기면 커다란 돌항아리가 하나 있는데, 그 안에는 여러 빛깔을 띤 해골과 모두 석화된 내장이 들어 있다. 나는 그 위에 '소금에 절여진 시인들'이라고 크게 네 글자를 쓴다. 그것을 보는 사람들은 모골이 송연해질 것이다. 황노직(黃魯直, 1045~1105 : 북송대의 시인이자 서예가인 황정견黃庭堅을 말함)은 사람들이 소금에 절여 (시인들을) 항아리에 집어넣은 일은 만 명의 죽음보다 더 위태로운 일이며, 귀문관 너머에도 다시 천개의 봉우리가 있다고 읊은 바 있다. 심전기(沈佺期, 생졸연도는 미상이며 唐代 시인이다)는 그 옛날 장강로(漳江路)가 있어 현재 귀문관에 이르렀다고 전해지고 있다. 이제 이곳에는 노인들이 남아 있지 않으며, 단지 관리, 유배자 그리고 몇

몇 나그네만 찾을 뿐이다." [해당 원문은 다음과 같다. "鬼門關在北流四十里. 兩峰對峙, 中成關門. 諺云鬼門關十人去九不還. 日暮黑雲霾合陰風蕭條. 蒼鼯啼而鬼鏁合. 天雞啼而蛇霧開. 唐宋詩人謫此, 而死者踵相接也. 行數武, 有一大石甕, 中有骷骸骨五色, 腸皆石乳凝化. 予大書四字其上, 曰詩人鮓甕, 見者毛骨森森. 黃魯直人鮓甕中危萬死, 鬼門關外更千岑. 沈佺期昔傳瘴江路, 今到鬼門關. 此去無人老, 遷流幾客還." 저자가 이용한 『적아』의 판본은 소원총서본이며 나는 사고전서본을 이용했다. 그런데 심전기의 시구에 등장하는 '장강로'의 '장'이 소원총서본에는 '장(瘴)'으로, 四庫全書本에는 '장(漳)'으로 표기되어 있다. 문맥상 나는 '漳江'이라고 하는 편이 타당하고 판단해 저자와는 다르게 강 이름으로 번역했다. 다만 역자가 확인한 바에 의하면, 사고전서본에 있는 『적아』의 내용이 가장 소략하다는 사실을 알 수 있었다.]

343 광로는 『赤雅』(嘯園叢書本) 권3, 35쪽 상에서 漢 나라가 南蠻 정복을 기념하기 위해 수세기에 걸쳐 세운 다양한 기둥(柱)을 언급하고 있다. 그것을 종류별로 구분해 설명하면 첫째, 마원(馬援, 기원전 14~기원후 49)이 세운 10개의 동주(銅柱)로서 그 둘은 중국 영토에 해당하는 광서와 베트남 국경 부근과 해안 지방인 광서성 남동부의 흠주(欽州)에 각각 서 있었으며, 여덟 개는 현재 베트남 영토(세 개는 바다 가까이에, 다섯 개는 산악 부근에) 서 있었다. 둘째, 唐代 안남도호(安南都護)였던 馬忠이란 인물이 두 개의 동주를 세웠으며, 마지막으로 五代 시기에 마희범(馬希范, 899~947)이란 인물이 호남에 두 개의 동주를 세웠다. 결론적으로 광로는 이러한 동주가 모두 마씨 성을 가진 관리에 의해 세워졌다는 사실을 우리들에게 환기시키고 있다. 고대 시기 중국의 베트남 침투에 대해서는 H. Maspero, "L'expédition de Ma Yuan(「마원의 군사 정벌」)," *B.E.F.E.O.*, XVIII, no.3, 11~28쪽 ; R. Stein, "Le Lin-yi, sa localisation à la formation du Champa et ses liens avec la Chine(「林邑 : 참파 왕국의 형성 당시 그 위치와 중국과의 관계」)," *Han Huie*, *Bulletin du Centre d'études sinologiques de Pékin*, 1951, vol.40, no.4-5 ; M. Kaltenmark, "Le Dompteur des flots," *Han Huie*, 1948, vol.III, 1-2 참조. 마희범이 호남에 세운 동주 가운데 하나는 현재까지 남아 있다. 謝華, 『湘西土司輯略』, 中華書局 : 上海, 1959, 17쪽에는 그 사진과 함께 비문이 실려 있다. [해당 원문은 다음과 같다. "伏波銅柱, 一在凭祥州思明府南界, 一在欽州分茆嶺交趾東界. 馬文淵又于林邑北岸, 立三銅柱爲海界, 林邑南立五銅柱爲山界. 唐馬總安南都護, 建二銅柱于漢故地. 五代馬希范平蠻, 立二銅柱于溪州. 何銅柱之多, 皆出于馬氏也."]

344 광로의 개인 전기에 관한 또 다른 정보는 康熙 年刊의 『明詩綜』권75, 13쪽 상~하와 『소전기전(小腆紀傳)』, 中華書局 : 北京, 1958, 52장, 560쪽에서 찾아볼 수 있다. 또한 R. 크레이더(R. Krader)의 박사학위 논문인 "Ch'ih ya, An Account of Non Chinese Peoples of Southern China," Yale University, 1946에도 나와 있지만, 내가 확인할 수 있는 한 이 논문은 출간되지는 않았다.

345 Tang Tsai-fou(唐在復), "Le mariage chez une tribu aborigène du sud-est du Yun-an, d'après un récit de Tch'en Ting(「진정陳鼎의 이야기를 토대로 본 운남 남동지역 토착민의 결혼」)," *T'oung pao*, série II, t.VI, 1905, 572~622쪽 참조.

346 『赤雅』의 '赤'이란 단어는 '붉은색'을 뜻하지만, 남쪽 지역을 상징하기도 한다.

347 특히 계림(桂林), 유주(柳州), 오주(梧州), 용주(容州) 등의 지역이다. [여기서 등장하는 容州는 元代까지만 하더라도 容州路를 지칭하는 행정단위였지만, 明 洪武 10년(1378) 縣으로 하락했기 때문에 엄격한 의미에서는 容縣이란 명칭이 더 적절하다. 이 용현은 明 · 淸代 모두 오주부(梧州府)에 속해 있었다.]

348 漢代 長安에서 일어난 사건을 한데 묶어 3~4세기에 출간된 책이다. 종종 갈홍(葛洪, 284~364)이 썼다고 추정되기도 한다.

349 20세기 초에도 『赤雅』는 중국에서 매우 높게 평가된 것처럼 보인다. 1966년 廣州歷史博物館은 광로에 대한 특별전을 마련하고 『赤雅』를 진열장에 전시한 적이 있었다는 점을 상기할 필요가 있다.

350 8세기 唐代 승려로서 현장(玄藏)의 제자이다. 그는 특히 서예가로 이름 높다.

351 道光本 『赤雅』 「序文」 이하 참조.

제 1 장

귀주성의 자연 조건

Un exemple
d'Acculturation
chinoise

La Province du
Guizhou au XVIIIe siècle

3일 연속 하늘이 맑은 날이 없으며, 3척三尺의 평지平地가 없고, 은 3푼分을 가진 사람이 없다. 天無三日晴, 地無三尺平, 人無三分銀

- 귀주성의 속담 중에서 -

자신의 연구에서 역사지리[1]에 관련된 서술 몇 쪽을 서두에 넣으려고 할 경우, 중국의 역사가가 서양의 역사가보다 좀 더 유리할 수 있다. 중국사 연구자는 여행기록이나 여행 관련 해설서 외에도, 진정한 의미의 지리서를 참조할 수 있기 때문이다. 이미 『한서漢書』에 그러한 종류의 글이 등장한다. 물론 『한서』에 등장하는 「지리지地理志」(권28 상~하)가 현재 우리가 의미하는 지리와 정확하게 일치하지는 않는다. 그러나 「지리지」에서 우리는 다른 무엇보다 행정 영역은 물론이고 참조용 이외는 아니었던 일련의 지명地名에 대한 정보를 풍부하게 얻을 수 있다. 그렇지만 각 왕조의 정사正史나 많은 양의 지방지에 공통으로 들어 있는 「지리지」는 우리에게 매우 유용한 여러 종류의 설명과 개론적 지식을 제공해 준다.[2] 주목할 만하게도 「지리지」를 서술한 중국의 지리학자는 현대 유럽의 지리학자가 알려고 노력한 자연지리보다는 오히려 인위적인 행정 단위를 기준으로 지리를 구분하는 일이 빈번하다는 점에서, 「지리지」에 담긴 설명은 특히 인문지리적 내용이다.

17세기와 18세기 귀주성에 대한 여러 사료들이 수없이 존재한다는 점에서, 당시 중국에서는 지리학에 대한 일종의 부활이 있었다는 사실을 말해준다. 소수민족과 산에 은거하는 스님의 안내로 손에 횃불을 든 채 귀주성의 여러 커다란 동굴을 방문한 바 있는 서하객의 유명한 여행기 외에, 고조우(顧祖禹, 1631~1692)[3]의 방대한 지리서와 『귀주통지貴州通志』의 지리 관련 서술 부분을 아울러 참조할 수 있다. 특히 이러한 저서에서는 촌락, 주민, 역참, 풍속에 대한 설명 외에도, 유럽의 지리학에서는 고지대(relief)와 기후라 불리는 것에 관련된 일부 언급들이 발견된다.

1 산세山勢와 기후

진입하기 어려운 산악지역

명대부터 청대 사이에 귀주성에 대한 지식이 상당히 진척되었음을 알 수 있다. 명·청시대 사람들이 귀주성에 깊숙이 들어감에 따라, 중국의 한족은 자신들이 처음 지녔던 생각을 수정하고, 아울러 이 지역에 대한 여러 개념을 정확히 할 수 있었다. 당시 사람들은 수세기에 걸쳐 진행된 지리 관련 서술의 진보를 용이하게 좇아갈 수 있었는데, 그러한 진보 자체가 바로 새로운 발견과 긴밀하게 연결되어 있었다.

중국 동부에서 출발해 귀주성에 다다른 『검지黔志』의 저자에게 귀주성은 높은 산이 첩첩이 놓여 있어 들어가기 어려운 곳이었으며 사실상 외부인들에게는 적대적인 곳으로 비춰졌다. "귀주는 산 위에 자리 잡고 있다. 그 중앙부는 높으며 외부는 낮다."[4] 그는 귀주성의 지형을 좀 더 자세히 언급하기 위해, 우리들에게 수리체계를 말해 주고 있다. 따라서 그는 산에 존재하는 물웅덩이의 기능을 크게 강조했다. "산지의 모든 물이 급히 흘러 내려, 멈추지 않고 저장되지도 않는다四水傾流, 內無停蓄." 그 어느 것으로도 사방으로 흐르는 계곡물을 가둘 수 없으며, 인접한 성省의 여러 분지에서 한데 합쳐진다.

> "북쪽에는 두 강이 있는데, 그중 하나는 부강(涪江, 烏江으로도 불린다)[5]으로 나가며, 다른 하나는 여강瀘江[6]으로 나간다. 동쪽으로는 강 하나가 원강沅江[7]으로 흘러가며, 남쪽에 있는 두 강 중 하나는 좌강左江으로 또 하나는 우강右江으로 나간다. 이러한 강의 수원水源은 있지만, 수구水口는 없다."[8]

이 책의 저자는 이러한 하천의 또 다른 특징을 우리들에게 다시 알려준다. 즉 이러한 하천 대부분은 모두 땅 밑으로 흐른다는 점이다. "귀주성의 물은 모두 산을 뚫고 지나므로, (이 사실을 통해) 산에 많은 공동空洞이 존재하고 있음을 알 수 있다."[9]

그러나 이처럼 낯선 산악 지역에 대한 그의 언급은 여전히 모호한 채로 남아 있다. 오직 한 곳만이 그나마 정확하게 소개되고 있는데, 그 지역은 동쪽에서 서쪽으로 귀주성을 가로지르는 중앙부의 회랑으로서 운남으로 통하는 도로가 지나는 곳이다. 따라서 그 외의 지역은 전혀 미지의 세계였다. "이 길[10]이 유일하게 운남으로 통하는 길이다. 그 길의 양쪽은 모두 묘족이 점거하고 있다."[11] 이 지역 일대 사물에 대한 그의 이러한 관점은 지도를 통해, 좀 더 정확하게 말하자면 『대명일통지大明一統志』에 들어 있는 대략적인 그림을 통해 확인할 수 있는데, 이 『대명일통지』에서는 주요 역참의 이름이 열거되어 있는 도로가 매우 단순하게 그려진 많은 수효의 산 속에 희미하게

드러나 있음을 볼 수 있다.[12]

17세기에 이르러 한족은 훨씬 더 대담해졌다. 한족은 운남으로 통하는 이 길을 확고하게 장악했을 뿐 아니라, 주요 산악 지역으로 점점 더 깊숙이 침투해 들어갔다. 귀주성 한 가운데 위치한 귀양이 한족의 주요한 근거지였다. 고조우는 그러한 사실을 의인화 방법으로 설명한 바 있다.

> "귀양은 오히려 사람의 가슴과 배와 같으며, 동쪽과 서쪽의 여러 부府와 위衛는 사람의 양 팔과 같다."[13]

바로 앞에서 언급한 『대명일통지』에 등장하는 지도와 강희 31년(1692)에 간행된 『귀주통지』의 지도를 비교해 보면, 당시 사람들이 귀주성에 대한 지리적 지식이 증가했다는 사실을 쉽게 알 수 있다. 위 두 사료에 등장하는 지도에는 산의 형상을 그린 산은 전혀 등장하지 않는다. 그러나 곳곳에 등장하는 다리, 건축물, 성채 등에 대한 그림들은 대략적이긴 하지만 실제 답사를 토대로 만들어졌다는 사실을 말해준다.[14]

18세기에 이르러 건륭 6년(1741)에 간행된 『귀주통지』를 통해 우리는 귀주성을 여러 지역으로 분할해 간략한 설명을 첨부한 만족할 만한 귀주성 지도를 비로소 가질 수 있게 되었다. 귀주성 중앙부가 좁다는 이유 때문에, 흥미롭게도 귀주성을 벌에 비유한 건륭 『귀주통지』[15]는 귀주성을 북서 지역의 고지대와 남동 지역의 저지대로 크게 구분하고 있다.

> "(귀주성)의 산은 운남 선위주宣威州의 당당역倘塘驛에서 시작되어 대정大定의 위녕주威寧州까지 뻗어 있다. 여기서 동쪽으로 굽어져 수성水城

을 지나 안순安順의 반강盤江 경계 지역에 이르며, 그 서쪽은 오강烏江의 경계이다. 그 북쪽에 남롱南籠 일부一府가 반강 서쪽으로 자리 잡고 있으며, 준의遵義 일부一府는 오강의 북쪽에 위치한다. 대정은 오강으로 흘러드는 여러 지류의 수원이 있는 곳 사이에 존재하는데, 이것이 상류 형상의 대강이다."[16]

한편 저지대에 관한 설명은 좀 더 복잡하다. 『귀주통지』의 저자는 안순-정번定番 양쪽 지역을 구분한다.

"남쪽은 도균都匀, 팔채八寨, 고주古州에서 여평黎平에 이르러, 초楚(호남성), 월粤(광서성), 민閩(복건성), 월越(통킹)로 들어가는 길이 주요한 길이다. 북쪽은 청진清鎮, 안평安平에서 시작해 귀축貴筑의 노아관老鴉關에 이르러 그 방향을 틀어 남쪽으로 성의 수도에 이르는 길이다."

이어 지리 상황에 대한 묘사가 다음과 같이 계속된다.

"남명하南明河[17]가 동남쪽의 경계를, 육광하陸廣河와 마선하麻線河[18] 등의 여러 하천이 그 서북쪽의 경계를 이루며, 이 하천들은 모두 오강으로 흘러들어 간다. 도균부는 남쪽 간선 지대의 북쪽에 위치하고 있으며, 그 오른쪽에서 도강都江이 발원한다. 도강은 고주를 경유해 광서성으로 들어간다. 청강清江은 도균부 왼쪽에서 발원하는데, 그것은 태공台拱)을 경유해 호남성으로 들어간다.[19] 여평은 두 하천 사이에 자리 잡고 있다… 진원鎮遠과 사주思州는 청강 북쪽에 위치하고 있으며, 그 중앙을 무계수㵲溪水가 관통하는데, 무계수는 진양강鎮陽江이라고도 부른다. 이 진양강의 수원은 옛 황평黃平이며, 청계青溪와 옥병玉屏을 경유해 (호남성) 원수沅水로 들어간다. 평월平越과 석천石阡은 오강의 남쪽에 위치하며, 평월의 미담湄潭과 석천의 용천龍泉 및 사남思南 일부一府는 오강의 북쪽에 자리 잡고 있다.[20] (이곳의) 산맥은 준의에서 비롯되며, 그 북쪽의 경계는 적수赤水[21]와 삼강三江이다. 동인부銅仁府는 귀양성 수도의 극동쪽에 자리 잡고 있으며, 이곳의 크고 작은 모든 하천들은 모두 호남성 마양麻陽으로 흐르는데, 이것이 저지대의 대략적인 형세이다."[22]

이러한 지리적 설명은 운남 지역에 대한 지식이 꽤 증대되었음을 의미하며, 이 글을 쓴 당시대 저자들의 지식과도 매우 근접해 있다. 실제로 이 글의 저자는 평균 고도가 1,500~2,000미터이며, 뾰족한 형상을 하고 있는 정상의 고도는 2,500미터에서 심지어 3,000미터에 달하는 지역으로서 운남 고지대의 연장이자 운귀고원雲貴高原의 일부인 서쪽 고지대와 평균 고도가 600~1,000미터에 달하는 나머지 지역을 구분하고 있다.[23] 상대적으로 지대가 낮은 지역에 대한 저자의 구분은 현재 지리학자들의 구분과 정확히 일치한다.[24] 건륭 『귀주통지』에 등장하는 〈남지南枝〉는 현재 묘령苗嶺산맥[25]으로 부르는 일대로서 그중 가장 높은 산은 운무산雲霧山이다. 건륭 『귀주통지』의 저자는 〈북지北枝〉를 다시 두 지역으로 구분했는데, 최고봉이 범정산梵淨山인 무릉武陵 산맥 일대와 대루大婁 산맥[26] 일대가 그것이다.[27]

더구나 건륭 『귀주통지』의 저자는 귀주성의 수리 상황을 매우 정확하게 소개하고 있다. 서쪽은 높고 반대편은 낮은 고원으로 표현한 귀주성의 외양을 통해 보건대, 모든 하천은 어쩔 수 없이 동쪽으로 흘러, 결국 북으로는 장강 분지로 남으로는 서강西江 분지로 들어간다. 이것이 바로 『귀주통지』의 저자가 말하는 안순-정번의 대간大幹으로서, 그 대간이야말로 북으로 흐르는 적수赤水, 오강, 마양강麻陽江, 원강, 청수강淸水江[28]과 남쪽으로 흐르는 북반강北盤江, 남반강南盤江, 조도하曹渡河,[29] 도강都江을 구분하는 경계선이다.

독특한 산세

귀주성의 일부 지역은 명말부터 주요한 탐험 대상 지역이었으며, 그 가운데 상당수 지역을 꽤 정확하게 서술하고 있기 때문에, 귀주성을 관찰한 17~18세기 사람들은 현재 유럽인들이 카르스트(karst)[30] 지형이라고 부르는 지역을 정확하게 인식해서 구분했다는 사실을 충분히 입증해준다.

귀주성의 지형 설명을 시작하기 위해 귀주성 지형에 관련된 사료 중 가장 중요한 안내서 가운데 하나인 서하객의 언급을 다시 살펴보기로 하자. 숭정 11년(1638) 그는 광서성을 경유하는 귀주성 남쪽 지역을 통해 귀주성에 이르렀다.

> "남단南丹[31] 북쪽의 파대촌岜歹村에서 나는 말을 바꿔 타고 첩첩 산중으로 접어 들자, 점차 사람들의 흔적이 없는 곳에 이르게 되었다. 5리里를 지나자, 남단과 하사下司[32]의 경계에 있는 산계령山界嶺을 넘었다. 다시 1리를 지나자, 바위투성이의 좁은 길을 넘어가게 되었는데, 이것이 곧 간평령艱坪嶺이다. 그곳의 바위는 매우 높고 험하며, 그 일대에는 나무가 매우 울창해, 그 길이 몹시 험하다. 귀주성과 광서성은 바로 이 지역을 경계로 나뉜다. 남북의 하천도 이 지역을 기준으로 구분된다…."

> "다시 북쪽으로 1리를 내려가면, 좁은 계곡을 따라 서쪽으로 가게 되며, 다시 1리를 가면 비로소 경작지가 나타난다. 다시 반리半里를 가면, 계곡은 북쪽 방향으로 꺾어지는데, (그곳에서) 널따란 분지가 펼쳐진다. 다시 북쪽으로 1리를 가면, 분지 서쪽에 촌락이 자리 잡고 있는데, (그 촌락의 이름은) 유이由彝다. 이 마을은 여러 분지 가운데 자리 잡고

있으며, 사면이 모두 높은 (산으로) 둘러싸여 있는데, 하천이 어디에서 발원하는지 알 수 없다. 그러나 유이촌 남쪽 석벽石壁 밑에는 동쪽으로 향해 있는 동굴이 있으며, 분지에서 나오는 가느다란 물줄기가 흘러들어가, 산을 관통해 서쪽으로 흐른다… 이어 그 동쪽을 통해 산마루에 오르고, 북쪽의 산등성이를 따라 1리를 내려오면 깊은 계곡으로 들어가게 된다. 북쪽으로 또 1리를 가면, 산마루를 지나고 다시 산등성이를 내려와 협곡으로 들어간다. 산골짜기는 둥글며 협곡은 긴데, (계곡의) 남북면은 모두 가파르게 뻗어 있어 한 방울의 물도 새나가지 못하며, 북으로 뻗어 있는 계곡면은 암석이 톱니처럼 배열되어 있고, 마치 칼날처럼 날카로운 (바위가) 종횡으로 서 있기 때문에 발을 내딛을 수 없다."[33]

이러한 그의 언급이 우리에게 전달하고 있는 인상은 다른 무엇보다 높게 솟은 봉우리나 침하지역으로 된 다양한 평원들로 구분된 산 정상에 관한 것으로서, 사람을 지치게 만드는 오르막과 내리막 때문에 서하객은 더디게 여행할 수밖에 없었다.[34]

우리가 알고 있는 것처럼, 중국인들은 유럽의 등산가들보다 수 세기 앞서 산이 지닌 마력을 발견했다.[35] 중국의 저자들이 석회암 지대에서 풍화되고 다양한 형태를 지닌 산봉우리에 특히 매료당했다는 사실은 전혀 놀라운 일이 아니다. 서하객은 그가 운남, 호남, 광서에서 본 그러한 산봉우리의 독특함과 조화로움에 깊은 인상을 받았다.

"나장산羅莊山(운남 동부)의 여러 봉우리가 우뚝한데, 멀리 동쪽 경계(지역의) 먼 봉우리 밑에는 깎아지른 듯한 봉우리들이 서로 떨어진 채 서 있으며, 그 날카로움을 자랑하면서 줄지어 서 있으니, (그러한 풍경들은) 광서성의 모습을 다시 떠오르게 만든다. 대체로 이렇게 총총히

서 있는 봉우리는 서남쪽에서 시작해 이곳까지 이르고 있으며, 동북쪽으로는 도주道州(호남성 남서 지방)까지 펼쳐져 있는데, 그러한 광경이 수천 리에 달하니, 서남 지역의 기승奇勝이자 서남 지역의 최고 풍경이라 칭한다."[36]

무질서하게 배치된 바위에서 동물의 형태나 친숙한 사물들의 잔영을 항상 찾아낼 수 있는 능력을 갖춘 중국인들의 상상력은 놀랍도록 풍부한 한 영역을 발견해냈다. 이런 이유 때문에 거꾸로 걸려 있는 완전히 흰색으로 된 양조애羊弔崖라는 바위를 귀양 남쪽에서 볼 수 있다는 사실을 서하객은 우리들에게 알려줄 수 있었다. 이곳에서 몇 리里 떨어진 곳에서, 그는 또 다른 바위를 코끼리의 형상과 비교한다.[37] 다른 곳에서도 하늘을 향해 솟아 있는 날카로운 뼈,[38] 기사의 기다란 창, 죽순 가지[39] 등의 비유가 등장한다. 또한 어지럽게 흩어져 있는 바위들의 형상을 엉켜있는 대마大麻와 비교하기도 한다.

귀주성의 일상생활은 굴곡이 심한 지평선[40] 위에서 전개된다. 위협적인 형태의 바위, 그리고 주변을 감싸고 있는 안개가 그 윤곽을 더욱 돋보이게 만드는 희미한 잔영들이 귀주성 주민들은 물론이고 여행자들을 사방에서 둘러싸고 있다.

"그 바위들은 늑대의 송곳니 같기도 하며, 칼 같기도 하다. 또한 마치 벽이 서 있는 곳을 오르는 것과 같으며, 아울러 마치 구름 속을 뚫고 지나가는 느낌이 들 때도 있다. 그러한 광경을 보면 사람들은 공포심을 가지며, 그러한 광경을 당신에게 설명해주면 이내 두려움에 떤다."[41]

거의 환상적이라 할 수 있는 이러한 풍경 속에서, 인간의 시각이 원기를 되찾을 수 있는 푸르고 평화로운 장소는 사실상 존재하지 않는다. 산악 지형의 구조와 마찬가지로, 귀주성의 수리체계 역시 이곳 고유의 법칙을 따르고 있는 것처럼 보인다. 무엇보다 귀주성의 물은 다른 곳과는 달리 주거와 경작에 적합한 V자 형태의 계곡 사이를 흐르지 않는다. 대다수 하천은 대부분의 물을 흡수해버려 비교적 많이 내리는 빗물의 혜택을 볼 수 없게 만드는 투과성 토양 밑으로 침하된다.[42] 그러한 물이 합쳐져 동굴 등에 풍부한 지하수가 형성된다.[43] 물은 여러 곳에서 자유롭게 분출되지만, 깊은 심연으로 이내 사라져버린다. 바로 그런 곳에서 발생하는 침식이 꼭 지하에서만 일어나는 것은 아니지만, 그러한 침식은 한결 같이 직선 형태로 발생하기 때문에 물은 이른바 〈천생교天生橋〉[44]가 놓여 있는 깊은 협곡처럼 매우 깊어서 쉽게 들어갈 수 없는 계곡[45] 속으로 흘러 들어간다.

명대 이후, 과학적 취향이나 〈호기심〉을 충족시키기 위해 최초의 〈동굴학자(spéléologue)〉들이 횃불을 들고 동굴에 들어가는 위험을 감수했다. 서남 지역을 편력할 당시 서하객은 거의 100여 곳을 여행했다.[46] 그는 동굴을 발견하는 순간, 자신의 행랑과 짐꾼을 놓아둔 채 그곳으로 들어갔다.

"나는 북서 지역의 산 속에 커다란 동굴이 있다는 사실을 안다. 그 앞의 언덕 밑으로 또 다른 동굴이 전개된다. 나는 짐꾼에게 보따리를 잠시 길가에 놓아두도록 하고, 나 혼자서 그 산을 향해 서쪽으로 갔다. 반리半里를 지나, 나는 첫 번째 동굴 밑에 도착했다. 언덕은 그리 높지 않았지만, 사방이 모두 꺾아지른 바위인 덧에 내려가기가 어려웠다. 나는 우선 산 밑 서쪽 경사면으로 가, 동쪽으로 나아가 남쪽으로 향해 있는 첫 번째 동굴에 도착했다. 그 입구 앞은 약간 파여 있었다. 그 동굴은 북동쪽으로 뻗어 있으며, 끝에는 출입구 하나가 뚫려 있다. 그 출입구를 나아가면 다시 패인 곳이 있다… 나는 동굴에 들어가 서쪽으로 방향을 틀어 두 번째 동굴로 간다….”47

그는 그 실체를 분명히 알지 못하거나, 그 지역 주민들이 하천과 굴러 떨어지기 쉬운 절벽의 위험성을 경계하고 있었던 지하 세계에 대한 탐험을 계속했다.

서하객은 그러한 탐험가 가운데 분명 가장 유명한 사람이었지만, 그가 유일한 탐험가는 아니었다. 예를 들어 『검유기黔遊記』에서 진정陳鼎은 서하객과 비견할 만한 여행기록을 우리에게 남기고 있다.

“도균都匀 부근에 있는 관음동觀音洞은 그 깊이가 500여 리에 달한다. 만일 동굴 안을 따라 가고자 한다면 7일 동안 불을 밝힐 수 있는 횃불을 들어야, 도균 부근에 도달할 수 있다. 지금까지 그 동굴을 직접 들어가 본 사람은 적었지만, 명대 방씨方氏 성을 가진 관원이 이 동굴을 모두 답사한 적이 있다. 나는 기이한 것을 좋아하는 취향이 있어, 열흘 동안을 밝힐 수 있는 횃불과 열흘 분의 식량을 옷 속에 넣고 (동굴에) 들어갔다. 처음 몇 리里는 (동굴의 넓이가) 매우 넓었지만, 안으로 들어갈수록 점점 좁아져, 겨우 한 사람 정도가 운신할 수 있는 정도였다. 그러한 길이 십여 리 정도 계속되었으며, 이후 더욱 좁아져 몸을 비스듬히 해서 3리를 갔으며, 그 3리를 벗어나자, 다섯 마리 말이 끄는 수레가 달릴 수 있을 정도로 넓었다. 그 가운데에는 누대樓臺, 전각殿閣, 사람, 꽃, 새 등의 형상이 있었는데, 모두 푸른 액체가 녹아 형성된 것이다. 70리를 가서 횃불을 들어 사방을 비추면, 광활한 공간이 나타난다. 석벽을 따라 (계속) 나아가면, 석벽이 끝나는 곳에 샘 하나가 나오는데, (그 물맛이) 달콤하고 향기로워 마치 단술과 같다. 우물 가장자리에는 구리로 만든 솥이 하나 있는데, 10되를 담을 수 있는 (용량)이다. 석벽 위에는 다음과 같은 글귀가 새겨져 있다. ‘융경隆慶 3년(1569)

전당錢塘(절강성 소재)에서 온 방소종方紹宗이 이곳에서 샘물을 끓였도다. 벼루에 물은 마르지 않고, 글씨를 힘 있게 쓰니 분명 (누구나) 좋아할 것이로다.' 이는 당시 특별 임무를 띠고 지방에 파견된 관원을 의미하는 직지直指였던 방씨가 쓴 것이 분명하다. 이어 나는 다음과 같이 썼다. '강희康熙 10년(1671) 강음현江陰縣 출신 진정이란 사람도 이곳에서 샘물을 끓였노라.' 이어 십여 리를 갔지만, 그처럼 넓은 곳을 다시 보지 못했다. 마침내 9일 반나절이 지나 비로소 뒤편 출구에 도착했는데, 그곳은 도균부의 동쪽 끝인 알마空廐지방이며, 여기서 다시 오리五里를 가면 묘족 지역이다."[48]

대도로 연변에 있던 그러한 동굴들은 18세기에 진정한 여행 대상 지역이 되었으며, 여행객과 특히 자신의 부임지로 가거나 특정 임무 때문에 그곳을 지나는 관원들은 가장 유명한 관광지를 둘러보기 위해 여정을 멈추는 일이 관례가 되었다. 이런 이유 때문에 호남성에서 귀주성을 잇는 도로 연변에 위치한 모주동牟珠洞을 방문하곤 했는데, 귀정貴定 서쪽에서 14리 떨어진 곳에 있었던 그 동굴은 종유석과 다양한 형태의 석순으로 유명했다.[49]

『검기黔記』의 저자인 이종방李宗昉이 그런 동굴을 어떻게 언급했는지 살펴보기로 하자.

"모주동의 입구는 석문石門으로 되어 있으며, 그 위에는 고송古松 한 그루가 서 있고, 그 문 안에는 마치 관음상이 연꽃 모양의 좌대蓮座에 앉아 있는 것처럼 보이는데, (그것은) 종유석이 응고된 것이다. 그 위에는 다시 원형 동굴이 있는데 위로 (구멍이 뚫려 있어) 빛이 들어온다. (거기서) 더 들어가기 위해서는 반드시 횃불을 들어야만 한다. 석종石鐘, 석고石鼓가 있으며, 종유석이 수직으로 매달려 있기도 하는데, 그

꼬불꼬불한 형상이 마치 코끼리의 코와 같으며, 그것을 때리면 마치 쇠로 만든 갑옷에서 나는 소리와 같다. 또한 바위 밑에는 나한상羅漢像이 있는데, 마치 절에서 빚은 존자尊者처럼 보인다. 그 밖의 다른 것들도 석불石佛과 석어石魚처럼 보이는데, 그 형태가 물고기나 부처처럼 보이기 때문에 그런 이름이 붙었다. 그런 경우가 너무 많아 일일이 열거할 수 없다."[50]

그러한 동굴들은 단지 여행객의 관심 대상만은 아니었다. 경우에 따라 그것은 가축의 대피 장소,[51] 그리고 곡물 창고 역할을 하기도 했으며,[52] 도적과 반란군의 은신처로 이용되는 좀 더 심각한 상황이 등장하기도 했다. 특히 전략적인 관점에서 귀주성을 설명하고 있는 고조우顧祖禹는 이러저러한 동굴 속으로 얼마나 많은 무장 군인들이 피신할 수 있는지를 반드시 언급했다.[53]

매우 드문 일이지만,[54] 수리 체제가 토양 내부와 한데 어우러져 있거나 계곡이 거의 존재하지 않는 지역에서는, 물의 흐름에 따라 예외적으로 농업을 행하고 거주 지역이 자리 잡고 있다. 그러한 농업 지대와 거주 지역은 그처럼 불규칙적인 평원 위에 종종 형성되는 함몰지에 자리 잡는다. 중국의 저자들은 그러한 함몰지를 가파른 절벽으로 둘러싸인 원형의 소규모 분지,[55] 혹은 절벽으로 둘러싸여 있긴 하지만, 그 형상이 매우 불규칙적인 넓은 평원으로[56] 묘사한다. 바로 그런 지역에서 우리들은 수원水源, 경작지[57]와 촌락[58]을 발견하게 된다. 독자들은 지리학 전문 저서에 등장하는 돌리네(doline, 함몰 구덩이)와 폴리에(poljé, 카스트르 지형의 광대한 용식溶蝕 분지)[59]를 아마도 이해하고 있을 것이다. 즉 돌리네나 폴리에와 같은 폐쇄된 저지대의 중심부는 서서히 안쪽의 변동이지, 물이 스며들지 않으며 비옥한 이른바 테라로사(terra rosa, 점토질의 赤土)인 점토질로 형성되어 있다.

이처럼 굴곡이 있는 지형을 가리키는 용어는 서구에서도 최근의 일이며 리용 사절단도 그 용어를 사용하지 않았음에도 불구하고, 아마도 서하객이 스스로 창안했다고 추측되는 기술적인 용어를 그가 사용하고 있다는 사실은 참으로 흥미로운 일이다.[60]

혹독한 기후

귀주성은 대략 북위 25도~29도 사이에 위치한다. 따라서 귀주성의 기후는 원칙적으로 비가 많이 오는 아열대에 속한다. 그러나 귀주 지역은 대체로 800미터 이상의 고지대에 위치하며 바다의 영향이 미치지 못하는 곳이다. 그런 고도와 내륙에 자리 잡고 있는 위치 때문에, 귀주성 기후는 매우 독특한 양상을 띤다. 동부 지역, 북중국 평원이나 구릉지대에서 온 중국인들은 반드시 귀주성의 습기와 기온 변화[61]를 주목하곤 했는데, 그런 외부인들이 귀주성의 기후에 그처럼 관심을 가질 경우, 그 대부분은 불평일색이었다.[62]

예를 들어 『검지黔志』에는 "12달 내내" 비가 내리고 안개가 있다霧雨十二時는 언급이 등장한다.

> "하늘과 땅이 모두 어둡다. 간혹 3일 혹은 5일 만에 하루가 겨우 맑을 뿐이다. 그러나 햇볕이 아주 맑다가도 갑자기 비가 내리기 시작하며, 또한 (언제 이렇게 갑자기) 비가 올지 예측할 수 없다. 따라서 이곳 토착 주민들은 외출할 때마다 반드시 털로 만든 외투를 걸치고, 등에는 대나무로 만든 갓을 착용한다."[63]

서하객의 일기를 다시 읽어 보면, 그가 귀주 지역을 여행하는 동안 내내 비가 얼마나 따라다녔는지를 쉽게 확인할 수 있다. 기후 관련 설명을 담은 16개 여정 가운데, 기후가 나쁘다거나, 급작스럽게 변하는 기후, 천둥, 안개, 끊임없이 내리는 비를 언급한 경우가 열 네 번이며, 단지 두 경우만 아주 짤막하게 날씨가 좋았다고 말했다. 사원이나 객잔에서 비가 그치기를 기다렸다 다시 여정을 시작했지만, 그러한 조심성에도 불구하고 서하객의 몸이 뼛속까지 젖는 경우가 발생했다.

"4월 16일 나는 야밤에 비바람이 치는 소리를 들었다. 새벽이 되어서야 (밤새 내리던) 비가 가늘어졌으며, 나는 늦게 일어났다. 아침 식사 후 조그마한 창에 앉아 날이 개기를 기다렸는데, 용담龍潭에 가기 위해서였다. (그러나) 이슬비가 계속 내려 다시 식사를 하고나서야 비로소 길을 떠날 수 있었다… 산간에 비가 엄청나게 내리기 시작해, 이전 길을 따라 재빨리 되돌아왔다. 짙은 안개가 (산자락) 사이에 펴져 푸른색이 분분한데, 의복과 신발에 물이 스며들었다… 나는 마침내 암자에 이르러, 차를 끓이면서 옷을 말렸다. 저녁 식사를 마치자, 비가 조금씩 그치기 시작했다…."[64]

1세기가 지난 뒤 편찬된 건륭 『귀주통지』의 저자는 귀주성의 습기에 강한 인상을 받았다.

"검지黔地(귀주성)의 (지형은) 평탄하지 않아, 토지는 척박하고 그 기후가 유해하기 (때문에) 중원 기후와의 비교가 불가능하다. 남기嵐氣(산에서 나오는 흐리고 푸릇한 기운)가 발생해 조각구름만 생겨도 비가 내리므로, 하늘이 샌다는 칭호가 생겨났다…."[65]

귀주성의 기후가 쾌적하지 않은 또 다른 특징은 기후가 급변해 갑자기 기상 조건이 바뀐다는 점이다. "하루에도 어떤 때는 춥고 어떤 때는 덥다." 또한 매우 가까운 이웃 지역의 기후가 같은 시간에 종종 상당한 차이가 난다는 사실도 주목할 필요가 있다. 이처럼 미시적 측면에서 기후의 차이가 나는 이유는 산맥으로 지역이 서로 분리되어 있기 때문이다. 건륭 『귀주통지』에 의하면 "백리 내에서도 서늘한 곳과 더운 곳이 따로 존재하며," 귀주성 남동 지역에서는 "팔채八寨가 추울 때 삼각三脚은 덥다"라는 속담이 존재한다.[66] 위 두 지역은 겨우 20킬로미터밖에 떨어져 있지 않다.

위에서 인용한 사료들은 전반적인 기온을 차례로 나열하는 데 그치지 않고, 각 지역별 기온을 정확하게 제시해준다. 동부와 북동부 지역인 진원부鎭遠府, 사주부思州府, 석천부石阡府, 동인부銅仁府, 사남부思南府, 여평부黎平府, 그리고 중부지역에 해당하는 준의부遵義府, 안순부安順府, 평월부平越府, 귀양부貴陽府는 그나마 견딜 수 있는 기후를 가졌다고 간주되는 지역이며, 어떤 면에서는 중국 중앙부의 전이轉移지역에 해당한다고 할 수 있다. 이 지역은 지나치게 덥거나 춥지 않지만, 1년 내내 (북쪽 지역 출신이 저술한 사료에 의하면 사계절 내내) 비가 내리는 반면, 해가 비치는 날은 매우 드물다.[67]

귀주성 남쪽 지역은 습기가 많고 매우 더운 곳이다. 이곳 지역에서 발생하는 남기嵐氣는 주민들을 사망하게 하는 위험스런 열병과 동일시되는 것으로서, 한족 상인들을 뒷걸음치게 만들었다. 현재 용강榕江 지역에 해당하는 귀주성 남동에 위치하는 고주古州는 "엄청나게 덥다. 봄에서 여름으로 넘어가는 시기의 더위는 참을 수 없을 정도이다. 삼복 더위에는 밥을 짓는 밥솥 안에 있는 느낌이 든다. 의자와 거적이 너무 뜨거워 손을 댈 수 없을 지경이다. 10월 말이 되어서야, 비로소 시원해지기 시작한다. 9월 9일이 되어도 여전히 두꺼운 솜옷을 입어야 한다. 겨울에는 종종 얼음이 얼기도 하고 눈이 내리기도 한다. 겨울 동지가 지나서도 추위 때문에 두꺼운 가죽 옷을 입어야 한다. 연말이면 천둥이 치기도 하고, 번개가 잇달아 발생하는데, (그런 일이) 전혀 이상하지 않다. 천둥과 번개가 그쳐도 계속해서 눈과 진눈깨비가 내리는 일이 흔하다."[68] 좀 더 서쪽에 위치한 도균에 대해서는 "남장嵐瘴의 기운이 매우 강하다. 한족 상인들은 여름과 가을에 그곳에 함부로 들어가는 것을 주저한다. 11월이 지나서야 그것을 두려워하지 않는다"라고 적고 있다.[69]

귀주성 남서 지역의 끝자락은 가장 두려운 곳이었다. 청대 한 사료[70]는 광서성 접경지대 산악 지역에 만연했던 이 지역 고유의 풍토병을 환기시키고 있는데, 그것은 분명 말라리아[71]일 것이다.

> "장기瘴氣는 진녕鎮寧 이북에서부터 광서와 가까운 지역 모든 곳에서 발생한다. 매년 봄과 여름 사이에 가랑비가 처음으로 그치면, 비스듬히 기운 해가 나타나며, 붉고 푸른 기운이 하늘에 가득하다… 그 기운이 마치 차조秫를 끓이는 것과 같게 되면 장기가 발생한다. 그러한 기운을 만나면 서둘러 땅에 엎드리거나 빈랑檳榔을 씹어야 하거나, 흙을 머금고 있어야[72] 겨우 죽음을 면할 수 있다. (장기를 만나) 오래되면 황달 증상과 함께 배가 불러오며, 한 계절이나 두세 계절이 지나도 생명을 구할 수 없다. 보통 장기는 남기嵐氣에서 비롯되는데, 그 남기는 산과 습지의 부정不正한 기운에서 나온다. 그러한 기운은 반드시 빈 곳을 타고 와 입과 코로 들어온 후, 마침내 고황膏肓(명치를 의미하며, 약이나 침 등으로 고치기 어려운 부분을 말한다)에 머물게 된다."

이 끔찍한 질병은 귀주성 남서 지역에서 두루 확인된다. 현재 안룡安龍으로 되어 있는 남룡南龍 지역은 "더위가 매우 심하며, 추운 날씨는 드물다. 봄에서 여름으로 넘어갈 때가 되면 비는 멈추는 대신, 장기가 더 많아진다. 따라서 사람들이 열병에 걸린다. 두통을 앓고 가슴이 답답하며, 설사를 하는데, 간단히 말해 온갖 병으로 고통을 당한다…."[73] 정풍貞風, 나곡羅斛, 책형冊亨과 같은 지역에서도 장기 때문에 많은 사람이 사망했다.

> "장기를 맞은 사람들 중 상당수가 사망했으며, 나곡에 간 강서성 출신 상인들은 내성이 생기기 이전에 세 번이나 장기에 감염되었다. 심지어 장기에 18번이나 감염된 사람들도 있었다."[74]

이러한 장기는 어떤 면에서 한족들이 여러 소수민족 지역에 침투하는 것을 분명 늦췄다. 상인들이 그러한 지역에서의 모험적인 활동을 주저해서 단지 특정 계절에만 활동했다는 사실을 염두에 둔다면 관리, 군인, 그리고 농부들 역시 그러한 지역에 정착하는 것을 주저했으리라 쉽게 이해할 수 있다. 고조우는 귀주성 남서쪽 영녕주永寧州 부근에 위치한 "전미산箭眉山 꼭대기에는 두 봉우리가 있는데, 봉우리 주변에는 매우 넓은 골짜기가 있어 경작이 가능했다. 그곳 토지의 기운은 매우 뜨거워서 채소와 과일이 사계절 내내 풍성하게 자라지만, 장기가 많아 (한족은) 살 수 없는 반면, 토착 주민인 중가족仲家族만 살 수 있다"라는 사실[75]을 언급했다.[76]

당시 중국인들이 열병의 원인이라고 생각했던 해로운 안개와 열병 지체를 퇴치하기는 어려웠다. 그러나 17세기 말엽 이후, 중국인들은 그것을 치료하는 일부 뿌리 식물들을 언급하기 시작했는데, 소수민족들에게 널리 알려진 황화黃花가 그것으로서, 그들은 황화를 약초로 사용했다. 황화는 늪지대에서 생장하며, 30센티미터 이상의 키에 그의 잎은 요蓼와 유사하고, 꽃잎은 둘이다. 그의 뿌리는 해독제로 이용되며, 강에서 물고기를 잡기 위해 어부들이 사용하기도 한다.[77] 나쁜 기운을 거주 지역에서 먼 곳으로 쫓아버리기 위해 신비스러운 〈화기火器〉를 사용하기도 했는데,[78] 아마도 그것은 폭발음을 내서 구름을 흩어지게 만드는 대포의 일종일 것이다. 우리들은 또한 도교 신봉자들이 호흡법에 의존하도록 권고해 나쁜 기운이 체내로 들어가지 못하도록 했던 방법[79]을 실행했다는 사실도 알고 있다. 한 속담에 의하면, "네 가지 원칙을 지켜 장병瘴病을 막을 수 있다. 즉 일찍 일어나지 말 것, 배불리 먹을 것, 겉옷을 절대 벗지 말 것, 씻지 말 것"이 그것이다.[80] 이것이 해당 지역에서 장기를 없애기에 충분한 조치였다고 할 수는 없다. 건륭 20년(1755) 고주古州에 일종의 의국醫局을 설치해 여름에서 가을로 접어드는 시기에 특히 고주 지역에서 맹위를 떨친 열병 감염자들을 치료했다.[81]

산지와 기후에 대한 지금까지의 설명을 보면 귀주 지역에 대한 우리들의 인상이 매우 좋다고 말하기는 어렵다. 귀주 지역의 오래된 속담에 의하면 "귀주지역은 3일 연속 맑은 날이 없으며, 3척이 계속 평지로 된 곳이 없고, 은 삼푼三分을 가진 자가 없었다." 건륭 『귀주통지』는 귀주성 농민들이 매년 납부해야 할 조세를 제외하면 대체로 더 이상 먹을 것이 없을 정도로 가난하다는 말로 기후편氣候篇에 대한 설명을 마치고 있다.[82]

그렇지만 귀주성은 다른 무엇보다 적지 않은 천연자원, 특히 숲과 광물 매장이 존재한다는 점에서 귀주성이 지닌 가능성을 섣불리 판단하지 말아야 한다.

2 풍부한 천연 자원

숲

18세기 이후 목재는 중국 전역의 주요한 문제가 되었음에도 불구하고, 이 시기 자료에서 숲의 상황에 대한 언급이 풍부한 것처럼 보이지는 않는다. 귀주성의 경우, 우리가 참조하고 있는 두 지방지 모두 목재나 숲에 관련된 문제를 전적으로 다룬 부분이 존재하지 않는다. 이 지방지의 여러 곳에 분산되어 서술된 다른 항목에서 겨우 단편적인 사실만을 끄집어낼 수 있을 뿐이다. 우리가 그것을 참조할 수 있다면, 여러 부지府志에 실린 정보가 좀 더 자세하다. 부지에는 종종 「목류木類」라는 항목이 들어 있는데, 그곳에는 해당 부府를 대표하는 수종樹種들이 열거되어 있다. 또한 「목정木政」이란 항목이 들어 있는 경우도 있는데, 그곳을 통해 우리들은 숲의 위치와 산지 개발로 발생한 여러 문제들을 확인할 수 있다.[83] 또 다른 자료는 여행기로서, 그런 여행기의 저자들은 자신이 보았거나 통과했던 숲에 관한 생각들을 종종 기록했다. 마지막으로 우리가 이용할 수 있는 자료는 일부 저자들이 남긴 다양한 전문적 연구 결과물인데, 그런 자료에는 여러 종류의 나무에 관한 정보들이 좀 더 체계적으로 수집되어 있다.[84] 물론 그런 자료에서 현재 우리가 이용할 수 있는 형태의 자료처럼 정확한 수치를 밝힌 언급은 찾아볼 수 없다. 일반적으로 저자들은 어느 곳의 숲이 무성하며[85] 울창한지를[86] 언급하는 데 그친다.

그러나 여러 자료를 통해 모은 정보를 토대로 17~18세기 숲의 대략적인 분포를 수치로 표시한 지도를 그릴 수 있다.[87] 그 결과는 다

음과 같다.[88]

우리들은 울창한 숲이 있는 두 지역을 분명하게 확인할 수 있다. 그 첫 번째 지역은 귀주성 북동지역으로서, 그 지역의 남쪽과 동쪽은 오강으로, 그리고 북쪽과 서쪽은 사천성과 경계지역으로 대략 구분할 수 있는 곳이다. 비교를 위해 우리가 이 지역에서 주목해야 할 점은 이 지역의 숲에 대한 리용 사절단(Mission lyonnaise)의 설명이다.

"오히려 이웃하는 사천성으로 간주되기도 하는 귀주 북동 지역은 매우 숲이 울창하며, 특히 무천婺川 지역이 그러하다."[89]

두 번째 지역은 귀주성 남동 지역으로서 청수강清水江과 도강都江 일대의 하천 유역과 그의 지류가 흐르는 지역이다. 숲이 울창한 두 곳은 분명히 고도가 상대적으로 낮은 지역에 위치하며, 그런 곳에서는 원추 모양의 정상이 좀 더 둥근 형태의 산지로 바뀐다.[90]

위 두 지역을 제외한 나머지 지역은 군데군데 초지가 눈에 띌 뿐, 대부분 매우 헐벗은 민둥산이다. 우리가 기억하듯이, 광서성을 통해 귀주로 들어간 서하객은 귀주성 정번定番으로 가는 길목인 청애青崖 부근에서 처음으로 본 숲이 헐벗었다는 사실을 언급했다.

"그곳(옹루蓊樓라는 곳을 말한다)은 수목이 매우 울창하며, 자그마한 하천이 남쪽으로 흐른다. 나는 그 서쪽으로 따라 산골짜기로 들어섰는데, 양쪽 산은 나무가 매우 울창하고 대나무가 많아 사방이 동산童山인 귀양貴陽과는 사뭇 달랐다. 이곳에서부터 나는 귀주성으로 들어가는 셈이 되는데, 산이 모두 헐벗어 나무가 없으며, 그러한 정황은 귀양이 더욱 심하다."[91]

호남성으로 들어가는 초입인 동쪽 지역에서는 용리龍里,[92] 귀정貴定,[93] 평월,[94] 황평黃平,[95] 시병施秉,[96] 동인銅仁[97]으로 이어지는 일련의 길과 마치 〈새로운 잎이 구름처럼 하얗게 돋아난다는〉[98] 〈북동의 삼각 지역〉[99]과 송도청松桃廳에는 자그마한 나무들이 줄지어 서 있었다. 석천부와 사남부 부근,[100] 그리고 남쪽 지역 귀양까지 있는 소규모 숲을 제외하면, 오강 계곡은 나무가 없었다. 『검기』의 저자는 이 사실을 다음과 같이 서술했다.

"준의와 귀양은 오강烏江을 경계로 나뉜다. 오강 서쪽에 있는 산빛은 푸르며 수목이 울창하다. (그러나) 오강을 건너면 온통 민둥산이어서, 마치 부스럼이 많이 나있는 것처럼 보인다. (이처럼) 강물 하나를 건너면 풍경이 완전히 달라진다."[101]

북서 지역의 평원주平遠州, 검서주黔西州, 대정부大定府에 많은 숲이 있다.[102] 필절畢節과 위녕주威寧州 이남의 모든 지역에는 나무가 극히 드물다.[103] 운남으로 향하는 대도로 일대의 특히 광순廣順과 안순,[104] 그리고 반강盤江과 보안普安일대[105]는 겨우 드문드문 숲이 존재할 뿐이다. 극남서極南西 지역에서는 흥의興義와 안룡安龍 부근에서 일부 숲을 발견할 수 있다.[106]

따라서 18세기 이후 귀주성은 일부 지역을 제외하고는 숲이 풍부하지 않았던 것처럼 보인다.[107] 그러나 숲에 존재하는 다양한 나무들 때문에 그러한 숲을 매우 귀하게 여겼다. 더구나 귀주성은 온대지역이라기보다는 열대 지역에 가까운 기후대에 속하는 지역이기 때문에 숲에 있는 수종이 다양하다. 그러므로 귀주성의 숲에서는 나무는 물론 건축자재로 이용되는 목재 외에도, 고급 가구재로 사용되거나 기타 다른 명칭을 지닌 나무가 대량 존재했다.[108]

연료용 목재 가운데, 기목榿木이라고 불리는 나무가 존재하는데, 특히 사천성에 다수 생장하는 탓에 촉목蜀木이라고도 하며, 종종 떡갈나무로 번역하는 곡槲(*Quercus dantata*, Thunb)과 청강수青㭘樹(*Quercus glabra*, Thunb)도 있다. 마지막 두 수종은 귀주성에 꽤 널리 분포되어 있다. 18세기까지 이 두 수종은 대부분 연료용 목재로 사용되었다. 당시 이 지역 소수민족들은 이 나무들을 이용해 누에를 기르는 법을 배웠다.[109]

건축과 고급 가구 제작용 목재는 그 양과 다양성이란 측면에서 귀주성 수종을 좀 더 잘 드러낸다. 중국 저자들은 그러한 목재들을 상당히 명확하게 명명하고 있는 덕분에 구분이 비교적 용이하다.[110] 특히 일본 삼나무에 해당하는 삼목杉木을 들 수 있는데, 이 나무는 귀주성에 매우 폭넓게 분포한다.[111] 곧게 뻗은 삼목의 몸체는 훌륭한 건축 자재이며, 밀도가 높은 그의 나뭇결 때문에 훌륭한 가구 재료로 평가된다.[112] 두 번째 수종은 원백圓柏이라고도 불렸던 회檜(노송나무)나무로서, 그 학명은 *Juniperus chinensis*, Linn이다. 이 나무도 역시 건축용과 가구 재료로 사용되었지만, 그 분포지역은 삼목보다는 적었다. 또한 학명이 *Catalpa bungei*, C.A. Mey인 추楸 나무도 나뭇결이 매우 고와 가구 재료로 이용되었으며, 폭넓게 분포했던 재梓(*Catalpa Kampferi*, S. and Z.)나무도 건축재와 가구 재료로 이용되었다. 서구 용어에서 그 정확한 이름을 찾기 어려운 소나무와 측백나무 등이 사료에 종종 언급되고 있는데, 그러한 수종은 대체로 다양한 종류의 침엽수림으로 분류되고 있으며 수적으로도 압도적이다. 마지막으로 거론되는 수종은 학명이 *Phoebe namun*, Oliv. Gamble.인 남목楠木이다. 매우 값비싼 재목으로 취급된 남목은 중국 남부지역과 특히 귀주성에서만 생장하는 수종이다. 적어도 명 초엽 이래, 황궁의 건축물과 특히 황제의 사당과 능묘 건설에 사용되었다. 18세기에 이르

러 남목은 매우 귀했다.[113]

이외에 그 종류가 매우 다양하며, 각 종류별로 고유한 품질과 쓰임새가 있는 대나무를 언급해야 한다.[114] 건륭 『귀주통지』에 의하면 각 부府마다 가장 유명한 대나무 종류가 별도로 존재했다. 안순부에는 청풍죽靑風竹이, 도균부에는 지팡이를 만드는 데 사용된 방죽方竹과 함께 도죽桃竹 또는 종죽椋竹이, 진원부에는 바구니와 상자를 만드는 데 이용되는 만죽蔓竹이 각각 존재했다.[115] 사료에는 또한 그 잎이 누에 사육에 사용되는 여러 종류의 나무도 등장하는데, 곡槲(*Quercus dentala*, Th.), 청강수靑棡樹(*Quercus glabra*, Thunb.), 작柞(*Quercus serrata*, Th.), 상橡(*Quercus serrata*, Th.), 자柘(*Cudriana triloba*, Hane) 등이다. 이러한 종류의 나무들 명칭이 특정 나무를 지칭하는지 혹은 동일한 수종을 지역에 따라 다르게 부르는 것인지를 판별하기가 종종 쉽지 않다.

또한 껍질을 벗겨 종이를 만드는 저楮(*Broussonetia*, Sieb)나무, 건축 자재뿐 아니라 장뇌를 추출하기 위해 사람들이 찾았던 장樟(*Cinnamomum camphora*. Nees.)나무, 흉년이 들었을 때 그 잎을 먹었던 저樗나무, 즉 취춘臭椿(*Ailanthus altissima*, Swingle), 밀랍 곤충을 사육하는 백랍수白蠟樹(*Fraxinus chinensis*, Roxb.), 특히 귀주성 동부 지역에서 많이 생장하며 열매로 기름을 짜는 동桐나무나 앵자동罌子桐 혹은 유동油桐,[116] 그리고 리용사절단이 〈팔미에(palmier)〉[117]라고 불렀던 종려椋櫚나무는 그 밑동으로 기둥을 만들었으며, 습기에 매우 잘 견디는 그 섬유질 추출물은 신발과 모자 제조에, 또한 그 묘목은 식량으로 이용된 나무로서, 이는 병려栟櫚나무라고도 불렸다. 끝으로 칠수漆樹(*Rhus vernicifera*, D.C.), 그리고 향기가 매우 강한 수액으로 소합향을 만드는 데 사용되는 풍향수楓香樹,[118] 침향沈香, 강진향降眞香이나 강향降香, 착생식물로서 그것을 태우면 독특한 향기가 나고 약재에 속하는 계골향雞骨香[119] 등을 언급할 수 있다.

우리들은 이 책 후반부에서 17~19세기 귀주성의 소수민족과 한족에게는 물론이고 현재에도 이러한 숲이 지니는 중요성을 다시 살펴볼 예정이다.[120]

풍부한 지하자원

18세기 당시에 사람들이 알고 있던 귀주성의 지하자원에는 무엇이 있었을까? 당시 관원은 이러한 질문에 아마도 얼른 답하기가 쉽지 않았을 것이다. 숲과 마찬가지로, 우리가 이용할 수 있는 귀주성의 두 지방지 중 어느 것에도 광물 자원을 전적으로 다룬 장章이 들어 있지 않다. 다만 「물산物産」이란 장에서 상당히 소략한 광물 자원 관련 정보를 발견할 수 있으며, 그 정보도 『대청일통지大淸一統志』에 등장하는 그것과 거의 유사하다. 이런 이유로 우리가 귀주성 광물자원에 대한 조사를 멈춘다면, 귀주성의 광물자원이 그리 많지 않거나 그에 관해 거의 알 수 없다는 인상을 가질 수도 있다. 다행히 다른 자료를 통해 우리들은 그러한 사실을 반박할 수 있다. 그런 자료 가운데 먼저 들 수 있는 것은 부지府志 혹은 현지縣志 등에 있는 「갱야坑冶」[121]라는 항목으로, 그곳을 통해 광물 자원의 매장 지역과 개발에 따른 여러 문제점을 찾아볼 수 있다. 두 번째 자료로는 특정 광물 개발에 관한 행정과 감시를 책임진 관원이 북경으로 보낸 상주문上奏文[122]을 들 수 있다. 마지막 자료는 일부 산발적인 내용을 담고 있는 여행기나 다양한 종류의 전문 서적이다.

그러나 이러한 일련의 자료를 근거로 만든 풍부한 지하자원 관련 도표는 실제 상황을 다 반영하지 못하고 있으며, 그 중요한 이유는 우리가 이용할 수 있는 자료들이 광물 자원의 이용방식과 긴밀히 연결되어 있기 때문이다. 예를 들어 우리는 특정 광산에 대한 정보를 알 수 있다. 그러나 광산 전체가 개발되지 않았다 하더라도, 해당 광물이 매장된 범위는 이미 알 수 있지만 매장량 자체를 정확히 알 수는 없다.[123] 다른 한편, 행정당국이 미처 파악하지 못한 채 진행된 광산 개발에 대한 정보는 전혀 알 수 없다.[124] 예를 들어 소수민족이 많이 살고 있는 대다수 지역에 매장된 철광의 경우, 그 개발을 제대로 통제하지 못했기 때문에, 사료에 등장하는 사실은 현실과 동떨어진 것이다.

아마도 우리는 좀 더 놀랄 만한 또 다른 예도 들 수 있다. 바로 석탄과 관련된 것으로서, 석탄 매장을 언급한 사료는 극히 일부에 불과하다.[125] 그러나 19세기 유럽 사람들의 보고서를 믿을 수 있다면,[126] 연료로 사용된 석탄이 귀주성에 다량 매장되어 있었다는 사실을 알 수 있다. 흔히 개인의 주도로 자유롭게 석탄을 채굴했다는 사실[127]이 전혀 새삼스럽지 않다는 점을 고려하지 않고서는, 석탄 채굴에 관련된 중국 사료들의 침묵을 설명하기가 어렵다. 아마도 석탄이 지표면에 노출된 곳에서는 개개인이 모두 작은 갱도를 파서 석탄을 채굴할 수 있었을 것이다.

그렇지만 우리들이 이용할 수 있는 사료에 입각해 주요 광물 자원[128]의 대략적인 분포를 표로 작성할 수 있을 것이다. 그 결과는 다음과 같다. 맨 먼저 우리들은 귀주성 전체를 대표하는 세 종류의 주요 광물이 압도적이라는 점을 주목할 필요가 있다.

1) 일차적으로 위녕威寧, 필절畢節, 대정大定, 평원平遠(현재 織金), 수성水城, 보안普安과 같은 서부 지역, 안룡 부근의 극남서 지역, 그리고 동쪽의 도균都勻, 개리凱里, 단강丹江, 태공台拱, 청평淸平, 동인, 마지막으로 북쪽 송도의 부근과 준의, 수양綏陽, 정안正安 등에 존재하는 연

광鉛鑛이다.

2) 북동쪽의 사주思州, 석천石阡, 동인銅仁, 사남思南, 무천婺川, 중부 지역의 귀축貴筑, 수문修文, 개주開州, 검서黔西, 그리고 마지막으로 남서 지역에 해당하는 보안 일대와 안룡, 책형에 존재하는 진사광을 들 수 있다.

3) 동부 지역과 남북 지역에 해당하는 여평黎平, 개리凱里, 진원鎭遠, 사주, 동인, 석천, 덕강德江(안화), 그리고 동부 지역의 귀축 일대, 수문, 개주, 준의, 서쪽 지역의 위녕과 남서 지역의 홍의興義에 있는 철광이다.

위 세 광산에 이어 그 분포가 좀 더 제한적인 광물을 들 수 있다. 우선 금광은 북동 지역인 천주天柱, 동인, 사남에서만 발견된다. 서쪽 지역에서 발견되는 동광은 운남의 구리 매장이 귀주까지 확대된 것으로서 특히 위녕에서 발견되며, 이 지역 외에 대정과 보정에 존재한다. 은광은 안남安南, 대정, 정안에 존재했다는 사실이 명백히 나와 있지만, 연광을 언급하면서 거론된 지역에서도 은을 획득했다. 웅황雄黃은 중부 지역의 귀양과 도균 부근, 남서 지역의 직금, 보안普安, 정풍貞豊에 존재했다.[129]

마지막으로 우리들은 석탄 매장에 관한 지도를 작성했는데, 석탄의 경우 그 매장 지역을 정확하게 표시할 수 있었다. 서쪽, 남서쪽, 그리고 중부 지역에 석탄이 매장되어 있다는 사실이 매우 많이 표시되어 있는 점은 대단히 흥미로우며, 그러한 지역의 숲은 분명 황폐화되었을 것이다. 많은 연료를 필요로 하는 납과 같은 금속을 다루기 위해 아주 오래전부터 목재를 사용했다고 생각할 수 있다.

우리가 거론한 광물 가운데 소금이 언급되지 않았다는 사실을 확인할 수 있다. 이웃하는 운남과 사천성과는 달리, 귀주성에는 암염巖鹽이 전혀 존재하지 않았던 것처럼 보인다.[130] 그러한 사실은 귀주성에 분명히 커다란 장애거리였는데, 소금이 존재하지 않은 데서 비롯되는 영향은 뒤에서 언급할 예정이다. 그러나 다른 광물이 풍부하게 존재한 덕분에, 귀주성은 중국 전체에서 천연 자원이 비교적 풍부한 지역으로 꼽힌다.[131] 귀주성 광물 자원에 대한 명확한 판단을 내리기에 앞서, 광물 자원의 개발과 수송에 따른 여러 문제점을 먼저 살펴볼 필요가 있다.

지금부터는 귀주성의 주요한 문제점 가운데 하나가 바로 교통이었다는 사실을 살펴볼 예정이다.

3 교통로

귀주성을 구성하는 고원 지역은 예로부터 항상 통행이 가능한 지역으로 간주되어 왔다. 귀주성의 운명은 항상 이웃 성의 운명과 긴밀하게 연결되어 있었다. 주요 경계 지역을 살펴보기로 하겠다.

1) 북쪽 지역에는 사천 분지가 있으며, 사천四川 분지로 흘러드는 〈네 개의 하천〉[132]이 유명한 의창宜昌 지역의 협곡으로 모여, 이곳에서 장강을 통해 중국 중부로 향한다.

2) 동부 지역은 호남성의 비옥한 구릉 지대로서, 역시 중국 중부

지역으로 흐르는 상강湘江의 물줄기를 따라 여러 지역으로 나뉘어 있는 지역이다.

3) 남쪽 지역에는 광서 분지가 존재하는데, 이곳은 자연스럽게 귀주 산맥이 연장되는 곳이기도 하지만, 좌강左江과 우강右江이 흘러드는 바다 쪽으로 조금씩 그 지형이 낮아지는 곳이기도 하다. 이어 좌강과 우강은 주강珠江과 중요 해상 무역항인 광동으로 흘러간다.

4) 마지막으로 서쪽 지역은 운남 고원지대가 있는데, 그 고원의 계곡은 북동쪽으로 뻗어 있어 쉽사리 들어가기 어렵지만, 풍부한 천연자원과 함께 미얀마와 베트남에 가까이 있는 그 전략적 위치 때문에 이미 수세기 이전부터 중국의 중요한 관심 지역이었다.

원·명元·明시기 이후, 한족 세력이 서남 지역으로 조금씩 확대되었다.[133] 고조우는 귀주지역으로의 이러한 확대가 가져온 새로운 중요성을 강조했다.

> "명대 운남성이 명 제국의 일부가 되었다. 사천에 역참驛站을 두는 것은 호광(청대에 이르러 호남과 호북으로 나뉘었다) 지역을 지름길로 삼는 것보다 못하다. 운남과 호광 사이에는 오직 귀양 한 곳을 의지할 수밖에 없으므로, 운남은 어쩔 수 없이 귀양을 중시해야 하며, 귀양을 중시하기 위해서는 어쩔 수 없이 편교偏橋(귀주 동쪽의 중요한 군사 역참)를 중요시해야 하는 게 불가피한 형세이다."[134]

18세기 중요 통과 지역으로서의 귀주성이 지닌 중요성은 유럽인들조차 인정했으며, 그로지에(Grosier)는 "교통 수단의 유지가 필수적인데, 그 까닭은 중요한 성省인 운남으로 통할 수 있는 다른 수단이 존재하지 않기 때문이다"[135]라고 지적했다. 이러한 언급은 귀주성 안의 여러 다른 지역으로 통할 뿐 아니라, 장거리 교통을 가능하게 하고 각 성省 사이의 관계를 용이하게 하는 도로에 많은 관심을 가졌다는 사실을 말해준다. 이미 살펴본 것처럼, 귀주성의 산악 지대 때문에 위에서 언급한 것과 유사한 도로의 건설과 유지가 불가능하다 하더라도, 18세기에 이르러 중앙 정부는 각 지역의 유력자들을 통해 귀주 지역의 도로가 상인, 관원, 먼 변방 지역과의 관계를 유지하는 책임을 담당했던 군인들에게 개방적이며 실질적인 수단이 되고 있는지를 항상 감시했다.

도로망에 대한 설명

18세기 귀주성의 주요 도로망이 표시된 지도를 작성하는 것은 매우 흥미롭다. 그리고 동서를 잇는 대동맥을 중심으로 그러한 지도를 작성하려는 노력은 어렵지 않다. 이미 우리는 동서를 잇는 대동맥의 여러 단계에 대한 명칭을 알고 있기 때문이다. 그러나 여러 사료들에서 잘 등장하지 않는 모든 다른 길에 대한 지도를 작성하는 일은 훨씬 더 미묘하다. 그처럼 빈번히 등장하지 않는 길에 대해서는 강희『귀주통지』에 실린 성省 전체 지도와 각 부府의 지도에 포함되어 있는 귀중한 도로망을 이용했다. 또한 그것을 정확하게 하기 위해 고조우와 서하객의 언급, 그리고 다른 여행객들의 여행기에서 찾은 정보도 이용했다.

지도에 구체적으로 표시된 사항은 다음과 같다. 우선 각 성을 잇는 네 개의 커다란 도로망이 있으며, 그 중 세 개는 운남성의 곡정曲靖으로 집중되었다.

1) 동로東路 : 귀주성을 동쪽에서 서쪽으로 관통하는 길로서, 호남성의 진주辰州에서 귀양을 경유해 곡정曲靖으로 연결된다. 이렇게 해서 북경에서 곤명昆明까지가 연결될 수 있다. 고조우의 설명에 의하면, 이 길은 초楚 나라 장수인 장교莊蹻(?~기원전 256)가 사용했던 길로서, 그는 기원전 3세기 무렵 조국을 위해 서남 지역 소수민족에 대한 진압작전에 나서 현재 곤명 일대인 전지滇池까지 진격했다.[136] 이 도로는 원대부터 중요해지기 시작했지만, 명대에 이르러서야 겨우 일련의 역참이 설치되어, 그 도로를 확고하게 견지하고 주요 간선도로로 만든 행정 당국의 관리 하에 놓이게 되었다.

2) 서로西路 : 요휴로姚巂路라고 불리는 이 길은 서쪽 가장자리 지역을 따라 뻗어 있다. 이 길은 현재 중경重慶 일대인 파巴 지역과 역시 사천의 기주夔州를 연결하며, 노주瀘州, 영녕永寧, 적수赤水, 필절畢節, 널리 알려진 칠성관七星關, 그리고 위녕을 지나 운남 북쪽 지역에 이른다. 고조우의 설명에 의하면, 당 나라 현종玄宗 천보天寶 연간(742~756)에 군사들이 그 길을 이용했으며,[137] 원 나라 초기에 비로소 역참이 세워졌다. 이 길은 당시 최대 도로였다. 명초 이 도로는 방치되었다가, 사향奢香이라는 이족의 한 여자 수장이 다시 도로를 복구시켜 관리했다.[138] 청대 이 도로는 다시 한족이 관리했다.

3) 간로間路 : 기강綦江, 동재桐梓, 준의를 지나 중경과 귀양을 잇는 도로이다. 고조우에 의하면 이 도로의 중경과 준의 사이에는 7개의 역참이 늘어서 있으며, 준의에서 귀양까지는 6개의 역참이 존재한다. 이 도로는 제갈량의 서남 지역 소수민족에 대한 정복을 도운 이회李恢와 관색關索이 통과했던 길이었다. 또한 3세기 무렵 마충馬忠(?~249)[139]이 장가牂柯 지역을 정복하기 위해 지났던 길이기

도 했다.[140]

지금까지 간략하게 설명한 위 세 도로는 18세기에 가장 중요한 도로였는데, 그 이유는 최소한 시간과 노력으로 운남으로 들어갈 수 있는 유일한 길이었기 때문이다.

당대唐代에 이르러 현재 우리들에게는 고로古路라 알려진 또 다른 도로가 존재하게 되었다. 중경重慶에서 시작하는 이 도로는 장강 상류 지역에 해당하는 금사강金沙江을 건너 운남성 대리大理 동쪽 지역인 요안姚安에 이른다. 지도에서 확인할 수 있듯이, 이 도로는 길고 험하다. 고조우에 의하면, 진시황이 처음 개설해서 제갈량이 크게 확대한 이 도로가 바로 오척도五尺道며, 사람들이 이후 남로南路라 불렀다. 당대唐代 이 도로는 정확히 현재 운남 지역을 점령했던 남조南詔와 중국 본토를 잇는 주요 도로가 되었지만, 송대에 이르러 완전히 폐쇄되었다.[141]

명대 만력 32년(1604) 이후 운남과 광서를 연결시키기 위한 또 다른 시도가 이루어졌다. 이 두 지역을 여행하는 사람들은 어떤 때는 도로를 어떤 때는 하천을 이용했다. 비교적 짧은 두 성省 사이의 여정은 오히려 시간이 많이 소요되었으며, 그 어떤 방법으로도 귀주를 가로질러 가는 길과 경쟁할 수 없었다.[142]

4) 마지막으로 광서에서 비롯되는 길로서, 귀양과 유주柳州(광서성)를 연결시키며 좀 더 동쪽으로는 광주廣州와도 연결된다. 이것은 서하객이 귀주로 들어갈 때 이용한 도로이다.

이어 귀주성 내의 여러 곳을 연결해주는 일련의 도로가 등장한다. 귀양 북쪽까지 뻗어 있는 비교적 조밀한 도로망과 남쪽의 느슨한 도로망 사이의 차이 때문에 우리들은 금방 놀라움을 느낀다. 도로 밀집도의 차이는 다음 원인으로 설명할 수 있다.

1) 동인銅仁과 송도松桃에서 시작해서, 서쪽으로 뻗어 진원鎮遠 방향으로 가는 도로, 북쪽의 석천과 사남에서 사천의 유양酉陽으로 가는 도로, 동쪽의 천주天柱에서 호남성 진계辰溪로 이어지는 도로들은 이 지역이 지닌 매우 중요한 전략적 역할 때문에 형성되었다.[143]

2) 준의에서 시작해 동쪽으로 미담湄潭, 풍강風岡, 사남, 무천婺川, 동인을 호남과 연결시키는 부채꼴 모양의 도로, 북쪽 지역에서는 일단 수양綏陽과 정안正安 그리고 다른 한편으로는 인회仁懷를 연결시키는 도로, 그리고 사천을 연결시키는 도로들은 두 성省의 경제적 그리고 행정적 관계를 연결시키기 위해 만들어졌다.[144]

3) 동쪽의 도로와 서쪽의 도로를 연결하는 지선支線 도로로 구성된 북서 지역의 경우, 평원平遠, 검서黔西, 대정大定, 필절과 수성水城, 위녕 지역을 들 수 있는데, 이곳의 도로망이 촘촘한 이유는 이 지역 일대의 풍부한 광물 때문이다.[145]

귀양 남쪽 지역의 도로가 거의 발달하지 않은 이유는 우선 그 지역에 한족의 정착이 늦게 이루어졌으며, 둘째 이미 기후 부분에서 언급한 것처럼 그러한 정착도 힘들게 이루어졌을 뿐 아니라, 광서성 북서쪽과 접해 있는 지역과도 교류가 어려웠기 때문이다.[146] 단지 우리들은 관도官道, 그리고 호남성에서 시작되어 묘족 최후의 보루인 청수강淸水江과 덕강德江[147] 사이에 있는 평원을 공격하기 위한 출발지였던 여러 도로가 동쪽에 존재하며,[148] 중앙부에는 귀양과 나전羅甸을 연결해주는 도로가, 마지막으로 서쪽에는 안남安南,[149] 흥인興仁,[150] 홍의 지역과 안룡, 책형을 통해 광서의 사성으로 가는 도로가 있다는 사실만은 주목할 필요가 있다.

도로 상황

여러 종류의 도로가 존재했다. 즉 관로官路, 영로營路, 민로民路, 묘로苗路와 아울러 단순한 오솔길 등이 있었다. 이러한 도로들의 모습은 종류별로 당연히 달랐다.

관로와 일부 민로는 포장된 도로였다. 서하객은 귀양에서 정번으로 가는 도로는 "매우 넓고 포장되어 있었다"고 언급했다.[151] 19세기 초엽, 중국의 또 다른 여행자는 "귀주성의 도로들은 모두 포장이 되어 있으며, 비가 온 후면 사람들이 미끄러진다. 이 지역 여자들도 말총이나 종려나무로 밑창을 댄 신을 신어 뒤뚱거리지 않고 빨리 걸을 수 있다"[152]라고 지적한 바 있다. 광서 14년(1888) 귀주성의 도로를 밟은 적이 있는 본(Bourne)은 귀주성의 도로를 다음과 같이 묘사했다.

"도로 곳곳이 15제곱센티미터에서 50제곱센티미터까지의 고르지 않은 크기의 석회암으로 포장된 탓에 유럽 사람들에게 매우 미끄러운데, 우리가 신고 있는 부츠의 돌기가 돌에 달라붙지 않기 때문이다. 그러나 이 도로들은 도로가 감당해야 하는 교통 상황에 잘 적응하도록 만들어졌다. 짚신을 신고 무거운 짐을 진 쿨리(coolies)들은 그리 큰 힘을 들이지 않고도 도로의 돌을 밟으며 짐을 나르는데, 바삐 걸어가는 그들의 걸음걸이는 쉬워 보인다. 더구나 이러한 도로들은 항상 건조 상태를 유지하고 실용적이라는 장점을 지니고 있는데, 귀주성이 많은 비가 내리는 곳으로 유명하다는 점을 감안하면 건조한 상태를 유지하는 게 가장 중요한 일이다."[153]

경사가 매우 심해, 도로에는 종종 돌이 계단 형식으로 놓여 있다.[154] 서하객은 "광순廣順에서 귀양으로 가는 도로는 산을 따라 연속적인 계단으로 된 오르막길과 내리막길이 있다"고 언급했다.[155] 청대의 한 시詩는 귀주성의 산은 돌계단으로 된 길을 걸어 다녀야 한다는 사실을 상기시켜 준다.[156] 또한 리용 사절단의 서술을 통해 운남과 귀양을 잇는 관로의 일부 구간은 디딤판이 놓인 커다란 판석板石으로 되어 있었다. 도로 폭에 대한 정보가 충분하지는 않지만, 리용 사절단의 사진을 근기로 도로 폭을 추정해보면,[157] 관로의 폭이 결코 2미터 50센티미터 이상은 아니었다. 민로의 경우 평균 1미터 50센티미터에서 2미터였다.[158]

전승田塍이라고 불린 소로小路가 논의 경계가 되는 소규모 제방을 통과하는 부분은 종종 포장을 했다.[159] 물이 흐르는 곳 가까이에 석회암으로 된 포장도로가 훼손되었을 경우, 조약돌을 이용하기도 했다.[160] 한족이 그 도로를 의식적으로 사용하지 않았기 때문에,[161] 한족은 일반적으로 묘로苗路를 잘 알지 못했다. 또한 소수민족에 관련된 책을 저술한 저자들도 상상 속의 용어를 언급하는 데 그쳤지만, 부정확한 것이었다. 예를 들어 그러한 저자들은 "묘로가 빗살처럼 촘촘히 들어서 있다"거나 혹은 "염소의 창자처럼 꼬불꼬불하다"라고 언급했다.[162] 18세기 말엽의 인물인 엄여익嚴如熤만이 묘로의 중요성을 인정했던 것처럼 보인다. 그는 "묘로가 비록 머리카락처럼 (엉켜 있지만), 그 사이에 항상 이용하는 길이 있으며," 아울러 "묘강苗疆을 둘러싸고 있는 수백 리의 꾸불꾸불한 길을 나는 강장康莊, 大路처럼

생각한다"라고 덧붙였다.[163]

도로는 특히 오강과 반강처럼 그 흐름이 매우 거세거나 원강沅江의 경우처럼 수량이 위험할 정도로 불어나는 물길에 의해 자주 단절되었다. 이러한 천연 장애물을 건너기 위한 여러 기술이 동원되었다.

1) 가장 단순한 방법은 도선渡船을 이용해 건너는 것이지만, 물살이 너무 세지 않아야 하고 강가에 배를 정박시킬 수 있는 조건에서만 가능하다.[164]

2) 훨씬 더 비용이 많이 드는 석교石橋는 항구적이며 신속한 도강渡江 수단이라는 장점이 있다. 석교는 물살을 나눠 수세水勢에 좀 더 잘 저항할 수 있게 만드는 여러 개의 아치 위에 건설한다. 서하객은 도균 서쪽에 있는 다리를 언급했는데, 그 다리는 9개의 아치가 있었다.[165] 그러나 이러한 종류의 건설로는 홍수에 저항할 수 없는 경우도 발생했다. 진원현鎭遠縣 동쪽 진양강鎭陽江 위에 명대 세워진 축성교祝聖橋는 강희 연간과 옹정 연간에 발생한 홍수로 두 번 무너졌다.[166]

3) 이러한 하천들이 지나치게 넓고 물살이 거센 탓에 위에서 언급한 두 방법을 사용할 수 없을 경우, 양쪽 바위 틈에 고정시킨 쇠줄을 하천 위에 매다는 방법을 택한다. 그 쇠줄에 나뭇판을 달아 바닥으로 사용하는 한편, 다른 쇠사슬은 다리의 난간 역할을 한다. 숭정 4년(1631) 이것과 유사한 다리가 반강盤江에 건설되었다. 귀주성과 이웃하는 운남성과 사천성에서는 매우 빈번하게 등장하는 이 철쇄교鐵鎖橋는 고정되지 않은 다리이기 때문에, 사람이 다리를 건널 때면, 좌우로 매우 심하게 흔들린다. 그렇지만, 매우 견고했다.[167]

4) 하천이 매우 넓지만, 양쪽 하안이 험준하지 않을 경우에는, 여러 개의 배를 일렬로 묶어 만든 부교浮橋를 띄워 하천을 건넜다. 그러한 사실은 강희 34년(1695)에 작성된 한 비문을 통해 확인할 수 있는데, 그 비문은 반강처럼 관로가 통과하는 중안강重安江 위에 세운 대규모 다리의 복구를 기념하기 위한 것이었다.[168] 그 비문에는 다음과 같이 기록되어 있다.

> "20장丈이 넘는 하천 위에 길이 3척尺 정도의 배 16척隻을 놓아 물을 건너도록 했다. 그 배 위에 1장 5척 크기의 판자를 놓아 난간으로 이용하도록 해 실족을 방지했다. 또한 쇠사슬 두 개로 배를 관통해 하천 양안에서 묶어 배들이 움직이지 않도록 했다. 또 양안에는 돌을 다듬어 땅을 평평하게 해 부두를 만들고, 계단을 만들어 보행자들이 일반 도로를 걷는 것처럼 느끼도록 했다."

지역간 교통이 효율적으로 이루어지기를 원한다면, 다리와 도로의 유지를 위한 지방당국의 항구적인 관심이 필요했다. 관련 사료에는 청대 매우 많은 수효의 다리와 도로가 복원되었다는 기록을 담고 있다.[169]

도로 이용

당시 도로를 통행한 교통 수단은 무엇이었는지를 먼저 살펴보기로 하자. 가파른 경사와 수많은 계단 때문에 수레, 즉 일반적인 의미에서 바퀴가 달린 수레의 이용은 매우 드문 구간을 제외하면 사실상 불가능했으리라는 점을 쉽게 알 수 있다.[170] 광서 8년(1882) 귀주성을 횡단한 호지(A. Hosie)는 자신이 귀주성에 머무는 동안 내내 수레를

하나도 보지 못했다고 언급했다.[171]

탈것의 이용도 제한이 심했다. 서하객은 대부분 걸어서 여행했다. 그가 운남으로 가는 도중에 관색령關索嶺을 지난 후 말을 이용한 까닭은 자신의 여행 행낭을 싣기 위해서였다.[172] 그러나 귀주성에는 귀주성 고유의 돌발사고 등에 익숙하고 또 잘 견디는 작고 좋은 말이 존재했다.[173] 대체로 높은 평가를 받는 말들은 비한족 지역에서 나왔다.[174] 보통 그러한 말들의 가격은 이웃하는 운남이나 광서에서보다 더 비쌌다.[175] 역참을 운용하기 위해 행정당국은 많은 말을 필요로 했기 때문에, 주요한 말 구매자는 분명 행정당국이었을 것이다. 도로의 통행이 종종 위험하고 기후도 나쁜 탓에, 매년 많은 말들이 사망했다. 다른 성省으로부터 말을 수입한 정황에 대한 정보는 알 수 없지만, 전통적으로 말 사육으로 유명한 운남성에서 말을 들여왔다고 추측된다.

따라서 소비 물자[176]와 사람을 호송할 경우 대체로 짐꾼의 힘을 빌렸던 것처럼 보인다. 여행자들은 교자轎子를 제일 많이 이용했다. 귀주성과 같은 산악 지역에서는 가마를 타는 사람의 수효가 여행객의 지위나 특권이 아닌 지형상의 어려움에 따라 정해진다는 사실이 16세기에 귀주성을 여행한 『검지黔志』의 저자에게는 매우 인상적이었다.

> "진주辰州(귀주성으로 가는 관로 가운데 호남성의 맨 서쪽에 위치한 도시) 이서以西 지역에서는 교자轎子의 크기가 동일하며 관직官職의 높낮이에 관계없이 여덟 명이 여행 단위가 된다."[177]

18세기 말엽의 한 저자는 매우 가파른 산지를 넘을 때는 다른 사람에게 끈으로 의자를 잡아당기도록 하는 일도 빈번하다고 언급했다.[178]

이러한 지리적 조건에서는 당연히 평균 속도가 그리 높지 않다. 따라서 여행자와 짐꾼들은 서로 꽤 근접한 곳에 있는 휴식 장소를 미리 설정해 놓을 필요가 있었다. 도로 각 구간에 설치된 숙소 겸 휴게소에 관한 정확한 정보가 없지만, 『서하객유기』에 의하면 그러한 숙소나 휴게소가 없다 하더라도 그것이 서하객을 곤경에 빠트린 것처럼 보이지는 않는다. 서하객이 머문 작은 고을마다 그는 항상 쉴 곳을 찾을 수 있었으며,[179] 만일 그가 좀 더 조용한 마을에서 밤을 보내기를 원한 경우라면, 사원이나 심지어 개인 집에서 머물기도 했다.[180]

여행 중인 관료나 행정 관서가 필요로 하는 물품의 수송 책임을 맡은 사람 혹은 소식을 전해주는 행낭 등이 경유하는 공식적인 휴게소에 대한 정보는 어느 정도 파악이 가능하다. 일반적으로 중국 사료는 군사 책임자가 관할하는 참站과 민간 관료들이 관할하는 역驛의 두 종류를 구분해서 설명한다.[181] 명대 귀주로 가는 도로는 특히 참站을 기준으로 그 여정이 구분되었던 것처럼 보인다. 『검지』의 저자에 따르면, 동쪽 길에 해당하는 황주晃州에서 평이平夷 사이에 18개의 참이 있었다.

> "비록 50~60리마다 참이 있다고 여기지만, 실제로는 100리나 그 이상의 거리마다 하나씩 존재한다. 관료들과 상인들은 그 길을 따라 급히 길을 재촉해도, 하루에 겨우 참 하나 정도의 여정을 갈 수 있을 뿐이며, 만일 참이 부서져 있으면, 잘 곳이 없다. 이러한 참들은 모두 군부軍夫가 관리한다."[182]

청초, 이러한 역과 참 제도가 약간 복잡해졌지만, 그에 대한 사료의 설명이 항상 정확하지는 않다. 청초 사료는 참站이 여전히 군사적인 통제 하에 놓여 있다고 언급한 반면,[183] 역驛도 군사적인 역할을 한다는 사실을 알려주고 있다는 점에서 두 단어를 명확하게 구분하지 않았다.[184] 이 둘의 공통적인 기능은 말을 이용해 지방의 여러 정황을 궁정에 전달하는 문서 수취와 함께 여행 중인 관료들에게 시중꾼, 말, 소금 등을 공급하며, 숙소를 제공하는 일이었다. 또한 참에 있는 사람들은 관료와 군인들에게 식량을 포함한 일용 물품의 수송을 담당했던 것처럼 보인다.[185] 단지 말을 탄 사람들만 쉬어갔던 이런 역참 외에도, 당시 사료에는 전적으로 군인들이 관할한 포鋪가 등장한다. 이곳은 사람들이 공식적인 소식을 직접 전하는 기능을 수행했다.

건륭『귀주통지』에 언급된 이러한 역참의 조직은 매우 단편적이며, 그나마 언급된 사실도 우리가 다른 곳에서 확인할 수 있는 정황과 정확하게 일치하지는 않는다. 건륭『귀주통지』에는 관로를 따라 설치된 역참만을 언급하고 있으며, 관로 이외의 대로大路에 존재했던 역참에 대해서는 침묵을 지키고 있다.[186] 귀주성의 다른 역참으로는 단지 포鋪를 열거하는 것에 그치고 있으며, 그 위치를 정확히 언급하지 않은 탓에 그 장소를 지도 위에 표기하는 것이 불가능하다.[187] 또한 순치 15년(1658) 관로에 24개의 역이 존재했다는 언급으로 미루어, 명대에 비해 청대 각 역 사이의 거리가 축소되었다는 사실을 알 수 있다.[188] 그러나 청대의 그러한 진전에도 불구하고 역참이 지닌 여러 문제가 상존했으며, 역참 조직에 관련된 관료들의 상주문은 항상 다음 두 문제에 집중되었지만, 그 문제가 결코 적절하게 해결된 것처럼 보이진 않는다.

그 첫 번째 문제는 역참 자체의 설치에 관한 것이다. 귀양의 동쪽과 서쪽의 두 간선 도로에 있는 관로의 주요 노선에는 여행자들을 극도로 불편하게 만드는 매우 위험한 두 지점이 존재한다. 19세기 초엽의 한 저자는 이 도로의 어려움은 다른 곳보다 "만 배나 더하다"고 말했다. 그처럼 통행이 어려운 주요 도로만을 간추리면, 귀양 서쪽에서 호광 지역으로 가는 길목의 27곳과 귀양 서쪽에서 운남으로 나가는 길의 18곳이다.[189] 서쪽 도로의 경우 이 저자는 반강의 도강과 관색령關索嶺을 올라가기가 어렵다는 점을 언급했다.[190] 18세기 대형 공사 가운데 하나는 이러한 장애가 있는 도로를 우회해 북쪽으로 더 올라가서, 심지어 가마도 통행할 수 있는 도로로 가도록 하는 것이었다. 그러한 계획을 옹정 7년(1729) 궁정에 상주上奏한 악이태는 이 제안과 함께 그 도로의 동부 일대의 도로 길이를 축소해서 평월 남쪽으로 통과하도록 제안했다.[191] 그러나 이러한 제안에 뒤이어 다시 옛길을 택했다는 점에서, 이 새로운 도로는 여전히 불편했다고 판단할 수 있다.

두 번째는 각 역참에 존재한 인원과 말에 관련된 문제이다. 주변의 다른 성省과 마찬가지로 순치 15년(1658) 귀주성의 각 역에는 50필의 말과 25명의 역부驛夫가 있었다. 그러나 강희 24년(1685)에 이르러 본래 할당량을 견지했던 귀양을 제외하면, 분명 경제적 이유 때문에, 각 역의 말의 수효를 45필로 줄였으며 역부도 23명으로 축소했다.[192] 이처럼 규모를 축소한 원인은 당시 즉각 느낄 수 있었던 경제 상황의 악화 때문이었다. 혹사당한 말들이 쓰러지기도 했으며, 그렇게 죽은 말들의 수효는 매년 정상적으로 교체해야 하는 말의 예상 수치보다 많았다. 담당 관리들은 의무감 때문에 어떤 수단을 동원해서라도 말을 교체해야 했지만 말이 귀했던 탓에, 말을 소유한 사람들이 시장을 장악해 값을 올렸으며, 그렇다고 해서 필요량을 정부로부터 보조받을 수도 없었다.[193]

일이 힘들어 녹초가 되었을 뿐 아니라 돈도 적게 받았던 마부와 짐꾼들이 도망을 갔지만, 그들을 대체시킬 사람들은 아무도 없었다.

그들을 충원할 수 있는 인원을 농촌에서 찾아야만 했다. 한 상주문에 의하면 협부協夫라는 명칭이 등장하는데, 이론적으로 그들은 일시적인 필요에 충당하기 위해 임시로 모집한 사람들이었지만, 늘 인원이 부족했기 때문에 그들 협부가 대부분의 노동을 담당해야 했다. 농민들의 생활을 곤경에 빠뜨리는 이런 방식의 모집을 비난하는 한편, 그러한 제도의 폐지를 요구했다.[194]

「여부요輿夫謠」라는 당시 민중 가요는 관리들의 수송을 담당한 그러한 여부輿夫의 비참한 상황을 잘 보여준다.[195]

산은 칼날과 같고, 바위는 이리의 이빨과 같네.
겨울 낮의 길이는 짧은데, 역참의 여정은 멀기도 하구나.
양 무릎 뼈가 부어도 앞으로 기어가야 하네.
식사도 못하고 옷도 걸치지 못하니 이 일이 어찌 즐거울 수 있으며,
그 고초를 잊을 수 있겠는가!
초가집은 부서지고, 콩잎조차 없구나.
창백한 어머니의 안색, 굶주린 아내에다,
세 살 먹은 아이는 배고파 울부짖으니,
이런 생각을 하면 마음이 찢어질 듯하네.
가야 할 길에는 눈이 가득하고, 바람이 대지를 뒤흔드는데,
넘어야 할 고개는 높기만 하니,
추락하지 않도록 항상 대비해야 하네.
추위로 손발이 터져 동상이 걸렸지만,
어찌 눈물을 흘릴 수 있으리오!
구멍을 뚫는 것처럼 어깨가 아프고, 발은 문드러졌는데,
비탈진 큰 산의 불쑥 솟은 낭떠러지에,
사방에 있는 호랑이 발자국 때문에,

두려움을 떨치지 못한다네.
겨우 얻은 백전百錢을 들고, 저녁 늦게 돌아와,
사 온 쌀로 밥을 짓는데, 땔감으로 구입한 나무는 젖어서 연기만 나고,
배도 채우지 못한 채, 피로로 쓰러져 잠을 자네.
현縣의 관리가 와 부서진 담벼락마저도 가져가 버리니,
흐릿한 꿈속에서도 깜짝 놀라지만,
관리는 동원 문서를 흔들며 역참으로 오라 하네.

가난한 짐꾼들의 비참함과 고통이 있었던 한편, 상인들은 도둑떼를 두려워했다. 『검지』의 저자는 도로의 치안이 불안하다는 점을 우리들에게 환기시킨다. 험준한 산 때문에 생기는 어려움 외에도, 관색령은 도둑떼들의 출몰지역으로 유명했다. 길목을 잘 신정해 여행을 한다 하더라도, 높은 산 때문에 지친 여행자들은 스스로를 방어할 수단이 전혀 없었다.

"깊은 숲 속에는 도적떼의 소굴이 있다. 그처럼 도둑들이 출몰하는 지역을 대상으로 전개한 특별 호위에도 불구하고, 그곳을 통과하는 고위 관료와 상인들은 그들의 여행 보따리를 빼앗기곤 한다."[196]

서하객도 그러한 사고를 당했다는 사실을 언급했다. 묘족이 주로 살고 있는 〈위험한〉 지역[197]을 무사히 통과한 후, 결국 호남성 출신의 한 남자에게 절도를 당했는데, 그 사람은 오히려 서하객의 보호자를 자처한 인물이었다.

"비한족 지역을 지나가게 된 순간부터, 나는 소금 통에 내 금분이른 숨겼지만, 내가 그처럼 주의를 하지 않았다면, 그 남자는 나의 금을 노

렸을 것이다. 나는 만족蠻族이 사는 이 흉악한 지역에서 아무것도 잃지 않았지만, 오히려 큰 도로변에 다다른 순간에 절도를 당했다. 내 동료가 그에게 도발적인 태도를 취했으며, 이윽고 이튿날 그는 내 금붙이를 가지고 달아났다."[198]

바로 이러한 종류의 어려움과 위험을 상인들과 여러 여행자들은 매 순간 직면했을 것이다. 따라서 운남성에서 생산된 상품들이 그 성省 밖으로 나가면, 왜 그 가격이 두 배 혹은 세 배가 뛰는지를 좀 더 잘 이해할 수 있을 것이다. 『검지』의 저자는 진원鎭遠이 운남 지역에서 생산되는 상품들이 팔려나가는 곳이라고 말했다. 구리나 주석이 30문文 정도였지만, 일단 그것이 운남성 밖으로 나가게 되면 가격이 두세 배로 뛰었다.[199]

수로水路

지금까지 설명한 육로를 통한 교통 수단을 보완하기 위해 수로의 이용이 가능한지의 여부를 이제 살펴볼 차례이다. 수리 지형에 대해 우리가 지금까지 언급한 사항을 감안하면, 이 지역에서 하천을 이용한 항해는 사실상 불가능하다고 추측할 수 있다.[200] 그렇지만 운항이 가능한 최소한의 구간을 이용하려 했는데, 그 이유는 운항이 어렵고 속력이 늦은 교통수단이었지만, 특히 무게가 많아 나가는 상품의 경우 사람이 등에 지고 나르는 것보다 좀 더 쉬운 방법이었기 때문이다. 이런 이유 때문에 절대적인 의미에서 운항 가능성이 그리 많지 않은 수로가 중요한 역할을 할 수 있었다. 우리들은 항로를 꽤 정확하게 추적할 수 있는 사료를 충분히 수집할 수 있다.[201] 그렇게 수집한 사료를 통해 확인한 결과는 대체로 다음과 같다. 우리는 일단 동쪽과 북쪽 운항로(귀주성을 광서, 호남, 사천과 통할 수 있게 한 운항로)를 확인할 수 있지만, 다른 한편으로는 위 두 지역의 항로 외에는 전혀 다른 운항로가 존재하지 않았다는 점도 주목할 필요가 있다.

북쪽에서 남쪽으로 이어지는 동부 지역의 수로

1. 사천성에서 장강으로 흘러들어가는 오강烏江이 있다. 오강에서는 그 위치 덕분에 대규모 상업 중심지인 사남思南까지 큰 어려움 없이 운항이 가능하다.[202] 리용 사절단은 19세기 당시 이 항로에 대한 정확한 사실을 전해준다.

"오강은 상류에서 사남부까지 운항이 가능하기 때문에 오강과 장강이 합류하는 지점에 있는 부주涪州(현재 涪陵)에서 커다란 정크선으로 약 20톤의 소금을 실어 나를 수 있다. 오강 하류의 공탄진龔灘鎭에서는 좀 더 작은 배로 물건을 옮겨 싣는다. 사남부에서 새 바지선으로 통구포桶口鋪까지 거슬러 올라가 하류인 신탄에서 화물을 옮겨 싣는다. 통구포로부터 바지선으로 추코신창(Choui-k'eou sin-tchang)까지 다다를 수 있다. 이어 운항을 할 수 없는 수십리를 지나면, 다시 리용 사절단이 귀주에서 사천으로 가면서 미주(Mei-tchou)와 회파창(Heou-pa-tchang) 사이 지역을 통과했던 지역 하류의 80~90리 지점에 위치한 도선장渡船場에 이른다. 강 우안右岸의 지류를 통해 석천부石阡府까지 항해가 가능하지만, 오직 소금만이 이 수로로 강을 거슬러 올라간다."[203]

이어 원강沅江의 지류들이 계속되는데, 이 원강은 귀주성 동쪽 지역과 중국 중부 지역을 용이하게 연결시켜 준다.

2. 귀주 북쪽과 동쪽을 잇는 지역에서 작은 배로 맹계孟溪에서 호남성 진주辰州까지 연결되는 백하白河.[204]

3. 진주(辰州, 호남성) 부근에서 원강으로 흘러드는 마양강麻陽江. 배가 동인을 통과하는데, 그러한 사실로 미뤄 동인부는 상업 중심지라는 사실을 알 수 있으며, 다시 강구江口까지 거슬러 올라갈 수 있다.[205]

4. 진주 부근에서 원강으로 들어가는 유수酉水. 이 하천은 귀주성 북쪽으로 들어갈 수 있는 대운항로이다.

16세기 운남에서 생산된 모든 상품은 사람이나 동물의 힘을 빌려 진원에 이르렀으며, 진원에서 다시 화물을 배로 옮겨 원강을 타고 상덕常德(호남성) 방향으로 갔다. 오직 시간에 쫓기는 관리만이 원주沅州-진주辰州의 도로를 이용했는데, 그 거리는 원강을 경유하는 것보다 훨씬 짧았다. 또한 큰 배 역시 암초에 걸려 파손될 우려 때문에 이 하천의 이용을 주저했다. 이 당시 진원 지역을 흐르는 하천을 타고 호남성 상덕까지 가는 데 약 15일이 걸렸으며, 그 하천을 거슬러 올라가는 데는 적어도 한 달이 소요되었다.[206] 한편, 리용 사절단은 다음과 같이 기록했다.

"광서 19년(1898) 한구漢口에서 귀양까지 가는 데 90일이 걸렸지만, 그 여정의 소요 시간은 하천의 상황에 따라 크게 달라진다. 큰 정크선은 상덕부까지 거슬러 올라간다. 들은 바에 의하면, 그러한 정크선은 10만 량(약 60톤)까지 운반할 수 있다고 한다. 정크선으로 상덕에서 진원까지 약 6톤의 상품을 운반할 수 있지만, 12월부터 3월 사이 하류에 이르면 배의 속도가 매우 느려져 운항이 어렵다. 광서 6년(1880) 이 항로를 따라 여행한 한 선교사는 상덕에서 진원까지 가는 데 40일이 걸렸다(12월 17일에 출발해 1월 25일에 도착했다). 상류에 이르면 황평주黃平州까지 순조롭게 운항할 수 있는데, 자그마한 바지선으로 귀양에서 그곳까지 5일 반나절이 걸리지만, 운항 속도는 천차만별이다."[207]

5. 청수강을 들 수 있다. 여러 자료를 통해 이 강이 대부분의 목재를 띄워 보내는 데 이용되었다는 사실을 확인할 수 있다. 이 하천에서의 운항과 관련해, 고조우는 적어도 하류 지점에서는 배가 다닐 수 있다고 지적했다.[208] 옹정 7년(1729) 안사성晏斯盛의 지적에 의하면, 도균부까지의 운항이 가능할 수 있도록 공사가 시행되었다.[209] 청수강의 두 지류도 배 운행이 가능했다. 우선 여평부 남쪽에서 발원해 귀주성의 홍주洪州와 호남성의 정주靖州를 가로지르는 홍주강洪州江[210]과 여평을 지나 금병錦屛에서 청수강으로 주입되는 신화강新化江이 그것이다.[211]

6. 광서성과의 교통을 가능하게 해주는 유일한 대하천인 도강都江이다. 군사 목적과 소금 수송에 있어 이 하천로가 지닌 중요성을 다시 살펴볼 기회가 있을 것이다.[212] 역류逆流 시에는 약 600킬로그램을, 순류順流 시에는 그 두 배의 양을 실어 나르는 삼판(sampan, 중국의 소규모 배)의 최종 운항 지점은 삼각三脚이라는 자그마한 촌이다. 이곳에서도 역시 목재를 서강西江 쪽으로 띄워 보낸다. 광서성 융현融縣(광서성 柳州에 속한 지역)에서 정크선으로 운항을 시작해 최소한 18톤의 소금을 싣고 귀주성으로 거슬러 올라갈 수 있다.[213]

리용 사절단 일행들은 홍수강紅水江 역시 운항이 가능하다는 사실도 언급했다.

"홍수강의 물살은 꽤 빠르며 일부 하천 구간을 완전히 차지하고 있는 바위 때문에 매우 좁은 사이로 겨우 하천이 흐른다. 그리고 그러한 바위 곳곳은 녹색 식물이나 버드나무 종류로 뒤덮여 있다. 10리 혹은 15리마다 도선渡船으로 이용되는 것을 제외하면, 우리들은 단 한 척의 바지선도 보지 못했지만, 파초관芭蕉關의 바지선을 이용해 면사綿絲가 수송된다는 사실을 확인할 수 있다."[214]

북쪽은 다음 세 하천에서 운항이 가능했다.

1. 간수진赶水鎭과 송감역松坎驛 사이의 기강綦江.[215]
2. 적수하赤水河의 일부 구간. 이 하천은 소금과 납 수송에 이용되었다.[216]
3. 장강의 한 지류로서 귀주성을 흐르지는 않지만, 사천과 귀주성의 교통에 이용된 탓에 여기서 언급할 수밖에 없는 영녕하永寧河. 이 하천을 이용해 작은 정크선이 영녕까지 거슬러 올라갔으며, 그곳에서 서쪽 도로를 이용해 운송이 계속되었다.[217]

이러한 하천을 운항하는 데 사용된 배는 어떤 것이었을까? 이 문제에 대해 중국 사료는 거의 언급하지 않았다. 다만 신화강新化江[218]에서 이용된 배를 언급한 바 있는 고조우의 언급이 있을 뿐이다. 그는 "나무와 대나무로 만든 뗏목이 오간다"라고 언급했다.[219] 다른 한편 이웃 지역에서 온 크고 작은 정크선은 물살이 운항에 적절할 경우에는 언제든지 이용되었다.[220] 우리들은 또한 리용 사절단의 보고서에서도 배에 관련된 흥미로운 사실을 발견할 수 있는데, 예를 들어

오강에서 사용된 일부 정크선에 관련된 언급을 들 수 있다.

"(오강에서 사용되는) 배의 모양은 다른 지역에서는 결코 볼 수 없는 독특한 모습을 지니고 있다. 배의 외피판外皮板이 삐뚤어져 있어서 앞부분에서는 우현이 좌현보다 높으며, 뒷부분은 그 반대이기 때문에 차이가 더욱 두드러져 보인다. 더구나 앞은 낮은 반면, 뒤는 매우 높으며, 왼쪽 뒤의 돌출부가 만드는 날카로운 부분에 조타수 역할을 하는 긴 철선鐵線이 한데 모여 고정되어 있다. 이처럼 놀랄 만한 선박 구조는 하천의 급작스런 곡선 지역을 배가 좀 더 잘 운항할 수 있도록 하기 위해서이다."[221]

또한 도강을 운항한 바지선에 관련된 자료를 찾아볼 수 있다.

"우리들은 곧 바로 작은 항구인 삼각三脚을 방문했는데, 거기에는 작은 바지선, 정확하게 말하자면 강 상류에서 운항해 내려온 삼판이 정박해 있다. 물결에 따라 우아하고도 날렵하게 흔들거리는 배들이 15척 정도가 되었다. 백조의 목처럼 안으로 약간 굽혀져 솟아 있는 후미 덕분에 배 폭(중간 부분이 1미터 20센티)에 비해 훨씬 긴 형태(14미터)와 어우러져, 배 모습이 우아하고 날씬하게 보인다. 반면 사각으로 된 배 앞부분은 그 모양새가 좋지 않다. 정크선을 덮고 있는 돛은 25미터 높이의 터널처럼 보인다."[222]

기강綦江에서의 운항이 어렵다는 사실을 알게 해주는 구절이 있는 리용 사절단의 보고서를 다시 인용해 보기로 하자.

"여행 가방을 들고 우리가 탄 작은 돛단배는 녹나무에서 나는 향과 유사한 향을 뿜어내는 특별한 나무로 제작되었다. 당신이 배에 오르면 바로 그 향기를 맡을 수 있다. 그 나무는 매우 탄력이 있으며, 그 배가 물이 얕은 곳에서 돌이나 바위에 긁히게 되면, 휘어진 하부의 판자를 인위적으로 펴서 원래의 모습으로 되돌려 놓는다. 밑이 평평한 이 배들은 길고 폭이 좁다. 선원은 성인 세 명과 소년 한 명으로 구성된다. 송감역松坎驛에서 간수진赶水鎭까지(55 킬로미터), 24곳의 급류가 있는데, 그중 12곳은 물의 낙차 폭이 매우 크다… 운항이 어려운 모든 곳에서는 배 조종사가 나서서 앞으로 나아가도록 노를 젓는데, 그 노는 일종의 걸개에만 의지하고 있는 키 역할을 한다. 조종사는 그 작은 배가 격랑에 휩쓸리는 순간을 잘 포착해서 배가 전복되지 않도록 균형을 유지시키고, 당신이 바위에 부딪혀 바야흐로 하천으로 추락하는 수밖에 없다고 여기는 바로 그 순간, 그는 배의 방향을 바꿔 생명을 구한다. 기강은 너무 갑작스럽게 굽은 곳이 등장하기 때문에, 어쩔 수없이 사람들은 종종 끈으로 조종해서 배를 물 한가운데로 끌어올 수밖에 없다. 이어 그 끈을 놓으면 현기증이 날 정도로 빠르게 배가 나아간다."[223]

배를 운항하는 일이 매우 잦았던 일부 지역의 비한족이 사용했던 선박 문제를 살펴봐야만 할 것이다. 『동계섬지峒溪纖志』에는 "만족 지역에서 사용하는 선박은 속이 빈 남목楠木으로 제작한다. 일부 선박은 그 규모가 매우 크다"[224]라고 서술되어 있다. 청수강과 도강都江 유역에 살았던 묘족은 유능한 선부들이었으며, 호남성 변방 지역의 흘료족仡佬族도 그러했다. 그러나 『묘족수고본』에서 종종 등장하는 선박의 그림 외에, 그들이 사용한 선박에 대한 정확한 정보를 거의 알지 못한다.[225]

제1장 주註

1 역사지리에 관한 정의에 대해서는 F. Braudel, *La Méditerranée et le monde méditerranéen à l'époque de Phillipe II*(『필립 2세 시기의 지중해와 지중해 세계』), Paris, 1949, 서론 부분인 '환경의 몫(La part du milieu)' 참조.

2 『中國地方志綜錄』, 上海, 1958의 저자인 주사가(朱士嘉)는 자신의 책 서문에서 서로 다른 7,000종 이상의 지방지가 존재한다고 언급했다.

3 본서 59쪽 참조.

4 『黔志』, 1쪽. [해당 원문은 "貴州設山上. 中高而外低"이다. 이 『黔志』는 王士性이 지은 책으로서, 귀주 지역의 풍광과 소수민족, 토사, 산천 등에 관련된 설명을 매우 간결하게 적고 있다.]

5 역주 부강(涪江) : 저자는 烏江과 涪江을 동일한 하천으로 표기했지만, 부강은 사천성 북쪽 송파청(松潘廳) 부근해서 발원해 重慶 북쪽 合川에서 가릉강(嘉陵江)과 합쳐지는 하천이다. 따라서 본문에 등장하는 涪江은 涪陵江을 지칭한다. 귀주성 동북쪽으로 흐르는 烏江이 이 涪陵江과 합쳐진다.

6 여강은 특히 사천성 여주(瀘州) 동쪽 부근을 흐르는 장강 지류를 가리키는 데 사용되는 명칭이다. 따라서 여기서 등장하는 여강은 赤水河를 가리킨다고 볼 수 있는데, 이 강은 준의에서 발원해 양자강의 지류인 合江(여주 동쪽 약 50km)으로 흘러들어 간다.

7 역주 원강(沅江) : 청대 행정구역상으로 貴陽府에 속했던 운무산(雲霧山)의 계관령(鷄冠嶺)에서 발원하는 하천으로 호남성 서부 지역을 경유해, 동정호(洞庭湖)로 유입된다. 귀주성 관할을 淸水江이라 하며, 귀주성을 지나 호남성으로 들어가는 하천을 沅江 혹은 沅水라 한다.

8 역주 "北二水一出涪江, 一出瀘江. 東一水出沅江. 南二水一出左江, 一出右江. 有水源而無水口."

9 『黔志, 1쪽. 저자는 귀주성은 龍이 다니는 곳이지, 일반적인 사물이 존재하는

장소는 아니라고(故是行龍之地, 非結作之場也) 결론지었다. 여기서 말하는 용이란 분명 하천의 흐름을 의미하는 것이라 할 수 있다.

10 역주 구체적으로는 명대 귀주성 鎭遠府 관할이었던 청랑위(淸浪衛), 鎭遠衛, 편교위(偏橋衛) 등으로 이어지는 길을 말한다.

11 『黔志』, 2쪽. 자주 발생하지는 않았지만, 묘족이 이 길을 차단할 때가 있었기 때문에, 종종 상당한 정도의 군사력을 동원해 그들을 제지해야 하는 경우가 발생했다. 正德 11년(1516)의 사건이 그러한 예로서, 당시 묘족은 이 길에 있는 역참 가운데 귀양 동쪽의 일부분을 점령했다. 고대(高岱), 「초청평묘(勦淸平苗)」(紀錄彙編本) 권79, 13상. [이 부분에 대한 원문은 다음과 같다. "出沅州而西, 見州卽貴竹地. 顧淸浪鎭遠偏橋諸衛, 舊轄湖省, 故犬牙制之. 其地止借一線之路入滇, 兩岸皆苗." 한편 高岱의 「초청평묘」는 그의 저서인 『홍유록(鴻猷錄)』권13에 들어 있는 내용이며, 이 책은 모두 16권으로 되어 있다. 따라서 여기서 말하는 권79란 고대의 글이 들어 있는 부분이 아닌, 『기록휘편』에 들어 있는 『홍유록』의 권수를 표시한 것으로 판단된다. 한편 이 일대의 묘족 반란은 正德 11년(1516) 淸平衛의 차침(車枕) 등의 村寨에서 묘족의 추장인 아방(阿傍), 아개(阿皆), 아혁(阿革) 등이 향로산(香罏山)에 거점을 두고 일으킨 사건을 말하는 것으로, 당시 이 반란 때문에 흥륭(興隆), 편두(偏頭), 평월(平越), 신첨(新添), 용귀(龍貴) 등의 도로가 차단되었다.]

12 본서 맨 뒤에 있는 〈도판 1〉 참조.

13 顧祖禹, 『讀史方輿紀要』권120, 4757쪽. [해당 원문은 다음과 같다. "貴陽猶人之胸腹也. 東西諸府衛, 猶人之兩臂然."]

14 본서 맨 뒤에 나오는 〈도판 2〉 참조.

15 건륭 『귀주통지』 권2, 「지리」, 3쪽 상. [해당 원문은 다음과 같다. "東西千里, 南北三百餘里, 形如蜂腰, 上下廣而中狹."]

16 역주 이 부분에 대한 저자의 해석이 원문과 달라, 역자가 번역한 문장을 기입했다. 해당 원문은 다음과 같다. "其山來自雲南宣威州之倘塘驛, 入大定之威寧州. 折而東南經水城, 以至安順盤江界, 其西烏江界. 其北南籠一府在盤江之西, 遵義一府在烏江之北. 大定則烏江諸水源沿其間, 此上游形勢之大較也."

17 역주 남명하(南明河) : 廣順州에서 발원해 동북쪽으로 흘러 貴陽府에 들어오며, 하류 명칭은 우도하(牛渡河)이다.

18 역주 마선하(麻線河) : 저자는 마선하(馬線河)라고 표기했지만, 마선하(麻線河)가 맞다.

19 역주 실제 지도를 보면 都江의 발원지는 도균부의 왼쪽이며, 淸江은 도균부 오른쪽이다. 또한 도균부 오른쪽에서 발원하는 청강은 淸水江을 의미하는데, 이 청수강으로는 도균부 서북쪽에서 발원하는 마미하(馬尾河)와 黃平州 남쪽의 重安江이 합류해서 형성된 洪江이 흘러들어 간다.

20 역주 오강은 思南府 남쪽 安化縣으로 들어와서 사남부를 남북으로 관통해 흘러 四川省으로 들어간다.

21 역주 적수하(赤水河) : 大定府 畢節에서 발원해서 옛 赤水衛가 있던 인회청(仁懷廳)을 지나 長江으로 들어가는 하천이다.

22 乾隆『貴州通志』권2, 「輿圖」, 3상~4하. [고지대와 저지대에 관한 해당 원문은 다음과 같다. "其山來者雲南宣威州之倘塘驛, 入大定之威寧州, 折而東南經水城, 以至安順. 盤江界其西, 烏江界其北, 南籠一府, 在盤江之西, 遵義一府, 在烏江之北. 大定則烏江諸水, 源沿其間, 此上游形勢之大較也…自安順折而南, 由安順土州, 以至定番, 分南北兩枝. 其南枝, 由都匀八寨古州之黎平, 以入於楚粤閩越, 所謂南幹也. 其北枝, 則自淸鎭安平, 至貴筑之老鴉關, 折而南結, 爲省治. 南明河界其東南, 陸廣厤線諸河界其西北, 皆入於烏江者也. 都匀一府, 處南幹之脊, 都江發源於右, 經古州以入粤. 淸江發源於左, 經台拱以入楚. 黎平夾兩江之間…鎭遠思州在淸江之北, 中有潕溪水貫之, 亦謂之鎭陽江, 源自舊黃平, 經靑溪玉屛, 以入於沅水者也. 平越石阡在烏江之南, 而平越之湄潭石阡之龍泉及思南一府, 又在烏江之北. 其山脈來自遵義, 其水則北界以赤水三江者也. 銅仁一府在省治之極東, 大小江諸水, 皆滙於楚之厤陽, 此下游形勢之大較也."]

23 리용 사절단(Mission lyonnaise)의 일원들도 동일한 지형 조건을 언급한 바 있다. "귀주에 들어서면서부터 우리들은 내리막길을 가기 시작했지만, 그 길에는 높은 곳과 낮은 곳이 계속 등장했다. 높낮이가 계속되는 상황을 설명하는 한편, 산의 고저 차이를 번거롭게 일일이 열거하지 않기 위해, 단지 毛口河(郞岱廳) 건너편에 위치한 약 1,800미터 높이의 대둔관(大屯關)에서 우리가 본래 출발했던 서쪽으로 되돌아오는 여정에는 우리 뒤에 여덟 개의 산맥과 그것에 이은 평야지대가 연속적으로 펼쳐져 있다는 사실만을 언급하는 것으로 충분할 것이다." *Mission lyonnaise*, t.1, 89쪽.

24 『中國分省地圖』에 들어 있는 간단한 설명 참조. 이 책은 1965년 북경 판본과 홍콩 판본의 내용이 다르다.

25 역주 묘령(苗嶺) 산맥 : 혜수(惠水) 동쪽부터 雷公山까지의 약 180킬로미터의 산맥을 말한다. 귀주성 동남부에 위치하는 산맥으로 珠江과 長江 水系를 가

르는 경계이다. 主峰인 뇌공산(雷公山)이 더 높으며, 본서에 언급된 운무산(雲霧山)의 높이는 1,584미터이다.

26 역주 대루(大婁) 산맥 : 귀주성 북부에서 사천까지 뻗어 있는 산맥으로 평균 고도는 약 1,500미터이다. 최고봉인 金佛山은 사천성에 속해 있다.

27 17~18세기 당시에는 현재 모든 지도에 등장하는 대루산맥(大婁山脈)이나 묘령산맥(苗嶺山脈)과 같은 산맥을 지칭하는 특정 명칭이 아직 등장하지 않았다는 사실을 주목할 필요가 있다. 반면 산이나 '嶺'이 붙은 명칭은 매우 많이 등장하지만, 그 가운데 유명한 산만 지도에 그려져 있다. 건륭『貴州通志』권5,「山川」참조.

28 역주 청수강(淸水江) : 본서에 등장하는 청수강이란 모두 鎭遠府를 동서로 관통해 호남성 沅江으로 들어가는 하천을 말한다. 그러나 일부 중국 지명이 그러하듯, 귀주성 平越府로 흐르는 또 다른 淸水河가 존재한다는 점도 유의해야 한다. 平越 서쪽에서 貴陽府 경계를 따라 북으로 흐르는 이 청수하는 귀양부 貴定縣에서 발원해 괴서(乖西)와 파향(巴香) 일대의 苗族 지역을 지나 烏江으로 들어간다.

29 역주 譚其驤의『中國歷史地圖集』(淸時期)에는 맹도하(勐渡河)라고 표기되어 있으며, 전체 길이는 약 171 킬로미터이다.

30 카르스트(karst)라는 용어에 대한 좀 더 정확한 설명은 J. Dresch 주도 하에 편찬된 *Mémoires et Documents*(『지형의 설명과 자료』), Collection Centre de Recherches et de Documentation Cartographique et Géographique, nouvelle série, vol.IV, éditions du C.N.R.S., 1968에 들어 있는 P. Fénelon, *Phénomènes karistiques*(『카르스트 지형의 특징』) 참조.

31 南丹은 귀주와 접경지대에 있는 광서성 북부의 마지막 대도시이다. 이 책 뒤에 있는 서하객의 네 번째 유람도 참조.

32 下司는 귀주성 초입에 자리 잡고 있는 최초의 촌락이다. 그 촌락 명칭에서 알 수 있듯이, 서하객이 이곳을 여행할 당시, 그 지역은 楊氏 성을 가진 土司들이 행정을 담당했다.

33 『徐霞客遊記』권2, 161~162쪽. 서하객은 자신의 여행 정황을 매우 자세히 기록하고 있다는 사실을 알 수 있다. 모든 지역을 四方으로 표시했으며, 각 촌락 사이의 거리나 각 산봉우리 간의 거리도 里 단위로 꼼꼼하게 기록했다. [귀주 지역에 들어서서 서하객이 묘사한 내용은 다음과 같다. "戊寅三月二十七日. 自南丹北鄙肥歹

村, 易騎入重山中, 漸履無人之境. 五里, 逾山界嶺, 南丹下司界. 又北一里, 逾石隘, 是爲艱坪嶺. 其石極嵯峨, 其樹極蒙密, 其路極崎嶇. 黔粤之界, 以此而分, 南北之水, 亦由此而別…北下一里, 就峽西行一里, 始有田塍. 又半里, 峽轉北, 塢始大開. 又北一里, 有村在西塢中, 曰由彝. 此中諸塢, 四面皆高, 不知水從何出. 然由彝村南石壁下, 有洞東向, 細流自畦中淙淙入, 透山西而去…乃由其東上嶺, 越脊北下一里, 行塹中. 又北一里, 再越嶺脊, 下行峽中. 塹圓而峽長, 南北向皆有脊中亙, 無洩水之隙, 而北亙之脊, 石齒如鋸, 橫鋒竪鍔, 莫可投足."]

34 리용사절단의 보고서 속에 있는 봉우리의 설명에서도 동일한 인상을 끄집어낼 수 있다. "엄청나게 험준한 여러 하천을 가로질러 도로가 나 있으며, 하천이 흐르는 매우 좁은 계곡에서는 넓은 경작지의 확보가 불가능하다. 석회석이 많은 모든 토양이 그러하듯, 그러한 하천이 종종 땅 밑으로 흘러 사라졌다가 장거리를 지나 다시 드러나는 경우도 있다. 동굴과 골짜기의 수효가 운남성처럼 많다. 그러한 계곡이 보통 매우 협소할 것이라고 짐작할 수 있는 여지는 길이 하천과 동일하게 뻗어 있는 경우가 매우 드문 반면, 보통은 산중턱에서 뱀처럼 구부러져 원곡(圓谷)을 휘감거나, 만나는 곳에서 깔때기 모양을 하기도 하고, 주된 길목이 되는 계곡 하천을 수직으로 지탱해주는 부벽(扶壁) 위로 흐른다는 지적으로 충분하다. 다른 한편으로는 졸지에 계곡을 벗어나 버리는 경우 때문에 몹시 놀라기도 하고, 측면으로 우회해 산꼭대기를 넘는다 해도 동일한 계곡 내에서 외견상 진입하기 어려운 협로가 우뚝 서 있는 곳을 오르거나 혹은 급경사면을 내려와야 하는 협곡(둥그런 모양의 원곡이 깔때기처럼 형성된 것)도 존재한다는 사실을 지적해야 할 것이다. 하천이 흘러 생기는 협로를 그나마 계속해서 따라가는 것이 좀 더 단순한 일일지도 모르며, 중국의 도로 건설자들은 그러한 어려움을 피하지 않은 대신 오히려 더 추구한 것이 아닐까 하는 생각마저 든다. 그런 생각이 들 정도로 계곡의 폭이 좁아지거나, 혹은 계곡 옆의 길이 너무 험준해서 한동안 그 길을 지나가는 것을 절대 금지시킬 정도이다." 지금까지의 언급은 국가가 건설한 운남과 귀양 사이의 도로가 있는 지역과도 일치한다. *Mission lyonnaise*, t.1, 94쪽.

35 폴 드미에빌(P. Demiéville)은 그의 논문, "La montagne dans l'art littéraire chinois(「중국 문학 속의 산」)," *France-Asie*, no.184, Automne, 1965, 7~32쪽에서 이 문제를 다룬 바 있다. 그는 "다양한 유형의 산, 정상, 봉우리를 묘사하기 위한 중국 고전의 어휘가 매우 다양하다… 그러한 단어를 불어로 번역할 경

우, 우리들은 어쩔 수 없이 부정확한 번역이나 딱 들어맞지 않는 어중간한 표현을 사용할 수밖에 없다"라고 지적했다.

36 『徐霞客遊記』권3, 23~24쪽. 리용 사절단 일행들(그들은 월남 쪽에서 중국으로 들어간 탓에 먼저 운남으로 들어갔기 때문에 서하객과는 반대 경로로 여행했다) 역시 귀주에 도착하자마자 서남 지역의 이러한 산봉우리에 놀랐다는 사실은 매우 흥미롭다. "고도가 1,000미터에서 1,400미터로 다양하며 西高東低 지형인 고원 위에 마치 설탕을 뿌려 놓은 빵처럼 생긴 석회석의 산봉우리가 모든 곳에 솟아 있다. 그들 산봉우리의 수효와 이상하고도 변화무쌍한 형태, 무질서한 위치는 하이퐁(Hai-phong)에서 약간 북동쪽에 위치한 알롱(Along)만에 바위들이 흩어져 있는 훌륭한 경관을 떠올리게 만든다. 귀주성의 모습은 알롱만의 지형적 특성을 재구성하고 있다. 그러나 불행하게도 귀주성의 풍경에는 통킹 일대의 〈놀랄 만한〉 돌발성과 매력을 더해주는 풍부한 식물군이 존재하지 않는다. 우리들은 광서성 西江 상류에서 동일한 종류의 암석군(巖石群)을 본 바 있다. 귀주성의 다른 지역에서도 동일한 광경을 다시 볼 수 있다." *Mission lyonnaise*, t.1, 93쪽.

37 『徐霞客遊記』권2, 185쪽. [서하객이 당모산(唐帽山)이라는 산을 코끼리에 비유한 것을 말한다. 원문은 "…是爲唐帽山. 蓋則前望三峰, 至是又轉形變象耳…"로 되어 있다. 따라서 코끼리의 귀에 비유했다는 표현이 더 적절하다.]

38 『徐霞客遊記』권2, 186쪽.

39 이는 陳鼎이란 인물이 운남성으로 가는 길목인 鎭寧州의 산을 표현한 방식과 유사하다(『黔遊記』, 357쪽 참조). 서하객 역시 『徐霞客遊記』권2, 158쪽에서 바위 형상을 환상적으로 서술한 내용을 남기고 있다. "나는 그 밑이 평평한 계곡을 걸었다. 半里를 걷자 그 길 한 모퉁이에 바위가 여기저기 흩어져 서 있는데 어떤 것은 門 같기도 하고 또 어떤 것은 窓과 같기도 하며, 칸막이나 다리, 지초(芝草) 혹은 죽순처럼 보이는 등, 그 모습이 매우 장관이었다."

40 "귀주성 어디서나 볼 수 있는 이러한 바위들은 평원에서 멀리 떨어져 있기도 하고, 어떤 경우에는 원의 형태로 서 있기도 하는데, 그러한 바위 탓에 꽤 높이 있는 협곡 외에는 다른 출구가 없는 경우도 있다. 그러한 바위들은 종종 마치 생선 가시처럼 들쑥날쑥한 형태가 길게 늘어져 매우 훌륭한 경관을 보여주는데, 그 모습은 사슬이 연결된 것과 유사하다. 그러한 광경을 항상 볼 수 있다." *Mission lyonnaise*, t.1, 93쪽.

41 張澍, 『續黔書』권1, 5쪽 하~6쪽 상. [해당 내용은 『續黔書』권1, 6쪽 하에 기재되어 있으며, 해당 원문은 "…或石如狼牙, 或峰如劍鍔, 或陟如立壁, 或行如穿雲, 又或盤旋屈曲鳥道羊腸, 又或嶔崎巀嶪梟鸗叢, 見者駭魄, 聞之怵心…"이다.]

42 이 사실은 田雯의 『黔書』31쪽에 언급되어 있다. 그는 "당신이 만일 우물을 본다면, 그곳에는 거의 물이 없을 것이다"라고 언급했다. [이 인용문은 『黔書』卷上, 「山水」에 등장하는 "井幹之觀耳, 水細矣"라는 말을 옮긴 것이다.]

43 따라서 16세기의 한 저자는 귀주성의 수리 체계를 다음과 같이 소개한 바 있다. "귀주는 동학(洞壑)이 많으며, (그런 동학의) 물은 산을 뚫고 통과하므로 산에 空洞이 있음을 알 수 있다. 예를 들어 淸平에서 10리 떨어진 곳에 있는 운계동(雲溪洞)의 물은 일단 平越에 모여 백여 리를 흐르다가 다시 도로 밑으로 숨어 흘러 운동(雲洞)에 이른다. (그곳에 이르는) 물소리는 매우 커서, 마치 계곡에서 물이 흐르는 것과 같다." 『黔志』, 1쪽. [여기서 말하는 지은이는 바로 『黔志』를 쓴 王士性(1546~1598)을 말한다. 萬曆 5년(1577) 進士에 오른 그는 예과급사중(禮科給事中), 광서참의(廣西參議) 등을 지냈지만, 이내 벼슬을 그만두고 귀향해 천하를 여행했다. 따라서 일종의 지리서라 할 수 있는 저작을 다수 남겼으며, 특히 『광지역(廣志繹)』은 중국 전역의 풍물과 지역 특성을 알 수 있는 좋은 자료이다. 대체로 서하객의 유람기가 자연 경관을 자세히 묘사한 반면, 왕사성은 소위 인문지리적 관점에서 각 지역을 설명했다. 여기에 등장하는 해당 원문은 다음과 같다. "貴州多洞壑, 水皆穿山而過, 則山之空洞可知. 如淸平十里雲溪洞, 水從平越會百里來, 又從地道潛復流雲洞盡處. 水聲湯湯, 如溪流."]

44 귀주에는 이런 종류의 天生橋가 매우 많다. 귀주성 천생교의 그러한 유명세는 유럽인들의 귀에까지 들어갔는데, 그 이유는 Grosier, *Description de la Chine*, t.1, 236쪽에 이 독특한 다리에 대한 설명이 들어 있기 때문이다. "우리들은 이곳 사람들이 천생교라 부르는 여평부 부근의 매우 독특한 다리를 외부인들에게 소개해야 한다. 그 다리는 매우 큰 규격의 돌멩이 하나로 만든 것으로서, 하천 위의 두 산을 연결시켜 준다. 그 크기는 길이 48척에, 넓이는 14척이다." 한편 顧祖禹, 『讀史方輿紀要』권121, 4786쪽에도 광순주(廣順州) 서쪽에 있는 천생교가 등장한다. "그 석벽(石壁)은 천 길이나 되며 마치 城처럼 사방을 둘러싸고 있다. 물이 그 밑을 흐르며 행인이 그 위를 지나는데 마치 평평한 다리를 건너는 것처럼 보인다." [해당 원문은 다음과 같다. "石壁千仞, 環遶如城. 水流其下, 人行其上, 平坦如橋."]

45 『徐霞客遊記』권2, 168쪽에는 독산 남쪽으로 흐르는 작은 하천에 대한 언급이 등장한다. "계곡의 자그마한 시냇물이 동쪽 계곡에서 깊은 절벽 쪽으로 흐르는데, 그 양쪽 절벽 사이가 매우 좁아 그 하천 밑 空洞 사이가 매우 깊기 (때문에), 돌다리를 그 위에 설치했으며, 그 다리를 심하교(深河橋)라 했다." [해당 원문은 다음과 같다. "獨山州南二十里, 有山尖起立於衆山之中, 是名獨山, 州之所以得名也…有澗自東谷走深崖中, 兩崖石壁甚逼, 澗嵌其間甚深. 架石梁其上, 爲深河橋."]

46 任美鍔, 『徐霞客遊記』(中國古代地理名著選讀 1권), 1959, 122~136쪽과 특히 124쪽 참조.

47 『徐霞客遊記』권2, 184~185쪽. [저자의 한문 번역이 원문과 다소 틀린 경우가 많지만, 특히 이 부분은 원문과의 차이가 많이 난다. 따라서 가능한 한 본문에서는 원저자의 번역을 그대로 옮겼으며, 독자들이 따로 비교해볼 필요가 있다. 다만 참고를 위해 본문에 등장하지 않는 부분도 병기했음을 밝힌다. 해당 원문은 다음과 같다. "於是北望遙山, 開伏數里外, 石峯屛列, 俱不能與此山並峻矣…遶堡前西南行半里, 望西北山崖間有洞高穹, 其前隴復有洞伏於下, 乃呼擔夫少停行李路隅, 余獨從西嶺橫陟之. 半里, 遂陟下洞之上. 隴不甚高, 然四面皆懸削不可下. 復稍西, 下山麓東向行, 遂得下洞. 洞門南向, 門中稍窪…旣出, 復從峽中下, 轉前隴之嘴而西, 又經下洞前…."]

48 『黔遊記』志7, 355쪽 상. [해당 원문은 다음과 같다. "觀音洞深五百餘里. 從洞中行, 秉七日炬, 可達都匀境. 從來少人窮其穴者, 明有直指方君曾盡遊焉. 余有好奇之癖, 因具十日炬, 裹一旬糧而入. 初數里甚宏敞, 愈入愈窄, 止可容一身. 若是者十餘里, 乃後愈窄, 側身以行者三里, 三里之外, 則可馳五馬駕高軒矣. 中有樓閣殿閣人物花鳥之境, 皆碧乳融成者也. 至七十里, 擧炬四照, 則無涯矣. 因循石壁以行, 壁之畔有泉一泓, 甘香如醴. 泉之畔有銅釜一, 可容十升. 壁上有題句云, 隆慶三年錢塘方紹宗於此煮泉, 筆墨淋漓, 字畫遒勁, 大可愛. 是蓋直指公所書也. 余亦續題云, 康熙十年江陰人陳鼎於此煮泉. 行十餘里, 則不復曠蕩矣. 竟行九日半, 始得達後口, 乃都匀府之東盡境乞麻地方, 再五里則苗獎中矣."]

49 그러나 당시 사람들은 그 동굴에 들어가 종유석과 석순을 감상하는 것으로 만족하지는 않았다. 실제로 『黔書』, 91쪽에 의하면 귀주성 사람들이 종유석과 석순을 팔았다는 사실을 알 수 있다. "마을 사람들이 가는 동학(洞壑)에는 종유석이 많이 달려 있으며, 그것을 잘라 시장에 메고 갔는데, 시장에서는 그것을 石筍이라 불렀다. 이 석순은 태호의 영석(英石)에 비해 (그 품질이) 전혀 손색이 없다[黔多洞壑, 洞中多垂乳石. 里人斷之, 舁入城, 爲石筍. 太湖英石不讓也]." 일반적으

로 석순은 종유석과 다른 것이다. 이 점에 대해서는 R. Stein, "Les jardins en miniature d'Extrême-Orient(「극동 지역의 실물 축소 정원」)," *B.E.F.E.O.*, 1942, 80쪽 참조. 또한 스타인(R. Stein)의 위 논문 29쪽에 의하면, 이 영석은 광동의 英州에서 산출되는데, 그곳 사람들은 영석을 팔아 인공적인 동산을 조성했다. 영석은 마치 동광석처럼 생겼으며, 절벽 끝에 거꾸로 매달린 채로 자라나기 때문에 그것을 잘라 채취한다. 한편 호숫가의 돌도 인공산 조성에 사용되었다. 다시 스타인의 논문 29쪽에 의하면 송대 인물인 범성대(范成大)의 『太湖石譜』라는 저서는 전적으로 그러한 암석에 대한 설명만을 담고 있다. 이 책의 내용에 의하면 太湖 한 가운데 위치하는 동정산(洞庭山)에서 그 암석이 생산된다. "(태호석은) 거센 파도와 물결 때문에 깊은 구멍이 많이 생기고, 물결에 스친 탓에 빛이 난다. 물에 젖은 그 돌은 마치 옥으로 된 그릇 같으며, 마치 칼과 창처럼 뾰족하게 서 있고, 산봉우리가 빽빽이 서 있어 병풍을 두른 듯 하며, 기름처럼 미끄럽고, 칠(漆)처럼 검으며, 사람 같기도 하고 짐승이나 새 같기도 하다. 호사가들이 그 돌을 (인공) 동산, 정원, 섬돌 등의 장식용으로 사용한다." [이 부분에 대한 원문은 다음과 같다. "石出西洞庭, 多因波濤激湍而爲嵌空, 浸濯而爲光寶. 或縝潤爲珪瓚, 廉劌如劍戟, 矗如峰巒, 列如屏障, 或滑如肪, 或黝爲漆, 或如人如禽鳥. 好事者取之以充囿庭除之玩." 다만 범성대의 책 제목은 『태호석보』가 아닌 『太湖石志』이며, 태호석에 관련된 좀 더 유명한 책은 범성대보다 앞선 인물인 唐代 백거이(白居易, 772~846)가 쓴 『太湖石記』이다. 한편 태호석을 설명하면서 저자는 '인공산을 만드는 데 태호석이 사용된다(Elles sont utilisées pour faire des montagnes artificielles)'라고 언급하고 있다. 저자가 이 말을 언급한 이유는 분명하지 않지만, 아마도 태호석의 별칭이 가산석(假山石)이란 말을 혼동해서 서술한 말이다.]

50 『黔記』志7, 347쪽 상. [해당 원문은 다음과 같다. "牟珠洞在貴定縣西十五里大道傍, 洞口爲石門, 上有古松一株, 門內有觀音蓮座, 石乳所凝也. 其上一圓洞, 透天光. 再入則必携炬火. 有石鐘石鼓, 亦鐘乳垂結, 輪囷如象鼻, 擊之, 其聲類金革也. 又有羅漢像, 在巖下, 如僧寺塑尊者. 其他石佛石魚, 因形似而命名者, 不可悉記."]

51 『徐霞客遊記』권2, 189~190쪽에 의하면 귀양 남서쪽 "평패(平壩) 부근의 동고동(銅鼓洞)이라는 마을의 원주민들은 문을 만들어 동굴을 폐쇄했는데, (그 이유는) 밤이 되면 말과 소 수십 마리를 몰고 와 그 안에 가뒀기 때문이다"라고 설명하고 있다. [해당 원문은 다음과 같다. "…連裂三洞, 其門皆東向, 而南偏者最高敞, 其前有數十家當其下, 卽銅鼓寨也, 是洞名銅鼓洞…土人置扉穴前, 晩則驅牛馬數十頭藏其

中….”]

52 顧祖禹, 『讀史方輿紀要』권123, 4877쪽에는 수서선위사(水西宣慰司) 부근의 白玉洞을 설명하면서, 그곳에 夷族 추장이 곡물을 저장하는 장소로서 매우 험준한 곳이라고 지적하고 있다. [해당 원문은 다음과 같다. “白玉洞在水西東北, 亦曰白玉巖. 夷酋聚糧處, 洞險惡….”]

53 따라서 顧祖禹, 『讀史方輿紀要』권122, 4853쪽에는 귀주성 남쪽 石阡府에 있는 등운동(騰雲洞)을 다음과 같이 소개한다. “등운동은 龍泉縣 북쪽 10리에 위치하며, 평지에 봉우리 하나가 돌출해 있다. 사방이 모두 험하며, 중간에 길 하나가 뚫려 있는데, 그 외부는 매우 좁지만, 중앙부는 높고 넓어 병사들을 대피시킬 수 있다.” [해당 원문은 다음과 같다. “騰雲洞縣北十里, 平地突起一峰. 四面險阻, 中通一孔, 外窄隘而中高廣, 可以避兵.”]

54 “우리는 동부 지역을 제외한 귀주성의 거의 모든 지역을 답사했는데, 귀주성의 대평원은 귀양 남쪽에 자리잡고 있으며, 거의 쉬지 않고 하루에 60킬로미터 내지 70킬로미터 정도의 여정으로 대략 이틀 반나절이 걸렸는데, 첫 번째 여정이 더 짧았다. 그 평원의 폭은 장소마다 다르다. 정번주(定番州) 부근의 폭은 6~7킬로미터 정도이다. 이러한 지역의 평원 외에는, 遵義 북쪽의 동재(桐梓)와 安順, 安平(平壩), 낭대(郎岱)에 있는 圓谷 저지대 평원에 대해서는 전혀 주의하지 않아 언급할 수 없다.” *Mission lyonnais*, t.1, 94쪽, 각주 1) 참조.

55 본서 161~162쪽에서 이미 인용한 바 있는 서하객의 글에서 우리들은 이러한 원형 함몰지에 대한 언급을 발견할 수 있다. 그는 『徐霞客遊記』권2, 213쪽에서 그러한 함몰지의 규모를 정확하게 언급한 바 있다. 그는 普安府 인근의 함몰지가 있는 평원을 다음과 같이 언급했다. “가장 큰 분지를 이루고 있는 곳은 경작지가 되어 있으며, 가장 작은 곳은 단지 물웅덩이로 남아 있다.” [저자가 사용한 『徐霞客遊記』의 판본과 역자가 참조한 판본이 달라, 그 정확한 쪽수의 기재는 의미가 없지만, 저자의 언급을 통해 추측컨대, 해당 원문은 『徐霞客遊記』권4(하), 「黔遊記」(1)에 나오는 “溢穴之處, 其上皆環塍爲田, 水盈而不滲, 亦一奇也”를 번역한 것처럼 보인다. 따라서 저자가 어떤 기준을 근거로 저지대의 대소 구분을 했는지 분명하지 않으며, ‘작은 저지대에는 물만 괴어 있다’라는 언급도 명확하지 않다. 원문을 염두에 둔다면 물이 투과하는 곳은 경작지로 이용했지만, 투과하지 못하는 곳은 그대로 물이 괴어 있으며, 그 광경 또한 매우 장관이라는 의미로 해석하는 게 적절하다.]

56 예를 들어 서하객이 下司에서 오면서 만난 평원이 그러하다. “그곳은 東西의

두 경계가 모두 산으로, 그 사이에 커다란 평지가 있으며, 강물이 북쪽에서 남쪽으로 흐른다."『徐霞客遊記』권2, 166쪽. [이 부분은 저자가 특정 지명을 거론하지 않은 채, 설명을 하고 있는 탓에 그 정확한 출처를 밝히기가 어렵지만, 아마도 그가 3월 27일 南丹의 下司 지역을 출발해 29일에 上司 지역에 도착한 후, 통과한 지역의 지리 상황을 묘사한 것으로 판단된다. 따라서 그 출발지는 하사가 아닌 上司로 보는 것이 적절하다.]

57 『徐霞客遊記』에는 경작에 대한 언급이 빈번하게 등장한다. 그의 책 권2, 169쪽에는 獨山州 부근에 두 계곡이 모두 水田으로 개간된 정황이 등장한다. 또한 그의 책 권2, 176쪽에는 정번(定番) 부근 두 산의 협곡 아래에 있는 평탄한 함몰지가 경작지로 되어 있다는 언급을 찾아볼 수 있다. 같은 책 184쪽에서도 貴陽 남쪽의 수차패(水車壩) 부근에는 동북 방향으로 함몰된 저지대가 있는데, 그 저지대는 매우 평탄해서 경작지를 만들었다고 언급한 바 있다.

58 광서성에서 출발한 서하객은 산이 연속해 있는 지역에 당도했는데, 그곳에서 다시 2리를 가면 동쪽 산 밑에는 마을이 존재하며, 그 마을 앞에는 사방이 산으로 둘러싸인 분지가 있다. 그 분지를 경작지로 만들었으며, 마을이 동쪽 절벽 맞은편에 형성되어 있었다(『徐霞客遊記』권2, 163쪽).

59 이 두 용어에 대한 정의는 딘들레이 스탬프(L. Dindley Stamp)의 *A Glossary of Geographical Terms*, 1961을 참조할 수 있다. 그는 "이탈리아어나 슬라브어로 돌리나(dolina)라고 하거나 혹은 프랑스어나 독일어로 돌리네(doline)라고 말하는 지형으로 석회석 지대의 분지나 폐쇄된 저지대로서 보통 그 밑이 평평하거나 원형 혹은 타원형이다. 주변이 암석으로 둘러싸인 돌리네는 그 측면이 급경사로 된 암석지대이며 그 하부는 다양한 식물군을 보여주는데, 경우에 따라서는 큰 나무가 자라는 수도 있다. 돌리네를 형성한 깔때기 모양의 지형에는 초지로 덮인 완만한 경사면이 있으며, 보통 그 하부에서는 경작이 이루어진다. 좀 더 큰 암석으로 둘러싸인 형태의 돌리네는 약 반 마일 정도이며 그 깊이는 600피트이다. 가장 작은 돌리네는 함락공(陷落孔)의 형태이다. 돌리네란 용어가 처음 적용된 곳은 카린시아(Carinthia, 오스트리아 남부에 있는 州를 말하며 州都는 클라겐푸르트Klagenfurt)이다.

60 이러한 지형상의 기복을 나타내기 위해 서하객과 그 밖의 다른 저자들이 가장 빈번하게 사용한 용어를 다음과 같이 구분했다.

· 오(塢) : 서하객의 저서에서 끊임없이 등장하는 이 단어는 부정확한 형태의 커

다란 저지대를 가리키며 폴리에(poljé)와 동일한 의미로 사용되었다.
· 원와(圓窪)와 반와(盤窪) : 원형의 저지대로서 돌리네(doline)와 동일하다.
· 학(壑) : 타원형 혹은 길게 형성된 소규모 저지대.
· 원정(眢井), 하(罅), 정(阱), 요(坳) : 구덩이를 의미하며, 불어의 아벵(aven, 석회암 지대에 형성된 우물)이나 구프르(gouffre, 석회암 지대의 움푹 파인 곳)의 의미로 사용되었다.
· 심하(深河) : 깎아지른 듯이 험한 양쪽 사이를 흐르는 하천.
· 협(峽) : 골짜기.
· 석봉림(石峯林), 석편림(石片林) : 바위가 숲처럼 한데 모여 있는 모습.
· 천생교(天生橋) : 천연적으로 만들어진 다리.
· 洞 : 동굴.
· 석순(石筍), 석순(石笋) : 석순처럼 생긴 돌.
· 石鐘乳 : 종유석.
· 스타인(R. Stein)은 자신의 책 *Les jardins en miniature d'Extrême-Orient*, 80쪽에서 다음과 같이 서술한 바 있다. "고대 시기나 근대 시기의 저서들은 모두 잔을 의미하는 鐘(자연의 대지에서 부화하는 번식력을 의미함)과 종이란 의미의 鍾을 구분하지 않고 사용한다. 고대 시기 종의 표면에는 〈유두(乳頭)〉라고 부르는 돌출부가 있다. 그런 유두가 돌로 되었다는 의미를 가진 석종유(石鐘乳)는 바로 종유석을 의미한다." 다만 중국의 현대 지리학자들은 두린(doulin, 斗林)이라고 표기하는 돌리네라는 용어를 원와(圓窪)로 대체했다는 사실 하나와, 운남 지역에는 원형의 저지대나 돌리네를 지칭하는 데 사용되는 패자(壩子)라는 특정 단어가 존재한다는 사실을 주목할 필요가 있다(『中國分省地圖』, 北京, 1965 참조).

61 앞에서 인용한 『中國分省地圖』에서는 귀주성 기후의 주요한 특징으로 항상 다음 두 사실을 거론한다는 점을 주목할 필요가 있다. 우선 강우량이 풍부하며, 특히 북동지역(畢節 지역의 759밀리미터)보다 남동 지역이 더욱 그러하다는 점(옛 古州廳에 해당하는 용강榕江의 2,109밀리미터)과, 두 번째로는 1월 평균 기온(4~10도)과 7월 평균 기온(20~28도)의 차이이다.

62 리옹 사절단 일행은 중국 서남 지역과 특히 운남성 기후가 악명이 높다는 사실을 말해주는 중국 속담을 수집했다. "귀주에서는 비를, 운남에서는 바람을, 사천에서는 더위를 조심해야 한다." *Mission lyonnaise*, t.1, 89~90쪽.

63 『黔志』, 2쪽. [해당 원문은 다음과 같다. “天地闇曶, 閒三五日中一晴霽耳. 然方晴倏雨, 又不可期. 故土人每出, 必披氈衫, 背篛笠.”]

64 『徐霞客遊記』권2, 179쪽. [이 인용문의 날짜를 저자는 3월로 표기했는데, 원문에는 4월로 되어 있으며, 중간에 ‘심애간락취분분’이라는 문장에 등장하는 ‘락’을 단순히 나뭇잎으로 번역했지만 나는 나뭇잎 사이로 안개가 펴져 있는 모습을 나타낸 것으로 번역했다. 원문은 다음과 같다. “(四月) 十六日, 夜聞風雨聲. 抵曉則夙雨霏霏, 余爲之遲起. 飯後坐小窗待霽, 欲往探龍潭. 零雨不休, 再飯乃行…而山雨大作, 循舊徑返. 深靄間落翠紛紛, 衣履沾透…遂下庵, 瀹茗炙衣. 晩餐後, 雨少霽….”]

65 乾隆『貴州通志』권1, 「天文」(氣候), 1쪽 상. [해당 원문은 다음과 같다. “黔地窳而土瘠, 氣沴而候愆, 不可以中州之氣候例也. 嵐氣上蒸膚寸之雲卽能致雨, 故有漏天之號….” 이 원문을 통해 알 수 있듯이 climat라는 단어에 해당하는 기후는 지금의 뜻처럼 날씨를 나타내기 위한 말이 아니라 시간 단위를 의미했다. 즉 5일을 후(候), 3후 즉 15日을 氣라 불렀기 때문에 1歲 (1년)은 24氣와 72候에 해당된다.] 귀주를 방문한 적이 있는 장주(張澍)는 가경 7년(1802) 그의 책 『續黔書』권5, 45쪽 상에서 다음과 같이 언급했다. “내가 귀주 지역에 들어간 이래 장맛비가 내렸다. 옥병(玉屛)에서 귀양까지 대략 열 곳의 여정을 지나면서 겨우 하루만 날씨가 맑았다.” [해당 원문은 다음과 같다. “余辛卯之嘉平月入黔境, 則霪霖. 自玉屛至貴陽凡十程, 僅得一日晴.”]

66 각각 乾隆 『貴州通志』권1, 「天文」(氣候), 1쪽 상과 『黔南識略』권10, 9쪽 상.[역자가 『四庫全書』에 들어 있는 乾隆 6년(1741) 『貴州通志』에서 찾은 해당 원문은‘一日之間, 而寒暖乍異, 百里之內, 而凉燠攸分’로 되어 있는 데 비해, 저자가 인용한 문구는 ‘一日之間, 乍寒乍暖, 百里之內, 此燠彼涼’으로 되어 있어 康熙 31년(1692)이나 乾隆 26년 『貴州通志』를 참고했을 가능성이 높다. 아울러 『黔南識略』의 원문은 “諺云, 冷八寨, 熱三脚, 咫尺之間, 氣候迥殊也”이다.] 다른 한편, 리옹 사절단 역시 이러한 정황과 유사한 기후 차이를 기록한 바 있다. “운남에서 귀주로 통하는 毛口河 계곡 일대의 약 800미터 고도 지역에서 사탕수수와 오렌지를 발견할 수 있었는데, 1896년 1월 25일 오후 2시 그늘의 온도가 섭씨 27였다. 그러나 1월 21일 아침 나절 내내 일행은 눈 내리는 길을 걸었다. 우리들은 귀양부에서 2월에 다시 눈을 볼 수 있게 될 것이다.” *Mission lyonnaise*, t.1, 89쪽. 그들이 돌아오면서 龍里를 통과할 무렵, 오전 6시에 그곳의 기온이 섭씨 20도였으며, 정오에는 섭씨 30도, 오후 5시에는 섭씨 28도였다(*Mission lyonnaise*, t.1, 332쪽 참조).

67 乾隆『貴州通志』권1, 「天文」(氣候), 1쪽 하. [본문에서 저자가 언급한 ‘북쪽 지역

출신자가 저술한'이라는 문장은 쉽게 납득하기 어렵다. 乾隆『貴州通志』의 저자인 장광사(張廣泗), 정도모(靖道謨), 두전(杜詮) 가운데 굳이 언급하자면 장광사가 하북성 래수현(淶水縣) 출신으로 북쪽 출신이지만, 정도모가 호북성 황강(黃岡) 출신이며, 두전은 운남성 마룡주(馬龍州, 曲靖) 출신인 점을 감안하면 건륭『귀주통지』의 저자를 북쪽 출신이라고 하기엔 무리가 있다. 더구나 본문에 "四時多雨少晴, 雨則寒, 晴則暖"이라는 기술만 있을 뿐, '북쪽 출신의 저자'라는 대목은 보이지 않는다.]

68 『古州雜記』7, 378쪽 하. [해당 원문은 다음과 같다. "古州天時炎燠異常, 春末夏初卽熱不可耐, 三代溽暑如在飯甑中, 幾席均皆灼手. 必過霜降, 始漸凉爽, 重九常服稀絡, 冬時亦間有氷雪, 冬至後陰寒亦須重裘. 冬臘月雷卽發聲, 閃電交加, 了不爲異. 雷電之後, 繼以雪霰, 率以爲常."]

69 乾隆『貴州通志』권1, 「天文」(氣候), 1쪽 하. [해당 원문은 다음과 같다. "都匀東南近粤, 嵐瘴差甚. 夏秋間商旅疑畏不行, 霜降後乃無患." 저자는 아마도 상강을 11월이라고 번역한 듯하다. 대체로 상강은 10월 말경이다.]

70 『黔書』, 95쪽. [해당 원문은 다음과 같다. "瘴氣自鎭寧以上, 凡地之近粤者. 卽有每於春夏之交, 微雨初歇斜曰欲睨, 丹碧瀰漫…氣如蒸秫則瘴起也. 遭之急伏地, 或嚼檳榔, 或含土庶幾可免. 否則立病, 如痎瘧黃疸脹腹, 或逾季或二三季, 莫之救矣…大抵瘴生於嵐, 山澤不正之氣也. 氣必乘虛, 入中於口鼻, 而遂匿乎膏肓…."]

71 마튜(Mathew)의 사전처럼 일부 사전에서는 이처럼 장기(瘴氣)를 말라리아, 장독(瘴毒), 해로운 기운 등으로 번역한다. 다른 사람들은 덥고 습하며 유독한 공기로 번역하기도 했다. 지금은 학질을 말라리아로 번역한다. 『사해(辭海)』에는 운남, 귀주, 사천에 많은 이 장기에 감염되는 순간, 사람들은 병에 걸린다고 적고 있다. 『사해』에는 이어 宋代 육유(陸游, 1125~1210)가 저술한 『피서만초(避暑漫抄)』(叢書集成本)라는 저서에서 인용한 흥미로운 인용문이 있는데, 그 인용문에는 장기 발생의 근원이라고 간주할 수 있는 '장모(瘴母)'라는 단어가 등장한다. "嶺南 지방(광서와 광동 지방)에서는 처음엔 공처럼 보이고, 이어 수레바퀴처럼 보이다가 결국 사라져 버리는 사물이 하늘에서 떨어지는 것을 볼 수 있다. 그 사물과 가까이 있는 사람들은 병에 걸리는데, 사람들은 그것을 '장모'라 부른다." 그러나 『사해』의 저자는 이러한 열병의 정체가 무엇인지에 대한 정확한 입장을 취하지 않았으며, 장기와 말라리아 사이의 관련성을 전혀 언급하지 않았다. 이 저자의 견해에 의하면, 기후와 일부 지역의 안개가 서린 습한 기운이 사실상 중국 고대 醫書에서 발병의 원인으로 간주되었다.

72 이것은 배고픈 느낌을 없애준다는 이유 때문에 기근 발생시 귀주 일부 지역에서 먹었던 흙처럼, 치료나 통증을 완화시키는 효력을 가진 특수한 흙을 지칭하는 것이라 볼 수 있다. 이 문제에 대해서는 『黔書』, 96쪽에 나오는 「土飯」 항목 참조. [『黔書』, 「土飯」이라는 항목에는 다음과 같은 일화가 등장한다. "明萬曆間滋陽縣大饑. 忽有羽士星冠瓢劒過之, 指一隙地, 曰下有土飯可食, 忽不見. 衆異之掘地尺餘, 土皆獸色, 微有穀氣, 饑者啖之, 下咽甚適, 因共爭啜一方, 數千人皆取給地, 成窯廣數畝, 深可二丈…."]

73 乾隆 『貴州通志』권1, 「天文」(氣候), 2쪽 상. [해당 원문은 다음과 같다. "南龍…氣候熱多而寒少. 每當春夏之交, 陰雨初霽 嵐氣薰蒸, 人中其氣, 如得瘧疾. 有頭疼胸懣脾瀉諸症…." 저자는 이 인용문의 맨 마지막에 등장하는 '제증(諸症)'이란 말을 '간단히 말해 여러 질병'이라고 번역했지만 두통이나 가슴이 답답한 증상 혹은 설사와 같은 여러 증상이라고 번역하는 것이 더 타당하다. 여기서는 저자의 번역에 따랐다.]

74 『黔記』, 352쪽 상. [해당 원문은 다음과 같다. "貞風州羅斛冊亨, 皆多瘴氣, 人病瘧者多死. 江西之賈於羅斛者, 必經三瘧, 乃可保. 有賈某姓, 已十八病矣."]

75 顧祖禹, 『讀史方輿紀要』권121, 4795쪽. [해당 원문은 다음과 같다. "箭眉山…巓有兩峰, 峰畔一谷, 甚寬平, 可耕藝. 土氣多燠, 蔬菓四時不乏, 然多煙瘴, 不可居, 惟土著仲家居焉."]

76 다른 한편 "정풍주(貞豊州)의 험준한 산악지역에서는 장기(瘴氣)가 많아 거의 묘족만 살고 있으며, 일부 북동 지역을 제외하면 정풍주에서 벽으로 둘러싸인 건물들은 장기가 상대적으로 심하지 않은 구릉 지대보다 늦게 조성되었다. 즉 정풍주는 乾隆 7년(1742)에야 비로소 돌로 된 성곽이 만들어졌다"는 사실을 언급하기도 한다. 愛必達, 『黔南識略』권28, 9쪽 상 참조. [해당 원문은 다음과 같다. "…西南界羅斛三百二十里, 西北界安南縣四十里, 廣三百三十里, 裏三百五十里州地, 萬山叢疊, 爲烟瘴苗疆. 初無城池, 惟東北珉球地方, 山勢就坦, 烟瘴稍輕, 以爲治所, 乾隆七年, 始建石城…."]

77 『黔書』, 95쪽. 이러한 방법으로 물고기를 잡는 일은 이미 12세기에 등장했다. 『溪蠻叢笑』, 8쪽에는 "산속에 거주하는 요족은 고기 잡는 도구를 가지고 있지 않다. 그들은 강의 상류와 하류를 막은 다음, 요(蓼)를 으깨 강에 뿌리면 물고기가 마비되기 때문에, 힘들이지 않고 물고기를 잡을 수 있다"라는 언급이 등장한다. 이러한 어업 방법은 동남아시아에서도 찾아볼 수 있다.

78 『黔書』, 96쪽. "近用火器驚之, 卽解散." 또한 『粵滇雜記』, 391쪽에는 다음과 같

은 사실이 기재되어 있다. "이전에 鎭寧府를 둘러싸고 있는 산들은 나무로 뒤덮여 있어, 그 안의 악기(惡氣)가 전혀 사라지지 않고 모여 있었다. 그러나 지금은 그런 안개가 있을 경우, 마을 주변의 나무를 30리 넘게 잘라 악기를 몰아낸다."

79 『黔書』, 96쪽 참조. 이 도교 수련법과 관련해, 宋代 소동파(蘇東坡, 1037~1101)의 언급이 이 인용 부분에 적혀 있다. 소동파는 '나는 氣를 단련하고 욕망을 억제하는 탓에 (욕망을 줄이면) 병에 걸리지 않는다'라고 말했다.

80 『黔南識略』권29, 10쪽 하. [해당 원문은 다음과 같다. "避瘴癘之法有四, 謂勿起早食飽勿脫褀勿洗澡也."]

81 『黔南識略』권22, 9쪽 상. [해당 원문은 다음과 같다. "醫局乾隆二十年設. 地多瘴癘, 夏秋尤甚, 俗稱爲桂華瘴. 云按古州之地, 昔曾羈癘設官, 而其後閉塞也."]

82 乾隆『貴州通志』권1, 「天文」(氣候), 1쪽 상. [해당 원문은 다음과 같다. "農民歲入, 除正供之外, 恒不敷食."]

83 道光『遵義府志』권18, 「木政」참조. [저자가 제시한 道光『遵義府志』는 참조하지 못했지만, 光緒 18년(1892) 刊本『遵義府志』역시 권18이 「木政」으로 되어 있다. 광서 연간 『준의부지』는 아마도 道光 21년(1841) 간본을 重修했다고 판단되는데, 실제 이 부분에는 이 지역의 수종(樹種)이나 그 분포 상황 등이 나와 있지 않다. 보통 「木政」은 말 그대로 국가가 특정 지역에서 목재를 징발하는 데 따른 문제점이나 징발해야 할 수량, 혹은 벌목 방법을 기술한다. 일반적으로 수종을 알기 위해서는 「木政」부분보다는 해당 지역의 생산물을 기재한 「물산」 부분이 더 유용하다.]

84 특히 『黔南識略』에서 저자는 각 府에 어떤 종류의 나무가 가장 많이 있는지를 기록했다.

85 『黔記』, 346쪽 하에 의하면 오강(烏江) 서쪽의 산들은 경치가 빼어나고, 물 기운이 풍부하며, 수목이 매우 울창하다고 적혀 있다. [해당 원문은 "遵義貴陽, 以烏江爲界. 烏江之西, 山色秀潤, 樹木蔥蘢"이다. 저자는 이 문장을 번역하면서 맨 뒤에 나오는 '수목총롱'을 '무성한' 혹은 '울창한'이라는 의미의 'luxuriante'라고 번역했다. 그러나 '총롱'은 무성한 모습과 함께 대지가 물기를 머금어 윤택하다는 의미도 아울러 가진다.]

86 顧祖禹가 『讀史方輿紀要』권120, 4767쪽에서 安南과 가까운 반강(盤江)의 경계 지역을 설명하기 위해 사용한 말이다. [해당 원문은 "盤江…又南經永寧州西境, 普安州東境, 盤迴曲折於山箐間, 陰翳蒙密…"이며 저자도 '촘촘한'이란 의미의 단어를 썼다는 점에서 나무의 밀도는 이앞의 '총롱'보다 더 빽빽하다고 할 수 있다.]

87 그러나 우리가 이용할 수 있는 자료가 여전히 충분하지 않기 때문에 단지 17~18세기의 상황을 알 수 있을 뿐이다. 정확한 설명을 위해서는, 17~18세기 숲의 면적을 증명하기 위한 수단으로서 19세기 자료(특히 리용 사절단이 작성한 보고서의 내용)를 이용해야만 할 것이다. 남벌에 관련된 정보에 대해서는 전적으로 옛날 자료에 의존할 수밖에 없다. 특히 함풍(咸豐) 10년(1860)에서 동치(同治) 8년(1869)까지 발생한 소수민족 반란에 따른 군사 작전과 같은 여러 요인 때문에, 19세기에 귀주성의 남벌이 매우 광범위하게 자행되었다는 사실을 우리는 알고 있다. *Mission lyonnaise*, t.1, 95쪽 참조.

88 본서 후반부에 있는 〈지도 6〉 참조.

89 *Mission lyonnaise*, t. II, 209쪽.

90 『黔南識略』권21, 8쪽 하에는 여평부의 산지가 온통 흙으로 뒤덮여 있다는 사실을 언급하고 있다. [해당 원문에는 "黎平府…山多戴土, 樹宜杉. 土人云種杉之地, 必豫種麥及包穀…"이라고 기술되어 있는데, 산지가 온통 흙으로 덮여 있다는 언급은 '山多戴土'라는 문장을 번역한 것이라 볼 수 있다. 그러나 원추 모양이 좀 더 둥근 형태로 바뀐다는 언급은 사료에서 찾아보기 어렵다.]

91 『徐霞客遊記』권2, 176쪽. 서하객의 여정에 대해서는 그의 여행도(〈지도 4〉) 참조. [해당 원문은 다음과 같다. "曰翁樓, 木樹蒙密, 小水南流. 從其西入山峽, 兩山密樹深箐, 與貴陽四面童山迴異. 自入貴省, 山皆童然無木, 而貴陽尤甚."]

92 『黔南識略』권2, 6쪽 상. 리용 사절단의 여정을 쓴 저자도 龍里의 상황을 동일하게 묘사했다. "용리 이후의 길은 강물이 흐르는 측면의 자그마한 계곡을 따라 있으며, 곳곳에 파란 못자리가 보이는데 그곳은 약 80~150미터 높이의 언덕으로 둘러싸여 있고, 그제와 마찬가지로 소나무와 그 잎이 햇빛에 반사되는 풍향수(楓香樹) 사이로 고사리와 소관목(小灌木) 등이 덮여 있다… 이런 일련의 식물대가 있는 오른쪽 경사면의 골짜기를 통해 내려올 때, 가장 인상 깊은 건 이 지역이 상대적으로 나무가 울창하다는 점이다. 온통 초록색 일색인 산을 보면서 취하는 휴식은 정말 즐거운 일이다. 5개월 전만 해도, 그 광경이 그토록 푸르지는 않았다." *Mission lyonnaise*, t.I, 332쪽 참조.

93 『黔南識略』권2, 11쪽 상. [해당 원문은 다음과 같다. "又東北一徑, 通都勻府計一百二十里, 樹木惟青棡刺楸楊槐, 餘木不甚相宜…."]

94 『黔南識略』권7, 2쪽 상~하. [해당 원문은 다음과 같다. "石關口山, 在城東南二里, 兩岸如門, 官道經, 其中杉木. 箐山在城西六十里, 山深林密…."]

95 『黔南識略』권6, 8쪽 상. [해당 원문은 다음과 같다. "…馬步兵九十八名, 屬安順城守營, 場市七. 樹多楓香楸樹白楊樺椑之屬…."]

96 『黔南識略』권14, 7쪽 상. [해당 원문은 다음과 같다. "…木饒, 桐茶松柏椿梓杉柳黃楊之屬…."]

97 顧祖禹, 『讀史方輿紀要』권122, 4849쪽. [銅仁府 관할 오라장관사(烏羅長官司) 지역에 있는 목이파(木耳坡)와 삼애산(森崖山) 일대에 대한 묘사이다. 고조우는 두 지역 모두 나무가 매우 울창하다고 설명하고 있다.]

98 『黔南識略』권20, 5쪽 상. [저자가 "새 잎들이 마치 구름처럼 하얗게 돋아난다"고 하는 원문은 "…森嚴山, 在城南平頭司, 林木蓊鬱, 望之如雲…"이며 귀주성 동북쪽에 위치한 송도청(松桃廳)에 관련된 언급이다.]

99 역주 아마도 귀주성 북동쪽에 위치한 思南府, 石阡府와 銅仁府를 지칭하는 것이라 판단된다.

100 顧祖禹, 『讀史方輿紀要』권122, 4834~4851쪽.

101 『黔記』, 346쪽 하. [해당 원문은 다음과 같다. "遵義貴陽, 以烏江爲界. 烏江之西, 山色秀潤, 樹木蔥籠, 過江則皆童阜, 多臃腫狀. 一水之隔, 而風景迥殊." 그러나 저자가 원문의 '다옹종상(多臃腫狀)' 부분을 번역하지 않았기 때문에, 본문과는 약간 달리 해석했다.] 리옹 사절단 일행 역시 이것과 유사한 생각을 가졌다는 사실도 흥미롭다. "귀양을 벗어나 오강(烏江)까지 가면 평균 1300미터 고도의 황량한 고원을 통과하게 된다. 오강의 건너편 650미터 지점에는 그보다 낮은 고도(준의 지방은 900미터)의 고원을 또 만나게 되는데, 사천 쪽으로 다가갈수록 높아진다. 숲이 가장 많이 우거진 곳은 준의이다. 적황색의 낙엽과 야잠(野蠶)을 기르는 자그마한 참나무가 소나무나 예쁜 인상을 주는 사시나무와 반드시 뒤섞여 있다." *Mission lyonnaise*, t.1, 113쪽.

102 顧祖禹, 『讀史方輿紀要』권123, 4877쪽과 『黔南識略』권24, 4쪽 상.

103 단지 위녕주(威寧州) 주변에 숲이 일부 존재한다는 사실을 발견할 수 있다. 『黔南識略』권26, 2쪽 하 참조.

104 『黔志』 3쪽 ; 『黔南識略』권3, 17쪽 하와 권4, 15. [이러한 저자의 설명과는 달리 『黔南識略』권3, 17쪽 하에는 "木多松柏杉梓楊柳, 隙地間種桐茶"라고 廣順府의 정황을 설명하고 있다. 한편 安順府는 저자의 표기와는 달리 안순부를 언급한 『黔南識略』권4는 11쪽밖에 없다. 따라서 어떤 지역을 두고 숲이 많이 없었다고 설명했는지 짐작하기 어렵다. 다만 안순부 경내 탑산(塔山) 일대(권4, 2쪽 상)에 숲이 매우 울창했으며, 낭대(郎岱)

에도 동(桐), 재(梓), 상(桑) 등의 나무(권4, 8쪽 상)가 존재했다. 아마도 좀 더 자세한 사항은 이 지역의 개발 정도를 면밀히 고찰해야 알 수 있을 것이다.]

105 顧祖禹, 『讀史方輿紀要』권120, 4767쪽과 권121, 4793쪽 ; 『黔遊記』7, 358쪽 상 ; 『黔南識略』권18, 4쪽 상 ; 『徐霞客遊記』권2, 211쪽. [위 인용 사료 가운데, 『黔南識略』권18, 4쪽 상은 普安에 관련된 사안이 아닌 思州府에 관련된 대목이다. 보안현의 나무 관련 기사는 『黔南識略』권28, 2쪽 상에 普安縣 서쪽에 위치한 벽운산(碧雲山)에 나무가 울창하다는 내용과, 다시 同書 권28, 4쪽 상에 백사역(白沙驛) 일대 산지에 소나무와 삼나무 등이 존재한다는 내용이 등장한다. 아마도 저자는 권28을 권18로 잘못 기재했을 것이다.]

106 『黔南識略』권28, 12쪽 상. 리용 사절단의 언급에 의하면 이 지역은 회교도 반란 이전에는 당시보다 숲이 더 많았다는 사실을 알 수 있다. "이 서남 지역은 적어도 우리가 판단할 수 있는 한, 산이 매우 헐벗었는데, 특히 회족 반란으로 고통을 겪은 興義府가 더욱 그러하다. 이 지역의 주요 수종은 삼나무이다. 또한 풍향수(楓香樹), 호두나무, 참나무, 녹나무, 파오커 죽(pao ke tsao) 등이 있는데, 그러한 나무에는 곤충들이 서식하며, 그러한 곤충들은 다시 백랍수(白蠟樹)로 옮아가기 때문에 특히 鎭寧과 安順 일대 주민들이 밀랍을 만든다." *Mission lyonnaise*, t.II, 223쪽. [저자가 인용한 『검남식략』권28, 12쪽 상은 興義府 貞豊州 관련 기사에 나오는 "…樹多靑㭎楓香杉梓, 産棉花…"이다. 한편 해당 리용사절단의 저서를 인용해 열거한 나무 가운데 'pao ke tsao'는 무엇을 지칭하는지 알기 어려웠다. 실제로 宣統 원년(1909) 간본 『興義府志』권43, 「物産」, 38쪽 상~46쪽 상에 열거된 대표적인 나무 종류는 춘(椿), 자동(刺桐), 오구(烏桕), 야광목(夜光木), 오동(梧桐), 청동(靑桐), 청강(靑㭎), 유동(油桐), 장(樟), 남(楠), 재(梓), 추(楸), 황양(黃楊), 백양(白楊), 조협수(皂莢樹), 동청(冬靑), 저(楮), 나한송(羅漢松), 백(柏), 삼(杉), 향풍(香楓) 등이 전부이다. 이러한 나무들 역시 나한송, 삼, 백 등은 모두 이전 시기 지방지를 인용했기 때문에, 이 지방지가 편찬될 당시인 선통 연간에 존재했을 가능성은 거의 없다. 또한 맨 끝의 'tsao'라는 발음으로 보아 대나무일 가능성이 높지만, 앞서 언급한 지방지의 대나무 종류에도 세 글자로 된 대나무 명칭은 존재하지 않는다.]

107 중국의 小地圖에 따르면 현재 귀주성의 삼림면적은 전체 면적의 9퍼센트 정도라는 사실을 염두에 둘 필요가 있다.

108 이 문제와 관련해 乾隆 『貴州通志』권15, 「物産」, 2쪽 하에 기록된 것처럼, 귀양 지역에서 자라는 수종의 종류를 매우 자세히 재구성할 수 있다. 그 기록에

의하면 "옥잠(玉簪), 대나무(竹), 소나무(松), 측백나무(栢), 버드나무(柳), 참죽나무(椿. 乾隆『貴州通志』는 그것이 취춘[臭椿, *Ailante glanduleux*]인지 혹은 香椿[*Cedrela odorata*]인지에 대한 구분은 하지 않았다), 홰나무(槐), 종려(棕櫚, *Trachy-carpus excelsa*, Wendl.), 단풍나무(楓), 아구나무(桕), 오동나무(梧桐, *Sterculia platanifolia*, L.)" 등이 존재했다.

109 道光『遵義府志』권16, 「農桑」, 17쪽 상.

110 이런 나무들의 학명을 알아보기 위해 P. Charles Taranzano, *Vocabulaire des sciences mathémathiques, physiques et naturelles*(『수학, 물리학, 자연 과학 용어』), Sien Hsien, Impr. de la Mission Catholique, 1923~1936 ; J. Roy, *Traité des plantes médicinales chinoises*(『중국약초론藥草論』), Lechevalier, Paris, 1955 ; 林秀好 等編, 『貴州經濟植物圖說』, 貴州人民出版社 : 貴陽, 1960~1962쪽에 등장하는 자료들을 이용했다.

111 삼목 껍질은 지붕의 덮개로 사용하며, 낙엽은 연료로 사용된다.

112 『黔南識略』에 등장하는 설명을 믿을 수 있다면, 삼목은 귀주성의 가장 중요한 수종이었다. 또한 『中國分省地圖』에 의하면, 20세기에 이르러서도 삼목은 귀주성 숲에서 가장 지배적인 수종이었다.

113 乾隆『貴州通志』권15, 「物産」, 6쪽 상에 의하면, 銅仁府의 남목은 완전히 벌목된 상태였다.

114 운남과 귀주의 주요한 특징인 대나무 숲을 의미하는 '정(箐)'이란 특정 단어가 존재한다. 본서 부록 580쪽에 있는 사료 참조.

115 乾隆『貴州通志』권15, 「物産」, 1쪽 상~7쪽 하. [해당 원문은 다음과 같다. "青風竹, 出永寧關嶺, 俗名藍竹…方竹, 出府屬體如削成勁挺堪爲枝, 桃竹通名棕竹, 出獨山州…蔓竹, 府屬俱出…俗名棉竹, 用以織筐篋等器…."]

116 乾隆『貴州通志』권15, 「物産」, 5쪽 하에는 이런 동나무 종류가 단지 思南府에서만 생장하는 것으로 나타나 있지만, 『黔南識略』에는 동부 지역 전체에서 생장한다고 기록되어 있다. 본서 〈지도 4〉 참조.

117 『遵義府志』권17, 「物産」, 29쪽 하. 리용 사절단 일행은 종려 나무를 〈유용한 나무〉라고 찬양했다. "이 고장에서 종려나무는 분명 중요한 역할을 한다. 균련(筠連, 사천성 남쪽의 귀주성과 경계 지역에 위치한다)의 모든 가정에서는 종려나무로 끈이나 등에 지는 바구니의 멜빵끈을 만들어 판매하는데, 짐꾼들은 이 멜빵끈을 이용해 소금을 지고 귀주성으로 향한다. 이 힘든 직업을 수행하기 위

해서는 다른 도구들도 물론 필요하다." *Mission lyonnaise*, t.1, 242쪽.

118 乾隆『貴州通志』권15,「物産」, 5쪽 하와 7쪽 하.

119 乾隆『貴州通志』권15,「物産」, 6쪽 하와 3쪽 하에는 이 계골향(鷄骨香)이 각각 여평부와 귀양부에서 산출된다고 기록되어 있다. 계골향은 12세기 저서인『溪蠻叢笑』, 4쪽 상에 이미 등장하며, 거기에는 강진향(降眞香)으로 표기되어 있다. 이 책에 의하면 계골향은 본래 남해에서 기원해, 중국 서남 지역으로 확산되었다. 그러나 서남 지역에서 생장하는 것은 그 품종이 동일하지만, 훨씬 억세고 가늘며 향기도 많지 않다고 기술되어 있다. [원문에는 "降眞本出南海, 今谿洞山僻處亦有, 似是而非, 勁瘦不甚香, 名雞骨香"이라고 되어 있는 것으로 미뤄 강진향과 계골향은 그 종류가 약간 다르다는 사실을 알 수 있다. 한편 계동이란 단어를 중국 서남 지역이라고 번역하는 것도 다소 무리가 있다고 판단된다.] 또한 李時珍,『本草綱目』권34, 105쪽과『續黔書』권6, 57쪽 하~58쪽 상 참조. [아마도 저자가 강진향이 약재에 속한다고 한 설명은 이『續黔書』에 근거한 것처럼 보인다.『續黔書』에는 "…黔之貴陽府境出降眞香, 燒之可感引鶴降, 醮星辰宜焚之. 凡宅舍怪異, 疫癘刃傷, 燒之立驗, 小兒尤宜帶之. 皆此香在深林密箐縣巖之古藤上, 人跡不到, 霜饕雪虐, 經歷歲月, 肉皮俱爛, 赤心如鐵, 故其香勁而遠也. 以生於藤, 又名紫藤香云"이라 되어 있다.]

120 현재에도 여전히 귀주성은 의림산국(宜林山國), 즉 삼림 생장에 유리한 지역이라 불린다.

121『遵義府志』권19의「坑冶」나『八寨縣志稿』권19의「礦業」과 같은 항목을 말한다.

122 이러한 상주문의 상당수는 중국에서 편찬된 다음 두 종류의 사료집에 등장한다. 첫째,『淸實錄經濟資料輯要』, 南開大學歷史系編, 1959와 둘째,『中國近代手工業史資料』, 北京, 1957 중 권1에서 1840년 이전 정보를 찾을 수 있다.

123 본서 3장에서 다시 언급할 예정이지만, 광산 개발의 불안정성은 매우 높았다. 광산이 고갈되지 않았음에도 불구하고, 좀 더 채굴이 용이한 광산이 발견되면, 예전의 광산을 바로 포기하고 방치했다가 수년 후 다시 개발하곤 했다.

124 불법으로 개발된 소규모 광산이 상당수 존재했다. 그러한 불법 개발은 개발 금지가 내려진 이후 채굴이 진행되거나, 행정당국이 아직 새로운 광산 채굴을 전개하지 않았음에도 불구하고 진행되었다.

125『滇行紀程』, 10쪽의 "안남에서 신홍에 이르는 연변에는 매산이 많다. 그러나 그 생산량은 북경에 미치지 못한다[安南至新興, 所沿路多煤山, 然所産不及京師]"라

는 언급 참조. 북경에 미치지 못한다는 언급은 아마도 북경에서 동쪽으로 30킬로미터 떨어진 門頭溝 煤礦을 암시하고 있는 것처럼 보인다. 문두구 광산에 대한 자세한 사항에 대해서는 M. Cartier, "En Chine du XVIe au XVIIIe siècle : Les mines de charbon de Men-t'ou-kou(「중국 16~18세기 문두구의 매광」)," *Annales, Economies, Sociétés, Civilisation*, janv.-fév. 1967, 50~87쪽에 소개된 등척(鄧拓)의 연구 참조. 또한 본서 375쪽과 379쪽 참조.

126 리용 사절단은 여러 차례에 걸쳐 석탄 매장을 언급했다(*Mission lyonnaise*, t.II, 214~224쪽). 리용 사절단의 언급은 몇 년 후 작성된 보고서인 Leclère, "Etude géologique et minère des provinces voisines du Tonkin(「통킹 주변 省들의 지질과 광산 연구」)," *Annales des mines*, 1901, 435~438쪽에서 다시 확인할 수 있다. 그 보고서에는 석탄의 품질과 지리적 분포가 정확하게 기록되어 있다. "고생대층의 석탄 매장 분지가 노과(老撾), 곤명(昆明), 동천(銅川), 소통(昭通)과 귀양을 잇는 사각형 지대 안에 분포되어 있다. 다른 한편 앞에서 언급한 지역보다 품질이 좋은 중생대층의 석탄이 약 5만 제곱킬로미터의 넓이 정도가 되는 몽자(蒙自)-홍의(興義) 일대, 馬場-회리(Hui li), 그리고 귀양을 잇는 지역에 존재한다." 이 책의 저자는 다시 "홍의 지역에서는 수은 증류를 위해 마련한 부지가 석탄노천광이 있는 바로 그곳에 자리 잡고 있는데, 그 노천광은 석회층 사이에 형성된 편암질층의 일부로서 약 1400미터 고도에 위치하며 진사층(辰砂層)이 아래 40미터에 매장되어 있다"고 지적한다(129쪽). 이어 저자는 안순 지역을 언급하면서, 레틱 지층대에 있는 석탄이 안순 주변 지역에 풍부하게 매장되어 있다고 말했다. "마지막으로 안순 지역의 경우 이곳에서 귀양으로 가는 모든 지역의 경작지가 있는 저지대에는 노천 석탄광이 항상 존재하며, 그곳에 수많은 구덩이(갱도)를 볼 수 있다." 그 책은 또한 거주 지역 밑의 토지가 붕괴될 우려 때문에 귀양 주변 지역에서는 그러한 노천 탄광의 개발을 금지시켜야만 했다고 언급했다.

127 리용 사절단의 설명은 석탄채굴이 19세기에 자유롭게 행해졌다는 사실을 확인시켜 준다. *Mission lyonnaise*, t.II, 311쪽에는 "중국에서의 석탄 채굴은 완전히 자유롭게 이루어지며, 맨 처음 온 사람이 광산 개발을 시작할 수 있다. 갱도를 만들 해당 부지를 미리 사거나, 캐낸 광물의 일부를 받았던 땅의 소유자와 계약을 체결해야만 했다"라고 적혀 있다.

128 본서 〈지도 7〉 참조. 이러한 광물의 개발을 언급할 때 참조할 수 있는 본서 3

장의 사항을 다시 항목별로 명시하지는 않았다.

129 19세기~20세기에 이르러 귀주 지역에 매장되어 있다고 알려진 광물의 종류는 다시 한 번 증가했다. 새롭게 등장한 광물 가운데 가장 중요한 것으로는 안티몬광, 알루미늄광, 아연광과 인광이다.

130 그러나 이러한 사실을 뒤집는 사료도 존재한다. 본서 390쪽 참조.

131 현장을 직접 탐사한 유럽인들도 이러한 생각을 갖고 있었다. 지나치게 낙관적인 견해이긴 하지만, 1888년, 본(Bourne)은 "(사천성의 소금을 제외하면) 귀주성은 중국의 다른 어떤 성보다 천연자원이 분명 풍부하다. 철광과 석탄광이 도처에 풍부하게 매장되어 있을 뿐 아니라, 구리, 유황, 석유, 수은, 진사 외에도 토질의 구조에 따라 노천에 그대로 드러나 있는 그 밖의 다른 귀한 광물이 존재한다"라고 언급했다. *Report of a Journey in South-western China*, 75쪽 참조. 리용 사절단의 광산 보고서는 "운남성과 마찬가지로 귀주성은 광물 자원이 가장 중요하다"라고 언급했다. *Mission lyonnaise*, t.II, 294쪽.

132 역주 사천 지역에 존재하는 민강(岷江), 타강(沱江), 가릉강(嘉陵江), 오강(烏江)을 말한다.

133 본서 73~74쪽과 그 이후 참조.

134 顧祖禹, 『讀史方輿紀要』권120, 4769쪽. 후반부에서 다시 언급할 예정이지만, 고조우는 군사적 지리 문제를 염려했던 인물이다. 이 문제에 대해서는 Chang Chi-yun, "China's Ancient Military Geography : An Abstract of Ku Chu-yui's Outline of Historical Geography," *Chinese Culture*, A Quarterly Review, déc., vol. II, no.3, 1959, 1~22쪽 참조. [고조우의 『讀史方輿紀要』를 인용한 이 부분의 언급은 귀주성 전체에 대한 언급이 아닌 편교의 중요성을 강조한 글이다. 해당 원문은 "偏橋, 蓋辰沅之臂, 貴陽之噤喉. 偏橋警而東西隔絶, 糧援中斷矣. 明時幅員滇洱, 置驛四川, 不如取道湖廣爲徑, 雲南湖廣之間, 惟恃貴陽一線. 有雲南不得不重貴陽, 重貴陽不得不及偏橋, 必至之勢"이다. 따라서 명대 관할 영역이 운남으로 확대되고, 이에 따라 사천에 역참을 두었지만, 오히려 호남쪽 서부를 경유해 진원과 귀양으로 이어지는 교통로로 택하는 게 유리하다는 주장이다. 편교는 귀주성 서부 鎭遠府 서쪽 60리에 위치한 곳이다.]

135 Grosier, *Description de la Chine*, t.1, ch.15, 231쪽.

136 운남 지방에 관련된 章의 서두에서 고조우는 귀주성으로 들어가는 주요 도로에 관련해 흥미로운 언급을 하고 있다. 이 도로에 관한 설명은 모두 顧祖禹의

『讀史方輿紀要』권113, 4576~4577쪽에 근거했다.

137 顧祖禹, 『讀史方輿紀要』권113, 4576~4677쪽.

138 土司를 유관(流官)으로 교체시키기를 원했던 洪武 연간의 한족 출신의 군사 수장인 마욱(馬煜)은 사향의 옷을 벗겨 태형을 가함으로써 이족의 반란을 유도하고, 그것을 빌미로 이족들을 제거하려 했다. 그러나 이족들은 마욱의 이러한 계획을 좌절시켰다. 즉 이족이 그들의 首長을 南京으로 보내 황제에게 이 사실을 고하자, 황제가 그 사실 여부를 조사하라고 명령했으며, 결국 마욱을 처형했다. 황제의 은혜에 보답하기 위해 사향은 西路의 재정비를 황제에게 약속했다. 『明史紀事本末』권19, 62쪽. 한편 『黔志』의 저자는 그의 책 3쪽에서 "西路는 (안전하게 다닐 수 있는) 유일한 도로다. 사향이 만든 여덟 개 역참에는 대체로 말, 숙소, 우전(郵傳) 등이 모두 잘 갖춰져 있으며, 순라와 야경(夜警)이 모두 자신의 관할이기 때문에 비록 밤에 돌아다녀도 도둑을 염려하지 않는다"라고 적었다. [惟西路行者. 奢香八驛, 夫馬廚傳, 皆其自備, 巡邏干掫, 皆其自轄, 雖夜行不慮盜也.] 한족 관할인 東路와 확연히 구분되는 西路의 이러한 완벽한 조직에 감탄한 이 책의 저자는 "분명히 이족의 습속 또한 본래 아름답다"라고 결론지었다.

139 역주 마충(馬忠) : 본명은 호독(狐篤)이며 四川省 낭중(閬中) 태생이다. 후한 建安 연간(196~229) 말년 효렴(孝廉)에 천거되어 장가군태수(牂柯郡太守)를 역임했다.

140 顧祖禹, 『讀史方輿紀要』권113, 4577쪽. 장가(牂柯) 지역에 대한 설명은 본서 68쪽 각주 190) 참조.

141 顧祖禹, 『讀史方輿紀要』권113, 4576쪽. 역시 오척도(五尺道)가 등장하는 『史記』와 『華陽國志』에는 오척도가 통과하는 지역을 정확하게 밝히지 않았다. Yves Hervouet, *Un Poète de cour sous les Han : Sseu-Ma Siang-jou*, 78쪽 참조. 고조우는 오척도와 석문도(石門道)를 동일하게 생각하고 있지만, 『蠻書』에는 두 번째 석문도가 완전히 다른 것으로 기재되어 있다. 向達, 『蠻書校注』, 中華書局 : 北京, 1962, 19쪽과 후반부의 지도 참조.

142 顧祖禹, 『讀史方輿紀要』권113, 4577쪽.

143 호남성 서쪽부터 귀주와 접경지역에 이르는 곳에는 한족 군대가 수세기 동안 힘들게 대항해야 했던 묘족들이 매우 밀집되어 있다. 한족은 호남 묘족들과 그들의 형제라 할 수 있는 귀주 묘족들을 서로 분리시키기 위해 오랫동안 노력했다. 따라서 이 지역의 도로 장악은 무엇보다 중요했다. 또한 『苗防備覽』에는 이

지역의 여러 도로에 대한 자세한 언급과 함께 동인과 松桃 지역의 자세하면서도 흥미로운 지도가 들어 있다. 銅仁府의 지도는 본서 말미에 실려 있다(〈도판 3〉 참조).

144 『黔志』의 저자는 그의 책 4쪽에서 파주(播州, 준의)는 동쪽으로 사남과, 서쪽으로 노주(瀘州) 북쪽(四川)과 통한다는 사실을 지적했다. 행정적으로 준의부는 옹정 5년(1727)까지 사천에 속했다. 행정 개혁이 단행된 이후에도, 사천성에 대한 준의부의 경제적 의존도는 여전했다. 본서 391쪽에 등장하는 소금 무역에 관련된 내용에서 이 사실을 언급할 예정이다.

145 『黔中雜記』, 360쪽 상에는 평원(平遠) 지방의 모든 도로에 대한 자세한 언급이 등장한다.

146 귀주성 남서 지역의 도시들, 즉 안룡(安龍), 책형(冊亨), 나곡(羅斛)은 옹정 5년(1727)까지 광서성 관할이었다(乾隆『貴州通志』권3, 「建置」, 46쪽 상 참조). 泗城 북동 지역은 산악 지역으로서 숲이 많았으며 장기(瘴氣)가 많은 곳으로도 유명했는데, 오랜 기간 동안 한족의 확대와 무관한 채로 남아 있었다. 李宗昉은 『黔記』, 345쪽 하에서 귀주성 최남단의 역참이 흥의에 존재한다고 언급했다.

147 **역주** 덕강(德江) : 현재는 동인시 관할이지만 명·청시대에는 思南府 관할에 있었다.

148 호남성 정주(靖州)와 귀주성 여평을 연결하는 도로가 오래전부터 존재했다 해도, 貴州와 古州 사이의 도로가 연장된 시기는 장광사(張廣泗)의 군사 작전이 전개된 때인 옹정 8년(1730)이다. 본서 470쪽 참조.

149 **역주** 안남(安南) : 명대에는 안남위(安南衛)의 치소(治所)였던 안남과 보안주(普安州)에 다시 안남소(安南所)가 존재했다.

150 **역주** 흥인(興仁) : 명대 안남위 소속 신성소(新城所)가 있던 지역을 말한다.

151 『徐霞客遊記』권2, 175쪽.

152 『黔記』권1, 345쪽 하. [해당 원문은 다음과 같다. "省中街市, 皆砌以石, 雨後極滑. 婦女雨行, 穿毛底鞵, 或用椶底, 最穩且快."]

153 F.S.A. Bourne, *Report of a Journey in South-western China*, 73쪽 참조.

154 B.G. Cressy, *Land of the 500 millions - A geography of China*, 1955년 재판본, 224쪽 참조. "귀주성과 접한 省의 대부분 지역은 매우 복잡하게 나뉘어져 있으며, 그 경사면의 각도가 45도 내지 심지어 60도까지 된다."

155 『徐霞客遊記』권2, 183쪽.

156 乾隆『貴州通志』권44, 「藝文」(詩賦), 44쪽 하.

157 본서 〈도판 5〉 참조.

158 民路의 크기에 대해서도 역시 리옹 사절단의 서술을 참조했다. *Mission lyonnaise*, t.I, 314쪽. "중국에서 도로라 불릴 수 있는 적절한 길은 포장된 길로서 그 폭이 평균 1미터 50센티미터에서 2미터이다."

159 서하객은 그가 大路에서 벗어날 때마다 이러한 小路를 이용했다. 『徐霞客遊記』권2, 172쪽과 192쪽 참조. 리옹 사절단의 보고서에서도 여행객들이 오가는 소로의 사진을 볼 수 있다. *Mission lyonnaise*, t.I, 241쪽.

160 *Mission lyonnaise*, t.I, 336쪽. 심지어 모래를 이용하기도 했다. *Mission lyonnaise*, t.I, 314쪽.

161 상품을 팔기 위해 묘족 마을까지 들어갔던 客商들은 예외이다.

162 傅鼐, 「修邊」. 『皇朝經世文編』권88, 「兵政十九」(苗防).

163 嚴如熤, 『苗防備覽』권6, 1쪽 상. [해당 원문은 다음과 같다. "苗路雖云如髮, 其間亦有經由常道, 玆悉爲詳載. 環苗疆數百里鳥道羊腸, 視若康莊矣."]

164 일부 지역에서는 이러한 도선(渡船)의 수효가 매우 많았으며, 뱃사공 동업 조직이 상당수 있었으리라 추측된다. 顧祖禹, 『讀史方輿紀要』권122, 4831쪽에 의하면, 思南府 북쪽 300리 지점에서는 烏江 연변의 선착장 근처에 사는 사람들 모두가 직업이 뱃사공이었다. 다른 한편 乾隆 『貴州通志』권6, 「地理」(關梁)에는 선착장을 부별(府別)로 기재하고 있는 것으로 미뤄, 도선으로 강물을 건너는 수단이 보편적이었음을 알 수 있다.

165 『徐霞客遊記』권2, 172쪽.

166 乾隆 『貴州通志』권6, 「地理」(關梁), 8쪽 상. [明 崇禎 연간에 순안어사(巡按御史) 劉士正이 세운 이 다리는 康熙 27년(1688) 무너져 總督 범승훈(范承勳)과 巡撫 전문(田雯) 등이 보수했으며, 雍正 초년에 다시 수해로 무너져 다시 수리했다. 그러데 저자는 이 다리가 원강(沅江) 위에 세워졌다고 기술했지만, 실제 축성교(祝聖橋)의 위치는 바로 부치(府治) 앞이었으며, 부치 앞을 흐르는 강은 진양강(鎭陽江)이었다. 乾隆 『貴州通志』권5, 「地理」(山川), 37쪽 상에는 "鎭陽江在府治前, 則潕溪水作滙, 爲五溪之[illegible], 黃平興隆諸水合流至此, 東入沅水, 通舟楫"이라고 기술되어 있으므로, 실제 이 다리는 진양강 지류 위에 세워졌으며 이 진양강이 합류하는 하천이 원강이었다.]

167 『徐霞客遊記』권2, 202쪽에는 반강교(盤江橋)에 대한 다음과 같은 묘사가 등장한다. "四川 사람인 이방선은 강 양안(兩岸)에 커다란 쇠로 만든 줄을 걸었는

데, 그 줄의 수효는 수십 개이며, 그 위에 두께가 겨우 8촌에 넓이가 8척에 불과한 판자를 이중으로 올려놓았다. 이 다리를 멀리서 보면 거센 바람 속에 (흔들리는) 아득한 존재지만, 사람이 그 위를 걸어가면 의연히 움직이지 않는다. 소와 말이 하루에 수백에서 천여 마리까지 건너는데, 모두 무거운 짐을 지고 이 다리를 건넌다. 다리 양쪽에는 또한 쇠사슬을 이용해 난간을 만들었으며, 다시 가는 사슬을 가로 세로로 엮어 문양을 만들었다. 강 양안에는 각각 석사자 두 개가 있는데 그 높이는 3~4척이며, 난간의 쇠사슬은 모두 사자의 입과 연결되어 있다. 동서쪽으로는 또한 마을의 거대한 문(입구)를 가로지른다. [해당 원문은 다음과 같다. "李芳先, 四川人. 以大鐵練維兩岸, 練數十條, 鋪板兩重, 其厚僅八寸, 闊八尺餘, 望之飄渺, 然踐之則屹然不動, 日過牛馬千百群, 皆負重而趨者. 橋兩旁, 又高維鐵練爲欄, 復以細練經緯爲紋. 兩崖之端, 各有石獅二座, 高三四尺, 欄練俱自獅口出. 東西又各跨巨坊…."]

168 乾隆『貴州通志』권42, 「藝文」(碑記), 19쪽 상~21쪽 하. [이 비문은 염흥방(廉興邦)이란 인물이 쓴 「중안강신건부교비기(重安江新建浮橋碑記)」를 말한다. 원문은 다음과 같다. "凡江之廣闊二十餘丈, 用船一十六隻, 每船相去三尺, 道水勢也. 船面鋪板一丈五尺, 護以欄楯, 防失足也. 鐵練二根, 橫繫兩岸貫於船中, 使有約束也. 兩岸平砌馬頭, 重起階級, 使行者, 如履大道也." 한편 본문에 나오는 1696년은 康熙 34년(1695)의 오기이다.]

169 다리에 관련된 언급만을 담은 乾隆『貴州通志』권6, 「地理」(關梁) 참조. 또한『黔囊』, 343쪽 하에는 또 다른 종류의 다리인 편교(偏橋)가 등장한다. 이 편교는 특히 소수민족이 사는 지역에서 생장하는 황양(黃楊)이라는 특별한 나무로 제작했다. 크기가 큰 황양은 그 둘레가 1척이 넘었다. 이러한 공사를 주도한 사람들이 그 지역의 소수민족인지 혹은 중국인인지에 대한 언급은『黔囊』에 명확히 등장하지 않는다. 따라서 이 문제에 관한 그 이상의 사실을 찾을 수 없다. 다만 우리들은 이 지역의 지명에서 이 단어와 관련된 구절을 확인할 수 있는데, 현재 시병(施秉)이라고 불리는 偏橋이다. [해당 원문은 다음과 같다. "攻木之工, 莫精於偏橋. 山峒多産黃楊, 巨者圍尺餘. 偏橋之工…." 다리 문제를 언급하면서 저자가 공사의 주체를 언급한 이유가 분명하지 않다. 오히려 이 문장은 소수민족 지역에 사는 사람들이 나무를 정교하게 다루는 기술이 있다는 사실을 강조하는 것으로 보는 편이 타당하다. 다만『黔囊』의 저자인 단췌(檀萃)는 건륭 연간에 귀주성 청계현(淸溪縣) 知縣을 지낸 인물이란 점을 감안하면, 오히려 한족의 주도로 많은 다리가 건설되었다는 사실을

강조한 글이라고 봐야 한다.]

170 乾隆『貴州通志』권35, 「藝文」(奏疏), 42쪽 상에 의하면, 악이태는 새로운 관로를 건설해야 하는 이유로 수레와 말의 통행이 어렵다는 사실을 들었다. 그러나 악이태의 이 언급을 그대로 믿어야 하는지, 혹은 일부 구간에서는 실제로 수레가 통행했는지 그렇지 않으면 단지 어떤 상상에 불과한 언급인지를 정확히 구분할 수 없다. [저자가 인용한 악이태의 글은 「청개상유역참소(請開上游驛站疏)」이다. 그리고 저자의 이러한 지적에도 불구하고 악이태의 "…舊稱羊腸一線, 如關嶺盤江等處, 尤屬險峻, 以故車馬難行…"이라는 지적에서 분명히 알 수 있듯이, 이 지역의 통행이 용이하지 않았다는 사실을 쉽게 짐작할 수 있다.]

171 A. Hosie, *Three years in South-western China*, 32쪽 참조. 그는 "귀주에 머무는 동안 내내 나는 단 하나의 수레도 본 적이 없으며, 모든 물건 교역은 사람이나 동물의 등에 져 이루어졌다"라고 언급했다.

172 『徐霞客遊記』권2, 197쪽.

173 『黔囊』, 343쪽 상 참조. "黔馬는 정확한 걸음걸이로 가며 함부로 말굽을 딛지 않는다. 또한 검마가 매우 험준한 곳을 건널 때에도, 그들의 걸음걸이는 평온하며 힘차다." [해당 원문은 다음과 같다. "黔馬小而習險. 其形步收斂, 不敢放蹶, 故蹀峻馳危, 穩驟不蹶."] 또한 『滇行紀程』, 5쪽 참조. [해당 원문은 다음과 같다. "黔馬 : 黔中多産良騎, 質小而蹄健, 登高山若平地. 故水西之駿, 滇黔多貴之."]

174 본서 제2장 283쪽 참조.

175 乾隆『貴州通志』권6, 「地理」(郵傳), 1쪽 하 참조. [해당 사료만을 살펴보면, 귀주성의 말 가격이 운남이나 광서보다 비싸다는 증거를 찾아볼 수 없다. 건륭『귀주통지』는 그 구체적인 원인을 밝히고 있지 않지만, 順治 15년(1658)에 정한 官馬와 馬夫의 수효를 康熙 24년(1685)에 감소시키는 등의 상황이 등장하며, 오히려 운남과 광서성의 예를 기준으로 말의 가격을 정하고 있는 상황을 확인할 수 있다.]

176 특히 소금의 수송.

177 『黔志』, 2쪽.

178 『粤滇雜記』, 385쪽 하와 본서 599쪽 참조.

179 上司에서는 江西 출신의 한 漢族이 숙소를 운영했으며(『徐霞客遊記』권2, 164쪽 참조), 도균(都匀)과 사성(査城, 同書, 172쪽과 199쪽), 그리고 보안(普安, 同書, 215쪽)의 숙소 주인도 모두 강서인이었다.

180 貴陽에서는 오신소(吳愼所)라는 사람의 집에 머물렀으며(『徐霞客游記』권2,

174쪽), 수차패(水車壩)에서는 사천 출신의 상인 집에 머물렀다(『徐霞客遊記』 권2, 176쪽).

181 여기서는 페어뱅크와 텅(J.K. Fairbank and S.Y. Teng)이 편집한 책인 *Ch'ing Administration, Three Studies*, Harvard University Press, 1961에 실린 "On the Transmission of Ch'ing Documents," 4쪽과 5쪽에 서술된 정의를 사용했다. 거기에는 다음과 같이 서술되어 있다. "다양한 도로를 따라 여러 개의 다른 종류의 정거장이 존재했으며, 그 각각의 명칭이 달랐다. 보통 城 안에 존재하며 각 지역의 민간 관료가 관할하는 驛과 군사 관료가 관할하는 城 밖의 참(站)이 가장 중요한 구분이 된다. 아마도 원대 잠치(站赤)에서 비롯되었다고 추정되는 참은 군사 정보 수집을 목적으로 설치되었으며, 서쪽과 북서쪽의 두 도로에서 주로 찾아볼 수 있다. 또한 각 省의 驛은 청(廳), 州, 혹은 縣의 관리가 통제했다. 특별한 경우 역은 역참 업무를 담당하는 역승(驛丞)이 관할하기도 했다. 각 역의 유지 비용, 식량, 驛夫에 대한 통제는 印官의 권한에 속했다. 이러한 모든 사항은 巡撫와 知府의 직접적인 통제를 받아야만 했으며, 점점 증가한 역의 업무를 동시에 관장한 한 省의 布政使도 이 업무를 관할했다."

182 『黔志』, 2쪽. 서쪽과 중앙 도로에도 역이 존재했다(본서 185쪽과 乾隆 『貴州通志』권34, 「藝文」(奏疏), 24쪽 하 참조). [해당 원문은 다음과 같다. "…其地借一線之路入滇, 兩岸皆苗, 晃州至平夷十八站. 每站雖云五六十里, 實百里而遙, 士夫商旅, 縱有急, 止可一日一站. 破站則無宿矣. 其站皆以軍夫." 저자는 파참이라는 단어를 참이 파괴되었다는 의미로 해석했지만, 전후 문맥으로 보아 좀 더 정확한 의미는 여행자들의 이런 저런 사정으로 무리하게 일정을 강행할 경우, 참이 있는 곳에 제때에 도착할 수 없었던 상황으로 해석하는 게 타당하다.]

183 〈郵傳〉관련 사항을 서술하고 있는 乾隆 『貴州通志』권6, 「地理」(關梁)에는 보통 驛이 설치된 곳에 존재했던 여러 참(站)을 열거하고 있다. 참의 수효는 시대마다 달랐는데, 그 지역의 상황에 따라 어떤 곳에서는 폐쇄하고, 어떤 곳에는 더 설치하기도 했다.

184 우선 역참이라는 말처럼 역과 참을 겹쳐 사용하는 예를 들 수 있다. 즉 『續黔書』권1, 5쪽 상에는 이 두 단어를 명확히 구분하기보다는 두 의미를 재구성하려는 경향이 그들의 의식 속에 잘 드러나 있다. 또한 역참을 추가로 설치해야 한다는 강희 연간의 상주문인 「첨설역체소(添設驛遞疏)」[乾隆 『貴州通志』권35, 「藝文」(疏), 6쪽 상]와 18세기의 상주문 [乾隆 『貴州通志』권35, 「藝文」(疏), 57쪽 하]에

서도 역과 참을 동시에 사용하고 있다. 이처럼 두 단어를 혼용해서 사용하는 이유는 아마도 명대에서 청대로 넘어가면서 귀주성의 漢化가 차츰 진행됨에 따라 군사적 지위에 해당하는 역참이 민간 지위를 차지하게 된 탓이라고 할 수 있다. 앞서 언급한 페어뱅크의 저서에서 『嘉慶會典』권39, 18쪽을 근거로 작성한 각 省別 일람표에는 역이라는 단어가 참이라는 단어보다 압도적으로 많이 등장한다. 당시 귀주성에서는 '참'이라는 단어가 더 이상 사용되지 않았으며, 섬서와 산서성에서만 '참'이라는 단어를 사용했다. [저자는 강희 연간의 상주문인 「添設驛遞疏」를 乾隆『貴州通志』권31, 21쪽으로, 18세기의 상주문의 출처를 乾隆『귀주통지』권35, 4하 쪽으로 표기했지만, 전자는 권35, 6상에 있는 동봉채(佟鳳彩)의 「添設驛遞疏」를 가리키며, 18세기 상주문은 저자가 정확하게 상주문 제목을 밝히지는 않았지만, 권35, 57하 쪽에 있는 鄂爾泰의 「청개상유역참소(請開上游驛站疏)」이다.]

185 역참의 기능에 대한 좀 더 자세한 사항은 앞서 인용한 페어뱅크와 텅(S. Y. Teng)의 논문 참조.

186 본서 193쪽 각주 182) 참조.

187 각 포(鋪)에서 일한 사람의 수효만이 언급되어 있는데, 보통은 두 명이었다.

188 乾隆『貴州通志』권6, 「地理」(郵傳), 1쪽 상 참조. 앞에서 언급했듯이, 명대에는 겨우 18개의 站이 설치되었다.

189 『續黔書』권1, 5쪽 상~6쪽 하. 앞의 194쪽 각주 184)에서 언급한 바 있는 상주문에 따르면, 다른 지역보다 통행이 더 어려운 상당수 지역을 저자는 강조한다. 즉 그 역참 제도의 개선을 요구한 그 저자는 자신의 상주문에 손수 그린 지도나 그림을 덧붙여, 지역 관리들이 극복해야 할 문제들을 좀 더 잘 고려할 수 있도록 했다. [해당 원문은 다음과 같다. "其驛站之苦, 有萬倍於他省者. 如貴陽之東至湖廣, 玉屏以至清谿五十餘里, 中有橋頭坡三家橋坡, 清谿至鎭遠九十餘里, 中有蕉谿坡梅谿坡, 白羊坡…貴陽之西至雲南, 査城驛以至安南驛一百餘里, 中有梅子坡黃土坡北極觀坡盤江河盤江坡保甸坡哈馬坡安南至新興站九十餘里…."]

190 양신(楊愼)은 바로 이 사실을 「關嶺歌」에서 언급한 바 있다. 『昇菴全集』(萬有文庫本), 128쪽 참조.

191 乾隆『貴州通志』권35, 「藝文」(疏), 42쪽 상~47쪽 상 참조. [18세기 당시 악이태는 앞 각주 184)에서 언급한 것처럼 「청개상유역참소(請開上游驛站疏)」를 올려 安順府 일대의 교통을 편리하게 해야 한다고 주장했던 한편, 다시 「청개하유개참소(請開下游改站疏)」를 올려 평월부(平越府) 일대의 교통을 원활하게 해야 한다고 주장했다. 따라서

본문에 등장하는 오르타이, 즉 악이태의 언급은 두 번째의 「請開下游改站疏」의 주장일 가능성이 크다.]

192 乾隆 『貴州通志』권6, 「地理」(郵傳), 1쪽 상~2쪽 상 참조. 건륭 2년(1737) 당시 운귀총독이었던 張廣泗는 귀양에는 역부 5명과 말 15필을, 그리고 다른 역에는 역부 2명과 말 5필을 각각 추가해야 한다고 제의했다. [乾隆 2년인 1737년 장광사는 운남성에 비해 귀주성의 말과 역부가 적다는 주장과 함께 이런 제안을 했지만, 귀양의 경우 말 10필을 증액해야 한다고 말했다.]

193 『續黔書』권1, 6쪽 하~7쪽 상. [해당 원문은 다음과 같다. "馬之報勞傷壍死者, 殆無虛日矣. 蓋每驛額馬僅五十匹, 夫僅一百名…雖官爲給價, 亦僅依扛擡一日之程…有司稍存人心, 差使卽稠, 不過苦自賠累….."]

194 乾隆 『貴州通志』권35, 「藝文」(疏), 8쪽 상과 10쪽 하. [이런 주장은 감문곤(甘文焜), 「제금협부소(題禁協夫疏)」에 능장하는데, 본문의 언급처럼 역전의 말과 마부들의 경비는 관청에서 담당했지만, 명 · 청교체기가 되자 모든 부담을 일반 백성들이 담당했던 것처럼 보인다. 이 글은 『貴州通志』권35, 「藝文」(疏), 10쪽 하~12쪽 상에 있다.]

195 『續黔書』권1, 7쪽 상. [해당 원문은 다음과 같다. "山劍鍔, 石狼牙. 冬暉短, 郵路賒. 兩과(월+과)腫向前爬. 口無食身無衣, 豈樂此忘剝膚. 破茅屋, 藿也無菜. 面孃鳩形婦, 三歲兒嗷嗷口. 一思之心搗臼. 雪載塗風吼地, 嶺逾高防顚墜. 寒皸瘃那敢淚. 肩苦穿足若輭, 大山坡嵬巇巇, 多虎跡, 懼不免. 晚回歸得百錢, 買米煮濕薪煙. 腹未果倦伏眠. 縣差來執破壁, 夢糢糊驚怯魄, 出符票拴至驛."]

196 『黔志』, 3쪽. [해당 원문은 다음과 같다. "關索嶺…深山邃箐, 盜賊之輩, 實繁有徒. 縉紳商賈, 過者往往於此失事, 耑以一衛尉統邏卒護之."]

197 서하객이 들른 白雲山에서 다시 보정(普定)을 둘러보기를 원했던 그는 안순(安順)과 광순(廣順) 사이에 있는 좀 더 짧은 도로를 택하는 대신, 북쪽으로 우회해 平壩(안순부 보정현 동북쪽)로 가는 길을 택했다. 그 이유를 그는 다음과 같이 말했다. "兩順(안순과 광순) 사이에는 얼마나 많은 묘족들이 숨어 살고 있는지 능히 상상할 수 있다." 『徐霞客遊記』권2, 182쪽.

198 『徐霞客遊記』권2, 187쪽. 도로 위의 치안이 불안해서, 19세기에도 여전히 두려운 상황이었다. 리옹 사절단의 저자들은 *Mission lyonnaise*, t.II, 334쪽에서, 그들이 여행하는 동안 사람들이 자신들에게 大道에 있는 도둑들에 대해 여러 차례 언급했다는 사실을 적고 있다. "독산(獨山)의 도로에서 돈을 실은 수레가 약탈당했으며, 네 명의 수레꾼들이 살해당하고, 우리가 뒤따르던 수레가 공격

을 받아 일부 여행자들은 정해진 시간에 출발하지 못했다."

199 『黔志』, 4쪽. [해당 원문은 다음과 같다. "鎭遠滇貨所出, 水陸之會. 滇産如銅錫, 斤止値錢三十文, 外省乃二三倍其値者."]

200 본서 164쪽 참조. 운항을 위한 대규모 수로 개선 공사가 결코 시도되지 않았던 것처럼 보인다. 다만 『黔南識略』권6, 6쪽 상에 의하면 현재 평패(平壩)인 安平 부근의 마로하(馬路河)에서 건륭 24년(1759) 시행된 수리 공사가 등장한다. 그 공사는 운항이 가능하도록 하천을 준설하는 작업이었지만, 효과를 보지 못했다. 본서 201쪽 각주 207) 참조.

201 본서 〈지도 10〉 참조.

202 『黔遊記』, 358쪽 하. 또한 乾隆 『貴州通志』권37, 「藝文」, 55쪽 하에 있는 晏斯盛, 「黔中水道考」 참조.

203 *Mission lyonnaise*, t.II, 209쪽, 각주 2) 참조.

204 『黔南識略』권20, 4쪽 하. 아마도 이 하천은 분명 *Mission lyonnaise*, t.1, 277쪽에 언급된 포탕호(Pao-tang ho)임이 분명하다. 리용사절단은 "호남성 保靖의 작은 하천이자 귀주성 송도까지 운항이 가능한 화원하(花垣河)를 이용해서 왔다"라고 언급한 바 있다. [저자가 『검남식략』권20, 4쪽 하의 기재를 이용해 언급한 白河는 사천성 수산현(秀山縣)의 간천수(幹川水)와 만나는 백수계(白水溪)일 가능성이 크다(光緖 『秀山縣志』권2, 「地志」(第二), 29쪽 하 참조). 이 간천수가 호남성 永順府의 保靖縣으로 유입되기 때문이다(光緖 『秀山縣志』권2, 「地志」(第二), 28쪽 하 참조). 그러나 리용 사절단이 언급한 'Pao-tang ho'는 그들이 보정에서 들어갔다는 언급과 'Pao-tang ho'라는 발음으로 보건대, '화원하'로 추정된다.]

205 乾隆 『貴州通志』권2, 「地理志序」, 22쪽 하.

206 『黔志』, 4쪽. [이 언급은 운남에서 생산되는 구리와 주석의 운반 경로를 설명하면서 등장한다. 해당 원문에는 "起鎭遠至武陵, 下水半月, 上水非一月不至"라 적혀 있다.]

207 *Mission lyonnaise*, t.II, 219쪽. 이 하천은 시병(施秉, 명대 偏橋衛가 있던 곳이며 鎭遠府 관할이었다) 부근에서 바위 투성이인 제갈동(諸葛洞)을 통과한다. 명대 萬曆 연간에 貴州巡撫를 역임한 곽자장(郭子章, 1543~1618)이 이 지역 일대 암석들을 제거했다(乾隆 『貴州通志』권40, 24쪽 상~27쪽 하). 청대에 이르러 이러한 암석 제거 작업이 다시 시도되었다. 우선 順治 연간에 그 작업이 시행되었으며, 이어 康熙 17년(1678)에는 배가 黃平까지 거슬러 올라갈 수 있도록 하기 위해, 약 320리에 걸쳐 무수(潕水) 일대 암석을 제거했다(『黔史』권4, 29상).

또한 옹정 4년(1726) 당시 雲貴總督이었던 악이태가 암석이 있는 안쪽에서의 운항을 용이하게 하기 위해 다시 공사를 진행했다(乾隆『貴州通志』권5, 「地理」(山川), 6쪽 상). [맨 처음 곽자장이 주도한 공사에 관련된 내용은 乾隆『귀주통지』권40, 「藝文」(記一)에 있는 郭子章, 「新河記」에 실려 있다.]

208 顧祖禹, 『讀史方輿紀要』권121, 4800쪽. [이곳 顧祖禹의 책에는 淸水江이 長河로 기록되어 있다.]

209 晏斯盛, 「黔中修道考」. 乾隆『貴州通志』권37, 「藝文」, 55쪽 상 참조. 최근의 자료에 의하면 선박이 적어도 개리(凱里)까지 거슬러 올라갔다. Clarke, *Among the Tribes of South-western China*, 33쪽 참조. "개리에서 검양(黔陽)까지 흐르는 하천 유역 가운데, 홍강(洪江) 위쪽 15마일 일대의 모든 선부(船夫)들은 묘족이다."

210 顧祖禹, 『讀史方輿紀要』권121, 4820쪽. [홍주강은 호남성 靖州와 通道로 들어가 거양강(渠陽江)과 합류한다.]

211 顧祖禹, 『讀史方輿紀要』권121, 4826쪽. [淸水江이라는 또 다른 명칭을 지닌 이 강은 뗏목을 이용했다는 언급으로 미뤄, 강폭이 그리 넓지 않았다고 판단된다. 湖南省 정주(靖州) 원구보(遠口堡)까지 항해가 가능하다.]

212 본서 394쪽 참조. 아울러 晏斯盛, 「黔中水道考」, 乾隆『貴州通志』권37, 「藝文」, 68쪽 하~71쪽 상 참조.

213 *Mission lyonnaise*, t.II, 202쪽 참조.

214 *Mission lyonnaise*, t.I, 313~314쪽. 또한 Vicomte de Vaulserre, *A travers le Yun-nan, Le tour de monde*, 1901, 29쪽 참조.

215 본서 203쪽 참조.

216 본서 395쪽 참조.

217 *Misson lynnaise*, t.II, 213쪽.

218 **역주** 신화강(新化江) : 동고위(銅鼓衛) 서남쪽에 위치한 강으로서 또 다른 이름은 淸水江이다.

219 顧祖禹, 『讀史方輿紀要』권121, 4826쪽. 그는 "가통죽목패벌(可通竹木牌筏)"이라 언급했다. 여기서 '牌'라는 글자는 보통 '牌筏'이라는 단어로 사용하는 경우의 단어를 의미하는 것으로 '끝이 안쪽으로 휜 뗏목'으로 번역한다.

220 정크선의 종류가 극도로 다양하기 때문에, 그에 대한 자세한 묘사를 시도하고 지 하는 건 그리 효율적인 일이 아니다.

221 *Mission lyonnaise*, t.1, 272쪽.

222 *Mission lyonnaise*, t.I, 337쪽. 이 책 338쪽에는 이러한 돛단배의 사진을 볼 수 있다.

223 *Mission lyonnaise*, t.I, 114~117쪽.

224 『峒溪纖志』권8, 60쪽 상에는 "蠻地多楠木刳以爲舟, 有絶大者"라 기록되어 있다. 이 저자는 동일한 모양의 통나무배가 위 문장과 매우 유사한 용어로 묘사된 『溪蠻叢笑』, 5쪽 하에 있는 이 인용문을 언급하는 것에 그치고 있는 것처럼 보인다. 『溪蠻叢笑』에는 "蠻地多楠木, 有極大者刳以爲舟"라고 언급되어 있다.

225 특히 *Mission lyonnaise*, t.I, 267쪽에 복사된 그림 참조.

제 2 장

묘족苗族

Un exemple
d'Acculturation
chinoise

La Province du
Guizhou au XVIIIe siècle

모호한 단어인 '묘苗'

종족을 지칭하는 '묘'라는 단어는 우리가 사용한 사료에 빈번히 등장하지만, 혼동을 초래한다. 어떤 경우 매우 좁은 의미에서 '묘'라는 단어는 특정 민족을 가리키지만, 좀 더 넓은 의미에서는 중국 서남 지역의 비한족非漢族 전체를 가리키는 단어이기도 하다.

'묘'라는 단어의 의미를 좀 더 명확하게 파악하기 위해 우리가 그 단어의 역사를 살펴볼 경우, '삼묘三苗'라는 말에서 처음으로 '묘'라는 말이 등장하는데, 삼묘란 중국 최초의 왕들과의 대결에서 패해 중국 제국의 변방 지역으로 쫓겨난 전설적인 반란 집단을 가리키는 말이다. 마르셀 그라네(Marcel Granet, 1884~1940)는 이 삼묘가 중국에서 추방된 민족의 연합체 혹은 부족 집단이라고 지적했다. 그에 따르면 시간과 책력冊曆을 혼란스럽게 만들었던 삼묘는 금속 기술과 관련이 있는 한편, 몸이 세 개로 된 올빼미를 상징하는 치우蚩尤[1]와 도철饕餮[2]과도 관련이 있다.[3] 이러한 전설적인 상징성의 배후에 "집단적이며 전前봉건적인 사회의 수장이 여러 다른 계층과 함께 봉건적 혹은 원시봉건적인 사회의 변화에 저항했으며, 삼묘는 금속기술자들의 연합체를 대변할 수도 있다는 점을 염두에 둬야 한다"고 니덤(J. Needham, 1900~1995)은 생각했다.[4]

수세기 동안, 민족을 지칭하는 용어로서의 '묘'라는 단어는 완전히 사라졌다. 송대에 이르러서야 비로소 특정 민족을 지칭하는 단어로 등장했던 것처럼 보인다. 12세기 말엽, 엽전葉錢은 『계만총소溪蠻叢笑』에 쓴 그의 서문에서 "오계五溪 지역의 만족蠻族 가운데, 묘족, 요족猺族, 요족獠族, 동족僮族, 흘료족仡佬族의 다섯 민족을 구분해낼 수 있다"라고 언급했다.[5] 원·명元·明 시대가 되면, '묘'라는 말은 거의 항상 매우 좁은 의미로 사용되어, 특정 민족을 가리켰다.[6] 그러나 그러한 용법과 병행해, 당시 묘족과 이전에 등장한 삼묘를 서로 유사하다고 생각하기도 했다. 전여성은 다음과 같이 언급했다.

> "묘족은 삼묘의 후예이다. 묘족은 호남성 장사長沙와 진·원辰·沅에서 남쪽 지역까지 분포하며, 야랑夜郞(대략 귀주성과 일치하는 지역) 전체에 퍼져 있다."[7]

이러한 설명이 등장한 이후 현재까지도, 역사적으로 삼묘와 묘족을 동일시하는 시각은 중국과 유럽의 연구자들에게 매우 만연되어 있지만, 아주 최근에 이르러서야 일부 역사가들이 그러한 가설에 이의를 제기하기 시작했다.[8] 다른 한편, 소수민족을 좀 더 자세히 구분하기 시작했다. 예를 들어 『염요기문』의 저자와 『검지』의 저자는 그들 소수민족을 풍습과 거주 지역별로 구분한 바 있다.[9]

마지막으로 우리의 연구 대상 시기인 청대에는 흥미로운 현상이 전개되어, '묘'라는 단어의 의미가 이전보다 더 넓은 두 번째 의미를 지니게 된다. 이전과 마찬가지로 '묘'는 특정 민족을 지칭하는 단어일 뿐 아니라, 중국 서남 지역의 소수민족을 지칭하는 보편적인 단어로 사용되었는데, 이는 마치 수세기 이전 만족蠻이라는 단어가 변화한 과정과 정확하게 일치한다.[10] 무엇보다 집단적인 의미로 사용되는 '묘'라는 단어는 만이蠻夷,[11] 만료蠻獠,[12] 제이諸夷[13]와 같은 고대 시기 표현과 짝을 이루는 묘만苗蠻이나 만묘蠻苗 등의 표현처럼, 만蠻이라는 단어와 연관되어 있다. 따라서 강희 『귀주통지』의 비한족 관련 항목은 만료라는 장章에 있는 반면, 건륭 연간의 『귀주통지』에서는 만료라는 단어가 만묘로 바뀌었다.[14]

만묘 부분을 저술한 저자는 "당시 만묘가 바로 이전의 만이蠻夷이다"[15]라는 사실을 명확히 할 필요성을 입증해야 했기 때문에, 당시 중국인들로서는 이처럼 새로운 용어에 담긴 내용이 항상 분명하지는 않았던 것처럼 보인다. 그럼에도 불구하고 이처럼 확대된 의미가 보편화되었다. 『묘족수고본』과 같은 서남 지역 주민들에 대한 많은 저술에서 이 용어가 그러한 의미로 사용되었다. 그리고 예수회 선교사들의 중개로 이처럼 확대된 의미를 지닌 '묘'라는 단어가 18세기 이후 유럽에 소개되었다.[16]

얼핏 보면 좁은 의미의 '묘苗'와 넓은 의미의 '묘'의 구분은 간단하고 명확한 것처럼 보인다. 그러나 사료에 언급된 사실이 특정 민족으로서 '묘'에 관련된 일인지 혹은 일반적인 비한족에 관련된 일인지를 구분하지 못하는 경우가 종종 발생한다. 항상 존재하는 이러한 혼동 때문에 묘족에 대한 우리들의 연구가 복잡해지거나, 심지어 묘족과 관련된 여러 사실들에 대한 정확한 파악이 불가능한 건 아니다.

따라서 우리가 직면하는 어려움은 단지 언어상의 문제만은 아니다.

중국 소수 민족 관련 명칭의 또 다른 어려움

사료에 등장하는 비한족 주민들에 대한 정보를 좀 더 자세히 분석하기에 앞서, 소수민족을 지칭하기 위해 여러 저자들이 사용한 특수 용어를 명확히 해야 할 필요가 있다. 소수민족과 관련된 우리들의 모든 이해 여부는 그 종류가 매우 많고 시간의 흐름에 따라 그 의미도 다양하다는 이중의 방해거리를 지닌 복잡한 용어에서 비롯된다.

소수민족을 가리키는 명칭은 아마도 끊임없이 사용되었으며, 새로운 용어로 늘 대체되었을 것이다. 따라서 우리들은 동일한 의미를 지녔지만 명칭은 다른 단어들이 계속 등장하는 현실에 직면하고 있으며, 북경민족학원北京民族學院에서는 가장 최근에 만들어진 명칭 52개를 발표한 바 있다.[17] 그러므로 현재 우리가 알고 있는 소수민족들과 여러 다른 시기의 사료에 등장하는 명칭 사이의 역사적 관련성을 재구성하기 위해서는 이러한 일련의 다양한 명칭에 대한 통시적通時的인(diachronique) 연관성을 대략적으로라도 정립할 필요가 있다.

이러한 작업은 중국과 유럽 학자들 모두가 몇 년 전부터 직면한 중요한 문제이다. 그들이 채택한 방법은 다양하다. 역사학, 민족학, 언어학에 의지하기도 하지만, 그런 분야의 연구가 부족하며, 더구나 고대 문헌들 속에는 그런 정보가 전혀 없기 때문에, 항상 남아 있는 연구상의 공백을 채우기가 쉽지 않다. 귀주성의 경우 에버하르트(W. Eberhard)는 『묘족수고본』을 이용해 18세기 비한족을 공시적共時的(synchronique)으로 분석하려 했다.

에버하르트(W. Eberhard)의 분석과 그 한계

이미 그러한 사실을 언급한 것처럼, 우리들은 귀주성 비한족 주민들에 관련된 삽화가 들이 있는 일련의 사료집, 즉 『묘족수고본』이라는 자료를 이용할 수 있다.[18]이미 거론한 민족들에 대한 삽화가 들어 있는 이 자료들 속에는 소수민족 각각에 대한 간략한 서술도 포함되어 있으며, 그 서술에는 그들의 분포, 풍속, 관습과 함께 그들의 활동 상황도 종종 들어 있다.

라이프찌히 민족박물관(Musée d'ethnographie de Leipzig)은 그러한 종류의 자료를 거의 10여 종을 보유하고 있으며, 에버하르트는 이 자료를 토대로 「라이프찌히 민족 박물관의 『묘족수고본』(“Les Albums Miao du Musée ethnographique de Leipzig”)」이라는 제목의 연구를 진행했다.[19] 그러나 그의 이러한 연구 제목에도 불구하고, 이 연구는 거의 전적으로 묘족에 관한 것이며 『묘족수고본』 자체에 대한 연구는 아니다.[20] 저자는 『묘족수고본』에 대한 체계적인 분석을 제의했으며, 그 분석 목적을 다음과 같이 제시했다. “첫째, 지리적으로 묘족의 거주 지역을 획정劃定하는 것, 둘째, 독특한 문화적 사실로 규정된 민족 그룹의 특징을 끌어내는 것”이라고 언급했다. 이와 같은 작업을 위해 그는 다음과 같은 방법을 진행했다. 우선 그는 모든 소수민족 명칭을 나열하고, 각각의 소수민족이 등장하는 『묘족수고본』의 언급을 조사했다. 이런 방법을 통해 그는 99개의 명칭을 나열했지만,[21] 그의 주장에 의하면 동일한 내용을 포함하고 있거나, 사소한 차이로 구분상 거의 의미가 없는 하위 그룹에 속하는 명칭을 재분류해 92개의 명칭으로 축소할 수 있다고 생각했다.[22] 이어 그는 귀주성 지도 위에 99개 명칭의 분포 지역을 표시해, 17세기와 18세기 중국인들이 표시했던 것처럼 〈점으로 표시된〉 묘족 분포 현황을 제시했다.

다음으로 그는 99개 소수민족 명칭을 묘족, 농족儂族, 중가족仲家族, 라라족玀玀族, 흘료족仡佬族, 요족瑤族, 만족蠻族, 그리고 〈구분이 불가능한 종족〉으로 재분류했는데, 그의 이러한 재분류의 기준은 중국 민족학자들과 자신의 이전 연구, 특히 「중국 변방 민족의 문화와 취락(“Kultur und Siedlung der Randvölker Chinas”)」[23]에서 얻은 결과를 토대로 한 것이다. 그는 이런 작업을 통해 얻은 결과를 두 번째 지도 위에 점으로 표시해, 비한족 주민들의 분포 상황에 대한 좀 더 통합적인 시각을 제공해 주었다. 그가 도달한 결론은 다음과 같다. 저자의 말에 의하면 "중국의 모든 성省에서 발견된다는 이유 때문에 지도에 표시하지 않은 묘족을 제외하면, 농족이 귀주 지역 중심부에 자리잡고 있다. 이어 중심부와 남쪽에 농가족이, 동쪽과 중심지역에 이르기까지 흘료족이, 사천에서 온 라라족은 중서부에, 그리고 여전히 저자의 주장에 의하면 호남성에서 온 만족은 전반적인 분포 경향과는 매우 다르게 귀주성 동쪽과 서쪽의 두 끝 지역에 각각 분포한다."[24]

그는 자신의 연구를 계속 진행시켜, 『묘족수고본』을 통해 각각의 소수민족으로부터 어떤 문화적 사실을 발견할 수 있을지를 파악하려 했다. 그는 그 연구 결과를 〈일부 소수민족의 민족적 특징〉이라는 도표 형태로 제시했다. 그 예로서, 우리들은 〈민족학적으로 의미심장한〉 요족과 라라족의 문화적 특징을 들 수 있다. 그가 작성한 도표의 첫 번째 항목에서는 "개에 대한 신화, 문신, 봄의 축제, 출신지 : 광서"라는 내용이 등장한다. 두 번째 항에는 "가축의 사육, 칠漆, 화장火葬"이라고 적혀 있다.[25]

무엇보다 저자가 그 사실을 입증하고 있듯이, 이러한 연구 결과들은 오히려 실망스러우며, 그의 결론은 꽤 비관적이다.

"묘족이라는 명칭에 다양한 그룹이 있다는 사실이 증명되었다. 개에 관련된 신화를 지닌 묘족의 한 그룹은 그러한 신화를 지니지 않은 다른 그룹과 완전히 배치되었다. 어떤 그룹은 농사를 짓고, 봄과 가을에 다산多産을 기원하는 축제를 열며, 첫째 아이가 태어난 이후 결혼식을 거행하는 반면, 어떤 그룹은 사실상 농사를 짓지 않으며 여성이 주도하는 사회이다. 종합한다면, 역사 자료에 들어 있는 유사한 사실과 마찬가지로, 중국 남쪽 지역 소수민족에 대한 분류를 명확하게 하지 못했다. 현재의 연구 결과는 이후의 연구를 보완할 수 있는 것에 불과하다."[26]

분명 『묘족수고본』이 우리에게 전달해 주는 사실은 매우 실망스러우며, 어떤 경우 거짓된 것이기도 하다. 우리가 이 책 후반부에서 살펴보겠지만, 『묘족수고본』과 같은 일련의 자료들은 서남 지역 소수민족에 대한 진실한 지식을 가져다 주기보다는 이국 취향이라는 필요성을 만족시키려는 의도가 더 강하다. 이러한 수고본의 수효가 꽤 많다 하더라도, 내용을 약간 변화시키거나 일부 사실을 첨삭한 거의 동일한 텍스트가 많은데, 사실의 첨삭이 단지 자료를 옮겨 쓴 사람들의 실수에서 비롯된 것은 아니다. 거기에 들어 있는 사실도 우리가 관심을 갖고 있는 시기에 진행된 관찰이 아니라, 결코 거론된 바 없으며 적어도 명대까지 기슬러 올라가는 저서에서 인용한 것에 불과하다.[27] 그러므로 에버하르트가 그 자료를 어떻게 생각했든지 간에, 귀주성 전체 묘족의 분포 상황에 대한 그 자료의 정보를 절대적으로 신뢰할 수 없는 것처럼 보인다.[28]

다른 한편 에버하르트가 채택한 방법의 효율성을 의심해 보아야 하는데, 그 방법은 그의 이전 저서에서 사용했으며 이미 언급한 바 있는 방법을 결합시켰다.[29] 당연히 자의적으로 선택된 〈문화적 자료〉에 근거해 임시로 정의된 소수민족 그룹들에 대한 〈구조적인〉, 즉 비非역사적인 분석을 시도하는 대신, 우리가 이용할 수 있는 자료[30]를 참작해 비한족 주민들에 대한 연대기적 연구를 시작하는 것이 좀 더 나을지 여부를 생각해야 한다. 그러한 연대기적 연구는 적어도 대략적이나마 시기가 확실한 사실들을 최대한 수집하는 것을 목표로 하며, 그 작업의 목적은 시간의 원근에 관계없이 중국 역사에 항상 등장했던 그러한 소수민족을 다시 소개하는 데 있다. 그런 작업을 통해 우리가 보통 〈중국인〉으로도 지칭하지만 모호하게 묘족이라고도 불리는 사람들에 대한 상호 관계의 역사적 변화 과정을 좀 더 잘 이해할 수 있을 것이다.

새로운 시도

이러한 방법론을 귀주성 역사에 적용하려 한다면, 분명히 민족을 지칭하는 용어 문제에 다시 부딪치게 된다. 우리들의 연구를 좀 더 깊이 진행하기에 앞서, 우리가 어려움에 직면할 수밖에 없었던 방법론적 문제를 정확히 해야 할 필요가 있다.

중국 서남 지역의 비한족 주민들을 암시해주는 사료를 시대별로 검토할 경우, 송대에 이르러 소수민족 관련 용어들이 이전 시기의 용어와 완전히 달라졌다는 사실을 알 수 있다. 이미 우리가 확인한 바와 같이, 사실상 송대에 처음으로 요족, 묘족, 흘료족, 장족 등이 언급되는 한편, 그것과 병행해 요족獠族과 묘족이란 용어도 등장한다. 소수민족이 사는 지역의 이름을 따거나 혹은 그 수장의 이름을 붙여 소수민족을 지칭한 원대를 제외한다면, 송대의 이러한 경향은 20세기까지 지속되었다.

따라서 처음 연구를 시작할 때, 소수민족의 이름과 역사를 어느 정도 정확하게 추적할 수 있는 현존 그룹에 일단 관심을 기울여야 하지만, 그들의 명칭과 역사는 위로 거슬러 올라갈수록 그 정확성이 떨어진다. 이런 작업을 통해 우리들이 묘족과 이족의 역사가 송대 이전에는 존재하지 않았다는 것을 말하려고 하는 건 아니다. 그러나 그러한 소수민족이 정확하게 지칭되지 않은 탓에, 그들에 관한 연구가 한층 더 복잡하며, 그들의 등장 시기를 좀 더 이후로 다시 설정해야만 한다. 사실상 그들에 대한 연구는 좀 더 이전 시기의 한족이 행한 민족 구분에 대한 연구를 전제로 해야 하며, 그러한 연구 방법은 좀 더 최근 시기 어떤 민족들이 송대에 등장한 명칭과 일치하는지를 파악할 수 있는 때만 가능한 것처럼 보인다. 그럼에도 불구하고 우리들은 가능한 범위 내에서 우리가 앞으로 언급할 대단위 소수민족 그룹의 연계성과 관련해 언급된 가설을 상기해야만 한다.

그러한 종류의 사료는 상당히 많으며, 『묘족수고본』은 그러한 사료의 극히 일부분에 지나지 않는다. 모든 자료, 특히 시詩, 그리고 불행하게도 항상 이용할 수 있는 자료는 아니지만 개인이 저술한 역사서와 같은 자료에 대한 체계적인 연구가 시도되어야 할 것이다. 예를 들어 우리들은 유럽에서는 거의 찾아보기 어려운 종류의 자료를 언급할 수 있다. 그것은 토사들의 족보로서, 최근에 이르러 수집된 그러한 일부 족보[31]는 해당 소수민족 토사 가족의 역사뿐 아니라, 이웃 민족과의 관계나 경제 생활(지주전호제地主佃戶制, 노복奴僕 등)에 관한 정보를 제공해주며, 부지府志와 현지縣志와 같은 지방지地方志에도 그러한 종류의 족보가 들어 있다.

위와 비슷한 연구를 진행하기 위해서는, 두말할 나위 없이 공동연구가 필요하기 때문에, 여기서는 다만 우리가 이용할 수 있는 저서들의 연구로부터 얻은 일시적이며 잠정적인 결과를 제시할 수 있을 뿐이다. 다음 단락에서는 6개 대규모 소수민족 그룹을 차례로 언급할 예정이다. 즉 묘족, 이족, 중가족, 흘료족, 요족과 동족이 그것이다. 우리들은 위 소수민족이 18세기에 등장했다는 전제하에 그들을 언급할 예정이다.[32]

1 묘족苗族의 생활상

이 책 제2장 서두에서 이미 언급한 바 있는 '묘'라는 단어에 대한 자세한 설명은 다시 언급하지 않을 예정이다.[33] 단지 여기서는 '묘'라는 단어를 매우 좁은 의미에서 사용하려 한다. 여러 사료에 의하면 종종 묘족을 한화漢化가 된 숙묘熟苗와 그렇지 않은 생묘生苗로 구분하는데, 숙묘는 한족의 문화에 〈동화한〉 집단인 반면, 생묘는 〈독립적으로〉 생활하는 소수민족이다.

청초淸初 사료에 의하면 귀주성 거의 전역에서 묘족이 살고 있음을 알 수 있다.[34] 그러나 인구가 많은 지역에 묘족이 매우 밀집해서 사는 곳과, 수효가 많지 않은 묘족이 분산되어 사는 지역을 구분해야 한다. 우선 묘족이 많이 사는 곳으로 다음 세 지역을 거론할 수 있다. 첫째, 호남성과 이웃한 지역인 북동 지역으로서, 이곳 묘족은 호남성과의 다른 경계 지역에 있는 묘족과 함께 북쪽의 송도松桃에서부터 남쪽의 동인銅仁까지 분포하고 있는 게 전부다. 둘째, 청수강 일대와 청수강이 만곡 형태로 흐르는 남부 지역 고원 일대 지역으로서 개리凱里, 태공台拱, 현재 여강麗江 일대, 그리고 남동쪽의 여평黎平 일대이다. 셋째, 도강都江 일대 지역으로서 북서 지역의 도균都勻부터 남쪽의 고주古州, 현재 용강榕江 일대까지의 지역이다.[35] 뒤에서 다시 언급하겠지만, 한족에 대한 대부분의 저항 활동은 이 지역에서 비롯되었다. 묘족의 인구가 적은 곳의 분포 지역은 여기서 일일이 거명할 수 없을 정도로 그 수효가 많다. 중국 사료는 귀양 북쪽과 오강烏江 하류 지역의 묘족 촌락에 대해 거의 언급하지 않았다는 사실만은

기억할 필요가 있다.[36]

거주지

묘족은 평원보다 산악 지역에 거주하기를 더 좋아하며, 그곳에 보통은 목책木柵을 두른 요새와 같은 촌락을 세운다. 명대 이후의 사료에 의하면 그들의 거주 지역을 채寨라 부르는데, 채砦 또는 종종 시柴[37]라는 단어를 구분없이 쓰기도 한다.

귀양현과 닿아 있는 광순廣順 지역에 위치한 두 곳의 묘족 마을에 대한 훌륭한 설명이 『서하객유기』에 등장한다.[38] 그 묘사는 다음과 같다.

> "협곡 서쪽을 따라 밑으로 반리半里를 가면 또한 졸졸 흐르는 물소리가 들리는데, 그 물은 깊은 구덩이 밑에서부터 흘러 동쪽 구덩이로 흐른다… 그 물줄기를 거슬러 올라가면, 산과 골짜기가 다시 등장하며, 서산西山 밑에 촌락이 있는데, 그곳이 바로 동기하채東基下寨이다. 동기하채 앞에서 방향을 바꿔 동북으로 가면 하채산 북쪽이 돌출되어 있다. 1리를 돌아 다시 서북쪽으로 방향을 바꾸면, 서쪽 경계 지역의 산은 모두 암석을 깎아 놓은 듯하며, 동쪽 경계지역은 비스듬한 산등성이에 연이어 있다. 다시 북쪽으로 2리를 가면 북쪽 산등성이 위에 촌락이 있는데, 그곳이 동기상채東基上寨이다… 기와로 만든 집이 마치 물고기 비늘처럼 줄지어 있는데, 이는 다른 지역의 묘족 마을에서 볼 수 없는 (광경)이다. 묘채苗寨를 지나 서북쪽으로 반리를 가면 샘이 있고 (그 샘물)이 계곡 사이를 빠르게 흐르며, 묘채 동쪽을 경유해 나가는데, 묘채가 바로 그곳에 자리 잡고 있다. 묘채 뒤로는 다시 저지대가 빙 둘러 있으며, 층층으로 된 비옥한 밭들이 있는데, 그 밭을 모두 이 샘물이

적서준다…."

고조우도 일부 묘채를 설명한 바 있는데, 다음과 같다.

"청평현清平縣 동쪽 30리에 향로산香爐山이 있는데, 그 절벽이 천인千仞이며 남북으로 30여 리에 걸쳐 있다. 여러 산으로 둘러싸여 있어 마치 창과 칼이 서로 마주보고 있는 듯하다. 넓은 평지가 3중~4중으로 뻗어 있으며, 꾸불꾸불하고 좁은 길이 철벽 위로 나 있는데, 백만 명을 수용할 수 있다. 개천 하나가 흘러들어, 비옥한 토지를 천 갈래의 수로水路가 관개한다. (그곳에) 취락이 밀집되어 있으며, 서로 협조해 간악한 짓을 한다. 정통正統 연간(1436~1449) 말년, 위동열韋同烈이라는 묘민苗民이 험악한 지형에 의지해 이곳에 군대를 주둔시키고 반란을 일으켰다. 관군이 (그들을) 토벌했지만, 오랜 기간이 지나도록 그들을 물리치지 못했다. 경태景泰 3년(1452)에 이르러 비로소 그들을 초무剿撫시켰다. 정덕正德 12년(1517) 묘민 아향阿向 등이 다시 이전 근거지를 거점으로 난을 일으켰다. 그들은 목책木柵을 수십 리에 걸쳐 설치하고, 곡식을 쌓아뒀으며, 병사들을 집결시켰다."[39]

한족 병사들이 이 지역을 다시 점령해 군사를 주둔시킨 시기는 가정嘉靖 13년(1534)이었다. 고조우의 설명을 빌어 두 곳의 묘채를 다시 묘사하면 다음과 같다.

"사주부思州府의 황도계장관사黃道溪長官司 서남쪽 5리에는 황애충산黃崖沖山이 있다. 산세山勢가 매우 험하지만, 그 중앙에는 평탄하고 넓은 곳이 있어, 그 험난한 지세를 이용해 묘족들이 대피할 수 있는 장소가 된다."[40]

"귀주성 남서 지역에 위치한 홍주洪州의 특동산特洞山 위에는 특동채特洞寨가 있다. 그 높이는 수십인數十仞이며 사면이 모두 절벽이다. 유일한 첩경로捷徑路는 겨우 1척 정도에 불과하며, 구불구불한 길을 통과해야 그곳으로 들어간다. 그 위에는 천지天池가 있는데 가뭄에도 물이 마르지 않으며, 그곳 중간에는 수백무數百畝의 전지田地가 있다… 홍주만이장관사洪州蠻夷長官司 주변에는 38개의 묘채가 있다."[41]

고조우는 또한 종종 돈囤이라는 단어를 언급하고 있는데, 이 말의 뜻 역시 〈촌락〉 혹은 〈요새화된 진지〉라는 의미이다. 이 단어는 토지 문제로 다른 토사와 분쟁을 일으킨 도균부 남서쪽 개구돈凱口囤의 유명한 묘족 아향阿向[42]을 거론할 때, 전여성이 사용한 말이다.[43]

"(개구돈)의 주변은 10여 리이며, 그 높이는 40장丈이다. 사면이 모두 절벽으로 되어 있으며, 유일하게 있는 첩경로捷徑路는 겨우 1척에 불과하고, 구불구불한 길을 따라 올라갈 수 있다. 그 위에는 천지天池가 있는데, 가뭄에도 마르지 않으며, 곡식을 저장해서 5년을 버틸 수 있다."

아향의 진지가 매우 견고한 탓에 명 나라 군대는 3개월 동안 돈囤 밖에서 대치할 수밖에 없었으며, 성벽 밖에 있던 커다란 나뭇가지를 이용해 병사들을 진지 안으로 투입해 비로소 돈의 내부로 침투할 수 있었다.

우리가 지금까지 설명한 채들은 그곳에서 거둔 몇몇 군사적 공훈 덕분에 유명해졌지만, 말하자면 그러한 종류의 거주지가 가장 전형적이었다.[44] 이러한 몇몇 예를 통해 거주 지역의 선택을 좌우한 주요한 원칙들을 유추할 수 있다. 즉 전략적으로 매우 유리한 위치와 아울러 식수, 식량 저장소, 경작이 가능한 지역이 존재하는 탓에, 장기간에 걸쳐 방어를 할 수 있는 지역이었다. 그러한 조건은 무엇보다 귀주지역 지형의 중요한 특징인 카르스트 산지에서 쉽게 찾을 수 있다.[45] 그러나 그처럼 방어적 성격을 지닌 묘족 거주지가 얼마나 원시적이었을까 하는 점을 규명해야 할 문제가 남는다. 그들의 거주 형태가 〈원시적〉이라고 할 수 있는 그 어떤 근거도 없지만, 사료를 통해 대다수 묘족은 명대 이래 그처럼 높은 지역에서 살았다는 사실을 알 수 있다.

묘족의 거주 양상 역시 지역뿐 아니라 어느 정도는 소유자의 생활 정도에 따라 다양했다. 18세기 묘족의 가옥은 나무에 이엉을 덮은 형태였지만, 기와를 얹은 경우도 있었다.[46] 『묘방비람』의 저자[47]는 호남성과 귀주성의 경계 지역에 있는 묘족의 가옥을 이렇게 설명했다.

> “묘족의 가옥은 3~5칸이며, 매 칸에는 기둥이 5~6개가 있다. 그 집들은 여러 층으로 되어 있지 않으며, 특정 방향을 따라 서 있지 않고, 들창도 없을 뿐 아니라 담장도 없다. 이엉을 엮어 지붕을 만들고, 처마가 낮고 작아, 머리를 숙여야 출입할 수 있다. (집안) 오른 쪽에는 높이 4~5척의 평상을 설치하고 그 중앙에는 화로를 놓아 음식을 만들며, 그 위에서 앉아 있거나 잠을 자는데, 이것을 화상火床[48]이라 한다. 시아버지와 시어머니, 아들, 며느리, 형제와 그 부인들이 집단으로 거주하며 서로 내외하지 않는다. 오직 부부夫婦만이 같은 이불을 덮고 자며, 여지 아이가 다 자라면 화상 오른쪽에 별도의 화상을 마련해준다. 손님이 묘족의 집에 묵을 경우, 그들 가족과 섞여 자는 게 하나도 이상하지 않다.”

또 다른 종류의 사료에 의하면 사람들은 위층에서 자고 가축은 아

래층에 둬서, 가축의 도난을 방지했다.[49]

사회 조직

일부 사료의 설명을 믿는다면, 18세기에도 여전히 묘족들은 귀족 제도를 운용하지 않았으며 사회적 구분도 그리 명확하지 않았다. 그들의 촌채가 사회적·정치적 단위를 형성했다.

『묘방비람』의 저자는 호남과 귀주 경계 지역에 살았던 생묘의 사회 조직을 묘사했다.[50]

> "그들은 송도松桃, 영수청永綏廳, 건주청乾州廳, 봉황청鳳凰廳에 있는 각 촌채에 나뉘어 사는데, 그러한 지역은 마치 개의 이가 서로 맞물려 있는 것처럼 서로 맞닿아 있다. 부락部落은 있지만, 추장은 없다. 그들의 습속은 인명을 중시하지 않는다. 촌채 가운데 부자父子와 형제가 수명이나 수십 명이 있는 경우, (그들 가운데) 힘이 있는 사람들이 서로 다툰다. 혹은 관부官府에 가서 객화客話(한어)를 할 줄 아는 사람이 있으며, 채중寨中의 사람들은 그를 두려워해 그 사람을 채장寨長으로 선출한다. 만일 채중에 이처럼 (객화)를 할 줄 아는 가구家口나 개인이 있는 경우, 그 각자가 스스로 당黨을 만든다. 그러므로 채 하나당 채장이 한 명이 있는 경우나 채 하나당 여러 명의 채장이 있는 경우가 있으며, 그들 모두의 번영과 쇠퇴, 그리고 세력의 강약强弱이 번갈아 변하고 바뀌는 탓에, 다른 부족[51]의 추장들이 대대로 (그 직위를) 물려받아 통할하는 상황과는 다르다."

채장이 되기 위해 필요한 자질을 예시한 또 다른 예는 귀주 청평위淸平衛 지역 묘족의 수장이었던 아계阿溪를 설명한 전여성의 글에서

볼 수 있다.[52]

"(아계는) 성질이 사납고 거칠지만, 지략이 많아 여러 묘족들이 그를 뛰어난 인물로 생각한다. 아자阿刺라 불린 양자養子가 있었는데, 그 힘이 대단해서 갑옷 세 벌을 입을 수 있으며 2장丈이나 되는 창을 들 수 있다. 그가 땅을 차고 오르면 3~5장 높이를 넘는다. 이 두 사람은 서로 자신의 꾀와 용맹함에 의지해서 소수민족 부락에서 함부로 행동했으며, 결국 그들의 수장으로 추대되었다. 그 일대 묘족 가운데 힘이 없는 자들은 매년 생산해서 비축해 놓은 분량의 두 배를 세금으로 납부해야 했다. 다른 묘족들을 선동해 (그들이 다스리는) 지역을 지나가는 사람들을 약탈하도록 했다. 그런 사건을 탐문해 (범인을) 체포해야 하는 관리들은 반드시 (범인을) 체포하기 위한 계책을 아계에게 물어봐야 했는데, (이때) 아계는 자신에게 많은 뇌물을 준다면 그들을 소탕할 수 있다고 약속했다. 이어 묘족 가운데 자신의 말을 듣지 않는 자를 잡아들여 그를 무고하게 도적으로 몰아 관가의 명령에 응했다. 이 때문에 멀리 있는 묘족들도 그들을 두려워했으며, 이에 그들을 자신들의 채주寨主로 추대했다."

그러나 일부 다른 사료에 의하면, 묘족 수장들의 권위의 근거는 개인이 지닌 특권에서 비롯됐다. 사실상 묘족 수장들의 권위는 토지 소유, 다시 말해 재산에 근거하는 경우가 많았다. 『묘방비람』의 설명에 의하면 동일한 촌채 내에서조차도, 부유층과 빈곤층이 존재했음을 알 수 있다.[53]

"대전大錢 1천 전錢에 곡穀 1석의 이자를 붙이기 (때문에), 1~2년이 지나면 수배의 이자가 붙는다. 이 빚을 갚지 못하는 사람들은 산지山地,

의복 등으로 대신 갚아야만 한다. 궁민窮民들은 비록 그러한 수탈을 당해도, 살아 가기 위해 (부유한 사람들의 그러한 행위에) 의지할 수밖에 없다. 일부 가난한 사람들은 빚 대신 산지를 양도해 거꾸로 자신의 소작을 구하거나, (자신의 산을) 다른 사람의 산과 바꿔 그곳을 소작하기도 한다. 그러한 일을 구하기 위해 생사여탈권을 맡겨야 하며, (지주)와 원한이 있는 사람들에 대한 복수를 명령하면, 따르지 않는 사람이 없다."

다른 곳에서 『묘방비람』의 저자는 다음과 같이 설명했다.

"건륭 60년(1795) 한족에 대한 반란을 선동한 오팔월吳八月과 석삼보石三保와 같은 묘족의 수장들은 모두 도전稻田을 소유했으며, 해마다 (그곳에서) 사백 석石 이상을 거둬들였다고 자술한 바 있다. 더구나 묘족 근거지 한가운데 도전과 같은 곳이 있어, 만일 그곳을 경작한다면 산등성이에서 나는 잡량雜糧의 수확량이 도전의 수 배에 달한다. 이런 곳에 있는 자들은 당연히 그러한 재력을 이용해 가난한 묘민苗民들을 부릴 수 있다."[54]

흥미롭게도 일부 사료들은 어떤 경우 각 채 사이에 당연히 상당한 차이가 존재한다는 사실을 알려준다. 『묘족수고본』과 건륭 『귀주통지』[55]에 의하면 18세기에 여전히 흑묘黑苗가 살았던 고주古州 지역은 대채大寨와 소채小寨로 구분되어 있으며, 동새洞崽라 불린 소채는 야두爺頭라 불린 대채를 섬길 의무가 있었다. 의도적인 것은 아니라 해도, 그러한 규칙을 어겼을 경우, 특히 상류 계층을 감히 올려다 본 여자측은 재산을 몰수당하거나 심지어 처형되기도 했다. 이러한 사회 계층의 와중에서 이전 시기에 정복이 행해졌다는 사실을 확인할 수 있지 않을까?

이러한 종류의 상당수 촌채는 상위의 권위, 다시 말해 토사에 꽤 자발적이며 적극적으로 편입했는데, 토사란 명대나 어떤 경우 송·원대 이래 한족漢族 당국이 확립시킨 제도이다. 토사들은 자신의 힘을 토대로 그 구성이 매우 다양한 상당수 주민들과 영역을 다스렸다. 평벌平伐(귀정현貴定縣 관할) 묘족의 수장인 적낭的娘과 같은 묘족이 그러했는데, 적낭은 원나라 태정제(泰定帝, 1293~1328) 지치至治 5년(1325) 십만 호戶를 이끌고 원 왕조에 복속했다. 그는 토관土官 360명과 함께 원 왕조의 궁정에서 황제를 알현했다.[56] 그러나 안씨安氏[57]의 이족 수장이나 파주播州의 양씨楊氏처럼 한족이나 그 밖의 다른 소수민족들도 상당수 주민들을 통치했는데, 명대에 이들은 자신들의 영역 주변에 있는 묘족 마을을 공포로 몰아넣고 말이나 곡물과 같은 공물을 매년 요구했다.[58] 차별적인 사회관계가 항상 허용되지는 않았던 것처럼 보인다. 「감처파주사정소勘處播州事情疏」에는 양씨 일가의 토지를 차지해 고소를 당한 묘족이 등장한다.[59] 이 문제를 논의하기 위해 모인 양씨 일족의 수장은 양씨 일족에게 부채를 지불하지 않았다는 이유를 들어 그들에 대한 징벌의 단행을 제안했다. 『검남식략黔南識略』의 저자 역시 강희 12년(1673)에 묘족 무리들이 도균부都匀府 요패토사夭壩土司의 요응록夭應祿을 살해했다고 기록했다.[60]

토사가 묘족을 굴복시킨 여러 강압적 방법은 다른 주민들에게도 적용한 부역, 강제적인 금전 징수, 군역軍役 등이 있었는데, 이러한 방법은 경작지를 몰수하지 않는 대신 이루어진 것이었으며, 이는 한족 정부도 토사를 없애거나 유관流官으로 대체할 때 사용한 방법 가운데 하나였다.[61] 심지어 묘족들 자신이 그러한 변화 조치를 요구하는 경우도 있었는데, 그러한 요구는 명대부터 등장했다.[62] 뒤에서 다시 언급하겠지만, 이러한 점진적인 변화로 묘족의 생활 방식도 상당히 변화했다.

경 제

지금부터는 묘족의 중요한 활동 상황, 즉 경작, 가축 사육, 숲의 활용과 수공업을 살펴보기로 하자.

경작과 가축 사육

묘족의 경작은 그 기술이 매우 다양하다는 특징을 가진다. 땅의 고저에 따라, 그리고 경작지의 높낮이에 따라, 화전 경작과 수전 경작 체제가 모두 등장한다. 우리가 이 책에서 관심을 두고 있는 시대의 묘족과 요족들 사이에서는 화전 경작이 압도적이었다.[63] 『묘민고苗民考』의 저자에 의하면,[64] 당시 사람들은 화전을 다음과 같은 방법으로 시행했다.

> "가시덤불을 제거하고 불을 놓는다. 모든 것이 다 타고나면 그 재를 흙과 섞어 경작한다. 이를 도경화종刀耕火種이라 한다. 이 말은 땅을 개간해 경작하거나 경작하기 위해 불을 지핀다는 의미, 혹은 낫 등을 이용한 벌채 이후 경작하거나 불을 지핀 후 씨를 뿌린다는 의미이다. 그러한 토지는 3년 연속 경작을 하다가, 이후 그 지역을 버리고 다른 곳으로 이동해 경작한다. 몇 년 후 앞서 버린 처음의 토지가 (지력을) 회복하면, 그곳을 다시 개간한다."

수전 경작은, 물이 저장되어 있는 산 정상의 평지뿐 아니라, 계단식 경작지를 만들 수 있는 비탈길에서도 시행되었다.[65] 당시 사람들은 수로水路를 건설해서 산간 동굴로부터 나오는 물을 저장했다. 『검지』의 저자[66]는 "청평淸平 일대에서는 토착민들[67]이 돌을 쌓아 제방을 만들고, 동남쪽에서 나오는 물을 끌어들여 매우 넓은 지역을 관개한다"라고 서술했다. 『묘방비람』의 설명에 의하면, 18세기 호남과 귀주 경계 지역에 거주하는 묘족들은 통차筒車와 길고桔槔를 이용했다. 다시 한 번 『묘방비람』을 인용하면, 묘족들은 자신이 사용하는 모든 농기구를 스스로 제작했다. 그들은 쟁기, 쇠스랑, 호미, 낫, 긴 자루가 달린 칼, 도끼, 바구니와 등에 지는 바구니와 같은 것들을 제작할 줄 알았다.[68] 그러나 힘을 쓰는 가축은 전혀 사용하지 않은 것처럼 보인다. 『묘족수고본』에는 소가 아닌, 사람이 직접 경작한다는 사실이 여러 차례에 걸쳐 되풀이되어 등장하고, 그 속에 있는 그림에서도 쟁기를 끌고 있는 사람의 모습이 여러 번 등장한다.[69]

경작물의 종류는 꽤 다양했다. 수전水田에서는 쌀이 생산되었다. 이 밖에도 지마芝麻(깨의 한 종류), 속미粟米, 맥麥, 두荳, 의이薏苡(율무), 고량高粱, 교맥蕎麥, 포곡苞穀(옥수수) 등과 같은 잡량雜糧을 수확했다.[70] 다른 사료에는 용리, 사남思南, 독산獨山 지역의 차,[71] 귀양, 여평, 사남과 대정 지역에서 생산되는 갈葛(칡)이 있었다.[72] 남쪽과 남동 지역에서는 면화가 생산됐으며,[73] 다양한 종류의 마麻도 생산되었다.[74] 따라서 묘족들은 자신의 소비 생활에 필요한 모든 생산물을 경작했던 것처럼 보인다.[75]

마지막으로 가축 사육은 매우 중요한 경제적 보완 활동이었다. 『묘방비람』의 저자에 의하면, 호남과 귀주성 경계 지역에 살고 있는 묘족은 "소, 말, 개, 양, 돼지, 고양이, 닭, 오리를 사육했다."[76] 이러한 사육 동물 가운데, 가장 중시된 소가 제일 중요한 지위를 차지했다.

"(가축 가운데) 오직 소만 절도 대상이 되었다. 소는 경작용으로 전혀 사용하지 않는 대신, 식용과 상품으로 이용했다.”

『묘방비람』에는 또한 말의 사육에 대한 자세한 언급이 등장한다.

“묘족들은 말의 사육법을 알고 있다. 말들이 산간 계곡을 마구 달리는데 몸집은 작지만, 매우 건강해, 한족이 기르는 말들은 그것에 미치지 못한다. 인근 삼청三廳(즉 호남성과 귀주성의 경계지역)[77]의 각 산채도 말 사육법을 알고 있다. 부유한 사람들은 심지어 10여 필의 말을 사육하는데, (그 목적은) 다른 곳에 팔기 위한 것일 뿐, 자신들이 타기 위한 것은 아니다.”[78]

한편 이 지역의 묘족들은 양어養魚도 시행했다.

“산간 계곡 지역 가운데 진흙이 많아 경작이 불가능한 경우, 물을 가둬 저수지를 만들고 외부에서 치어穉魚를 사와 기르는데, 환어鯇魚(산천어)[79]와 연어鰱魚가 많으며, 환어는 보통 초어草魚라고도 한다. 이 두 종류는 가어家魚라고도 한다. 또한 이어鯉魚(잉어), 즉어鯽魚(붕어), 부어鮒魚, 추어鰍魚(미꾸라지) 등의 물고기는 야어野魚라 한다. 부유한 묘족들은 여러 명의 아이들을 고용해, 매일 벤 풀을 먹여 물고기를 기른다. 어떤 물고기는 자라면 (무게가) 수십 근斤이나 된다.”[80]

숲의 개발

묘족은 숲을 개발했다. 귀주성 남서 지역의 경우, 뗏목을 띄울 수 있는 곳에서는 어디서나 묘족들이 나무를 베서 한족에게 팔았다. 이러한 산지 개발의 중심지는 여평부黎平府였다.[81] 지도 제작에 관한 일을 담당했던 예수회 선교사들이 18세기에 이 지역을 방문한 바 있는

데, 그들은 이러한 지역의 목재 개발과 그곳에서 행해진 상업 활동에 대한 정보를 우리들에게 제공해 주었다.

"묘족들과 일종의 상업적 관계를 맺는 데 성공한 한족들은 묘족들 숲에서 생산된 나무를 구매한다. 묘족들은 산에서 나무를 베서 한족 (상인들)에게 인도하는데, 그들이 거주하고 있는 지역을 흐르는 하천으로 나무들을 굴려 보낸다. 중국 상인들은 보통의 경우 암소와 수소 혹은 물소로 해당 가격을 지불하고 난 후, 나무를 넘겨받아 뗏목으로 만들어 가져간다."[82]

묘족들은 목재 채벌에 그치지 않고 산에 나무를 심는 데에도 열중했다. 18세기 한 사료는 토인土人, 다시 말해 묘족 주민들이 목재를 좀 더 효율적으로 이용하기 위해 숲을 재건하는 방법에 관한 매우 흥미로운 내용을 전달해 준다.[83]

"여평부의 산은 대부분 흙으로 덮여 있어, 삼목杉木을 심기가 적당하다. 토착민들은 삼목을 심으려 하는 땅에 반드시 미리 보리와 옥수수를 1~2년 동안 파종해 토지의 성질을 가라앉히는데, (그 이유는) 삼나무를 쉽게 심기 위해서다. 삼나무를 심어 15~16년이 지나면, 방울이 생기기 시작한다. 그 가지와 잎이 위로 향한 것을 자르는데, 그곳에 달려 있는 열매가 좋기 (때문이다). 열매가 터지거나 땅에 떨어진 것은 버리며, 신중하게 나무를 선별한다. 봄이 되면 먼저 거름과 흙을 섞어 땅 위에 뿌리고 잡초가 마르면, 그 잡초를 태운다. 그 후 열매를 흙 표면에 뿌리고 삼목 가지로 그것을 보호하며, 기氣를 돋아 어린 싹을 보호한다. 어린 가지가 처음 나오면 그것을 삼앙杉秧이라 한다. 이미 나온 어린 가지를 다시 옮긴 다음, 서로 1척 정도가 떨어지도록 줄을 맞춰 심는다. (거름 등으로) 그 땅을 비옥하게 해 토지를 기름지게 만들어 나무가 잘 자라도록 한다. 나무가 약간 자란 후, 굽은 나무가 있으면 바로 그것을 잘라내고 다른 나무로 대체해서 심는데, (이것은) 삼목이 울창하게 생장해 위로 뻗어나가게 하기 위한 것이다. 삼목은 3~5년이 되면 숲을 이루고, 20년이 지나면 벌목하기 적당한 크기가 된다."[84]

"여평부에서 호남성과 경계 지역인 모평茅坪 동쪽에 이르는 청수강 유역 일대 200리 이상 지역 모두는 삼림이 울창하다. 숲 속에 공터가 하나도 존재하지 않으며, 모두 녹음으로 뒤덮여 있다. 이 숲에서 사람들은 기둥, 대들보, 서까래 등에 사용되는 나무를 기른다. 도로 위에는 상인들의 행렬이 이어진다. 그들은 목재 더미를 한데 모아 하천으로 떠내려 보낸다. 장강 하류 지역과 회하淮河 유역까지 운반된 목재들은 모두 여평부黎平府에서 온 것이다."[85]

수공업

묘족은 토지 경작에도 비상한 재주가 있지만, 솜씨가 매우 좋은 공예가이기도 했다. 『묘민고苗民考』의 저자는 "그들에게는 은, 철, 목재, 돌을 다루는 그들 고유의 장인들이 있다"[86]라고 언급했다. 그러한 장인들이 은을 획득해 작업했던 방법에 대한 정보는 없지만, 여자들의 의상에서 은으로 만든 보석이 달린 위치를 고려해보면,[87] 은으로 만든 세공품이 꽤 많았던 사실은 분명하다.

제철製鐵의 경우, 묘족 스스로 그들의 농기구를 제조했다는 사실을 이미 지적한 바 있다. 또한 그들은 그들에게 없어서는 안 될 칼, 창, 화포와 같은 무기를 제작했다. 묘족 지역에서 생산된 철은 한족 사이에서 매우 유명했다.[88] 소수민족 관련 사료들은 묘도苗刀에 대해 수없이 언급하고 있다. 즉 16세 이후가 되면 모든 남자들은 이 묘도를 지니고 다녔다. 그들 묘도의 품질이 우수한 까닭은 철을 여러 차례 담금질을 했기 때문이다.

"묘족들은 그들이 태어날 때부터 시작해 청소년이 될 때까지 철을 수없이 담금질한다. 이런 이유로 그들의 칼은 매우 날카롭다. 이어 그 칼을 검은 색 칠漆을 입힌 가죽 칼집에 넣는다. 그 칼은 그리 아름답지는 않지만, 매우 날카로워 베지 못하는 것이 없다."[89]

청대 사료는 또한 그러한 칼의 품질을 어떻게 판단했는지에 대한 정보를 알려준다.

"칼의 (품질을) 조사하기 위해 도로 옆에 칼을 놓아두고 소가 지나가기를 기다린다. 칼을 한 번 휘둘러 소의 머리가 땅에 떨어져도, 그 소가 여전히 10여 보步를 가다가 비로소 쓰러지면, 그 칼은 매우 예리하다고 (판단하는데, 그 이유는) 소가 (자신의 머리가) 졸지에 떨어져 나간 줄 모르기 때문이다."[90]

18세기에 묘족들은 조창鳥槍, 즉 조총鳥銃 혹은 아마도 그 긴 사정거리 때문에 붙인 이름인 과산조過山鳥(산을 넘어가는 새라는 의미)라 불린 무기도 제조했다.[91] 그러한 무기 제작은 매우 정교하게 이루어졌다.[92]

"묘족들은 철로 된 튜브[93] 를 여러 차례 갈고 닦아 탄환이 걸리지 않고 발사되도록 한다. 자당子堂(총신)과 인문引門(조준장치)의 제조 (방법) 역시 나름의 법칙이 있다."

또 다른 사료에 의하면 묘족의 조총은 그 길이가 5~6척 정도이며, 사정거리는 20~30보步(약 30~40미터) 정도였다.[94]

우리들은 정확한 명중률 때문에 한족이 매우 두려워한 노弩(편가偏架라고도 불렸다)의 제작을 통해, 목재로 만든 도구에 대한 정황을 찾아볼 수 있다. 어떤 노는 그 크기가 너무 커 두 사람이나 심지어 셋이 함께 그 시위를 당겨야 했다.

묘족 여인들은 직물, 염색과 자수를 능숙하게 하는 것으로 유명했다. 18세기 당시 묘족들은 다른 비한족 민족과 마찬가지로 자신들에게 필요한 직물을 스스로 마련했다. 우리들은 중가족에 대한 연구를 통해, 무엇보다 귀주 지역의 소수민족들이 직물을 만들 수 있는 경작물을 재배했다는 사실을 확인할 수 있다.

소수민족이 만든 직물들은 조정에 바치는 공물 목록에 올랐으며, 적어도 송대 이후 한족들로부터 매우 높은 평가를 받았다. 18세기 무렵 묘족의 자수제품은 한족들 사이에 선물로 사용되었다.[95] 이 당시 사료는 매우 다양한 종류의 직물들이 존재했다는 사실을 말해준다. 그러한 생산물은 여평부와 같은 소수민족 지역에서 생산되었는데, 묘금苗錦, 혹은 동금洞錦 등으로 알려진 그러한 직물들은 오색의 융絨으로 만들어졌으며, 다른 종류의 직물을 압도할 만큼 거기에 그려진 꽃이나 동물들의 형상이 매우 아름다웠다.[96] 또한 제갈동금諸葛硐錦이 있었는데, 그것은 고주古州 지역에서 생산되는 꽤 굵은 노란색과 붉은 색 면포로 만들었다.[97] 또한 홍주갈포洪州葛布는 그 결이 매우 가늘고 섬세해서 시장에서 매우 잘 팔렸다.[98] 정번定番의 문포紋布는 튼튼하기로 유명했다.[99] 이 외에 독산獨山에서 생산된 사문포斜文布[100]가 있었으며, 영녕永寧과 진녕鎭寧에서는 철적포鐵笛布가 생산되었는데, 그것을 언급한 19세기 초엽의 한 저자는 철적포를 다음과 같이 설명했다.[101]

"철적포의 섬세함과 아름다움은 사천의 황윤黃潤, 가는 마로 짠 사천의 특산포인 세마포細麻布에 버금간다. 철적포의 가늘고 미세함은 오吳(장강 하류 지역)의 백월白越과 유사하다. 철적포의 부드러움과 유연함은 파과波戈[102]의 향전香筌과 비슷하다. 그 면포의 촘촘함은 금치金齒[103]의 표첩縹疊과도 같다. (그러나) 나는 그들이 어떤 원료로 그러한 직물을 생산해 내는지 알지 못한다. 일부 사람들은 동화포桐華布와 마찬가지로 백동白桐으로 그것을 만든다고 말한다. 또 어떤 사람들은 뽕나무로 그것을 만든다고도 말한다."

그 기원의 추적이 전혀 불가능한 건 아니지만, 이러한 직물들의 최초 등장 지역을 사실상 알 수 없는 탓에, 어떤 소수민족들이 어떤 종류의 직물을 생산했는지를 정확하게 알기란 실제로 불가능하며, 그런 점에서 이미 오래전부터 이 지역 일대 소수민족들이 사용한 여러 종류의 기술들 사이에는 일종의 유사성이 존재한다고 할 수 있다. 현재 우리들이 묘족과 아마도 중가족에서도[104] 확인되는 밀랍을 이용한 염색법이 오계五溪 지역[105]의 소수민족이나 다음에서 서술하는 방법으로 염색을 시도한 광서 요족 등에서도 이미 송대에 발견된다는 언급이 존재하는 이유는 바로 위와 같은 상황 때문이다.[106]

"그들猺人은 남전藍靛으로 면포에 물을 들여 무늬를 만드는데, 그 문양이 매우 정교하다. (요반포猺斑布라고 알려진) 그 문양을 새기는 방법은 일단 목판木板 두 쪽 (위에) 세밀한 꽃무늬를 그려서 새긴다. 그 다음, 두 목판 사이에 면포를 놓고 액체로 된 밀랍을 부으면, 그림을 새긴 틈으로 밀랍이 흘러들어 간다. 밀랍이 굳으면, 면포를 꺼내 남전이 있는 (항아리에) 담근다.[107] 면포에 그림이 새겨지면, 밀랍을 제거하기 위해 면포를 끓인다. 이러한 방법으로 (이곳 사람들은) 매우 정교한 무늬를 만들고 꽃문양을 뚜렷하게 볼 수 있다. 때문에 옷감에 무늬를 넣는 방법은 그 어떤 사람들도 요족을 능가하지 못한다."

1956년 북경에서 간행된 한 『묘족수고본』에는 귀주성 묘족이 제작한 현대판 바틱(batik) 납염법을 소재로 한 작품 일부가 소개되었다.[108] 그러한 납염법 작품의 일부는 18세기에 유행했던 기법과 꽤 유사하다고 판단된다.

이러한 직물을 짜는 데 사용된 베틀은 다양한 형태가 동시에 사용되었던 것처럼 보인다. 『묘방비람』은 "그 베틀의 높이가 낮으며, 옷감을 짜기 위해서는 바닥에 주저앉아야 한다"고 언급했는데,[109] 이것은 그들의 베틀에 모두 〈등판〉이 있었다는 사실을 말해준다. 그러나 『묘족수고본』에 복사된 여러 그림들을 보면 나무로 만든 틀과 페달이 달린 그들의 베틀은 매우 정교하다는 사실을 알 수 있다. 종종 체인이 수평으로 달려 있지만, 어떤 베틀은 수직으로도 달려 있다. 베를 짜는 여인네는 작은 걸상에 앉았다.[110] 형태가 거의 동일한 베틀이나 얼레가 묘족은 물론이고 동족이나 중가족에게서도 등장한다는 사실을 주목해야 한다.[111]

개인과 사회

여러 가구들 사이의 분쟁이 발생하면 일단 전쟁에 호소했는데, 그러한 양상 때문에 우리가 복수전이라 부르는 형태와 매우 흡사한 무력 대결이 끊임없이 발생했다. 반면 한족은 정의가 더 이상 사적私的인 것이 아닌 매우 질서 있는 사회 속에서 수세기 동안 살아온 탓에, 한족들은 묘족 사회의 그러한 양상에 깊은 인상을 받았다. 명대 전여성은 그러한 양상에 대한 자신의 생각을 다음과 같이 적었다.[112]

"묘족의 풍속은 각자 그 무리들이 있어, 그들 스스로 수 세대 동안 세습이 이루어진다. 대체로 그들은 사나우며 (서로) 시기하는 마음 때문에 재앙이 발생하고 예의를 아예 모를 뿐 아니라, 인륜에도 어둡다. 이익이 생기는 일에는 염치를 생각하지 않으며, 그들의 (마음이) 기쁜 상태라면 사람다운 행동을 하지만, 화가 나면 짐승처럼 변한다. 조그마한 원한으로 갈등이 생겨도 사람을 죽이며, (그처럼) 죽임을 당한 가족들의 모든 일족들은 그들을 원수로 여겨, 반드시 당사자들에 대한 복수를 하고 나서야 (복수 행위를) 중지한다. 그렇게 하지 않을 경우, 친척들도 해당 가족들을 미워한다. 그들 가족들을 도와 (원수 가족과) 겨루다 목이 달아나도 후회하지 않으니, 묘족 사이에 원한이 생기면, 9세대 이후에야 비로소 끝난다苗家讐, 九世休는 속담은 묘족들 사이의 원한이 쉽게 해소될 수 없다는 뜻이다."

묘족의 이러한 복수극과 매우 유사한 언급을 18세기에 간행된『묘방비람』에서 다시 발견할 수 있다.[113]

아마도 한족 저자들이 남긴 묘족들의 이러한 호전적 행동에 대한 서술은 다소 과장이 있을 수 있다.[114] 그러나 묘족들 사이에서 무력에 의한 사회적 적대감을 해결하는 일은 그들 개인의 삶에 적지 않은 영향을 미쳤음이 분명하다.

무엇보다 묘족 개개인은 훌륭한 전사戰士였다. 이미 앞서 살펴본 바와 같이[115] 사내아이의 경우 청년이 되어서는 항상 자신의 몸에 착용해야 하는 칼을 만드는 데 필요한 철을 태어날 때부터 받는다. 다른 한편 그 사내아이는 창과 쇠뇌를 다룰 수 있도록 훈련받는다. 훈련 중에 그가 사망한다면, 그 사실을 알아차린 다른 사람들이 죽은 병사를 변변치 못한 군인이라고 놀릴까 두려워, 가족들은 한 마디도 하지 않은 채, 사망 사실을 숨기고 매장했다.[116] 또 다른 사료에 의하면, 18세기에 어린 묘족 소년들은 5~6세부터 쇠뇌 다루는 법을 배우며, 그 이후 그들은 들에서 일을 할 때나 시장에 갈 때 혹은 산책을 할 때도 그것을 지닐 정도로 항상 몸에서 떼어 놓지 않는다고 언급했다.[117]

그러나 여자 아이에 대한 교육은 남자 아이와는 분명 완전히 달라서, 직물을 짜고 수를 놓는 법뿐 아니라, 묘족의 일상생활과 특히 그들의 집단적인 축제에서 커다란 역할을 했던 술을 빚는 법을 가르쳤다. 묘족 사회에서 술은 부富의 상징이기도 했다.[118] 다른 사료에 의하면 특히 여자들이 만든 술이 있었으며, 그것을 여주女酒라 불렀다.[119]

> "일정 정도 나이가 되면, 여자들은 품질이 좋은 술을 담글 준비를 해야 한다. 그녀들은 술을 거르고 난 후, 연못에서 물이 빠지는 겨울을 기다린다. 여자들은 진흙으로 술 단지를 봉해 그것을 이듬해 봄까지 연못에 묻어둔다. 연못에 다시 물이 들어올 때까지 봉한 것을 풀지 않는다. 처녀가 결혼을 하게 되면, 술병을 열어서 손님들에게 대접한다. 이 술맛은 매우 좋은데, 그처럼 맛이 좋은 술을 만나는 경우는 드물다."

여자와 남자 아이들이 청소년이 되면 일정 구역 안에서 대규모로 진행되는 만남을 통해 결혼을 준비한다.[120] 당시 이곳의 풍습에 의하면 이곳에서 그들은 노생蘆笙[121]이라는 악기 소리에 맞춰 춤추고 노래하며, 다양한 종류의 놀이에 열중한다.[122] 동시대 대다수 다른 사람들보다 민족학적 관점의 서술에 더 많은 재능을 보여준 17세기의 저자 육차운陸次雲은 도월跳月이라고 알려진 이러한 종류의 축제를 매우 아름답게 묘사한 바 있다. 우리들은 당연히 그가 남긴 내용의 일부

를 다시 언급할 필요가 있다.[123]

"이 축제는 봄이 되면 남녀가 상대자를 찾기 위해 춤을 추는 것이다… 묘족의 아버지들과 어머니들은 아들과 딸을 데리고 나와 달빛 아래 남녀가 춤을 추면서 서로 만나기 좋은 장소를 물색한다. 부모들은 서로 그룹을 만들어 가장 높은 곳에 자리를 잡는다. 이어 넓은 평원에 아들들은 왼쪽에, 모든 딸들은 오른쪽에 두 무리로 나눠 선다. 높은 곳에서는 사람들이 잔치를 벌여 흥겹게 논다. 살아 있는 동물을 구워 칼로 그 껍질을 벗기는데, 작대기는 절대 사용하지 않는다. 사람들은 한 방울씩 술을 마시는데, 그처럼 한 방울씩 마시는 이유는 술잔을 사용하지 않고 관管으로 술을 빨아 마시기 때문이다… 여자들은 대나무를 엮어서 얇은 비단을 덮은 일종의 바구니 비슷한 물건을 들고 있는데, 마치 비단 색실을 입힌 공처럼 보인다. 여자들은 모두 그 공을 손에 들고 난 후 노래를 부르기 시작하지만, 가장 높은 곳에 모여 있는 부모들이 노래를 부르라고 명령해야 노래를 부르며, 한 사람도 빠짐없이 노래를 부른다. 사내들 역시 노생을 손에 든 후에 놀이판을 즐기는데, (여자들과 마찬가지로) 가장 높은 곳에 머물러 있는 부모들의 명령이 있어야만 노생을 연주한다…."

"남자들은 노생을 연주하고, 여자들은 노래를 부르며 손을 휘젓고 발을 들며, 남녀의 눈빛이 빛나고, 몸이 돌아가며, 머리를 좌우로 흔들게 되면, 그들의 정신도 따라 움직이게 된다. 처음에 그들은 서로 합치려는 욕구를 드러내다가 이내 갈라선다. 차츰 그들은 흥분이 고조된 채 노래를 부르면서, 상대방을 서로 쫓아가기 시작한다. 이 무렵에 남자들이 여자에게 다가가면 여자들은 그 남자로부터 멀어지고, 여자가 남자에게 다가가면 그 남자가 다시 멀어지는 광경이 연출된다… 종종 여러 명의 여자가 한 남자에게 다가가, 그 남자는 어떤 여자를 선택할지 난감한 경우도 있으며, 여러 명의 남자가 한 여자에게 다가가, 그 여자가 어떤 남자를 제외시켜야 할지를 고민하게 된다. 서로에게 다가가다 바로 헤어지기도 하고, 서로 헤어졌다가 다시 서로를 쳐다보기도 한다. 그들 눈이 서로 맞으면, 마음이 서로 통한다는 의미이다. 공이 가고 노생이 다가온다. 이렇게 해 졸지에 두 남녀가 결합하는데, 잘 생긴 남자들이 어여쁜 여자들을 데려간다. 못생긴 사람들은 못생긴 사람들을 취하며, 사내들이 데려가지 않는 못생긴 여자들도 일부 남게 되고, 달리 선택의 여지가 없는 사내들이 그런 여자를 데려간다. 지나치게 못생겨서 가장 추한 남자들조차도 자신을 데려가지 않는 여자들은 몹시 쓸쓸히 되돌아오며, 선택받은 여자들에 견주어 자신을 매우 부끄럽게 느낀다. 여자를 선택한 남자들은 그 여자를 등에 업고, 개울과 하천을 건너 서로 사랑하기 좋은 비밀스런 장소를 찾아 나선다. 그들은 비단으로 만든 허리띠를 풀어 그것으로 서로를 묶는다. 그들은 달빛 아래서 춤을 춘 장소로 서로 손을 잡고 되돌아오며, 각자 아버지와 어머니를 따라 집으로 돌아간다. 이어 당사자들은 결혼 예물 문제를 논의하는데, 그 예물이 소나 양일 경우 반드시 암수 두 마리를 준비한다. 그들은 비로소 야합野合을 시작하고, 이어 결혼 선물을 주고받는다. 이러한 관습은 순비씨循蜚氏[124] 시대부터 생겨난 것이 아닐까?"

보통 이렇게 만난 부부들은 그들의 첫 아기가 태어난 이후에야 비로소 한 지붕 아래서 살게 된다.[125] 이렇게 해 그들은 성인成人의 삶을 시작하지만, 성인의 삶도 매년 열리는 집단적인 축제와 리듬을 같이 한다. 그 횟수와 날짜는 각 그룹별로, 그리고 각 지역별로 매우 다양했던 것처럼 보인다.[126] 전어성은 묘족들이 12마리의 동물 주기에 맞춰, 새해 시작을 알리는 축제를 언급한 바 있다.[127]

"따라서 친척을 부르고 동고銅鼓[128]를 두드리며 들에서 투우(鬪牛)를 시행한다.[129] 패한 사람의 (쇠고기를 베어) 제사를 지내고 마치 손바닥처럼 크게 저며 고기를 먹는다. 소의 뿔을 자손에게 주면서 그 옛날 할아버지와 아버지가 쇠고기를 드셨다고 말한다."[130]

다른 자료의 저자들은 수확이 끝난 후 열리는 축제를 언급하고 있는데, 그러한 축제는 18세기에 호남성과 귀주성 경계지역의 묘족 사회에서 무당의 지휘 하에 수일 동안 열렸다.[131]

"우선 사람들은 촌채 밖에 시렁棚을 엮어 놓는다. 축제 하루 전에 소를 죽인다. 무당을 고용해 긴 옷을 입게 하고, 손으로 구리 방울을 흔들며, 죽통竹筒[132]을 부는데, 이것을 주미귀做米鬼[133]라 한다. 다음 날, 어미 돼지를 죽이고 죽통을 불며 신神을 청하는데, 이것을 주뢰귀做雷鬼라 한다. 셋째 날, 수퇘지를 잡아 제사를 올리는데, 이를 주총귀做總鬼라 한다. 넷째 날, 술과 고기를 마련하고, 다섯 그릇의 쌀밥과 떡 12개를 화상火牀(일종이 아궁이와 같은 기능이 있는 침상)에 놓은 다음, 황랍을 태우고 죽통을 치면서 조상에게 제사 지내는 것을 보가선報家先이라 한다. 이후 친인척과 친구, 남녀노소가 모여 징과 북을 울리고 총을 쏘면서 우귀牛鬼를 청한다."

"다섯째 날에는 시렁 좌우에 각각 말뚝을 놓고 거기에 흑우黑牛와 백우白牛 한 마리씩을 각각 묶어 놓는다. 가장 존경을 받는 사람이 제일 먼저 (나서) 사방에 절을 하고 난 후, 창으로 소를 찌르면, 나머지 사람들도 연배에 따라 차례로 나아가 (소를) 찌른다. 한 사람이 물을 가지고 있다가 피가 흐르는 곳을 (닦아) 땅에 피가 번지지 않도록 한다. 소가 쓰러지면, 소머리의 방향을 보고 길흉을 점친다. 소의 머리가 집을 향해 있으면, 집안에 웃음과 기쁜 일이 있을 것이므로, 귀신이 와서 감응한 것이다. 소의 머리가 집을 향해 있지 않으면, 참석자들 모두 걱정하며 즐겁지 않으므로, 집주인은 매우 황송해하니, (이는) 귀신이 고기를 먹지 않고 재앙을 내린다는 (의미이다). 묘족의 무당은 방울을 흔들면서 축원을 드리고, 여러 사람들은 북을 치거나 금속관악기를 불며, 나무를 태우면서 제사를 지낸다. 제사가 끝나면 어깨 부분의 고기는 제일 먼저 소를 찌른 사람에게 주고, 가슴 부위는 무당에게 주며, 뒤쪽 어깨 부위는 일가친척에게 준다. 나머지 고기와 내장을 끓여서 (그 자리에서) 먹는다. 또한 따로 가축 한 마리를 제물로 삼아, 불에 그슬려 털을 없앤 다음 삶는데, 그것을 화천육火燀肉이라 한다."

"소의 머리를 시렁 앞에 놓는다. 긴 나무의 (속)을 잘라내서 가운데를 비운 다음, 양쪽 끝에 가죽을 덮어 북을 만든다. 아름다운 여자를 골라 그녀에게 춤을 추고 북을 쳐보도록 한다. 노래를 잘 부르는 남녀를 선택해 배우들이 입는 오색 옷을 입히는데, 어떤 사람은 빨간 모직 옷을 걸치고 머리에는 두 장의 오색지五色紙를 붙여 등으로 내린 머리띠를 두르고 있다. 남자는 왼쪽으로 여자는 오른쪽으로 돌아가며 번갈아 노래 부른다. 일제히 고개를 들고, 리듬에 맞춰 발을 빨리 혹은 천천히 움직이는데, 이를 도고장跳鼓藏이라 한다. 혹은 노래로 자웅을 겨루는 사람도 있다. 남자들은 비단 띠를 내놓고, 여자들은 비녀와 팔찌를 내놓은 다음, 조組를 편성해 밤새 노래 대결을 벌여 승부를 가른다. 대결에서 승리한 사람은 그 비단을 가져가며, 노래를 잘 부르지 못하는 사람은 그 대열에 끼지 못한다. 그들이 부르는 노래는 모두 그 지역의 상황을 읊은 것이며 간혹 음탕한 말도 들어 있다. 노래가 끝나면, 아무데나 앉아서 먹고 마시며, 농담을 주고받는가 하면 심지어 밤을 이용해 서로 사랑을 나눈다."

일상생활에서 묘족은 정신적인 화합에 매우 신경을 썼던 것처럼 보인다. 전여성은 묘족들이 닭 뼈를 이용해 점을 쳤다는 사실을 우리들에게 말해준다. 닭 뼈의 균열 상태를 보고 그들은 운이 좋은지 여부를 알았다.[134] "종종 그들은 풀을 꺾어 일의 징후를 살폈다."[135] 다른 한편 전여성은 또한 묘족들이 사태의 징조를 미리 안 연후에야 비로소 행동했다는 사실을 환기시키면서, 그 예로서 묘족의 유명한 추장인 아계阿溪가 전날 밤 자신이 커다란 그물에 뒤덮여 있는 꿈을 꾸자, 그 징조가 불길하다는 이유로 소를 사러 가기 위한 외출을 주저했다는 일화를 소개했다. 결국 그는 자신에게 위험이 닥치지 않으리라 생각하고 외출했다.[136]

묘족은 병에 걸려서도 다른 사람들과 대조적인 태도를 보였다. 여전히 전여성의 서술에 의하면, "묘족들은 병에 걸려도 약을 먹지 않는 대신, 귀신에게 기도한다. 만일 병이 낫지 않으면 귀신이 미워하는 탓이라고 말하며, 그 병의 치료를 포기하고 다시 돌보지 않는다"라고 말했다.[137] 18세기에도 여전히 『묘방비람』의 저자는 묘족들이 그들의 종교적 의례에 막대한 비용을 지출하고 있다는 점을 한탄했다.[138]

앞에 서술한 내용을 통해 우리들은 묘족들이 오吳, 용龍, 석石처럼 중국인과 유사한 성姓을 가지고 있다는 사실에 주목할 필요가 있을 것이다. 그러나 안타깝게도 묘족 관련 사료에는 이 흥미로운 문제에 대한 언급이 전혀 들어 있지 않다. 『묘방비람』의 저자는 호남성과 귀주성 경계 지역에 살았던 묘족과 관련해 오, 용, 석, 마麻, 요廖와 같은 성을 가진 사람들은 진정한 묘족인 반면, 양楊, 시施, 팽彭, 장張, 홍洪 등의 성을 가진 사람들은 사실상 외부지역에서 온 사람들로서 묘족 여자를 부인으로 삼아 그들의 풍속을 따른 결과, 오랜 기간이 흐른 뒤 묘족에 통합되었다는 사실만을 지적하는 데 그쳤

다. 그러나 그런 이름이 어떻게 묘족에게 붙여졌는지는 여전히 알 수 없다.[139]

어쩔 수없이 불완전하기는 하지만, 지금까지의 대략적인 설명을 통해 묘족 사회와 한족 사회에 존재했던 차이에 대한 일말의 생각을 가질 수 있으며, 나날이 긴밀해진 두 민족의 접촉으로 생긴 문제들을 일별할 수 있을 것이다.

2 라라족玀玀族과 이족彝族

라라족이란 명칭이 최초로 등장한 시기는 아마도 원대라고 추정된다.[140] 명청시대에도 다음과 같은 다양한 명칭을 구분하지 않고 사용했다. 즉 과라猓玀, 과과猓猓, 라귀玀鬼,[141] 과이猓夷,[142] 라이玀夷,[143] 이인彝人[144] 등이 그것이다. 명대 이후 묘족의 경우처럼 소수민족을 다시 세분했으며, 그들의 다양한 명칭은 쉽게 알아볼 수 있는 신체적·문화적 특징(의상, 직업, 풍속), 또는 아마도 지역 방언을 전사轉寫하거나 심지어 그 지역을 다스리는 종족 가문의 이름과 같은 매우 특수한 요소를 가리킨다는 사실을 알 수 있다. 『남조야사南詔野史』에서 백과라(白猓玀, 즉 白玀玀), 흑과라(黑猓玀, 즉 黑玀玀), 건과라乾猓玀를 구분하고 있는 것은 바로 그런 이유이다.[145]

20세기 초엽 라라족에 관한 논문을 쓴 슈리오크(J. K. Shryock)에 의하면, 라라족이 자신을 부르는 명칭들도 그들 각 집단마다 매우 달랐다.[146] 처음 자음은 드물게도 영어 알파벳의 엘(l)자이며, 그 다음에 오는 모음은 매우 다양한 형태이다. 반면 두 번째 음절은 보통 소

(so) 혹은 수(su)이다. 마지막으로 그들 라라족의 명칭은 중화인민공화국 성립 이후 공식적으로 이족彝族으로 바뀌었는데, 그 목적은 그들에 대한 경멸적인 기억을 없애는 데 있었다.

묘족과 마찬가지로 명대에 이르러 그들의 역사적 전후관계에 대한 최초의 저술들이 등장한다. 전여성과 양신楊愼[147]은 그들 시대의 라라족과 노록족盧鹿族을 동일하게 생각했는데, 이 노록족은 5~9세기에 존재했다는 사실이 입증된 동찬족東爨族의 한 갈래였다. 이런 주장에 뒤이어, 또 다른 이론으로서 라라족과 당대唐代 만족蠻族과 연관이 있다는 설이 등장했다.[148] 끝으로 현대의 한 중국 연구자는 한대漢代 야랑夜郎 지역의 주민과 라라족의 조상을 동일하게 생각하고 있다.[149]

우리들은 귀주 북서 지역에서 아마도 역사적으로 좀 더 확실한 출발점을 발견해낼 수 있는데, 그 북서 지역은 한족이 이 지역으로 들어가는 데 심각한 방해가 된 유력 집단인 안씨安氏 휘하에 있었던 원대元代 라라족의 중심지였다.[150] 이미 우리가 언급한 것처럼, 이족은 명대 초엽에 현재 귀주성 서쪽 지역 모두를 점령하고 있었으며, 그들의 지배 영역은 현재 운남과 사천 지역을 상회했다. 바로 그곳에서 그들은 쉽게 진입하기 어려운 산악 지역 도로망의 한 중심부라는 매우 유리한 위치를 차지했던 덕분에, 방어가 용이했을 뿐 아니라 좀 더 동쪽에 위치한 지역은 광산이 풍부했다.[151]

고조우는 안씨의 중심 지역이 수서(水西, 현재 黔西)일대로서, 고원 한가운데 위치한 성채와 같은 곳이라는 점을 언급했다.[152]

"수서 주변은 큰 산과 깊은 숲으로 둘러싸여 있다. (그 사이에는) 빠른 길과 우회로가 동시에 존재하는데, 이인夷人들은 험한 곳을 택한다… 그러한 이인들이 (지형에 의지해) 은거하고 있는 곳은 숲箐(대나무

숲)의 이름이나 동洞의 이름을 따서 붙이는데, 그 이유는 그 험준함 때문에 보루를 쌓아놓은 것 같아, 마치 내지의 성곽과 같기 때문이다. 수서에 속해 있는 경계 지역은 대부분 즉계則溪라 불리는데, 그곳은 내지의 향읍鄕邑과 유사하다. 즉계라 불리는 곳이 대략 11곳이며, 숲箐이나 동洞의 이름을 붙인 곳은 백여 곳에 달한다."

자신들의 안전을 강화하기 위해 이족은 세 곳의 성보城堡를 건설해 제2의 방어막을 만들었다. 북쪽에도 화작성火灼城이 존재했다.[153] 북서쪽에는 필절畢節과 가까운 곳에 대방성(大方城, 현재 大定)이 있었다. 더구나 대방성 서남쪽에 위치하며 강을 건너야 도달할 수 있는 각아동閣鴉洞부터 대방성에 이르는 길에 존재하는 34개의 동洞 덕분에 대방성의 전략적 위치가 더욱 강화되었다. 고조우의 설명에 의하면 배를 타고 어마어마한 규모의 동굴 속으로 들어갈 수 있었다. 오르내리는 건 사다리를 이용해야 가능했으며, 이인夷人들은 이곳을 항상 지키곤 했다.[154] 대방성과 직금성織金城은 귀주 순무巡撫 왕삼선王三善이 명 천계天啓 3년(1623)에 주도한 군사작전으로 파괴되었다.[155] 마지막으로 화작성과 마주보는 위치인 남동 쪽, 즉 현재 평원平遠 소재지에는 직금성이 있었다.[156] 그 크기가 더 작은 마을 대부분도 수서 관할 지역의 극동쪽에 위치했던 십만계대정十萬溪大箐처럼 난공불락의 고지대에 자리 잡고 있었다.

"십만계대정은 계곡 물이 굽이굽이 돌아 흐르며, 산들이 가파르게 솟아 있다. 60리를 가면 깎아지른 절벽이 있으며, 지름길로 가는 길은 없다. 그 멀리에는 매우 험준한 산이 보이며 사방 모두 둔채屯寨가 마련되어 있다."[157]

또한 막롱법지둔莫隴法地屯도 언급할 필요가 있다.

"이인夷人들은 그 주변에 돌로 된 담을 쌓았다. 위쪽의 군영은 목성木城으로 되어 있으며, 둔채 뒤의 사잇길로 정상에 오른다."[158]

그들은 또한 대방과 필절 사이에 위치한 곳으로서 험준한 산이 숲으로 덮여 있으며 천연 요새인 비라대정比喇大箐처럼 경작 가능한 곳을 선택할 줄도 알았다. "가운데는 평탄하고 넓어 수만 명을 수용할 수 있다."[159]

이족彝族들 단독으로 그러한 산악 지역을 독차지했다고 생각해서는 안 된다. 그들 대다수가 수서 중심 지역을 차지하고 있었지만, 그들 세력이 동쪽으로 확대됨에 따라 다른 민족들과 뒤섞였다. 명대에 사실상 안씨 일족은 점차 수서 일대를 포기하고 귀양 지역에 거의 항구적으로 정착했다.[160] 뒤에서 다시 언급하겠지만, 이 당시 이족 문화의 영향이 바로 귀양지역에까지 미쳤음을 감지할 수 있다. 동부와 남동부 지역의 경우, 그곳에 산 이족들은 묘족과 매우 긴밀한 관계를 유지했지만, 특히 보안普安과 흥의興義 지역의 중묘狆苗와도 그러했으며,[161] 안씨 일족은 분명 그 지역 주민의 일부를 지배했다. 『전행기정滇行紀程』의 저자는 당시 중묘가 안씨 밑에서 부역하고 있다는 점을 언급한 바 있다.[162] 마지막으로 『대정부지大定府志』의 언급에 의하면 묘족들 역시 이족 수장에게 예속되어 그들의 경작지를 경작하고, 순찰을 담당하는 한편 세금을 지불했다.[163]

라라족의 사회조직에 대해, 명대 한족 저자들은 보통 그들을 흑라라黑玀玀와 백라라白玀玀의 두 집단으로 나누어 설명했다. 전여성은 다음과 같이 언급했다.

"수서 12영營(鎭寧 북쪽에 위치한 지역으로서 청대에 폐지되었다), 영곡寧谷(安順 남서쪽에 있으며 역시 청대에 폐지되었다), 평월平越 부근의 마장하馬場河 연변에 위치한 마장馬場, 여평부의 조계漕溪[164]에 사는 자들은 흑라라라 하며, 오만烏蠻이라고도 한다. 관령關嶺 남쪽의 모역慕役에 사는 자들은 백라라라고 하며, 백만白蠻이라고도 불린다."[165]

오늘날까지도 습관적으로 흑라라를 지배계층으로, 백라라를 피지배 계층으로 생각하고 있다.[166]

그러나 여러 가지 문제들은 그리 간단하지 않다. 여러 사료들은 안씨 일족이 그 수장들을 두목頭目[167]이라 불렀던 48개 라라부족을 지배했으며, 송씨 일족도 12개 부족을 다스렸다고 전하고 있지만, 송씨의 지배를 받고 있던 12개 부족이 이족彝族이라고 단정하기는 어렵다. 분명한 사실은 소유권과 긴밀한 관련성이 있는 사회적 계서階序가 존재했다는 점이다. 호경균胡慶鈞은 「명대수서이족적노예제도明代水西彝族的奴隷制度」라는 제목의 훌륭한 논문을 통해, 그러한 사회적 계서를 다음과 같이 지적했다.[168]

"그 첫 번째 지위에 안씨安氏 일가가 있으며, 그 지역 일대 모든 소수민족과 선위사 지위를 가진 모든 중국인들은 안씨 일가의 권위를 인정했다. 두 번째 지위에 있는 집단은 안씨 일가의 부속인과 두목 일가였다. 세 번째 지위는 자유 신분의 경작 농민, 중묘, 흘료족, 묘족이었다. 한편 소작인들은 안씨 일가와 두목들이 소유한 토지를 경작했지만, 이러한 계층에 이족들이 다수 포함되어 있었던 것처럼 보이지는 않는다. 네 번째는 노예, 비한족, 그리고 특히 전쟁 포로 출신이나 직접 사온

한족이다. 다섯 번째는 사회 주변부에 존재한 계층으로서, 그들 스스로 라라 지역으로 도피해서 수공업자나 관료에 종사했던 한족 객호客戶이다. 이러한 객호의 일부는 농사꾼이었을 것이다."

이제 이처럼 다양한 사회 그룹의 지위를 명확하게 해주는 일부 자료를 살펴보기로 하자. 『명사』에 의하면 안씨 일족이 소유한 토지의 반절은 수서 지역 외부, 즉 이족 지역에 존재했다.[169] 『남중기문』에도 다음과 같이 기록되어 있다.[170]

"안씨 일족의 수장이 이 지역에서 가장 부유한 사람 중 하나다. 그는 수은광 두 곳을 소유한 덕분에 매년 상당한 액수를 가져간다.[171] 귀주성 서쪽에 해당하는 이 지역의 토지는 귀주에서 가장 비옥한 곳이다. 숭정 2년(1629) 진압된 안방언安邦彦의 반란 이전에는 그 동洞 외부의 전토田土를 모두 한족에 임대하고, 한족으로부터 지조地租를 받았다."

『남중기문』은 다른 곳에서 이족이 한족 남녀를 사로잡아 여자는 신부로, 남자는 농업에 이용했다는 사실을 말하고 있다. 이 책이 정확하게 지적하듯이, 고유한 혈통이 무너지는 것을 두려워한 라라족은 한족과의 통혼을 금지시키기 위해 많은 노력을 기울였다.[172]

비한족이 경작한 토지의 경우 안씨 일족이 직접 관할한 지역에 관련된 정보는 없지만, 훙의 지역의 라라족과 관련된 18세기 말엽의 한 자료에 의하면, 이른바 개토귀류 정책이 시행되기 이전의 경작제도는 다음과 같았다.

"토목土目의 전호佃戶는 곧 토병土兵이다. 땅을 나눠 경작하고 (토지) 주인에게 지조地租를 납부하는 토지는 공전公田이라 한다. 그 나머지 토지는 여러 묘인들이 힘을 합쳐 경작하며, 토목은 (묘인들이 경작한) 토지 면적에 따라, 경작지에서 나오는 이익을 가져간다. 이를 사전私田이라 한다."[173]

토목이 이렇게 거둬들인 곡식은 안전한 곳에 잘 보관되었다. 수서 북동쪽에 위치한 천연요새인 백옥동白玉洞에 곡식을 저장했다는 고조우의 언급이 그런 상황을 말해준다.[174]

이족은 무엇보다 그들이 사는 지역에서는 전혀 적합하지 않았던 쌀 경작을 했던 것처럼 보이지는 않는다.[175] 반면, 한족들은 그 존재를 거의 알지 못한 탓에, 당시 한 저자가 그런 놀라움을 다음과 같이 표현한 바 있는 연맥燕麥을 경작했다.[176]

"또한 이곳 사람들은 연맥을 주식으로 하며, 간혹 쌀과 그 밖의 다른 곡물을 먹는다. 연맥의 생김새는 보리와 유사하고, 외양은 모두 겨로 둘러싸여 있으며, 내부에는 알갱이가 들어 있다. (그 알갱이의) 색은 황색이며 먹을 수 있다. 여러 묘인들은 그것으로 국수麵를 만든다. 사람마다 양가죽으로 주머니를 만들어 (연맥) 몇 되를 휴대할 수 있는데, 길가는 도중 배가 고프면 바로 산간 계곡에서 조리해서 먹으며, 그것을 향면香麵이라 부른다. 연맥은 나귀羅鬼가 사는 지역에서 두루 생산되며, 이로운 점이 매우 많다." [177]

이족은 또한 적어도 일부 지역에서는 차를 재배했다. 전여성은 보정의 라라족이 차를 전문적으로 재배해 그것으로부터 수익을 올렸다고 언급했다.[178] 건륭 『귀주통지』에도 대정부大定府의 평원주平遠州에서 만든 좋은 품질의 차가 거론되어 있다.[179]

그러나 그들이 가장 뛰어난 재능을 보인 분야는 말의 사육이다.[180]

『검서』의 저자는 수서와 현재 운남성 소통昭通지역으로서 역시 이족이 거주했던 지역인 오몽烏蒙의 말에 대한 찬사를 담은 긴 설명을 한 바 있는데, 거기에서 그는 다음과 같이 언급했다.[181]

"가장 좋은 말은 수백 금數百金에 달하며, 중간은 그 반값이며, 외부로 팔리는 말은 평범한 말이다. 최상의 말을 만인蠻人들은 좋아해서 (다른 사람에게) 팔지 않는다. 또한 (좋은 말은) 자주 타지 않으며, 오직 아끼기만 한다.[182] 전쟁이 발생해야 비로소 말을 사용한다. 만인蠻人이 사망하면 말을 순장殉葬한다. 수서의 말은 그 용모가 매우 아름다운데, 앞으로는 닭이 우는 모습을 볼 수 있으며, 뒤로는 개가 앉아 있는 모습을 살필 수 있다. 그 말의 가슴은 넓으며, 다리는 두텁고, 허리는 곧으며, 등은 둥그렇다. 씀바귀와 아욱[183]을 여물로 먹이는데, 생강과 소금을 섞어 씹는다. 날이 더워 더위를 먹으면, 여물에 장醬을 섞어 마시도록 한다. 체구는 보잘 것 없지만 힘이 세고, 몸집이 작지만 온전한 덕성德性을 갖추고 있다."

그리고 이 책의 저자는 자못 서정적인 어투로 자신의 설명을 마친다.

"그는 산을 올라가고 봉우리를 넘는다. 우레를 쫓아가며 구름처럼 (가볍게) 움직이고, 버마재비를 비웃을 만큼 (빠르고) 잠자리를 업신여길 정도로 빠르다. 그 말은 용의 수염, 오리의 가슴 근육을 가졌으니… 이러한 말을 어찌 최고라 하지 않을 수 있겠는가?"

이족의 말이 지니고 있는 대단한 명성 탓에, 당시 사람들은 그것이 말에 관련된 가장 놀랄 만한 이야기라고 말했다. 귀양 북부에 위치하는 지역으로 준의로 가는 길목에 자리 잡고 있는 양용갱養龍坑의 말에 대한 언급이 그러한 예이다. 이 장소는 명대 이후 자주 등장한다.[184]

> "양용갱은 두 산 가운데 있으며, (그 산의 물은) 매우 깊고 넓어, 영기靈氣가 드나들며 그 밑에 용이 숨어 있다. 봄이 되어 만물이 서로 호응하고, 사물의 풍정風情이 왕성해지면, 토인들은 저지대 가장자리에 버드나무를 심고 순수한 암말을 골라 버드나무에 묶는다. 이어 운무雲霧로 (사방이) 어두워져 지척을 판별할 수 없게 되면, 서로 비슷한 무리들이 꿈틀대며, 하늘과 말이 교미한다. 대체로 용이 언급하기를, '먼 하늘의 색이 맑게 개이면 말 옆의 모래에 용의 흔적이 나타나는데, (그것이) 곧 용과 만나는 것이다'라고 한다."

말이 어떤 방법을 통해 탄생하든지 간에, 그들이 공물로 가져왔던 말이 명 왕조 궁정에서 높이 평가된 것만은 분명한 사실이다.[185] 18세기 이 지역 말에 대한 명성은 예수회 교단 선교사들의 소개로 유럽에까지 알려졌으며, 그로지에(Grosier)는 다음과 같이 기록했다.

> "산에 오를 때 말이 보여주는 유연함과 민첩함 때문에, 중국인들 사이에서 그들의 말은 대단히 높은 평가를 받는다. 군대의 장교를 선발할 때, 지원자들은 말을 빨리 몰아 내리막길을 가장 빨리 달리고 화염이 타오르는 해자를 단숨에 건너뛰어야만 한다. 이들 지역에서 나는 말은 중국에서 매우 귀한 존재이며, 매우 높은 가격으로 팔린다."[186]

많은 가축과 말을 사육한 이족들은 가죽과 양모羊毛를 다루는 기술도 매우 뛰어났다. 그들은 마구馬具 제작에 뛰어나다는 평판을 받았다. 이족 수장에게 바친 안장 가격이 백여 금百餘金에 달했으며, 가장 싼 것도 십여 금十餘金에 달했다. 등자鐙子와 같은 마구 제작에 그들은 전혀 철을 사용하지 않은 대신 나무만을 사용했다.[187] 이족은 칠을 입힌 가죽으로 만든 갑옷으로도 유명했다.[188]

귀주의 서쪽에서 귀양까지의 지역은 가죽 공예로 유명한데, 그 기술은 틀림없이 이족이 전파했을 것이다. 안순은 말안장 밑에 까는 등받이 산지로 유명했는데, 특히 광택이 나고 부드러운 안순 지역의 가죽 제품을 피천皮韉이라 불렀다.[189] 귀양은 무두질의 중심 지역이었다. 한 사료는 당시 사람들의 무두질 방법을 다음과 같이 설명하고 있다.[190]

> "가죽을 물에 담그는 까닭은 그것을 깨끗하게 하기 위해서이다. 불을 쬐게 하는 이유는 견고하게 하기 위해서이다. 나무를 이용해 그것을 늘이는 까닭은 평평하게 만들기 위함이다. 여러 번 문지르는 까닭은 가죽을 바로잡기 위한 것이며, 가죽을 깎고, 자르며, 구멍을 뚫고, 옻칠을 하며, 구덩이에 넣어 흙으로 가죽 고유의 성질을 발휘하도록 한다. 돌로 가죽을 문지르는 까닭은 광택을 내게 하기 위해서이며, 그곳에 색칠을 하는 까닭은 가죽을 치장하기 위한 것이다."

따라서 귀양의 시장에서는 "화장품갑, 상자, 소반, 잔, 주발, 옥으로 된 잔…등의 필수품을 구할 수 있으며, 가장 아름다운 물건은 가죽으로 만든 호로병이다. 들어도 그 무게가 채 한근이 되지 않지만, 진열하면 온 자리가 차 있는 듯하다. 이 모든 식기와 깔개를 두루 챙긴다면 여행이 편안할 것이다."[191]

염소 털로 된 마전馬氈은 대정大定 지역에서 제조했으며, 방수 기능이 매우 탁월하다고 알려졌다.[192]

마전과 가죽옷은 아마도 이족의 의상과 불가분의 관계에 있었던 것처럼 보인다. 전여성은 이 문제에 대해 "왼쪽 어깨에 양 가죽을 걸치고 있다"라고 기술했다."[193] 전여성보다 약간 뒤에, 『남중기문』의 저자 역시 다음과 같이 서술했다.[194]

"그들은 머리 위쪽으로 상투머리 모양으로 머리를 따고, 파란 띠로 묶는다. 하의는 바지를 입으며, 상의를 허리에서 묶는다. 그 겉에 모전으로 된 윗도리를 두르는데, 그 윗도리는 양가죽 하나를 등 뒤로 걸치는 (형태)이다. 비록 중국 관리들의 복장을 한 토사土司조차도, 겉에 마전을 걸친다."

이족은 이미 국가에 대한 개념을 가지고 있었을까? 그 문제에 대한 대답은 여전히 할 수 없을 것이다. 그러나 안씨 일가가 건설하려 했던 서쪽 지역의 도로[195]와 같은 몇 가지 시도를 통해 살펴본다면, 그들은 조직적인 영역에 대한 인식을 가지고 있었던 것처럼 보인다. 도로를 복구하고, 그곳에 역참을 설치하는 한편, 한족보다 도로를 좀 더 안전하게 관리하려 했던 사향奢香의 시도가 지닌 의미가 무엇이든지 간에, 그러한 일련의 사실은 이족이 이미 일종의 경제 조직 속에 살고 있었기 때문에, 도로가 그들에게 필수적이었다는 사실을 말해준다. 다른 한편, 명대 파주 지역과의 일시적인 제휴 관계에서 알 수 있듯이, 여러 토사들 사이의 많은 접촉은 이족이 주변 지역을 잘 알고 있었다는 사실을 입증해준다. 마지막으로 중국 한족의 속담 하나를 상기할 필요가 있지 않을까? "수서의 라라족은 그들의 머리를 자르면 바로 꼬리를 움직일 수 있다"라는 속담이 그것이다. 전여성은 이 말을 "(여러 외부 환경 변화에) 그들이 민첩하게 대응할 수 있다"라는 의미로 해석했다.[196]

그들의 내부 조직에 대해서는 여전히 잘 알지 못한다. 일부 중국 사료에 의하면 이족은 '몽골 문자와 유사한' 문자를 지녔다. 그러나 그 문자가 종교적 기록 외에는 달리 다른 목적에 사용된 것처럼 보이진 않는다.[197] 또한 『검지』의 설명에 의하면 이족은 가혹한 법률을 운용했다.[198]

"만일 도둑질한 자가 있으면, 높은 기둥 위에 그의 손발을 묶고 사방에서 화살을 쏴 그를 죽인다. 이족은 활을 매우 잘 쏘기 때문에, 치명적인 곳을 겨냥해서 쏘지 않아 그는 곧바로 사망하지 않는다. 이족은 그 본성이 즉사를 두려워하지 않는 대신, 서서히 죽는 것을 두려워하기 때문이다. 이런 이유 때문에 (이족은) 감히 도둑질을 하지 않는다."

이족 사회의 결집력을 보여주는 마지막 증거로서, 그들이 한족에 성공적으로 대항할 수 있었던 무력을 언급할 필요가 있다. 그들의 무력이 와해된 시기는 사실상 18세기 초엽에야 비로소 이루어졌는데, 당시 이족은 자신의 영토를 상실한 채 서쪽으로 후퇴했으며, 그렇지 않은 사람들은 한족에 동화되었다.

3 흘료족仡佬族

흘료족[199]이란 명칭이 최초로 등장한 시기는 아마도 송대일 것이다. 명대에 이르러 흘료족으로 통칭되던 민족을 여러 그룹으로 나누기 시작했다. 전여성[200]은 그들을 화흘료花仡佬, 홍흘료紅仡佬, 타아흘료打牙仡佬,[201] 전두흘료剪頭仡佬, 저니흘료猪泥仡佬의 다섯 그룹으로 이미 구분한 바 있다. 청대에는 저자에 따라 다섯 그룹에서 일곱 그룹까지 다양하게 분류하기도 했다.[202]

최근의 한 자료에 따르면 각로閣老나 국로國老라는 이름이 존재하며, 현재에도 여전히 그런 명칭으로 그들을 구분한다. 이런 이유 때문에 흘료족에 대한 공식적인 새로운 그룹 명단에 위 명칭을 올려놓아야 한다. 단지 그들을 표기하는 문자만 수정되었다.

이미 언급한 민족들과 마찬가지로, 흘료족에 대한 최초의 역사적 갈래가 등장한 시기는 명대였다. 『가정도경嘉靖圖經』[203]에는 "흘료족은 이전에 요족僚族으로 불렸다"라고 기재되어 있다.[204] 그리고 전여성은 흘료족은 힐료족犵獠族으로도 불렸다는 사실을 전해준다.[205] 그들을 보는 이러한 방법은 오늘날까지도 지속된다. 흘료족의 기원과 그 변화 과정을 연구한 저자인 화서華西는 흘료와 힐료라는 두 표현이 글씨는 다르지만 동일한 발음에서 비롯되었다고 생각한다.[206] 흘료족을 연구한 또 다른 연구자인 보클레르(I. de Beauclair) 역시 흘료족은 이미 한대漢代 자료에서 등장하는 료족과 깊은 연관이 있다는 가정을 세운 바 있다.[207]

흘료족 사회는 송대부터 그 윤곽이 서서히 드러나기 시작했다.[208]

사료에 의하면 흘료족 공동체 사회는 현재 호남성 서쪽의 오계五溪,[209] 현재 원릉沅陵 일대인 진주辰州, 그리고 귀주 동쪽 지역에 존재했다. 이 당시 흘료족은 빈번하게 이동했던 것처럼 보인다. 사료에는 흘료족이 들어와 정착한 입지入地라 불리는 곳이 등장한다.[210] 흘료족은 농사꾼이었으며, 사료에 의하면 조락평鳥落平이라는 곳에 거주하는 것을 선호했는데, 그 이유는 새들이 한 번에 날아 그 지역을 통과할 수 없을 정도로 그곳이 매우 넓기 때문이었다.[211] 이 지역은 주변 수십 리가 모두 비옥해, 이 지역의 평지平地를 평탄平坦이라 불렀다.

그들 역시 훌륭한 장인匠人들이었다. 산에 거주하는 사람들은 진사辰砂를 채취할 수 있는 장소를 잘 알고 있었으며, 수은의 생산 방법을 알았다.[212] 그들은 은을 이용한 작업을 할 줄 알았을 뿐 아니라, 동물 문양을 새긴 술잔과 우각牛角의 제작으로도 명성이 높았는데, 그러한 물건들은 흘료족의 부유층이 소유했다. 이러한 종류의 은세공품은 한대漢代 이래 은발구銀鵓鳩라는 명칭으로 불렸다.[213]

한족에 동화된 요족猺族처럼 일부 흘료족들은 자신을 지배하는 사람들에게 세금을 낼 경우, 성내省內 여러 지역을 자유롭게 돌아다닐 수 있는 특권을 누렸다.[214] 그들은 한족 관리의 휘하에 있었지만, 종종 그들 스스로 수장을 선출할 수 있었는데, 그것을 매수賣首라 했다. 매수라는 명칭은 그들이 상업에 열중했다는 사실을 우리들에게 알려준다.

그들의 사회 조직에 대해 우리는 잘 알지 못한다. 다만 그들이 연맹 형태로 조직되어 있었다는 사실을 알 수 있을 뿐이다. 『계만총소』의 언급을 믿을 수 있다면, 흘료족은 요족이나 묘족에 비해 오만했다.[215] 손님이 오면 관리들이 열을 지어 도열하고, 그 일을 주관하는 연맹의 우두머리를 대공隊公이라 한다. 그 다음 지위에 있는 사람은 좌우압아左右押衙라 한다. 다른 곳의 설명에 의하면, 대소隊小라는 일종의 도움 집단과, 다른 사람을 돕기 위해 노동하는 노구老軀라 불리는 사람이 존재했다.

원대 당시의 사람들은 흘료족 사회의 변화를 거의 도외시했다. 우리들은 당시 흘료족을 통치하기 위해 귀주 동쪽 지역의 마합주麻哈州에 힐로장관사犵狫長官司를 설치했다는 사실을 알고 있을 뿐이다.[216] 그러나 『신원사新元史』에는 힐로족이 여러 차례 문제가 되었다는 사실이 등장하지만, 원元 당국에 의해 진압된 다른 민족들과 뒤섞여 등장한다.[217]

명대에 이르러 흘료족을 복속시킨 한족들은 그들의 군사적 자질을 높이 평가했던 것처럼 보인다. 『묘방비람』의 저자는 다음과 같이 언급했다.[218]

> "명대 연변에 24개의 영초營哨를 설치하고,[219] 초소마다 파주播州와 개리凱里 출신 사람 수십 명을 모집했는데, 파주 출신 사람들은 준의 등 여러 부府 출신의 토민土民들이며, 개리 출신은 이 지역의 대장인大章人과 소장인小章人들이다. 어려운 일을 잘 견디며 험지에도 익숙해, 맨발로 가파른 절벽의 바위를 마치 나는 듯이 오간다. 약간이라도 사랑과 신뢰를 (보여주면), 죽을 힘을 다해 (그 사람을) 돕는다. 그런 이유 때문에 옛날부터 변방 지역을 순찰하다가 변고가 발생하면, 그들을 군인으로 모집해 선봉에 서도록 했다. 명 가정 연간(1522~1567)에 영순永順과 보정保靖의 토병土兵이 왕강경王江涇[220]의 왜적들의 정벌에 동원되어[221] 커다란 전공을 세웠다."

『대명일통지大明一統志』에도 귀주 서쪽 지역, 특히 보정普定과 영녕永寧 지역에서의 활약을 언급했지만, 그 이상의 언급은 등장하지 않

는다.[222]

청대가 되면 흘료족은 호남성 서부 지역[223]뿐 아니라, 그 지명 속에서 그들의 이름이 종종 등장하는 귀주성에서도 찾아볼 수 있으며,[224] 그들이 옹정 연간(1723~1736)에 들어갔던 광서성 북쪽 지역에도 존재했다.[225] 그러나 흘료족 관련 정보는 호남성과 귀주성 접경 지역 일대의 흘료족에 관련된 것이 대부분이다.[226]

> "그들은 종종 높은 곳에 설치된 목책으로 둘러싸인 촌채에 사는데, 그곳은 춥고 가을과 겨울에는 안개가 매우 많아 몇 걸음 앞도 분간하지 못한다. 대장인大章人들은 옥수수(포곡)와 속미粟米, 그 밖의 잡량雜糧 경작에 열중하는 반면, 소장인小章人과 같은 일부 힐로족은 하천이 흐르는 덕분에 관개가 좀 더 잘 되어 있는 지역에서 산다. 보통 그들은 초가집에서 거주한다. 부유층만 기와를 사용한 견고한 가옥에 거주한다. 그 내부에는 온돌처럼 불을 지피는 침상火牀이 있으며 그곳에서 남녀가 같이 기거하고 잠을 잔다."

대다수 흘료족은 중국식 성씨를 가졌는데, 『묘방비람』에서는 그러한 상황을 다음과 같이 적었다.[227]

> "노계瀘溪의 힐로족은 상오도上五都의 대장大章, 소장小章, 대서大西… 등의 지역에 거주하며… 건주乾州의 하계구下溪口… 등의 촌채를 합쳐 모두 백수십 개이나… 장씨張氏 성을 가진 사람이 제일 많으며, 부씨符氏가 그 다음을 차지한다. 그 외에 담覃, 양楊, 사謝, 유劉 등의 성씨는 모두 많지 않다."

청 중앙 정부가 흘료족과 군사적 대결을 벌였지만, 청대 자료들은 흘료족의 토사를 언급하지 않았다. 청대 사료들은 오히려 흘료족을 묘족들의 공격에 대한 보호막으로 간주했다. 『묘방비람』에는,[228] "건주청乾州廳 여동산呂洞山 동북 일대 각 촌채는 생묘生苗가 살고 있으며… 힐로족과 서로 접하고 있다. 묘족이 비록 사나워도, 토인土人과 힐로족이 묘족을 능히 방어할 수 있다. 따라서 (묘족 때문에 생기는) 화근이 다른 지역에 비해 적었다"라고 기록되어 있다.

또한 『묘방비람』에는 이러한 힐로족에 관련된 꽤 자세한 일람표가 등장한다.[229] 엄여익은 촌채에 사는 힐로족과 도시에 사는 힐로족을 구분했다.

> "8세에서 9세까지 그들은 조총을 다루는 법을 배운다. 철을 다루는 기술자들은 모두 집안 전래를 통해 기술을 익히며, 그 제조한 제품은 매우 훌륭하다. (그들이 제작한) 총은 20여 장丈을 뚫고 나가기 때문에, 묘인들이 쏜 조총보다 멀리 나간다… 소를 훔쳐가는 사람이 힐로족 거주 지역을 통과하다가 우연히 힐로족에게 발견되면, 바로 소를 버리고 도망간다… 삼차평三岔坪 연변의 대채묘大寨苗도 그들에게 감히 맞서지 못하는 경우가 종종 있다."[230]

『묘족수고본』도 피포힐로披袍犵狫라는 흘료족 부류를 묘사하고 있는데, 그들은 황평黃平 지역에 사는 대장장이였다. 이 책 속의 여러 도편에는 풀무를 옆에 두고 있는 두 남자가 등장하는데, 이제 막 무쇠를 담금질하려는 모습이 그려져 있다.[231]

송대 자료에서 알 수 있는 것처럼, 상업 전통을 지속시켜온 도시 거주의 흘료족은 분명 중국어를 구사할 줄 알았다.

> "힐로족은 지역에서 생산된 생산물을 가지고 포시浦市(호남성 서쪽)

에 가서 그들에게 매우 중요한 상품이었던 소금이나 생선과 같은 일상 적인 물품 몇 근斤과 맞바꿨다."[232]

그들의 신앙에 대해서는 귀신이 들었다고 생각되는 거주 지역을 포기하는 습속禁鬼과 같은 송대 이래의 미신을 언급하는 정도에 불과하다. 따라서 그들은 이처럼 방기된 집으로부터 수척數尺 떨어진 곳에 일종의 목책木柵을 세웠는데, 이는 사람들에게 양을 가두는 울타리羊樓를 연상시키기 위한 것이다.[233] 또한 흘료족의 젊은 여자들이 이를 뽑는 것 등을 들 수 있다.[234] 좀 더 특별한 신앙으로는 연죽평烟竹坪, 호남성 노계瀘溪 지역에 위치한 청대 양공묘楊公廟라는 중국식 명칭의 사원을 들 수 있다. 가뭄이나 홍수 혹은 그 밖의 다른 자연재해가 발생했을 경우 흘료족뿐 아니라, 묘족도 양공묘에 기도했다. 사람들은 목효木筊를 이용해 길흉을 점치는 토착 무당土巫을 그곳으로 불러들였다.[235] 양공은 아마도 덕행이 뛰어났던 지역 영웅이었기 때문에 이처럼 숭앙을 받게 되었을 것이다.

4 중가족仲家族과 포의족布依族

중가라는 명칭은 명대에 비로소 등장한 것처럼 보인다.[236] 『검지』[237]와 『대명일통지』에는 중가족이 귀주성에 살았으며 특히 영녕永寧 지역에 많았는데, 그곳에서 그들은 힐로족, 이족, 묘족과 뒤섞여 살았다고 언급되어 있다.[238] 전여성은 그의 저서에서 중가족에 관한 장을 별도로 설정했지만, 그들의 거주 지역에 대해서는 전혀 언급하지 않았다.[239] 청대에도 그들에 대한 호칭은 변하지 않았지만, 여전히 동일한 원칙에 의해 중가족의 하위 그룹을 구분하는 게 일반적이었다.[240] 그러나 특히 19세기 이후부터 중가족을 이인夷人이라고 부르는 경우도 종종 있었다.[241] 귀주성 남쪽 전역에서 귀양 북쪽 지역까지 중가족이 발견된다.[242] 끝으로 1953년 중가족이란 호칭이 공식적으로 포의족으로 바뀌었다.

묘족과 이족에서 발생한 상황과는 달리, 적어도 그들의 역사적 기원 문제에 대해 일단의 논쟁을 벌였던 것처럼 보인다. 건륭『귀주통지』에는 중가족이 오대五代 시기(907~960)에 정복 전쟁을 수행하러 온 초왕楚王과 함께, 광서성에서 건너왔다고 서술되어 있다.[243] 다른 연구자들은 포의족은 이미 우리들이 원대를 언급하면서 다룬 팔번八番의 후예라는 가설을 주장하기도 한다.[244] 흥미로운 사실은 20세기에 가장 인구가 많은 비한족 가운데 하나로 등장한 포의족에 대해 우리가 거의 알지 못한다는 점이다.[245] 우리가 참조할 수 있는 중국 측 자료는 포의족에 대해 침묵하고 있으며, 언급한다 해도 대체로 전 여성이 언급한 내용을 되풀이하는 것에 불과한 한편, 일부 새로운 내용마저도 대부분 무의미한 것이다. 그들과 한족과의 관계도 거의 알지 못한다. 극소수의 사료에서 그들을 정복하기 위해 군사를 파견했다는 언급을 발견할 수 있을 뿐이지만,[246] 대부분의 저자들은 중가족이 "묘족 가운데 가장 용맹하다"[247]는 점은 수긍한다. 포의족에 관해 훌륭한 논문을 쓴 화서華西[248]가 수집한 경제 체제에 관련된 정보는 지방지, 그리고 서양에는 존재하지 않기 때문에 서양인들은 참조할 수 없는 토사 족보로부터 얻은 것이다.

하지만 고조우는 중가족이 작은 들판이나 고원지대에 살았지만, 그곳은 모두 경작 가능한 지역이었다고 언급한다. 특히 중가족은 영녕永寧의 전미산箭眉山에 분포해 살았다.

"산꼭대기는 두 봉우리가 있으며, 봉우리 경계에 계곡이 있는데, 매우 넓어 경작할 수 있다. 토지의 기운이 매우 따뜻해 채소와 과일이 사계절 내내 모자라지 않는다. 그러나 장기瘴氣가 많아, (일반 사람들은) 살 수 없으며, 토착민인 중가족만 거주한다."[249]

적어도 그들의 주택에 관해서는 일치된 서술을 하고 있는 사료에 의하면, 그들은 기둥 위에 집을 지었다.[250]

중가족은 능숙한 경작자였다. 그들은 특히 면화 재배에 뛰어났다. 18세기에 중국 정부는 귀주 지역의 한족들이 거의 면화 재배를 하지 않는다고 불평했다. 당시 한 사료는 귀주성 한족들이 면화를 여전히 호남성에서 들여오는 반면, 중가족은 자신의 소비 물자를 스스로 충당한다는 사실을 매우 정확하게 언급했다.[251] 마지막으로 면화는 귀주성 남쪽 지역에서도 그 재배가 확인되는데, 이곳에도 중가족이 살았다.[252]

그들의 사회 조직에 관한 화서華西의 연구 결과를 믿을 수 있다면,[253] 이 지역에 살고 있었던 묘족과 마찬가지로,[254] 중가족은 이곳의 모든 토지를 서서히 장악해 갔던 토사에게 명대 내내 예속되어 있었다. 그리고 그러한 토사들은 꼭 중가족이나 묘족이 아니었으며, 종종 한족이었다.[255] 홍무 연간에 광서성에 도착한 양씨楊氏라는 인물은 상서湘西 일대에 마치 토사土司와 유사한 제도를 설치해 토지를 차지했다. 5리 안에 있는 모든 경작지는 그의 개인 소유였다. 5리 밖에 있는 토지는 중가족과 묘족 경작자들에게 분배해 주는 대신, 그들은 현물로 세금을 바쳐야만 했다.[256]

화서의 연구를 다시 인용한다면,[257] 명초明初 이러한 토사들이 점령한 토지는 상속대상이었기 때문에 매매할 수 없었다. 분할이나 상속, 그리고 결혼할 때 지참금의 형식으로 양도되었다. 화서는 그러한 증거로 다음 두 예를 들었다. 우선, 현재 광서성 관할인 사성泗城 토사의 토지로서, 18세기에 이르러서야 비로소 귀주성과 광서성을 나누는 경계선이 되었던 북반강北盤江 양안의 토지를 토사들이 이미 명초에 소유하고 있었다. 그 토지는 내초內哨와 외초外哨라는 두 종류로 나뉘어졌다. 내초라는 명칭의 토지는 큰아들에게 상속되었으며, 외초는 그 밖의 자식과 상속 권한을 가진 다른 씨족의 수장들에게 분배되었다. 화서가 제시한 두 번째 예는 독산주 부근의 풍녕豊寧 토사의 토지로서, 풍녕 토사의 딸이 독산의 몽씨蒙氏와 결혼할 때, 풍녕 토사는 자신의 소유였던 촌락을 딸에게 주었다.[258]

이후 그러한 토지제도는 변화했다. 토사들이 자신의 토지를 다른 토사나 한족에게 파는 일이 일상화되었다.[259] 뒤이어 개토귀류 정책으로 뒤에서 다시 언급할 새로운 변화가 등장했다.

이러한 주민들의 사회적 수준은 어떠했을까? 어떤 측면에서 본다면, 그들은 광범위한 상업 경제와 심지어 도시화된 삶 속에서 살았으며, 이는 그들이 한화漢化가 되었다는 사실을 의미한다. 17세기 이후 중가족은 상인으로 알려졌다. 이 점에 대해 진정陳鼎은 다음과 같이 언급한 바 있다.[260]

> "묘족이 있는 곳에는 어디서나 마치 중국의 휘상徽商(안휘성 徽州 지역 출신 상인)이나 소흥紹興(절강성) 상인들[261]과 같은 방법으로 장사하는 중가족 상인을 볼 수 있다."

여러 물건들 가운데, 그들은 자신들이 만든 독毒을 팔았는데, 이 독을 주로 쇠뇌의 화살촉에 발라 사용한 다른 소수민족들로부터 큰 환영을 받았다.[262] 다른 사료에 의하면, 채무자가 결제 시점에 사라질 경우, 그 돈을 받아내기 위해 청강 유역의 부유한 중가족 상인들이 다양한 술책을 사용했는데, 이러한 사실들이 사료에 꽤 광범위하게 언급되어 있다.[263] 이러한 상황은 이미 언급한 것처럼, 역시 목재판매에 열중했던 묘족과 중가족이 이 지역에서 경쟁관계에 있었다는 사실을 말해 준다. 끝으로 건륭『귀주통지』에는 18세기에 여전히 중가족이 한족이든 소수민족이든 간에 남녀를 유괴해 한족에게 팔아넘겼다는 기록이 등장한다. 그들은 이러한 인신매매를 다른 성省에서도 자행해, 큰돈을 벌었다.[264]

18세기 홍의현興義縣에서는 중가족들이 면화씨를 뽑는 기계 약 500여 대를 가동하고 있었으며, 중가족 여인들의 작업 소리가 밤새 들렸다는 사실도 상기할 필요가 있다.[265] 어쨌든, 귀주성 남부 지역 일대 수많은 면포 시장에 면포를 공급한 사람들은 바로 중가족이었다. 건륭 42년(1777) 영녕에는 실 가게가 15곳에 불과했다.[266]

중가족은 중국어를 구사했으며 상당수는 한문을 쓸 줄 알았다는 점도 덧붙일 필요가 있다.[267] 18세기 후엽의 인물인 단췌檀萃의 언급에 따르면, "여러 묘족들 가운데, 중가족이 학업에 가장 소질이 있으며, 많은 사람이 관료나 학자로 재직했다."[268] 한편 안순安順, 평패平壩, 정번定番, 귀양 지역의 중가족은 이 지역에 들어온 한족 병사들의 영향으로 명대에 지희地戱(지방 연극)를 창안했다는 말이 구전口傳된다.[269] 배우들은 나무로 된 탈을 썼으며,『묘족수고본』에 종종 그들의 모습이 등장한다.

그러나 또 다른 측면에서 본다면, 중가족은 그들만의 고유한 생활을 영위한 것처럼 보인다. 묘족에서도 찾아볼 수 있는 집단 축제가 매년 열렸다는 점도 특징적이다. 특히 도월跳月 축제가 열렸는데, 한 저자는 그것을 다음과 같이 묘사했다.

"오색 수건으로 작고 둥그런 공을 짜는데, 마치 오이처럼 생겼으며, 화구花毬라 한다. (자신이) 원하는 사람에게 그 공을 던진 다음, (그 둘은) 방안으로 들어가 자유롭게 육체적인 결합을 한 후 이내 헤어진다. 아름다운 여인에게 청혼을 하며 선물을 주는데, (그 선물은) 많을 경우 소 30~50마리에 달한다."[270]

> "장례를 지낼 때는 소를 잡고 친척과 친구들을 부른다. 커다란 항아리에 보관한 술을 내놓고, 소뿔로 만든 잔으로 모두 술을 마신다…장례식에 사용하는 관은 그 위를 우산으로 덮고, 1년이 지나면 태우며, 봉분封墳을 만들지 않는다."[271]

다른 소수민족들보다는 중가족이 중국 문명에 더 잘 적응하고 자신들에게 적합한 요소를 받아들일 줄 안 덕분에, 그들은 수세기 동안을 좀 더 편안하게 보낼 수 있었으며, 명대 이래 그들이 살고 있던 지역에 지금까지 살 수 있었을 것이다.

5 요족瑤族

요족이란 명칭은 이미 송대에 등장하며, 그 이후 현재까지 계속 이어져 내려온다. 청대 일부 저자들은 요족을 두 종류로 구분했는데, 중국어를 구사할 줄 모르는 산요山瑤와 한족과 전혀 구분이 되지 않는 민요民瑤가 그것이다.[272] 이러한 구분은 생묘生苗와 숙묘熟苗를 구분하는 방법과 동일하다. 다른 저자들은 그들을 다시 하위 그룹으로 구분했는데, 그들에게도 중국어의 구사 여부에 따라 명칭을 붙였

다.[273]

송대 요족은 호남성 서쪽 지역인 오계 지역과 남쪽의 영남嶺南 지역에 주로 살았다.[274] 요족을 자세히 언급한 전여성에 의하면, 명대에 이르러 그들은 위 지역 동쪽과 파촉巴蜀(사천지역) 지역에서도 거주했다.[275] 건륭 『귀주통지』와 『검기黔記』에 따르면, 요족은 옹정연간에 이르러서야 비로소 귀주 동쪽에 정착하기 시작했다. 광서성에서 온 요족들은 청평淸平, 귀정貴定, 독산獨山 등의 지역에 정착해서, 그곳의 묘족들과 이웃해 살았다.[276] 그러나 『남중기문南中紀聞』의 저자는 요족이 17세기 말엽 이후 귀주성과 호남성의 접경 지역에 있는 외진 산간 벽지에 살았다고 지적한다.[277]

요족들은 산속 깊은 곳에 거주하면서 반半유목 생활을 영위했다.[278] "대나무와 나무를 베어 집을 짓는데, 긴 끈을 엮어 출입문과 사립문짝을 만들며 지붕은 갈대로 덮는다."[279] 다른 한편으로 그들은 하천 옆에 집을 짓고 나무껍질로 만든 파이프를 이용해 집까지 물을 끌어들였다.[280] 그들의 가구家具도 매우 소박했다. 기록에 의하면 그들은 추위를 피하기 위해 불을 지펴서 따뜻하게 데운 판자 위에서 잠을 잤다. 또한 모든 그릇은 오직 대나무로 만들었다.[281]

18세기에도 그들 중 상당수는 송대와 마찬가지로 여전히 화전경작을 했다. 그들은 특히 지마芝麻, 속미粟米, 보리, 콩, 옥수수, 고량高粱을 경작했다.[282] 끝으로 그들은 임산물을 이용했다. 사료의 언급을 그대로 인용하면, 그들은 산에서 생산되는 털을 채취해서 먹었다採食山毛.[283] 이러한 언급은 분명 빈랑, 버섯, 회향, 약초와 같은 과일이나 야생채소의 채집을 의미하는 것이다. 그러나 산전山田은 매우 척박해, 10년 중 5년은 기근이 발생했다.[284]

요족은 또한 소, 양, 닭을 길렀다.[285] 그들은 자신의 생산물을 시장에 내다팔고, 대신 소금과 생선을 구매했다.[286] 18세기에 호남 경계

지역에 살았던 사람들은 가축을 팔아 큰 부자가 되었다.[287]

"그들은 시장에서 소, 말, 돼지, 닭, 개 등을 팔아 이익을 얻는다. 그들은 정한 가격에 (가축을) 팔며, 따로 계약서를 작성하지 않는다. 원기둥 모양의 (나무) 양쪽을 비스듬히 깎아 그 가운데를 자르는데, 그것을 목구木口라 하며, 서로 한쪽씩 지녀 신표로 삼는다."[288]

요족은 생활이 어려우며 일상적인 불안감 속에 살았기 때문에, 그들은 매우 호전적이었다.[289] 그들은 스스로의 노동으로 얻을 수 없는 것들을 무력으로 얻으려 했다. 흉작일 경우, 그들은 한족 지역을 노략질했다. 요족들은 훌륭한 무기를 지니는 것을 좋아했던 탓에, 그러한 무기 소유에 엄청나게 집착했다. 그들의 칼은 송대부터 이름을 떨쳤으며, 『영외대답嶺外代答』은 그러한 상황을 다음과 같이 적었다.

"그들은 여족黎族보다 칼에 장식을 덜 하지만, 두 종족의 칼이 모두 (길이가) 짧고, 매우 예리하다."[290]

수세기 뒤에 전여성은 요족들의 칼 제조 방법을 다음과 같이 언급했다.[291]

"사내아이가 태어나면, 그 아이의 무게를 달아, (그 아이와 동일한 무게의) 철을 구해 독수毒水[292]에 담근다. 아이가 자라면 그 철을 단련鍛錬해 칼을 만들어 죽을 때까지 (그 칼을) 사용한다."

또한 요족은 달군 쇠나 돌로 어린 아이의 발을 지지고 난 후, 기름과 백랍으로 그 부위를 씻기는 풍습을 지니고 있었다. 아마도 이러한 관습을 통해 그들은 피부를 〈마치 가죽처럼 단단하게 만들어〉, 맨발로 걸어도 아픔을 느끼지 않도록 했을 것이다.[293]

우리들은 요족의 사회 조직에 관한 정보를 가지고 있지 않다. 요족 토사에 관련된 언급이 귀주성의 사료에 등장하지는 않지만, 요족 토사가 광서성에는 존재했다는 사실을 우리는 알고 있다.[294] 전여성은 단지 그들이 집단생활을 했으며, 매년 벌어지는 축제와 특히 젊은 이들이 서로의 짝을 선택하는 춤이 그러한 생활에 중요한 역할을 한다고 언급했다.[295] 전여성은 또한 상당수 요족들의 성은 반씨槃氏였으며, 반씨는 요족들이 자신의 조상이라고 믿은 전설상의 인물인 반호槃瓠[296]와 관련이 있다는 사실을 지적했다.[297] 그는 아울러 많은 요족들이 반씨 성을 사용했다고 덧붙였는데, 이는 요족의 일부가 적어도 중국 문자를 알고 있었다는 사실을 말해준다.[298] 다른 한편『검기』의 저자는 요족이 그들 고유의 문자를 지니고 있었다는 사실을 지적했다.[299]

6 동족峒族

동족에 관한 기록은 고대 사료에 등장하지 않는다. 현재까지도 동峒, 동가峒家, 동인峒人 혹은 가끔 동묘洞苗라는 명칭은 명대에 출간된『적아赤雅』에서만 발견될 뿐이다.[300] 청대에 이르러 고조우의 저서에서 그들이 다시 등장하는데,[301] 특히 당시 동족은 귀주 북동 지역인 평월주平越州에서 서남쪽으로 200리 떨어진 곳에 위치한 서산양동만이장관사西山陽洞蠻夷長官司에서 살았다. 고조우는 "그들이 매우 사나워 다스리기가 어렵다. 정통 연간(1436~1450) 동인이 반란을 일으켰지만, 이후 차츰 평정되었다"라고 말했다. 『적아』에 의하면 그들은 광서성에서도 살았다.[302] 17~18세기에 그들은 석천石阡, 영종永從, 홍주洪州, 여평黎平에 살았다.[303] 일단 그들은 평야 지대에서 사는 것을 선호했으며, 거기서 여러 종류의 경작물 재배에 열중했는데, 특히 천주天柱와 금병錦屛 지역에서는 면화를 많이 재배했다.[304]

17세기 이후 그들은 이미 꽤 〈한화漢化〉되었다. 그들을 다스린 한족 관리들은 분쟁 조정을 통해 그들의 복수 행위를 종식시켰다. 중재를 위해 당시 관리들은 다음과 같은 방법을 사용했다.[305]

"동묘峒苗가 복수를 위해 살인을 하게 되면, 한족 관리들은 그들을 위해 강알講歹을 한다. 원수지간인 양측이 풀을 쌓아 일종의 계산도구籌로 삼는다. 강알을 한 번 할 때마다 계산도구인 풀더미 하나를 이동시켜야 하는데, 잘못을 저지른 측이 풀더미籌를 포기해 상대방에게 넘겨줘야만 한다. 그 풀더미가 많은 사람이 승리자가 되고, 패배자는 승자에게 말과 소를 줘야 한다. 양측이 살인을 했을 경우, 그 사망자가 많고 적음에 따라 소와 말로 배상을 하며, 이런 방법으로 분쟁을 해결한다. 강알이 진행될 때, 양측 묘민들은 산 양쪽 정상에 머무르며, 골짜기에 소 한 마리를 세워둔다. (제기된 문제가) 강알을 통해 해결이 되면, 동묘峒苗 한 사람이 칼로 목을 찔러 소를 도살하는데, 그렇게 도살된 소는 마치 땅에 누워있는 것처럼 보인다. 이에 양쪽 산 위에 있는 묘민들이 서로 떠들썩하게 소리치며 (산 밑으로) 모인다. 양측이 서로 고기 한 덩이씩을 잘라, 집으로 돌아가 조상에게 제사를 지낸다…."

동가족峒家族[306]과 관련해, 당시 사료는 그들이 복장과 머리 모양이 한족과 유사하며, 자신들이 동족으로 불리는 것을 원하지 않는다고 지적한 바 있다.

"오래전부터 그들은 한족의 복식에 익숙하다. 동가족의 대부분 어린이들은 학교에 간다. 능력 있는 생원生員으로 선발되거나 부府와 현縣의 관리가 된다. 다른 사람들은 그들이 동족인지를 알아채지 못한다. 그러나 동족의 부녀자들은 전족纏足을 하지 않으며, 봄과 가을에는 남녀가 모여 노래를 부르는데, 그것은 이상한 관습이다."

지금까지 우리들은 명청시대 사료를 근거로 묘족 사회에 관련된 여러 사항을 한데 모으려 했다. 이용 가능한 자료를 모두 사용했다고 볼 수는 없으며, 지방지나 특정 사실을 서술한 자료와 같은 또 다른 종류의 자료를 바탕으로 하는 좀 더 세밀한 분석은 그러한 사료 이용상의 한계를 보완해줄 수 있을 것이다. 그러나 바로 그러한 자료들이야말로 묘족 사회에 대한 접근을 가능하게 하는 유일한 사료라는 점을 우리는 확신하고 있으며, 극도로 조심할 필요가 있는 『묘족수고본』의 이용과 현재 중국 서남부의 지역사회나 인도차이나 북부의 지역 사회와의 비교와 같은 이른바 '비교적 관점'의 방법론도 위에서 언급한 자료의 분석이 진행된 연후에나 비로소 가능하다.

어떤 의미에서, 우리가 이미 진행했던 분석은 단지 묘족 사회가 극도로 다양했다는 사실을 우리에게 전해준다. 매우 개별화된 세 개의 그룹을 제시할 수 있다. 우선 말을 기르며 가죽 공예가이자, 연맥燕麥을 경작했던 귀주성 북서 지역의 이족, 평야 지대에 살기를 더 좋아했으며, 그곳에서 면화를 경작했던 귀주성 남쪽 지역의 포의족, 그리고 마지막으로 소를 기르고, 숲을 이용하기도 하며 제철업자이기도 한 귀주성 전역에 거주하는 묘족이 그것이다. 그러나 당시 한족에게도 분명한 사실로 비춰졌으며, 그것에 대해 장황하게 설명했던 이와 같은 명백한 다양성보다 우리들에게 더 흥미로운 사실은, 토사라는 제도가 사실상 전면적으로 자리 잡고 있었다는 점이다. 우리가 뒤에서 다시 자세히 언급하겠지만, 18세기 여명기에, 다시 말해 중국의 심각한 대규모 침투가 단행되기 이전 시기에 이미 귀주 지역은 적어도 수세기에 걸쳐 최소한 행정적으로는 일말의 통일 단계에 접어든 완만한 변화 과정 속에 있었다는 사실을 주목할 필요가 있으며, 그러한 과정 자체도 연구할 만한 충분한 가치가 있다고 할 수 있다. 이 당시 귀주 지역은 아시아의 다른 지역에 유럽인들이 그러했던 것처럼, 한족에게도 더 이상 미지의 땅은 아니었다.

이족, 포의족, 묘족, 흘료족, 요족, 동족의 각 사회에서는 이미 한족 문화에 경도된 엘리트층이 형성되었으며, 한족의 주요 양상들을 모방하는 데 열중했다. 이미 우리들은 중국어를 구사할 줄 아는 사람에게 얼마나 많은 특권이 부여되었는지를 여러 번 확인할 수 있었다. 한족과 소수민족을 이어주는 소통의 언어로서 중국어가 지니는 위치는 우리의 연구 대상 시기 이전부터 자리 잡은 사실이었다. 이 외에도 삶의 방식, 거주 형태, 복식, 기술과 같은 특징들도 덧붙일 수 있는데, 그러한 특징들은 오래전부터 한족 문화가 이 지역에 영향을 끼친 중요한 요소이기도 하다. 한족은 이상하고도 세상에 널리 알려지지 않은 이들 만족들을 〈소수민족〉이라고 거리낌 없이 우리들에게 소개하고 있지만, 그들을 한 번만 보고 놀라움을 표시하는 건 아마도 실수라 할 수 있을 것이다.

제2장 주註

1 역주 치우(蚩尤) : 본문의 설명대로 묘족의 조상으로 알려진 중국 구려부락(九黎部落)의 首長을 말한다. 『史記』의 권1, 「오제본기(五帝本紀)」에는 이들이 일으킨 반란을 黃帝가 현재 河北省 탁록현(涿鹿縣) 일대에서 정벌했다는 기록이 등장한다. 본서에서는 올빼미 모양으로 설명되어 있지만, 중국 전설에 의하면 그 형상이 소와 닮았다고 알려져 있다.

2 역주 도철(饕餮) : 중국 전설 속에 등장하는 용의 다섯째 아들로 알려진 상상 속의 동물이다. 본문의 설명과는 달리, 몸은 羊의 형태를 지녔으며, 얼굴은 사람의 모습을 하고 있다고 알려져 있다.

3 M. Granet, *Danses et légendes de la Chine ancienne*(『고대 중국의 춤과 전설』), 2 vols., Paris, 1926, 239~269쪽, 494쪽, 515쪽.

4 J. Needham, *Science and Civilization in China*, vol.II, *History of Scientific Thought*, Cambridge, 1956, 119쪽 참조. [니덤은 고대 시기 금속 기술자로 三苗와 함께 九黎를 같이 거론했으며, 그들 모두는 자신들의 힘의 원천인 금속 기술이 외부로 유출되지 않도록 노력했다고 강조했다.]

5 『溪蠻叢笑』(說海叢書本) 서문 참조.

6 묘라는 단어가 세 번에 걸쳐 다른 의미로 사용된 『黔志』의 경우는 예외이다. 『黔志』, 2쪽 참조. [『黔志』에 기재된 해당 원문을 보면 "出沅州而西, 見州卽貴竹地. 顧淸浪鎭遠…諸衛舊轄湖省, 故犬牙制之. 其地止借一線之路入滇, 兩岸皆苗…衛所治軍, 郡邑治民, 軍卽尺籍來役戍者也. 故衛所所治, 皆中國人, 民卽苗也. 土無他民, 止苗彝, 然非一種, 亦各異俗, 曰宋家, 曰蔡家…曰東苗, 曰西苗, 曰紫薑苗, 總之槃瓠子孫…"이다. 그러나 의미상으로 보면 처음과 두 번째 등장하는 '묘'는 거의 유사한 의미로 사용했으며, 마지막 '묘'만 특정 민족을 지칭하기 위해 사용했다고 할 수 있다.]

7 田汝成, 『炎徼紀聞』권4, 55쪽. [田汝成의 해당 원문에는 "苗人古三苗之裔也. 自長沙沅辰以南, 盡夜郎之境, 往往有之…"로 되어 있다. 저자는 '沅辰'이라는 단어를 귀주성의

鎭遠으로 번역했지만, 문장의 내용으로 미뤄 호남성 서쪽의 원주(沅州)와 진주(辰州) 일대를 지칭하는 것으로 보는 게 옳다.]

8 H. J. Wiens, *China's March towards the Tropics*, Hamden, 1954, 75쪽과 그 이하 부분 참조.

9 전여성의 『炎徼紀聞』권4, 45쪽에서 극맹(克孟), 고양(牯羊, 두 부류가 존재했지만, 이후 『묘족수고본』에서는 한 그룹만 등장한다), 九姓九名, 자강(紫姜), 매야(賣爺), 단군(短裙), 黑苗를 열거한 바 있다. 한편 『黔志』의 저자는 東苗, 西苗, 紫薑苗를 열거했다. [그러나 『炎徼紀聞』권4에는 이러한 종류의 묘족이 등장하지 않는다. 『염요기문』에는 오히려 라라(羅羅), 㺏獱, 宋家와 채가(蔡家), 龍家, 북인(僰人) 등의 명칭이 등장한다. 한편 『黔志』에도 東苗와 西苗 등의 명칭과 함께 그 거주지역이 자세히 나온다고 저자는 서술하고 있지만, 王士性의 『黔志』 자체가 매우 간략한 책이어서, 다양한 종류의 소수민족을 언급하지 않고 있다. 왕사성의 『검지』에 등장하는 내용은 진원과 편교 일대를 언급하면서 간단하게 소수민족을 소개하고 있는 것에 불과하다. 저자는 이종방(李宗昉)이 저술한 『黔記』와 왕사성의 『검지』를 혼동했음이 분명하다. 『검기』에는 매우 다양한 소수민족과 함께 그 거주지역과 풍습이 소개되어 있다. 본문에서는 그대로 『검지』라고 표기했음을 밝힌다.]

10 예를 들어 『溪蠻叢笑』 서문을 참조할 수 있다. 거기에는 "호남성 서쪽 오계(五溪) 지역의 만족은 반호(盤瓠)의 후예이다. 현재 묘족, 요족, 료족, 장족, 흘료족의 5개 민족이 있다"라고 적혀 있다.

11 田汝成, 『炎徼紀聞』권4, 55쪽.

12 康熙 『貴州通志』권30, 11쪽 상 참조.

13 명대 등장한 『묘족수고본』에 붙여진 이름인 『貴州諸夷圖』 참조. 아울러 본서 550쪽 각주 127) 참조.

14 역주 乾隆 『貴州通志』권7, 「地理」에 등장하는 '만묘(蠻苗)'편을 지칭하는 언급이다.

15 乾隆 『貴州通志』권7, 「地理」, 10쪽 상.

16 뒤 알드(Du Halde)는 "묘족이라는 이름 속에 다양한 민족들이 포함되어 있다"라고 썼다. *Description de l'empire de Chine*, La Haye, 1736, t.1, 66쪽 참조.

17 이 명칭은 『新華辭典』, 商務印書館 : 北京, 1962, 부록 37~41쪽에 실려 있다. [그러나 현재 중국 당국이 인정하는 공식적인 민족 수효는 모두 56개 민족이다. 이러한

공식적인 수치에도 불구하고, 1979년 운남성 지노족을 새로운 소수민족 명칭에 편입시킨 예에서도 알 수 있듯이, 그 수효는 얼마든지 변경될 가능성이 있다. 참고로 중국에서 공식적으로 인정한 민족을 열거하면 다음과 같다. 타지크족(탑길극, 塔吉克), 러시아족(아라사, 俄羅斯), 에벤키족(악온극, 鄂溫克), 오로첸족(악륜춘, 鄂倫春), 만주족(만, 滿), 시보족(석백, 錫伯), 허전족(혁철, 赫哲), 조선족(조선, 朝鮮), 몽골족(몽고, 蒙古), 다우르족(달알이, 達斡爾), 동샹족(동향, 東鄕), 보난족(보안, 保安), 투족(토, 土), 유구족(유고, 裕固), 위구르족(유오이, 維吾爾), 카자흐족(합살극, 哈薩克), 키르기스족(가이극자, 柯爾克孜), 우즈베크족(오자별극, 烏孜別克), 타타르족(탑탑이, 塔塔爾), 사랄족(살랍, 撒拉), 한족(한, 漢), 회족(회, 回), 티베트족(장, 藏), 먼바족(문파, 門巴), 로바족(락파, 珞巴), 치앙족(강, 羌), 푸미족(보미, 普米), 두룽족(독룡, 獨龍), 누족(노, 怒), 이족(이, 彝), 리수족(율속, 傈僳), 나시족(납서, 納西), 하니족(합니, 哈尼), 라후족(랍호, 拉祜), 아창족(阿昌), 바이족(백, 白), 지노족(기락, 基諾), 투자족(토가, 土家), 징포족(경파, 景頗), 먀오족(묘, 苗), 거라오족(흘료, 仡佬), 야오족(요, 瑤), 서족(사, 畲), 좡족(장, 壯), 킨족(경, 京), 부이족(포의, 布依), 타이족(태, 傣), 동족(동, 侗), 수이족(수, 水), 마오난족(모남, 毛南), 무라오족(무료, 仫佬), 리족(여, 黎), 가오산족(고산, 高山), 와족(와, 佤), 부랑족(포랑, 布朗), 더앙족(덕앙, 德昂)이 그것이다. 이런 분류에도 불구하고 각 민족마다 자신의 정체성을 별도로 주장하고 있는 현실을 감안하면, 이러한 구분과 그 수효는 당연히 잠정적인 것이라 할 수 있다.]

18 본서 38쪽 참조.

19 W. Eberhard, "Die Miaotse Alben des Leipziger Völker-Museums," *Archiv für Anthropologie*, Bd.26(1941), 125~137쪽.

20 따라서 에버하르트의 연구는 폰 예거(J. von Jäger)의 연구 방법과 다르다. 본서 39쪽 참조.

21 W. Eberhard, 1941, 129쪽.

22 W. Eberhard, 1941, 126쪽.

23 본서 43쪽 참조.

24 W. Eberhard, 1941, 131쪽.

25 W. Eberhard, 1941, 131쪽의 〈도표 II〉의 첫째 항.

26 W. Eberhard, 1941, 129쪽.

27 동일한 형식으로 만들어진 다른 자료들을 찾아볼 수 있지만, 『峒溪纖志』나 『說蠻』에는 삽화가 들어 있지 않으며, 일부 대목은 분명 송대 『溪蠻叢笑』에서 인

용한 것이다.

28 에버하르트의 두 번째 지도에서 라라족(玀玀族)이나 이족(彝族)은 대정 주변의 매우 좁은 지역에 빗금 친 부분으로 표시된다. 그러나 뒤에서 언급하겠지만, 그들이 차지했던 영역은 훨씬 더 넓다. 중가족(仲家族), 즉 포의족(布依族)은 실제 그들이 살았던 광서성 주변 지역에는 결코 등장하지 않았다.

29 본서 43쪽 참조.

30 『묘족수고본』과는 종류가 다른 중국 자료를 통해서도, 소수민족과 관련된 연구 공백을 채우고 『묘족수고본』에 들어 있는 내용을 수정할 수도 있는 매우 귀중하고 다양한 정보를 발견할 수 있을 것이다.

31 華西, 「布依族的來源及其古代社會經濟的發展」, 『民族硏究』4기, 1960, 44쪽 각주 2)에는 『잠씨종지도책(岑氏宗支圖冊)』을 인용해서 광서성 잠씨(岑氏)의 家系를 언급했다.

32 확인이 매우 어렵거나 거의 자료가 없는 소수민족은 일단 제외할 예정이다. 즉 태족의 한 부류인 水家苗가 그 한 예이다. 『黔記』권7, 349쪽 하에 따르면, 그들은 광서성을 떠나 광서성 남서 지역인 여파(荔波)에 정착했으며 오늘날까지도 그곳에 살고 있다. 1957년 당시 이들 주민 수는 약 16만 명이었다.

33 본서 241쪽 참조.

34 특히 『黔書』10~13쪽 참조. 아울러 본서 〈지도 9〉 참조. [『黔書』권1, 「苗俗」에 언급된 묘족의 종류와 그 거주 지역을 일별하면 다음과 같다. 화묘(花苗, 新貴縣과 廣順州), 동묘서묘(東苗西苗, 新貴縣의 谷池里), 고양묘(牯羊苗, 廣順州의 金筑司), 青苗(鎭寧州), 白苗(龍里縣), 곡인묘(谷藺苗, 定番州), 구고흑묘(九股黑苗, 興隆衛 凱甲司), 자강묘(紫薑苗, 都匀, 丹平), 단군묘(短裙苗, 思州의 葛彰), 요묘(夭苗, 陳蒙爛의 土夭壩), 生苗와 紅苗(生苗는 施秉縣, 紅苗는 銅仁府), 양동나한묘(陽洞羅漢苗, 黎平)가 그것이다. 『黔書』에는 이외에도 다양한 소수민족이 거론되어 있는데, 여기서는 묘족만을 언급했다.]

35 雍正 연간 초엽, 이 모든 지역은 소위 묘족 지역으로 간주되었으며, 漢族은 그 지역에 대한 어떤 통제권도 행사하지 못했다.

36 『黔南識略』권16, 9쪽 상에는 安化(思南府 북쪽에 위치한 현재 德江)에는 "과거(안화현)에 黑苗 1,050戶가 있었지만, 최근의 군사 작전 때문에 400호에 불과하다. 현재 그들의 머리 모양, 의복, 언어는 한족과 거의 동일하다"라고 적혀 있다. 『中國少數民族語言簡志 - 苗族部分』, 科學出版社, 1959의 20세기 묘족 방

언을 나타낸 지도 역시 위 자료와 동일한 경향을 보여준다. [해당 원문은 "縣境均係漢莊四十八溪, 舊有黑苗十寨計一千五十餘戶. 銅仁軍需後, 存者僅四百餘戶, 現皆薙髮衣冠言語, 與漢民略同…"로 되어 있다. 저자는 본문에 1,500호라고 서술했지만, 사료에서 볼 수 있듯이 1,050의 오류이다.]

37 田汝成, 『炎徼紀聞』, 45쪽과 『滇行紀程』, 6쪽 참조. 특히 『滇行紀程』에는 "묘족은 성곽이 없다. 그들은 30호나 50호씩 모여서 외부로부터 잘 보호받을 수 있는 장소에 거주한다"라고 적혀 있다.

38 徐霞客, 『徐霞客遊記』권2, 183~184쪽. [해당 원문은 다음과 같다. "從峽西下半里, 又聞水聲潺潺, 有水深自坑底東注坳下,.. 溯之, 山塢復開, 有村在西山下, 是爲東基下寨. 從其前轉而東北則下寨山之北突也. 循之一里, 又西北轉, 則西界山純削爲石, 而東界則土脊迤邐 又北二里, 有村當北岡之上, 是爲東基上寨…皆瓦房鱗次, 非他苗寨所及. 由寨西北向半里, 有泉飛流注腋間, 由寨東而出, 寨當其中…寨後復環一塢, 良疇層倚焉, 皆此泉之所潤….."]

39 顧祖禹, 『讀史方輿紀要』권121, 4801쪽. [해당 원문은 다음과 같다. "香爐山, 縣東三十里, 壁立千仞, 延袤三十餘里, 衆山環列, 若戈鋋相向. 盤亘三四重, 鳥道懸崖而上, 可容百萬人. 有瀷流一溪, 沃疇千畎, 聚落蜂屯, 保以爲奸. 正統末, 苗韋同烈者憑險旅拒於此. 官軍討之, 久而弗克,. 景泰三年, 乃就撫. 正德十二年, 苗阿向等復據舊巢作亂, 列栅數十里, 積粟聚兵…."]

40 顧祖禹, 『讀史方輿紀要』권122, 4838쪽. [해당 원문은 다음과 같다. "黃道溪長官司…黃崖冲山在司西南五里. 山勢險固, 其中平廣, 有據險避苗固…."]

41 顧祖禹, 『讀史方輿紀要』권121, 4821쪽. [해당 원문은 다음과 같다. "洪州泊里蠻夷長官司…特洞寨, 在特洞山上. 高數十仞, 四面壁立. 惟一徑僅尺許, 曲折而入. 上有天池, 雖旱不竭, 其中平田數百畝…司境之砦凡三十有八也."]

42 역주 아향(阿向) : 『炎徼紀聞』에 등장하는 설명에 의하면 그는 명 嘉靖 16년(1537)에 土官 왕중무(王仲武)를 축출하고 개구돈(凱口囤)에서 반란을 일으킨 인물이다.

43 본서 83쪽에 등장하는 田汝成, 『炎徼紀聞』권3, 41~42쪽 참조. [해당 원문은 다음과 같다. "阿向者, 都匀府苗也. 嘉靖十六年與土官王仲武爭田, 搆殺仲武出奔. 阿向遂據凱口囤爲亂, 囤圍十餘里, 高四十丈. 四面斗絶, 獨一徑尺許, 曲折而登. 上有天池, 雖旱不竭, 積量可支五年…."]

44 일부 지역에서는 묘족이 하천가에 사는 경우도 있다. 도균하(都匀河)에 세워

진 묘족 마을이 그러했지만, 엄격한 의미에서 그러한 거주지역을 묘족 마을로 단언하기는 어렵다. 顧祖禹의 『讀史方輿紀要』권121, 4803쪽의 양황묘(狎獷苗)에 관련된 서술에 그러한 거주 유형이 등장한다. 또한 북경도서관에 보관된 『묘족수고본』에도 특히 그러한 명칭의 거주지역이 등장하는데, 그들 묘족들은 여평, 石阡, 도균 지역 일대에 살았으며, 사냥과 어업에 종사했다고 전해진다. [顧祖禹의 원문은 "都匀河…司境有羊獷諸苗, 多瀕都匀河而居"로 되어 있기 때문에 본문에서 말하는 돈(囤)과 같은 특정 거주형태를 언급한 것이 아니라, 이 지역 일대에 양황묘가 산다는 사실을 지적하기 위한 것이라고 판단된다.]

45 이런 점에서 리용 사절단의 기록(*Mission lyonnaise*, t.1, 351쪽과 352쪽)에 등장하는 19세기 말엽 거주 지역과 관련된 언급을 살펴보는 일은 흥미롭다. 리용 사절단의 기록은 "귀주성에는 거의 모든 지역에 묘족이 분포되어 있는데, 산꼭대기 혹은 인구가 많은 중심 지역에서 격리된 높은 평원 지대에 있는 촌채나 소규모 고정 촌락으로 그 분포 지역이 구분된다. 초가로 된 묘족의 주택은 꽤 좁고 낮으며 매우 원시적이다"라고 적고 있다.

46 顧祖禹, 『讀史方輿紀要』권121, 4807쪽에는 독산주(獨山州) 동쪽에 있는 병왕산(丙王山)이란 곳에 산속 동굴에 사는 단군묘(短裙苗)가 등장한다. 『묘족수고본』에도 廣順府의 극맹고양묘(克孟牯羊苗)가 이러한 유형의 주택에 산다는 언급이 등장한다. [『讀史方輿紀要』의 원문은 다음과 같다. "丙王山在司東…志云, 司境多短裙苗, 皆依山洞爲窟穴."]

47 嚴如熤, 『苗防備覽』권8, 5쪽 상~하. [해당 원문은 다음과 같다. "…亦有瓦屋者. 每屋三五間, 每間五六柱. 無層次定向, 無窓牖墻垣. 繚以茅茨, 簷戶低小, 出入俯首. 右設一榻, 高四五尺, 中設火爐, 炊爨坐臥其上, 曰火床. 翁姑子婦兄弟妯娌, 群處無避. 惟夫婦同被, 女長則別設一床於右. 客民宿其家, 任其雜處不怪…."]

48 이런 언급이 빈번하게 등장한다는 사실은 이런 종류의 침상이 호남과 귀주 경계 지역에서 매우 광범위하게 이용되었다는 사실을 말해 준다. 『楚洞志略』, 2쪽과 龔柴, 『苗民考』, 76쪽 상 참조.

49 『苗民考』, 76쪽 상. 그로지에(Grosier)의 *Description de l'empire de Chine*, t.1, 307쪽에도 역시 "여평부의 生苗들이 층으로 나뉜 벽돌집을 가지고 있으며, 熟苗의 집과 유사하다. 아래층에는 소, 암소, 양, 돼지와 같은 가축을 두었는데, 그런 이유 때문에 평지에서는 다른 동물은 물론 말조차도 볼 수 없다. 그러한 동물 때문에 집이 더럽고 악취가 나며, 사람들은 위층에서 묵을 수밖에 없다"라

고 적혀 있다.

50 嚴如熤, 『苗防備覽』권8, 「風俗考」(上), 2쪽 하. [해당 원문은 다음과 같다. "生苗各分寨落, 在松永乾鳳交界地者, 地勢毗連, 犬牙相錯. 有部落, 無酋長. 其俗不以人命爲重. 寨中有父子兄弟數人數十人, 强粱健鬪. 或能見官府客話者, 則寨中畏之, 共推爲寨長. 如寨中再有此一戶一人, 則又各自爲黨. 故一寨一長, 或一寨數長, 皆以盛衰强弱遞變更易, 不能如他部之有酋長世受統轄也."]

51 『南中紀聞』, 7쪽에도 "묘족은 분리되어 있는데, 묘족의 기본적인 성질상, 그들은 일족이 분열하지 않은 상태로 존속하지 못한다. 일족이 나눠지면, 피차간 서로 알력이 발생하며, 한번 복수심이 생기면 그 마음이 대대로 이어진다"라고 기술하고 있다. [해당 원문은 다음과 같다. "寶武辰靖間, 苗類雖多而不能爲亂. 其族分也. 苗性無恆族, 分則彼此相軋, 一有讐恨, 沒世不解…."]

52 田汝成, 『炎徼紀聞』권3, 39~40쪽. [해당 원문은 다음과 같다. "阿溪者貴州清平衛部苗也. 桀驁多智, 雄視諸苗. 有養子曰阿刺膂力絶倫, 被甲三襲, 運二丈矛, 躍地而起輒三五丈. 兩人謀勇相資, 橫行夷落, 推爲渠魁. 近苗之弱者, 歲分畜産, 而倍課其入. 旅人經其境者, 輒誘他苗劫之. 官司探捕必謁溪請計, 溪則要我重賄, 期爲勦之. 乃招之爲寨主…." 본문의 수치 표시는 원문과 다르게 서술되어 있다. 원문에서 알 수 있듯이 '2장 길이의 창'이지만, '3장'으로 번역했으며, '3~5장'을 단지 '5장'으로 번역했다. 원문대로 바꾸어 기술했음을 밝힌다.]

53 嚴如熤, 『苗防備覽』권8, 「風俗考」(上), 2쪽 하~3쪽 상. [해당 원문은 다음과 같다. "苗寨中富民放장(貝+長), 其息甚大. 錢一千穀一石, 一二年加息至數倍. 不能償折, 以山地衣服各項. 窮民雖受其盤剝, 而仰以爲生. 或卽所折山地, 轉求佃耕, 或易以他山地爲之佃耕. 聽其役使生死, 惟命率以打寃家, 無不從者…."]

54 嚴如熤, 『苗防備覽』권8, 「風俗考」(上), 3쪽 상. [해당 원문은 다음과 같다. "吳八月石三保, 俱供稱有稻田, 歲得穀四百多石. 苗巢中有稻田如許, 則山坡雜糧所出, 必有數倍於此者. 宜其能以財役使窮苗也…."]

55 북경대학 도서관에 보존된 두 권의 『묘족수고본』가운데 하나인 『苗蠻風俗圖志』(권2, 13쪽)와 乾隆 『貴州通志』권7, 「苗蠻」, 16쪽 상 참조. 또한 본서 362쪽 참조. [『묘만풍속도지』는 확인하지 못했지만, 乾隆 『貴州通志』(四庫全書本) 권7, 19쪽 하~20쪽 상에 나오는 흑묘에 대한 설명은 이 책에 등장하는 저자의 설명과 약간 뉘앙스가 다르다. 해당 乾隆 『貴州通志』에는 "…丹江俗與八寨同, 但無馬郎房. 清江婚嫁姑之女, 定爲舅媳, 倘舅無子, 必重獻於舅, 謂之外甥錢. 否則終身不得嫁. 或召少年往來, 謂之

阿妹. 居喪與八寨同葬, 則子女守墳一月. 死者生前所私男女, 各揷竹於墳前, 繫以色線, 以十月爲歲首, 古州男女亦皆以苟合始. 但寨分大小, 下戶不敢通上戶, 洞崽不敢通爺頭, 偶犯則女家必罄奪其產, 甚或置之死地. 人死殮後, 停於寨傍, 或至二十年合寨, 共擇一期百數十棺同葬, 每寨公建祖祠, 名曰鬼堂, 刻男像裸體, 不令女人入見…"이라 적혀 있다. 흑묘 전체에 대한 설명을 모두 인용하지는 않았지만, 이 글은 우선 묘족 八寨와 丹江, 그리고 淸江 유역의 풍속이 다르다는 사실을 설명해 준다. 둘째, 본문의 지적처럼 大·小寨의 구분이 있었지만, 엄격한 복속관계의 존재 여부는 명확하지 않다. 오히려 통혼상(通婚上) 많은 제약이 있었다는 증거라고 할 수 있다. 인용문 후반에서 알 수 있듯이 그들 사이에 동새(洞崽)와 야두(爺頭)의 구분이 있었지만, 그런 구분에도 불구하고 적어도 동일한 사당에서 제사를 지냈으며, 마을의 액운이 있을 때도 같이 제사를 지낸 점은 그들이 동일한 정체성을 가지고 있었다는 사실을 말해 준다. 이런 점에서 소수민족의 결혼이나 정체성, 주거 양식과 사회 조직은 여전히 많은 연구자들의 손길을 기다리고 있다.]

56 『元史』권29, 「本紀」(泰定帝1), 20쪽 상. 십만 호(戶)라는 수치는 상당한 규모이다. [해당 원문은 다음과 같다. "(泰定)二年丁亥, 平伐苗酋的娘率其戶十萬來降, 土官三百六十人請朝. 湖廣行省請汰其衆還部, 令的娘等四十六人入覲, 從之."]

57 본서 279쪽 참조.

58 何喬新, 「勘處播州事情疏」. 『紀錄彙編』권51, 6쪽 하 참조.

59 何喬新, 「勘處播州事情疏」. 『紀錄彙編』권51, 6쪽 하 참조.

60 『黔南識略』권9, 4쪽 하. [해당 원문은 다음과 같다. "國朝康熙十二年, 群苗殺夭壩土司夭應祿. 于是流土俱不受制…."]

61 본서 441쪽과 그 이하 부분 참조.

62 『明史』권316, 「貴州土司」, 2228쪽. 萬曆 연간(1573~1620) 말엽, 鎭遠 남동쪽에 있는 공수장관사(邛水長官司) 양광춘(楊光春)이 그러했다. "포악하고 탐욕스러운 양광춘은 土目 팽필신을 도와 가혹하게 세금을 거둬들였다. 묘족들은 이를 감당하지 못해 유관(流官)을 설치해 주도록 황제에게 상주했다. 이후 그는 유관으로 대체되었다." [해당 원문은 다음과 같다. "萬曆末, 邛水長官司楊光春貪暴, 土目彭必信濟之箕斂. 苗不堪, 將上訴改設流官." 이런 정황에도 불구하고 『明史』권316, 「貴州土司」의 貴陽府 관련 서술에 의하면, 촉한(蜀漢) 당시 제화(濟火)란 인물이 나전국왕(羅甸國王)에 봉해진 이래, 원대에 이르러서는 安氏가 세력을 잡았다. 洪武 초년에 水西宣慰使 송몽고알(宋蒙古歹)이 귀항해 흠(欽)이라는 이름을 하사받은 이후, 이

지역은 중앙에서 파견한 포정사(布政使)가 존재했지만, 소수민족의 선위사(宣慰使)를 그대로 존속시켰다. 이 책에서 소수민족들이 유관(流官)의 파견을 요구했던 정황은 분명 의미가 있지만, 대체로 명대 이후 상당수 소수민족들은 자신들의 세력을 그대로 유지시키기 위한 방편으로 명 왕조에게 투항했다고 보는 편이 타당하다.]

63 송대 五溪 유역의 소수민족 주민들이 화전경작을 시행했음을 알 수 있다. 陸游, 『老學庵筆記』권4, 32쪽 참조. 이 책에서 화전경작을 "분산이경(焚山而耕)," 즉 '산을 태워 경작한다'라고 표현했다. 『黔志』, 3쪽에 의하면 명대 모든 비한족 소수민족들은 화전을 시행했다. 20세기 화전 경작 기술에 대한 설명은 베트남 남부 몽족의 화전기술을 언급한 G. Condominas, *Nous avons mangé la forêt* (『사람들이 먹어 치운 숲』), Paris, 1957 참조.

64 『苗民考』, 76쪽 하와 嚴如熤, 『苗防備覽』권8, 「風俗考」(上), 8쪽 하 참조.

65 본서 253쪽 참조. 20세기에 이르러 이 지역의 수전 기술이 중요해졌다는 사실을 우리는 좀 더 잘 파악할 수 있다. I. de Beauclair, *Culture Traits of Non Chinese Tribes of Kweichow Province*, 26쪽에는 "그 지형이 허용하는 한, 묘족은 산비탈에 매우 솜씨 있게 계단식 논을 만들고 돌로 벽을 쌓아 그것을 지탱하도록 한다"라고 적혀 있다.

66 『黔志』, 1쪽. 이 사실은 『黔南識略』권10, 4쪽 하에도 언급되어 있다. [『黔志』에는 "貴州多洞壑, 水皆穿山而過…如清平十里雲溪洞, 水從平越會百里來. 又從地道潛復流雲洞盡處, 水聲湯湯如溪流. 洞右偏土人又累石爲堤, 引支水出洞南, 灌田甚廣…"이라 기록했으며, 『黔南識略』에는 "民苗于山溪小澗中, 築水壩, 挽水上流, 或設水車以溉之…"라 적혀 있다. 그런데 저자가 표시한 『黔南識略』'권10'은 '권11'의 오류이며 水田 관련 언급은 4쪽 하에 등장한다.]

67 『黔志』의 저자는 土人이라는 표현을 썼지만, 그들은 묘족이라고 판단할 수 있다. 이 지역 일대는 묘족이 비한족 주민의 상당수를 차지하고 있기 때문이다. 또한 『黔南識略』권11, 4쪽 하에도 清平縣의 묘족은 제방을 쌓아 산간 계곡의 물 일부를 끌어오거나 수차를 이용해 높은 곳으로 물을 끌어들인다고 기록되어 있다. [『黔南識略』권11, 4쪽 하에는 "…惟永清一里, 地多膏腴, 凱里太平二里磽薄. 民苗于山溪小澗中, 築水壩, 挽水上流, 或設水車, 以溉之…"라는 문장이 등장한다. 이러한 종류의 언급으로 미루어 보아, 본서 저자의 지적대로 동일 산간 지역이라도 지형적 조건에 따라 다양한 경작 형태가 존재했음을 알 수 있다.]

68 嚴如熤, 『苗防備覽』권8, 「風俗考」(上), 9쪽 상. [해당 원문은 다음과 같다. "苗工所

需農具, 有犁耙鋤鐮長柄刀斧籮筐背籠背枷…皆自爲之能通其用….”]

69 특히 북경대학 도서관에 보존된『묘족수고본』에서 그러한 그림을 볼 수 있다.

70 嚴如熤,『苗防備覽』권8,「風俗考」(上), 8쪽 하 참조.

71 『續黔書』권6, 54쪽 상.『大淸一統志』권392, 4쪽에 의하면 독산주의 九姓九名苗가 이 차를 전문적으로 재배했다. 그러나 귀주성이 당시 이 차를 많이 생산했다고 단언할 수 있는 자료를 찾지 못했다. *Journal of the North China Branch of the Royal Asiatic Society*, new series, 1875~1876, t.10, appendices, I, 1~15쪽에 실린 주요 차 생산지역에도 그 이상의 설명은 등장하지 않는다. 아마도 이 차는 그 지역에서만 소비된 것으로 보인다. 18세기 차 무역에 대해서는 특히 L. Dermigny, *Le Commerce à Canton, 1719~1833*(『1719~1833년 광동의 상업』), Paris, 1966 참조. [『續黔書』에 의하면, “黔之龍里東苗坡及貴定翁栗冲五柯樹擺耳諸處, 産茶而出. 婺川者名高樹茶, 蠻夷司鸚鵡溪出者, 名晏茶. 色味頗佳, 近俱不産, 而大吏歲以爲問, 有司咸買他茶, 代餽之”라고 적혀 있는 것으로 미뤄, 청 중·후엽 이후가 되면 차 생산이 활발하지 않았던 것처럼 보인다.]

72 乾隆『貴州通志』권15,「物産」, 3쪽 하, 6쪽 하, 5쪽 상, 7쪽 상.

73 『黔南識略』권27, 12쪽 상. [해당 원문은 다음과 같다. “…其附近粤西之三江一帶, 地氣炎熱, 漢苗多種棉花….”]

74 乾隆『貴州通志』권15,「物産」, 3쪽 하에는 귀양지역의 천마(天麻)가 언급되어 있다. “천마는 밝은 색에 단단하다. 묘족들은 그것을 정풍초(定風草)라 부른다(天麻…明亮堅實者佳. 其苗名定風草).”

75 *Mission lyonnaise*, t.1, 356~357쪽에는 18세기에 경작된 경작물을 확인시켜주는 19세기 귀주성 묘족들의 실제 경작물에 대한 정보가 등장한다. “묘족은 면화, 옥수수, 식용 가라지, 산도(山稻)를 경작한다. 삼묘(三苗)의 주된 농작물은 옥수수와 면화이다. 묘족은 또한 남전(藍靛)도 재배한다. 흑묘와 다른 부족의 묘족들은 자신들이 재배한 마로 거의 모든 의류를 만든다. 흑묘는 면화로 자신의 옷을 만든다.”

76 嚴如熤,『苗防備覽』권8,「風俗考」(上), 9쪽 상. [해당 원문은 다음과 같다. “織耕之外, 惟事牧畜牛馬犬羊猫鷄鴨之類最多, 而所重牛, 所竊亦惟牛. 然不任耕種供口腹資貿易已而.”]

77 역주 삼청(三廳) : 구체적으로는 호남성 서부의 영수청(永綏廳), 건주청(乾州廳), 봉황청(鳳凰廳)을 말한다. 이웃 귀주성 銅仁府와 맞닿아 있다.

78 嚴如熤, 『苗防備覽』권8, 「風俗考」(上), 16쪽 하. [해당 원문은 "苗知養馬. 馬騰躍山谷中, 質小而健, 民所産不及. 近三廳各寨亦知畜之. 富者或畜至十餘匹, 轉賣於外, 不以騎也"이며, 여기서 등장하는 三廳도 귀주성과 호남성 경계 지역에 위치한 永綏廳, 乾州廳, 鳳凰廳을 말한다.]

79 역주 환어(鯇魚) : 잉어라는 뜻도 있지만, 뒤에 잉어에 해당하는 이어(鯉魚)가 다시 등장하므로, 산천어로 번역했다.

80 嚴如熤, 『苗防備覽』권8, 「風俗考」(上), 16쪽 하~17쪽 상. I. De Beauclair, *Culture Traits of Non Chinese Tribes of Kweichow Province*, 26쪽에 의하면, 20세기에도 양어(養魚)는 상당한 역할을 했다. "귀주 동쪽의 동가족(峒家族)과 묘족은 뜰에서 민물고기를 길렀으며, 특히 묘족들은 자신의 마을과 연결된 정규 양어장을 지니고 있었다. 일부 東苗들도 양어전문가들이 있었으며, 봄이 되면 여인네들이 나무로 만든 광주리에 물고기 알을 먼 지역까지 운반한다." [『苗防備覽』의 해당 원문은 다음과 같다. "苗民於山谷中, 有泥深不可耕植者, 瀦水爲塘, 市外間魚秧畜之. 多畜鯇鰱二種, 稱爲家魚. 鯉鯽鮒鰍之屬, 則謂之野魚. 富者雇苗童數人, 日割草以飼. 有畜至數十斤者." 어앙(魚秧)의 의미는 물고기가 아닌 치어라고 번역하는 것이 타당하다.]

81 우리가 이용할 수 있는 『黎平府志』에는 목재 개발에 관련된 정보가 들어 있는 「賦稅」라는 章이 존재한다. [저자는 『黎平府志』의 판본을 밝히지 않았다. 저자가 인용한 『여평부지』는 光緒 연간본이며, 이 지방지 권3(上), 「食貨志」의 '賦稅'篇 32쪽 상 이하에는 淸江과 태공(台拱) 등에서 생산되는 杉木에 대한 세금 규정이 등장한다.]

82 Grossier, *Description de la Chine*, Livre III, 2장, 308쪽 참조. 결코 가축 사육을 많이 하지 않는 한족들이 이처럼 가축을 사서 목재 가격을 치른다는 사실은 매우 흥미롭다. Du Halde, *Description de l'empire de la Chine et de la Tartarie chinoise*, I, 69쪽에도 이와 동일한 사실이 언급되어 있으며, 묘족들이 동물을 어떻게 이용하는지에 대한 정확한 설명을 아래와 같이 적고 있다. "묘족들은 그리한 동물들의 가죽을 이용해서 철이나 단련된 구리로 덮은 무겁고도 매우 튼튼한 갑옷을 만든다." 1965년 묘족 지역에서 제작된 한편의 영화가 북경에서 상연되었는데, 그 영화에는 목재를 둘러싼 음모가 등장한다. 그 영화의 주인공이 수차례의 반전 끝에, 그 목재를 국가에 인도하는 것으로 영화가 끝난다.

83 『黔南識略』권21, 8쪽 하~9쪽 하. [본문에서 지은이는 '2~3년' 후가 되면 숲을 이룬다고 했는데, 실제 원문에서는 '3~5년'으로 서술되어 있다. 이 부분은 거의 원문에 의거해 번역했음을 밝힌다. 원문은 다음과 같다. 중간에 불분명한 글자는 ロ로 표기했다. "山多戴土, 樹宜杉. 土人云, 種杉之地, 必豫種麥包穀一二年, 以鬆土性, 欲其易植也. 杉閱十五六年, 始有子. 擇其枝葉向上者, ロ其子乃爲良. 裂ロ墮地者棄之. 擇木以愼其選也. 春至則先糞土覆以亂草, 旣乾而後焚之. 然後撒子於土面, 護以杉枝, 厚其氣, 以禦其芽也. 秧初出, 謂之杉秧, 旣出而復移之. 分行列界相距以尺. 沃之以土膏, 欲其茂也. 稍壯見有拳曲者, 則去之, 補以他栽, 欲其亭亭而上達也. 樹三五年卽成林, 二十年, 便供斧柯矣…."]

84 현대 묘족의 민요인 다음 내용을 살펴보는 것은 흥미롭다. 이 민요에는 古州大苗山 묘족들의 식목에 관련된 내용이 담겨 있다.

"우리 묘족들이 가장 열심히 하는 일은,
산 위에 삼목杉木을 심는 것이라네.
2년 후 삼목은 여전히 크게 자라지 못하며,
3년 후에도 삼목은 키가 크지 않지만,
칼을 들고 전지剪枝하고,
호미를 들고 땅을 다듬어,
뿌리 주변을 다지며,
풀을 베어 퇴비를 만든다네.
가는 비가 내리면,
어린 묘목이 쑥쑥 자란다네.
산 정상에는 삼목이 사방에 있는데,
묘목 끝이 하늘을 찌르니,
그 모습이 진정으로 아름답다네.
훌륭한 삼목의 명성은 황제의 귀에까지 들어가,
관리들이 군사를 보내 삼목을 징발하는데,
칼과 검으로 마구 베어간다네.
이는 상행위가 아닌 강압적인 것이니,
약탈로 적敵들만 생겨나는구나."

苗延秀, 『大苗山交響曲』, 新文藝出版社 : 上海, 1954, 102쪽.

85 볼세르 자작(Le Vicomte de Vaulserre)는 *Tour de Monde*(『세계여행』), 1901, 53쪽에 실린 "운남성을 가로질러 가며(A travers le Yun-nan)"라는 제목의 글에서 1898년 고주 부근의 삼각(三脚)이라는 지역에서는 토착민들이 상당량의 목재 무역을 하고 있다는 사실을 지적하고 있다. "이곳의 가장 규모가 큰 사업은 목재 판매이다. 커다란 크기로 자른 나무를 토착민들이 하천가로 굴려서 내려 보내면, (그 목재로) 커다란 뗏목을 만들어 그 뗏목이 하천을 따라 흘러갈 수 있도록 수량이 증가할 때를 기다린다. 이렇게 해서 하류로 내려간 뗏목은 회원현(懷遠縣, 광서성) 약간 위쪽에서 멈추는데, 이곳이 목재가 하천을 이용해 남쪽으로 내려가는 종착 지점이다. 그곳에서 토착민들은 광동과 광서성에서 대규모 상업을 하는 한족 상인들에게 목재를 판다." 중국에서 가장 아름다운 관을 제작하는 곳인 유주(柳州, 광서성)에서 사용하는 목재는 바로 이 지역에서 산출된 것이다. 유주가 훌륭한 관을 제작하는 지역이라는 사실은 '광주에서 밥을 먹고, 사망은 유주에서 해야 한다(吃在廣州, 死在柳州)'라는 속담을 통해 알 수 있다.

86 『苗民考』권8, 76쪽 하.

87 田汝成, 『炎徼紀聞』권4, 55쪽에 따르면 여자들은 결혼 전에만 그러한 보석들로 치장했다. 이 자료에 의하면 이러한 제약이 없었던 청대에는 여자들이 머리핀, 목걸이, 팔찌, 발목에 거는 고리와 같은 은 장식물을 달았다. 『天柱縣志』, 3쪽 참조. [저자는 『天柱縣志』의 발간 연대를 밝히지 않은 채, 이 사료를 인용했다. 다만 역자가 참조한 『천주현지』는 康熙 22년(1683) 간본을 민국시기에 영인한 판본이다. 이 『천주현지』「서문」, 1쪽 상~하에 의하면 天柱縣의 설치는 당시 吏目 주군재(朱君梓)의 요청으로 명 萬曆 25년(1597)에 이루어졌다. 이 『천주현지』는 상·하권으로 나뉜 매우 간략한 지방지이며, 저자가 인용처로 밝힌 上卷 3쪽은 「沿革」 부분에 해당한다. 그리고 상권 7쪽 상~하에 「風俗」條가 들어 있다. 그러나 여기에는 여자들의 복식(服飾)이나 장식에 관련된 언급은 들어 있지 않다. 다만 천주현이 설립되기 이전에는 매우 호전적이었지만, 현(縣)이 건립된 후 그들이 차고 다닌 칼 대신에 소를 길렀으며, 좌임(左衽) 대신 의관을 갖추게 되었다는 언급이 등장한다. 따라서 저자가 인용한 『천주현지』의 인용 내용과 그 출처는 잘못된 것이다.]

88 王履階, 「改土歸流說」, 154쪽 참조. [따로 판본을 밝히지는 않았지만, 아마도 저자가 인용한 「改土歸流說」은 『小方壺齋輿地叢鈔』본인 듯하다. 이 「개토귀류설」은 소수민족이나 개토귀류에 관한 연구를 할 때 늘 인용되는 대표적인 자료의 하나로서 개토귀류 실시의 당위성을 주장하고 있다. 소수민족 지역에서 생산되는 철이 '한족 사이에서 유

명했다'라는 언급은 "苗鐵固推重一時, 銅銀備國用"이라는 대목에 근거한 서술이라고 판단된다.]

89 陸次雲, 『峒溪纖志』(小方壺齋輿地叢鈔本), 60쪽 상. [해당 원문은 다음과 같다. "苗人年十六, 無不帶刀. 其鐵自始生時鍊至成童. 故最銛利, 以黑漆雜皮爲鞘. 貌雖不麗, 鋒不可當. 能者擲刀空中, 接之以手, 曰跳雞模."]

90 張澍, 『續黔書』권6, 57쪽 상. [해당 원문은 다음과 같다. "…其試刀嘗於路傍伺水牛過. 一揮牛首落地, 其牛尙行十許步纔仆, 蓋犀利之極, 牛猝未覺也…."]

91 陸次雲, 『峒溪纖志』(小方壺齋輿地叢鈔本), 60쪽 상. [해당 원문은 다음과 같다. "苗人火器有過山鳥者. 能打越重山, 絶無障礙."]

92 嚴如熤, 『苗防備覽』권8, 「風俗考」(上), 10쪽 하. [해당 원문은 다음과 같다. "苗人鳥銃製作極精. 將鐵筒車, 數次打磨光溜, 俾子出無滯. 子堂引門, 俱有法度."]

93 묘족들이 이 튜브도 제작했는지에 대한 설명은 등장하지 않는다.

94 李光壁, 『明淸史論叢』, 253쪽에 있는 王竹樓, 「1795年的苗民大起義」, 『歷史教學』7기, 1953에서 재인용된 『苗疆聞見錄』참조.

95 吳敬梓(1701~1754), 『儒林外史』, 作家出版社 : 北京, 1954, 418쪽 참조.

96 『續黔書』권6, 56쪽 상 참조. [해당 원문은 다음과 같다. "黎平之曹滴司出洞錦, 以五色絨爲之. 亦有花木禽獸各樣, 精者甲他郡…."]

97 乾隆 『貴州通志』권15, 「物産」, 59쪽 상. [해당 원문은 다음과 같다."又有諸葛硐錦, 出古州. 皆紅黃棉紗所織, 甚粗不可用."]

98 『黔記』권3, 351쪽. [해당 원문은 다음과 같다. "…男子與漢人同, 勤耕力作. 女子善紡織, 棉葛布精細, 多售於市, 故有洪州葛布之名."]

99 『續黔書』권6, 56쪽 하. [해당 원문은 다음과 같다."…又有紋布, 可爲巾. 定番苗婦所織, 潔白如雪, 拭水不濡, 用彌年不漬垢膩…."]

100 乾隆 『貴州通志』권15, 「食貨」(物産), 4쪽 하.

101 『續黔書』권6, 56쪽 상~하. [해당 원문은 다음과 같다. "永寧鎭寧二州出鐵笛布. 其織美似蜀之黃潤, 其精緻似吳之白越, 其柔輭似波戈之香荃, 其縝密似金齒之縹疊. 余不知其何以織也. 或謂卽桐華布, 績白桐爲之. 或又謂緝桑爲之…."]

102 18세기에 버마(현재 미얀마)가 중국으로 많은 양의 면화를 수출했다는 사실을 우리는 알고 있다. J. 카스테라(J. Castéra)가 1800년 파리에서 번역 출간한 Symes, *An Account of an Embassy to the Kingdom of Ava, sent by the Governor general of India in thc year 1795*, t.II, 212쪽 참조.

103 운남 서쪽 지역의 주민을 말함.

104 무엇보다 최근까지도 그런 기법을 사용한다는 사실이 확인된다. I. de Beauclair, "A Miao Tribe of Southeast Kweichow and its Cultural configuration," 143쪽 참조.

105 호남성 서부 지역을 말한다. 『溪蠻叢笑』, 3쪽 하에 의하면, 그러한 방법은 점랍만(點蠟幔)이라는 항목에서 발견된다. 이 표현의 첫 번째 부분인 點蠟이라는 단어는 '밀랍으로 장식한다'라는 의미로서, 특별한 의미가 없이 사용된 두 번째 단어와 대비된다. '만(幔)'이라는 글자는 단순히 그들의 언어를 음역한 것이 아닐까? 해당 사료에는 "오계(五溪) 지역 사람들은 금이나 옥보다 구리로 된 북(銅鼓)을 훨씬 더 좋아한다. 항상 동고(銅鼓)에 새겨진 글(鼓文)을 토대로, 밀랍을 이용해 직물에 그 글을 새긴다. 이어 남전(藍靛)이 든 항아리에 그 직포를 담궈 염색한다"라고 서술되어 있다. [해당 원문은 다음과 같다. "溪洞愛銅鼓甚于金玉, 每模取鼓文以蠟刻板印布, 入靛缸漬染, 名點蠟幔."]

106 『嶺外對答』권6, 「服用門」(猺斑布). 이 책에 등장하는 묘사는 위 각주 105)에서 번역된 내용보다 훨씬 더 자세하다. 중국인들의 염색 방법은 그 시기가 이보다 더 오래되었다. 바틱(batik) 납염법은 적어도 수대(隋代) 이래 중국인들이 알고 있는 염색방법이었다. 唐代로 추정되는 중국의 가장 오래된 바틱 염색물은 현재 일본 나라의 정창원(正倉院)에 보관되어 있다. A. Steinman, "Batik Work, its Origin and Spread," *Ciba Review*, 58, 1102쪽 참조. 일부 연구자들은 바틱 기법이 당대 이후 일본에 전래되어, 일본에서 로케치(랍힐, 蠟纈)라는 이름으로 알려져 있다고 지적한다. "본래 수·당 시대 일본으로 전래된 이 특별한 기술은 나라(奈良) 시대(710~794)에 이미 일본에서 폭넓게 사용되었다"라고 지적하고 있다. Torii Ryuzo, "Artistic Designs used by the Miao-tze Tribe," *Kokka*, 1905, no. 186-188, 152쪽 참조. 여기서 언급하고 있는 이 기술은 이후 다른 방법으로 대체되었지만, 1850년 무렵 자바(Java) 섬에 소개된 바틱 챱(batik tjap)의 경우처럼 꽤 광범위하게 확산될 수 있었던 덕분에, 생산이 증가했다는 사실은 상당히 흥미롭다. 바틱 챱이란 기술은 얇은 동판으로 구성된 도장과 같은 도구를 이용해 직물 위에 밀랍을 사용하는 것으로서, 뜨거운 밀랍을 사용하기 전에 그림과 물감 적시기를 미리 하는 것을 말한다. '챱(tjap)'란 단어는 도장을 의미한다. [『嶺外代答』권6, 「猺斑布」 관련 원문은 다음과 같다. "猺人以藍染布爲斑, 其紋極細. 其法以木板二片鏤成細花, 用以夾布而鎔蠟, 灌于鏤中. 而後乃釋板取布, 投諸藍中. 布旣受藍則煮布, 以去其蠟. 故能受成極細斑, 花炳然可觀. 故夫染斑之

法, 莫猺人若也." 이 부분은 이 원문을 근거로 번역했음을 밝힌다.]

107 남전(藍靛)은 귀주성 전역에서 폭넓게 재배되었다. 남전을 언급하고 있는 지역은 특히 수문(修文, 乾隆『貴州通志』권15, 「物産」, 3쪽 하), 황평주(黃平州, 『黔南識略』권15, 8쪽 상), 청평현(淸平縣, 『黔南識略』권11, 5쪽 상), 마합주(麻哈州, 『黔南識略』권10, 4쪽 상, 여경현(餘慶縣, 『黔南識略』권7, 16쪽 상)이다. 사용된 밀랍이 벌이 만든 밀랍인지 황랍(黃蠟)인지, 혹은 白蠟이라고도 부른 충랍(蟲蠟)인지는 분명하지 않다. 황랍과 충랍은 비한족이 살았던 지역에서 생산되었다. 그것들은 이미 唐代에 조공 품목에 속했다. 충랍의 초기 사용 역사에 대한 연구를 담고 있는 한 논문(鄒樹文, 「蟲白蠟利用的起源」, 『農史研究集刊』, 1, 1959)에 의하면 바틱 기법은 벌꿀 밀랍보다 덜 부서지는 충랍의 사용과 함께 등장했다. 그러나 이 점은 분명하지 않다. 예를 들어 자바에서는 송진과 같은 다른 첨가물을 벌꿀 밀랍에 첨부해 바틱 기법을 구사한다. 우리들은 18세기 묘족 여인들의 밀랍 이용 방법에 관한 정보를 알지 못한다. 그러나 19~20세기에 이르면, 이 이전까지는 등장하지 않은 전혀 다른 종류의 방법을 사용했다고 전해진다. 『苗俗記』(권8, 74쪽)의 저자는 다음과 같이 적고 있다. "밀랍으로 사람들은 직포 위에 그림을 그린다. 그 다음 염색을 하고 밀랍을 제거한다. 따라서 그 밑그림이 마치 자수를 놓은 것처럼 보인다." 1962년 한 중국인 관찰자의 설명에 의하면, 묘족 여인들은 두 끝의 날카로움이 다른 대나무 침(針)을 사용했기 때문에, 깊이가 다른 선을 그릴 수 있다. 사람들은 자그마한 화로 위에서 항상 뜨거운 채로 있는 밀랍에 꼬챙이의 두 끝 가운데 하나를 담금질한다(「苗寨風情」, 『民族團結』, 1, 1962, 43쪽 참조). 이 기술은 자바에서 바틱 툴리스(batik tulis), 즉 글씨를 쓰는 바틱 기법이라 불리는 것과 동일하다.

108 貴州省文化局美術工作室研究組 編, 『貴州少數民族蠟染圖案』, 北京, 1956.

109 嚴如熤, 『苗防備覽』권8, 「風俗考」(上), 9쪽 상. [해당 원문은 다음과 같다. "…績苧織布, 皆能其機矮席地, 而織布亦堅厚耐久…."]

110 예를 들어 『苗種圖說』, 『苗風圖錄』, 『苗蠻風俗圖志』등에 있는 그림 참조.

111 현대에 사용되는 도구에 대한 보클레르(I. de Beauclair)의 결론도 이와 비슷하다는 사실은 매우 흥미롭다. "베틀, 얼레, 그리고 묘족의 염색법은 동족이나 중가족의 그것과 매우 유사하다. 묘족 여인네들은 옷감을 만들기 위해 그러한 기구와 함께 많은 시간을 보낸다." I. de Beauclair, "A Miao Tribe of Southeast

Kweichow and its Cultural Configuration," *Bulletin of the Institute of Ethnology Academia Sinica*, no. 10, 1960, 147쪽 참조.

112 田汝成, 『炎徼紀聞』권4, 55쪽. [해당 원문은 다음과 같다. "…生苗多而熟苗寡. 其俗各以其黨, 自相沿襲. 大抵懻忮猜禍絶禮讓, 而昧彝倫. 惟利所在, 不顧廉恥. 喜則人, 怒則獸. 睚眦之隙, 遂至殺人. 被殺之家, 擧族爲讐, 必報當而後已. 否則親戚亦齗齗. 助之則抗剄不悔, 諺云苗家讐, 九世休, 言其不可居解也."]

113 嚴如熤, 『苗防備覽』권8, 「風俗考」(上), 11쪽 상~하. [해당 원문은 다음과 같다. "…財物贖之足而後反非排鮮得宜則讎仇不已. 或强弱勢懸, 則植木爲誌, 累世必報. 諺云母苗仇世不休, 力勢旣均, 遂釀酒椎牛邀集親黨…."]

114 묘족은 한족을 원수로 여겨, 그들에 대해 맹렬히 저항했다. 따라서 한족들이 그들에 대한 호전성을 강조하는 것은 전혀 놀랍지 않다.

115 본서 264쪽 참조.

116 吳省蘭, 『楚洞志略』(叢書集成本), 3쪽. [해당 원문은 다음과 같다. "苗人生男卽斂銕爲賀. 及長, 製刀環佩之. 習長矛臏弩ㅁㅁㅁㅁ出入與俱. 餘人鬪死, 其家卽掩而埋之. 終不發聲, 恐人知之, 卽譏其不武也." 역자가 참고한 『楚洞志略』의 불분명한 부분은 ㅁ로 표기했음을 밝힌다.]

117 李光璧, 『明淸史論叢』, 湖北人民出版社 : 武漢, 1957, 253쪽에 있는 王竹樓, 「1795年的苗民大起義」에 인용된 嚴如熤, 「總論苗境事宜務爲築堡議」참조.

118 『黔記』의 저자는 345쪽 상에서 묘족들의 술을 빚고 그것을 마시는 방법과 술이 부(富)의 상징이라는 사실에 대해 매우 흥미로운 서술을 하고 있다. "9일 동안 옹기 속에 쌀을 저장하면 술이 만들어진다. 이후 냄새가 약해지면 풀로 옹기의 입구를 틀어막는다. 술을 마실 때는 옹기 입구와 나란하게 물을 주입하고 안이 빈 자그마한 대나무를 이용해 풀 사이로 (그 대나무를) 꽂아 그것을 흡입한다. 줄어든 물의 양을 보고 마신 술의 양을 헤아린다. 묘족의 부자들은 누가 가장 많은 양의 술을 빚는지를 두고 서로 경쟁한다." [이는 소수민족 사이에 널리 애용된 이른바 잡주(咂酒)에 관련된 이야기이다. 이 책에 등장하는 저자의 번역은 원문과 많은 차이가 난다. 해당 원문은 다음과 같다. "咂酒, 一名重陽酒. 以九日貯米于甕而成. 他日味劣, 以草塞甁頸. 臨飮注水平口, 以通節小竹, 挿草內吸之. 視水容若干, 徵飮量. 苗人富者, 以多釀此爲勝."]

119 『續黔書』권6, 54쪽 하. [해당 원문은 다음과 같다. "黔之苗育女數歲時, 必大釀酒. 旣漉, 候寒月陂池水竭, 以泥密封甖甁, 瘞於陂中. 至春漲水滿, 亦復不發. 俟女于歸日, 因渫

陂取之, 以供賓客. 味甘美不可常得, 謂之女酒. 이 부분의 출전 표기를 저자는 X.A.S.라고 표기했지만, X.Q.S., 즉 『續黔書』의 오기이다.]

120 顧祖禹, 『讀史方輿紀要』권122, 4837쪽에는 귀주성 思州에 있는 토마산(土麻山)이 등장하는데, 그곳에서는 토착민들이 특정 절기(節氣)에 만나 함께 모여 노래를 불렀다. [해당 원문은 다음과 같다. "土麻山在司治北…志云山在府西北八十里, 旁有歇路坪, 土人每遇節序, 則相聚笙歌於此…."]

121 이 악기는 이미 송대에 등장했다는 사실을 확인할 수 있다. 당시 이 악기는 호로생(葫蘆笙)이라 불렀다. 『溪蠻叢笑』, 2쪽 하의 「葫蘆笙」조 참조. 그것은 6개의 관(管)으로 되어 있다. 이러한 악기들은 현재 더 이상 묘족의 전유물은 아니다. 이러한 종류의 악기에 대한 좀 더 자세한 내용은 1957년 북경에서 中國音樂研究所 主編으로 발간된 『苗族蘆笙』, 107쪽 참조.

122 다른 사료들은 깃대 주변에서 추는 춤에 대해서 언급하고 있다. 『峒溪纖志』, 59쪽 상에는, "龍家苗는 들판에 깃대를 세우고, 이것을 귀간(鬼竿)이라 부른다. 봄이 되면 청춘 남녀들이 그 깃대 주변에서 모여 춤을 추면서 각자 자신의 배우자를 찾는다." [해당 원문은 다음과 같다. "鬼竿. 龍家苗立木於野, 謂之鬼竿. 春時男女旋躍其下, 以擇配偶." 그런데 저자는 『동계섬지』라는 책을 다른 곳에서 표기한 'D.Q.X.Z' 대신에 여기서는 'T.Q.X.Z'로 표시하고 있다. 행여 이 책 원문을 보는 독자가 있다면 유의해야 할 부분이다.]

123 이 문장은 "Le mariage chez une tribu aborigène du sud-est du Yunnan, d'après une relation de Tch'en Ting," *T'oung Pao*, série II, t.VI, 1905, 596~597쪽의 각주에 있는 唐在復(Tang Tsai-fou)의 번역에 근거했다. [이 당재복의 논문에 들어 있는 묘족의 결혼 풍속에 대하 서술은 육차운(陸次雲)의 『북서서언(北墅緖言)』권3에 등장하는 「도월기(跳月記)」를 번역한 것이다. 해당 논문에는 「도월기」 전체를 번역한 글을 싣고 있지만, 여기서는 그것을 축약해서 언급했다. 그러나 축약을 하는 과정에서 약간 비약이 있다는 판단 하에 당재복의 해당 논문에 근거해 번역했음을 밝힌다. 예를 들어 본문에는 '부모들이 그들과 함께(avec eux) 아들과 딸을 데리고 나온다'라는 표현이 등장하는데, 여기서 그들이란 겨우내 잠자던 곤충과 숲속에 있는 여러 생물들을 의미한다. 다시 말해 이런 언급은 만물이 소생하는 봄이 되면 소수민족들은 양(陽)의 기운이 활발해져 생물들은 물론, 인간들도 자신의 짝을 찾으려는 욕망이 다른 때보다 강해진다는 점을 은연중 내포한다고 할 수 있다.]

124 역주 순비씨(循蜚氏) : 인황씨(人皇氏)부터 노(魯) 나라 애공(哀公) 14년(기

원전 481)까지 276만년을 10개 시대로 나눈 십기(十紀)의 한 시대를 말한다. 즉 구두씨(九頭氏), 오룡씨(五龍氏), 섭제씨(攝提氏), 합락씨(合雒氏), 연통씨(連通氏), 서명씨(序命氏), 순비씨, 인제씨(因提氏), 선통씨(禪通氏), 소흘씨(疏訖씨)의 한 시기를 말하며, 순비씨 시대에 비로소 인간들은 식물을 채집하고 혈거(穴居)했다.

125 田汝成,『炎徼紀聞』권4, 56쪽에는 "남녀가 노생을 불며 춤을 추고, 이어 둘이 결합한다. 여자가 아이를 낳은 후, 남자는 결혼 선물을 보낸다"라고 적혀 있다. [해당 원문의 서술은 약간 다르다. "未婚男女, 吹蘆笙以和歌, 淫詞謔浪, 謂之跳月. 中意者, 男負女去, 論姸媸爲聘貲贏縮. 貧而逋者, 遞歲索之…"라는 기록으로 미루어, 단지 함께 어울려 춤을 추다가 결혼에 이르는 건 아니었다. 위 문장을 보면 여자의 외모가 결혼의 성사 여부와 선물의 양을 결정하는 중요한 요소였다.]

126 이것과 관련해 우리가 확인한 여러 사실들은 획일적이지 않고 매우 다양하다.

127 田汝成,『炎徼紀聞』권4, 56쪽 참조. "그들은 음력에 맞춰 새해 첫날을 계산할 줄 모른다. 그들은 12마리의 동물을 주기로 시간을 헤아린다. 날짜도 마찬가지다. 그들의 새해 초는 현재 우리들의 3월에 해당한다. 그들에게 3월 첫째 날이 한 해의 첫째 날이다. 이것을 開年이라 한다(不知正朔, 以鼠馬記子午, 言日亦如之. 歲首以冬三月, 各尙其一, 曰開年)." 동남 아시아 지역의 달력에서 12마리 동물의 주기를 사용하는 문제에 대해서는 G. Coedès, "L'origine du cycle des douze animaux au Cambodge(「캄보디아 12支 週期의 기원」)," *T'oung Pao*, XXXI, 1935, 315~329쪽 참조.

128 우리가 알고 있는 것처럼 동고(銅鼓)는 그것이 중요한 역할을 하는 남동 지역 비한족 주민들 거의 모두에게서 찾아볼 수 있다. 이 문제에 대해서는 꽤 많은 연구 결과가 존재한다. 특히 M. Pirazzoli-T'serstevens, "Données sur la civilisation du royaume de Dian à l'époque Han d'après le matériel exhumé à Shizhai shan(Yunnan)(「운남 석채산石寨山 매장 유물을 통해 본 한대漢代 전왕국滇王國의 문명」)," 미발간 박사학위 논문. [저자는 이 논문의 발간연도를 밝히지 않아, 이 학위논문의 제출 연도를 알 수 없다. 그러나 이 학위 논문은 동일한 제목으로 프랑스 극동학원(Ecole Française d'Extrême-Orient)에서 1974년에 출간되었다. 또한 본서의 저자인 클로딘 롱바르-살몽 자신도 이 저서에 관한 서평을 실은 바 있다. *T'oung-Pao*, second series, vol.63, no.4-5, 1977년에 실린 그녀의 서평 참조.]

129 물소 싸움은 묘족들이 매우 좋아하는 훌륭한 구경거리 가운데 하나이다. 田汝成은 그의 책, 『炎徼紀聞』권3, 41쪽에서 앞서 언급한 바 있는 묘족 추장의 한 사람인 아계(阿溪)가 소싸움을 열렬히 좋아해 소들을 서로 싸우도록 한 사실에 주목한 바 있다. 한족은 아계에게 그의 촌채에서 투우를 실시할 것을 권고해 그의 부하를 잡는 데 성공했다. 20세기 투우에 대한 서술은 I. de Beauclair, "Culture traits of non Chinese Tribes in Kweichow Province," *Southwest China*, 29~30쪽 참조.

130 田汝成, 『炎徼紀聞』권4, 56쪽. [해당 원문은 다음과 같다. "歲時召親戚, 撾銅鼓, 鬪牛於野. 刲其負者 祭而食之大臠若掌. 以牛角授子孫, 曰某祖某父食牛…."]

131 嚴如熤, 『苗防備覽』권8, 「風俗考」(上), 15쪽 상~하. 무당의 실질적인 역할에 대해서는 G. Moréchand, "Le Chamanisme des Hmong(「몽족의 샤마니즘」)," *Bulletin de l'Ecole française d'extrême-orient*, t.LIV, 1968, 54~294쪽 참조. [이 부분의 해당 원문은 다음과 같다. "…預結棚於寨外. 先一殺牛倩苗巫衣長衣, 手搖銅鈴吹竹筒, 名做米鬼. 次日宰母猪, 吹竹筒請神, 名做雷鬼. 第三日宰雄猪祭享, 名做總鬼. 第四日設酒肉, 各五碗米餅十二枚, 置火牀, 燒黃蠟擊竹筒祀祖, 名報家先. 然後集親鄰族友, 男女少長畢至, 鳴鑼鼓放銃, 請牛鬼. 第五日棚左右, 各置一樁, 繫黑白二牛各一. 先讓極尊之親, 揖四方畢, 用鎗以刺, 餘以序進. 一人持水隨潑血不淋於地. 牛旣仆, 視其首之所向, 以卜休咎. 首向其室則歡笑相慶, 以鬼來歆也. 否則衆皆愀然不樂, 主人惶悚無地, 以鬼不茹將降不祥也. 苗巫鳴鐸誦祝, 衆撾鼓鳴金吹角, 燒柴以祭. 祭畢以一肩遺先刺者, 胸膛遺巫, 後肩分親黨, 餘肉及臟腑烹食之. 又別割一牲, 火燎毛, 以烹之, 名火燀肉. 置牛首於棚前, 刳長木空其中, 冒皮其端以爲鼓. 使婦女之美者, 跳而擊之. 擇男女善歌者, 皆衣優伶五綵衣, 或披紅氈, 戴折角巾, 剪五色紙兩條, 垂於背. 男左女右旋繞, 而歌迭相唱. 和舉首頓足疾徐應節, 名曰跳鼓藏. 或有以能歌鬪勝負者. 男子出紬絹, 女子出簪環, 以爲綵結隊. 對歌徹夜不休, 以爭勝負. 勝者收取其綵, 不善歌者, 不入隊. 所歌皆本其土風, 或淫褻語. 歌已雜坐牛飮歡飽譃浪, 甚至乘夜相悅…."]

132 『峒溪纖志』, 58쪽 하에 의하면, 그것을 두들겨 리듬 소리를 내는 죽통도 존재했다. 이러한 악기는 아마도 탬버린과 유사한 것이었다. 이 악기가 어떤 것이었던지 간에, 사료에 의하면 본문에 등장하는 죽통보다 높이가 낮았던 것처럼 보인다. [본문에는 "竹筒, 苗人合樂, 衆音競發, 擊竹筒以爲節"이라 적혀 있다. 특별히 이러한 종류의 리듬악기가 본문에 나오는 악기보다 작았다고 할 수 있는 구체적인 증거는 보이지 않는다.]

133 『峒溪纖志』, 58쪽 하에 의하면 주귀(做鬼)란 소를 죽여 제사를 지내는 일을 말한다. [해당 원문은 다음과 같다. "做鬼. 鬼方之民, 信鬼惟誠, 椎牛而祭, 謂之做鬼."]

134 역주 占卜以鷄骨進之, 視其璺以斷吉凶.

135 田汝成, 『炎徼紀聞』권4, 56쪽. [해당 원문은 다음과 같다. "或折茅爲兆."]

136 田汝成, 『炎徼紀聞』권3, 41쪽. [해당 원문은 다음과 같다. "…又言夜夢, 大網披身, 出恐不利. 瑞曰夢網得魚, 牛必屬公矣. 遂牽牛聯騎而出, 至牛所觀而喜之…."]

137 田汝成, 『炎徼紀聞』권4, 5쪽. [해당 원문은 다음과 같다. "病不服藥禱鬼已而. 不愈則曰鬼所嫉也. 棄之不顧, 謂其巫曰鬼師…."]

138 본서 452쪽 참조.

139 嚴如熤, 『苗防備覽』권8, 「風俗考」(上), 15쪽 상. 楊漢先, 「大花苗移入烏撒傳說考」, 『中國文化硏究滙刊』3기, 1942, 387~396에서는 위녕(威寧) 지역 대화묘에서 나타나는 이 문제를 검토했다. 그는 12성씨의 존재를 말하는 기존의 입장과는 달리, 중국 성씨와 동일한 8개 성씨를 구분했다. 양한선은 각각의 姓에서 묘족 姓과 중국 姓이 서로 연계되어 있다는 사실을 확인할 수 없다고 지적했으며, 중국 姓이 묘족 성에 언제부터 붙여졌는지도 알 수 없다고 말했다. I. de Beauclair, "A Miao Tribe of South-East Kweichow and its Cultural Configuration," *Bulletin of the Institute of Ethnology*, no.10, 1960, 187~188쪽에도 이 문제가 거론되어 있지만, 더 이상의 성과는 등장하지 않는다. [嚴如熤, 『苗防備覽』권8, 「風俗考」(上), 15쪽 상에 등장하는 해당 원문은 다음과 같다. "苗姓吳龍石麻廖五姓爲眞苗. 其楊施彭張洪諸姓, 乃外民入贅習其俗久, 遂成族類."]

140 『新元史』권248, 「列傳」(145), 8쪽 하에는 至元 15년(1278) 라라사(羅羅斯) 지역의 정창로총관(定昌路總管) 곡납(谷納)이 반란을 일으켜 다리를 부수고 역전(驛傳)의 말과 둔전(屯田)의 소를 탈취했다. 라라족의 기원을 밝히기 위한 많은 연구가 진행되었다. 그러나 만족할 만한 대답은 여전히 등장하지 않고 있다. Feng Han-yi and J. K. Shryock, "The Historical Origins of the Lolo," *Harvard Journal of Asiatic Studies*, July, 1938, 105쪽 각주 7 참조. [저자는 『新元史』의 해당 부분을 정창로의 라라사족(Les Luoluosi de Dingchanglu)이라고 번역했지만, 『新元史』에 등장하는 라라사(羅羅斯)라는 부족을 설명하고 있는 부분을 통해, 이 부족의 한 사람인 정창로총관 谷納이 반란을 일으켰다는 사실을 알 수 있다. 해당 원문은 "羅羅斯. 至元十五年定昌路總管谷納叛, 八剌則 · 安古馬楊古剌 · 乞剌蒲等皆應之. 毁橋梁, 奪驛馬及屯田牛, 明年官軍擊谷納斬之"이다.]

141 包汝楫, 『南中紀聞』, 2쪽.

142 『黔南識略』 권27, 8쪽 상.

143 田汝成, 『炎徼紀聞』 권3, 33쪽.

144 『黔志』, 3쪽. [저자가 玀玀族을 언급하면서 이인(彝人)을 라라족과 동일시하고 있지만, 『黔志』의 저자인 王士性의 소수민족 언급 방법을 미루어 보건대, 이 둘을 동일하게 생각하는 건 잘못이다. 그가 거론한 宋家, 채가(蔡家), 仲家, 龍家, 증행용가(曾行龍家), 玀玀, 타아흘로(打牙犵狫), 홍흘로(紅犵狫), 화흘로(花犵狫), 東苗, 西苗, 자강묘(紫薑苗) 속에는 이인(彝人)이 들어있지 않기 때문이다.]

145 운남의 옛날 역사서인 『南詔野史』를 번역한 C. Saison, *Histoire particulière du Nan tchao*(『남조 고유의 역사』), Publication de l'Ecole des Langues Orientales Vivantes : Paris, 1904, 165쪽과 그 이하 참조.

146 "The Historical Origins of the Lolo," *Harvard Jornal of Asiatic Studies*, July, 1938, 104쪽 참조.

147 田汝成, 『炎徼紀聞』 권4, 17쪽에 나오는 "라라본노록이화(玀玀本盧鹿而化)"라는 언급 참조. 또한 C. Sainson이 번역한 『南詔野史』, 165쪽에 기술된 과라(猓玀)에 대한 언급 참조. "과라족은 라라족의 후예인 찬족(爨族)이다. 과라라는 명칭은 라라족을 악의적으로 지칭한 데서 비롯되었다."

148 田汝成, 『炎徼紀聞』 권4, 57쪽. 이 이론은 현재까지 그대로 지속되고 있다. "The Historical Origins of the Lolo," *Harvard Journal of Asiatic Studies*, July, 1938, 106쪽과 116쪽 참조. [저자의 설명과는 달리 『炎徼紀聞』의 해당 부분에는 라라족을 唐代 爨族과 연결시켜 기술한 대목이 등장하지 않는다. 또한 저자가 이용한 판본과는 다르지만, 각주 147)에 등장하는 노록 관련 기사의 쪽수인 17쪽과 만족 관련 부분을 표시한 57쪽 가운데 하나는 그 쪽수가 잘못 표기된 것이다. 『炎徼紀聞』에 등장하는 여러 소수민족에 대한 설명이 매우 간략하기 때문에, 라라족에 대한 설명은 4쪽이 채 되지 않는다.]

149 "The Historical Origins of the Lolo," *Harvard Journal of Asiatic Studies*, July, 1938, 108쪽 참조.

150 본서 84~85쪽 참조.

151 본서 〈지도 7〉과 〈지도 9〉 참조.

152 顧祖禹, 『讀史方輿紀要』 권123, 4876쪽 참조. [해당 원문은 다음과 같다. "水西宣慰司, 在貴陽府西北三百里, 土酋安氏, 世守其地…水西城. 水西巢穴也. 直貴陽府之北, 旁

多大山深箐, 徑路迂廻, 夷恃爲險. 野記云, 夷人所據, 或箐名, 或洞名, 皆因險築壘, 如內地之城郭, 而所屬之地界, 多謂之則溪, 如內地鄉邑. 其號爲則溪者, 凡十有一, 而箐洞之屬, 以累百計, 未易悉數也."]

153 水西 북쪽에 위치했던 이 城의 정확한 지점은 알 수 없다.

154 顧祖禹, 『讀史方輿紀要』권123, 4877쪽 참조. [저자는 이 지역을 이인들의 피신 장소라고 번역했지만, 이 지역을 지키고 보호했다고 번역하는 게 정확하다. 이 부분의 원문은 다음과 같다. "閣鴉洞. 大方西南..落析水自畢節流逕此, 謂之閣鴉江, 流頗盛, 渡江而北, 卽至大放…懸崖絶壁, 下臨巨川, 舟行洞中, 深廣不可測, 登降以梯, 乃得上, 夷人常保此…."]

155 역주 저자는 단지 위에서 언급한 두 城이라고 서술했으며, 이 경우 두 성은 화작성(火灼城)과 대방성(大方城)이지만, 원문에 의하면 왕삼선이 군사작전을 전개한 두 성은 대방성과 바로 뒤에서 언급된 직금성(織金城)이다.

156 顧祖禹, 『讀史方輿紀要』권123, 4876~4877쪽.

157 顧祖禹, 『讀史方輿紀要』권123, 4877쪽. [해당 원문은 다음과 같다. "十萬溪大箐. 水西東境…水回環, 山巒峭拔, 又六十里懸巖絶壁, 無徑可行. 遙望一山甚危峻, 四面皆設屯寨…."]

158 顧祖禹, 『讀史方輿紀要』권123, 4877쪽. [해당 원문은 다음과 같다. "(十萬溪大箐) 其西有莫隴法地屯, 危峰突峙, 四面絶壁. 夷人周爲石垣, 上營木城, 屯後有間道可登."]

159 顧祖禹, 『讀史方輿紀要』권123, 4877쪽. [해당 원문은 다음과 같다. "比喇大箐…崇巖茂林, 四面深阻, 中平廣容數萬人…."]

160 본서 77쪽 참조.

161 『黔南識略』권27, 7쪽 하에는 "홍의 지방은 거주민의 80~90%가 중묘(狆苗)이며, 과이(猓夷)는 10~20%이다"라는 언급이 등장한다. [원문에 의하면 이 상황은 道光 12년(1832)에 해당하는 것으로, 명대의 상황을 그대로 전하기는 다소 무리가 있다.]

162 『滇行紀程』, 5쪽. [해당 원문은 다음과 같다. "苗種…仲家苗多從山口出入. 此山前後左右苗種各別. 又有蔡家苗農家苗, 皆有頭目. 仲苗則屬役于安氏."]

163 苗原, 「古代與近代時期的苗族社會經濟」, 『民族硏究』5기, 1960, 41쪽에 나오는 『大定府志』, 13쪽에서 재인용. [저자는 『大定府志』를 苗原의 논문에서 재인용하면서 정확한 출처를 기입하지 않았다. 묘원의 논문에 등장하는 해당 사료는 道光『大定府志』권14, 「疆土志」(4)이며, 해당 쪽수도 13쪽이 아닌 22쪽 상~하이다. 또한 엄격하게 말하자면 묘족이 아닌 노록부(盧鹿部)에 속한 라라족에 관련된 사항이다. 해당 원문에

는 "…本盧鹿部有黑白二種, 黑者爲貴, 白者爲賤. 自安氏分爲四十八目, 下至罵衣夜所之屬, 多世守, 謂之土目. 俗重正妻, 非正妻之長子, 不承襲, 承襲則有其土地人民, 次子以下仍爲黑種. 凡夷苗役于土目者, 謂之佃戶, 性最戀主. 土目雖虐之至死, 不敢背爲之, 服役巡邏, 賦斂以供其婚喪之費. 歸流後, 土目皆爲齊民, 然呼其佃戶爲百姓, 佃戶猶稱土目爲官家也"라고 기록되어 있다. 따라서 묘족과 이족 사이의 예속 관계가 아닌 소수민족 사이의 예속 관계를 언급한 글이다.]

164 黎平이라는 지명의 등장은 그곳이 수서에서 멀리 떨어져 있다는 점에서 꽤 흥미롭다. 그러나 『徐霞客游記』권2, 165쪽에서는 귀주 남서쪽의 上司 토사가 수서 지역의 수장들에게 여러 종류의 복역을 제공한다(上司土官楊柚, 由長官而加副總, 以水西之役也)고 지적했는데, 이는 안씨의 세력 범위가 매우 멀리까지 미쳤다는 사실을 말해준다.

165 田汝成, 『炎徼紀聞』권4, 57쪽.

166 Feng Han-yi and J. K. Shryock, "The Historical Origins of the Lolo," *Harvard Journal of Asiatic Studies*, July, 1938, 105~106쪽 참조.

167 역주 두목(頭目) : 보통은 흑라라의 首長을 지칭하는 말이다.

168 胡慶鈞, 「明代水西彝族的奴隸制度」, 『歷史研究』 5~6기, 1964, 143~164쪽.

169 『明史』권262, 「列傳150」(傅宗龍傳), 1825쪽 참조. [이 부분은 만력 연간 당시 戶部主事를 역임한 부종룡의 전기(傳記)에 등장하는 언급으로, 만력 5년(1577) 노흠(魯欽)이란 인물이 육광(陸廣)에서 묘족들에게 패배한 후, 둔수책(屯守策)을 상주(上奏)하면서 등장한 언급의 일부이다, 해당 원문에 의하면, 부종룡은 "蜀以屯爲守, 黔則當以守爲屯也. 蓋安酋土地半在水外仡佬龍仲蔡苗諸雜種, 緩急與相助…"라 언급하면서 귀주 일대에 屯兵의 설치를 주장했다.]

170 『南中紀聞』, 3쪽. [해당 원문은 다음과 같다. "安酋國中甚富, 有水銀坑二處, 歲獲銀億萬. 彼中田土, 號黔省上腴. 安邦彦未叛之前, 其洞外田土, 每與漢民互易, 迭相輸租…."]

171 黔西나 普安의 수은광과는 전혀 관련이 없는 것이다. 이 책 〈지도 7〉 참조.

172 『南中紀聞』, 2쪽. 한편 운남성 대량산(大凉山) 일대 라라족에서도 동일한 상황이 발견된다. Feng Han-yi, J. K. Shryock, 1938, 120쪽. "라라족은 항상 한족 지배자들을 공격했으며, 그들 중 상당수를 데려와 노예로 부렸다. 1870년 무렵, 중국 장군인 주달무(周達武, 1813~1895)가 대량산 깊숙이 진격해, 수천 명의 포로를 해방시켰다." [저자는 대량산의 위치를 운남이라고 적었지만, 사천성이 정확하다.]

173 『黔南識略』권27, 8쪽 상~하. [해당 원문은 다음과 같다. "昔爲土目之佃戶則土兵也. 分地而耕, 納租於主者, 是爲公田. 其餘衆苗通力合作, 土目按畝收利者, 屬私田."]

174 顧祖禹, 『讀史方輿紀要』권123, 4877쪽. [해당 원문은 다음과 같다. "白玉洞. 在水西東北, 亦曰白玉巖, 夷酋聚糧處."]

175 胡慶鈞, 1964, 147쪽.

176 『南中紀聞』, 2쪽. [해당 원문은 다음과 같다. "…彼地人又以燕麥爲正糧, 間用禾穀. 燕麥狀如麥, 外皆糠糢, 內有芥子一粒, 色黃可食. 群苗以此爲麵. 每人製一羊皮夾袋, 裝盛數升, 途中遇饑, 輒就山澗調食, 謂之香麵. 燕麥在羅鬼, 徧地有之, 利賴甚多…."]

177 연맥은 분명 서쪽 지역에서 들어왔지만, 서쪽 지역은 여전히 연맥을 거의 재배하지 않았다. 『南中紀聞』의 저자인 포여즙(包汝楫)은 연맥의 이로움과 관련해, 연맥에 대한 한족들의 관심을 보여주는 속담을 다음과 같이 언급했다. 즉 '토사연맥(兎絲燕麥)'이라는 표현이 그것으로, 그 의미는 '귀한 식물로서 그 씨는 약으로 사용되는 토사와 연맥이라는 뜻이며, "이는 사람들이 그 이름을 알고 있지만 한 번도 본적이 없는 반면, 라라족은 오래전부터 연맥을 알고 있었다는 의미이다." [『南中紀聞』에 등장하는 연맥 관련 서술은 '羅鬼國禾米, 佳過中國'이라는 언급으로 시작되기 때문에 오히려 이 지역의 쌀 품질이 매우 우수했다는 사실을 알 수 있다. 해당 원문은 다음과 같다. "羅鬼國禾米, 佳過中國. 彼地人又以燕麥爲正糧, 間用禾谷. 燕麥狀如麥, 外皆糠糢, 內有芥子一粒. 色黃可食, 群苗以此爲麵. 每人製一羊皮夾袋, 裝盛數升, 途中遇饑, 輒就山澗調食, 謂之香麵. 燕麥在羅鬼, 徧地有之, 利賴甚多. 語云, 兎絲燕麥, 徒有其名, 當未嚴羅施舊誌耳."]

178 田汝成, 『炎徼紀聞』권4, 58쪽. [해당 원문은 다음과 같다. "白羅以販茶爲業."]

179 乾隆 『貴州通志』권15, 「物産」, 7쪽 하.

180 徐霞客이 귀주 서쪽 지역을 통해 운남으로 향할 당시, 그는 막 방목을 시키는 가축 떼를 여러 차례 목도했다. 『徐霞客游記』권2, 203, 209, 224쪽 참조.

181 『黔書』권3, 76쪽. [해당 원문은 다음과 같다. "…故多良馬. 上者可數百金, 中亦半之, 其鬻于外者凡馬也. 而其上者蠻人愛之不肯鬻, 亦不頻騎, 惟作戞. 臨陣迺用之. 蠻死則以殉. 水西之馬狀甚美. 前眎鷄鳴, 後瞷犬蹲, 膈闊膊厚腰平背圓. 秣之以苦蕎焉. 啖之以薑鹽焉. 遇暑暍又飲之以虀醬焉. 體卑而力勁質, 小而德全. 登山踰嶺, 逐雷欻雲. 鄙螳螂而소蝘蜓也. 龍髭鳧臆肉…精權奇也…."]

182 주석에 의하면 작알(作戞)은 제사를 지낸다는 의미의 사귀(祀鬼)로 풀이했다. [본문에는 이 단어를 존경하다 혹은 숭배하다라는 의미의 vénérer라는 단어를 사용해

번역했다. 실제로 '알'의 뜻은 예법을 중히 여기고 숭상한다는 의미로서 종교적인 숭배를 나타내는 말이다. 즉 『黔中雜記』, 4쪽 상에 의하면 仲家族의 풍습을 설명하면서, "부모가 죽으면 친척들이 소, 양, 닭, 돼지를 잡아 제사를 지내는 행위를 '작알'이라 한다"라고 기술되어 있다. 그러나 이 설명에서 유독 말이 제외된 점과 아울러 이 내용이 이 지역 사람들이 말을 소중하게 다룬다는 점을 강조한다는 점에서 이 말을 '아낀다'라고 번역했다.]

183 '교(蕎)'라는 단어는 불어의 접시꽃에 해당한다. 또한 교맥(蕎麥)이란 메밀을 의미하지만, 고교(苦蕎)란 단어는 찾아볼 수 없다.

184 『大淸一統志』권391, 「貴陽府」 참조. 양용갱의 말은 명초 한족들 사이에서 매우 유명했던 것처럼 보인다. 사천 明夏 정권의 수장이 된 명승(明升, 1356~?)은 홍무 4년(1371) 명 왕조에 복속했다. 그가 항복할 때, 그는 약 10마리의 말을 바쳤다. 그 말 중 완전한 백마 한 마리가 바로 양용갱산(養龍坑産)이었는데, 명 조정에서 특별한 주목을 받았다. 시인 송렴(宋濂, 1310~1381)은 「天馬贊」이라는 그의 글에서 이 말을 찬양한 바 있으며, 그 말의 형상을 그리라는 황제의 명령이 떨어졌다. 마지막으로 사람들은 그 말에게 비월봉(飛越峰)이라는 별칭을 지어줬다. [乾隆 『貴州通志』권37, 「藝文」, 6쪽 하~9쪽 상에 등장하는 「天馬贊」의 내용과 『黔書』에 등장하는 내용은 거의 동일하다. 여기서는 乾隆 『貴州通志』의 해당 부분을 적었다. "…洪武四年六月壬寅, 夏國長明升, 以全蜀降. 獻良馬凡十而其一色正白, 乃得之於坑者…賜其名爲飛越峰, 復命御用監直長臣馬晉臣繪其直形藏焉…." 그런데 이 글 뒷부분에 나오는 인용문은 오히려 명승에 관련된 내용에 앞서 등장한다. 그러나 이 문장에 대한 저자의 번역은 정확하지 않다. 또한 일부를 누락한 채 번역했지만, 역자의 능력으로도 정확한 번역이 어려웠다. 해당 원문은 다음과 같다. "…或云羅鬼, 疑即古之鬼方, 其地有養龍坑. 在兩山中, 泓渟奫深, 開闔靈氣, 而蛟龍實藏其下. 當春日始龢, 物情酣嬉, 土人立柳坑畔, 擇牝馬之貞者繫之. 已而雲霧晦冥, 咫尺不能辨色, 類有物蜿蜒, 上與馬接. 蓋龍云, 逮天色開霽, 視馬旁之沙有龍跡者, 則與龍遇…." 아울러 저자는 養龍坑 관련 기사가 『大淸一統志』권391에 등장한다고 기술했지만, 실제 「貴陽府」는 『대청일통지』권500에 나오며, 역자가 참조한 中華書局 刊本의 4쪽 하에 따르면 養龍長官司를 설명하는 대목에서 단지 양용갱이라는 지명만 등장한다.]

185 『明史』권316, 「列傳」(貴州土司), 2225쪽 참조. 아울러 田汝成, 『炎徼紀聞』권3, 33쪽.

186 *Description de l'Empire de Chine*, L.III, 2장, 307쪽. [본서에 설명처럼 저자가

인용한 *Description de l'Empire de Chine* 라는 저서는 '그로지에(Jean-Baptist Grosier)'의 저서가 아니라 뒤 알드(du Halde)의 저서이다. 그로지에의 저서명은 *Histoire générale de la Chine*(『중국사 개관』)이다.]

187 『南中紀聞』, 3쪽. [해당 원문은 다음과 같다. "貴州羅鬼苗, 造馬鞍精巧堅固, 騎坐人馬俱適. 彼國大頭目一鞍, 値價百餘金, 最下亦十餘金…其鞍橇不用鐵, 亦以木爲之…."]

188 그러한 갑옷의 모조품이 북경역사박물관에 소장되어 있다.

189 乾隆『貴州通志』권15, 「物産」, 3쪽 하. [해당 원문은 다음과 같다. "皮韉, 綵繪光澤柔韌耐久."]

190 『黔囊』, 343쪽 하. [해당 원문은 다음과 같다. "貴陽之工, 善攻皮. 以水浸之欲其淨也. 以火烘之欲其堅也. 以木張之欲其平也. 以籀定之欲其正也. 刨之, 剪之, 錐之, 鞣之, 窨之以土定其性也. 礱之以石發其光也. 繪之以采致其飾也."]

191 『黔囊』, 343쪽 하. [저자는 '범천찬구자(凡薦饌具者)'를 '모두 가죽으로 만든 식기'라고 번역했지만, '薦'자를 가죽으로 번역하는 게 얼른 내키지 않았다. 여기서는 '식기와 깔개를 모두 갖추도록 한다'라는 뉘앙스로 번역했지만, 상품을 언급하면서 여행 얘기와 식기가 등장하는 것 또한 자연스럽지는 않다. 해당 원문은 다음과 같다. "…擧之則豊也. 爲奩爲匣爲盤爲杅爲椀爲琖…其最佳者爲皮葫蘆. 擧不盈斤, 陳則滿席. 凡薦饌具者, 無不備旅行取便焉…."]

192 愛必達, 『黔南識略』권24, 7쪽 하.

193 田汝成, 『炎徼紀聞』권4, 57쪽.

194 包汝楫, 『南中紀聞』, 2쪽. [이 부분의 원문은 "羅鬼服飾, 其椎髻向腦, 紮以青帕, 下穿大褲, 上衣齊腰. 外 罩氈衫, 衫掛背羊皮一方. 雖土司宣慰, 冠服見中國上司. 其袍服後亦掛羊皮, 出則仍卸冠服"이다. 본문에서는 '청파(青帕)'를 검은 띠로 번역했지만 푸른 띠가 맞다. 특히 맨 마지막 부분은 "중국 관리들의 복장을 한 土司조차도, 겉에 모전을 걸친다"라고 번역하고 있지만, 좀 더 정확하게는 "土司의 宣慰가 (정식) 복장(冠服)을 갖추고 중국 상사를 알현할 때조차도, 겉옷을 입은 후, 그 위에 양피를 걸치며, 외출시에는 冠服(정식복장)을 벗는다"라고 해야 할 것이다.]

195 본서 185쪽 참조.

196 田汝成, 『炎徼紀聞』권4, 57쪽. [해당 원문은 다음과 같다. "水西羅鬼斷頭棹尾, 言其相應答率然也."]

197 田汝成, 『炎徼紀聞』권4, 57쪽. 이족 문자가 지닌 문학적 중요성에 대해서는 Feng Han-yi, J. K. Shryock, 1938, 104쪽 각주 3) 참조. 그러나 올론느(Cdt. d'Ollone)의 유명한 출간물에 대해 커다란 주의를 기울일 필요는 없는 것처럼

보인다.

198 『黔志』, 3쪽. [해당 원문은 다음과 같다. "彝人法嚴. 遇爲盜者, 綳其手足於高桅之上, 亂箭射而殺之. 彝俗射極巧, 未射其心膂, 不能頃刻死也. 彝性不畏亟死, 惟畏緩死, 故不敢犯盜."]

199 역주 흘료족 : 흘료족을 나타내는 한문은 본서에 사용된 흘료(仡佬)라는 단어와 힐로(犵狫)라는 명칭이 동시에 사용된다. 여기서는 혼동을 피하기 위해 모두 흘료족이라고 표기했지만, 특정 사료에 힐로라고 표기한 경우에는 그대로 힐로라고 표기했음을 밝힌다.

200 田汝成, 『炎徼紀聞』권4, 58쪽.

201 이 명칭은 젊은 여자들의 치아를 하나나 여러 개 뽑는 그들의 독특한 풍속을 암시한다. 송대에 편찬된 『溪蠻叢笑』, 6쪽 하에 이미 그러한 풍속이 언급되어 있다. "흘료족의 처녀가 15~16세가 되면, 위쪽 오른편에 있는 치아를 하나 뽑는다. 이어 둘레가 5촌, 길이가 3촌인 대나무를 주석으로 입혀 (이를 대신해) 넣는다(筒環, 仡佬處女年十五六, 敲去右邊上一齒, 以竹圍五寸長三寸裹錫. 穿之兩耳, 名筒環). 이어 양쪽 귀를 뚫는데, 그것을 통환(筒環)이라 한다." 이러한 관습과 관련된 언급은 다수 존재한다. 『峒溪纖志』, 5쪽에 의하면 이러한 행위는 부모 사망 후 실시하며, 치아 두개를 관에 넣었다(有打牙仡佬者. 父母死, 子婦各折二齒投棺中). 반면 『묘족수고본』에는 이러한 풍습이 젊은 처녀의 결혼과 관련이 있다고 언급되어 있다.

202 『黔記』의 저자는 그의 책 348쪽 하에서 다섯 부류 외에 토흘료(土仡佬)와 피포흘료(披袍仡佬)를 언급했다.

203 역주 『가정도경(嘉靖圖經)』: 명대 조찬(趙贊)이란 인물이 편찬한 『嘉靖貴州圖經新志』를 말한다.

204 華西, 「仡佬族的民族來源和遷徙」, 『民族硏究』6기, 1960, 41쪽에서 재인용.

205 田汝成, 『炎徼紀聞』권4, 58쪽.

206 華西, 1960, 각주 1 참조. [저자의 이런 설명에도 불구하고 사료에는 흘료족(仡佬族), 힐료족(犵獠族), 힐로족(犵狫族) 등의 명칭이 동시에 등장한다. 이 문제에 관한 명확한 연구가 존재하지 않아 실제로 이들 민족이 별개인지 혹은 동일 민족을 달리 표기했는지 여부는 알 수 없다. 다만 번역상 편의를 위해 저자가 설명한 대목에는 저자가 붙인 제목에 따라 흘료족이라고 표기했다.]

207 I. de Beauclair, "The Keh Lao of Kweichow and their History according to

Chinese records," *Studia Serica*, 1946, 13~20쪽 참조.

208 『溪蠻叢笑』에는 여러 단원에 흘료족이 등장하지만, 그 일부 내용은 번역이 쉽지 않다.

209 역주 오계(五溪) : 오계가 의미하는 바는 시대마다 다르다. 後漢~魏晋南北朝 시기에는 호남성 원릉현(沅陵縣) 以西 지역에 살았던 오계만(五溪蠻)의 거주지 일대를 의미했다. 그 명칭은 이 지역으로 흐르는 원수로 흘러들어 오는 웅계(雄溪, 혹은 熊溪), 만계(樠溪, 朗溪), 진계(辰溪), 유계(酉溪), 무계(武溪, 혹은 潕溪, 沅溪)의 다섯 하천에서 유래했다. 후세에 이르러서는 오계의 명칭이 유계(酉溪), 진계(辰溪), 무계(巫溪), 무계(武溪), 원계(沅溪)로 바뀌었다. 좁은 의미로는 현재 호남성 서부의 회화시(懷化市) 일대를 가리킨다.

210 『溪蠻叢笑』, 6쪽 하. [해당 원문은 다음과 같다. "仡佬族自別洞奔來此地居止, 名入地."]

211 『溪蠻叢笑』, 9쪽 상. [해당 원문은 다음과 같다. "仡佬有鳥落平, 言鳥飛不能盡也, 周數十里皆腴田, 凡平地名曰平坦."]

212 『溪蠻叢笑』, 1쪽 하. [해당 원문은 다음과 같다. "辰錦砂最良…砂出萬山之崖爲最, 犵獠以火攻取… 水銀出硃砂, 因火而就. 或謂砂復生水銀, 非也. 名粉紅水銀."]

213 『溪蠻叢笑』, 6쪽 상. [해당 원문은 다음과 같다. "仡佬之富者, 多以白金象鳥獸形爲酒藤, 或爲牛角, 鵝鳩之狀尤多…." 한편 저자는 '주등(酒藤)'을 술잔으로, '우각(牛角)'을 동물 문양이 새겨진 퉁소(chalumeaux thériomorphes)로 각각 번역했다. 그러나 주등의 정확한 의미를 알기는 어렵다. 다만 등나무가 의자 등의 제작에 널리 쓰인다는 점을 감안하면, 술자리에서 사용하는 의자나 탁자 등을 가리킬 가능성이 많다. 아울러 '우각'은 동고(銅鼓)나 호로(葫蘆) 등과 함께 흘료족의 주요 악기 가운데 하나였다.]

214 『溪蠻叢笑』, 8쪽 하. [해당 원문은 다음과 같다. "犵狫之受犒者, 如熟戶之猺, 既納欸聽命, 縱其出入, 省他州縣差人管轄, 或許自推首, 名賣首."]

215 『溪蠻叢笑』, 7쪽 상. [해당 원문은 다음과 같다. "犵狫比猺猫則妄自尊大, 歲時旦望, 或客至皆排衙, 主盟其事者爲隊公, 又其次名左右押衙."]

216 顧祖禹, 『讀史方輿紀要』권121, 4804쪽 참조. [이 흘료장관사는 洪武 5년(1372)에 麻哈長官司로 바뀌었다.]

217 『新元史』권248, 「列傳」(145), 2201쪽.

218 嚴如熤, 『苗防備覽』권9, 「風俗考」(下), 8쪽 하. [해당 원문은 다음과 같다. "明時沿邊, 設二十四營哨, 每哨募播凱數十人. 播爲遵義諸府土民, 凱則大小章人也. 耐勞習險, 跣足行巉巖中, 往來如飛. 稍結恩信, 輒出死力相助. 故自來邊徼有事, 嘗募以爲軍鋒. 明

嘉靖時, 與永保土司同調, 征倭王江涇之役, 大著戰功.” 저자는 영보(永保)를 Yongbao로 번역했지만, 이는 호남성의 영순(永順)과 보정(保靖)을 의미한다.]

219 본서 84쪽 참조.

220 역주 왕강경(王江涇) : 浙江省 가흥현(嘉興縣)에 속한 지역이며, 북쪽으로는 강소성 오강(烏江) 일대에 위치한 성택진(盛澤鎭)과 바로 접해 있다. 송대 이전에 이미 시장이 형성될 정도로 일찍부터 장강 하류의 중요한 市鎭이었으며, 원대 王氏와 江氏 두 巨商이 홍기해 붙여진 이름이다. 비단 산업이 매우 발달한 곳이다.

221 본서 83쪽 각주 280) 참조.

222 『大明一統志』권88, 19쪽 상과 21쪽 상 참조.

223 현재 이 지역에서는 흘료족이 완전히 사라진 것처럼 보인다. 『民族團結』6기, 1960, 37쪽에 실린 소논문에 의하면, 현재 힐로족의 분포는 다음과 같다. 1. 貴州省 : 黔西, 직금(織金), 낭대(郎岱), 진녕(鎭寧), 보안(普安), 大方, 청진(淸鎭), 인회(仁懷), 水城, 준의(遵義), 安順, 평패(平壩) ; 2. 雲南省 : 廣西州, 부녕(富寧), 광남(廣南), 마관(馬關), 文山 ; 3. 廣西省 : 금사(金沙), 홍인(興仁), 융림(隆林) ; 4. 四川省, 그리고 湖南省 서쪽. 1962년 흘료족의 인구가 2만 5천 명이라는 사실을 감안하면, 위에서 열거한 각 지역에 그들의 수효가 그리 많지 않다고 할 수 있다. 또한 이런 관점에서 1911년 클라크(S. R. Clarke)가 제시한 결론을 좀 더 잘 이해할 수 있다. “그러나 흘료족은 현재 거의 소멸되었으며, 그들 대부분은 중가족이나 한족과 결혼했다. 우리가 알고 있는 한, 安順府에 겨우 몇 개의 흘료족 부락이 있지만, 거기에 사는 흘료족은 200~300 가구를 넘지 못한다.” S. R. Clarke, *Among the Tribes of Southwest China*, London, 1911, 13쪽 참조. 흥미롭게도 귀주성의 대다수 흘료족은 서쪽에 자리하고 있는 반면, 『묘족수고본』이나 다른 사료들에 의하면 18세기에는 귀주성 동쪽과 귀양부에 집중적으로 살았다. 그러나 19세기 이종방의 『黔記』, 348쪽 하에 의하면 黔西, 平越, 淸鎭, 威寧 등에 거주했다. [저자가 華西의 논문을 인용해 밝힌 흘료족의 분포 지역 가운데 광서 지역에 속한다고 기술한 金沙, 興仁, 隆林 중 융림만 광서성 관할 지역이다. 金沙는 귀주성 서북부 畢節 동부 지역에 위치한 곳을 말하며 원대 順元路按撫司에 예속되어 있던 타니등처장관사(朶泥等處長官司)가 위치한 지역으로서, 청대 黔西州로 예속되었다. 홍인 역시 명대 四川布政司 관할 普安按撫司에 해당되는 지역으로서, 順治 18년(1661) 普安縣이 설치되어 安順府 관할로 되었다가, 嘉慶 3년(1798) 興義府 관할로

되었다.]

224 徐霞客,『徐霞客游記』권2, 184쪽에 廣順 부근에 있던 화힐로교(華犵狫橋)가 등장한다(…"從水車壩而南去者也. 其下有塢向東北墜者, 則塢中東分之水, 從華犵狫橋而北出者也). 또한 顧祖禹,『讀史方輿紀要』권121, 4775쪽과 4804쪽 참조. 그 부분의 설명에 의하면, 우선, 귀양부 남쪽 30리 지점에 花犵狫河라는 명칭의 하천이 존재하며, 둘째, 麻哈州 부근에 위치한 힐로채(犵狫砦)가 있었고 이곳은 元代 長官司 소재지였다. 본서 〈지도 9〉 참조. [화힐로하는 제번하(濟番河)의 俗名을 말하며, 실제로 사료에는 귀양부 남쪽이 아닌, 서남쪽으로 되어 있다. 한편 힐로채 역시 원래 마협현(麻峽縣)으로 불리는 지역을 마합장관사(麻蛤長官司)로 바꾸면서 그 치소(治所)를 힐로채로 옮겼다.]

225 『廣西通志』권279 참조. 華西, 1960, 42쪽에서 재인용. [華西의 논문은 참조하지 못했지만, 저자가 재인용한『廣西通志』는 同治年刊本이며, 권279는「列傳」(24)에 해당하는 제만(諸蠻)(2) 부분이다. 이 同治年刊本『廣西通志』권279, 10쪽 하부터 시작되는 힐로족(犵狫族)에 대한 설명에 의하면, 그들이 黔中에서 왔다는 서술은 들어 있지만, 雍正 연간에 이주했다는 기록은 등장하지 않는다.]

226 嚴如熤,『苗防備覽』권9,「風俗考」(下), 8쪽 상. [해당 원문은 다음과 같다. 다만 저자는 설명의 편의를 위해 원사료의 차례를 뒤집어서 인용했다. "犵狫各寨, 地高氣寒, 與永綏相似. 秋冬之間, 霧氣漫瀰, 咫尺莫辨…大章…各村在高山界, 所種惟苞穀粟米雜糧…小章煙竹坪茅坪灣水一帶, 頗有稻田…居住多茅屋, 富厚之家, 間用瓦磚…."]

227 嚴如熤,『苗防備覽』권9,「風俗考」(下), 5쪽 하. [이 부분은 저자가 노계(盧溪)와 乾州의 여러 촌채의 명칭을 생략한 채 번역했기 때문에, 중간에 생략 부호를 집어넣었다. 그러나 백수십 개의 촌채라는 언급은 乾州를 포함한 수치임에도 불구하고 번역문에는 건주 부분을 언급하지 않았다. 구체적인 지명의 열거는 내용 전개상 별 의미가 없는 탓에 저자의 번역 부분만 원문을 기재한다. "盧溪犵狫居上五都之大章小章…乾州之下溪口…張姓人極衆, 符姓次之. 其他覃楊射劉各姓, 豈零星…."]

228 嚴如熤,『苗防備覽』권8,「風俗考」(上), 4쪽 하. [해당 원문은 다음과 같다. "乾州呂洞山…雖係生苗…六保犵狫各寨爲隣. 苗雖悍而土人犵狫力足以禦之. 故其患視他處爲少輯焉."]

229 嚴如熤,『苗防備覽』권9,「風俗考」(下), 6쪽 상. [이 문장의 정확한 의미를 알 수 없다. 실제『묘방비람』의 이 부분은 힐로족의 언어를 꽤 자세히 언급하고 있다. 즉 힐로족 가운데 외부 상인들과 장사를 하는 사람들은 객화, 즉 한어를 구사할 줄 안다는 언급

과 함께 힐로족의 다양한 단어를 열거하고 있다. 따라서 저자가 언급한 '일람표'라는 단어는 언어 일람표라 할 수 있다.]

230 嚴如熤, 『苗防備覽』권9, 「風俗考」(下), 7쪽 하. [해당 원문은 다음과 같다. "其人至八九歲, 輒學鳥鎗. 鐵匠皆自傳習, 製造甚精. 鎗子能洞至二十餘丈, 視苗中鳥鎗所及更遠…三岔坪沿邊大寨苗往往不敢與競…."]

231 특히 『苗風圖錄』과 『苗蠻風俗圖志』참조. [피포힐로족은 『黔記』(叢書集成初編本) 권3, 22쪽에도 "披袍犵狫在黃平州, 男女衣外披一袍…性純謹, 勤耕作, 多傭鐵工"이라는 언급이 등장한다.]

232 嚴如熤, 『苗防備覽』권9, 「風俗考」(下), 6쪽 상과 8쪽 상. [해당 원문은 다음과 같다. "犵狫生計苟簡, 得鹽魚以爲珍珠. 担土物至浦市者, 必易數斤歸…."]

233 『溪蠻叢笑』, 6쪽 하와 7쪽 상. [해당 원문은 다음과 같다. "犵狫以鬼禁所居不着地. 雖酋長之富, 屋宇之多, 亦皆去地數尺, 以巨木排比, 如省民羊柵. 葉覆屋者, 名曰羊樓."]

234 본서 287쪽, 각주 201) 참조.

235 嚴如熤, 『苗防備覽』권9, 「風俗考」(下), 8쪽 하. [해당 원문은 다음과 같다. "…所祀神有楊公廟者, 在烟竹坪. 水旱疾必禱禜, 苗亦必虔祀其廟. 延土巫打木筊, 以決吉凶."]

236 華西, 「布依族的東源及其古代社會經濟的發展」, 『民族硏究』4기, 1960, 41쪽에서는 仲家라는 명칭은 元代에 등장했지만, 그것을 확인할 수 있는 어떤 증거도 존재하지 않는다고 언급했다.

237 『黔志』, 2쪽. [『黔志』해당 부분에는 중가족뿐 아니라, 여러 소수민족이 동시에 등장하며, 그 거주 지역도 정확하게 기술되어 있지 않다. 적어도 다양한 소수민족을 거론하고 그 사는 지역과 풍습을 가장 자세하게 소개한 사료는 李宗昉의 『黔記』이다.]

238 『大明一統志』권88, 19쪽 상.

239 田汝成, 『炎徼紀聞』권4, 58~59쪽.

240 乾隆 『貴州通志』권7, 「地理」, 12쪽 하에서는 중가족을 보룡중가(補龍仲家), 잡룡중가(卡龍仲家), 青仲家의 세 그룹으로 나누었다.

241 *Mission lyonnaise,* t.I, 364쪽에서는 중가족을 夷人으로 지칭해서 서술하고 있다.

242 『黔書』권1, 15쪽에 의하면, 貴陽, 都匀, 鎭寧, 普安 지역 중가족이 존재했다. 한편 顧祖禹, 『讀史方輿紀要』권121, 4807쪽과 4834쪽의 설명에 따르면, 각각 獨山과 思南에도 존재했다. 또한 『黔志』, 351쪽 하에는 그들이 淸江 지역에도 살았다고 언급되어 있다. 마지막으로 『黔南識略』권28, 12쪽과 14쪽에는 北盤江 연변 지역에도 그들이 있었다고 기술되어 있다. 19세기 말엽 상황에 대해

서는 *Mission lyonnaise*, t.I, 365쪽에 위의 설명과 동일한 상황이 되풀이되어 등장한다. "安順, 興義, 都匀, 貴陽에는 의족(依族)이 묘족보다 훨씬 많다. 의족은 遵義, 思南, 石阡, 銅仁 그리고 귀주성 북동쪽을 제외한 전역에 분포한다. 따라서 그들은 귀주성 남쪽과 서쪽에 분포되어 있다." 본서 〈지도 9〉 참조.

243 乾隆『貴州通志』권7,「地理」, 12쪽 하. [해당 원문에는 "仲家, 五代時楚王馬殷, 自邕管遷來"로 적혀 있다. 마은(852~930)은 오대십국시기 南楚를 개국한 인물이다.]

244 본서 74쪽 참조. 언어학적 연구 덕분에 현재 우리들은 동족(僮族), 水家族, 동족(峒族)과 마찬가지로 그들이 태족의 한 부류라는 사실을 알 수 있게 되었다.

245 현재 그들의 인구는 131만 명에 달하며, 모두 귀주성에 거주한다.

246 雍正 2년(1724) 광순부와 옹정 4년(1726) 장채(長寨)에서 전개된 군사 작전 참조(乾隆『귀주통지』권24,「武備」(師旅考), 11쪽 상~하). [1724년의 군사 작전 개시의 직접적인 원인은 중가족이 인신매매에 간여했기 때문이며, 당시 雲貴總督인 고기탁(高其倬)의 주도로 전개되었다. 또한 1726년의 군사 작전은 광순(廣順)과 안순(安順) 일대에 병영을 설치하는 과정에서 아도(阿搗)와 아로(阿捞) 등이 관청에 저항하자 그들을 진압하기 위해 전개되었다. 이 군사 작전 역시 고기탁이 주도했다. 한편 자주 생기는 문제지만, 乾隆『貴州通志』에는 이 기사가 권24,「武備」(師旅考), 15쪽 상~하에 실려 있다.]

247 『黔書』권1, 16쪽. [그러나 실제 원문에는 그들의 용맹성보다는 살인을 즐기는 잔학성을 강조하고 있으며, "蓋黔之患, 未有大於狆家者"라는 글에서 알 수 있듯이, 귀주성의 가장 큰 근심거리라는 사실을 강조하고 있다. 물론 그들의 호전성을 용감하다는 의미로도 해석할 수 있을 것이다.]

248 본서 292쪽, 각주 236)에서 언급한 華西, 1960년 논문 참조.

249 顧祖禹,『讀史方輿紀要』권121, 4795쪽 [해당 원문은 다음과 같다. "巔有兩峰, 峰畔一谷, 甚寬平, 可耕藝. 土氣多燠, 蔬菓四時不乏. 然多煙瘴, 不可居, 惟土著仲家居焉."] 의가(依家)들은 무덥고 공중 진깅에도 해로운 깊은 골짜기에 의도적으로 살았는데, 리옹 사절단의 저자들이 그 이유를 그러한 계곡의 기후와 생산물이 중국 남쪽 지역과 더 유사하기 때문이라고 파악한 사실을 주목할 필요가 있다(*Mission lyonnaise*, t.I, 97쪽).

250 檀萃,『說蠻』, 63쪽 상 참조. 이것과 *Mission lyonnaise*, t.I, 366쪽에 등장하는

중가족 가옥과 촌락에 대한 흥미로운 묘사와의 비교는 자못 흥미롭다. "중가족은 독립된 가구별로 거의 거주하지 않으며, 다소 인구가 많은(20가구에서 100가구 정도) 촌락 단위로 거주하는데, 그들 가족들이 소유한 경작지도 포함된다. 촌락에 200가구 이상이 사는 경우는 거의 없다. 이족(彝族) 촌락에서 일부 주민의 거주지는 흔히 마을을 가로질러 놓인 주요 도로 옆에 건설된다. 다른 사람들은 달리 특별한 방법 없이 공공장소 주변이나 앞뒤에 집을 짓는데, 공공장소에는 종종 나무로 만든 긴 의자, 그리고 사람과 시장의 곡물을 저장하기 위한 초가집 형태의 도피처가 있다. 커다란 장대 위에 꽤 견고하게 앉은 그들의 가옥은 1층과 구석진 골방으로 구성되며, 장대 사이가 서로 떨어져 있는 덕분에 동물들이 오갈 수 있다는 점에서, 중국식 가옥과는 달랐다. 유일하게 마련된 한 층에 방과 부엌이 있다. 돌로 된 계단을 통해 방과 부엌으로 올라간다. 위층은 짚을 섞어 만든 벽토(壁土)나 엮은 대나무로 된 가옥의 칸막이를 나무로 된 골조가 지탱한다. 위층과 아래층은 평평한 바닥으로 분리되어 있다. 지붕은 세로로 잘라 엮은 대나무나 짚, 혹은 비늘 모양으로 배열된 기와를 얹었다… 가옥은 한두 개의 문이나 창문을 뚫어 공기와 빛이 통과하도록 한다. 그러한 출입구들은 밤이 되면 덧문이나 판자로 가렸다가 낮에는 걷어낸다."

251 蕭琯 等纂, 道光『貴陽府志』권3, 2~3쪽에 등장하는 御史 포조영(包祚永)의 언급 참조. 彭澤益編, 『中國近代手工業史資料』권1, 227쪽에서 재인용. [해당 원문은 다음과 같다. "黔省狆苗頗能自食其力, 而漢民惟資楚布, 歲千億萬疋, 兵民窮困, 職此之由…."]

252 『黔南識略』권3, 10쪽 하 ; 권10, 4쪽 상 ; 권27, 12쪽 상 ; 권28, 10쪽 하와 14쪽 상 참조.

253 본서 292쪽 각주 236)에 있는 華西, 1960, 44쪽의 각주 1) 참조.

254 徐霞客, 『徐霞客游記』권2, 167쪽에는 "독산의 토사 휘하에 있는 주민들은 土人, 즉 중가족과 묘족이다"라고 언급하고 있다.

255 무엇보다 누가 한족인지를 판별하기란 어려운 일이다. 소수민족 수장들은 자신이 한족 조상들로부터 탈취한 재산상의 이익을 잘 알고 있었기 때문에, 그들은 주저하지 않고 한족의 족보를 모방하곤 했다.

256 『獨山州志』권3의 내용을 재인용한 華西, 1960, 44쪽 참조. 서하객, 『徐霞客遊記』권2, 162쪽에는 서하객이 이곳을 지날 때 목도한 양씨 일족 상황에 대한 흥미로운 언급이 등장한다. "상하의 두 사(司)는 풍녕사이다. 남쪽 경계에 위치하

는 것을 분리해서 下司로 했으며 南丹과 접한다. 二司는 모두 楊氏 형제지만, 서로 화목하지 않다. 현재 상사는 양유인데, 세력이 강하며 제도를 준수한다. 그는 도로를 닦고 도적을 소탕했다. 하사에는 양국현이 있는데, 그 지역은 혼란스러워 통할하기 어려우며, 백성들이 모두 약탈에 나서 3리 이내 지역이 도둑의 소굴이 아닌 곳이 없다." [『徐霞客遊記』의 해당 원문은 다음과 같다. "上下二司者, 則豊寧司也. 瀕南界者, 分爲下司, 與南丹接壤. 二司豈楊姓兄弟也, 而不相睦. 今上司爲楊柚, 强而有制, 道路開治, 盜賊屛息. 下司爲楊國賢, 地亂不能轄, 民皆剽掠, 三里之內, 靡非賊窟…." 한편 華西의 논문을 직접 확인하지 못해 그가 인용한 『獨山州志』가 어느 시기에 출간되었는지 알 수 없지만, 역자가 확인한 民國 『獨山州志』권3, 「輿置」, 5쪽 상~하에 의하면, 洪武 23년(1390) 이 지역에 처음으로 풍녕장관사(豊寧長官司)를 설치했으며, 洪武 28년(1395)에 豊寧上下長官司를 다시 설치해, 도균위(都勻衛)에 예속시켰다. 洪武 23년 豊寧長官司를 설치할 당시, 양만팔(楊萬八)이란 인물을 풍녕상장관사(豊寧上長官使)에, 양만전(楊萬全)이란 인물을 풍녕하장관사(豊寧下長官使)에 임명했다는 기록으로 미루어, 홍무 28년(1395) 이전에 사실상 두 장관사를 이미 설치했던 것으로 판단된다. 따라서 저자의 언급과는 달리, 중앙 정부로부터 정식 토사로 임명되었다고 판단해야 한다. 이 지역은 永樂 17년(1419)에 布政司 관할로 바뀌었다.]

257 華西, 1960, 44쪽 참조. 그의 서술은 民國 『獨山州志』권3, 「地理志」(建置)에 근거한 것이다.

258 華西, 1960, 44쪽.

259 華西, 1960, 45~46쪽.

260 『黔遊記』, 358쪽 상.

261 사실상 명대 이후 휘주(徽州) 출신 상인들은 중국 전역에서 상업 활동을 했다. 그들은 죽음을 맞이할 때서야 비로소 자신이 태어난 省에 있는 으리으리한 저택으로 되돌아갔다. 1957년 출간된 고고학 발굴보고서인 『徽州明代住宅』 참조.

262 貝青喬, 『苗俗記』, 73쪽 하. 여기서 사용된 '藥'이란 단어는 '毒'의 의미로 사용되었다. 이어 저자는 다음과 같이 덧붙였다. "이 독의 제소 방법은 비밀이나. '후(齁)'라고 불린 광서 출신의 毒母가 여러 약재를 잘 배합해야 효능이 발휘된다." 아울러 『黔書』권4, 95쪽 참조. [『黔書』에도 "蠱毒之害, 多中於人不及知, 知而療之, 猶有瘳也"라고 기록되어 있다.]

263 특히 『黔記』, 350쪽 하 참조.

264 乾隆『貴州通志』권24, 「武備」(師旅考), 11쪽 상.

265 『黔南識略』권27, 13쪽 상 참조. [본문에는 'Xingren'지역으로 표기됐지만, 실제는 Xingyi(興義)이다. 해당 원문은 "地産棉花, 婦女勤工作, 紡車之聲, 絡繹於午夜月明…"이다. 그러나 이 글 바로 전에는 가경 2년(1797) 묘족들의 반란 이후 원래 그 지역에 살던 묘족과 한족의 수효는 감소한 반면, 客民들이 증가하고 있다는 언급으로 미뤄, 이 상황이 전적으로 묘족, 특히 중가족과 관련되는 서술인지는 분명하지 않다.]

266 華西, 1960, 48쪽에 재인용된 『永寧府志』 참조. [『永寧府志』로 표기됐지만, 실제는 『永寧州志』이며, 道光年刊本을 말한다.]

267 『黔遊記』, 358쪽 하 참조. [해당 원문은 다음과 같다. "諸苗中仲家最惡而險, 通漢語知漢書."]

268 『說蠻』, 63쪽 상. 여기서 내가 학자(académicien)로 번역한 사신(詞臣)이란 단어는 한림원에서 충원된 관료로서 주로 황제 칙령과 같은 행정 문서를 작성하는 일을 담당했다.

269 이러한 사실은 曲六乙, 『中國少數民族戲劇』, 作家出版社, 북경, 1964, 160~161쪽을 근거로 했다. 이 연구에 의하면 그 연극은 오늘날에도 여전히 존재하며 상연된 작품들을 중국 연극에서도 차용한다.

270 『黔書』권1, 15쪽. [해당 원문은 다음과 같다. "於孟春跳月, 用綵巾編爲小圓毬如瓜, 謂之花毬. 視歡者擲之, 在室犇而不禁, 乃絶之. 以姿色定聘, 貲多至牛三五十頭…." 저자는 소 '35마리'로 번역했다.]

271 『黔書』권1, 16쪽. [해당 원문은 다음과 같다. "葬則屠牛, 召親友以大甕貯酒, 執牛角遍飮…葬用棺以傘覆其上, 期年而火之, 不上冢…."]

272 『楚洞志略』, 1쪽.

273 『峒溪纖志』, 57쪽 상에는 요족을 다시 총 14개의 하위 그룹으로 구분하고 있다. 즉 천축(天竺), 해수(咳首), 초요(僬僥), 파종(跛踵), 천흉(穿胸), 담이(儋耳), 구지(狗軹), 방척(旁脊), 비두(飛頭), 착치(鑿齒), 비음(鼻飮), 화면(花面), 백삼(白衫), 적곤(赤裩)이 그것이다. 이 가운데 비음족은 코로 물을 마시는 이상한 풍속을 가지고 있었다는 사실을 암시해 주는데, 이러한 풍속은 송대에 등장한다. 『溪蠻叢笑』, 8쪽 상 참조. 한편 화면이란 명칭은 요족 가운데 문신을 새기는 종족을 암시한다. 田汝成, 『炎徼紀聞』권4, 61쪽에서는 "여성들이 얼굴에 꽃, 메뚜기, 나비 등의 문신을 한다"고 언급했다(婦人黥面爲花卉蜻蛚蝴蝶之狀). [저자가 제시한 이 자료에 등장하는 "犵狫飮不以口而以鼻, 名曰鼻飮"이라는 언급

으로 미뤄 볼 때, 아마도 이러한 풍속이 요족뿐 아니라 이 일대 일부 소수민족들 사이에 꽤 광범위하게 자리 잡고 있었다는 사실을 암시한다. 나아가 이러한 구분이 다양한 종족을 의미하는 명칭일 가능성 외에도, 그들의 다양한 풍속을 의미하는 명칭이라는 사실도 암시해 준다.]

274 范成大, 『桂海虞衡志』, 45쪽에는 다음과 같이 기록되어 있다. "그들이 사는 지역은 광서 북부지역과 접해 있다. 현재 계림(桂林) 관할인 정강현(靜江縣)의 興安과 義寧, 隆州의 隆水와 회원현(懷遠縣) 일대에도 모두 존재한다(猺本五溪槃瓠之後. 其壤接廣右者, 靜江之興安義寧古縣, 隆州之融水懷遠縣界, 皆有之)."

275 田汝成, 『炎徼紀聞』, 61쪽.

276 『黔記』, 349쪽 상. 이러한 사실은 乾隆 『貴州通志』권7, 「地理」, 24쪽 상에도 등장한다. [『黔記』에는 다음과 같이 기술되어 있다. "猺人, 黔舊無之. 雍正時, 自廣西遷來淸平貴定獨山等處, 居無定址. 喜傍溪澗, 以樹皮爲連筒, 灌水至家, 懶於汲也. 耕作之暇, 入山採藥, 沿寨行醫, 所祀之神, 名曰槃發…." 『叢書集成』본을 인용한 이 글의 '라어급야(懶於汲也)'는 '뢰어급야(賴於汲也)'라고 보는 것이 타당하다.]

277 『南中紀聞』, 23쪽("黔楚間大山中, 人跡罕到, 往往爲猺人所居, 採食山毛…"). 상당수 저자들이 이 사실을 인정하고 있다. 귀주와 호남성 접경 지역에 요족이 살고 있다는 사실은 『묘족수고본』에도 등장한다. 리용사절단 보고서의 저자들이 *Mission lyonnaise*, t.1, 363쪽에서 정반대의 사실을 지적한 점도 상당히 흥미롭다. 거기에는 다음과 같이 서술되어 있다. "쇼터(Schotter) 神父의 언급에 의하면, 광서성의 요족들은 종종 자신의 옛 고향인 興義府를 찾아가 가족들에 대한 기억을 떠올리기도 했으며, 또한 약초나 송대부터 명 왕조 창립자인 홍무제 시기에 광서와 운남으로 추방된 그들 조상이 묻었다고 전해 내려오는 은을 찾는다." 본서 〈지도 9〉 참조.

278 『黔記』, 349쪽 상.

279 田汝成, 『炎徼紀聞』권4, 61쪽. [해당 원문은 다음과 같다. "採木竹爲屋, 綢繆而不斷繩樞篳竇, 覆以箐茅…."]

280 『黔記』, 349쪽 상 참조.

281 『峒溪纖志』, 60쪽 상 참조. [해당 원문은 다음과 같다. 일단 그들의 잠자리를 설명한 대목은 "骨浪, 猺獠睡無床褥. 冬夜以三叉木支闊板, 然火炙背, 板焦則易, 名曰骨浪. 然處以瓦屋, 居之溫室, 則病而不安"이며, 그릇을 만드는 주된 재료로 대나무를 사용한다는 설명은 "竹釜, 猺人截大竹筒以當鐺鼎. 食物熟而竹不然, 亦異製也"라 했다.]

282 嚴如熤, 『苗防備覽』권9, 「風俗考」(下), 11쪽 상.

283 田汝成, 『炎徼紀聞』권4, 61쪽. [저자는 '채식산모(採食山毛)'라는 구절의 출처를 『炎徼紀聞』으로 표기했지만, 앞 각주 277)에서 확인할 수 있듯이, 이 말은 『南中紀聞』에 등장한다. 다만 『염요기문』에서도 식량이 부족하면 '산벌엽수(山伐獵獸)'한다는 표현으로 미뤄, 저자의 지적대로 산악 지역 자체가 요족은 물론 소수민족의 중요한 생계유지 수단이었다는 점은 분명하다. 다만 여기서 저자는 '모'라는 단어를 글자대로 '털(poil)'로 번역하고 있는 탓에 분명한 의미를 파악하기가 어렵다. 아마도 여기서 등장하는 '毛'는 풀이란 의미를 가진 '芼', 혹은 산짐승을 뜻하며 산에서 먹을거리를 찾았던 정황을 설명한다고 보는 게 타당하다.]

284 田汝成, 『炎徼紀聞』권4, 61쪽. [해당 원문은 다음과 같다. "山田脊埆, 十歲五饑, 急則嘯突漢界…."]

285 田汝成, 『炎徼紀聞』권4, 61쪽. [엄밀히 말하자면 해당 원문에 닭은 등장하지 않는다.]

286 田汝成, 『炎徼紀聞』권4, 61쪽.

287 嚴如熤, 『苗防備覽』권9, 「風俗考」(下), 11쪽 하. [해당 원문은 다음과 같다. "猺民入市, 惟將畜牛馬豕鷄犬之屬, 售以獲利. 口不二價, 不立契券, 以圓斜削兩頭而中分之, 曰木口, 各藏半以爲信…."]

288 H. 슈튜벨(Stubel)은 자신의 논문, "The Yao of the Province of Kuangtung," *Monumenta Serica*, 1938, 364쪽에서 그가 1936년 답사한 광동성 소주부(韶州府) 남동부 옹원현(翁源縣)에 위치한 청운산(靑雲山) 지역의 요족과 관련해 흥미롭게도 이 내용과 비슷한 사실을 언급하고 있다. "농산물 외에도, 요족은 자신들에게 필요한 많은 다른 물건들을 생산하지 못한다. 그들은 실을 잣거나 옷감을 짜지 않으며 도자기를 굽거나 금속관련 수공업도 하지 않는다. 그들은 목공예도 거의 하지 않는다. 따라서 그들은 사실상 자신들에게 필요한 모든 것들을 한족 상인들에게 의존한다. 그들은 예를 들어 두부처럼 자신들이 생산하지 않는 식료품도 한족 상인들로부터 구매한다. 두부는 차를 주고 그 대신 얻어온다. 그러나 다른 물건을 사기 위해서는 금전이 반드시 필요하다. 일단 나무나 그 밖의 약초, 버섯, 양초 제조에 사용되는 기름을 추출하는 상록관목 잎과 같은 임산물을 팔아 돈을 마련한다. 돈을 버는 두 번째 수단은 밧줄을 파는 일이다. 꿀과 백랍 판매를 통해서도 다소간의 돈을 마련한다. 가장 중요한 세 번째 수입원은 한족 시장으로 나무를 운반하는 일이다."

289 마단임(馬端臨)의 책을 번역한 에르베 생드니의 권2, 34~35쪽에는 요족들은 어떻게 자신들의 토지를 탈취당했는지를 보여주는 매우 흥미로운 자료가 등장한다. "한화(漢化)된 만족들은 중국인들에게 한 뼘도 팔지 못하는 땅을 소유하고 있다. 이러한 만족들이 경작할 수 있는 토지를 소유하고 있다는 점이 무엇보다 흥미롭다. 최근 한화되지 않은 만족(蠻族)이 우리 성(省)을 침략해 약탈하고 있지만, 그들과 맞서 그들의 행위를 저지할 수 있는 방어체제가 갖춰져 있지 않다면, 그 잘못은 자신의 의무를 다하지 않은 채, 매매에서 생기는 작은 이익을 노려 토지를 빈번히 판매하는 중국 당국 때문이다. 한화된 요족에게 더 이상 토지가 남아 있지 않아 그들 토지에서 더 이상 식량을 생산하지 못할 경우, 중국인들은 한화되지 않은 요족에게 가 안내자 역할을 자임하면서, 요족이 중국인 영토를 침략하도록 해 약탈하게 만든다."

290 『嶺外代答』권6, 「器用門」(蠻刀). [해당 원문은 다음과 같다. "猺人刀及黎刀略, 相類皆短刃…."]

291 田汝成, 『炎徼紀聞』권4, 61쪽. [해당 원문은 다음과 같다. "兒始生坪之, 以鐵如其重, 漬以毒水. 及長鍛而爲刀, 終身用之."]

292 독수에 쇠를 담그는 이유는 아마도 금속을 산화시킬 수 있는 일종의 산(酸)을 이용해 좀 더 유연하도록 만들기 위한 것이다. 중국 소수민족들 사이에 등장하는 이러한 기술은 이미 『溪蠻叢笑』, 2쪽 하의 「水秀鐵」이라는 항목에 등장한다. 이 책의 설명에 의하면 "가장 좋은 품질의 철은 수십 년 동안 물에 담근 것으로서, 그것을 수수(水秀)라 부른다"라고 했다.

293 이 풍습은 송대 이래 요족을 언급하는 사료에 항상 등장한다. 鄺露, 『赤雅』권1, 6쪽 하와 田汝成, 『炎徼紀聞』권4, 60쪽 참조.

294 鄺露, 『赤雅』에 그 사실이 등장한다.

295 田汝成, 『炎徼紀聞』권4, 61쪽.

296 **역주** 반호(槃瓠) : 제곡(帝嚳)을 도와 견융(犬戎)의 수장인 오장군(吳將軍)을 무찔렀다는 전설상의 인물이다. 남쪽 지역의 소수민족을 지칭하는 데 사용되기도 한다.

297 田汝成, 『炎徼紀聞』권4, 61쪽.

298 『楚洞志略』, 1쪽에 의하면, 요족은 한족과 크게 다르지 않아, 매년 과거에 응시한다고 기술하고 있다("民猺則與漢人無異, 每歲科試").

299 『黔記』, 339쪽. "그들이 소장하고 있는 책을 방전(旁甎)이라 하는데, 원형에

전문(篆文)을 새겼다. 그 문자의 뜻은 알 수 없지만, 그것을 진귀하게 생각해 잘 보관한다("…所藏之書, 名曰旁甎, 圓印篆文, 義不可解, 且珍祕之…"). 리옹사절단 보고서의 저자들도 그들의 책 *Mission lyonnaise*, t.1, 363쪽에서 "요족들은 여러 형태로 된 그들 고유의 고대 문자를 보존하고 있는데, 그것들은 중국 고대 문자에서 기원한 것이다"라고 기술했다. 올론느(Cdt. d'Ollone)도 그의 저서 *Ecriture des peuples non chinois de la Chine*(『비한족의 문자』), Paris, 1912, 270쪽에서 다음과 같은 사실을 언급한 바 있다. "요족은 문자와 서책을 지닌 민족이라는 사실을 염두에 둬야 한다. 나는 그들의 문자와 서적이 유럽에 보존되어 있다고는 생각하지 않는다. 나는 통킹의 요족들 집에서 그것을 보았다. 그 책들은 요족 문자와 한족 문자가 서로 번갈아 가면서 한 줄씩 쓰여 있었다. 한문은 본래 문자가 지닌 뜻을 지닌 게 아닌, 요족 단어의 발음을 나타낸다."

300 鄺露, 『赤雅』권1, 15쪽 상.

301 顧祖禹, 『讀史方輿紀要』권122, 4822쪽. [해당 원문은 다음과 같다. "府西南二百里, 古生苗地. 明朝永樂五年治司, 授土酋韋方魁…地多狪人, 獷悍難治. 正統中狪人叛亂, 後稍平…."]

302 鄺露, 『赤雅』권1, 15쪽 상.

303 『黔書』권1, 18쪽 ; 『峒溪纖志』, 55쪽 하 ; 『黔記』, 349쪽 참조. [『峒溪纖志』에는 다음과 같이 기록되어 있다. "…在石阡郎溪二司者, 多類漢人. 在永從者, 居常負固. 在洪州者, 地頗膏腴, 然不事耕作…." 아울러 역자의 확인으로는 동일한 내용이 『黔書』(叢書集成本) 권1, 18쪽에도 등장한다.]

304 『黔書』권1, 18쪽. [특히 천주(天柱)와 금병(錦屛)의 동인(峒人)들이 면화를 많이 재배했다는 기록은 『黔書』의 해당 부분에 언급되어 있지 않다. 따라서 아마도 다른 자료에 근거해서 이 점을 언급한 것으로 추측된다. 다만 해당 부분에는 石阡府에 있던 石阡司와 思南府 관할 낭계사(郎溪司)에 사는 동족들은 한족과 매우 유사하다는 언급으로 미뤄 볼 때, 그들이 면화를 재배했을 가능성은 존재한다.]

305 『峒溪纖志』, 58쪽 상. [실제 원문에는 저자의 이 설명이 '강알(講歹)'과 '타유(剁諭)'라는 두 항목으로 각각 나뉘어 있으며, 저자가 이를 한데 묶어 설명하고 있다. 일단 해당 원문은 "講歹, 峒苗讐殺之後, 漢官爲之講歹. 兩造各積草爲籌, 每講一事擧一籌. 理詘者棄其籌, 籌多者勝, 負者以牛馬歸勝者. 則彼此殺人, 亦較其人數多寡, 而以牛馬賠償之, 紛乃解. 剁諭, 講歹之時, 兩造苗民, 各距兩山之上, 而立牛於其中. 講旣明矣, 一苗持刃從牛頸下, 屠牛易如委土. 於是兩山之苗, 呼噪而集, 各割牛肉一塊, 歸而祭祖…"이다. 다만 저

자는 특히 '도우역여위토(屠牛易如委土)' 부분을 번역하지 않은 채 넘어갔는데, 아마도 이는 도살된 소가 땅에 널브러져 있는 형상을 말한다. 전체적으로 원문의 내용과 저자의 번역 사이에 다소 차이가 있다고 판단해, 해당 원문을 위주로 번역했다.]

306 『說蠻』, 64쪽 상.

제 3 장

한족의 경제적 정착

Un exemple
d'Acculturation
chinoise

La Province du
Guizhou au XVIIIe siècle

> 객민을 몰아내, 우리의 옛땅을 되찾자逐客民, 復古土
>
> \- 묘족 구호-[1]

우리들은 먼저 18세기 초기 중국의 전체적인 정황과 귀주 지역의 인구 상황을 언급한 뒤, 농업 이식, 광산 개발, 상업 때문에 발생한 여러 문제를 고찰할 예정이다.

1 18세기 초엽의 중국 상황

널리 알려진 것처럼, 17세기가 끝날 무렵 남명왕조가 사라졌으며, 그 추종 세력도 거의 완전하게 진압되었다. 복건성에 자신의 영지를 가지고 있던 경정충(耿精忠, 1644~1682)이 강희 15년(1676)에 항복했다. 강희 16년(1677)에는 광동의 상지신(尙之信, 1636~1680)이 항복했으며, 같은 해 손연령孫延齡이 살해되어 광서성이 만주족 휘하에 들어갔다. 오삼계의 손자만이 유일하게 저항세력으로 남아 있었지만,[2] 이듬해 그는 사천성을 포기했으며, 운남과 귀주성을 상실한 뒤 강희 20년(1681) 자결했다. 이렇게 해 중국인들이 보통 〈삼번三藩의 난亂〉

이라고 부르는 청조 이탈자들의 반란이 종식되었다. 강희 22년(1683)에는 마지막으로 대만이 청 제국에 복속되었다.

18세기 초엽과 마찬가지로 17세기의 마지막 수년간도 청 왕조의 내실을 다진 시기였다. 청 정부는 유랑민에게 버려진 땅을 나눠준 한편, 세금 징수 제도의 쇄신과 개선을 단행했다. 그러나 이 시기의 주요한 양상은 인구가 상당한 정도로 증가했다는 사실인데, 그러한 인구 증가는 이후 약간 그 속도가 늦춰지긴 했지만, 향후 2세기 동안 지속되었다.

인구 문제를 자세히 연구한 허핑티(Ho Ping-ti, 1917~2012)에 의하면[3] 중국 전체 인구 수치는 다음과 같이 증가했다. 14세기 말엽에는 6천5백만 명이었으며, 만력 28년(1600)을 약간 지난 시기에 이르러 명대 최고 수치에 해당하는 1억 5천만 명이 되었다. 건륭 6년(1741)에는 1억 4천 3백 4십 1만 559명이었는데, 이는 명에서 청으로의 왕조 교체를 수반한 내란으로 인구가 감소한 때문이었다. 이어 건륭 27년(1762)에는 약 2억 명, 건륭 59년(1794)에는 약 3억 1천만 명, 도광 30년(1850)에는 4억 2천 9백만 명 정도였다. 나이강羅爾綱에 의하면[4] 건륭 6년~건륭 59년(1741~1794)의 53년 동안, 연年 인구 증가는 천 명당 14.85명이었던 반면, 건륭 59년~도광 30년(1794~1850)에는 인구 천 명당 5.66명의 증가에 그쳤다. 이러한 수치를 통해 당시 인구 증가폭이 얼마나 컸는지를 짐작할 수 있으며, 이러한 인구 증가의 원인을 규명해야 할 필요가 있지만, 모든 분야에서 인구 증가의 여파를 감지할 수 있다.

아마도 가장 중요한 그 첫 번째 결과는 이전 시기 인구가 많았던 지역에서 경작에 사용하지 않았던 토지들이 차츰 감소하기 시작했으며, 지속적인 토지 수요 증가로 한 치의 땅이라도 더 넓히려 했다는 점이다. 전한승全漢昇과 왕업건王業鍵의 연구에 의하면,[5] 강희 24년

(1685) 중국 전역에서 등재된 경작 면적은 정부 소유의 관전官田과 군인들이 경작하는 둔전屯田을 포함해 634만 경頃이었다. 옹정 2년(1724)에는 683만 경이었으며, 관전과 둔전을 합치면 800만 경에 달했다. 다시 위 두 저자들의 연구에 의하면, 건륭 연간 중엽 현재 만주 지역에 해당하는 동북 지역을 제외한 중국 전역에서 경작에 적당한 토지의 개간은 이미 한계에 달했다.[6]

인구 증가의 두번 째 결과는 이미 바닥이 난 전통 중국의 자원을 보충하기 위한 새로운 자원의 보고寶庫를 찾아야 할 필요성이 등장했다는 점이다. 특히 숲이 그러한 경우에 해당된다. 인구 조밀 지역의 숲은 완전히 사라졌으며, 숲이 그렇게 사라진 만큼 좀 더 먼 지역에 보존된 숲을 찾아 나서야만 했는데, 특히 서남 지역이 그런 지역에 해당되었다. 광물도 동일했다. 18세기에 제기된 가장 중요한 문제는 동전 주조에 사용되는 구리의 공급이었다. 청초 일본에서 구리를 구매했지만, 일본이 중국의 수요를 더 이상 충족시키지 못하게 된 강희 54년(1715) 이후, 중국은 구리 공급처를 다른 곳에서 찾아야만 했다. 강희 61년(1722) 중대한 위기가 발생하자 구리 광산이 발견된 베트남에서 구리를 공급받으려 궁리했다. 그러나 결국 운남성의 구리 매장이 풍부하다는 사실이 밝혀짐에 따라, 구리의 수요가 운남성으로 집중되었다. 건륭 3년(1738) 운남성은 동전 주조에 필요한 모든 금속을 생산하는 데 성공했다.[7] 우리는 당시 구리뿐 아니라 주석朱錫과 같은 다른 광물을 개발했던 이 지역의 경제적 중요성을 상상할 수 있을 것이다.

서남 지역에 대한 관심은 이 지역 일대 여러 성省에 국한되지 않았다. 운남 상인들뿐 아니라, 북경 궁정에서도 버마(현재 미얀마)에 대한 관심이 고조되었다. 운남성 극서極西 지역의 등월청騰越廳[8]과 버마 영역에 있는 버모우(Bhamo)[9]는 상업이 전개된 두 중심 지역이었다.

중국 사료와 여타 다른 사료들은 모두 두 나라 사이의 교역이 상당했다는 사실을 말해 주고 있다. 버마 측 연대기年代記를 통해, 18세기 중엽 300~400마리의 소와 2천 여 마리의 말이 이끄는 상당 규모의 대상隊商들이 중국의 비단과 기타 생산물을 버마로 실어 날랐음을 알 수 있다.[10] 끝으로 단체를 결성한 중국인들이 그곳에서 광산을 개발했으며, 건륭 15년(1750) 무렵에는 상당수 식민개척자들이 마오 룽(Mao lung, 보드윈Bawdwin)의 은광에서 일했다.[11]

널리 알려진 것처럼 건륭 32년(1767)과 건륭 34년(1769)[12] 두 차례에 걸쳐 건륭제가 이 지역에서 군사작전을 전개한 이유 때문에, 우리의 연구 대상 시기인 18세기에도 여전히 버마에 대한 중국의 관심이 확대되었다. 따라서 서남 지역으로 가는 길목의 통제가 무엇보다 중요했는데, 이 경우 귀주 지역이 지닌 사통팔달四通八達의 지리적 위치 때문에 귀주성에 대한 행정 당국의 관심이 상당히 고조되었다. 결국 이 지역을 체계적으로 〈식민화〉해서 제국 전체의 일부, 다시 말해 전통적인 성省의 하나로 만드는 것이 필수불가결하게 되었다.

2 인구 상황

귀주성의 인구 문제를 분석하는 일은 특히 용이하지 않은 것처럼 보인다. 첫째, 다른 중국의 성省처럼, 통계 분석 문제에 직면하게 되는데, 이는 널리 알려진 것처럼 인구 자체에 대한 파악보다는 재정적 목적 때문에 인구 조사를 실시한 탓이다. 이러한 점은 인구 조사 방법이 세금 부과 방식에 맞춰 시행되었다는 사실을 말해 준다. 따라서 우리들은 중국 사료에서 일련의 인구 수치를 확인할 수 있지만, 인구를 지칭하는 단위는 시대마다 달랐다는 사실을 알 수 있다. 어떤 경우 인구 수치는 가구戶를 의미하기도 하고, 어떤 경우에 전체 인구戶口, 또 다른 경우엔 세금을 납부하는 사람들의 수효人丁를 나타내기도 한다. 또한 장기간의 시간을 염두에 두고 인구 수치를 비교하면 그 불확실성이 더욱 크다. 둘째, 일련의 연속적인 자료 속에 들어 있는 수치조차도 해석상의 어려움이 존재한다. 재정상의 목적 때문에 인구를 파악한 탓에, 이른바 세금 탈루로 인한 인구 수치의 왜곡이 불가피했다. 등재된 인구 수치의 증가량은 실제 증가량보다 항상 적었다. 바로 이런 이유 때문에 강희제와 건륭제는 인구 조사와 조세 징수를 서로 분리시키려 했다. 그러한 시도의 목적은 인구 수치를 정확하게 파악해 상평창常平倉에서 필요한 곡물량을 좀 더 명확하게 예측하기 위해서였다. 그러나 우리가 알고 있는 것처럼, 하부 행정 단위는 이러한 문제에 대한 인식이 부족했던 탓에, 그러한 시도는 본래의 목적을 달성하지 못했다.

끝으로, 귀주성 인구 자료 자체가 지닌 또 다른 종류의 어려움이 존재한다. 영락 14년(1416)에 비로소 성省으로 편입된 귀주성은[13] 그 이후 여러 세기 동안 관할 부府와 주·현州·縣의 수효 증가나 감소를 경험했기 때문에, 인구 조사를 실시하는 과정에서 실제 인구를 과장하거나 은근슬쩍 축소해 버리는 경우가 있었다. 준의부遵義府와 그 관할 주·현을 옹정 5년(1727) 귀주성 관할로 전환시킨 예가 그러한 경우에 해당한다. 따라서 이 편입을 계기로 옹정 5년(1727) 당시 귀주성 전체 인구가 30,884호로 증가했다.[14]

18세기 귀주성 인구 연구의 또 다른 어려움은 겨우 일부 인구만을 파악할 수 있는 비한족 주민이 당시에도 여전히 꽤 넓은 지역에 살았다는 점이다. 명·청 시기 모두 이러한 비한족 주민들은 원시적인 방법을 통해 세금을 징수한 지역 토사들에게 사실상 예속되어 있었으며, 두 왕조의 인구 등재 규칙에 제한을 받지 않았다. 이른바 개토귀류 정책의 실시로 한족 관할로 편입된 주민들의 경우, 새로운 행정 체계가 정착되기까지는 항상 상당한 시간이 걸렸기 때문에, 18세기에 이르러서도 그들을 등재시킨 예가 극히 드물었다. 한족의 인구 등재 문제도 언급할 필요가 있는데, 이주한 지 얼마 되지 않았기 때문에, 그들에 대한 행정 상황 역시 매우 불분명했다.

이처럼 다양한 인구 등재의 누락 원인을 염두에 두고, 사료에서 이용할 수 있는 인구 수치를 통해 내릴 수 있는 결론을 살펴보기로 하자.

우리가 확인할 수 있는 최초의 인구 조사는 명대에 실시되었다. 더 이상의 자세한 언급은 없지만, 『명사』에는 홍무 26년(1393), 홍치弘治 4년(1491), 만력 6년(1578)의 인구 수치가 등장한다.[15] 저자의 서문이 가정嘉靖 36년(1557)으로 기록된 『황여고皇輿考』[16]의 인구 수치가 위 세 시기에 이은 네 번째 연속된 수치라 할 수 있으며, 그 수치를 홍치 4년(1491)과 만력 6년(1578) 사이에 넣을 수 있다. 따라서 이 두 자료에 근거해 다음과 같은 〈표 3-1〉을 만들 수 있다.

〈표 3-1〉 14세기~16세기 운남성, 귀주성, 광서성의 인구

	운남		귀주		광서	
연도	호戶	인구	호	인구	호	인구
1393	59,577	259,270			211,263	1,482,671
1491	15,950	125,955	43,367	258,693	459,640	1,676,274
『황여고』(1557)	133,958	1,433,110	148,957	512,289	186,090	1,054,767
1578	135,560	1,467,692	43,405	290,972	218,712	1,186,179

귀주성의 홍무 26년(1393)의 인구 수치가 없는 이유는 당연히 당시 귀주성이 아직 존재하지 않았기 때문이다. 이웃하는 두 성에 비해 향후 인구 조사에서도 귀주성의 인구 수치가 그리 많지 않았던 이유는 우선 귀주성의 면적이 운남이나 광서에 비해 넓지 않으며, 명대 인구 유입이 인구 증가에 상당한 역할을 한 운남이나 광서보다 등재 인구의 대부분을 차지한 한족의 비율이 그리 많지 않았기 때문이다.[17]

거의 1세기 동안의 공백이 지난 후,[18] 우리는 순치 18년~건륭 48년(1661~1783) 사이의 새로운 일련의 인구 수치를 이용할 수 있는데, 그 근거 자료는 세금 단위인 인정수人丁數이다.[19]

〈표 3-2〉의 1661년(순치 18년), 1685년(강희 24년), 1724년(옹정 2년)의 상당히 적은 인정수는, 명·청 두 왕조의 교체와 그에 따른 전쟁 때문에 발생한 전반적인 인구 감소 추세를 반영한다 하더라도, 수정할 필요가 있다. 〈표 3-2〉에 등장하는 수치는 납세 연령에 해당하는 사람들의 수효가 아닌, 실제로 세금을 납부한 사람의 수효인 것처럼 보인다. 그러므로 귀주성을 통해 그러한 사실을 확인한다면, 납세 연령에 해당되는 인구 수치와 실제 납세 인구 수치 사이의 차이는 상당할 것이다.[20]

건륭 14년(1749) 이후, 인구 수치가 매우 증가하고 있음을 알 수 있는데, 그러한 인구 증가도 여러 의미를 담고 있지만 18세기 초엽부터 시작된 전반적인 인구 증가 경향과 일치하고 있다는 사실을 보여준다.

우리가 알고 싶은 사실은 어떻게 인구가 증가했을까 하는 점이다. 그러한 인구 증가 가운데 외부로부터의 인구 유입과 귀주성의 출생 증가는 얼마나 차지하고 있으며, 귀주성 내부에서 비한족과 한족 인구 비율은 얼마나 변화했을까? 가장 빨리 증가한 것은 외부로부터의

〈표 3-2〉 순치 18년(1661)~건륭 48년(1783) 귀주성 · 운남성 · 광서성의 인정수人丁數

조사 연도	중국 전체 인정수	귀주성	운남성	광서성
순치 18년(1661)	21,068,609	13,839	117,582	115,722
강희 24년(1685)	23,411,448	13,697	158,557	179,454
옹정 2년(1724)	25,284,818	21,388	145,240	202,711
건륭 14년(1749)	177,495,039	3,075,111	1,946,173	3,687,725
건륭 18년(1753)[21]	102,750,000	1,418,848	1,003,058	1,975,619
건륭 22년(1757)	190,348,328	3,335,579	2,014,483	3,850,136
건륭 27년(1762)	200,473,275	3,411,148	2,088,746	3,972,653
건륭 32년(1767)	209,839,546	3,441,656	2,148,597	4,706,176
건륭 36년(1771)	214,600,356	3,458,005	2,207,650	4,794,493
건륭 41년(1776)	268,238,181	5,003,177	3,102,948	5,381,984
건륭 45년(1780)	277,554,431	5,081,157	3,201,206	5,749,997
건륭 48년(1783)	284,033,755	5,110,764	3,294,147	6,034,003

인구 유입일까 혹은 이곳의 출생자들일까? 이러한 일련의 문제는 매우 미묘해 정확한 답을 얻을 수 없다.

이미 우리가 언급한 것처럼, 중국 사료들은 일반적으로 비한족 인구 수치를 기록하지 않았다. 일부 자료를 통해서만 비한족의 인구 상황을 알 수 있을 뿐이다. 건륭 『귀주통지』권11, 「식화食貨」의 〈호구戶口〉조에는 징세단위인 17세기 후반의 인정수가 158,290명으로 기록되어 있으며, 그중 전체 인정수의 56%에 해당하는 90,721명이 비한족이었다.[22]

귀주성 일부 지역의 경우, 다음 〈표 3-3〉처럼 정확한 인정수의 제시가 가능하다.

〈표 3-3〉 귀주성 일부 지역의 인정수人丁數

부府	전체 인정수	소수민족 인정수
귀양貴陽	48,988	32,904
안순安順	25,045	11,185
도균都匀	13,788	11,424
진원鎭遠	6,555	6,555
동인銅仁	2,475	344
여평黎平	28,309	28,309

덧붙여 말하자면, 〈표 3-3〉에 등장하는 수치는 실제 인구 조사 대상보다 훨씬 적은 인구 구성만을 보여주는데, 그 이유는 인구 조사에 사용된 방법이 균일하지 않았기 때문이다. 따라서 우리는 귀주성 인구와 관련해 다음 세 상황에 직면해 있다는 사실을 알 수 있다. 우선 최상의 경우로서 호수戶數와 인정수를 동시에 등재했으며, 그 수치를 통해 한족과 비한족의 구성 비율을 정확히 알 수 있는 상황이다. 둘째, 호수와 인정수가 항상 기재되어 있으며, 인정수에는 한족과 비한족이 모두 포함되어 있는 상황이다. 마지막으로는 인정수가 한족을 가리키는지 비한족을 가리키는지 알 수 없는 상황으로서, 특히 대정부大定府가 그러한 경우에 해당되지만, 이곳은 18세기 당시 비한족이 분명 우세한 지역이었을 것이다.[23]

따라서 18세기 비한족의 실질적인 구성 비율은 56%보다 훨씬 많았다고 생각할 수 있다.[24] 도광 30년~함풍 10년(1850~1860) 묘족의 대규모 반란이 가혹하게 진압된 후인 19세기 후반에야 한족과 비한족 구성 비율의 역전이 이루어졌다.[25]

한족 인구의 증가와 관련된 여러 사실을 보건대, 그 원인 가운데 하나는 인구 이동이었다는 점을 말해준다. 둔전민屯田民과 그 가족들의 정착 외에도, 예를 들어 운남성처럼 귀주성에서도 계획된 이주가 전혀 없었다고는 할 수 없을 것이다. 그러나 명대 이래 자발적인 인구 유입이 존재했다. 그처럼 자발적인 유입 가운데 대표적인 예가 기근으로 생활 터전을 잃은 인접 지역 출신의 유민들이었다. 건륭 『귀주통지』에는 기근이 발생할 때마다 먹을 것을 찾아 사남思南, 석천石阡, 무천婺川 일대로 도망온 사천 지역 농민들이 언급되어 있다.[26] 규모가 좀 더 작은 이동도 존재했다. 뒤에서 다시 거론할 예정이지만, 작은 촌락에 거의 예외 없이 존재한 상인들이 그러한 경우에 해당한다. 17세기 무렵에 시행된 이주 권장에 따라 이동한 농민들 역시 그 경우에 해당된다. 『검남식략黔南識略』에 다음과 같은 언급이 등장하는 이유는 바로 그러한 맥락이다.

> "청 왕조가 귀주성을 설치한 후, 보안普安에서 흥의興義에 이르는 지역은 토지는 넓지만 인구는 희박한 지역으로 남아 있었다. 이 지역의 토목土目과 대성大姓들은 소작인을 불러들여 토지를 경작했으며… 운남과 사천의 실업자와 가난한 사람들이 아내와 자식을 거느린 채, (이곳으로) 오는 자들이 끊임없이 이어졌다."[27]

그러나 이러한 인구 유입이야말로 18세기 내내 계속된 강제적인 토지 점유의 서막이라는 사실도 주목해야 한다.

양적인 측면에서는 그리 중요하지 않지만, 문화적 차원에서는 매우 중요한 또 다른 측면의 이주는 바로 승려들의 이주이다. 명말 서하객이 만난 모든 승려들은 다른 성省 출신자들이었다. 그들은 산악 지역을 차지한 다음, 사원을 짓고 도교와 불교를 귀주성에 전파했는데, 당시까지만 하더라도 귀주성은 그러한 주요 종교와는 다소 거리가 멀었다.[28]

우리는 귀주성으로 유입된 인구가 얼마나 많은지, 그리고 그들의 원래 고향이 어딘지를 정확하게 알려주는 자료를 발견하지 못했다. 물론 인구 유입자의 대다수는 이웃 성省에서 왔다. 유입자들 가운데 호남성 동부 지역, 사천 북부, 운남 서부, 양광兩廣(광동성과 광서성) 지역의 남동부 출신자들이 특히 많았다. 다른 지역 출신자들의 경우, 강서성 출신자들이 제일 많았던 것처럼 보인다. 서하객은 이미 명대에 자신이 체류했던 객주집 주인들의 원래 고향이 강서성이었다는 사실을 여러 차례 언급했다.[29] 19세기의 한 저자 역시 귀주성의 한족 가운데 강서성 사람들의 방식대로 거성去聲을 발음하는 사람들이 제일 많았다는 사실을 언급한 바 있다.[30] 다른 한편, 복건성이나 섬서성 출신 이민자들도 확인된다. 이러한 외부 지역 출신자들은 자신들의 출신지별로 그룹을 만들어 조직을 형성했다. 『검남식략』에 의하면 18세기에 위녕威寧 지역에 만들어진 강남, 호광, 강서, 복건, 섬서, 운남, 사천 출신 이민자들의 조직이 각각 그들의 우두머리를 선출했다.[31] 이제 우리들은 당시 사람들이 객민客民이라 불렀던 그들 이주민이 귀주성에 경제적으로 어떻게 뿌리를 내렸는지를 살펴봐야 한다.

3 한족 농법의 도입

한족이 농업을 영위하면서 그 지역에 뿌리를 내린 데는 여러 형태가 있다. 맨 처음 형태로는 새로운 땅을 개간하거나 재개간하는 것이다. 두 번째는 그러한 개간과 재개간의 시행과 함께, 특히 옹정 연간 이후부터 시작된 묘족 경작지의 몰수 정책이다.

『청조문헌통고淸朝文獻通考』에 게재된 일부 수치를 통해 그러한 과정이 꽤 광범위하게 진행되었음을 알 수 있다.[32] 『청조문헌통고』에 등장하는 수치는 순치 16년(1659), 강희 24년(1685), 옹정 2년(1724), 건륭 18년(1753), 건륭 31년(1766)의 민전民田, 즉 일반인들의 사유지를 경頃(100무)으로 표시한 것이다. 참고로 이웃 운남성과 광서성의 해당 시기 수치를 함께 보면 다음과 같다.

〈표 3-4〉 옹정~건륭 연간 귀주성 · 운남성 · 광서성의 경작 면적(단위 : 頃)

연도	귀주	운남	광서
순치 16년(1659)	10,743	52,115	53,938
강희 24년(1685)	9,597	64,817	78,024
옹정 2년(1724)	12,290	64,114	79,532
건륭 18년(1753)	25,691	69,499	87,400
건륭 31년(1766)	26,730	83,363	99,752

민전이란 용어의 실상이 정확히 무엇이든지 간에, 어쨌든 그것은 행정 당국에 보고된 토지 면적이며, 그렇게 보고된 토지 면적(이 보

고된 토지 면적은 실제 경작 면적보다 분명히 적었을 뿐 아니라, 상당량의 경작면적은 어쩔 수 없이 등재되지 않은 채로 있었다)은 최소한 1세기 만에 두 배 이상 증가했다. 귀주성의 토지 면적 증가와 비교적 그 증가가 완만했던 운남과 귀주성과의 비교도 매우 의미 있는 일이다.

그러한 토지 면적 증가를 각 단계별로 자세히 분석하기에 앞서, 보통 수전水田을 의미하는 전田과 관개가 닿지 않는 땅을 의미하는 지地의 명확한 차이를 분명히 해 둘 필요가 있다. 이 두 용어의 차이는 다른 지역에서도 존재하지만, 이미 우리가 살펴본 것처럼,[33] 수전이 저지대와 돌리네(dolines, 움푹 꺼진 땅), 다시 말해 산악 지역 주변의 석회석 토질보다 토지가 좀 더 비옥한 지역에서 주로 형성되어 있던 귀주성에서는 전田과 지地의 차이가 좀 더 특별한 의미를 지닌다. 관개가 불가능한 산악 지역의 경작지에 대한 일부 자료를 우리가 이용할 수 있지만, 그러한 자료에서 확인되는 대다수 정보는 돌리네에 형성된 수전과 관련된 것으로서, 그러한 수전이야말로 한족들의 탐욕을 불러 온 토지였다.[34]

묘족 토지의 몰수와 개간開墾

묘족과 한족의 갈등은 18세기 즈음에야 비로소 시작되었다. 명말 북중국 일대를 휩쓸었던 생계 위기가 남쪽 지역에서는 좀 더 늦게 시작된 대신, 더 오래 지속되었다. 이른바 남명南明 정권이라 불리는 시기를 특징짓는 그러한 위기들은 이미 우리가 살펴본 바와 같이, 급속한 인구 하락과 그에 따른 광대한 넓이의 예전 경작지가 다시 황폐화하는 특징을 지닌 좀 더 심각한 위기 발생의 징조였다. 〈표 3-4〉를 통해, 강희 24년(1685) 토지 면적은 순치 16년(1659) 면적보다 훨씬 더 감소했다는 사실을 쉽게 확인할 수 있다. 강희 35년(1696) 귀주성을 담당하기 위해 이곳에 왔던 한 관리는 "양책糧冊(세금으로 납부할 곡식의 양을 적어놓은 책)을 조사한 후, 예전에는 경작지였지만 자신의 부임 당시 황폐화된 채로 남아 있는 귀주성의 황전荒田이 4/10에 달한다"는 사실을 알게 되었다.[35] 얼른 보기에 이러한 수치는 과장된 것이라고 할 수 있지만, 건륭『귀주통지』에 등장하는 등재된 황무지를 모두 합한다면, 17세기 말엽 시기에도 이 수치와 거의 맞먹을 정도의 황전 수치를 확인할 수 있다.[36]

따라서 수십 년 동안 이러한 문제가 다른 성省에서도 동일하게 발생했음을 알 수 있으며, 행정당국의 주요 임무는 농민들을 경작지로 보내 경작을 유도하는 일이었다. 다른 지역과 마찬가지로 귀주성 역시 땅은 많은데 인구가 적은 이른바 지광인희地廣人稀의 상태였다. 그러므로 이주민이 귀주성 출신이든 혹은 이웃 성 출신이든 간에, 그들 유랑민들을 그들이 본래 있었던 지역에 묶어두려 했다.[37] 유랑민들을 그처럼 한 곳으로 정착시키기 위해 당시 정부는 다양한 정책을 시행했다. 유랑민들이 정착하겠다고 하면, 해당 유민들에 대한 세금 징수가 6년 동안 면제되었다. 6년 이후 부과된 세금양도 그리 많지 않았으며, 정착에 따른 초기 투자 비용도 분할 상환할 수 있었다.[38]

옹정 연간에 이르러 이러한 정책이 완전히 뒤바뀌게 된다. 즉 둔전屯田 정책이 실시된 시기가 바로 옹정 연간이었다. 명대 귀주성에는 군둔軍屯이 설치되었으며, 한족이 경작하는 토지 대부분은 군둔과 유사한 경작지에 속하는 땅이었지만, 그러한 토지는 명 왕조 멸망 이전부터 사실상 사라져버렸다.[39] 이처럼 군둔과 유사한 토지들이 옹정 연간에 불쑥 재등장하기 시작했다. 당시 행정 당국은 소수민족에 대한 군사 작전을 전개한 후 그러한 토지들을 따로 관리했는데, 그러한 작전에는 두말할 필요 없이 군사적인 의도가 내재되어 있었다.

군사 작전 이후 몰수한 토지들은 그 지역의 정복에 성공한 병사들에게 다시 지급되었다. 그러한 병사들은 지급받은 토지를 경작했으며, 이렇게 해 국가는 유지비용을 지나치게 들이지 않고도 기득권을 가질 수 있었다. 옹정 2년~옹정 13년(1724~1735), 광서와 호남으로 흐르는 하천들 부근의 두 성省의 접경 지역에 위치한 곳으로, 남동 지역의 중요한 장벽 역할을 한 고주古州 지역은 이런 과정을 통해 평화가 정착되었다.

바로 이 고주 지방에 한족 병사들이 어떻게 정착했는지를 정확하게 보여주는 사료가 존재한다. 물론 해당 사료의 설명은 생산성이 상대적으로 높은 수전에 그치고 있다.[40] 당시 지방 관리는 둔군屯軍한 호당戶當, 상전上田 6무나 중전中田 8무, 혹은 하전下田 10무의 토지를 지급해야 한다고 주장했다.[41] 이외에도 처음 경작을 시작할 때에는 둔군에게 씨앗과 논을 가는 데 필요한 소를 지급해야 한다고 말했다. 고주 한 곳에만 이런 둔호屯戶가 2,800호가 있었다.[42] 약간 북쪽에 위치한 태공台拱에는 둔호 1,789호가 12개 보堡로 조직되어 있었으며, 둔호屯戶에게 지급한 토지가 모두 12,455무였다.[43]

그러한 둔호들의 정착에 뒤이어 한족 농민들의 정착이 점진적으로 이루어져야 한다는 것이 당시 여러 관료들의 생각이었다. 일부 관리들은 "일단 토지를 몰수한다 해도, 그 토지를 바로 일반인들에게 지급해서는 안 된다. 다만 병사들이 일정 기간 머물러 있는 덕에, 그 지역을 확고하게 장악하게 된다면, 해당 토지를 민간인에게 나눠주는 것이 가능하다"라고 언급했다.[44]

말하자면 17세기 말엽까지도 여전히 여유가 있던 양질의 모든 토지를 차지했을 당시, 이웃 성에서 계속 몰려들었던 한족들은 묘족이 이미 점령하고 있던 토지를 차지하려 애썼다. 한족들은 병사들이 미리 몰수한 토지를 차지하기도 했으며, 어떤 경우에는 원래 소유자들을 몰아내기 위해 좀 더 교묘한 수단을 사용하기도 했다.

대부분의 경우, 화폐경제가 그들에게 가져다 준 일종의 유리함을 이용할 수 있었던 상인들이 시장이나 자신의 거주 지역에서 외상으로 팔거나 이자를 받고 돈을 빌려 주는 형태였다. 『묘방비람』에 등장하는 매우 흥미로운 한 구절에 의하면, 당시 이용된 다양한 형태의 경제 장악 과정들이 존재했다.[45]

> "묘족들 사이에는 항상 객장客賬과 영장營賬이라는 두 말썽거리가 존재하며, 그 피해 또한 크다. 영장은 신병汛兵[46]들이 행하는 것이며, 객장은 대부분 형양衡陽,(호남성), 보경寶慶(호남성), 강서 출신 객민들의 시장 거주자들이 행하는 것이다. 그들은 동전 800개를 한 괘挂로 삼고, 한 괘에 월 5전錢의 이자를 붙인다. 3개월이 지나서 빚을 갚지 못하면, 해당 이자를 원금으로 간주한다. 한 해에 네 번씩 이렇게 하면 이자가 원금을 상회한다."[47]

『묘방비람』은 계속해서 다음과 같이 말한다.

> "포곡苞穀(옥수수)이나 잡량이 잘 익으면, 그러한 곡물로 (해당) 이자의 상환을 약속하거나, 그러한 곡물이 없는 경우 채무액에 해당하는 토지를 내놓으라는 독촉을 받는다. 또한 방신곡放新穀과 방화곡放貨穀 등과 같은 관행이 존재한다. 방신곡은 춘궁기春窮期에 약간의 돈을 빌려주는 대신, 추수를 해서 (원금보다 약간 많게) 곡식으로 상환하는 것이며, 방화곡은 외상으로 면포와 소금 등의 일용품을 사고, 추수를 하면 역시 곡물로 상환하는 것을 의미한다. 채무자는 반드시 부유한 묘족에게 보증을 서 달라고 의뢰해야 한다. 만일 채무자가 너무 가난해서 상환할 수 없을 경우, 보증인이 대신 상환해야 한다."

"이런 이유 때문에 묘족들 가운데 빚을 진 사람은 반드시 상환해야 하며, 풍년이 들어도 쌀동이에 종종 곡식 한 톨 남아 있지 않다. 과거에 진 빚을 아직 상환하지 못했는데, 다시 새로운 부채가 생기니, 고리대금으로 (생기는) 수탈은 이미 오래된 관행이 된 반면, 경작지는 모두 남의 손아귀(한족)로 들어간다. (이런 이유 때문에) 간묘奸苗 석류둔石柳地 등이 '객민을 몰아내고 묘지苗地를 탈환해야 한다'고 외치자, 많은 묘족 촌채들이 그의 (호소에) 응하고 있다."48

흥미롭게도 일부 한족 관리들은 이러한 종류의 사취에서 비롯되는 위험성을 잘 알고 있었다. 위에서 우리가 번역한 해당 사료는 바로 그런 생각을 지닌 관료 가운데 한 사람이 서술했으며, 그는 이와 유사한 과정이 불러올 수 있는 끔찍한 결과에 대한 주의를 환기시킨다. 반면 일부 다른 사람들은 다음과 같은 체제를 부분적으로 정당화시키기도 했다.

"일부 상주上奏에 의하면, 묘채苗寨에서 발생하는 많은 소요가 비록 객민들이 토지를 탈취하는 데서 비롯된다 하더라도, 객민들도 묘족 지역에 정착하는 데 오랜 세월이 걸린다. 객민들이 점유하고 있는 토지는 돈을 주고 구매하거나, 물건을 주고 맞바꾼 것이다. 그러므로 묘비苗匪들이 저지른 불법 (행위) 때문에, 이들 객민들이 완전히 실업상태로 있으며, 또한 불리한 정황에 있다."49

그러나 조금 뒤에서 『묘방비람』의 저자인 엄여익은 장차 묘족이 한족 상인들에게 물건을 구입한 후, 그 대가를 토지로 지불하지 않도록 해야 한다는 점에 동의했다.

우리는 뒤에서 이처럼 대대적인 재산 탈취가 어떻게 반란을 유발했는지를 살펴볼 예정이다.[50] 여기서는 다만 그러한 약탈이 가져온 사회적 파장을 언급하려 한다. 토지 소유 분쟁으로 항상 묘족과 한족은 서로 대립했으며, 행정 당국은 어느 토지를 묘족에게, 그리고 어느 토지를 한족에게 되돌려줘야 하는지를 결정하기에 앞서, 제반 사항을 조사하기 위해 현장에 관원을 파견해야만 했다. 적어도 이러한 문제가 매우 격렬하게 제기된 귀주와 호남의 동부 지역에서는, 명대 건설된 성벽의 잔재들이 대체로 소유자의 경계를 표시하는 데 사용되었다.[51] 대다수 묘족들이 살았던 성벽 서쪽이 그들의 소유지였으며, 묘족이 소수였던 동쪽에서는 묘족들이 한족의 전호佃戶였다.[52] 다른 지역의 경우 토지 소유의 경계는 훨씬 더 복잡했다. 귀양 남쪽 지역에서, 묘족 전호들로 구성된 두 촌락이 한족 촌락 가운데 자리 잡고 있는 광경을 서하객이 목도한 이유도 거기에 있다.[53] 심지어 일용 노동을 하는 묘족을 언급한 경우도 있는데, "그들은 일손이 필요한 봄에 산에서 무리를 지어 내려와 한족 집에 머문다. 모심기가 끝나면, 그들은 자신들의 원래 촌락으로 돌아간다."[54]

그러므로 약 1세기 정도의 기간에 꽤 명백한 변화가 발생했다. 우선, 이전까지는 버려진 땅에 유랑민이 정착하고, 그러한 지역에 한족들이 점점 더 많이 와서, 여전히 주인이 없는 토지를 거의 모두 점령하게 되었다는 점이다. 둘째, 정치적인 고려 때문에 이전의 둔전 체제를 부활시킬 수밖에 없었다는 사실이다. 마지막으로 묘족으로부터 몰수한 토지 대부분을 한족 농민이 차지했으며, 이와 동시에 일부 상인들은 꽤 넓은 영지를 획득하고 이전의 묘족들이 그러한 토지의 전호가 되었다는 점이다. 초기에는 땅은 넓고 인구가 적은 지역이었지만, 18세기 말엽이 되면 여러 상황들이 완전히 뒤바뀌었다. 즉 토지는 단지 일반인들의 식량을 해결하기 위한 수단이나 세금을 받아낼 수 있는 수단이 아니라, 돈을 벌 수 있는 수단이었다. 그에 대한 증거를 18세기에 기록된 한 사료를 통해 확인할 수 있다.

"일정 시간이 지나면 가옥은 퇴락한다. 오래되면 옷도 낡게 된다. 오직 토지만이 백년, 천년이 흘러도 여전히 그대로 남아 있다…토지는 재해로 피해를 보지 않는다. 토지는 도둑들을 두려워하지 않으며, 토지를 보호하기 위해 필요한 것은 전혀 없다."[55]

"만일 6백~7백무의 좋은 땅上田을 사면, 그 토지에서 나오는 수익으로 10년 만에 그 면적을 두 배로 늘릴 수 있으며, 20년 후나 30년 후에도 동일한 결과를 얻을 수 있다."[56]

귀주성의 토지는 단지 토지제도 자체의 극적인 변화뿐 아니라, 주요한 경작 기술의 변화에도 영향을 받았다.

경작 기술의 진보와 새로운 작물의 도입

농업 기술은 서서히 개선되기 때문에, 기술 진보가 이루어진 후 그 발전 단계를 시간적으로 정확히 구분하는 건 종종 어려운 일이다. 예를 들어 상당히 중요한 농업 기술인 관개 기술을 누가 언제 귀주성에 도입했는지 정확하게 말할 수 없다. 당대唐代에 도작稻作을 했다는 기록을 확인할 수 있지만, 그 당시 관개 기술이 동원되었는지의 여부는 불분명하다.[57] 명대에 이르러 묘족이 관개기술을 이용했다고 전해진다.[58] 중요한 사실은 관개기술이 귀주성 일대 계곡과 저지대에 한족들이 지속적으로 정착하기 시작한 이후부터 상당히 폭넓게 이용되었다는 점이다. 18세기 말엽, 『검남식략』의 저자는 각 현縣에 관한 설명의 일부분을 관개기술에 할애하고 있으며, 지역마다 달리 시행된 관개기술을 자세히 언급하고 있다. 예를 들어 그가 귀양부貴陽府 주변 지역의 토양에 대해 언급한 것을 들어보기로 하자.[59]

"중국 내지內地와 마찬가지로, 토지田는 상전, 중전, 하전의 세 등급으로 나뉘어져 있는데, 수원으로부터 물이 넘쳐 항상 1년 내내 마르지 않는 토지를 남전濫田이라 하며, 하천 옆에 위치해 있는 덕분에 대나무를 이용해서 바퀴를 만들어 두레박으로 물을 퍼 올릴 수 있는 곳을 수차전水車田이라 하고, 평야 지대에 제방을 쌓아야 물을 저장해서 끌어다 쓸 수 있는 토지를 언전堰田이라 한다. 토지가 저지대의 계곡 사이에 있어 물을 끌어와 관개할 수 있는 토지를 냉수전冷水田이라 하며, 물을 저장하는 연못을 만들었다가 가뭄 때 물을 방출하는 곳을 당전塘田이라 하고, 산에 있는 샘에서 솟는 물이나 우물에서 나오는 물로 관개하는 토지를 정전井田이라 한다. 산이 높아 물이 (항상) 부족한 탓에, 오직 강우에 의지할 수밖에 없는 토지를 건전乾田 혹은 망천전望天田이라 하며, 산등성이에 층계를 만들어 형성된 토지를 제자전梯子田이라 한다."

이처럼 토지를 최대로 이용하려 한 정황은 당시 청 정부가 주도한 농업 정책과 관련이 있다. 지방이나 국가적 차원에서, 기술 관련 지식을 증대시키고 그 실제 사용을 용이하게 하기 위한 여러 노력이 시행되었다. 강희 35년(1696) 『경직도耕織圖』, 건륭 7년(1742) 『수시통고授時通考』, 그리고 건륭 30년(1765) 『면화도棉花圖』와 같은 농업서가 출간되었다.[60] 이와 동시에 지방지 편찬 책임을 맡은 관원들은 지방지에 농업 기술 관련 글을 수록했다. 바로 이런 이유 때문에 귀주성 동쪽에 위치한 석천의 건륭 『석천부지石阡府志』에서는 석천부에서 이용되는 여러 형태의 관개기술을 언급하고 있는 나문사羅文思[61]의 논의를 볼 수 있는데,[62] 이 글은 석천의 토양과 수질을 언급하고 있다. 나문사는 이 글에서 특히 그 유명한 수차水車를 언급하고 있는데, 급하게 흘러내리는 물이 산간 격류 중간 지점에 설치된 이 수차를 회전시켰다. 그러한 수차를 설치하기 위해, 6척이 되는 단단한 목재 조각으로 말뚝을 세운 다음, 마치 갈퀴 모양[63]과 같은 방법으로 물속에 잠기도록 했다. 이어 그곳에 수차를 달고, 강 연안에 지지대를 만들어 그것을 고정시켰다. 말뚝이 박혀 있는 그곳은 일종의 병목과 같은 모양이 만들어져, 물이 소용돌이치면서 수차 쪽으로 거세게 흘러가면 수차가 회전한다. 아울러 이 글의 저자는 "만일 하천의 흐름이 느리면, 둑 두 개를 연속적으로 설치해서 생기는 물의 낙차를 이용해 두 개의 수차를 돌릴 수 있다"라고 덧붙였다. 17세기 말엽부터, 귀주성의 수차는 절강성浙江省 출신인 이양년(李良年, 1635~1694)[64]이란 인물의 경탄 대상이었다. 그는 이 기구에 대한 소묘가 들어 있는 시를 통해 귀주성 수차를 칭송한 바 있으며, 그 시에서 그는 인간의 노력을 덜어주는 이 놀랄 만한 도구를, 물이 고여 있는 탓에 자신의 고향에서는 사용할 수 없다는 사실을 불평했다.[65]

한족 관원들은 관개기술에 관심을 가졌을 뿐 아니라, 새로운 경작법의 소개도 진작시켰다. 18세기 그러한 예 가운데 가장 주목할 만한 사실은 두말할 필요 없이 뽕나무와 면화 재배이다. 준의遵義 지역을 부유하게 만든 뽕나무 경작은, 그 사실을 믿을 수 있다면 사천으로[66] 온 이민자로서 건륭 3년(1738) 준의 지부知府로 임명된 산동山東 출신의 한 관리의 주도로 소개되었다. 『검어』에 등장하는 언급을 들어보기로 하자.[67]

"준의에서 야잠野蠶을 길러 소득을 내게 된 건 태수太守 진공陳公이 부임한 이후이다… 그는 산동성 제남부濟南府 동쪽의 역성현歷城縣 출신이다. 건륭 3년(1738), 그는 준의 지부로 임명되었는데, 당시 준의에 매우 많이 자랐던 떡갈나무槲를 땔감으로 사용했다. 그는 바로 이러한 종류의 나무들은[68] 자신의 고향은 물론이고 등주(登州, 현재 蓬萊)와 내양萊陽(등주부 관할) 등에도 존재하며, 누에고치를 양육하는 데 이용할 수 있다는 사실을 알게 되었다. 이후 그는 자신의 고향에서 그 나무의 종자를 구입하고 양잠 기술자를 초치했다. 그러나 기술자가 오는 도중에, 애벌레가 알을 뚫고 나오는 바람에 모든 노력이 수포로 돌아갔다. 건륭 6년(1741), 그는 산동성으로 다시 사람을 보내면서, 적어도 동지冬至 이전에는 돌아오라고 명령했다. 이번에야 비로소 누에고치가 정상적인 상태로 도착해, 이듬해 누에를 사육하게 되었다. 누에가 매우 잘 자라자, 그는 네 명의 잠사蠶師를 촌락에 파견해서 양잠을 가르쳤다. 또한 성城 동쪽 수전패水田壩에 작업장絲織作坊을 만들고, 최상의 직조공들을 불러들여 실 뽑는 기술을 지도했다. 또한 종자와 양잠에 필요한 도구를 나눠주었다. 건륭 8년(1743), 8백만여 개의 누에고치를 얻을 수 있었다. 이후 이곳 사람들은 모두 누에를 길렀다. 대략 100년 만에 준의부는 귀주성 중 가장 부유한 지역 가운데 하나가 되었다. 도광 18년(1838) 청 왕조는 그를 명환名宦으로 분류했으며, 마을사람들은 진공사陳公祠라는 사당을 지어 그를 추모한 지 오래되었다. 매년 봄과 가을에 누에가 잘 자라면, 마을 사람들이 마치 진공이 살아 있는 것처럼 술과 음식(을 놓고), 노래와 춤을 춰, 그가 베푼 은혜를 잊지 않는다."

다른 사료의 기록에 의하면[69] 준의부 북동 지역에 위치한 정안주正安州에도 준의의 양잠 도입 시기와 비슷한 시기에 절강성 가흥현嘉興縣 출신인 서계평徐階平이란 관리가 잠상업을 도입했다는 사실을 알 수 있다. 그는 자신의 고향인 절강성에서 종자를 들여와그 양육 방법을 정안주 사람들에게 가르쳤다. 그의 부인이 이 지역 주민들에게 비단을 짜는 방법을 가르친 덕분에, 이곳 사람들은 비단을 〈서파주徐婆綢〉라 불렀다.

따라서 비단은 여러 곳으로부터 동시에 유입된 것처럼 보인다. 18세기 말엽, 누에 사육은 귀주성 북쪽 전체 지역으로 확대되었으며, 심지어 귀양 남서쪽인 안순에서도 등장했는데, 그곳에서는 준의에서 불러온 잠사蠶師들을 보낸 한족 관원들의 장려로 묘족들 역시 이 새로운 일에 열중했다.[70] 귀주성의 한족처럼 묘족들은 떡갈나무를 보통은 연료로 사용하곤 했다. 그러므로 일차적으로 그러한 나무를 베지 못하도록 금지시켜야 했으며, 이어 마을의 수장들에게 잠상으로 얻을 수 있는 수익이 상당하다는 사실을 설득시켜야만 했다. 마지막으로 양잠의 수확이 매우 많아, 그 누에고치에서 얻은 비단이 품평가들로부터 좋은 평가를 받는 경우에는 중요한 상품이 되었는데, 뒤에서 다시 언급할 것처럼, 귀주성 외부로도 그러한 비단이 팔렸다.[71]

반면 면화는 비단처럼 성공을 거두지는 못했던 것처럼 보인다. 중가족仲家族과 묘족이 귀주성에서 면화를 경작한 반면, 한족은 경작하지 않았다는 사실을 이미 확인한 바 있다. 건륭 23년(1758) 귀주순무貴州巡撫 주인기(周人驥, 1696~1763)는 수입한 면포가 비싸다고 불평하면서, 사천과 호남 지역에서 면화와 마麻의 종자를 사오도록 주민들에게 명령했다. 이어 그는 방직 기술을 가르치도록 하고, 그 결과에 따라 상과 벌을 내렸다.[72] 그러나 그러한 기술 혁신을 통해 결실을 얻지는 못했던 것처럼 보인다. 도광 20년(1840) 당시 귀주순무로 있던 하장령(賀長齡, 1785~1848)도 귀주성은 면화를 많이 경작하지 않으며, 질이 좋지 않은 면포가 안순安順, 흥의興義, 여평黎平의 세 부府와 귀양부 소속 정번定番, 즉 비한족 지역에서 생산된다고 언급했다.[73] 황제에게 올린 상주上奏를 통해, 그는 호남성과 하남성에서 면화 종자를 구입해 각 지역에 나눠주고, 그런 지역 가운데 면화를 심기에 적당한 곳을 골라 일반인들에게 재배법을 가르쳐야 한다고 제안했다. 하장령은 또한 귀양부 귀축현貴筑縣에 전담부서를 설치하고 기술자를 고용해 백성들에게 방직 기술을 가르치도록 했다.

19세기 당시 귀주성 경작지의 상당 부분을 잠식한 아편[74]이 17~18세기에 이미 중요한 역할을 했는지 여부를 알아보는 것도 흥미로운 일이다. 그러나 우리가 참고한 19세기 이전 중국 사료에는 이 문제를 정확하게 알려주는 언급이 전혀 등장하지 않는다.[75]

이미 우리가 언급한 것처럼, 18세기 당시 묘족들의 중요한 식량이 되었다고 할 수 있는 옥수수의 경우,[76] 허핑티의 견해에 의하면 옥수수를 운남에 도입한 비한족들이 귀주성의 토양에 맞도록 개량했다고 볼 수 있다.[77] 수전을 이용한 도작稻作이 불가능한 지역으로 묘족 주민들이 차차 이동하게 되었을 당시, 귀주성에 전파된 옥수수 덕분에 그들이 생존할 수 있었을 뿐 아니라, 심지어 인구가 증가할 수 있었다.

4 광산 개발

광산 개발은 이미 명대부터 시작되었다. 그러한 광산 개발의 일단은 토사가 직접 관할하는 기업이 주도했다. 이족彝族을 다스린 안씨安氏 일가가 진사辰砂 광산을 소유하고 있었다는 사실을 이미 언급한 적이 있다.[78] 『명사』에도 동인부銅仁府의 대만산장관사大萬山長官司가 수은과 주사硃砂 광산을 개발하고 있다는 사실이 기록되어 있다.[79] 다른 사료에도[80] 또한 사남부思南府와 사주思州의 토사들이 광산 개발

문제를 놓고 분쟁이 발생했다는 사실이 등장한다.[81] 다른 한편, 중앙 정부에 세금을 납부하는 대신 상인들이 주도한 개발 형식도 존재했다. 명 왕조의 멸망으로 이러한 개발 방식이 상당히 변화했다.

청대 광업 정책

널리 알려진 것처럼, 청초 황제들은 광산 개발에 거의 호의적이지 않았다. 강희제는 "국가의 제일 임무는 농업에 최대한 관심을 가지는 것"이라고 생각했다.[82] 옹정제 역시 그러한 견해를 가지고 있었다. 옹정 5년(1727) 유지諭旨에서 옹정제는 다음과 같이 말했다.

> "사농공상士農工商을 생각해 보건대, 사士 계층을 제외하면 농민이 가장 중요하다. 공인과 상인은 농민들 덕분에 살아간다. 이런 이유 때문에 농업이 제일 중요하며, 공인과 상인들이 그 뒤를 잇는다. 현재 여러 가지 물건, 의복, 장식품을 세련되게 만들기 위한 경쟁이 전개된다면, 장인匠人의 수효를 늘려야 할 것이다. 그러나 시장에서 장인의 수효를 한 명 늘린다면, 토지에서 일하는 농민 하나를 없애는 결과가 될 것이다. 더구나 어리석은 사람들은 수공업에서 비롯되는 이익이 농업보다 많다고 생각하는 탓에, 수공업에 몰릴 것이다. 생산량은 더 많아질 수 있지만, 제품의 유통은 더 어렵게 될 것이다. 따라서 과다 생산이 발생해 가격이 하락하게 된다. 결국 노동자들이 증가하면 농업에 해를 끼칠 뿐 아니라, 수공업자들에게도 해가 된다."[83]

여기서는 그 내용을 자세히 언급할 수 없지만, 당시 경제 상황에서 비롯된 이러한 의식구조는 광산 개발에서 여실히 확인된다. 일부 광산은 아예 폐쇄시켰으며,[84] 또 일부는 국가가 직접 그 경영을 담당했다. 국가가 경영을 담당한 예는 운남의 동광銅鑛이다.[85] 상인들이 광산을 새로 개발하려고 할 경우, 반드시 당국의 허락을 받아야만 했다. 명 · 청 두 왕조의 교체에 따른 혼란으로 농업 상황이 매우 좋지 않았다는 사실을 환기한다면, 일견 매우 가혹하게 보이는 이러한 정책을 이해할 수 있다. 이외에도 다른 무엇보다 인구가 점차 증가함에 따라 전에는 방치된 토지를 다시 경작지로 개간해야 했기 때문에, 정부가 자신의 입장을 바꿀 수밖에 없었다. 건륭제는 새로운 광산 개발에 호의적이었으며, 18세기 후반부터는 광산 개발이 폭발적으로 증가했다고 말할 수 있다.

국가의 대략적인 광산 정책이 이러했다는 점을 감안한다면, 이제는 18세기 무렵 광산 개발에 대한 귀주성 지방 정부의 태도를 살펴보기로 하겠다. 귀주성은 농업에서 많은 부富를 기대할 수 없었기 때문에, 광산 개발에 따른 여러 문제들은 꽤 특수한 정황에 놓여 있었다. 따라서 새로운 광산 개발이 지방 정부와 그곳 주민들에게 상당한 정도로 기여할 수 있는지의 여부가 관건이었다. 귀주순무인 하세기(何世璂, 1666~1729)[86]가 옹정 5년(1727) 중앙정부에 올린 상주문에는 이 문제가 명확하게 드러나 있다.[87]

> "제가 부임할 당시, 귀주성 서쪽 지역의 상인과 백성들은 개광開鑛을 허락해 달라고 여러 차례 저에게 요청했습니다. 저는 당초 (개광)이 유리하되, 당연히 폐해가 발생할 수 있다고 생각해, 함부로 그들의 요청을 받아들일 수 없었습니다. 이어 생각해 보니, 귀주성은 그 토지가 척박하고 백성들이 가난하며, 옷감을 짜는 일에도 익숙하지 않을 뿐 아니라, 상업을 영위할 수 있는 자원도 많지 않습니다. 그저 땅을 경작해 생계를 이어가며, 산이 높아 운송도 여간 어렵지 않습니다. 그러나 광산은 유일하게 하늘이 내려준 자연의 이익입니다.[88] 다만 계획을 잘 세

위, 적절한 규범을 만들고 법도를 세운다면, 위로는 세금을 더 거둘 수 있으며, 아래로는 백성들을 편하게 할 수 있습니다. 악이태鄂爾泰도 상인들을 감독할 수 있다고 말했습니다. 양각羊角, 작자柞子, 백랍白蠟 세 곳의 광산을 조사해 (그 광물 함유량을) 살펴보니, 모두 수익성이 있었습니다. 보고를 드린 지역 외에도 현재 해당 관청에게 조사하도록 명령했으며, 만일 수익성이 있다면, 얼마 정도의 세금을 거둬야 할지를 의논해서 정할 생각입니다."

황제에게 올린 상주가 효력을 발휘했다. 그가 언급한 광산이 개발되었으며, 다른 광산도 마찬가지였다. 그 결과, 광산 노동자들의 증가로 건륭 13년(1748) 귀주성의 미곡 생산이 매우 부족해졌다. 지방 관리들이 놀랄 정도로, 쌀 가격이 올랐다. 같은 해 어떤 영민한 관리는 빈곤의 원인 중 하나로 광산 개발을 들었다.[89]

"신臣은 옹정 4년(1726) 귀주성에 부임했습니다. 당시 경두미京斗米 1석石당 4전錢 5분分~5전 정도였습니다. 옹정 5~6년(1727~1728) 이후, 사천성에서 준의부와 그의 관할 5개 현을, 호남성에서 개태開泰와 청계靑溪 등 5개 현을, 광서성에서 영풍永豊과 여파荔波 등 주·현州·縣을 분할해 귀주성에 새로 귀속시켰습니다. 아울러 고주古州 등의 새로운 지역을 개간했으며, 문무관원들을 증설해 그 지역에 주둔시켰습니다만, 그 (관할) 지역이 나날이 넓어지고 있습니다. 이외에도 은광銀鑛, 동광銅鑛, 흑·백 연광鉛鑛이 상·하류 지역에 10곳이 있는데, 각 광산에는 약 수천 명에서 1만여 명 정도가 모여 있으며, 하릴없는 사람들이 나날이 모여듭니다. 현재(건륭 13년인 1748) 풍년이 들었지만, 쌀 가격은 1석당 7~8전입니다. 만일 흉년이 든다면, 1량 1·2전~2량 정도가 될 것입니다."

이런 이유 외에도, 아마도 광산 개발에서 발생하는 여러 이유 때문에, 채굴이 진행되고 있는 광산의 수효는 건륭 42년(1777) 초 현저히 감소했다. 이 당시 귀주순무였던 배종석(裴宗錫, 1712~1779)은 그러한 상황을 염려해 백성들에게 이익이 돌아가는 광산 개발을 재개해야 한다는 상주를 올렸다.[90]

"먼 곳에 위치한 귀주성을 자세히 살펴보니, 연이어 산이 빼곡하며, 평야는 매우 적고, 들에는 거의 모든 곡식들이 잘 자라지 못합니다. 시장에는 상인들이 가져온 휘황한 물건을 보기 어렵고, 수십만 개의 우물을 이용한 경작지에서 생산되는 양은 강남 지역의 큰 현縣 한 곳에서 생산되는 양과 비슷한 탓에, 모든 사람들이 구리와 납 광산에서 나오는 이익에 의지하고 있으며, (그 덕분에) 세금을 많이 거둬들이고 백성들에게 이익이 되고 있습니다. 지금까지의 상황을 보면, 납 광산의 이익이 가장 많으며, 그 다음이 구리 광산입니다. 근래 구리 광산이 진가구陳家溝에 겨우 한 곳만 남아 있어서, 귀주성에서 동전을 만드는 데 사용되는 구리는 오직 운남성에 의존하고 있습니다. 납 광산에서는 백연이 생산되는데, 북경과 호광 지역으로 운반되는 납의 (생산지)는 연화蓮花와 복집福集의 두 곳에 불과합니다. 본성本省의 주조鑄造에 필요한 양을 공급하는 곳은 낙조창樂助廠 한 곳뿐입니다. 그 외에 작자柞子와 주광朱礦 등의 지역에서 생산되는 흑연도[91] 겨우 귀주성에서 필요한 양에 불과해, 북경으로 운송하지 못합니다. 물산物産의 생산이 나날이 줄어들어, 생계가 곤란하니, 이 때문에 백성들이 항상 가난합니다."

"작년(건륭 40년, 1775)에 제가 운남성에 부임할 당시, 그 연변을 자세히 살펴보니, 완강한 산세로 둘러싸여 있으며, 기맥氣脈이 결집되어 있어, 분명 그 가운데 광산이 풍부하게 존재하리라 짐작했습니다. 윤

10월 무렵, 황은皇恩으로 귀주순무로 부임하게 되어, 남룡南龍과 안순安順 관할 지역을 지나게 되었습니다. 올해 4월에는 승리를 거둔 무장과 병사들을 맞이하기 위해, 다시 대정大定을 지나가게 되었는데, 도중에 차례로 관리들과 향촌의 노인들에게 (사정)을 물어보니 모두 다음과 같이 대답했습니다. '지금까지는 땅을 파기만 하면 광물을 얻을 수 있었지만, 이 지역 한족과 소수민족들 가운데 광맥을 잘 찾는 자가 드물고, 부유한 외부 객상들이 자본을 투자해서 광산을 개발하지 않는 탓에, 귀주성이 동광의 개광과 폐광을 거듭하고 있으며, 관리들과 백성들도 특별한 관심을 다시 쏟지 않고 있습니다.' 저는 유지諭旨를 받들어 각 지역의 도道와 부府의 관원官員들에게 광맥을 능숙하게 찾을 수 있는 사람을 모집하도록 했으며, 지금까지 사방을 돌아다니며 광맥을 조사하고 있습니다."

이어 그는 그러한 조사가 나름의 성과가 있었다고 보고했다.

"구리는 보안주普安州 관할 아선충阿先沖 한 곳에서 찾을 수 있었습니다. 납은 대정부大定府 관할 수동파水洞帕, 평원주平遠州의 달마산達磨山, 보안주의 연발산連發山, 준의현의 신채新寨와 파라해波羅海, 수양현綏陽縣의 월량암月亮巖, 진원부鎭遠府의 우당구牛塘溝, 단강청丹江廳의 오조산烏找山 등지에서 흑·백연이 발견됐습니다. 천주현天柱縣의 중봉령中峰嶺에서는 금광이 발견되었습니다. 이 모든 지역은 현재 그 광맥이 겉으로 드러나 있으므로, 그 맥을 따라가면 광물을 얻을 수 있습니다. 진사의 광맥은 매우 깊고 두터우며, 그 지면地面이 광활廣闊해서 백성들의 전원田園이나 가옥, 분묘墳墓에 해가 없을 뿐 아니라, 지역 사회를 동요시키지도 않습니다. 또한 위 광물들이 발견된 인근 산에는 석탄이 매장되어 있어 (그 석탄을 이용해) 광물을 충분히 용해할 수 있습니다… 현재 상인을 불러들여 (그 경제성 여부를 알아보기 위해) 시험 채굴을 한 후, 경제성이 있다고 판단되면, 전례에 따라 규칙을 제정하겠습니다."

광산 개발 관련 법률

18세기 초엽에 발효된 광산 개발에 관한 엄격한 규칙은 결과적으로 합법적인 개발과는 전혀 다른 양상인 도채盜採의 등장을 가져왔다. 도채 관련 기록이 사료에 거의 등장하지 않기 때문에, 합법적인 개발에 비해 불법적인 도채가 얼마나 행해졌는지를 정확하게 지적하기는 어렵다.[92] 우리가 이용하는 사료의 대부분은 사실상 합법적인 광산 개발의 감독 책임을 맡은 지방 관리들이 북경에 올린 상주문上奏文이다. 이미 두 차례에 걸쳐 언급한 것처럼, 광산 개발을 상인들에게 위임했다. 새로운 광산을 채굴할 필요성을 느낀 행정당국 자체가 상인들에게 그 개발을 요청하거나, 광산업에 투자를 원하는 상인들이 광산 개발에 필요한 허가를 얻기 위해 행정당국에게 청원하는 경우가 있었다. 상인들이 지방 행정당국으로부터 긍정적인 대답을 듣게 되면, 그들은 광산노동자를 모집해 일차 광맥 조사를 실시했다. 지방 행정당국은 상인들의 그러한 행위를 매우 자세히 감시했다. 1차 조사 결과가 긍정적일 경우, 행정당국은 즉시 장정章程이라고 부르는 규칙을 제정하고, 다양한 제한을 둬서 광물 생산을 통제했다.

이런 종류의 장정을 귀주성에서는 찾아볼 수 없지만, 운남성의 동광 관련 자료를 통해 그것을 확인할 수 있다.[93] 그러나 운남성의 동광처럼 국가 차원의 광산 기업 운용이 사실상 존재하지 않았던 귀주성에서는 구체적인 생산 조직 면에서 행동상의 자유가 더 많았다고 생각할 수 있다. 일부의 경우, 생산자가 원하는 만큼 자유롭게 광물을 채취할 수 있도록 규칙이 제정되었다.[94] 또 다른 경우로는 생산량, 세율과 판매조건을 동시에 고정시키거나, 세금을 공제하고 난 후, 그 나머지를 행정당국이 구매하기도 했으며, 행정당국이 생산의 일부만을 취득하고 그 나머지는 시장에 자유롭게 팔도록 하기도 했다. 생산 분배에 관련된 이러한 권한 덕분에 행정당국은 꽤 강력한 통제력을 행사할 수 있었다. 구리와 납의 경우 생산량의 1/10~2/10에 해당하는 금액을 과세하는 정책과,[95] 시장가격보다 대체로 상당히 낮게 책정된 고정가격으로 정부에게 강제로 판매하는 정책을 오가면서 행정당국은 강제적으로 상인들의 이익을 제한했다. 상인들이 이익의 폭을 늘릴 수 있는 방법은 원가절감, 즉 노동자들의 임금 축소밖에 없었지만, 임금 축소를 위한 시도는 이내 불가능해졌다.[96]

따라서 사실상 다음과 같은 상황이 전개되었다. 광산 개발이 시작된 직후에는 노동조건이 대체로 양호했다. 갱도는 뚫은 지 얼마 되지 않은 탓에 그리 깊지 않으며, 생산량도 최고조에 달한다. 원가와 판매가 사이의 차액은 이익을 볼 수 있을 만큼 충분하다. 그러나 갱도가 깊어질수록, 노동 조건이 어려워지는 탓에 생산이 지체되고, 보통 몇 년이 지나면 결국 적자로 돌아선다.[97] 이렇게 되어서야 비로소 지방 관리는 판매가와 원가 사이의 균형을 맞추고 광산 개발을 지속할 수 있도록 세율을 낮추거나, 혹은 구매 단가를 올리는 한편, 생산량 가운데 시장에 팔 수 있는 분량의 증액을 중앙정부에게 요청하기도 했다. 마지막으로 매장 광물의 고갈, 혹은 적정 가격으로 석탄을 공급받는 것이 어려워지거나 갱도에 물이 차는 등의 새로운 요인이 생겨 수익성이 완전히 낮아진다면, 또한 지나친 저임금 때문에 노동자들의 노동 의지가 약해져 일부 노동자들이 이미 흩어지는 상황이 발생한다면, 관리들은 아무런 고민을 하지 않은 채 폐광을 요청했다.

여러 결정을 재빨리 내려야 하는 광산 경영에서 누층적 단계를 거쳐야 하는 관료제도의 강요가 생산을 파산으로 몰아넣은 원인 가운데 하나가 아니었을까 생각할 수 있다. 당시 기술 수준을 감안하더라도, 몇 년 동안 기능할 수 있었던 것처럼 보이는 여러 광산들이 폐광이 되는 한편, 새로운 광산이 다시 개발되곤 했다. 동광이나 연광의 변화와 행정당국으로부터 두 광산과 유사한 통제를 받지 않았던 탄광이나 철광의 변화 양자를 살펴볼 수 있다면 흥미로운 일이 될 것이다. 그러나 이미 언급한 바와 같이, 탄광과 철광에 관한 정보는 그리 많지 않다.[98]

광산 개발의 기술

동광 개발의 경우, 엄중평嚴中平이 운남의 동광을 언급하면서 거론한 광산 설비, 사용 도구, 금속 용해를 위해 사용된 방법, 노동 조직과 유사한 자료를 찾아보기 어렵다.[99]

연광 개발에 대해서는 약간 자세한 내용을 알 수 있다. 당시 사람들이 어떻게 광맥을 찾았는지를 이미 언급한 바 있다.[100] 우선 산지의 형태와 그 지세를 살핀 다음, 지표면에서 광맥의 흔적인 묘苗, 혹은 광물 덩어리가 길게 이어져 드러나 있는 형태인 인引을 찾는다. 이어 종종 수십 개에 달하는 갱도를 굴착한다. 종종 모래가 덮치기도 하지만, 물을 만나는 경우가 더 빈번했으며,[101] 이처럼 물이 생기면 노동자들이 종종 해당 갱도를 포기하기도 했던 한편, 상당한 수량의 수원水源이 있는 경우에는 가끔 노동자들이 사망하기까지 했다. 단지 물이 스며드는 정도라면 여러 기구를 동원해 물을 외부로 배출시킨 다음, 계속 굴착했다.

『검서』에 기재된 「개리연凱里鉛」이라는 항목의 설명에 의하면,[102]

갱도의 깊이는 보통 2~3장丈이며, 최고로 깊어도 그 두 배 정도였다.[103] 그러한 갱도는 천정이 높지 않았기 때문에 광산 노동자들은 거의 기어서 나아갔다. 나무토막으로 갱도 천정을 받치고 송진으로 만든 횃불로 갱도 안을 밝혔다. 이렇게 채굴한 광석은 분쇄해, 숯으로 용광로에서 용해한다. 그러나 다른 광산, 특히 나무가 드문 귀주성 서쪽 지역의 광산에서는 땅에서 채취한 석탄이 유일하게 사용된 연료였다.[104]

리용 사절단의 구성원들이 광서 22년(1896) 납 원석을 다루는 기술을 언급하면서 그것을 매우 '원시적'이라고 평한 바 있는데, 당시 그 기술이 분명 18세기에 사용된 기술과 유사하다는 점은 흥미로운 일이다.[105]

> "납광석을 녹이는 용광로는 자그마한 사각형의 통으로 되어 있으며, 내열耐熱을 위한 흙을 덧발라 커다란 벽 한가운데 설치한다. 그 용광로 맞은편에 헛간과 같은 공간을 만들어 용광로로 통하는 바람을 불어 넣는다. 바람을 보내는 기구는 나무줄기로 만들어졌으며, 그 속에는 나무로 만든 피스톤이 1.1미터 정도를 왕복운동 한다. 네 명의 남자가 수동으로 풀무질을 한다. 용광로 밑에 뚫은 구멍을 통해 용광로 안의 물질이 그 앞에 있는 작은 구덩이로 계속 흘러간다. 표면에 뜬 불순물은 굳어지자마자 걷어내 매립지에 버린다. 납이 계속 쌓이도록 놓아두었다가, 하루에 한 번 모은다. 국자 모양의 도구로 그것을 퍼서 모래 위로 흘려보내 60 파운드 정도의 덩어리로 만든다. 이렇게 납을 한 번 흘려보낼 때마다 그러한 납덩이 두 개가 만들어지며, 두 작업장에서 하루 24시간 동안 생산되는 양이 약 240파운드 정도이다… 그러한 용광로 옆에는 소형 용광로를 다시 설치해, 납을 다시 매만져서 은은 추출한다… 그 작업은 이틀이 소요되며, 납을 재가공해 은을 추출하는 데

드는 비용으로 납 100파운드당 은 1량을 준다."

이 당시 이러한 공정에는 한족이 아닌 오직 〈토인土人〉들만 참여했으며, 이제 막 채굴한 광석을 사용한 것이 아니라, 납을 추출하고 남은 찌꺼기를 이용했다.

수은水銀에 대해서는 보안普安에 있는 광산에 관련된 일부 정보가 남아 있다. 한 사료에는 다음과 같이 기재되어 있다.[106]

> "보안의 수은 갱도坑道, 洞는 깊은 곳이 100장丈, 낮은 곳이 40~50장 정도이다. 각 동洞의 장호塟戶 한 명이 50~60명 내지 100명의 사정砂丁을 거느린다. 각자에게 (굴착할) 동구洞口를 분배하고, 먼저 광석을 부숴, 사석砂石을 얻는데, 수은 함유량이 모두 다르기 때문에, 채취와 제련을 거쳐 (얻을 수 있는 양)의 다과多寡를 예측하기 어렵다. 제련을 거쳐 만든 수은 100근을 10일 혹은 15일 만에 겨우 얻을 수 있다."

『검서』도 수문현修文縣(귀양 북쪽)의 용패用壩에서 양수洋水와 열수熱水에 이르는 50리 길에 주사광硃砂礦이 있었다는 사실을 전해 준다.[107] 그 저서에 의하면 주사의 종류가 매우 다양했다. 양수와 열수에서 나는 주사인 전촉箭鏃, 용패의 부벽斧劈과 경면鏡面 등이 그것이다. 가장 중요한 사실은 광석 자체의 양이 아니라, 빛과 색이 모두 밝아야 최상의 수정이며, 돌출 부분의 색은 부용芙蓉색을 띠어야 최상품이라는 점이다. 이어 이 책은 갱도의 위치와 땅 속에서의 뚫린 방향에 따라 여러 유형의 갱도를 언급하고 있다. 즉 수직 갱도가 땅 밑으로 형성되어 있는 것을 정井이라 하며, 평행으로 뻗어 있는 갱도를 장塟, 곧게 위로 향해 있는 것을 천평天平, 한쪽으로 기울어져 있는 것을 우흡수牛吸水라 불렀다. 아울러 저자는 각 소갱도小坑道에는 나무판을 대고 양옆을 막아 붕괴를 방지한다고 지적했다.

이 책은 자못 시적詩的인 문장으로, 갱도로 내려가는 광경을 묘사한다.

"흙을 담는 삼태기, 가래鍤,[108] 쇠붙이를 녹이는 데 사용되는 그릇인 추錘, 깎는 도구인 착斲, 도끼, 괭이钁를 반드시 사용해야 한다. 횃불을 켜고 들어가면, 뱀이 기어가는 것처럼 포복해서 나아가야 하는데, (그 모습이) 마치 잃어버린 자식을 찾아 나서거나, 금을 얻으려고 다투거나, 천하를 얻으려고 애쓰는 모습과 같아, 밤이 새도록 시간가는 줄 모르며, 자칫 목숨을 잃게 되는 곳도 가리지 않는다. 돌이 있으면 그것을 잘라내고, 단단한 곳이 나타나면 석탄으로 그곳을 달궈 부순다."

이어 『검서』는 당시 사람들의 수은 정제 방법을 언급했다.[109]

"크고 작은 수은 정제 장소가 있으며, 그런 크기 차이 때문에 용광로의 크기도 다르다. 큰 용광로는 원석 20승升을 넣을 수 있다. 10층으로 분리된 (그 안에 원석을) 놓으며, 그 다음 큰 용광로는 8칸으로 나뉘어 있는데, 왕겨로 수은재[110]를 싸서 그 위에 놓는다. 주걱 모양의 도구로 가운데 부분은 들어가고 그 주변은 튀어나오도록 만들어 솥을 엎어, 그 틈을 없앤다. 소금과 진흙을 이겨 그 입구를 막아 용광로를 만들고, 이어 불을 피운다. 보통 하루 낮과 밤이 지나면, 수은이 만들어져 마치 구슬처럼 방울이 달려 있는데, 빛이 나는 많은 양의 액체가 위로 올라가 엎어 놓은 솥의 하면에 붙어 있다. 작은 물방울은 이미 달궈 놓은 수은 원석과 혼합해 단단한 수은[111]으로 만든다. 완전히 정제된 수은은 대나무로 만든 바구니로 덮어 놓는데, 그 바구니는 마치 체처럼 구멍이 뚫려 있으므로 진흙으로 그 (사이사이)의 구멍을 막지만, 콩만한 크기의 구멍 네 개를 뚫어 공기가 통하도록 한다. 그 구멍과 통 사이를 연결하고, 그 위에는 조그마한 단지를 엎어 놓은 다음, (앞에서 언급한 것과 동일한 방법으로) 소금과 진흙으로 고정시킨 후, 가열한다. 초 하나가 다 연소될 무렵이 되면(약 20분 정도), 수은이 단지로 올라오고, (올라온 수은이) 단지에 꽉 차서 넘치게 되면 통의 구멍으로 유입된다. 수은이 안정적이 되면, 그것을 퍼서 돼지 오줌통으로 만든 주머니에 넣은 다음, 묶어서 먼 곳까지도 운반할 수 있도록 한다. 만일 (수은을 담은 그 주머니가) 한쪽으로 기울어져 (수은이 흘러내리면), 산초나무로 그것을 주워 담아 이내 이전처럼 한데 모은다. 솥과 단지를 여는 사람들은 반드시 부추나 장조림 액즙을 입속에 넣고 있어야 가까이 다가갈 수 있으며, 그렇게 하지 않으면 수은의 기氣에 닿아 이가 빠진다."[112]

금광 개발에 관련해서는, 사남부思南府 일대에 매장된 금맥 관련 정보가 존재한다. 건륭 12년(1747)의 한 상주문에 의하면[113] 이 금맥은 강가 구릉에 존재하며, 금을 채취하기 위해 343명의 광부가 300여 칸의 임시 건물을 만들고 20여 개의 갱도를 열었다.

지금부터는 좀 더 많은 소득을 얻고자, 혹은 자신이 처한 곤궁한 처지 때문에 광산으로 몰려든 광부들의 생활환경이 어떠했는지 살펴보기로 하겠다.

독점 개발권을 가진 상인들이 광산 노동자를 불러오는 예가 가장 빈번했다는 사실을 확인할 수 있지만, 생활고에 쫓긴 유랑민들 스스로 갱도를 굴착해 그 개발 허가를 요구하는 경우도 있었다.[114] 광산 노동자들의 출신은 다양했다. 다른 성 출신으로 이미 경험이 풍부한 노동자들을 우선 들 수 있다. 안룡安龍 지방의 은광銀鑛 노동자들이 그러한 예로서, 이 지역 광부들과 주물공들은 대부분 광동성 출신이었다.[115] 또한 자신의 경작지를 잃거나 포기한 채, 광산에서 일확천금을 찾으려 한 농민들도 있었다. 사남부 광산에서 금을 찾아 나선 사람들이 그러한 부류로서, 가난했던 그들은 그들의 고향인 호남성을 떠난 사람들이었다.[116]

주사 광산이나 특히 금광은 노동자들이 그리 많지 않았지만, 동광과 연광은 그렇지 않았다. 동광이나 연광은 1만 명에서 10만 명 정도의 노동자가 존재했으며, 이는 상당한 정도의 생필품 수요가 생겼다는 사실을 말해준다. 옹정 5년(1727)의 한 자료는[117] 광산을 연 후 반드시 제기되는 여러 문제들을 잘 보여준다.

> "광산이 개발되면, 쌀, 연료, 기름, 소금 외에도 식수, 의복, 동산, 노동기구, 종교 의례에 필요한 의례 도구,[118] 장거리를 오갈 수 있는 가축 등이 필요하다. 또한 등에 물건을 진 상인들이 몰려들고 수공업자들도 그 지역에 자리를 잡게 된다. 수천 리를 마다하지 않고 모든 사람들이 몰려들어 마치 개미집의 개미처럼 서로 무리를 지어 광부들에게 필요한 물품을 제공해 주는데, 그렇게 공급되는 것 가운데에는 심지어 연극을 하는 배우와 몸을 파는 여자들도 들어 있다. 새로운 광산촌이 생겼다는 말을 들으면, 모든 사람들이 그곳에 가서 다시 자리를 잡으려 한다. 무뢰배와 불한당들이 횡재를 할 수 있는 기회이다."

광산 개발이 가져다주는 매력에도 불구하고, 광산 지역의 삶은 어려웠다. 이미 살펴본 바와 같이 광산 노동은 매우 힘들었다. 어설프게 받침대를 댔으며, 습하고 더운 한편으로 통풍이 잘 되지 않는 좁은 갱도를 오르내려야만 했다. 꽤 재능 있는 시인인 조뢰생趙雷生의 시는 호남성 서쪽 검양黔陽 지역의 연광에서 일한 노동자의 실상을 언급하고 있다.[119]

(광부들은) 양 손에 도끼를 들고 바위를 깨뜨리고,
양발로 덤불을 헤치네.
입에 문 초롱불빛이 미풍에 흔들리는데,
구불구불한 모양의 깊숙한 길로 들어가네.
바위틈에서는 샘물이 용솟음치고,
갱도 천정을 뚫어 설치한 수차水車를 따라,
눈처럼 하얀 진주 빛 물방울이 하늘에서 떨어지네.
갱도의 진창 속에서 기진맥진해 버리니…

광부들의 미래는 결코 보장되어 있지 않았다. 기술이나 재정 면에서 최소한의 어려움만 발생해도, 그들은 이내 실직자가 되었다. 광부들의 삶은 아마도 금광이나 주사광이 더 힘들었다고 할 수 있는데, 그 이유는 그곳 노동자들은 끊임없이 당국자들에게 뇌물을 줘야 했기 때문이었으며, 결국 이런 행태는 광산의 폐광으로 연결되었다. 금맥을 찾는 모습을 그린 전문田雯의 시를 살펴보기로 하자.[120]

금을 캐는 가구家口는
한시도 편안한 날이 없구나.
살림살이를 등에 매고,
서쪽 파유巴渝로 떠나네.
파유엔 경작할 땅이 있으며,
산을 의지해 초가를 지을 수도 있다네.
(가진 거라곤) 어린 두 딸과,
갓 난 송아지뿐인데,
가혹한 관리들은 그 십 배를 요구하며,
마구잡이로 돈을 거둬간다네.

먼저 송아지를 팔고,
이어 어린 딸도 팔아버렸으니,
차라리 무주巫州로 되돌아갈 것을,
(후회로) 눈물만 하염없이 흐르네.
서둘러 호적에 등재하고,
예전처럼 금을 찾으러 다니는데,
초산楚山은 높고 원강沅江은 또 깊으니,
요촌瑤村으로 가는 길을 찾을 수가 없구나.

광물의 생산

우리들이 이용하는 자료가 매우 분산되어 있어, 18세기 당시 각 광물별 생산 변화를 표시한 자세한 도표를 작성할 수 없다. 그러나 우리가 이용한 자료에 등장하는 광산의 수효, 광산 개발의 어려움, 폐광 시기에 관련된 일부 자료에 대한 분류를 시도할 수 있다.

동광銅鑛 개발

청대 동광의 개발은 건륭 6년(1741) 이후에야 비로소 전개된 반면, 최초의 연광은 옹정 2년(1724) 이후부터 개발이 시작되었다. 동광 개발이 이처럼 지연된 이유는 귀주성의 구리 수요가 그리 많지 않았기 때문이라고 할 수 있다. 강희 8년(1669)년에 동전 주조가 중단된 이후, 많은 주저 끝에 옹정 9년(1731)에야 겨우 동광 개발이 재개되었다. 이 시기까지, 조은潮銀[121]으로 화폐 수요를 충분히 감당할 수 있다고 판단했다.[122] 동광 개발 지역의 두 번째 이유는 18세기 초엽 이후 운남 동광 개발에 엄청난 노력을 기울였다는 사실 때문일 것이다.

어쨌든, 건륭 연간 초기에 위녕威寧에서 여러 개의 동광이 개발되었다. 이 당시 동광 개발을 억제해야 한다고 생각할 정도로, 특히 운남성에서는 구리 생산량이 상당히 증가했다.[123] 건륭 42년(1777) 귀주성 전체에서 유일하게 구리를 생산하는 광산은 진가구陳家溝뿐이었으며, 동전 주조에 필요한 구리는 모두 운남에서 수입했다.[124] 건륭 42년(1777) 보안普安에서 매장이 탐지된 구리 광산이 실제로 개발되었는지는 알 수 없다.[125]

우리는 〈표 3-5〉를 통해 귀주성 구리 광산 상황을 다음과 같이 요약할 수 있다.

〈표 3-5〉 청대 귀주성의 구리 생산 상황

위치	광산명	개광 시기	생산량(근)	노동자 수효	갱도 수효	세금 납부량	공급처	폐광 시기
위녕 威寧	치화리 致化里[126]	건륭 6년(1741)	1,000,000 (20개 용광로)	2,000	72	20% (1741년)	정부 구매 (100근당 7량)	1777년 이전
	격득 格得	?						1750
	진가구 陳家溝	건륭 40년(1775) 이전	1775년 당시 채굴 작업을 한 유일한 구리광산 70,000 (1795)				1787년~1795년 귀주성 동전 주조에 사용 1795년 이후 북경으로 운송[127]	1795년 이후

연광鉛鑛 개발

옹정 2년(1724)에 시작된 연광 개발[128]은 18세기 내내 동광 개발보다 더 중요했다. 다음 〈표 3-6〉에 표시된 생산량은 그러한 생각을 잘

〈표 3-6〉 청대 귀주성의 납 생산 상황

위치	광산 수효	개광 시기	생산량 (근)	용광로 수효	세금	공급처	폐광 시기
평원 平遠	마종령 馬鬃嶺	옹정 2년 (1724)					1736
보안 普安	정두산 丁頭山	?					1737
	연발산 連發山	건륭 42년 (1777)	월4~5만 (1777년)		20%	국가 구매	?
	나붕 羅朋	?			20%	국가 구매(1777년 100근 당 가격을 1.3량에서 1.7량으로 인상 요구)	?
단강 丹江	제천 濟川	건륭 10년 (1745)	월 6만~7만 (1746)/ 이후 4만~5만		20%	국가 구매(1745년 100근당 가격을 1.3량에서 1.5~1.6량으로 인상 요구)	?
수성 水城	연화 蓮花	건륭 10년 (1745) 이전	1780년 생산량 감소		20%	북경과 호남으로 판매 / 1788년 100근당 가격을 1.5량에서 1.8량으로 인상 요구)	?
	복집 福集	?	1780년 생산량 감소		20%	북경과 호남으로 판매/ 1788년 100근당 가격을 1.4량에서 1.7량으로 인상 요구)	?
위녕 威寧	작자 柞子	옹정 5년 (1727)	1782년 생산량 증가/ 1785년 생산량 감소		20%	북경과 호남으로 판매(매년 5만근) / 1785년 40% 국가 구매, 40% 상인 구매 요구	?
	양각 羊角	옹정 5년 (1727)					?

	신채 新寨	?					1750
대정 大定	과목저 果木底	건륭 10년 (1745)			20%	국가 구매 / 1745년 100근당 1.3량에서 1.4량으로 인상 요구	1751
	대흥 大興	건륭 43년 (1778) 이전	5십만 (1778)				?
청평 清平	영흥 永興	건륭 31년 (1766)			20%	군영軍營과 동전 주조에 사용	?
송도 松桃	대풍 大豊	건륭 42년 (1777?)	2십만 (1778)			호남으로 판매	1778
수양 綏陽	월양암 月亮岩	건륭 41년 (1776)	3십만 (1777)	12	20%	북경으로 판매	1796
준의 遵義	신채 新寨	건륭 41년 (1776)	연간 3십2만4천 / 1778년 이후 생산량 감소	50	20%	1778년 40% 국가 구매, 40% 상인 구매 요구	1796

확인시켜 준다. 다른 한편, 건륭 42년(1777) 이후 생산량이 명백하게 다시 증가하고 있다는 사실을 알 수 있다. 적어도 특정 시기에는 납의 총생산량이 북경과 호남성으로 수출할 수 있을 정도였다. 따라서 이러한 납 수출이 귀주성 수익에 상당한 기여를 했다고 생각할 수 있다.

여러 광물의 운반 방법을 우리들은 거의 알지 못한다. 귀주성 서쪽 지역에서 생산된 광물 중, 북경으로 운반되는 것은 일단 육지로 운반한 다음, 하천을 통해 적수赤水와 장강으로 나아갔다. 동부 지역에서 생산된 광물은 호남성으로 통하는 길을 택했다.

진사辰砂와 금광 개발

수세기 이전부터 귀주성은 이미 중국에서 가장 중요한 수은 생산지 중 하나였다. 한 자료에 의하면 건륭 7년(1742) 무렵, 귀주성의 가장 중요한 수은 생산지인 보안과 수문修文 두 현縣의 수은광에서 연간 28,000~29,000근의 수은을 생산했다. 국가가 일단 세금을 징수한 후 그 나머지를 사들였지만, 그 가격은 매우 다양했던 것으로 보인다.[129] 금 생산은 당연히 그리 많지 않았다. 무엇보다 귀주성의 금 생산량은 18세기 내내 하락세였다.[130]

5 상업 활동

중국 전체로 본다면 귀주성의 상업 활동이 매우 중요하지는 않았다. 사실상 귀주성은 많은 상품을 수출했던 지역은 아니다. 농업 생산량이 귀주성 내부 소비를 겨우 충당할 정도이며, 좀 더 넓은 의미에서는 광물과 같은 천연자원만이 그나마 일부를 수출할 수 있는 정도라는 사실을 이미 우리들은 확인한 바 있다. 그러나 이웃 지역 상인들은 새로 등장한 지역인 귀주성을 귀주성보다 발달한 지역의 생산품을 유통시킬 수 있는 시장으로 간주했다. 지역간 상업망에 귀주성을 편입시킬 수 있다면, 그것을 통해 많은 이익을 얻을 수 있으리라 기대한 상인들의 상업 활동으로, 귀주성이 중국의 다른 지역에 점점 예속되었으며, 어떤 면에서는 귀주성 자체의 발전을 저해했다.

이러한 지역간 상업의 전개 양상, 그 상업이 미친 영향, 상업로, 상행위를 한 지역, 구체적인 상품, 상업 활동 범위를 좀 더 자세히 알아보기로 하자.

지역간 상업 활동

대다수 타 지역 출신으로 구성된 대상인大商人들이 지역간 상업에 종사했다. 그들은 수로水路뿐 아니라 육로로도[131] 손쉽게 갈 수 있는 귀주성 외곽의 대도시에 집결했다. 동쪽 지역인 사남思南, 동인銅仁, 진원鎭遠,[132] 남동 지역인 여평과 고주古州,[133] 북쪽의 준의와 인회仁懷(茅台鎭 부근),[134] 서쪽의 필절畢節, 보안, 보정普定에 그러한 외부 상인들이 존재했다.[135] 그들 외부상인들은 그러한 곳에 회관會館[136]을 건설하고, 출신 성省에 따라 각각 모였다. 한 사료는 18세기 후반 광동, 광서, 호남, 강서 출신 상인들이 고주古州에 그러한 회관을 세웠다는 사실을 우리들에게 알려준다.[137] 또한 『준의부지遵義府志』도 만천궁萬天宮이라 불린 사천회관이 준의의 서가西街에, 강서 사람들이 세운 만수궁萬壽宮이 동가東街에, 호광湖廣 상인들이 세운 우왕궁禹王宮이 남가南街에 각각 존재했다는 사실을 알려준다.[138]

판매된 상품으로는 그 종류가 꽤 다양한 식량뿐 아니라, 소금이나 목재와 같은 중량이 나가는 상품에서부터 면포는 물론, 상위 계층이 소비한 사치품까지 존재했다.[139] 이러한 생산물 가운데, 귀주성 주민들의 필수품은 단연코 소금과 면화였을 것이다.

소금

귀주성의 소금 문제는 해묵은 일이다. 송대 이곳 원주민들과 교류를 원했던 한족들은 이 지역 특산물과 소금을 교환할 것을 제의한 적이 있다.[140] 귀주에는 소금이 매장되어 있지 않았던 것일까? 혹은 매장된 소금의 채굴 방법을 몰랐을까? "염정鹽井을 다시 찾았다"라고 말한 옹정 5년(1727)의 상주문이 이 문제와 관련된 유일한 자료이다.[141] 그것은 귀주순무 하세기(何世璂, 1666~1729)가 올린 상주문으로서, 그 상주문은 소금 부족에 따른 어려움은 염정이 없어서가 아니라, 그것을 개발할 줄 모르기 때문이라고 지적했다. 그 상주문은 귀주 지역에도 많은 염정이 존재한다고 언급했다. 그러한 염정 가운데, 하세기는 이전에 소금을 채굴하다가 현재는 채굴이 중단된 백과수白果樹와 소하小河[142] 두 곳의 염정을 거론했다. 그는 다음과 같이 언급했다.

"현재 저는 염정을 찾는 기술자井匠를 구해, 염정의 존재 여부를 조사했습니다. (그 결과) 매우 풍부한 노기鹵氣(소금기)가 있는 곳이 존재해, 분명 그곳에는 염정이 있다고 생각합니다. (필요한) 도구를 설치하고 인부를 고용해 그곳을 5~6장의 깊이로 파도록 하니, 소금 한 줄기가 분출되었습니다."

이런 하세기의 언급과는 달리, 흥미롭게도 다른 모든 저자들은 한결 같이 귀주 지역에 소금이 전혀 나지 않는다고 불평하면서, 사천에서 비싼 값에 소금을 구매해야 한다고 언급했다.

이러한 이유 때문에, 일부 관원들에게도 소금이 제대로 공급되지 않을 만큼 소금은 매우 값비싼 상품으로 간주되었다. 17세기 진정陳鼎의 언급을 들어보기로 하겠다.[143]

"전滇(운남)과 검黔(귀주)에서는, 연료와 쌀은 비싸지 않은 반면, 소금 가격은 매우 비싸다. 소금 1석에 은 1량이다. 1년 내내 우리들은 소금 없이 음식을 먹는다."

서하객이 활동하던 당시, 사람들은 소금을 마치 화폐로 사용할 정도로, 소금은 귀중했다.[144] 비한족들은 소금의 소유를 마치 일종의 정신적 즐거움으로까지 생각했다.[145]

"한 줌의 소금이라도 얻게 되면, 묘족들은 그 소금을 모든 부족들에게 나눠준다. 각자는 그 소금에 깃발을 꽂은 채, 혀로 핥으며 소금 맛이 정말 좋다고 생각한다. 소수민족들 가운데 성시城市 부근에 사는 사람들은, 소금을 얻기 위해 도시로 갈 수 있지만, 외딴 곳에 사는 소수민족들 상당수는 아직도 소금 맛을 모르는 사람들이 많다."

17세기 말엽, 소금 부족을 모든 사람들이 절실하게 느꼈는데, 그 증거로서 전문田雯은 자신의 글에서 소금이 없는 사람들이 느끼는 고통을 놀랄만한 필체로 언급하는 한편, 소금 부족 문제의 해결책을 강구하지 않으려 했던 사람들을 맹렬히 비난했다는 사실을 들 수 있다.[146]

"하동河東, 곤오昆吾, 파사波斯, 계빈罽賓, 우전于闐, 골돌骨咄 지역은 소금이 생산되지만,[147] 귀주성만 소금이 생산되지 않아 사천에서 공급받는다.[148] 사천이 존재하지 않는다면 귀주성은 (소금) 맛을 볼 수 없다. 사천의 소금 생산지는 여러 곳인데, 모두 염정에서 생산된다. (그러나) 순경順慶(현재 南充)의 염정은 오랜 동안 매몰된 상태이며, 도엄塗揜의 염정은 그 개발이 금지된 뒤에, 유일하게 소금 생산이 되는 곳은 계주戒州뿐이다. 하지만 또한 배나 마차를 운행할 수 없어, (사람이 직접 운반해야 하기 때문에) 어깨가 짓무르고 발에 피가 나서야[149] 비로소 소금이 도착한다. (따라서) 소금의 수입이 쉽지 않기 때문에, 어쩔 수 없이 가격이 오른다. 소금 가격이 오르면 일반민들의 식생활이 빈번히 어렵게 되며, 귀주성 주민들이 참으로 고통을 겪는다. 3개월 동안 소금 맛을 보지 못하면, 오직 명아주풀과 비름으로 배를 채운다. 소금이 없으면, 구초狗椒로 소금을 대신하지만, 신맛이 나는 구초로 짠맛을 대신 채우는 건 혀를 속이는 것일 뿐 소금의 본래 맛은 아니다. 만일 소금이 풍부하면, 일단 입술로 음미한 후 그 적당량을 먹으니, 마치 (소금)에 물을 섞어 마시는 형상이며, 조미를 잘 한 국물 맛에 비할 바 아니다. 한편 소금이 자색인지 적색인지, 옥돌과 같은지 하찮은 (돌)에 불과한지를 물어 보자, (소금 맛은) 쓰고, 또 달콤하며, (그것을 다듬어 어떤) 형태를 만들면, 큰 복숭아와 같다고 말했다. 달리 모양을 낼 수 없는 이유는 송곳과 칼을 사용하기가 곤란하기 때문이다. 소금으로 그 가격에 해당하는 곡물을 바꾸지만, 곡물가격이 나날이 싸져도 소금값은 저렴해지지 않는다. (소금) 10종鍾[150]으로 곡물 1두豆를 바꿀 수 없으니, 어찌 소금을 갖고 있어도 소금 부족으로 생기는 어려움을 겪지 않을 수 있겠는가? 일반적으로 소금은 나뭇가지에서 생기며,[151] 육지에서 생산될 수 있다. 어찌 산악 지역(귀주)만 소금이 생산되지 않겠는가? 소금을 생산하는 기술이 충분히 발달하지 못했거나 관상管商[152]의 정책을 강구하지 않은 탓이 아닐까? 그렇지 못하다면 운남과 회하淮河 일대에서 소금을 수입하는 것으로 소금을 충분히 공급할 수 있다. 어찌 (그것이) 불가능하겠는가? 그러나 그러한 조치로는 불충분하다. 상세商稅를 낮추고, 간악한 상인들을 조사해야, 소금 문제를 거의 해결했다고 할 수 있다."

사천 이외의 지역에서 소금 구매를 방해했던 사람들이 정말로 그러한 '간악한 상인들'이었을까? 그에 대한 정확한 답을 할 수는 없을 것이다. 18세기가 되자, 동일한 질문이 다시 등장했으며, 건륭『귀주통지』에는 귀주성 서쪽의 경우 운남성에서 소금을 공급받는 것이 논리적으로 타당함에도 불구하고, 그것이 사실상 불가능하다는 점을 지적한 상주문이 등장한다.[153] 실제로 사천에서 귀주까지의 수송비가 운남보다 더 많이 들었지만, 운남성에서 생산된 소금은 사천성 소금보다 더 비쌌다. 보안과 안룡 지역에서 사천 소금은 근당觔當 3분分에 팔렸지만, 운남 소금은 높은 세금 때문에 염정에서 출고될 당시 가격이 4분 3리釐였다. 더구나 사천의 소금은 쌀이나 면포를 주고 살 수 있으며, 반드시 근 단위로 사지 않아도 되었던 반면, 운남의 소금은 반드시 일정 단위로 팔고 은으로만 지불이 가능했다.

그러나 당시 중앙정부는 건륭 5년(1740) 귀주성 남동 지역에서 필요로 하는 소금을 광동에서 구입하기로 결정했다. 그리고 18세기 말엽 한 사료에서 확인할 수 있듯이, 이 정책은 성공을 거뒀던 것처럼 보인다.[154]

> "귀주성은 항상 사천의 소금을 (수입해서) 먹었다. 그러나 고주는 사천성과 멀리 있어, 객상들이 (사천 소금)을 운반해 파는 것에 그쳤다. 개토귀류 이후 광동성의 소금을 먹도록 (정책)을 바꾸었으며, 광동을 통해 고주로 (소금을) 운반했다. 무림武林[155] 출신의 운상運商[156] 유씨兪氏가 그 운송(과 판매)를 허락받았으며, 고주의 동지同知가 그것의 감독 책임을 맡았다. 고주에 총부總埠(부두가의 하역장)를 두고, 여평, 병매丙妹(현재 從江 하류), 삼각三脚(현재 三都)에 각각 자부子埠를 설치하자, 통행이 내내 계속되어 마침내 수륙의 중요한 중심지가 되었다. 이전에 (이 곳은) 진표鎭標[157]의 병사들과 둔군屯軍 외에는 사실상 묘족과 유민들만 있었으며 한족은 매우 적었다. 염부鹽埠가 설치된 이후, 광동, 광서, 호남, 강서에서 온 상인들로 큰 도시가 만들어졌다. 각 성 출신 (상인들이) 모두 회관을 건립했으며, 지식인과 관원이 증가하고 문물文物이 나날이 번성했다. 현재 하천의 상류와 하류가 번창하고, 물자가 유

통되는 상황이 중국 내지內地 못지않다."

또한 행정상 호남과 분리된 귀주성 동부 지역은 18세기 이후 회염淮鹽[158]이 유통되었던 것처럼 보인다. 『유림외사儒林外史』에는 소금을 싣고 귀주로 향하는 두 척의 배에 대한 감시를 대상인大商人이 요청한 사실이 등장한다.[159]

그러나 귀주성 대부분 지역은 사천에서 소금을 공급받았으며, 이 때문에 이미 언급한 것처럼 수송에 따른 여러 문제가 등장했다. 아마도 소금은 여러 교통로로 일시에 보냈다고 판단되며, 그중 가장 쉬운 교통로는 하천을 이용하는 것이었다. 그 첫 번째 수송로는 적수赤水를 이용해[160] 자류自流(사천성)의 소금을 모태진茅台鎭까지 운반한 길이다. 그 다음은 사남까지 운행이 가능한 오강을 따라가는 길이다. 이 두 번째 수송로를 이용해 사천의 다른 지역에서 생산된 소금이 귀주성으로 들어왔다. 마지막으로 반은 하천으로, 반은 육로로 된 수송로로서, 동재桐梓를 경유해[161] 준의까지, 그리고 더 서쪽으로 사천 남부를 통과해 필절과 보안에 이르는 길이다.[162] 소상인들은 지금까지 언급한 소금 하역장에서 산 소금을 귀주성 전역에 팔았다.

면포와 비단

소금에 이어 양적으로 많은 교역을 했던 품목은 면포였다. 정부 노력에도 불구하고, 귀주성은 자체 면포 수요를 충당하지 못했다. 건륭 7년(1742) 한 사료에 의하면 귀주성은 매년 호남성에서 면포 수만 필匹을 수입했다.[163]

면포에 뒤이어 준의와 그 지역 일대에서 생산된 비단 상업이 존재했다. 18세기 초엽, 잠상업이 놀랄 정도로 성공을 거두었다는 사실을 이미 살펴본 바 있다. 사료에 의하면 광동의 정향程鄕 출신 상인들이 매년 봄 준의에 와서 준의 부근 지역 사람들이 많이 심었던 자수柘樹(*Cudrania triola*)를 구매했다는 사실을 알 수 있다.[164] 다른 지역의 상인들은 봄에 그 나무를 사서 그 위에 누에를 올려놓은 다음, 누에고치가 만들어지면 그곳에 와 누에를 거둬들였다. 아울러 『검기』의 저자는 "광동 정향의 누에가 바로 준의의 비단이다"라고 덧붙였다. 또한 그는 누에고치에서 뽑은 준의의 생사[165]가 호광, 사천, 복건, 운남 등으로 팔려나갔다는 사실을 전해준다. 그것이 가능한 이유는 준의 사람들이 부지런했기 때문이다. 저자는 "남녀노소 모두 실을 꼬는 방추를 들고 있다. 내가 그 지역의 지방관으로 있을 당시, 서리들도 틈이 나면 가지고 있는 나무로 된 방추를 꺼내들고 쉬지 않고 실을 뽑았다"라고 언급했다.[166] 이곳 주민들은 귀주성 외부 지역에 생사와 비단을 팔았다. 귀주성 비단은 촉금蜀錦(사천에서 생산되는 비단)이나 복건에서 생산된 비단과 시장에서 경쟁관계에 있었다.[167]

목재

목재 판매에 대해서는, 묘족과 관련해서 이미 이 문제를 언급한 적이 있다.[168] 실제로 여평부에서는 일반적으로 호남성 출신 대상인大商人들이 벌목 조직을 가진 지역 주민들과 함께 목재를 취급했다. 『검어黔語』에 의하면 목재 판매는 대부분 호남성 경계에 위치한 왕채王寨, 모평茅坪, 괘치卦治의 세 개 채寨에서 이루어졌다.[169]

"다수의 상인들이 자신의 자금을 가져와[170] 계약을 체결했는데, 그 계약금은 해마다 치솟는다. 위 세 채와 매년 돌아가면서 목재 판매 관련 계약을 체결한다. 이미 여러 번 분쟁이 발생했기 때문에, 정부가 관원을 보내 질서를 바로잡는다."

이어 목재를 뗏목 모양으로 만들어 강에 띄운다.

"나무를 크고 작은 일렬 형태로 잘 묶어 청수강淸水江에 띄우면, 원구遠口와 옹동翁洞을 지나 호남성 검양黔陽에 이른다. 검양에서 목재는 다시 원수沅水를 타고 운반되어 모든 남동 지역으로 간다."

하지만 한족이 이런 일을 떠맡았던 경우도 있었던 것으로 판단된다. 그러므로 『검남식략』에는 건륭 50년(1785) 여전히 생묘生苗 지역으로 남아 있던 여평부 남쪽 지역으로 한족이 벌목하러 왔던 정황이 등장한다.[171]

귀주성 북쪽 지역인 준의는 이미 우리가 살펴본 것처럼, 여전히 숲이 많았지만, 수송의 어려움 때문에 목재 채벌이 난관에 부딪혔다. 명대에 이르러 개발이 꽤 이루어졌지만, 그러한 벌목에는 많은 사람이 필요했다. 나무, 특히 황궁 건설 때문에 그 수요가 많았던 삼목杉木이 부족하지는 않았지만, 목재를 띄워 보낼 하천이 벌목 지역과 떨어져 있었다. 또한 목재를 하천 연안까지 운반할 수 있는 도로도 필요했다. 『준의부지』에 의하면 명대 사천성 부주涪州에 주재하는 관원의 감독 하에 준의부 북동 지역에 위치한 수양현綏陽縣에 벌목을 위한 수공업창廠을 개설했다.[172] 준의와 그 일대 인구가 적었기 때문에, 벌목을 위해 고용된 인원들은 호남성 진주부辰州府에서 모집했다. 그러한 노동자들은 나무를 자르는 데 필요한 부수斧手, 운반을 담당하는 벌부筏夫, 하천가까지 운반하는 데 필요한 도로를 만드는 석장石匠, 벌목한 목재를 뗏목으로 만드는 기술자인 멸장篾匠, 벌목에 사용되는 도끼를 다듬는 철장鐵匠, 벌목 대상을 선별하는 사람들로 구성되었다. 길이 7장丈, 둘레 1장 2~3척인 남목楠木 한 그루를 하천가까지 운반하는 데 필요한 인원이 약 500여 명이었다. 이처럼 많은 인원이 동원된 이유는 이런 종류의 작업이 명대에는 주로 황명皇命으로 진행된 탓에, 당시 귀주성에서의 벌목 작업에 비용이 더 들었기 때문이며, 따라서 청대 관리들은 작업 조건이 너무 어렵다는 이유로 벌목 작업을 항상 주저했다.

지역 시장과 객상客商

묘족과 한족 사이의 상업 활동이 한층 더 긴밀해진 이유는 지역 시장과 특히 객상 때문이었다. 다양한 종류의 시장이 존재했지만, 비단처럼 1년에 한두 번씩 사천에서 열렸던 전문 시장과 같은 진정한 의미의 시장은 존재하지 않았던 것처럼 보인다.[173] 또한 운남의 대리大理처럼 중국 제국 사방에서 사람들이 몰려들어 며칠씩 계속된 대규모 시장도 없었다.[174]

그러한 시장들은 종종 매일, 혹은 그 개장 주기가 5일에서 10일 혹은 12일인 정해진 기일期日에 열리는 정기시장이었다. 대도시에는 시장 수가 매우 많았다. 예를 들어 귀양현貴陽縣 북부의 수문현修文縣에는 적어도 17개의 시장이 존재했는데, 그 시장은 모두 정해진 시기에 정해진 장소에서 개장했다.[175] 그러한 시장들은 성城 안[176]이나 성 밖[177]에 개설되었다. 또한 아침 일찍 장을 열어 정오 무렵 파장했다.[178]

촌락의 시장은 대체로 12일 주기로 개설되며, 용장龍場, 辰日이나 견장犬場, 戌日처럼 12지支의 명칭을 붙였다.[179] 그러한 정기시의 개장 주기는 상인들이 해당 지역의 정기 시장을 연속적으로 순회할 수 있도록 정했다. 각 시장은 일정 구역과 통한다.[180]

판매자와 구매자들은 한족, 비한족, 토착민, 객민들이다. 비한족들은 남녀 모두 숲에서 생산된 상품,[181] 가축, 약초를 가지고 시장에

오며, 그러한 물품으로 소금, 옷감, 생선과 생활 도구와 바꾸려 했다. 18세기에 묘족은 여전히 자신들 고유의 계량 단위를 사용했다.[182]

"곡물의 경우 소완小碗(작은 주발) 넷을 1승升으로 하고, 면포는 양손을 벌린 길이를 4척으로 했다. 소와 말은 그 연령 기준이 아닌, 주먹수의 많고 적음에 따라 그 가격을 정했다. 그 방법은 소 갈비뼈 앞에 대나무로 엮은 그릇을 놓고 그 넓이를 측정한 후 주먹이 몇 개 들어가는지 헤아린다. 수우水牛는 16권拳이 되어야 크다고 간주했으며, 황우黃牛는 13권을 큰 것으로 간주했는데, 그것을 권우拳牛라 했다. 말을 살 경우도 그 연령뿐 아니라, 막대기로 안장에서 지면까지 높이를 재서, 그 높이가 13권拳인 말을 큰 것으로 간주했다. 연령이 어리고 권수拳數가 많은 말의 값이 비쌌다."

묘족이 한족처럼 계량 단위를 사용한다는 사실이 종종 등장한다.[183]

마지막으로 여러 사료들은 주로 묘족이 거주하는 변방 지역에 정부의 명령으로 세워진 특별한 형태의 시장이 존재했다. 이러한 종류의 시장은 이미 언급한 것처럼 묘족의 토지를 침탈하기 위해 묘족들에게 외상으로 물건을 팔거나 지나치게 높은 이자로 돈을 빌려준 한족 상인들이 그러한 지역으로 유입되는 것을 차단하기 위한 것이었다. 정기시장처럼 역시 개장開場 기일이 정해져 있던 그러한 〈변방시장〉의 개설 목적은 한족 상인들에 의한 폐단을 차단해, 행정당국이 상인들을 통제할 수 있도록 하는 데 있었다.[184] 위험을 마다하지 않았던 한족의 객상들[185]은 묘족들이 사용하는 길을 따라 매우 외딴 지역에까지 들어갔으며, 그곳에서 소금과 면포를 팔고 가축과 약재를 사들였다. 『묘방비람』은 이러한 한족 상인들이 호남과 귀주성 경

계의 묘족 지역으로 어떻게 이동했는지를 보여준다.[186]

> "표자장豹子場(동인 북쪽)의… 큰 길가에는 묘인苗人들이 상점을 열고 장사를 하는데, 귀주성과 호광 지역 객민들이 가축을 사고, 지나는 길에 투숙하기도 한다. 그들 집은 외부의 객사客舍와 동일하다. (객사의 주인)은 투숙객을 잘 대접하며, 땔감과 음료수 및 투숙비로 받는 요금이 매우 싸고, 손님들에게 항상 무리한 요금을 강제하지 않는다. 투숙객이 길을 일찍 떠나면 무장한 묘인들이 그를 호위한다. 수십 리를 가서 다른 채寨의 묘인을 만나면, 호송하는 묘인이 풀밭에 엎드려 묘어苗語로 그들을 부르는데, 이때 풀밭에 엎드린 묘인은 감히 다른 짓을 하지 않는다. 만일 풀밭에 엎드린 묘인이 물러서지 않으면, 다른 채寨의 묘인들이 창을 빼들고 서로 싸운다."

이 구절은 여전히 변방 지역으로 남아 있던 지역으로 가기 위해 한족이 자신들에게 복속한 묘족들을 어떻게 이용했는지를 잘 보여준다.

끝으로 관련 사료가 그리 많지 않지만, 소수민족 사회에 대한 이러한 경제적 침투가 가져온 화폐 문제를 살펴보기로 하겠다.

6 귀주성의 동전 주조 시작

경제 발전이 늦은 탓에, 귀주성은 화폐의 필요성이 그리 절실하지 않았다. 이미 언급했듯이, 17세기 초엽 서하객은 자신이 만난 묘족들에게 지불 수단으로 소금을 사용했다. 그러나 모든 교환이 그렇게 단순한 결제 수단으로 해결될 수는 없었다. 그리고 그 문제를 정확하게 언급한 자료를 찾진 못했지만, 이웃 성省에서 주조한 동전을 귀주성에서 사용했다고 생각해야 한다.

다른 한편, 여러 사료에는 품질이 좋지 않은 조은潮銀에 관련된 언급이 등장한다.[187] 조은은 분명 소량의 은을 넣고 압형壓型으로 만든 것으로서, 규모가 많지 않은 거래에 사용되었을 것이다.

모든 성省에서 다시 주조를 허락한 강희 7년(1668) 이후, 귀주성에서도 동전이 주조되었다.[188] 그러나 강희 8년(1669) 이후, 동전 주조가 중단되었다.[189] 이러한 중단 조치를 가져온 주요한 근거는 "묘족이 동전을 꺼려하며, 귀주성에서는 거의 사용하지 않는다는 것"이었다.

옹정 연간에, 동전 주조 문제가 다시 불거졌다. 우선 옹정 5년(1727) 악이태(鄂爾泰, 1680~1745)와 이듬해 귀주제독貴州提督[190] 양천종(楊天縱, ?~1732)이 올린 두 개의 상주문[191]을 통해 그 문제를 살펴보면, 당시 관리들 사이에서도 동전 주조에 대한 의견이 매우 달랐던 것처럼 보인다.

악이태는 동전을 주조하는 고로鼓爐의 설치가 무용하다고 주장했다. 그가 이렇게 주장한 이유는 조은으로 소규모 거래가 충분히 가능하며, 귀주성 동전을 공급해야 하는 고로의 설치로, 농업 발달에 박차를 가해야 하는 당시에 오히려 귀주로 수많은 노동자가 유입될 수 있다고 생각했기 때문이다.

반대 의견을 가진 양천종은 동전 유통의 실패 원인이 주민들의 사용 거부 때문이 아니라, 은으로 세금을 받는 행정 당국의 태도 때문이라고 주장했다. 이런 점에서 동전으로 세금을 납부하는 일은 주조 비용을 부가해서 받는 화모火耗라는 관례 때문에, 널리 알려진 것처럼 남용 사례가 빈번했던 탓에, 일반 백성들에게 분명 부담이 더 많았다. 양천종의 의견에 따르면, 적어도 세금의 일부만이라도 동전으로 징수할 수 있다는 규칙을 지방 공무원들에게 강제하고, 군사와 역참의 비용도 이러한 방법으로 지급할 경우에만 귀주성에서 동전 유통이 가능하다고 지적했다.

동전을 주조하기 위한 전국錢局을 옹정 9년(1731)에 설치한 것으로 미루어 보건대, 옹정제가 양천종의 주장을 허용했다고 판단된다.[192]

건륭 52년(1787) 두 번째 전국이 대정大定에 설치되었다.[193] 대정의 전국에는 5개의 고로가 설치되었으며, 매년 18,750관을 생산해, 귀주성 서쪽의 위녕, 대정, 평원平遠, 검서, 수성水城, 필적畢赤, 안의安義, 영안永安, 장패長壩, 보안, 안남安南, 책형冊亨, 인회仁懷의 13개 진鎭과 협영協營[194]에 동전을 공급했다.

이러한 전국의 설치를 통해 귀주성의 경제 발달과, 귀주성이 각 성간省間의 상업망에 진입한 또 다른 증거를 볼 수 있다.

제3장 주註

1 馬少僑,『清代苗民起義』, 湖北人民出版社 : 武漢, 1957, 39쪽에서 재인용.

2 Arthur Hummel, *Eminent Chinese of the Ch'ing Period*, t.1, 415쪽과 t.11, 635쪽, 683쪽, 877쪽 참조. [여기서 손자는 오삼계의 아들인 오응웅(吳應熊)의 큰아들이었던 오세번(吳世璠)을 말한다.]

3 Ho Ping-ti, *Studies on the Population of China, 1368~1953*, Harvard University Press : Cambridge, Mass., 1959, 9쪽, 277쪽, 281쪽 참조. 또한 Quan Han-sheng(全漢昇) and Wang Yeh-chien(王業鍵),「清代的人口變動」,『中央研究院歷史語言研究所集刊』32本, 1961, 139~167쪽 참조.

4 羅爾綱,「太平天國革命前的人口壓迫問題」,『中國社會經濟史集刊』권8, 1호, 1949 참조. Quan Han-sheng, Wang Yeh-chien, 1961, 143쪽에서 재인용.

5 Quan Han-sheng, Wang Yeh-chien, 1961, 145~146쪽. [청대 경작 면적과 관련된 저자의 설명은 약간의 보완이 필요하다. 일단 全漢昇과 王業鍵의 논문에 따르면 강희 24년인 1685년 경작 면적은 607만여 경(頃)으로 저자의 634만 경이라는 설명과 다르다. 또한 전한승과 왕업건이 근거로 한『清朝文獻通考』권2,「田賦」(2)에는 607만 8,430경으로 되어 있으며, 이 수치는 州·縣 관할의 위소전(衛所田)을 합한 것이다. 한편 저자는 雍正 2년인 1724년의 683만 경의 수치에 뒤이어 따로 연도를 언급하지 않은 채, 이 수치에 관전과 둔전을 합하면 800만 경이 된다고 언급했다. 그러나 전한승과 왕업건의 논문에는 옹정 2년(1724)의 경작면적인 683만 경을 언급한 후 다시 건륭 31년(1766)의 경작면적을 741만여 경으로 서술하고 있는 한편, 이 건륭 31년 수치에 둔전과 관전을 합치면 약 800만 경에 달한다고 언급했다.]

6『清朝文獻通考』권4,「田賦」(4)에 등장하는 건륭 31년(1766) 上諭는 "운남은 산이 많은 반면, 田地는 적다. 모든 곳의 경작 가능한 지역은 이미 모두 개간이 된 탓에 더 이상의 여지가 없다. 오직 산기슭과 하천가에만 넓은 토지가 있을 뿐이다(滇省山多田少, 水陸可耕之地, 俱經墾闢無餘. 惟山麓河濱尙有曠土)"라고 지

적했다.

7 이상 구리에 관련된 모든 설명은 J. Hall, "Notes on the early Ch'ing Copper Trade with Japan," *Harvard Journal of Asiatic Studies*, vol.12, 1949, 444-461쪽 참조.

8 역주 등월청(騰越廳) : 운남성에 위치한 행정구역으로서 嘉慶 24년(1819) 등월주(騰越州)를 승격시켜 등월청(騰越廳)을 신설했다. 道光 2년(1822) 청(廳)을 폐지하고 영창부(永昌府) 관할에 두었다.

9 역주 버모우(Bhamo) : 한문으로는 팔막(八莫)이라 부르며, 이전에는 新街라 불렀다. 영어로는 Bamaw라고도 부르며 중국의 운남 국경에서 65km에 위치한다. 이라와디(Irrawaddy) 강 유역에 자리 잡고 있는 이 도시는 이곳을 통해 중국의 동전이 버마로 흘러들었던 19세기 무렵까지, 중국과 매우 중요한 교역 중심지였다.

10 V. Purcell, *The Chinese in Southeast Asia*, second edition, 1965, 51쪽을 재인용한 Burney, "Translations of the Burmese Chronicles," *Asiatic Society Journal*, VI., 121쪽 참조. 한편 『淸高宗實錄』권808, 18쪽 하~20쪽 하 쪽에 들어 있는 건륭 33년(1768) 중국 관료의 상주문에 의하면, 건륭제가 이 지역에 대한 군사 작전을 개시하기 전에는 중국이 철, 동라(銅鑼), 밧줄, 명주, 모전(毛氈), 면직물, 도자기, 담배, 차, 생사, 침, 실 등을 버마에 판매한 반면, 버마는 호박, 옥, 상아, 생선과 특히 면화를 중국에 판매했다.

11 H. Luce, "Chinese invasions of Burma in the Eighteenth Century," *Journal of the Burma Research Society*, XV, 2, 117쪽 참조. [저자는 마오 룽이라는 지명 뒤에 혹시 이곳이 남투(Namtu, 南渡)의 보드윈 광산이 아닐까 하고 추측하고 있다. 일단 마오룽이 곧 남투 지역인지는 불분명하다. 그러나 남투가 제2차 세계대전 이전에는 가장 큰 연광과 은광이 존재했다는 점에서 마오 룽이 남투일 가능성이 크다. 또한 이 남투의 위치는 버마의 타웅펭(Tawngpeng) 지역에 위치하는데, 이 타웅펭이 산족(Shan)의 언어로 로이 룽(Loi Lung)이라는 점을 고려하면, H. 루스(H. Luce)가 로이 룽을 마오 룽이라고 기재했을 가능성도 생각할 수 있다.]

12 이 군사 작전에 대한 좀 더 자세한 사항은 Camille Imbault-Huart, "Histoire de la conquête de Birmanie par les Chinois, sous le règne de Tç'ienn long (「건륭 연간 중국인들의 버어마 정복사」)," *Journal Asiatique*, fév.-mars, 1878, 135~178쪽.

13 역주 저자의 언급과는 달리, 貴州省은 永樂 14년(1416)이 아니라, 永樂 11년인 1413년에 貴州承宣布政使司가 설치되어 정식 省으로 승격되었다. 이 당시 귀주성은 府 10개, 州 9개, 縣 14개를 관할했다. 아울러 宣慰司 1, 按撫司 2, 長官司 71곳이 있었으며, 도사 관할의 衛 16곳, 直隷所 2곳, 수어소(守禦所) 8곳, 長官司 6곳도 모두 귀주포정사 관할이었다.

14 乾隆『貴州通志』권11, 「食貨志」(戶口) 3쪽 하. [저자가 지적한 대로 淸 前期는 貴州省 행정구역의 변화가 심했던 시기이다. 본문의 언급처럼 일단 특히 雍正 5년(1727) 사천 관할이었던 준의부의 正安州, 준의현(遵義縣), 동재현(桐梓縣), 수양현(綏陽縣), 인회현(仁懷縣)을 귀주성에 편입시켰다. 그러나 같은 해 필절현(畢節縣) 이북의 永寧縣을 사천으로 귀속시키는 한편, 다시 雍正 10년(1732) 사천성 관할 서영청(敍永廳)과 적수하(赤水河) 남쪽 지역을 귀주성 필절현에 예속시켰다. 그러나 이런 행정구역상의 변화도 중요하지만, 저자의 지적대로 인구를 지칭하는 용어의 의미를 정확하게 파악할 필요가 있다. 즉 저자가 인용한 乾隆『貴州通志』권11, 「食貨志」, 4쪽 상~하에 의하면, 청대 귀주성의 인구가 '原額戶口 175,335호'로 표시되어 있다는 사실을 염두에 둔다면, 이는 분명 납세호(納稅戶)를 지칭하는 것이다. 특히 '신증호구(新增戶口)' 69,518호라는 언급과 함께 '實在戶口'를 272,687라고 기록한 점도 그런 사실을 뒷받침한다. 그러나 '실재호구'가 전체 인구인지는 여전히 불분명하다.]

15 『明史』권46, 「地理」(7), 332쪽. [저자가 언급한 『明史』에 의하면 귀주성 부분에 "弘治四年, 編戶四萬三千三百六十七, 口二十五萬八千六百九十三. 萬曆六年, 戶四萬三千四百五, 口二十九萬九百七十二"로 되어 있으며, 洪武 26년인 1393년의 수치는 운남 지역에만 등장한다. 앞서 지적한 대로 귀주는 永樂 11년(1413)에 이르러서야 비로소 省의 지위를 획득했기 때문에, 홍무 연간의 귀주성 인구를 언급하지 않았다고 판단할 수 있다. 다만 운남성은 洪武 15년(1382)에 省으로 승격했기 때문에, 홍무 26년(1393)의 인구 수치를 기록할 수 있었던 것처럼 보인다.]

16 『大明一統志』에 이어 등장한 『皇輿考』는 嘉靖 26년(1547) 進士에 오른 장천복(張天復)이 편찬했다. 『皇輿考』는 『현람당총서(玄覽堂叢書)』권28~권35에 들어 있다. 『皇輿考』에 등장하는 인구 수치는 이미 O. B. van der Sprenkel, "Population Statistics of Ming China," *Bulletin of the School of Oriental and African Studies*, XV, no.2, 1953, 301쪽의 명대 인구 관련 도표에 등장한다.

17 O. B. van der Sprenkel, 1953, 302쪽에 의하면, 수치가 지나치게 많은 弘治 4년(1491) 광서성의 인구는 아마도 잘못된 것임이 분명하다. 운남성으로의 인구

유입은 본서 76쪽 참조.

18 康熙『貴州通志』,「凡例」, 2쪽에 의하면 명청 교체기 귀주성의 인구 상황은 매우 혼란스러웠으며, 인구 조사의 실시가 불가능했기 때문에, 청초의 인구 수치는 분명 명대에 출간되어 순치 15년(1658) 재정리한『貴州賦役全書』에서 비롯되었다는 사실을 우리들에게 알려준다. 그러한 현상은 귀주성 외에도 중국 전역에서 발생했다. 명말의 호구대장이 존재하지 않는 탓에, 청초에 부과된 최초의 세금은 만력 연간의 토지대장을 근거로 부과되었다. 당체(唐棣),「略論淸代的地丁制度」, 李光璧 編,『明淸史論叢』, 1957, 46쪽 참조.

19『淸朝文獻通考』권19,「戶口」.

20 乾隆『貴州通志』역시 康熙 연간의『貴州通志』처럼 인구 조사를 실시한 연도를 정확하게 밝히지 않은 채, 原額만을 기재하고 있다. 그러나 乾隆『貴州通志』의 원액은『貴州通志』가 처음으로 간행된 順治 15년~康熙 31년(1658~1692) 사이의 수치일 가능성이 있으며, 세금을 부담해야 하는 단위를 의미하는 귀주성 전체 원액은 158,290으로 증가했다. 사실상 세금을 실제로 내야 하는 사람들(實在會差人丁)의 수치가 최초『귀주통지』에서는 16,678(권10, 1쪽 상~하), 두 번째『귀주통지』에서는 강희 35년(1696) 19,992(권11, 4쪽 상)로 기재되어 있다. 우리가 확인할 수 있듯이, 위 두『貴州通志』에 등장하는 수치는 위 〈표 2〉의 강희 24년(1685)과 옹정 2년(1724) 사이의 수치일 가능성이 높다. 따라서 이 두 시기 뒤에 숨어 있는 실재가 무엇인지를 파악해야 하는 일이 남아 있다.

21 건륭 18년(1753)의 人丁數는 지나치게 적다. 이 문제와 관련해『淸實錄』을 토대로 허핑티(Ho Ping-ti)가 그의 저서 맨 마지막 부분에 작성한 도표의 수치를 참조할 수 있다.

22 乾隆『貴州通志』권11,「食貨」(戶口), 7쪽 상~57쪽 상. 이처럼 수치가 높은 이유는 인구조사 때문이 아닌, 대략적인 추산 때문이라는 사실을 염두에 둘 필요가 있다. 사실상 이 지방지는 이러한 인구 수치의 해당 시기를 여전히 확인할 수 없다고 지적했다. [이 인정수가 기재된 곳은 乾隆『貴州通志』권11,「食貨」(戶口), 4쪽 상이며, 귀주성 전체 호구를 다루고 있는「食貨」(戶口) 부분은 4쪽 상~74쪽 상에 기록되어 있다. 특히 주의해야 할 부분은 저자가 비한족의 인정수라고 언급한 '90,721'라는 수치는 실제 '96,698'로 되어 있으며, 그 수치가 곧 비한족을 가리킨다고도 할 수 없다는 점이다. 원문에는 "原額人丁一十五萬八千二百九十丁內, 除九萬六千六百九十八丁, 原不編差並隨田帶派, 亦不徵差外…"로 되어 있기 때문에, 실제 다양한 계층이 원액인정

에서 제외되었다. 예를 들어 이 지방지가 언급하고 있듯이 도망(逃亡) 人丁 등이 그에 해당한다.]

23 『粤滇雜記』권7, 4쪽 하에는 大定府 동쪽 검서주(黔西州)의 한족이 전체 주민의 20%에 불과하다고 언급되어 있다.

24 1965년 북경에서 출간된 『中國分省地圖』의 언급에 의하면 20세기 비한족의 구성 비율은 여전히 40% 정도였다.

25 주로 19세기에 이르러 묘족과 요족이 인도차이나로 이주했으며, 그곳에서 그들은 여전히 메오(Meo)족 혹은 만(Man)족으로 불렸다.

26 乾隆『四川通志』권34, 「藝文」(疏), 7쪽 하~8쪽 하. [이 부분은 田秋, 「청예주유민소(請預籌流民疏)」에서 인용한 것으로 판단된다. 다만 본문의 설명과는 달리 실제 사천 주민들이 유입된 지역은 귀주 思南府 일대와 川東 지역인 重慶, 그리고 播州 일대였다. 전추(1494~1556)는 귀주성 사남부 출신으로 정덕 5년(1510) 거인에 올라 호과급사(戶科給事), 복건포정사참정(福建布政使參政) 등의 벼슬에 올랐으며, 嘉靖 18년(1539) 사천안찰사에 올랐으므로 이 무렵에 이 글을 작성했을 것이다.]

27 『黔南識略』권29, 7쪽 하~8쪽 상. [해당 원문은 다음과 같다. "…普安自興義平定以後, 土曠人稀. 其土目大姓招佃種土…滇蜀失業窮□携妻挈子而來者, 踵相接也."]

28 徐霞客, 『徐霞客遊記』권2, 117쪽에 의하면, 두 명의 승려가 귀양 남쪽의 백운산에 살았는데, 한 명은 북경 출신이었으며, 또 다른 한 명은 남경 출신이었다. 또한 같은 책 215쪽에는 개간을 목적으로 보안(普安) 부근의 구릉에 정착한 또 다른 남경 출신의 승려가 등장하며, 같은 책 182쪽의 언급을 통해 백운산의 승려들이 그들의 땅을 경작하는 佃戶까지 소유하고 있음을 알 수 있다.

29 徐霞客, 『徐霞客遊記』권2, 164쪽에는 광서성과 접경 지역에 위치한 上司의 객줏집(宿鋪)의 주인이 강서성 출신이었으며(…入上司南門, 有土垣環遶, 門內卽宿鋪, 江西人), 같은 책 172쪽에서는 도균부의 객주집 주인이 역시 강서인으로(…入小西門, 是爲都匀郡城. 宿逆旅, 主人家爲沈姓, 亦江西人), 같은 책 199쪽에서도 역시 사성(查城)에 있는 객주집의 주인이 강서 출신으로 등장한다(嶺西又盤塢爲坪, 結城其間, 是爲查城, 卽所謂鼎站也…而稅駕逆旅趙店, 江西人).

30 『黔記』권7, 346쪽 상.

31 『黔南識略』권26, 5쪽 상. ["漢人多江南湖廣江西福建陝西雲南四川等處, 流寓各以其省設一頭人, 夷人則有土目, 其次曰得暮廝色…"이라는 기술로 미뤄, 외부 이민자들이 출신지별로 별도의 우두머리를 뽑은 이유는 그곳 소수민족들이 土目이나 득모(得暮) 등의

수장을 중심으로 결집되어 있던 상황에 대응하기 위한 것으로 생각된다.]

32 『淸朝文獻通考』권 1~4, 「田賦考」. [저자는 이 부분에 대한 자료를 단순한 서술로 제시하고 있지만, 『淸朝文獻通考』(杭州 : 浙江古籍出版社, 2000) 권3, 「田賦考」(3), 4873쪽에 의하면 雍正 원년(1723) 貴州省의 경작 면적은 12,290頃 43畝였으며, 이어 同書, 4889쪽에 등장하는 乾隆 18년(1753) 귀주성의 경작면적은 25,691경 76무이다. 따라서 이러한 증가 추세 속에는 옹정 연간뿐 아니라, 건륭 연간의 증가분도 포함되어 있다고 보아야 한다.]

33 본서 167~168쪽 참조.

34 특히 명대 이후 산지에 마음대로 정착했던 승려들은 그러한 욕심을 내지 않았다.

35 乾隆『貴州通志』권35, 「藝文」(疏), 44쪽 상~하. [이 글은 淸初 貴州巡撫를 역임한 王燕이란 인물이 쓴 「권민개간황전소(勸民開墾荒田疏)」라는 글이며, 이 부분에 해당하는 원문은 "聖主惠民柔遠之盛意, 臣抵任後, 査閱糧冊, 闔省荒田, 尙有十分之四之多…"이다.]

36 乾隆『貴州通志』권13, 「食貨」(田賦), 1~46쪽. 이곳에 기재된 각 府의 水田과 荒田의 수를 합하면, 각각 2,073,636무와 801,211무이며, 이것은 황전이 약 4/10라는 기록과 일치한다.

37 본서 356쪽 참조.

38 乾隆『貴州通志』권35, 「藝文」(疏), 33쪽 상~하 참조. 이 글은 본서 〈부록 3〉, 291~292쪽에 기재되어 있다. [해당 글은 王燕, 「勸民開墾荒田疏」이며, 원문은 다음과 같다. "…開墾山田, 人工牛種, 又倍於他省. 迨四五年後, 始有些少收穫, 不償人工牛種之費. 六年成熟起科, 除辦賦外, 僅足餬本年播種之口. 從前墾荒工本, 終無所取償, 是以賦重之田, 多懈於開墾…貴州荒田開墾, 准照減則循例六年徵賦, 厚其羨餘, 使開荒工費咸足取償…." 따라서 분할 상환하다라는 의미를 지닌 'amortir'라는 단어를 쓴 본문과는 달리, 초기에 들어간 개간 비용을 어느 정도 회수한 이후에 상환하도록 했다는 의미이다.]

39 좀 더 자세한 사항에 대해서는 王毓全, 『明代的軍屯』, 中華書局 : 北京, 1965, 290~321쪽 참조.

40 乾隆『貴州通志』권36, 「藝文」(疏), 5쪽 상에 있는 張廣泗, 「의복묘강선후사의소(議覆苗疆善後事宜疏)」에 의하면 苗疆 지역의 水田을 묘족이 경작할 당시, 그 생산량은 上田이 매 무당(每畝當) 도곡(稻穀) 5石, 中田이 4石, 下田이 3石이었다. [장광사의 이 언급은 이 지역 屯兵의 식생활 해결을 위한 방책을 제시한 것이다.

원문은 다음과 같다. "…査苗人所種水田, 上田每畝可出稻穀五石, 中田可出四石, 下田可出三石. 合計屯軍每戶給與, 上田六畝, 或中田八畝, 或下田十畝, 其所收米穀, 可敷一年之口食…."]

41 역주 이 부분에 해당하는 문장을 읽으면, 당시 청 정부가 이런 정책을 시행한 것으로 착각할 수 있다. 그러나 위 각주 38)의 원문을 보면 실제 이런 방식으로 지급한 게 아니라, 그렇게 해야 한다는 일종의 정책 제안이라는 사실을 알 수 있다. 다만 실제 이 지역을 다스린 경험이 있는 임부(林溥)라는 인물의 『古州雜記』를 보면 이런 내용이 다시 등장하고, 실제로 토지 지급이 이루어졌다는 판단이 가능한 언급이 등장한다.

42 林溥, 『古州雜記』, 378쪽 상. [林溥라는 인물은 嘉慶 4년(1799)과 嘉慶 7년(1802)에 고주청 동지를 역임한 인물로 『고주잡기』는 아마도 이 당시 저술한 것으로 추측된다.]

43 『黔南識略』권13, 2쪽 하~3쪽 상. [저자는 쪽수를 '10쪽'으로 표시했지만, '3쪽'에 해당 내용이 등장한다. 또한 이러한 토지는 당시 반란을 일으킨 묘족의 토지를 몰수해 둔호(屯戶)들에게 지급했다는 사실을 알 수 있다. 원문은 다음과 같다. "…共屯軍一千七百八十六戶. 田畝從未丈量, 平苗後, 以叛苗絕産, 計畝分授屯軍, 每軍授土上田六畝, 中田加二畝, 下田又加二畝, 共田一萬二千四百五十五畝有奇…."]

44 乾隆 『貴州通志』권36, 「藝文」(奏疏), 4쪽 상.

45 嚴如熤, 『苗防備覽』권22, 「雜識」, 21쪽 하~22쪽 상. 동일한 현상이 『黔南識略』권19, 17쪽 하에 등장한다. [『苗防備覽』의 내용은 "苗賬詳前風俗門. 往時苗中尙有客賬營賬二端, 其害亦大. 營賬爲汛兵所放, 客賬多衡寶江右客民, 住市場者放之. 制錢八百爲一挂, 月加息錢五, 至三月不完, 輒歸息作本, 計周歲息凡四轉, 息過本數倍矣…"이며, 『黔南識略』에 등장하는 원문은 "…漢民之黠者多來自江右, 抱布貿絲, 遊歷苗寨, 始則貸其嬴餘, 而厚取其息, 繼則準折其土地廬舍, 以爲値…"이다. 저자의 지적대로 이러한 경제적 수탈 관행은 한족이 증가한 후 꽤 일상적인 현상이었다. 한편 저자는 원문에서 단지 강서인만을 번역한 반면, 형양(衡陽)과 보경(寶慶) 사람들이 등장한다는 사실은 언급하지 않았다.]

46 역주 신병(汛兵) : 청대 녹영병(綠營兵) 관리였던 천총(千總), 파총(把總), 외위(外委) 등이 통할한 병사를 말한다.

47 원문을 글자 그대로 해석하면, '수배가 넘는다'이다. 그러나 계산을 해보면, 한 해 총 이자액은 800전(錢)의 실질 가치를 약간 상회하는 정도이다.

48 역주 원문은 다음과 같다. "約苞穀雜糧熟時, 折取息錢, 或乘其空乏催討將田

地折算. 又有放新穀放貨穀諸名. 放新穀, 則當青黃不接之時, 計貸錢若干, 秋收還穀若干. 貨穀, 則賒以布鹽什物, 計貨若干, 秋收還穀若干. 借者必浼富苗作保, 貧不能償, 保人代賠, 故苗中有債必完, 往往收穫甫畢, 盎無餘粒. 此債未淸, 又欠彼債, 盤剝既久, 田地罄盡. 奸苗石柳坉等, 聲言驅逐客民, 奪還苗地, 而群寨響應…."

49 嚴如熤, 『苗防備覽』권19, 「藝文」(上), 19쪽 상. [해당 원문은 "據奏, 苗寨滋事, 雖由於客民盤剝地畝, 但客民之在苗地, 亦非一朝一夕, 所佔田地, 或用價置買, 或貨物易換. 玆因苗匪不法, 致此等客民, 全行失業, 亦未免向隅…"이다. 저자는 원문 번역에서 동일한 이유로, 묘족들은 자신의 권리를 주장할 수 없다(Les Miao ne peuvent alléguer le droit pour eux)라고 번역했지만, 실제 원문은 묘민들의 불법적인 소요 때문에 객민들도 피해를 본다는 의미이다.]

50 본서 475쪽 참조.

51 본서 86쪽 참조.

52 嚴如熤, 『苗防備覽』권8, 「風俗考」(上), 1쪽 상. [엄격하게 말하자면, 嚴如熤의 해당 설명은 실제로 漢族 佃戶들을 언급하기 위한 게 아니라, 生苗와 熟苗를 구분하기 위한 것이다. 해당 원문에는 다음과 같이 기록되어 있다. "…西北之良章營喜鵲營止, 邊牆以外者, 爲生苗. 邊牆內, 間有與民村相錯居住, 或佃耕民地, 供賦當差, 與內地人民無異, 則熟苗也."]

53 徐霞客, 『徐霞客遊記』권 2I, 186쪽. [廣順과 安順 사이에 있는 구장보(狗場堡)와 그곳 탕씨(湯氏)의 佃戶를 의미한다. 그러나 나머지 한 촌락의 명칭과 그곳의 전호에 대해서는 분명하게 서술되어 있지 않다. 다만 서하객의 설명에 따르면 이 지역의 묘족들은 모두 숙묘였다.]

54 龔柴, 『苗民考』, 78쪽 하.

55 張英, 『恒產瑣言』. 馬少僑, 『淸代苗民起義』, 湖北人民出版社 : 武漢, 1956, 34쪽에서 재인용.

56 방포(方苞, 1668~1749)라는 이름으로 더 알려진 방망계(方望溪)의 『望溪文集』(外集) 참조. 馬少僑, 1956, 35쪽에서 재인용. 장영(張英)과 방포에 대한 좀 더 자세한 내용에 대해서는 Arthur Hummel, *Eminent Chinese of the Ch'ing Period, 1644-1912*, t.1, 64~65쪽과 235~237쪽 참조.

57 본서 72쪽 참조.

58 본서 260쪽 참조.

59 『黔南識略』권1, 12쪽 상~하. [해당 원문은 다음과 같다. "…比於中土, 田分上中下, 則源水浸溢, 終年不竭者, 謂之濫田, 濱河之區, 編竹爲輪, 用以戽水者, 謂之水車田, 平原築堤, 可資蓄洩者, 謂之堰田. 地居窪河溪間, 可以引灌者, 謂之冷水田, 積水成池, 旱則開放者, 謂之塘田, 山泉泌湧井汲, 以資溉者, 謂之井田. 山高水乏, 專恃雨澤者, 謂之乾田, 又稱望天田, 坡陀層遞者, 謂之梯子田…."]

60 역주 경직도(耕織圖) : 『耕織圖』는 본래 남송 高宗 紹興 연간(1131~1162) 누숙(樓璹)이라는 사람이 직경(織耕) 기술을 시와 그림으로 제작한 이래 많은 사람들이 이를 모방해서 작품을 남겼다. 강희제 역시 그가 南巡을 할 당시, 이 그림을 보고 제작을 지시했으며, 강희 연간의 『경직도』는 초병정(焦秉貞)의 작품으로 알려져 있다. 한편 『授時通考』는 황제의 명령으로 악이태(鄂爾泰)와 장정옥(張廷玉) 등이 편찬해서 건륭 7년(1742) 황제의 흠정(欽定)을 받은 저서로서 중국 역대 농업서를 집대성한 책이다.

61 역주 나문사(羅文思) : 사천성 合江 출신으로 건륭 3년(1738) 進士에 올라 섬서성 白河, 商南 등의 지현을 지냈으며, 건륭 18년(1753) 商州 知州를 역임했다.

62 羅文思는 건륭 30년(1765)에 편찬된 『石阡府志』의 저자이다. 건륭 연간 발간된 이 지방지는 북경고궁박물원에 소장되어 있다. 그의 글은 光緖 2년(1876) 『石阡府志』권2, 47쪽 하에 다시 게재되어 있다.

63 원문에는 "마치 사슴의 뿔처럼(如鹿角狀)"으로 되어 있다.

64 역주 저자는 이 책에서 이양년을 어찌된 일인지 江西省 출신자로 서술했지만, 이양년은 浙江省 가흥현(嘉興縣) 매리진이라는 곳에서 출생한 인물이다. 浙西 지방의 망족(望族) 가문에서 태어난 그는 본명이 법원(法遠)이었지만, 30세 때 양년으로 개명했다. 청초의 대표적인 시인 가운데 한 사람이며, 동향 출신의 주이존(朱彝尊)과 함께 '주이(朱李)'로 불릴 만큼 문재로 이름을 날렸다. 저서로 『秋錦山房集』이 있다.

65 登文成 編, 『淸詩紀事初編』, 中華書局 : 上海編輯所, 1965, 권2, 757쪽에 수록된 이양년(1635~1694)의 「水車行」참조. 리용 사절단의 구성원들 역시 그들이 사천에서 목격한 그러한 관개기술을 보고 매우 놀랐다. "省都에서 흐르는 강물이 낮은 쪽으로 흐르는 성도(成都, 사천성의 수도) 일부 지역에서는, 경작지에 물을 대기 위해 강물을 이용한다. 대나무로 매우 단순하게 제작되었으며 물을 끌어올리는 데 사용되는 수차 바퀴의 직경은 6~10미터이다. 이 수차는 논에 모심기를

할 때만 만들어지며, 그것을 최대한 가동하지 않아도 필요에 충분히 부응한다… 이러한 관개 기술은 우기에 생기는 수량 증가와 하상(河床)의 빈번한 변화 때문에 더욱 실용적이며, 이 도구를 영구적으로 설치하는 일은 거의 불가능하다." *Mission lyonnaise*, t.II, 125쪽. 이러한 관개 기술은 베트남에서도 확인된다. P. Guilleminet, '*Les norias du Guang-ngai*(「광나이의 수차」),' *Bulletin des amis du vieux Hué*, 1926. [본문에 인용된 李良年의 시는 그의 저서인 『秋錦山房集』에 실려 있는 「水車行」이란 시이다. 그의 원문에는 "黔人五月伐蠻竹, 水車團團架江腹, 百筒自轉洪濤風, 晴日禾苗盡霑足…吾鄉水車製渾樸, 胼胝僅足輸官租. 吾將攬筆繪此圖, 可惜江南水面平于鋪, 水車僅可施急水…"라고 적혀 있다. 따라서 '水車僅可施急水'를 물이 고여 있는 탓에 사용할 수 없다라고 번역하기보다는 '평지로 물이 흐르기 때문에 급한 경우에 한해서 수차를 이용한다'라고 번역하는 게 타당하다.]

66 이 당시 야잠(野蠶)은 사실상 사천성 경제에 중요한 역할을 했다는 사실을 우리는 알고 있다.

67 吳振棫, 『黔語』(下), 3쪽 하~4쪽 상. [저자가 인용한 『黔語』 대신, 여기서는 彭澤益 編, 권1, 1962, 204쪽의 자료를 기재한다. 彭澤益의 자료집에 기재된 해당 원문은 다음과 같다. "遵義食槲繭利, 自太守陳公始. 公名玉𤫊, 字韞璞, 山東歷城人, 以任爲光祿署正出同知江西贛州府. 乾隆三年來守遵義, 地故多槲, 僅供爨薪. 公曰, 此吾鄉登萊間樹, 可蠶也. 遂自山東購山蠶種, 且以蠶師來, 中道蛹出而罷. 六年復遣人歸, 期以冬至, 蛹得不出, 明年乃蠶. 蠶大熟, 乃遣蠶師四人, 教四鄉蠶. 又築廬於城東水田壩, 命善織者, 教民以手經指緯之法. 授以種, 資以器, 八年得繭至八百萬. 自是, 郡人戶養蠶, 今百餘年, 爲黔富郡. 道光十八年陳公入祀名宦, 而郡人則建祠祀公久矣. 春秋蠶功成, 酒食歌舞樂陳公如生, 不忘惠也…."]

68 누에가 먹는 뽕잎을 딸 수 있는 여러 종류의 나무들이 존재한다. 동일한 종류의 나무가 지역에 따라 다른 명칭으로 불리는 경우도 종종 있다. 본서 177쪽 참조.

69 劉汝璆, 「種桑議」. 葛士浚 編, 『皇朝經世文續編』권35, 「戶政」(12) 10쪽. 彭澤益 編, 권1, 1962, 204~205쪽에서 재인용. [해당 원문은 다음과 같다. "乾隆初, 嘉興徐君階平官貴州正安州, 吏目憫其地瘠民貧, 無以謀生. 偶見橡樹中野蠶成繭, 自以携來織具, 織成綢匹, 令民制織具, 而令其妻教之, 其地遂成市集, 大獲其利. 至今所謂川綢者, 皆從貴州而來. 土人名曰徐婆綢…."]

70 劉祖憲, 「橡繭圖說記」. 鄒漢勛, 咸豊 『安順府志』권49, 9쪽. 彭澤益 編, 권1,

1962, 권1, 206~207쪽에서 재인용. [원문에 의하면 처음에는 묘민들이 묘족의 풍습을 해칠까 두려워 이러한 잠상업의 도입에 반대했다. 해당 원문에는 다음과 같이 기록되어 있다. "…余曰, 何不招匠敎之. 則曰, 此固利民之事, 然非苗民所宜, 詰之, 則相與顧盼不敢言. 反復開導之, 乃曰, 苗民素儉朴, 若招匠入寨, 飮酒食肉, 賭博奢華, 壞苗俗, 得不償失矣. 余與諸寨長約, 但招遵義匠一二人, 敎爾蠶, 敎爾砍橡蓄橡, 蠶成又敎爾織, 匠人不率敎, 則告于官, 逐而易之, 如何. 梁鳳鳴等首肯….”] 또한 嚴如熤, 『苗防備覽』권8, 「風俗考」(上), 8쪽 하에는 "호남성과 귀주성 접경 지역의 묘족 여인들도 사잠(飼蠶)하는 법을 알고 있지만, 그 종자를 기르는 법을 알지 못하는 탓에, 매년 봄이 되면 민간에서 누에 출하를 기다렸다가, 여러 사람들이 한데 모여 등바구니를 지고 자신들의 물건과 누에를 서로 교환한다("…婦女亦知飼蠶, 惟不曉育種. 春間俟民間蠶出, 結伴負籠, 以貨物易之…")고 언급되어 있다.

71 19세기에도 여전히 귀주성의 생사는 매우 명성이 높았다. *Mission lyonnaise*, t.II, 335~338쪽에는 그러한 사실을 매우 자세히 언급하고 있다. "야잠 사육은 귀주성의 가장 중요한 수입원이다. 사육자들은 누에를 기를 뿐 아니라, 누에고치에서 실을 뽑아, 그 실로 파주(婆綢, fou tcheou)라 부르는 비단을 만드는데, 그 비단은 생산 지역은 물론 준의로 팔려나간다. 본래 이 지역에서 생산되는 야잠이란 품종은 그 생산량이 많지 않은 탓에, 이곳 주민들은 보통 호남성에서 들여온 품종을 사육한다. 누에 사육자들은 음력 8월에 호남성으로 가서 잠종(蠶種)과 재생산용 누에를 구해온다… 그 잠종을 바구니에 놓아둔다. 누에가 부화하면, 가장 여린 뽕나무잎을 누에에게 준다. 이어 그렇게 먹이를 준 며칠 후, 누에를 아예 떡갈나무로 옮긴다. 이 나무 위에서 뽕잎을 갉아먹으면서 누에는 누에고치가 될 때까지 (시간을) 보낸다. 낮에는 새들로부터, 밤에는 도난을 방지하기 위해, 나무 위에 놓아둔 누에들을 계속 감시한다. 누에가 허물을 벗고 검은색에서 노란색으로, 그리고 노란색에서 다시 초록색으로 변하는 데 60~70일 정도가 필요하다. 1주일이 지나면 누에고치가 만들어지지만, 햇볕이 강할 경우 3~4일로도 충분하다. 누에고치가 만들어지자마자, 가족들이 누에고치에서 실을 뽑는다. 매우 묽고 산성이 강하며 돼지 담즙이 섞인 용액 속에 일단 누에고치를 담근다. 이어 매우 뜨거운 냄비에 누에고치를 넣는다. 실을 다 뽑고 나서도 누에고치는 종종 꽤 인기 있는 상품이 된다. 누에고치는 무게가 아닌 일정 단위로 판매한다." [여기서 인용한 *Mission lyonnaise*의 내용 중 'fou-tcheou'라는 비단 종류는 그 원음을 알기 어려웠다. 역자의 추측으로 그것이 본문에 등장하는 서파주

(徐婆綢)일 가능성이 있다고 판단해 婆綢라 번역했음을 밝힌다.]

72 『高宗實錄』권573, 乾隆 23년 10월 癸未條. 南開大學歷史系 編,『淸實錄經濟資料輯要』, 中華書局 : 北京, 1959, 224쪽에서 재인용. [해당 원문은 "黔省民耕而不織, 絲布昂貴. 現通飭各屬, 于川楚鄰省購種木棉苧麻, 敎民紡織. 俟有成效, 再酌立賞罰"이다. 따라서 저자가 지적한 것처럼 수입한 면포가 비싼 게 아니라, 이 지역이 방직을 하지 않은 탓에 면포 가격이 비쌌다. 또한 '초(楚)'라는 단어를 호남성으로 번역했지만, 이 문장으로만 봐서는 그것이 단지 호남성만을 가리킨다고 할 수는 없다. 명청시대 호북성의 면화 경작 면적이 상당했다는 사실을 염두에 둘 필요가 있다. 아울러 저자는 단지 면화와 麻만을 언급했지만, 원문에서 확인할 수 있듯이 면화, 마, 모시(苧)가 동시에 언급되어 있다. 참고로 주인기(周人驥)가 貴州巡撫에 부임한 건륭 23년(1758)에 바로 이러한 명령을 내렸다. 그의 上奏가 정확하다면, 그로부터 3년 후인 건륭 26년(1761)에 자신의 그러한 방법이 결실을 맺기에 이르렀으며, 仁懷 등의 지역에는 산잠(山蠶)을 심어 누에를 기르도록 했다.]

73 賀長齡,「廣種桑棉兼敎紡織情形疏」. 葛士浚,『皇朝經世文續編』권35,「戶政」(12), 8쪽~9쪽. 彭澤益, 1959, 227~228쪽에서 재인용. [해당 원문은 다음과 같다. "桑棉爲衣被之大利, 而黔省向不多種者…但能織成粗布, 惟安順興義黎平三府, 及貴陽府屬之定番州間或有之…因于楚豫兩省, 購回棉子, 散給各屬, 擇其地相宜者, 敎民栽種…又督飭貴陽府貴筑縣, 于城省南門外, 設局雇匠, 敎民紡織…." 저자는 '楚豫兩省'을 호남성과 하북성이라고 번역했지만, 앞서 말한 것처럼 '楚'를 곧바로 호남성이라고 할 수 있는 근거가 없으며, '예(豫)'는 河北省이 아닌 河南省을 가리키는 말이다. 따라서 본문에 표기된 '하북성' 대신 '하남성'으로 고쳐 옮겼다. 하북성은 '기(冀)'로 표기한다.]

74 道光 16년(1836) 貴州巡撫에 부임한 하장령(賀長齡)은 귀주성 전역에서 양귀비 재배를 엄격하게 금지시켰다(Arthur Hummel, *Eminent Chinese of the Ch'ing Period*, 1644-1912, t.1, 282쪽 참조). 그러나 이 문제에 관해 그의 후임자들은 덜 엄격했다고 판단된다. 19세기 말엽, 중국 서남 지역 일대를 방문한 모든 유럽인들은 실제로 양귀비 재배 상황을 보고 크게 놀랐다. 특히 *Mission lyonnaise*, t.II, 225쪽에 들어 있는 설명 참조. 리옹 사절단의 보고서에는 "운남성 경계선에서부터 귀양과 간전(干田, Gan-chouen)의 황차오패(Huang-tsao-pa)에 이르는 모든 도로 연변에는 양귀비만을 재배하고 있다. 이처럼 양귀비 재배를 많이 하는 상황은 귀주성 전역에서 찾아볼 수 있지만, 특히 중국 서남 지역에서도 마찬가지이다"라고 언급되어 있다. [저자가 인용한 *Mission lyonnaise*

의 내용 중 安順의 지명 '간전의 황차오패' 역시 정확한 해당 지명을 찾지 못했다. 다만 咸豐 『安順府志』권6, 「地理志5」(疆里3), 3쪽 상에 나오는 鎮寧州 모역사(募役司)의 한 마을 이름으로 干田이란 명칭이 나오며, 이 지명이 'Gan-chouen'이란 지명과 그나마 가장 흡사하다. 그럼에도 불구하고 해당 鎮寧州에는 황차오패라는 시장 명칭은 등장하지 않아 여전히 단언할 수 없다는 점을 밝힌다.]

75 『苗俗記』의 저자는 이 책 74쪽 하에서 단지 다음과 같이 지적했다. "黔省 사람들은 습관적으로 양귀비를 부용(芙蓉)이라 부른다. 이 식물이 清鎮에서부터 끝없이 펼쳐져 있다. 한족들이 재배하는 양귀비는 모란처럼 여러 개의 꽃잎이 달려 있다. 묘족들이 재배하는 품종은 그 생김새가 좀 더 단순하고 열매는 더 크다. 저녁 때, 열매에 상처를 내고 난 후, 다음날 아침이 되면 그 열매의 껍질 위에 두껍게 형성돼 있는 수액을 채취한다. 그 수액을 가열하면 아편이 된다. 주막의 웃음을 파는 여인들은 이 아편으로 손님들을 유혹한다. 묘족 여인들에게서는 그러한 관행을 결코 찾아볼 수 없는데, 아마도 묘족 수장들이 그러한 관행을 엄격하게 금지시키고 있기 때문일 것이다." 다른 한편, 17세기에 벌써 운남의 토사 지역에서 아편 판매가 행해지고 있음을 확인할 수 있다. Tang Tsai-fou, "Le mariage chez une tribu abrigène du sud du Yunnan, d'après une relation de Tch'en Ting," *T'oung Pao*, VI, 1905, 578쪽.

76 『黔南識略』권29, 7쪽 상에 의하면, 보안직예청(普安直隷廳)은 주민들의 70%가 기장(서, 黍), 콩(숙, 菽), 보리(麥), 메밀(교, 荍), 옥수수(包穀)을 식량으로 사용했다.

77 Ho Ping-ti, "American Food Plants in China," *American Anthropologist*, vol.57, no.2, 1955, 191~201쪽 참조. 물론 정확히 언제 옥수수가 귀주성에 확산됐는지를 지적하기란 매우 어렵다. 본서 260쪽, 262쪽, 290쪽, 298쪽에서 이미 언급한 사료들에 의하면 귀주성으로 옥수수가 전입된 시기는 18세기 말엽이었다. 道光 『遵義府志』권8, 2쪽 하에는 아예 한 단원이 옥수수에 관한 설명을 담고 있는데, 쌀을 대체할 수 있는 반면, 가격이 비싸지 않다고 언급했다. [道光 연간 『遵義府志』는 참조하지 못했지만, 光緒 연간 『遵義府志』에 의하면 별도로 옥수수를 언급하지 않고 있으며, 권17, 「物產」조의 곡류를 설명하면서 해당 언급이 등장한다. 光緒 18년(1892) 『遵義府志』刊本이 道光 연간의 보각본(補刻本)이라는 점을 감안하면 저자의 권8 표시는 잘못된 것이다. 光緒 『遵義府志』권8은 「壇廟」이다.]

78 본서 280쪽 참조.

79 『明史』권81, 「食貨」(五), 558쪽. [이 언급은 洪武 年間의 일이다. 여기서 지적하고 있는 것처럼, 귀주성 대만산장관사(大萬山長官司)의 광산 개발을 허용했지만, 사천 등의 광산 개발은 광산 개발로 치안상의 문제가 발생할 수 있다는 우려 때문에 금지시켰다.]

80 『明史紀事本末』권19, 63쪽 참조. [사주선위사(思州宣慰使) 전인지(田仁智)의 아들 전침(田琛)과 사남선위사(思南宣慰使) 전무안(田茂安)의 아들 전종정(田宗鼎) 사이에 전개된 다툼을 말한다.]

81 주사 광산의 소유권 다툼을 말한다. 顧祖禹, 『讀史方輿紀要』권122, 4837쪽에는 思州府 북쪽 250리에 위치한 시계장관사(施溪長官司) 지역에 48개의 주사(硃砂) 광산이 존재했다고 기재되어 있다. "明初 토사가 그 광산을 운용했으며, 정부에 공물을 바쳤다. 이어 토사가 해당 공물을 추량(秋糧) 30石으로 바꿔 납부하도록 요청하자, 중앙 정부는 공물 납부를 중지시켰지만, 광물을 여전히 채취했다(獨逕巖, 施溪長官司東北十里…司境有硃砂坑四十八面. 明初督其課以充貢, 尋改折秋糧二十三石, 罷其貢, 坑猶存)" 라고 기재되어 있다. 명대 내내 광산이 어떤 방식으로 개발되었는지에 대한 정보가 거의 없으며, 청초 역시 그러하다는 사실을 주목할 필요가 있다. 또한 토사 지위에서 일단 물러난 후, 토사 소유의 광산이 그들 개인 재산으로 여전히 유지되었는지 혹은 한족이 광산을 차지했는지의 여부도 알 수 없다.

82 董玉英, 「從淸初至阿片戰爭中國資本主義因素的萎縮和成長」. 李光璧, 1957, 93쪽에서 재인용.

83 李光璧, 1957, 93~94쪽에서 재인용.

84 특히 광서성 南丹의 주석 광산이 이러한 경우에 해당된다. 이 주석 광산은 지방 당국에 의해 간접적인 방법으로 폐쇄되었는데, 지방당국은 광부들이 필요로 하는 물건들을 주변 지역 사람들에게 팔지 못하도록 했다. 董玉英, 1957, 94쪽 참조.

85 운남의 동광은 강희 44년(1705)부터 국가가 통제했다. 董玉英, 1957, 93쪽 참조. 청 정부의 운남 동광 운용에 대한 자세한 내용은 嚴中平, 『淸代雲南銅政考』, 中華書局 : 上海, 1957, 25쪽과 그 이하 참조.

86 **역주** 하세기(何世璂) : 號는 철산(鐵山)이며 山東省 新城縣 출신이다. 康熙 48년(1709) 進士에 올라 한림원서길사(翰林院庶吉士)를 제수했으며, 雍正 원년(1723) 山西道監察御史에 이어 雍正 3년(1725) 貴州巡撫로 발탁되었다. 위 내

용의 언급은 그가 귀주순무로 있을 당시 개토귀류를 시행하면서 올린 글이다.

87 『雍正硃批諭旨』, 20쪽 상~22쪽 상. [이것은 하세기가 雍正 5년(1727) 閏3월 26일에 올린 상주문이다. 원문은 다음과 같다. "…臣履任時, 黔西商民紛紛具呈請開礦廠. 臣初慮有利, 不能無害, 不敢輕率准行. 旣而思之, 黔省土瘠民貧, 不習織紝之業, 復不擅商賈之資. 止藉耕稼營生, 而山高嶺峻, 轉運維艱. 惟礦廠一項, 乃天地自然之利. 但能經畫有方防範得法, 上可益課, 下可便民. 商之督, 臣鄂爾泰亦以爲可遂行. 查驗羊角柞子白蠟三廠, 已有成效. 其餘所報之處, 現在飭司淸查, 一有實效, 議定作何抽收之法…."]

88 E-Tu Zen Sun(任以都), "Ch'ing Government and the Mineral Industries before 1800," *Journal of Asian Studies*, vol.27, no.4, 1968, 835쪽에 의하면, 이와 유사한 생각이 자연 자원이 없는 다른 지역의 광산 개발에도 그대로 적용되었다. "광산에서 나오는 수입이 주민 전체 수입에 부가되는 규모는 지역마다 다르다. 어떤 경우, 농업에서 백성들이 얻는 수익에 더해 매우 훌륭한 보충 수입원이 되기도 한다. 예를 들어 광동성 연주(連州) 양산현(陽山縣)의 知縣은 康熙 28년(1689) 자신의 관할 지역은 '경작지보다 산지가 더 많아 광산이 백성들에게 이익을 줄 수 있는 경제 활동이다(陸向榮, 道光『陽山縣志』권5, 42쪽 下)' 라고 보고했다. 양산현 모든 지역에서 농한기에 대다수가 광산 일을 하는 이유는 광업의 이러한 경제적 역할 때문이다."

89 『高宗實錄』권311, 乾隆 13년 3월 癸丑, 46쪽 하~48쪽 하. 南開大學歷史系編, 1959, 170쪽에서 재인용. [해당 원문은 다음과 같다. "臣于雍正四年初莅黔省, 彼時京斗米一石不過四錢五分及五錢有零…自雍正五六年以來, 新自四川割歸遵義一府五屬, 湖南割歸開泰靑溪五縣, 廣西割歸永豊荔波各州縣. 兼以開闢古州等處新疆, 添設文武弁兵駐鎭其地, 幅員日廣. 加以銀銅黑白鉛廠, 上下游十有處, 每廠約聚萬人, 數千人不等, 游民日聚…現今豊收之年, 亦須七八錢一石. 歲歉卽至一兩一二錢至二兩不等…." 그런데 맨 앞에 등장하는 경두미라는 단어의 의미는 불분명하다. 아마도 당시 북경에서 사용된 용기를 의미하는 것으로 추측된다. 아울러 본문에 등장하는 관료는 貴州按察使를 역임한 개석주(介錫周)이다. 그는 康熙 60년(1721) 進士에 올라 옹정 13년(1735)년 大定府 知府를 거쳐, 건륭 연간에 貴州按察使에 발탁되었다.]

90 『淸代鈔檔』乾隆 42년 11월 12일조. 彭澤益, 권1, 1962, 367~368쪽에서 재인용. [이하 貴州巡撫 배종석(裴宗錫)의 上奏 원문은 다음과 같다. "貴州巡撫裴宗錫奏稱, 竊照黔處荒裔, 連山郁莽, 絶少平曠, 野無百穀之繁殖. 市罕估客之鮮華, 數十萬井, 田賦所出, 才比江南一大縣, 全資銅鉛礦廠, 裕課利民. 向來鉛爲最, 銅次之. 近年銅廠止存陳家

溝一處, 本省鼓鑄所需, 唯滇是賴. 其鉛礦出産白鉛, 供運京楚者, 現止蓮花福集兩處. 供應本省鑄局者, 僅有樂助廠一處. 他如出産黑鉛之柞子朱礦數處, 亦止堪本省各營應用, 不敷京運. 物産日絀, 生計彌艱, 是以其民常貧. 臣上年赴任雲南時, 沿途留心察看, 山勢蟠固, 氣脈凝聚, 意其中礦産宜亦不乏. 迨閏十月間, 蒙恩調任貴州道, 經南龍安順所屬地方. 今歲四月, 接送凱旋官兵, 又往來大定, 一路節次詢之官吏鄉耆人等, 俱稱. 向來原有隨處刨空得礦者, 緣本地民夷鮮識引苗, 復無外來殷實客商, 力能出資開採, 故黔省礦銅, 旋開旋閉, 官民皆不復措意. 臣隨諭各該道府, 招募打丞(石+曹)熟練之人, 今于上下兩游遍行躧探. 今據陸續稟報, 産銅者, 探有普安州阿先沖一處. 産鉛者, 則有大定府屬水洞帕, 平遠州屬達磨山, 普安州屬連發山, 遵義縣屬新寨波羅海, 綏陽縣屬月亮巖, 鎮遠府屬牛塘溝, 丹江廳屬烏找山等處, 黑白兼産. 尙有産金之天柱縣屬中峰嶺一處. 現皆露引呈苗, 尋蹱得礦, 砂脈頗多深厚, 兼其地面空曠, 幷無干碍民間田園廬墓, 亦不致滋搖地方. 且近山煤炭, 足資煎煉之用…現在先行招商試採, 俟有成效, 照例酌定章程….”]

91 흑연과 백연이란 호칭 차이는 아마도 품질의 차이에서 비롯된 것처럼 보인다. 백연에 비해 좀 더 무른 흑연은 백연보다 그 쓰임새가 넓지 못하다.

92 도채(盜採)가 얼마나 행해졌는지 알 수 없는 또 다른 이유는, 광산 개발을 위해 이 당시 버마, 베트남, 보르네오 등지로 간 모험가들에게도 광산 개발에 따른 규칙이 엄격하게 적용되었기 때문이다.

93 운남성 동광 개발에 관련된 또 다른 종류의 사료에 대해서는 嚴中平, 1957 참조.

94 귀주성의 광산 개발 관련 규칙에 대한 이하 설명은 대부분 동광(銅鑛), 연광(鉛鑛), 진사광(辰砂鑛)에 관한 귀주성 관원들의 상주문에 근거했다. 그러한 上奏文은 南開大學歷史系 編, 1959, 159~200쪽, 211쪽, 757쪽에 실린 『淸實錄』의 일부와 彭澤益, 권1, 1962에서 특히 1840년 이전 정보를 찾아볼 수 있는 360쪽, 367~370쪽, 374~375쪽, 450~451쪽에 들어 있다.

95 수은의 경우, 총세액은 생산량의 4/10에 이르는 경우도 있었다. 彭澤益, 권1, 1962, 378쪽에 등장하는 건륭 12년(1747) 普安縣 회룡만(廻龍灣) 수은광의 상황 참조. [해당 원문은 다음과 같다. “…采取燒鍊, 多寡難以預定, 或十日或半月, 方可燒成水銀百斤. 若四六抽課計算, 每百斤除抽課四十斤外, 止得六十斤, 除去工本外, 實在不敷口食, 懇照舊例二八抽課等情.” 따라서 당시 광산 개발에 따른 수익이 매우 열악했음을 알 수 있다.]

96 임금이 지나치게 낮아지면, 광산 노동자들이 광산 일을 포기하고 다른 곳으로

가 일확천금을 노렸다.

97 이렇게 적자가 발생하는 근본적인 원인은 세율의 조정과 국가의 구매가 시의 적절하게 시행되지 않았기 때문이다.

98 철광의 경우, 그 개발이 상당히 중요했는지의 여부조차도 알지 못한다. 그러한 광산들은 항상 〈묘족〉만이 장악했을 가능성이 많다. 광물 추출의 주요 연료로 사용된 석탄 역시 놀랍게도 더 자세한 내용을 알 수 없다. 본서 180쪽 참조.

99 嚴中平, 1957, 50~69쪽 참조.

100 본서 375쪽 참조.

101 이미 제1장에서 언급한 것처럼, 지하로 흐르는 물이 많았던 만큼 이처럼 곤란한 상황이 빈번히 발생했다. 19세기 말엽 유럽인 여행자들에게 가장 방해가 된 것 가운데 하나가 귀주성의 이러한 물이었다. Bourne, *Report of a Journal in Southwest China*, 1888, 75쪽.

102 『黔書』, 88쪽.

103 이런 정도의 깊이라면 굴착이 매우 편리했던 곳이라 할 수 있다. 대체로 갱도는 이보다 상당히 더 깊었다.

104 『淸代鈔檔』 乾隆 10년 12월 초2일과, 乾隆 50년 10월 초8일의 題本 참조. 彭澤益, 권1, 1962, 450~451쪽에서 재인용.

105 *Mission lyonnaise*, t.II, 296쪽.

106 『淸代鈔檔』 乾隆 12년 12월 초9일. 彭澤益, 권1, 1962, 378쪽에서 재인용. [저자의 '377쪽' 표기는 '378쪽'의 오류이다. 고쳐서 표기했다. 또한 저자는 본문에서 해당 원문에 등장하는 문구 일부를 '砂丁 150명~160명'이라고 번역했는데, 이것 역시 '50~60명 내지 100명'의 오역이다. 아울러 생략 부호가 없이 중간 부분을 번역하지 않아, 독자들이 혼동할 수 있음을 밝힌다. 해당 원문은 다음과 같다. "…各洞深者百丈, 淺者四五十丈不等. 每壏戶一名, 帶領砂丁或一百或五六十名不等, 各分洞口, 先打礦石, 開獲礦砂, 濃淡不齊, 採取燒煉, 多寡難以預定. 或十日或半月, 方可燒成水銀百斤…."]

107 『黔書』권4, 79~80쪽. [해당 원문은 다음과 같다. "土畚鍤錘鏩斧钁之用靡不備. 焚膏而入, 蛇行匍匐, 如追亡子控金頤而逐原鹿, 夜以爲旦, 死生震壓之所不計也. 石則斧之, 過堅則煤之…."]

108 역주 가래 : 흙을 파헤치거나 떠서 던지는 기구.

109 『黔書』권4, 81~82쪽. [해당 원문은 다음과 같다. "竈有大小, 釜亦如之. 大者容砂二十升. 離而爲十層, 次八之間, 以稃粃布陳汞灰於其上. 治以杓, 中凹而圍凸, 覆以釜, 差殺

之. 揉鹽泥而塗其唇築之, 乃煆之. 凡一晝夜而汞成, 滴滴懸珠, 滉漾熣燦, 皆升於覆釜之腹. 小者以煎砂石相錯之巖子, 旣實之. 掩以�籠, 籠如篩, 塗以泥, 豆其孔以疏氣者四. 孔則周遭槽之穴, 其上覆以小甓, 亦鹽泥固之而後煆. 炷薌可成, 汞登於甓, 溢則注於孔之槽. 俟其性定, 挹而注諸豕脬, 裹而縛之, 乃可行遠. 如或傾之, 斂之以楸, 聚集如故. 啓釜甓者, 必含韲或糞汁, 乃可邇, 不則觸其氣而齒墮."]

110 원문에는 홍회(汞灰)로 표현되어 있다. [저자의 말대로 원문에는 홍회라는 표현이 등장하며, 저자는 그것을 문자 그대로 해석해 수은재(cendres de cinabre)라고 번역했다. 그러나 이 홍회의 정확한 뜻이 무엇인지는 알 수 없다.]

111 원문에는 암자(巖子)라 표기되어 있다.

112 이 홍미로운 구절을 해석하기가 꽤 어렵다. 예를 들어 홍회(汞灰)와 암자(巖子)가 구체적으로 어떤 물체를 가리키는 것인지를 알기 어렵다. 어쨌든, 이 문장에 등장하는 귀주 지역의 수은 정제 기술은 宋應星, 『天工開物』, 商務印書館, 1954, 275쪽과 그 이하, 그리고 宋應星의 『天工開物』을 번역한 E-tu Zen Sun (任以都) and Shiou-chuan Sun, *T'ien kung k'ai wu : Chinese Technology in the seventeenth century*, Pennsylvania State University Press, 1966, 279~285쪽에 등장하는 설명과는 상당히 다르다. [저자의 지적처럼 수은의 정제 과정을 묘사한 이 부분의 해석은 쉽지 않다. 역시 저자의 지적처럼 홍회와 암자가 무엇을 의미하는지 알 수 없을 뿐 아니라, 전체적인 정제 과정을 추적하기가 쉽지 않다. 더구나 역자의 생각으로는 저자의 번역을 그대로 받아들이기 어려운 부분도 많으며, 앞서 지적했듯이 생략부호 없이 일부 문장을 빼놓고 번역한 곳도 발견된다. 예를 들어 '그 다음 큰 용광로는 8칸으로 나뉘어 있는데'라는 부분에 해당하는 '次八之間'은 아예 번역하지 않았으며, 본문의 '초(椒)'라는 단어를 '파'로 번역했다. 따라서 이 부분은 저자의 번역보다는 한문 원문을 기본으로 번역했음을 밝힌다. 그러나 저자의 지적대로 이처럼 기술에 관련된 전문적인 내용은 어떤 경우라도 한문 자체의 번역이 용이하지 않다.]

113 『淸代鈔檔』乾隆 12년 12월 18일, 戶部尙書傅恒等題. 彭澤益, 권1, 1962, 375쪽에서 재인용. [해당 원문은 다음과 같다. "查勘思南府屬天慶寺左, 有小溪一道, 直通大河, 近有民人于大河之西, 土名九皇閣一帶山內空獲黃白砂石, 搗碎淘洗, 可得金末. 梘有三百四十三人, 搭棚三百餘間, 開洞二十餘口, 情願報開納課." 따라서 이 책 저자의 표현과는 달리, 이는 산속이 아닌, 강에서 채취하는 사금을 의미하며, 문맥으로 미뤄 이전에는 세금을 납부하지 않고 금을 채취하다가, 이 무렵에 이르러 사금 채취량에 따라 일정량의 세금을 납부하도록 한 것으로 판단된다.]

114 대체로 이런 광산들은 일단 개발된 후 폐광되는 경우가 많았다.

115 『粤滇雜記』, 385쪽 하.

116 본서 384쪽 참조.

117 楊名時, 『楊氏全書』권18, 「옹정오년주보동염과항차자(雍正五年奏報銅鹽課項箚子)」. 嚴中平, 『淸代雲南銅政考』, 1957, 65쪽에서 재인용.

118 국립 도서관 판화관(Cabinet des estampes de la Bibliothèque nationale)에 보관된 석탄 채굴 광경을 담은 소장 넘버 Oe117번의 『묘족수고본』에 의하면, 반드시 산신(山神)에게 예를 올린 후에 작업을 시작했다.

119 趙雷生(1765년 무렵에 활약한 인물로 안휘성 출신), 「연창(鉛廠)」. 張應昌, 『淸詩鐸』권2, 中華書局 : 上海, 1960, 3쪽에서 재인용. 「鉛廠」이라는 이 시는 저자가 인용한 『淸詩鐸』권2, 929쪽에 있으며, 해당 내용의 원문은 다음과 같다. "…兩手持斧鑿, 兩足撥荒茸. 一火銜口內, 閃爍微風動. 曲折入幽深, 巖窟泉溶溶. 破頂下水車, 雪珠天半湧. 嘆其洞中泥….")

120 田雯, 『古歡堂集』. 登文成, 『淸詩紀事初編』권2, 中華書局 : 上海, 1965, 703쪽에서 재인용. [시의 제목은 「도금요(淘金謠)」이며, 해당 원문은 다음과 같다. "淘金戶, 戶戶無寧居. 背上都盧, 西走巴渝. 巴渝田可耕, 依山蓋屋. 犽狉兩兒女. 禿速一黃犢. 苛政十倍, 橫索官錢. 先賣黃犢, 後鬻兒女, 不如巫州歸去, 涕淚漣漣. 蹌踉入籍, 淘金猶故, 楚山高兮沅江深, 瑤村無路." 저자는 이 시의 번역에서 파유(巴渝)를 호북성 시남부(施南府) 지역으로, 무주(巫州)를 호남성 지역이라고 설명하고 있다. 그러나 파유는 현재 사천성 중경(重慶)을 지칭하는 말이며, 무주는 沅州府 일대를 지칭하는 말이다. 이 시는 생활고에 쫓긴 당시 백성들이 생계를 찾아 장거리 이동을 했다는 증거를 보여주는 시이기도 하다. 덧붙이자면 맨 마지막에 등장하는 요촌(瑤村)은 특정 지역일 수도 있지만, 이 자료가 문학작품이라는 점을 감안하면 백성들이 편안히 살 수 있는 이상적인 곳이나 고향을 지칭한다고도 볼 수 있다.]

121 **역주** 조은(潮銀) : 보통 색깔이 조악하고 함량이 부족한 은을 의미한다.

122 본서 401쪽 참조.

123 『淸高宗實錄』권345, 乾隆 14년 7月 丙寅條. 南開大學歷史系 編, 1959, 170쪽에서 재인용. [이는 당시 雲貴總督이었던 장윤수(張允隨, 1693~1751)의 上奏文에 근거해서 건륭제가 지적한 언급이다. 다만 전체적인 뉘앙스는 생산과잉의 측면을 지적한 것이 아닌, 공급과잉과 자원 보호라는 측면의 성격을 보여준다.]

124 嚴中平, 1957, 85~88쪽에 있는 귀주성이 운남에서 수입한 구리 양을 나타낸

도표를 보면, 건륭 28년(1763)~건륭 37년(1772) 사이 그 수입량이 매년 증가해 229,790근에 달했으며, 건륭 38년(1773)~건륭 40년(1775)에는 710,260근으로 급격히 증가했다. 그러나 건륭 41년(1776) 이후 그 수입량은 이미 488,400근으로 감소하며, 그 수치는 건륭 43년(1778)까지 변하지 않는다. 마지막으로 건륭 44년(1779)부터 18세기 말엽까지 그 수입량은 346,649근을 넘지 못했다. 귀주성의 구리 수입량이 최고조에 달한 건륭 38년~건륭 40년(1773~1775)은 귀주성에서 오직 한 곳만 구리를 채취한 시기이다. 따라서 그 이후 시기 수입량의 하락은 귀주성의 다른 지역에서 구리가 생산되었다는 사실을 의미한다.

125 이 책 375쪽 참조.

126 『淸高宗實錄』권150, 乾隆 6년 9월 己巳條. 南開大學歷史系 編, 1959, 161쪽에서 재인용. 본문 〈표 3-5〉에 등장하는 치화리는 銅川河라는 곳의 致化里와는 다른 지역인 것처럼 보인다. 실제로 彭澤益, 권1, 1962, 361쪽에 등장하는 자료에 의하면 건륭 11년(1746) 동천하의 동광에는 갱도 73개, 용광로 50座, 2000여 명의 노동자들이 있었으며 구리 약 100만여 근을 생산했다. [저자가 여기서 지적하는 치화리 관련 내용은 저자의 오류라고 판단된다. 저자는 치화리 관련 사료를 『淸實錄經濟資料輯要』, 161쪽과 『中國近代手工業史資料』, 361쪽에서 각각 인용했는데, 실제 이 두 자료에 등장하는 치화리의 구리 생산 내용은 거의 동일하다. 즉 『中國近代手工業史資料』를 근거로 저자가 구체적으로 수치를 제시한 것과 마찬가지로, 『淸實錄經濟資料輯要』에도 갱도가 72개에 구리 생산량이 100만여 근에 달한다고 기록되어 있다. 다만 『淸實錄經濟資料輯要』의 치화리 관련 서술은 저자의 설명대로 건륭 6년이라고 기록되어 있으므로 시간상의 차이는 존재한다. 따라서 실제 지역이 다른 곳이 아니라, 시간의 변화에 따라 설치된 용광로의 수효 등은 차이가 있을 수 있다고 보아야 한다.]

127 건륭 60년(1795), 귀주순무 풍광웅(馮光熊)은 대정의 동광이 폐쇄된 후, 북경으로 보내는 운남성의 할당량과 함께 매년 7만 근을 북경으로 보내야 한다는 상주문(上奏文)을 올렸다. 그러나 생산된 구리를 그 생산 지역에 계속 쌓아뒀다가 운남성이 북경에 보내는 액수인 연 94만근 정도가 되면 북경으로 수송하기로 결정했다. 『淸高宗實錄』권1490, 乾隆 60년 11월 辛酉條. 南開大學歷史系 編, 1959, 192쪽에서 재인용. [해당 원문은 "威寧州屬陳家溝銅廠, 向供大定局鼓鑄. 今已停鑄, 該廠仍令威寧州采辦, 俟積有成效, 就近撥湊滇銅運京. 查滇銅運京, 每運九十四萬觔. 今陳家溝廠每年出銅七萬觔, 積五六年, 亦不足一運之數. 應令該撫照例抽收, 按年運貯州庫, 俟數敷一運, 徑行題明解京. 從之"이다. 저자는 설명에서 운남성이 북경으

로 보내는 양인 94만근 정도가 될 때까지 구리를 모아뒀다가 북경에 수송한다는 내용으로 위 원문을 읽었지만, 94만근은 단지 운남성에서 북경으로 운반된 구리의 양을 설명한 것에 불과하다. 더구나 원문을 보면 진가구(陳家溝)에서 생산한 구리 가운데 일부를 세금으로 따로 거둬, 그것을 비축했다가 북경으로 옮겨야 한다는 주장을 담고 있다. 무엇보다 당시 귀주성 진가구라는 한 곳의 구리 생산량만으로 세금을 거둬, 94만근을 만들기는 대단히 어려웠을 것이다.]

128 『清代鈔檔』乾隆 元年 11월 20일 귀주총독 장광사(張廣泗)의 상주문. 彭澤益, 권1, 1962, 368쪽에서 재인용. [해당 원문은 다음과 같다. "平遠馬鬃嶺廠, 自雍正二年開采, 至今一十三載, 實系開采日久, 洞老山空…."]

129 『清代鈔檔』乾隆 12년 12월 9일. 彭澤益, 권1, 1962, 378쪽에서 재인용. [본문에는 단지 '28,000근'으로 서술했지만, 원문에는 '28,000~29,000근'으로 되어 있다. 또한 저자가 언급한 것처럼, 100근당 수매 가격이 처음 18량에서 21량으로, 다시 36량에서 48량으로 증가했다. 그 가격이 매우 다양했다는 저자의 언급은 이러한 수매 가격의 변화를 의미한다.]

130 특히 天柱 지역의 금 생산이 그러했다. 건륭 7년(1742)과 건륭 8년(1743)의 성공적인 채광 이후, 금 생산량이 매우 급속히 하락하자, 금광 개발자들은 건륭 11년(1746) 이후 이 지역 금광에서의 채굴을 중단했다. 『清代鈔檔』 건륭 11년 윤3월 5일. 彭澤益, 권1, 1962, 375쪽에서 재인용. [원문에 의하면 건륭 7년(1742) 10월에 채굴을 시작해 이듬 해 6월까지 9개월 만에 천주 지역의 금 생산량이 312량에 달해, 세금으로 112량을 거뒀지만, 건륭 9년(1744) 세금으로 거둬들인 양이 69량 정도에 불과할 만큼 생산량이 급격히 감소했다. 한편 저자는 이 지역의 채굴 중단이 '건륭 11년(1746)' 이후라고 설명했지만, 원문에는 '건륭 10년(1745)'으로 나와 있다. 참고로 해당 원문은 "…自十年正月以後, 不意硐口開空愈深, 出礦較前愈淡, 有每名每日所空之礦, 僅錘得金厘許者…"이다.]

131 본서 뒤에 실린 〈지도 10〉 참조.

132 상업 도시로서 사남부의 중요성은 이미 명대부터 알려져 있었다. 『黔志』, 4쪽에는 "육로와 수로 모두를 이용해 사남부로 들어갈 수 있다. 그곳은 사천과 귀주의 상인들이 무역을 하는 중요 지역이다"라고 적혀 있다(思石之間, 水則烏江, 發源播之南境, 下合涪江. 陸與水相出入, 此川貴商賈貿易之咽喉也). 한편 康熙『貴州通志』권7, 12쪽 상에는 "동인부(銅仁府)가 배를 이용해 이곳에 오는 상인들의 집합소이며, 그 풍속이 楚 지역에서 많은 영향을 받았다는 사실을 느낄 수

있다"라고 기재되어 있다. 한편 진원(鎭遠) 지역에 대해서는 『黔志』, 4쪽에 "진원은 운남의 물품이 외부로 나오는 곳이며, 육로와 수로 모두가 통한다(鎭遠滇貨所出, 水陸之會)"라고 적혀 있다.

133 이미 살펴본 것처럼, 여평은 목재상들이 모이는 곳이었다. 뒤에서 언급하겠지만, 고주 지역의 부(富)는 광동에서 생산되는 소금에서 비롯되었다.

134 리옹 사절단 보고서의 저자들은 이 두 지역을 19세기에도 여전히 대규모 상업도시로 간주했다. 뒤에서 살펴보겠지만, 모태진과 가까운 인회는 소금저장 중심지였다. *Mission lyonnaise*, t.II, 214쪽에는 "현재 모태진(茅台鎭) 부근에 위치한 仁懷 일대에는 도구(渡口), 모천(Mao-ts'en), 투천(Tou-tchen), 유엔류(Iuenlieou)와 같은 일련의 대규모 시장이 있으며, 그런 곳에는 사천 이주민들이 거주한다"라고 서술되어 있다. 19세기에 매우 유명했던 모태주(茅台酒)가 18세기에 이미 존재했었는지는 불분명하다. 발행 연대가 불분명한 『遵義府志』 권7, 56쪽에 기재된 한 문장에는 다음과 같은 모태주 제조법이 들어 있다. "인회 서쪽 모태진에서는 귀주성 제일이라 칭하는 술을 주조한다… 좋은 품질의 술을 만들기 위해서는 고량을, 품질이 낮은 술은 산에서 자라는 여러 잡곡을 사용한다. 곡식을 익혀 누룩을 섞는다. 이것을 지하 저장고에 넣었다가 1개월 후, 꺼내 다시 익힌다. 누룩은 밀가루를 사용해 만드는데, 그것을 백수면(白水麵)이라 부른다… 20가구 이상이 이 술을 제조하는 데 전념한다. 이들이 술 제조에 필요로 했던 곡식의 양은 20만 석이다. 또한 춘궁기에는 곡식 가격이 오르기 때문에 주민들이 어려운 상황에 처한다." *Mission lyonnaise*, t.II, 21쪽에 의하면, 준의 지방의 경우, 야잠이나 그곳에서 제조되는 옷감 외에도, 준의는 해마다 수천 더미의 약재, 야생 고구마, 피지(柀紙)를 수출했다. 귀주 지역은 17~18세기부터 종이를 제조했다. 『黔書』, 42쪽에는 石阡 지역에서 생산되는 종이가 매우 밝고 두텁지만, 그 재료가 무엇인지는 언급하지 않았다. 乾隆 『貴州通志』 권15, 「食貨」(物産), 3쪽 상~하에는 귀양 지방에서 나무껍질로 종이를 제조한다고 기록되어 있다. 그 종이를 곡피지(穀皮紙) 혹은 면지(綿紙)라 불렀는데, 그 이유는 이 종이가 질기며 하얗기 때문이었다. 당시 문인들이 이 종이를 매우 많이 사용했다(穀皮紙, 出定番翁貴, 白靭如綿, 俗名綿紙, 文史多用之. 土人或以製帳厚者, 名夾紙, 油之以爲雨具). 이 종이보다 좀 더 두꺼운 협지(夾紙)라는 종이에 기름을 먹여 비를 피하는 도구를 제작하는 데 사용했다. 나무껍질로 만든 이러한 종이는 준의부의 綏陽縣(乾隆 『貴州通志』 권15, 「食貨」(物産), 7쪽 하), 思

州府(乾隆『貴州通志』권15, 「物産」, 6쪽), 普定(『黔南識略』권28, 4쪽 상)에서도 제조되었는데, 모두 저(楮) 나무(*Broussonetia kasinoki*, Sieb.)를 이용했다. [저자가 *Mission lyonnasie*, t.II, 214쪽에서 인용한 인회청 주변의 시장 관련 지명은 타코(Ta-kou), 모천(Mao-ts'en), 투천(Tou-tchen), 유엔류(Iuenlieou)의 네 곳이다. 光緒『仁懷廳志』권2, 「郷鎭」, 49쪽 상~58쪽 하에는 復興場, 洒灘場, 渡亭, 旺隆場, 大洞場, 葫市場, 猿猴鎭, 迴龍場, 寶源場, 土城場, 鼎新場, 東皇場, 土濠壩場, 榮華場, 長壩場, 順江場, 螞蟻溝場, 三元場, 新場, 口溪場 등의 명칭이 등장하지만, *Mission lyonnaise*에서 거론된 시장과 유사한 곳이 존재하지 않는다. 따라서 여기서는 해당 발음과 함께 로마자 표기를 병기했음을 밝힌다.]

135 특히 이 세 지역은 소금 판매가 중요한 상업 활동이었다. 『黔南識略』권5, 1쪽 하의 보정현(普定縣) 관련 설명에는 "귀주성, 운남성, 호광 지역, 사천성 등의 상품이 매일 이 곳에 모인다(黔滇楚蜀之貨, 日接於道)"라 적혀 있다. 한편 M. Chouzy, "Journal d'un voyage(de Ganchouen à Kang tsao-pa)," *Missions Catholiques*, 1871-1872, 645쪽에는 1872년 당시 보안이 운남과 매우 중요한 교역 장소였음을 밝히고 있다. 리용사절단 보고서의 저자들은 *Mission lyonnaise*, t.II, 207쪽에서 필절(畢節)은 사천과 폭넓은 교역을 하고 있기 때문에 그 일대의 가장 중요한 도시라고 기록하고 있다.

136 역주 회관(會館) : 명청시기 상인들이 동향(同鄉) 출신이나 혹은 동업자들끼리 자신들의 활동 지역에 건립한 건물을 지칭한다. 이곳에서 상업 관련 정보 등을 교환하기도 했으며, 후에는 상업 활동 관련 규율을 정하기도 했다.

137 『古州雜記』, 378쪽 상. 道光『貴陽府志』권34에는 귀양부 부치(府治)에 강서, 호광, 절강, 산서, 강남(안휘와 강소) 상인들의 회관이 있다고 기록되어 있다([저자가 인용한 道光『貴陽府志』권34는 「記十一」(城郭圖記第四)이며, 이 부분의 8쪽 상에 절강회관, 11쪽 하에 강서회관, 15쪽 하에 산섬(山陝)회관과 江南회관이 각각 기록되어 있다. 그러나 광동가(廣東街)나 남경가(南京街) 등의 명칭과 회관가(會館街)라는 거리 이름이 동시에 등장하는 것으로 미뤄, 이외에도 다양한 지역의 상인들이 18세기 이후 귀양 지역 일대에서 활동했던 것으로 판단된다]). 한편 道光『貴陽府志』권36, 「記十三」(祠宇副記第六), 3쪽 상~5쪽 하에는 건륭 43년(1778) 만수궁(萬壽宮)이라는 사묘(祠廟)에 강서 회관이 설치되어 있다는 사실이 언급되어 있다. 만수궁이라는 명칭은 강서 출신의 귀주성 이민자들이 회관 내에 건립한 사묘에 널리 사용된 명칭으로, 이 사묘에는 아마도 그들이 수호신이라고 생각했던 허손(許

孫), 즉 萬壽公을 모셨을 것이다. 道光『貴陽府志』를 다시 한 번 인용하면, 건륭 27년(1762)에 건립한 호광회관(湖廣會館)에도 만수사(萬壽寺)가 존재했다. 何炳棣(Ho Pin-ti), 『中國會館史論』, 臺北, 1966, 58~59쪽 참조. [맨 마지막 호광회관 내에 건립되었다고 언급한 만수사는 실제 그것이 회관 내에 존재했는지 여부가 불분명하다. 일단 『귀양부지』권36은 회관이 아닌 사묘를 언급한 부분이며, 원문에도 "萬壽寺, 舊名寶暉寺, 在府城東門內, 明初建, 乾隆二十七年, 楚人劉以信黃三友修, 嘉慶六年重修"라고 기록되어 있으므로 회관과 별도의 건물일 가능성도 배제할 수 없다. 한편 江西人들이 세웠다는 만수궁 역시 저자가 인용한 道光『貴陽府志』권36, 6쪽 하에 "萬壽宮, 在虎場堡北, 嘉慶三年江西客民建"이라는 기록으로 미뤄 '건륭 43년(1778)'이 아닌, '嘉慶 연간'에 세워진 사묘이다.]

138 光緒『遵義府志』권8, 「壇廟」, 32쪽 하. 이 경우 역시 이러한 회관들이 분명 사묘 안에 건립되었을 것이다.

139 예를 들어 『古州雜記』, 379쪽 하에 의하면, 소금을 싣고 광동에서 오는 배에는 야자, 빈랑, 미묘한 향기로 유명한 말리화(茉莉花) 등의 廣東産 사치품들이 귀주성으로 들어왔다. [저자가 빈번하게 인용하는 『古州雜記』는 매우 간략한 책이다. 앞서 언급했듯이 嘉慶 4년(1799)과 嘉慶 7년(1802) 두 차례에 걸쳐 古州廳 同知를 지낸 임부라는 사람이 쓴 책이다. 저자는 여러 문장을 한꺼번에 압축해서 인용하고 있는 탓에, 실제 원문과는 다소 차이가 있다. 저자가 인용한 부분을 그대로 쓰면 "珍果如椰子荔枝檳榔, 皆由粵東附鹽槽來者, 非古州所産. 橄欖亦是粤來, 樹亦間有…茉莉夜來香先自粵東, 今則民間遍植, 每當盛暑摘置枕函, 夢回灑醒, 香迷斗帳, 不減江南秦淮風味也…"이다. 따라서 광동과 귀주성의 무역 상황을 언급하기보다는 고주 지역의 생산물을 언급하기 위한 의도로 쓴 글이다. 한편, 저자의 언급대로, 말리화는 그 향이 좋아 침상에서 사용되었지만, 『고주잡기』의 다른 곳에서 역시 향이 좋다고 언급한 황과(黃果) 등도 수입되었다는 사실을 알 수 있다.]

140 『宋史』권496, 「蠻夷」(四), 5919쪽. [역자가 조사한 바로는 공물과 소금을 교환하자는 제의가 아니라, 서남 만이(蠻夷)가 말썽을 일으키자, 회유책의 하나로 그들에게 소금 하사를 허락한 한편, 곡물로 소금을 얻을 수 있도록 한 조치를 말한다. 원문은 "咸平中, 施蠻嘗入寇, 詔以鹽與之, 且許其以粟轉易, 蠻大悅, 自是不爲邊患…"이다. 함평(咸平)은 北宋 세 번째 황제인 진종(眞宗)의 첫 번째 연호이다.]

141 『雍正硃批諭旨』권35, 「雍正五年閏三月貴州巡撫何世璂奏」. [그 뒤에 나오는 하세기의 상주문 원문은 다음과 같다. "…有數處, 其中地名, 白果樹小河二處者, 原係當年

舊開之井, 但灰石填塞年久. 今雇覓井匠探驗, 大有鹵氣, 確係鹽井, 業經置備器具, 雇夫開挖, 已深五六丈, 只待鹽鹵一出….”]

142 이 두 지역이 정확히 어딘지를 밝히기는 어렵다. 현재 귀주성 지도를 보면 사천성 접경의 적수하(赤水河) 남쪽에 위치한 소하구(小河口)라는 곳을 지적해 낼 수 있다. 이런 점에서 적수 부근에 여러 개의 염정(鹽井)이 있다는 1936년 무렵의 언급은 상당히 흥미롭다. 『貴州名勝古蹟概說』, 1쪽 하 참조. 또한 1971년 4월 20일자 『光明日報』에는 여러 수로를 통해 가져온 소금물을 赤水 부근에서 발견된 천연가스로 증류시키는 공장이 설치된 덕분에 많은 양의 소금이 생산된다는 보도가 실렸다.

143 Tang Tsai-fou, “Un mariage chez une tribu aborigène du sud-est du Yunnan d'après une relation de Tchen ting,” *T'oung pao*, série II, t.VI, 1905, 578쪽. [이 논문은 陳鼎이란 사람이 쓴 『전검토사혼례(滇黔土司婚禮)』라는 책을 사실상 번역한 것이다.]

144 徐霞客, 『徐霞客遊記』, 권1, 163쪽에는 “나는 내 친구에게 약간의 소금을 주고, 그것으로 쌀을 사오라고 부탁했다”라는 언급이 등장하며, 同書, 권2, 169쪽에는 “절벽 끝에 미분(米粉)을 파는 상인이 있어서, 나는 끼니를 해결하기 위해 약간의 소금을 주고 쌀가루를 샀다”라는 언급이 등장한다.

145 『苗民考』, 76쪽 상. 한 연구에 의하면, 소금의 필요성이 매우 절박해서 4개월 동안 한족에게 저항하고 있던 묘족들이 소금을 사기 위해, 어느 날 저녁 비를 무릅쓰고 산에서 나와 계곡으로 갔다는 이야기가 18세기에 발생한 묘족의 대반란을 적은 기록에 등장한다. 貴州省民間文學工作組編, 『苗族民間故事選』, 북경, 1963, 59쪽 참조.

146 田雯, 『黔書』, 28쪽. [이 부분은 저자의 번역보다는 원문을 그대로 번역했다. 일단 해당 원문은 다음과 같다. “河東昆吾波斯罽賓于闐骨咄, 莫不有鹽而黔獨無, 仰給於蜀, 微蜀則黔不知味矣. 蜀之鹽不一産, 要皆出於井, 順慶之井久堙, 塗揜之井有禁, 所轉致者惟戒州耳, 又不可以舟車通, 肩瘡蹄血而後至, 其來也不易, 則直不得不昻. 値昻而民之艱食者比比矣, 黔民洵苦矣재. 三之月忘, 獨藜莧腸哉, 當其匱也, 代之以狗椒, 椒之性辛, 辛以代鹹, 祇誑夫舌耳, 非正味也. 則遇其饒, 亦止沾脣而量腹, 如水之交, 不在和羹也. 尙安問其爲紫爲赤爲瑞爲散與, 夫爲苦爲飴爲形爲巨桃也哉. 無他, 困於錐刀故也. 鹽之値取於穀, 穀日賤而鹽不肯平, 十鐘不能易一斗, 安得而不苦其乏. 夫鹽, 木枝可生, 陸地可生, 豈山國獨不生. 毋亦牢盆之術未精, 管商之政未講耶. 不然, 則輸滇淮而足之, 奚不可, 然不

必也. 緩關市之征而罷居奇之蠹, 則幾矣." 다만 이 가운데 '爲苦爲飴爲形爲巨桃' 부분은 그 의미가 명확하지 않다. 소금을 언급하면서 쓴맛과 단맛을 동시에 거론한 점도 쉽게 이해할 수 없으며, '爲形'과 거대한 복숭아라는 언급 역시 원저자의 의도를 짐작하기 어렵다.]

147 하동(河東)과 곤오(昆吾)는 분명 산서성과 섬서성을 의미한다. 파사(波斯)는 페르시아, 계빈(罽賓)은 카시미르, 우전(于闐)은 코탄의 동쪽 지역을 말하지만, 골돌(骨咄)은 어느 지역인지 알 수 없다. [저자는 계빈의 병음을 'Yanbin'으로 표기했지만, 'Jibin(罽賓)'이 맞다.]

148 劉獻廷, 『廣陽雜記』, 中華書局 : 上海, 1957, 권1, 51쪽에서도 이러한 사실이 확인된다. [해당 원문에는 "…川東鹽井, 取之較易. 且有火井以助煎熬. 貴州所食者, 皆川東之鹽也"라고 기록되어 있다.]

149 A. Hosie, *Three Years in Western China*, London, 1897, 20쪽에는 사천의 기강(綦江)에서 동재(桐梓)와 준의까지 소금을 운반하는 방법에 대한 흥미로운 묘사가 있다. "남자와 어린 소년들(내 생각에 그들은 8살이 채 안 되었을 것이다)이 그들 위로 불쑥 튀어나온 나무상자에 작은 단위로 포장된 소금 덩어리를 지고 힘겹게 걸어간다. 도로 구실을 하는 좁은 도로를 일렬종대로 걸어가다, 몇 야드마다 각자 손에 들고 있던 받침대 위에 짐을 내려놓은 채, 극도의 육체적 피로감과 함께 잠시나마 쉴 수 있는 것에 대한 고마움의 표시로 반쯤은 휘파람을 불면서 그리고 또 반쯤은 한숨을 내쉬면서, 말 그대로 물이 솟아나듯 흐르는 눈가와 얼굴의 땀을 끈으로 씻어낸다."

150 1鍾은 6곡(斛) 4斗에 해당한다. 또한 1斛은 10斗이다. 그러나 1종이 5두에 불과한 경우도 있으므로, 1종의 용량은 64두에서 34두까지 다양하다.

151 해당 원문은 '木枝可生'이다. 이 말의 의미를 알 수 있는 언급이 李時珍, 『本草綱目』권11, 「石部」(金石之五), 食鹽, 319쪽에 등장한다. "오직 서남지역 소수민족에게만 소금이 거의 없다. 그들은 대나무와 나무를 태워서 나오는 재를 소금으로 사용한다(惟西南諸夷稍少, 人皆燒竹及木鹽當之)." 『大明一統志』권88, 10쪽 상에도 귀주성에서는 궐(蕨, 고사리, pteridium aquilinum, Kuhn.)을 태운 재로 소금을 대용한다는 내용이 등장한다는 사실도 주목할 필요가 있다.

152 이는 분명 관중(管仲)과 상앙(商鞅)을 이르는 말이다. 齊 나라 환공(桓公)의 재상이었던 관중(기원전 643년 무렵 활동)은 정치와 행정에 대한 그의 견해로 유명하며, 상앙(기원전 4~3세기)은 秦의 재상으로서 여러 개혁을 추진했다.

153 乾隆『貴州通志』권35, 「藝文」(疏), 27~31쪽. [이 상주문은 王繼文의 「보안등처잉식천염소(普安等處仍食川鹽疏)」이며, 해당 원문은 "…川鹽不拘觔數, 零星可買, 而滇鹽必須整塊. 川鹽不拘米布, 皆可易換, 而滇鹽必須紋銀. 川鹽價賤, 每觔不及三分, 而滇鹽價重溢於四分三釐之外, 難受派銷之苦…"이다. 따라서 본문에서 사천염이 3~4푼으로 팔린다는 저자의 언급은 원문과 다르다.]

154 『古州雜記』, 378쪽 상~하. [해당 원문은 다음과 같다. "黔省向食川鹽, 古州距蜀較遠, 限于負販. 開闢後改食粤鹽, 由廣東運至古, 運商武林兪氏領行轉運, 責成古州同鄉督銷. 設有總埠, 黎平丙妹三脚屯分設子埠, 源源接運, 遂成水陸通衢. 境內除鎭標兵丁及屯軍外, 悉系苗人流寓, 漢民絶少. 自設鹽埠以來, 廣東廣西湖南江西貿遷成市. 各省具建會館, 衣冠文物日漸饒庶. 今則上下河街儼然, 貨物流通, 不減內地."]

155 역주 무림(武林) : 浙江省 항주(杭州)에 무림산(武林山)이 존재하는 탓에 항주의 별칭으로 사용된다.

156 역주 운상(運商) : 식염(食鹽)을 다른 지역으로 운반해서 팔 수 있는 특권을 가진 청대 염상(鹽商)의 한 종류이다.

157 역주 진표(鎭標) : 청대 제독(提督) 휘하 있었던 총병(總兵)이 거느린 녹영병(綠營兵)을 말한다.

158 역주 회염(淮鹽) : 회하(淮河)가 관통하는 강소염장(江蘇鹽場)에서 생산된 소금을 말한다.

159 『儒林外史』, 作家出版社 : 北京, 1954, 422쪽 참조. 흥미롭게도 19세기 귀주성 동쪽에 위치한 동인, 사주, 진원, 여평의 네 府는 회염(淮鹽)을 먹었다. P. Huang, "Exposé du commerce public du sel(「국가 소금의 유통」)," *Variétés sinologiques*, 1898 참조. 또한 1900년 무렵 소금 생산지에 따라 규정된 소금 소비 지역을 표시한 흥미로운 지도가 들어 있는 E. H. Parker, *China : Her History, Diplomacy and Commerce*, Londres, 1917, 244쪽 참조. 아울러 본서 469쪽 참조.

160 道光『遵義府志』권6, 「城池」, 21쪽 상에는 선박 통행이 용이하도록 공사를 전개한 사실이 기록되어 있다(茅台村…乾隆十年, 張廣泗開修河道, 始通舟楫. 赤水環繞, 鹽艘集聚, 四川自流井之鹽, 由是起撥). 리옹 사절단 일행이 이 自流에서 오는 소금을 언급한 사실도 주목할 필요가 있다. *Mission lyonnaise*, t.II, 214쪽에는 "중경 서쪽에 위치한 염정인 철류진(Tseliou-tsin)에서 오는 소금 수송으로 이 지역이 활기차게 움직인다. 소금 수송은 赤水河를 경유해 합강까지

거슬러 올라가며, 이후 계속 화물을 옮겨 싣고 모천(Mao-tsen)과 합강 상류 대구(Ta-kou)까지 갔다가, 준의로 가는 육로를 통해 귀양까지 수송한다"라고 기술되어 있다. [앞서 언급한대로 道光『仁懷廳志』에는 Ta-kou라는 지명이 등장하지 않아 구체적인 확인이 불가능하다. 그러나 道光『仁懷廳志』권4, 「鹽政」, 37쪽 하의 기술에 의하면 사천성의 소금은 영녕(永寧)을 통해서 들어오는 영안(永岸), 기강(綦江)을 경유해서 들어오는 기안(綦岸), 부주(涪州)에서 들어오는 부안(涪岸), 그리고 인회청의 하천을 경유해서 들어오는 인안(仁岸)의 네 종류가 있었다. 이 가운데 인회청으로 들어오는 인안은 赤水河를 경유해 원후(猿猴) → 이랑탄(二郎灘) → 신륭탄(新隆灘) → 인회청(仁懷廳)의 모태진(茅台鎭)으로 수송되었다. 따라서 리용사절단 보고서에 등장하는 Mao-tsen은 모태진일 가능성이 높지만, 정확한 지명을 확인하기 어렵다. Tseliou-tsin이란 명칭도 同治『巴縣志』에는 등장하지 않아 정확한 확인이 불가능하다.]

161 道光『遵義府志』권46, 「藝文」(五), 6쪽 상 참조. A. Hosie, 1897, 20쪽에 의하면, 이 도로는 19세기에도 여전히 중요한 길이었다. [저자가 말하는 동재(桐梓)를 경유해 사천에서 귀주성 준의에 이르는 길은 분명 사천성 남부의 기강(綦江)을 타고 송감역(松坎驛)이나 신참장(新站場)까지 내려와, 거기서부터 육로로 준의까지 이어진 길을 말한다. 저자의 말처럼 사천성에서 준의에 이르는 이 길은 반절 정도가 하천, 반절 정도가 육로이다. 그러나 저자가 이 길의 근거로 든 道光『遵義府志』권46, 「藝文」(五), 6쪽 부분은 나조신(羅兆甡), 「桐梓道中」이란 시로, 실제 동재에서 준의에 이르는 길을 정확하게 지적하고 있지는 않다.]

162 A. Hosie, 1897, 133쪽에는 "필절은 사천염이 매우 많이 모이는 곳이며, 여기서 영녕하(永寧河)를 통해 귀주 서쪽과 永寧縣으로 가는 길이 나 있으며, 이어 육로가 등장하기 때문에 동물과 인력이 동원된다"라고 기술되어 있다. [A. Hosie라는 사람이 쓴 *Threes years in Western China*라는 책을 직접 확인하지는 못했지만, 이 인용문대로라면 영녕현이 마치 귀주에 속한 지방으로 오인하기 쉽지만, 영녕현은 사천성 관할이다. 즉 이 인용문으로만 본다면 오히려 귀주성 필절에서 사천성 영녕으로 소금이 거꾸로 올라가는 상황을 묘사한 것처럼 보인다. 따라서 지명을 혼동한 것으로 판단된다.]

163 본서 294쪽 참조. 리용 사절단 일행은 귀주성 전역에 호남과 호북의 면포가 광범위하게 팔렸다는 사실을 강조했다. "광포(廣布, 호북성에서 생산된 면포)의 판매가 가장 중요한 수입 상품이었다는 사실을 모든 사람이 한결같이 인정한다. 8개의 대상인 집단이 면포 무역을 거의 독점했으며, 귀양 한 곳의 연간

교역량이 50만 량에 달한다. 귀주성 전체로 보면 100만 량에 이른다. 귀주성 남서 지역은 광포를 쓰지 않으며, 낭대청(郎岱廳)과 흥의부(興義府) 등에서 볼 수 있는 소량의 면포는 귀양에서 온 것이다. 따라서 나머지 반절 정도의 양은 호남성과 이웃하는 思南, 銅仁, 石阡, 윤힌창(Yuin-hin-tchang), 鎭遠에서 소비됐다(*Mission lyonnaise*, t.II, 220쪽). 귀주성 남서 지역이 광포를 사용하지 않은 이유는 그 지역에서 면화와 면포가 생산되기 때문이었다(본서 제2장 참조).

164 『黔記』, 346쪽 하. 屈大均, 『廣東新語』권15, 27~28쪽에 의하면, 정향(程鄕)의 비단은 영남(嶺南) 지방에서 귀한 것으로 간주되었다.

165 다른 누에고치와는 달리, 야생 누에고치에서도 실을 뽑을 수 있다. A. Fauvel, *Les séricigènes sauvages de la Chine*(『중국의 야생 누에』), 1895, 143쪽에는 다음과 같이 기술되어 있다. "완전하고 최상의 품질을 지닌 누에에서만 실을 뽑을 수 있다. 사육용으로 사용되는 구멍이 뚫리고, 흠집이 있거나 속이 빈 누에고치는 가성소다나 가성 칼륨으로 강력하게 세척한 후에야 실을 뽑을 수 있으며, 갈고리를 이용하거나 뎅카르빌(P. D'Incarville)의 지적처럼 단지 양 끝을 잘라 그 안에서 번데기를 추출해낼 수 있다. 그 다음 깨끗한 물에 씻어서 수동으로 혹은 물레를 이용해 실을 뽑는다. 처음에는 여전히 물기가 있는 누에고치를 마치 장갑의 손 모양처럼 만든 다음, 바게뜨 빵 모양의 자그마한 막대기 끝에 12개 정도를 끼워 차례로 손질하는데, 그 막대기가 물레의 토리개 구실을 한다. 방추를 대신해 동전 몇 개를 꾸러미로 만들어 매단 갈고리 모양의 쇠막대를 사용한다. 쇠막대 몸체에 둘로 쪼개 만든 대나무 관을 묶어 실패 모양을 만들고, 실을 뽑아 사람 손으로 그곳에 감는다. 겨울에는 남자는 물론 여자들도 좋아하는 작업이다." 그러나 귀주성은 모든 누에고치를 사용해 실을 뽑았던 것처럼 보인다. 본서 369쪽, 각주 71) 참조.

166 역주 준의의 사직업 관련 부분의 해당 원문은 다음과 같다. "遵義蠶事最勤, 其絲行楚蜀閩滇諸省. 村落多種柘樹, 繭客至春時, 買其樹放蠶於上, 繭成來收取之. 廣東程鄕繭, 亦遵義絲也. 居民男婦大小, 手中皆持一撚絲墜子. 余莅郡時, 見執事役, 伺應之暇, 就懷中取木墜子, 撚絲不輟, 可云勤矣." 그러므로 '다른 지역 상인'이라고 번역한 부분은 실제로는 '견객(繭客)'이며, 저자가 호남지방으로 번역한 부분을 나는 호광(湖廣)으로 번역했음을 밝힌다.

167 道光 『遵義府志』권16, 「農桑」, 16쪽, 17~18쪽 참조. 19세기 무렵 여전히 준의부에서 비단이 생산되었으며, 준의를 방문한 리옹 사절단은 준의의 비단 생산

과 관련된 귀중한 정보를 남겨 놓았다. "준의부와 그 일대는 실제로 약 50만 가구가 야잠으로 만든 실로 비단을 짠다. 관리들의 말을 빌자면, 전에는 가구당 10명이 사직(絲織)을 했다. 그러나 그 수가 줄어, 지금은 가구당 4~5명이 비단을 짠다. 각각의 가족이 기른 누에와 거기서 나온 실로 비단을 짜는 가내 수공업 외에, 양잠업자로부터 실을 사서 노동자를 고용해 비단을 짜는 전문 사직업자들이 존재한다. 그러한 전문 사직업자들은 무늬가 들어 있는 비단을 생산한다. 고용주는 노동자들의 생계를 보장해 준다. 노동자들은 보잘 것 없는 돈을 받는다… 각 전문 생산자들은 연간 250~300개의 비단을 생산한다. 이 수치를 근거로 당시 중국 당국자들의 계산에 의하면 약 4,500~5,000명의 생산자가 있으며, 준의의 연간 비단 생산량은 12만~15만개에 달한다. 준의부 전체에서는 70만개 정도가 생산된다. 비단 1개의 길이는 15미터, 폭은 45센티미터이다." [저자가 인용한 道光『遵義府志』권16,「農桑」에는 준의에서 생산되는 비단이 中州에서 강남과 사천 지역의 비단과 경쟁할 정도였으며, 준의와 멀리 떨어진 지역에서는 섬서와 산서 상인들이 복건(福建)이나 광동 지역에서 생산되는 비단 가격을 받았다고 언급했다. 따라서 저자가 본문에서 단지 사천이나 복건에서 생산된 비단과 경쟁한다는 언급은 실제 사료의 설명과 다소 동떨어져 있다. 해당 원문은 다음과 같다. "…立貽遵綢之名, 竟與吳綾蜀錦爭價於中州, 遠徼界絶不鄰之區, 秦晋之商, 閩粵之價….")

168 본서 262쪽 참조.

169 『黔語』(下), 18쪽 하.

170 『黔語』의 저자는 자본을 가져온다고 언급하면서 그 자본을 표현하기 위해 도포(刀布)라는 용어를 사용했다. 이 단어는 이미 漢代에 사용된 칼이나 삽의 형태로 된 화폐를 의미하지만, 여기서는 값나가는 형태의 금속을 말한다. [吳振棫, 『黔語』(下), 18쪽 하의 원문에는 "…商賈騈坒齎刀布, 而治質劑者, 歲以數十萬計, 其地有三, 曰王寨曰茅坪曰卦治. 歲以一寨掌其市, 易三歲而周, 蓋嘗訟之部使者, 定爲令甲也…"로 기록되어 있다. 따라서 刀布는 귀금속이라는 말보다는 화폐를 의미하며, 또한 계약금이 해마다 치솟는 게 아니라, 계약을 사이에 둔 흥정을 의미한다고 보는 게 타당하다. 그러나 귀주성 여평부 일대에서 전개된 이러한 양상을 저자가 1960년대 당시 자신의 연구서에서 주목했다는 사실은 매우 놀랄 만한 일이다. 최근에 이르러서야 중국에서 이 문제와 관련된 전형적인 연구서가 출간되었다.]

171 『黔南識略』권22, 11쪽 하~12쪽 상. [해당 원문은 다음과 같다. "…西南接荔波之拉義寨, 僅數百里耳. 萬山叢雜, 久爲生苗巢穴, 外人無與往來. 乾隆五十年後, 始有漢人, 入

山伐木者….” 이 기사는 古州와 관련된 이야기이다.]

172 道光『遵義府志』권18,「木政」, 17쪽 상~하, 18쪽. [해당 원문은 다음과 같다. “… 故明時綏陽設有一廠, 地名南宮北掃, 當日設有督木道一員, 駐涪州有督木同知一員, 專管錢糧….” 따라서 본문에 등장하는 부주(涪州) 주재의 관원은 구체적으로 독목동지(督木同知)이다.]

173 楊愼,『升菴全集』권70, 912쪽에는 매년 사천성 성도(成都)에서 열린 12개의 시장이 거론되어 있다. 1월은 燈을 파는 시장, 2월은 꽃, 3월은 비단, 4월은 금수(錦繡), 5월은 부채, 6월은 香, 7월은 사치품, 8월은 아카시아, 9월은 약재, 10월은 술, 11월은 자두, 12월은 도부(桃符)를 파는 장이 섰다. 19세기 리용사절단은 *Mission lyonnaise*, t.II, 337쪽에서 귀주성과 사천성의 차이를 언급한 바 있다. “사천의 비단을 파는 정기시와 같은 게 귀주성에는 존재하지 않는다. 뽕나무를 재배하는 사람들이 누에고치에서 실을 다 뽑으면, 준의부의 여러 상인들에게 생사를 팔았으며, 준의부 상인들이 여러 명의 사직업자나 전문 사직업자들에게 그것을 되팔았다.”

174 徐霞客,『徐霞客遊記』권4, 24~25쪽 참조.『서하객유기』에 의하면, “그러한 종류의 시장은 3월 15일에 시작해서 4일 동안 계속 열렸다. 상인들은 성(城) 밖 연병장에 자리를 잡았다. 시장에는 중국에서 생산된 물건 외에도 말을 포함한 비한족 지역의 생산품도 있다”라고 기록되어 있다.

175 『黔南識略』권2, 15쪽 상.

176 일례로『徐霞客遊記』권2, 175쪽은 귀양 남쪽에 있는 작은 마을인 청애성(青崖城) 안에 시장이 있다는 사실을 지적하고 있다. [해당 원문은 다음과 같다. “…經定番州而南下泗城界, 入都泥江者也. 於是又出嶺南矣. 度橋而南半里, 入青崖城之北門. 其城新建…城中頗有瓦樓闤闠焉….”]

177 예를 들어 光緒『石阡府志』권2, 44쪽 하에는 이 지역 시장들이 비가 오면 홍수가 나는 이 마을의 남서 지역에 위치하고 있다는 사실을 지적했으며, 또한 건륭 25년(1760) 시장으로 유입되는 물을 차단하기 위한 공사를 진행했다고 기술되어 있다.

178 徐霞客,『徐霞客遊記』권2, 197쪽 참조.

179 시장을 지칭하는 데 12支의 동물을 사용하고 12개의 장이 그 순서에 따라 열리는 경우는 이미 명대에 등장한다.『大明一統志』권88, 23쪽 상과 본서 271쪽 각주 127) 참조. [『大明一統志』권88, 23쪽 상에는 “以寅卯丑日貿易, 寅日爲虎場, 卯日

爲兎場, 丑日爲牛場, 是日軍民客旅, 皆集其地, 貿易有無"라 기록되어 있다. 이 언급은 귀정현 북쪽에 있던 新添長官司를 설명하면서 등장한다.]

180 『苗俗記聞』, 71쪽 상 참조. 20세기에도 여전히 시장의 개장 주기가 과거와 비슷했다는 증거는 M.P. Mickey, "The cowrie shell Miao of Kweichou," *Papers of the Peabody Museum*, vol.32, no.1, 1947, 40~41쪽에 등장하는 용리(龍里) 지역의 설명을 통해 알 수 있다. "시장은 현성(縣城)과 상업 지역에서 열린다. 6일마다 장이 서는데, 상인들이 다른 6일장을 차례로 돌아다닐 수 있도록 시장의 개설 주기가 설정된다. 현성에서는 대규모 시장이나 정기시(定期市) 외에 米市나 소규모 시장이 매일 선다. 용리는 貴定縣의 양가채(楊家寨, Yang-chia-sai)와 구창(Kou-ch'ang)과 6마일 떨어져 있으며, 귀정현의 시장은 용리의 큰 시장이 열린 다음 날에 선다. 용리의 큰 시장은 1마일이 더 떨어져 있으며, 길이 험하다. 양가채에서 사고 파는 대부분의 물건은 용리에서 처분된다. 구창은 종자와 같은 특정 지역 상품을 더 많이 취급한다… 구창의 시장은 그 도시의 동문(東門) 안에 상행위를 위해 특별히 만든 넓은 장소에서 열린다. 항구적으로 사용하는 건물이 있으며, 그 밑에서는 시장을 돌아다니는 상인들이 옷, 화장품, 그리고 다른 지역에서 만든 상품들을 진열한다. 다른 곳에서는 달걀, 닭, 짚신, 농기구, 떡, 과일, 채소, 접시와 요리 기구, 돼지, 담배, 고추, 동물 사료, 목제와 죽제품, 고기, 땔나무, 곡식, 그리고 불을 지필 때 사용하는 것으로 끝에 유황을 바른 가느다란 나무 막대기 등을 판다. 나무를 주로 파는 곳은 성문 밖에 있다. 중국인과 중가족, 그리고 종종 네 부류의 묘족을 포함한 10마일 인근에 사는 사람들은 남쪽으로 24마일 떨어진 산에서 석탄을 가져온다." [저자가 인용한 M. P. Mickey에 등장하는 Yang-chia-sai와 Kou-ch'ang도 그 지명 확인이 불가능했다. 다만 1964년 간행된 『貴定縣志稿』 제2기에 완성된 부분의 「村集」, 31쪽 하에 나오는 양가집이라는 지명이 Yang-chia-sai와 가장 근접하지만, 여전히 확증은 불가능하며, Kou-ch'ang과 유사한 발음의 지명은 아예 등장하지 않는다. 여기서는 각각 양가채와 구창으로 표기했음을 밝힌다.]

181 일례로 『黔遊記』, 356쪽 하에는 겨울에 묘족 여인들이 특히 강소, 절강, 호남과 호북성에서 온 한족들이 매우 좋아한 야생과일인 자리(刺梨, *Rosa Roxburhii f. normalis*, R and W.)를 가져온다고 기술하고 있다.

182 嚴如熤, 『苗防備覽』 권8, 「風俗考」(上), 9쪽 하. [해당 원문은 다음과 같다. "苗民入市與民交易. 驅牛馬負土物, 如雜糧布絹諸類, 以趨集場. 粮以四小碗爲一升, 布以兩手

一度爲四尺. 牛馬以拳數多寡, 定價値, 不在老少. 其法將竹篾箍牛前肋, 定其寬側, 然後以拳量竹篾. 水牛至十六拳爲大, 黃牛至十三拳爲大, 名曰拳牛. 買馬亦論老少, 以木棍比至放鞍處從地數, 起高至十三拳者爲大, 齒少拳多, 價差昂." 저자는 '齒少拳多'의 부분을 '이가 튼튼하고 신장이 크다'라고 번역했지만, 나는 이를 '나이'로 번역했음을 밝힌다. 아울러 저자는 黃牛 부분도 번역하지 않았다는 점도 밝혀둔다.]

183 嚴如熤, 『苗防備覽』권8, 「風俗考」(上), 9쪽 상 참조. 아울러 *Mission lyonnaise*, t.1, 266쪽에 인용된 『묘족수고본』의 그림 참조.

184 傅鼐, 「治苗」. 『皇朝經世文編』권88, 「兵政」(苗防), 2쪽. [해당 원문은 다음과 같다. "…至於客民盤剝, 差役嚇索, 歷來擾苗之大者. 今則於苗民交界處, 設集場限期交易, 官弁監之, 負販小民入苗寨者則有刑. 遇有爭訟, 書差俱禁入寨…."]

185 貴竹과 여평 일대의 生苗가 사는 지역에 들어간 상인이 살해당한 일도 있었다. 劉獻廷, 『廣陽雜記』권3, 163쪽. 그러나 18세기 『古州雜記』의 저자는 그의 책 379쪽 상에서 生苗가 많이 살았던 광서 접경 지역에 위치한 고주 남부 지역에 간 상인들은 후한 대접을 받았다고 기술했다. [『廣陽雜記』의 해당 부분 서술에 의하면 "貴竹黎平有賴峒高峒, 皆生苗. 有漢人往買, 爲所殺. 官差旋牌吏目往問之, 不服, 亦皆爲其所殺…"이라고 되어 있어, 상인들뿐 아니라 관리들도 살해당했음을 알 수 있다. 그러나 貴竹이란 지명은 확인이 불가능하다. 한편 『古州雜記』의 원문은 "九千在廳治西南, 內通粤西, 具生苗, 不服聲敎, 亦不外出滋事, 商賈間有入內貨市亦不爲害…"이다.]

186 嚴如熤, 『苗防備覽』권8, 「風俗考」(上), 3쪽 상~하. [해당 원문은 다음과 같다. "豹子場…有在大途傍, 開店貿易者, 黔楚客民販牛, 經過投宿. 其家與外間逆旅無異, 知敬客民, 薪水以及住宿錢, 取値甚廉, 無盤剝客民之習. 客或早行, 邀其相送持矛鎗護. 至數十里遇他寨, 苗伏草, 作苗語招號之. 伏草苗不敢犯. 如伏草苗不退, 輒挺矛與鬪, 名曰護客."]

187 鄂爾泰, 「議邊疆事宜四款疏」. 『皇朝經世文編』권88, 「兵政」(苗防), 11쪽 하 참조. [악이태는 다음과 같은 언급과 함께 귀주성이 潮銀을 사용한다고 지적했다. "…黔省地方, 地瘠民貧, 故分毫出入, 必須較量, 輕戥潮銀…."]

188 『淸聖祖實錄』권27, 康熙 6年 9月 壬戌條. 南開大學歷史系 編, 1959, 159쪽에서 재인용. [해당 원문은 "命各省復開鼓鑄"이다. 다만 저자는 이 인용문을 『世宗實錄』권76이라고 표기했지만, 이는 『世祖實錄』권76이며, 順治 10년(1653) 江南, 선부(宣府), 임청(臨淸), 계주(薊州) 등에 동전 주조를 다시 허락하는 내용이다. 그러나 彭信威, 『中國貨幣史』, 上海人民出版社 : 上海, 1988, 755쪽에 의하면 중국이 이른바 일성일국(一省

一局)의 원칙을 성립한 시기는 康熙 60년(1721)이다.]

189 猶法賢, 『黔史』권4, 29쪽 하 참조.

190 역주 제독(提督) : 제독군무총병관(提督軍務總兵官)의 약칭으로서, 청대 各省 녹영병(綠營兵)을 지휘하는 최고 책임자를 지칭하는 말이며 품계는 從一品이었다.

191 鄂爾泰, 「議邊疆事宜四款疏」 참조. 또한 楊天縱, 「黔省錢法疏」, 『皇朝經世文編』 권53, 「戶政」(錢幣下), 10쪽 하 참조.

192 翦伯贊, 『中外歷史年表』, 中華書局 : 北京, 1962, 730쪽 참조. 또한 彭信威, 『中國貨幣史』, 上海人民出版社 : 上海, 1958, 524쪽 참조. 팽신위는 자신의 책에서 고로가 어느 지역에 설치되었는지를 밝히지 않았다.

193 『黔南識略』권24, 7쪽 하 참조.

194 역주 협영(協營) : 한족만으로 구성된 청대 녹영병(綠營兵)의 병영은 표(標), 협(協), 영(營), 신(汛)의 네 종류로 구성되어 있었으며, 이 가운데 총독, 순무, 제독(提督), 총병(總兵)이 소속되어 있는 부대를 '표'라 하고 부장(副將)이 소속되어 있는 부대를 '협'이라 불렀다. 참장(參將)과 유격(游擊)은 '영'에, 천총과 파총은 '신'에 각각 소속되어 있었다.

제 4 장

한족 질서

Un exemple
d'Acculturation
chinoise

La Province du Guizhou au XVIIIe siècle

묘민들은 관부(官府)의 병사들이 많은 것은 두려워하지 않지만,
관부의 병사들이 많은 식량을 가지고 있는 것은 두려워한다.

-묘족 속담-[1]

18세기 한족 경제적 침투가 가져온 주요 양상을 살펴보았으므로, 이제는 그러한 한족 침투에서 비롯된 행정적, 군사적 양상을 살펴보기로 하겠다.

옹정 연간(1723~1735) 이후 귀주성에 대한 한족 상인들과 식민지 경영자들의 귀주성에 대해 관심이 얼마나 증가했는지를 이미 확인했다. 이른바 신객新客이라 불린 새로운 유입민들이 지속적으로 증가함에 따라, 당시까지 운용된 행정체계의 개혁이나 특히 토사土司 제도의 점진적인 폐쇄 필요성과 같은 새로운 문제가 지방관들에게 불가피하게 제기되었다. 한족과 묘족간의 불가피한 갈등 때문에, 통제나 소수민족 지역의 경계 분할, 그리고 군사적인 제압 문제가 대두되었다.

일반적으로 토사土司를 중앙정부에서 파견한 유관流官[2]으로 대체하는 개토귀류改土歸流라는 이름의 행정개혁을 먼저 언급하기로 하겠다. 당시 사람들이 그 정책을 시행하게 된 이론적 정당성을 살펴본 다음, 개토귀류 정책의 적용 방식과 비로소 통제 하에 들어온 주민들에게 부과하려 한 새로운 법적 지위를 언급하기로 하겠다. 둘째, 주요 정복전쟁과 반란을 차례로 살펴보는 한편, 몇몇 정확한 사실을 근

거로 가혹한 억압과 갈등의 정도가 심각했다는 점을 살펴봄으로써, 청 정부 정책에 대한 묘족의 반응을 검토할 예정이다.

1 새로운 행정 체제

우리가 앞에서 언급한 것처럼,[3] 이미 명대에도 일부 관리들의 주장에 얼핏 등장하는 그러한 직접 통치 방법은 청대에 들어와 다시 가장 긴요한 정책으로 대두되었다. 그 정책은 옹정 연간(1723~1735)에 본격화되는데, 당시 새롭게 등장한 청 왕조는 반대 세력을 제거했으며 재정적·경제적으로 탄탄한 상황이었기 때문에, 무엇보다 인구 과잉 지역인 고향을 버리고 다른 곳으로 이동하려 했던 사람들이 늘 존재한 변방 지역에 대한 적극적인 정책을 전개할 수 있게 되었다. 따라서 새로운 정책의 적용 범위는 귀주뿐 아니라 광서, 호남, 운남, 사천과 더 북쪽으로는 현재의 감숙성甘肅省까지 미쳤다. 이 모든 지역은 소수민족이 대다수이며, 중국의 다른 지역과는 달리 중앙정부가 직접적인 행정을 펼치지 않았다. 당시 중국인은 다소 자발적으로 황제에게 복종의 표시만을 했던 지역 수장들을 통제하는 데 그쳤다. 왕조가 교체될 때마다, 이들 토사들은 아주 능숙하게 새로운 왕조 편에 섰다. 이런 이유로 순치順治 연간(1644~1662)에도 252개 토사를 새로 인정했으며, 이 가운데 귀주 지역에서는 95개 토사土司를 새로 인정했다.[4]

이러한 행정 정책은 한족에게 몇 가지 장점이 있었다. 그 정책 덕분에 한족들이 여전히 통치조차 할 수 없었던 소수민족에 대한 일말의 감시를 수세기 동안 행사할 수 있었다. 또한 소수민족들이 방어를 담당한 지역을 통해 외국과의 국경 지대를 보호할 수 있었다. 마지막으로는 조공 체제를 통해 무시할 수 없는 상업 교환이 유지되었다. 그러나 상당히 껄끄러운 점도 존재했다. 즉 지속적으로 정비된 통제 체제에도 불구하고, 오만한 토사들에 대한 최소한의 권한도 행사할 수 없는 경우가 매우 잦았다.

사실상 토사들은 거의 절대적인 자율권을 지녔다. 관원과는 달리, 그들은 한곳에 머물러 있었으며, 그 권한도 일반적으로 세습되었다. 토사들의 의지에 정면으로 맞설 수 있는 유일한 수단은 무력 시위였다. 명대 이러한 변방 지역에 한족 인구가 많지 않았기 때문에, 소수민족과의 관계는 꽤 제한적이었다. 그러나 18세기 이후 인구 증가와 함께, 그러한 접촉이 훨씬 긴밀해졌다. 행정 당국 입장에서 본다면 사회 불만 계층이거나 모험가들로서, 사료에서는 사실상 한간漢奸으로 표현된 한족들이 소수민족 지역으로 도피해, 마치 봉건 영주처럼 행세하거나 그 힘이 강력할 때는 주저하지 않고 제국의 질서를 뒤흔들었다.[5] 결국 새로운 도래자들의 끊임없는 압력으로 자신의 본거지를 위협당한 소수민족 수장들은 소요를 일으키거나, 한족 이민자들은 물론 자신 휘하가 경영하는 농사를 방해했다.

한족 이민자들과 소수민족 사이의 긴장 고조로, 제국의 관원들이 소수민족에 대한 행정체제를 재고하게 되었다. 여기서는 새로운 행정 체제에 대한 일부 사료를 뽑아, 세 측면에서 그것을 고찰하려 한다.

직접 통치 옹호자들의 관점

소수민족에 대한 직접 통치 옹호자들이 제기한 주장은 관원마다 다양하다. 일부 관원들은 행정 개혁과 그것이 소수민족들에게 가져다 주는 실익의 도덕적 결과를 그 근거로 들었다. 잔혹한 통치의 희생물인 소수민족 지역의 토착민들은 토사의 속박 때문에 고통을 당하고 있다는 것이다. 그러므로 토착민들의 압제자를 제거하고 훌륭한 교육을 도입한다면, 한족과 전혀 차이가 없는 온순하고 훌륭한 사람으로 만들 수 있다고 주장했다.

이러한 논지를 전개한 사람은 문인이자 역사가였으며, 무엇보다 그가 저술한 『평대기平臺記』[6]로 유명한 복건성 장포漳浦 출신의 정치가 남정원(藍鼎元, 1680~1733)이었다. 남정원은 서남 지역을 결코 방문한 적이 없다고 판단되지만, 그는 국경 지방의 묘족과 만족蠻族 문제에 관한 해결책을 우리들에게 남겼다.[7] 그는 우선 두 소수민족에 대한 대략적인 설명을 하고 있다.

"호광, 사천, 운남, 귀주, 광동과 광서 지역 일대에는 토착민들이 흩어져 살고 있는데, 그들을 묘족, 요족猺族, 동족獞族, 힐로족犵狫族이라 부르며, 모두 묘만족苗蠻族[8]에 속하는 종족입니다. 매우 깊은 산중에 살며, 관청에 등록되지 않는 자들을 생묘生苗라 하며, 도시 근처에 살면서 세금을 납부하는 자들을 숙묘熟苗라 합니다. 숙묘와 양민良民은 차이가 없지만, 숙묘들의 성격은 완강하고 살인을 좋아합니다…(그러나) 그들을 교화시켜 (제국의) 은혜를 베풀어 줄 수 있으며, 법령으로 복종시키는 것이 가능합니다. 다만 토민들의 복종 여부는 오직 토사에게 달려 있는데, 그들 토사들 대다수는 사리에 밝지 못해 완고하며 법을 지키지 않습니다. 그들은 토민들이 흉악한 일, 살인, 강탈을 마음대로 하도록 내버려 두며, 그러한 행위를 통해 이득을 얻고 있습니다. 그러한 행위가 발각되면, 관리들이 그 책임을 묻지만, 벌을 내리고 그들의 신상을 처단하지 않으니, 꺼리거나 두려워하지 않은 채 마음대로 행동합니다."

이어 여러 토사들의 만행을 열거한 후, 남정원은 토사들의 굴레로 고통을 받는 묘족들에 대한 연민을 토로했다.

"묘민들이 토사들로부터 받는 해악은 더욱 가련합니다. 관원과 백성들 사이에 (존재하는) 예법禮法이 없으며, 대대로 노복奴僕과 같은 존재로 취급당하고, 자녀와 재산 모두도 자신의 소유물이 아닙니다. 저는 귀주성의 토사가 1년에 소파小派를 네 번, 3년마다 대파大派를 한 번 징수한다고 들었습니다. 소파는 동전으로, 대파는 은량銀兩으로 계산해서 납부하며,[9] 토민들은 해마다 요역을 제공해야 하는데, 한족의 정량丁糧(세금과 요역)보다 10배가 더 많습니다. 토사의 아들이 어느 날 결혼을 하게 되어 토사가 며느리를 맞이하면, 토민들은 3년 동안 혼인하지 못합니다. 토민 한 사람이 범죄를 저지르면, 토사는 그를 묶어 죽이며, 죽임을 당한 사람의 일족은 항상 은을 갹출해 토사에게 바치는데, (그 액수가) 60량 혹은 40량으로 일정하진 않지만, 최하 20량에 이르고, 그것을 점도은玷刀銀이라 합니다. (이외에도) 여러 종류의 침탈을 당하지만, 고소告訴할 수가 없습니다. 제가 듣건대, 작년에 한 촌락의 (주민들이) 사방으로 유산流散하자, 지방의 고위 관원에게 토사를 없애고 유관이 관할할 것을 청해, 마침내 갱생更生의 기쁨을 누렸지만, 얼마 지나지 않아 토사가 해당 관청으로 뇌물을 싣고 가서 아첨을 늘어놓자, 다시 원상태로 되돌린 적이 있었습니다. 해당 토사 소속 장정壯丁들의 가족을 모두 도륙하고, 아내와 자식을 몰수해 모두 노비로 팔았습니다. (이에) 다른 지역 토민들은 어쩔 수 없이 숨을 죽이고 눈물을 삼키면서, 기를 죽인 채 고통을 감내해야만 했습니다. 따라서 망연히 하늘을 바라보며, 한족들이 받는 (황제의) 은혜를 자신들도 받게 되기를 기원하고 있습니다."

〈이처럼 가련한 묘족〉의 고통을 종식시키기 위해, 남정원은 급진적인 해결책을 제시했다. 그러한 폭군들은 처벌할 수도, 그 지위를 낮출 수도 없으며, 그들을 쫓아낸다 하더라도, 그 자손들이 지위를 계승할 수 있기 때문에 체제를 바꾸는 게 적절하다고 주장했다.

"그들의 영토를 없애는 법이야말로 토사들에게 두려움을 줄 수 있다고 저는 생각합니다. 청하옵건대 삭토削土(토지 몰수)를 결정하는 규칙을 정해야만 합니다. (토사가) 저지른 잘못의 경중輕重을 가려, 촌락의 면적을 축소하거나 빼앗아, 마땅히 벌을 주거나 지위를 격하시켜야만 합니다. 저지른 잘못이 커서 지위를 박탈당한 자들은, 그 (지역의) 원근遠近과 (세력의) 강약强弱을 따져, 토사를 없애고 유관流官으로 대체시키며, 해당 토지와 백성들을 현縣 관리의 관할 하에 둬, 세습을 허락하지 말아야 합니다. 아울러 토민들이 더 이상 토사의 학정을 감내할 수 없어, 토적土籍(소수민족들의 호적)을 한적漢籍(한족들의 호적)으로 바꾸려 하는 자는 해당 백성들의 사정을 받아들여 주·현州·縣에 귀속시켜야 합니다. 심산유곡에 자리 잡고 있어 유관의 통치와 법이 미치지 못하는 곳으로서, 삭토削土가 된 지역은 토사 자손들을 분립해 여러 명의 토사를 둬, 해당 지역을 여러 개의 작은 세력으로 나누고 권한을 분산시켜 해를 끼치지 못하도록 해야만 합니다. 이후 그들에 대한 교화敎化가 진척되면 모두 한민漢民이 될 수 있을 것입니다. 산중에 있는 생묘는 부근의 토사에게 그 감독 책임을 부여해 교화를 촉진시키고, 한족과 동일한 시혜施惠와 위무慰撫를 실시해야 합니다. 이렇게 수년을 시행한다면, 생묘는 숙묘가 될 수 있으며, 숙묘는 선량한 양민이 될 수 있을 것입니다化爲良善."

남정원의 글을 읽으면, 당시 관원들의 뇌리에 자리 잡고 있었던 것처럼 보이는 그의 〈소수민족에 대한 교화 의무〉가 인상적이다. 바로 뒤에서 살펴보겠지만, 당시 한족들은 개토귀류 정책과 관련해 이 문제를 염두에 뒀으며, 그러한 의무감이 과장된 것이라 해도, 변방지방에 재직한 많은 관원들은 소수민족에게 문명을 전파해야 한다는 생각을 가졌으며, 오직 문명의 전파만이 소수민족과 한족을 차츰 동일하게 만들 수 있다고 생각했다.[10]

또 다른 관원인 왕리계王履階는 오히려 직접 통치에서 비롯되는 전략적 · 경제적 이익을 매우 강조했다.[11] 즉 반란을 일삼고 스스로 재화財貨를 창출할 수 없는 소수민족들은 제국의 경제 발전에 방해거리였다. 짧은 서론에 이어, 그는 개혁 필요성의 근거를 다섯 항목으로 제시했는데, 다음은 그것을 번역한 글이다.

"운남, 귀주, 양광兩廣(광동과 광서), 사천 백성들은 (토사로부터) 피해를 입은 지 수백 년이 되었다. 좋은 경작지가 있지만 경작할 줄 모르며, 귀한 물건이 있지만 사용할 줄 모르고, 많은 자원이 매장되어 있어도 채굴할 줄 모른다. 그들의 심성은 염치를 모르며, 무력의 위세를 두려워할지언정, 감화를 모르니, 단지 그들의 품성과 기질이 (한족과) 다를 뿐 아니라, 지리적 형세에도 (그 원인이) 있지 않을까? 개토귀류改土歸流를 의논해야 하는 까닭은 진정으로 (다음과 같은) 여러 이유가 있다."

1) "묘족 지역은 여러 개 성省에 뒤섞여 있지만, 오직 사천, 운남, 귀주와 맞닿아 있는 지역만이 땅이 비옥한데, 그 사방의 (크기)를 측정하면, 폭원幅員[12]이 거의 2천리이다. 인구를 등재시키고, 토지를 구획하

며, 요충지를 장악하고, 성지城池를 축조하며, 험한 지역을 차지한다면, 그들은 의지할 곳을 잃게 되며, 병사를 주둔시킨다면 두려워 할 것이다. 지형적인 측면이 개토귀류를 당연히 시행할 첫 번째 이유이다."

2) "험한 산이 겹겹이 하늘을 찌르고 숲은 백리나 우거져 있으며, 기괴하게 굽은 대목大木이 자라고 붉은 빛과 옥빛이 나는 여러 종류의 대나무가 푸르게 펼쳐져 있으니, 이는 진실로 이 지역의 아름다움이요 이로운 점이다. 그들은 (이런 나무를) 다만 땔감으로만 생각할 뿐, 전혀 아끼지 않는다. 규정을 정해 그 나무들을 채취할 수 있게 되면, 그 재목의 쓰임새가 무궁하니, 이것이 개토귀류를 시행해야 할 두 번째 이유이다."

3) "천지天地의 정수精髓가 모여 있으니, 오랜 세월이 가면 그 가치가 드러나며, 산천의 청아하고 맑은 기운이 쌓이면 반드시 그 (효험)이 드러나기 마련이다. 본디 묘족 지역의 철鐵은 한때 매우 귀중한 것으로 여겨졌으며, 구리와 은은 국가에서 사용할 수 있고, 약재는 양생養生에 사용할 수 있으므로 다른 성省에서는 그러한 자원을 매우 귀하게 여기는 반면, 이곳 주민들은 진흙과 모래처럼 천시한다. 그러한 자원을 하찮게 여기고 국가 재원에 도움이 되는 바도 적으며, 개발되지 않은 채 묻혀 있으니, 이것이 개토귀류를 시행해야 할 세 번째 이유이다."

4) "지극한 믿음에 이를 수 있으면, 돼지와 물고기도 덕을 갖출 수 있으며[13] 이물異物을 감화시킬 수 있다. 묘족이 비록 사납다 하더라도, 일반 사람과 동일한 존재이다. 일반 사람은 누구나 그러한 마음을 가지고 있으며, 그 마음에도 동일하게 그러한 이치가 있으니, 부모와 형제는 친親함이 있어야 한다는 것도 알 수 있으며, 연장자와 윗사람을 공

경해야 한다는 것도 알 수 있기 때문에, 실로 그들을 잘 보살피려는 의도는 차마 그들을 문명의 밖에 머물지 않도록 하기 위함이다. 이것이 개토귀류를 단행해야 할 네 번째 이유이다."

5) "묘족들의 습성이 비록 사납다 하더라도, 그들의 성정性情은 강직하므로, 관리들이 규정 이외의 세금을 전혀 받지 않는다면, 그들 또한 그것을 고맙게 여겨 결코 잊지 않을 것이다. 옛날 조익(趙翼, 1727~1814)[14]이 진원부鎭遠府 지부知府로 있을 당시, 곡식 대여의 출납을 한결같이 하자, (마을 사람들이) 길을 가득 메우고 조익을 찬양하는 노래를 불렀으니, (이는) 그의 통치가 효과를 낸 것이다. 수년 이후 알지 못하는 사이에 그들이 중국과 동화될 수 있다면, 어찌 하늘의 현명함이 중국에 발현된 것이 아니겠는가? 이것이 개토귀류를 단행해야 할 다섯 번째 이유이다."

따라서 이 글은 지나치게 무지한 묘족이 잘 이용할 줄 모르는 반면, 한족들은 많은 이익을 창출할 수 있는 토지와 자연 자원을 왕리계가 중요시했다는 사실을 알려준다. 〈묘족을 문명화시켜야 한다는 임무〉도 등장하지만, 우선순위로 보면 자연의 이용이 먼저였다. 간략하지만, 강력하게 제시한 전략적 근거가 사실상 가장 중요한 문제였다. 제국의 다른 지역은 경제가 한창 발전일로에 있었지만, 그처럼 전반적인 경제발전[15]에 필수적인 지역인 서남 지역의 일부가 여전히 원시적인 통치 방법[16]으로 통치하면서 주인행세를 하는 지역 수장의 손아귀에 있으며, 한족들은 상당한 어려움을 감수해야 그곳에 정착할 수 있는 상황을 더 이상 용납할 수 없었다.

만주족 출신의 유명한 관리로 옹정 4년(1726) 운귀총독雲貴總督에 올라 개토귀류의 논지를 사실상 적극적으로 적용한 인물로 유명한 악이태[17]의 의견도 이런 점에서 왕리계와 동일하다. 그의 주장에 의하면, 개토귀류의 실시가 다른 모든 조치의 선행 조건이었다. 그가 옹정 4년(1726) 올린 상주문 하나를 읽어보기로 하자.[18]

"토사를 없애고 전토田土를 조사해, 세금을 올리고 지방을 평정해야 합니다. 생각하건대, 묘족과 이족彝族이 매우 사나운 이유는 모두 토사에서 연유합니다. 토사는 방자하고 난폭하며 통치에 필요한 법도 갖추지 않았습니다. 토관이나 토목土目이란 명목으로 서로를 죽이고 약탈하는 흉계를 자행하고 있습니다. 한족들은 숨을 죽인 채 고통을 당하며, 이인夷人들은 그 피해를 입으니, 이는 변방 지역의 커다란 해악이므로, 반드시 (토사를) 없애야 합니다. 신臣은 (황제 폐하의) 커다란 은혜를 입어, 변방을 담당하게 되었습니다. 밤낮으로 대책을 생각한 (결과), 토사를 없애고 유관으로 대체하는 게 유일한 방법이며, (그렇게 해야) 장차 부강하며 횡포를 휘두르는 자를 차례로 생포하고, 유약하고 무능한 자들도 차례로 교체할 수 있을 것입니다."

"전부田賦, 병정兵政, 형법刑法을 마음을 다해 처리하도록 한다면, 대체로 무질서한 상황을 끝낼 수 있을 것입니다. 세세한 부분을 지나치게 살핀다면 (개토귀류를) 감히 시행하지 못할 것이며, 조금이라도 게으르다면 시행이 아예 불가능하니, (이렇게 된다면) 감히 시행하지 않거나 시행할 수 없는 (상황) 자체 모두가 황제께 부담이 될 게 분명하며, 관원과 백성들에게 누가 될 것입니다. 그러므로 우매한 신이 생각하건대, 운남과 귀주성 전체를 두고 볼 때, 이것(토사의 제거)이 제일 긴급한 일이라고 생각합니다. 따라서 개토귀류를 시행하는 방법은 (토사를) 생포하는 것이 상책이며, 군사를 동원해 토벌하는 일은 하책입니다. 그들 스스로 투항하게 하는 건 상책上策이며, 강제로 그들을 투항시키는 건 하책下策입니다."

2년 뒤(1728) 황제에게 올린 또 다른 상주문에서 악이태는 다시 이 문제에 대한 정확한 대책을 언급했다.[19]

"신臣이 하세기(何世璂, 1666~1729)의 주접奏摺을 살펴본 바, 어떤 곳은 군전軍田의 영토 경계를 바로잡아야 하며, 어떤 곳은 묘민의 관할로 정해야 하는 곳이 있었습니다. 귀주성의 경우, 모든 지역에서 개토귀류를 실시할 수 있습니다. 그러나 그 가운데 (해당 지역의) 상황을 고려해 유연하게 정책을 실시해야 할 곳도 있습니다… 마땅히 개토귀류를 시행해야 하는 곳이 있는가 하면, 그렇지 않은 곳이 있으며, 시행 가능한 곳도 있고, 시행이 가능하지만 시행하지 않을 수 있는 곳도 있습니다. (또한) 시행이 전혀 불가능하지만, 부득불 시행해야 하는 곳도 있으며, 반드시 시행해야 하지만, 부득불 그 시행을 완만하게 해야 하는 곳도 있습니다. 시행하지 않아야 될 곳이지만, 결국 시행할 수밖에 없는 곳도 있습니다. (따라서) 형편과 상황을 살피고, (해당 지역의) 정서에 따라 순리에 의해, 다수가 선입견이 없어야 공사公事를 행할 수 있을 것입니다. 만일 범법犯法의 유무有無를 논하지 않은 채, 칙령을 내려 일괄적으로 개토귀류를 실시한다면, 다른 사람들을 복종시킬 수 없을 뿐 아니라, 수습할 수 없을지도 모릅니다."

특히 개토귀류를 시행해야 할 대상 지역은 귀주성의 어떤 지역이었을까? 그에 대한 대답은 18세기 초엽 귀주성의 지도를 보는 것으로 충분하다. 당시 귀양 남쪽의 모든 지역과 중심부의 고주古州 일대 남동쪽의 거의 모든 지역에는 사실상 독립적인 중가족과 묘족이 살았다는 사실을 확인할 수 있다. 이 지역의 면적은 약 사방 3천리로 그 안에 1,300여 개의 채寨가 있었다. 호남성과 연결된 청수강의 하천로와 광동 · 광서를 이어주는 도강都江 일대가 사실상 토사 지역이었다. 그러므로 귀주성 남동쪽은 쉽게 건너갈 수 없는 지역으로 간주되었기 때문에, 인접한 성省과의 상업 교역이 어려웠으며, 이 지역 일대를 근거지로 소수민족들은 한족이 수세기에 걸쳐 토대를 마련하려 한 요충지에 대한 공격을 전개했다.[20] 이런 이유로 위 두 곳은 개토귀류를 주장하는 사람들의 주요한 대상 지역이었다. 뒤에서 살펴볼 이 지역에 대한 정복 전쟁을 통해, 그들이 이 지역의 개토귀류 정책을 얼마나 적극적으로 시행했는지를 언급할 것이다.

개토귀류 정책의 시행 방식

개토귀류 정책의 시행은 단지 관원의 교체에만 있지 않았다. 그 정책은 소수민족 사회의 조직과 생활 방식을 송두리째 뒤엎어, 말하자면 그들에게 〈한족의 족쇄를 채우는〉 것을 전제로 했다. 개토귀류를 시행하기 위해, 대부분의 경우 사실상 평화적인 방법의 채택이 우선시 되었지만, 실제 사용된 방법은 강력한 것이었다. 외견상 확인할 수 있는 첫 번째 변화는 이 지역을 위무慰撫하기 위해 온 군사들이 주둔한 요새와 병영들의 등장이었다.[21] 이러한 지역에는 새로운 질서의 상징인 그러한 요새들로 차츰 뒤덮였다. 뒤이어 새로운 정책을 실제 운용할 새로운 관원과 그 일행들이 자리를 잡은 성城이 등장했다.

가능한 경우,[22] 한족 관원들은 인구 조사와 토지대장 작성을 먼저 시행했다. 귀주성의 다른 지역에서처럼 그러한 조치는 세금 납부 대상 명단을 작성하기 위한 것이었다.[23] 동시에 한족과 묘족들에게 토지를 재분배했다. 한족 민간인들이 토지를 확보할 수 있을 정도로 상황이 어느 정도 안정될 때까지, 일부 비옥한 토지를 군사들에게 나눠줘 경작하도록 했다. 다른 토지들은 충성을 다짐한 묘족들에게 분배했다.

개토귀류 시행 이전에 존재한 토사들의 운명은 다양했다. 예를 들어 광순부 중가족의 토사인 아근阿近과 아와阿臥는 생포되어 처형당했으며, 분명 그들의 재산은 바로 몰수되었을 것이다. 반면 『검남식략黔南識略』에 의하면, 흥의興義의 중묘狆苗 수장은 개토귀류가 단행된 이후에도, 자신들의 사전私田은 그대로 유지했던 반면, 공전公田은 양책糧冊(조세대장)에 등록했다.[24] 이 사료에 의하면, 이렇게 몰수된 토지는 모두 한족의 소유가 되었으며, 그 한족들이 다시 묘족에게 토지를 임대했다. 결국 이러한 정책으로 소수민족들은 청 제국의 피지배층이 되어, 납세 의무를 다해야만 했다. 그러한 세금 납부량이 이전보다 가벼워졌을까? 꼭 그렇다고 볼 수는 없을 것이다.

묘족과 관련해서, 개토귀류 정책의 목적은 그들의 동화를 가속시키는 데 있었다. 그들을 동화시키기 위해, 전통 사회를 와해시키는 게 급선무였으며, 이어 새로운 사회 구조에 필요한 주요한 요소들을 정립시켜야만 했다. 이 문제를 알려주는 자료에 의하면, 묘족의 수효가 제일 많았기 때문에 변화에 대한 저항도 가장 격렬했다는 점에서, 개혁의 주된 대상은 묘족 사회였다.

1) 묘족의 전통 사회를 와해시키기 위한 정책

그 첫 번째 조치는 사적인 법집행의 폐지였다. 여러 종족들 사이의 갈등은 종종 무력으로 해결된 탓에 끝없는 〈복수전〉으로 이어진다는 사실을 우리는 이미 확인했다. 강희 5년(1666), 〈복수를 위한 살인〉을 규제하는 법령을 공포했다.[25] 동시에 종족끼리의 이러한 사법권 행사를 한족 관원이 시행하는 공식적인 사법권으로 바꿨다. 이 때문에 청조는 최근까지도 여전히 전사戰士였던 묘족들이 더 이상 무기에 손대지 않는 비공격적인 〈민간인〉이 되기를 기대했다. 무기 소지를 금지시키기 위해, 당국은 강력 조치를 취했다. 묘족은 항상 무기를 소지하고 외출한다는 사실을 이미 언급한 바 있다. 소수민족 촌락을 점령할 때마다 첫 번째로 취한 일련의 조치는 다음과 같다.

① 점령 당시 소수민족들이 소지한 모든 무기는 몰수한다. 이 조치에 관련된 증거는 사료에 풍부하게 등장한다. 예를 들어 옹정 연간에 실시된 개토귀류의 과정을 언급한 바 있는 위원(魏源, 1794~1857)은 옹정 4년(1726) 광순 지역 점령 당시, 청 제국의 군대가 활과 쇠뇌 4,300여 개, 독화살 3만여 개, 가죽 투구와 갑옷, 칼 등을 각각 수백여 개를 몰수했다고 적었다.[26]

② 새로운 무기제조를 금지시켰다. 무기를 소지한 사람들은 〈역묘逆苗〉로 규정해 별도의 사법절차 없이 그를 생포해 처단할 수 있도록 했다.[27]

둘째, 묘족들의 신앙, 그리고 신앙과 밀접한 관련이 있는 집단 축제를 차단했다. 흥미롭게도 대체로 관원들은 민간 신앙을 저속하고 사치스러운 미신으로 간주해, 반드시 없애야 한다는 점을 경멸조로 언급했다.[28]

"묘족들은 주귀做鬼를 중히 여겨, 1년이나 3년에 한번씩 (귀신을) 섬긴다. (그것에 드는) 비용이 백금百金에서 수십 금金에 이르며, 가난해서 (그 비용을 마련할) 힘이 없는 사람들은 재산을 팔고 옷을 저당 잡혀 귀신을 섬긴다. 이 풍습이 묘족들의 재산을 가장 많이 축내는 일이며, 묘족들을 가난하게 만드는 한 원인이다. 근래 이 풍속을 없애, 묘족들이 편안하게 되었다고 말한다."

또 다른 저자는 18세기 말 다음과 같이 적었다.[29]

"(묘족)은 또한 귀신을 섬기며 음사淫祀가 많다. 매년 각 채寨에서는 소를 잡아 희생犧牲으로 바치며, 무당을 데려오는 데, 그 비용을 아끼지 않는다. 그러므로 그 비용이 모자라면, 그들의 성정性情이 더욱 탐욕스러워지며, 더욱 탐욕스러워지면 겁탈로 이어진다. 이제 귀신을 섬기고 예법에 어긋나는 장례 풍습 등을 엄히 금지시켜야 한다. 묘채苗寨 전체를 대상으로 헤아려보면, 매년 수만 마리의 소를 희생시키지 않을 경우, 해마다 수십만 금을 절약할 수 있으며, 그 소를 이용해 경작한다면 매년 세금 또한 완납할 수 있게 되어, 경작을 통해 수확한 양으로 자급할 수 있으므로 비용의 소모가 적다."[30]

의례로 발생하는 비용 문제에 관한 한족 관원들의 비판이 단지 묘족에만 집중되어 있다는 점을 주목해야 한다. 하지만 중국인이 춘절春節(구정)을 보내기 위해 사용하는 비용도 매우 비생산적인 한편, 많은 비용이 소요된다는 점도 엄연한 사실이다. 유일한 차이는 당시 한족 관원들의 눈에 자신들은 그렇지 않다고 느꼈다는 점이다.[31]

이처럼 지나친 비용 소비의 금지를 통해, 오히려 묘족 자신들을 비한족이라고 간주하는 일체감을 가질 수 있도록 만든 대규모 집단의례를 겨냥했는지 여부를 생각해볼 필요가 있다. 많은 비용이 드는 음사淫祀의 금지는 결국 음사에 많은 사람들이 모여드는 걸 사실상 차단하기 위한 것이었다. 왜냐하면 소수민족들이 자신의 정신적 활동을 위해 도살한 동물들은 다시 음사에 모인 모든 사람들에게 제공되기 때문이었다. 결국 그러한 대규모 집회를 간접적으로 금지시켜, 그들을 촌채에서 격리시키는 한편 좀 더 잘 〈동화〉될 수 있도록 만들었다.

마지막 조치는 일상적인 생활 관습에 관련된 것이었다. 묘족 남자들의 전통 의상 착복을 금지시키는 대신, 한족 복장을 입도록 했다. 그들에게 치발薙髮을 명령했다.[32] 여자들에게는 이처럼 가혹한 조치가 적용되지 않았던 것처럼 보인다.

2) 묘족의 동화를 촉진하기 위한 학교 건설

여러 관습을 없애기 위해 고유의 복장과 신앙, 그리고 〈비난받아 마땅한〉 행위를 금지시키는 것으로는 충분하지 않았다. 묘족들에게 〈다른 사람〉이 될 수 있는 가능성을 열어줘야 했으며, 그렇게 하는 데는 교육만큼 더 좋은 수단이 없었다. 한족은 그 사실을 매우 잘 알고 있었기 때문에, 명대 이래 토사들의 자제를 위한 특별 학교에 많은 관심을 가졌다. 그러나 18세기 청대에 이르러서는 그러한 교육이 단지 소수민족 지배계층에만 적용되지는 않았다. 옹정 연간에 고주를 〈개방시킨〉 장군 장광사(張廣泗, ?~1748)는 개인적으로 이 문제에 관심이 많았다. 그는 자신의 상주문을 통해, 새로 개방된 고주의 묘족 지역에 사천이나 호남처럼 학교를 세워야 한다고 주장했다.[33]

"…묘호苗戶의 다과多寡를 구분하고, 각자 의학義學을 설립하도록 해, 그들에게 교과敎科를 가르쳐서, 차츰 감화되고 더욱 순종하는 모습을 지켜본 후, 지역에 따라 (의학)을 나누어 설치하게 된다면 많은 사람들에게 실질적인 효과가 나타날 것입니다. 살펴본 바, 여평부 관할 고주 일대는 이미 안정되었으며, 중요한 지역 주변에는 묘호苗戶들이 상당히 많으므로, 인근 청평현淸平縣의 대소단강大小丹江(대단강과 소단강) 부근과 도균부 팔채八寨 부근에 위치한 진원부 청수강의 옛 시병施秉 지역 두 곳에 당연히 의학을 설립해야만 합니다. 또한 상류 부근의 안순과 진녕鎭寧의 파정擺頂·위원威遠 일대 군사 지역은 모두 안주安駐에 대비한 관원들이 있으므로 마땅히 한 곳을 설치하고, 새로 설치한 동지同知[34]와 통판通判[35]의 책임 하에 모든 것을 살피도록 해야 합니다. 아울러 이들이 감독하는 영풍주의 주치州治 관할인 민구珉球, 주동州同[36]과 주판州判[37]이 나눠 머물고 있는 책형冊亨, 나곡羅斛은 모두 군사가 주둔해 있는 곳으로, 이 세 곳도 각각 의학 한 곳을 설치하고, 해당 지주知州, 주동, 주판이 그 책임을 맡으며, 가까이서 (그 상황)을 살피도록 해야 합니다…."

"필요한 비용은 해당 관원들이 기부 액수를 헤아려 사용해야 하며, 함부로 묘인들에게 부과하지 말아야 합니다. 묘인들은 학문적인 능력이 우수한 내지인과 다르기 때문에, 그들의 지식의 (문)을 열어 점차 예와 법을 깨닫도록 하는 게 중요합니다. 따라서 모든 의학은 먼저 『성유광훈聖諭廣訓』[38]을 조목별로 강해講解해 그들이 숙독하도록 한 후, 경서經書를 읽혀야만 합니다. 만일 묘민의 자제 가운데 온 힘을 다해 학문에 힘써, 그 깨달음이 나날이 발전한다면, 해당 관리가 불시에 조사하여 상을 하사하는 한편, 가족들 모두에게 재물을 내려 (학문에 정진하도록) 격려해야 합니다. 수년 후, 문의文義를 약간 깨우친 자가 나오면, 즉시 담당 관원은 학정學政[39]에게 알려 아문衙門에서 시험을 치르도록 해야 합니다."

이러한 정책은 분명 결실을 맺어 상당수 소수민족들이 급속하게 중국어를 말하고 쓸 줄 알게 되었다. 이 책 2장에서 이미 이러한 상황을 언급한 바 있으므로[40] 여기서는 단지 그 전형적인 예를 제시하기로 하겠다. 다음은 18세기 말엽 고주 지역의 어느 한족 관원의 언급이다.[41]

> "묘인들은 본디 문자를 알지 못해, 계약서가 존재하지 않는다. 경작지를 빌려 주거나 팔 경우에는 단지 나무를 잘라 그 반절을 각자 소유하는 것으로 증거를 삼는다. 이제 부근의 묘민들이 실로 학문을 익혀, 수년 이래 지방의 학교에 입학하는 사람들이 줄을 잇고, 거인擧人[42]에 합격한 자도 있다."

동화同化하고자 마음먹은 젊은 묘족들은, 개인적인 신분 상승이 가능했다. 그러나 사료에는 그러한 사람들 중 누가 학교에 갈 수 있었는지에 대한 언급은 나오지 않는다. 취학 연령에 해당하는 묘족 아이들이 입학정원보다 분명히 많았다. 그러므로 입학 대상자를 선발하는 게 불가피했지만, 어떻게 선발했는지는 알 수 없다. 그러나 앞서 살펴본 것처럼, 학교는 무상이었기 때문에 재산 정도가 중요하게 작용했다고 보기는 어렵다. 아마도 입학은 정복 전쟁 당시 〈청조에 잘 협조한〉 묘족들 가족의 어린아이들에게 유리했다고 생각할 수 있다.

교육은 묘족의 새로운 사회를 한족 사회처럼 재조정하기 위한 가장 확실한 방법 중 하나였지만, 두 번째 방법도 존재했는데, 그것은 다름 아닌 한족과 소수민족 사이의 결혼을 증가시키는 것이었다. 그러나 행정 당국은 이 방법을 양날의 칼로 생각한 탓에, 신중을 기해서 사용할 수밖에 없었다. 묘족 여인과 결혼해 처가 가족과 긴밀한 관계 속에서 산 한족 군인들은 차차 〈소수민족화〉 되어 갔으며, 아이가 생기면서 소수민족 수효가 증가했다. 18세기 중국인들이 묘족으로 편입된 역사를 보게 되면, 묘족들은 종종 자신들의 조상을 한족으로 간주하는 경우가 있는 한편, 한족들은 자신의 문명과 격리되어 있는 탓에 소수민족이 되어 버린 사실을 확인할 수 있다.

변방 지역에 실제 관직을 가졌던 관원들 중 상당수는 묘족 마을에 스며든 한족들이 일으킨 여러 가지 사건을 처리해야 했으며, 따라서 그들은 한족과 소수민족 사이의 결혼이 상황을 악화시키지 않을까 우려했다. 상인들과 한족 모험가들이 소수민족 땅을 탈취하려는 목적 만으로 묘족 여인들과 결혼하는 건 두려운 일이었다. 그러므로 옹정 5년(1727) 호광총독湖廣總督 부민傅敏은 자신의 상주문을 통해 묘족 지역에서 시행할 중요 정책 가운데, 한족과 묘족 사이의 결혼 금지를 언급했다.[43]

> "한족과 묘족 사이의 결혼을 금지시키기를 청합니다. 한족은 묘족을 이용해 자신의 소굴을 만들고 묘족은 한족을 이용해 자신들의 정보를 취합니다. 한족이 묘족 여인과 결혼해 아이를 낳으면, 그 아이는 외가를 닮아 학살과 적대, 사람의 생포를 일상적인 일로 여깁니다. 대체로 이미 결혼한 자들의 부녀자는 시댁으로 가지 않으며, 다만 결혼 선물을 미리 정하지 않은 자들은 그렇게 하지 않습니다.[44] 올해부터 그러한 풍습을 금지해야 하며, 법대로 혼례를 치르지 않는 자는 엄하게 죄를 다스려야 합니다. 이미 혼인한 병사들은 멀리 이동시켜 병영에서 떨어져 있도록 하고, 일반 한족들은 보갑保甲[45]에 편입시켜 병영의 군사들이 그들의 출입을 감시하도록 해야 합니다."

그러나 37년 뒤, 아마도 진홍모(陳宏謀, 1696~1771)[46] 등의 관원은 오히려 묘족과 한족 사이의 결혼이 한화를 촉진시킬 수 있다고 생각했다. 건륭 29년(1764)의 한 상주문에서, 그는 다음과 같은 논지로 결혼 금지에 대한 폐지를 주장했다.[47]

"청하옵건대, 한족과 묘족들의 결혼을 허락해야 합니다. 묘족의 동화同化가 시급한 지금, 한족과 묘족의 결혼으로 화합을 이뤄 양측의 기류氣類를 서로 느낀다면, 자연히 서로의 풍습을 알고 의義를 본받아, 행정당국의 명령이 자리를 잡을 수 있습니다. 무릇 결혼한 자들은 반드시 결혼 증명서를 작성해 관청에 보고하도록 해서, 사실 파악에 편하도록 해야 합니다. 결혼의 금지와 완화 정책은 (모두) 질서를 유지하기 위한 것인데, 세월이 오래되어 묘족 여인들과 결혼하는 자들이 나날이 증가하자, 행정당국이 그것을 다 헤아리지 못하며, 관官에 보고해야 한다는 명령을 이행하지 못하고 있습니다. 지방의 무뢰배들이 간악한 묘족들과 결탁해, 묘족 아녀자를 팔아 이득을 취하고 있습니다."[48]

진홍모는 이어 다음과 같이 언급했다.

"청읍廳邑 인변의 촌락에 (한족과 결혼한) 몇몇 묘족 아녀자들이 있는 경우, 그 부모와 형제들이 상황을 엿보러 왕래합니다. 그들 사이의 관계는 내지의 인척과 다르지 않으며, 친가에 일용노동자로도 있는데, 그들은 그곳을 오가는 길을 완벽하게 알고 있습니다. 일단 변고가 발생하면, 사방 촌락으로 모두 알려져 모든 지역이 피해를 입으며, 묘족 부인들은 비록 외지에서 수십 년을 살아도 모두 채인寨人에게 되돌아갑니다. 전하는 말에 의하면 그들은 한족과는 그 부류가 다르며, 그들의 마음도 완전히 다르다고 합니다."

위 사료는 두 가지 점에서 흥미롭다. 우선 위 언급은 당시 청 제국이 시행하기를 원한 사법 체제를 알려주며, 좀 더 흥미로운 두 번째 사실은 당시 정황을 알려준다는 점인데, 18세기 초엽 결혼 금지에도 불구하고, 두 민족 사이의 결혼이 지속적으로 이루어졌다는 사실을 말해 준다. 비록 이 사료가 예외적인 것이라 해도, 묘족 사회의 실상과 묘족 사회의 재형성을 염두에 둔 청조의 여러 규칙 사이에는 간극이 존재한다는 사실을 말해준다. 또한 왜 한족들이 매우 강압적인 법률을 불가피하게 제정해 그것을 준수하도록 강요했는지를 알려준다.

3) 강압적인 법률의 필요성

한족들이 〈중화 문명의 주변부에 머물러 있는 구성원들의 행복〉으로 간주했던 묘족 사회의 변화는 사실상 묘족들의 완전한 권리 양도를 의미했으며, 다른 한편으로는 한족들이 자임하고자 했던 〈문화적 사명〉은 묘족의 상당한 권한 상실을 의미하는 경제적 · 정치적 제도의 이식과 불가분의 관계에 있었던 탓에, 묘족은 그러한 동화 정책을 분명 곱게 보지 않았다. 이런 이유로 종종 총력적인 형태를 띤 저항이 등장했다.

뒤에서 언급할 대규모 반란 외에, 묘족은 약탈에도 열심이었다. 경제적 어려움이 발생하면, 한족 마을로 달려가 노략질을 하기도 했다. 또한 물건을 강탈하기 위해 여행자들을 공격하거나, 많은 몸값을 받아 내기도 했으며,[49] 심지어 노비로 되팔 목적으로 여행자들을 납치하기도 했다. 체제를 위협하는 이러한 활동은 한족이 강제하려 한 질서를 심각하게 교란시켰기 때문에, 매우 엄격한 조치가 필요했다. 강희 35년(1696) 귀주순무貴州巡撫에 부임한 왕연王燕[50]의 상주문에서, 그는 근래 흉악한 묘족들이 자행한 겁탈 사건을 「야적묘만요해지례野賊苗蠻擾害之例」에 의거해 처리할 것을 요청했다. 그러나 숙묘는 동화가 진전되었다는 이유로 이 조치의 적용에서 제외했다. 그는 숙묘에게는 한족과 동일한 법을 적용할 수 있다고 생각했다.[51]

몇 년 뒤인 강희 43년(1703) 호남과 귀주성 경계 지역에서 발생한 묘족 반란 진압 후, 호광 총독 유익모兪益謨는 「계묘조약戒苗條約」에서 형벌의 차등 적용을 다시 한 번 명확히 했다.[52]

첫 번째 조치는 사로잡은 한족을 귀환시킬 것을 권장하는 내용을 담았다.

> "너희 묘족들이 경계 지역에서 나와 풀밭에 숨어 있다가 사람을 생포하고 약탈하며 가축을 도살하는 행위는 그것으로 돈을 받아 내거나, 각 토사에게 팔아 은량銀兩을 얻고자 함이다. 최근 군영軍營에서 이미 명령을 내려, 납치한 사람을 몸값을 받고 팔지 못하도록 했으며, 만일 토사가 그러한 사람을 사는 경우가 있다면 모두 조사해 처단하기로 했다. 만일 너희 묘족에 의해 납치된 자가 있을 경우, 그를 석방시킨다면, 지방관이 그에 해당하는 상과 재물을 내릴 것이다."

훨씬 가혹한 두 번째 조치는 일종의 동해同害 보복 원칙이다.

> "너희 묘족이 만일 내지인 한 명을 살해한다면, 우리들은 묘족 두 명의 생명을 앗아갈 것이다. 너희 묘족들이 만일 내지인 한 명을 약탈한다면, 우리들은 너희들 가족 모두를 체포하는 것으로 되갚아 줄 것이다.… 만일 너희들이 악행을 저지르고도 그 잘못을 깨닫지 못한 채, 예전대로 복종하지 않는다면, 우리 군영은 재빨리 군사를 보내 지역을 소탕할 것이다. 또한 노략질과 살인이 일어난 곳은 즉시 그 일대를 수

색하고 촌채를 공격할 것이다."

다른 조치는 납세를 거부하는 묘족들에 대한 처벌이다.

"너희 묘족들은 이미 호구대장을 작성하고, 내지의 일반 백성들과 다름없이 세량을 납부하며 부역에 응하기를 원했다. 그러나 대병력이 철수한 후, 만일 세량稅糧과 부역의 납부를 거부하는 자가 있다면, 역묘逆苗로 간주해 너희들을 관리하는 (수장) 관원에게 보고하고, 날을 정해 해당자를 체포해 법으로 다스릴 것이다."

이는 범법자들에 대한 엄격한 처벌인 동시에, 예방책이기도 하다. 이런 조치로 묘족들은 이동의 자유를 박탈당했다. 호남성 서부에 위치한 보정保靖 지역의 묘족들은 수장의 감시 하에 무리를 지어 시장에 가야만 했다.[53] 유익모는 또한 묘족들이 약탈 행위를 중지한다면, 한족과 좀 더 쉽게 상거래를 할 수 있으며, 좀 더 높은 가격을 받을 수 있는 건주乾州로 자신들의 물건을 팔러 올 수 있다는 사실을 언급했다.[54] 이러한 사실은 묘족들이 한정된 지역을 벗어나 마음대로 돌아다닐 수 없었다는 정황을 말해준다.

다른 사료에 의하면 한족과 결탁해 일종의 첩자 노릇을 하는 토병土兵을 묘족 마을에 심어두고, 묘족들의 행위를 감시하기도 했다.

정확하게 말하자면, 한족들의 뇌리에는 이러한 모든 강압 정책이 단지 잠정적인 것에 불과했을 것이다. 묘족이 그들의 약탈 행위를 중단한다면, 한족은 기꺼이 〈협력할 수 있는〉 자세가 되어 있었다.

"너희들 묘족들이 약탈과 살인을 하지 않는다면, 우리 한인들은 (너희들에게) 가르침을 줄 수 있고 너희들은 배울 수가 있어 (서로) 편안해지며, 이는 무궁한 이익을 누리는 일이다."[55]

그러나 묘족은 쉽게 수긍하지 않았으며, 결국 한족 입장에서는 무력의 사용이 불가피해졌다.

2 정복 전쟁과 묘족의 대반란

무력을 동원한 개토귀류 시행은 귀주성에서만 볼 수 있는 좀 더 독특한 양상이다. 이미 언급한 것처럼, 청초 황제들은 다른 형태의 말썽을 일으키는 자에게 무력 사용을 집중해야만 했으며,[56] 대체로 기존의 행정 체계를 전혀 변경하지 않은 채로 소요의 진압에 만족했다. 그러나 예를 들어 순치 연간(1644~1661)의 사료에, 묘족의 소요에 대한 언급이 존재하지 않는다는 점은 꽤 흥미롭다. 강희 연간(1662~1723) 이후부터 묘족 소요의 문제가 등장한다.

일단 초기 묘족 반란을 차례대로 언급함으로써, 그 빈도수와 반란 발생 지역을 통해 이후 황제들의 정복 정책을 이해할 수 있을 것이다.[57] 아울러 묘족과 직접적인 관련이 없는 반란이지만 전반적인 이해에 유용한 사건에 대해서는 별표(*)를 첨부했다.

강희 원년(1662) : 여평부黎平府 귀궁채歸弓寨[58]의 묘족들이 반란을 일으키자, 제독提督 이본심李本深이 그들을 토벌해 평정하다.

강희 4년(1665) : 오삼계吳三桂가 수서 지역 이족彝族을 토벌하고 그 지역을 네 부府(大定, 平遠, 黔西, 威寧)로 분할했지만, 여전히 소수민족 수장들의 관할 지역으로 남았다.[59]

강희 5년(1666) : 호광성湖廣省 통도현通道縣(현재 호남성)의 묘족 오노번吳老藩이 자신을 왕이라고 함부로 자칭하며 여평부 흑동구黑峒口 등 일대 묘족을 선동해 반란을 일으키자, 그들을 토벌하다.

강희 8년(1669) : 정번定番의 묘족 아융阿戎 등이 반란을 일으키자, 토벌하다.[60]

강희 8년(1669) : 여평부 전심田心 등의 채寨에서 묘족이 반란을 일으키자, 진원鎭遠의 부장副將 석옥귀石玉貴 등이 병사들을 규합해 그들을 토벌하다.

강희 9년(1670) : 진원부(귀주성 남쪽) 관할 나마那磨 등 36 채가 반란을 일으켰지만, 항복하다.

강희 11년(1672) : 개리(진원부 남쪽)의 묘족들이 반란을 일으키자, 그들을 안무按撫해서 평정하다.

강희 12년(1673) : 광순주廣順州의 묘족이 변란變亂을 일으켜, 이목吏目 장사린蔣士璘을 살해하다.

강희 12년(1673) : 도균都勻(귀양의 남동 지역)의 묘족들이 난을 일으켜, 요패사夭壩司 장관長官 요응록夭應祿을 살해하다.

강희 12년(1673)* : 겨울 12월 오삼계가 운남에서 반란을 일으키다. 제독 이본심이 귀주에서 오삼계에 대응했으나, 총독 감문곤(甘文焜, 1632~1673)[61]이 사망하고, 28일 오삼계가 귀양을 점령하다.

강희 17년(1678)* : 오삼계가 형주衡州(호남성)에서 사망하다.

강희 20년(1681)* : 청조 군대가 귀주를 재점령하다.

강희 24년(1685) : 7월 여평의 적도賊徒 하신서何新瑞가 반란을 일으키다. 하신서는 본래 그 성姓이 이씨로서, 정주靖州에서 승려를 하다가, 이후 평다소平茶所에서 범죄를 저지르고 신화新化에 이르러 성을 하何로 바꿨다. 명조 총독이었던 하등교(何騰蛟, 1592~1649)[62]의 아들이라 자칭하며, 묘민苗民들을 선동해 난을 일으키자 여평의 관병官兵

이 그 무리를 평정하다.

강희 25년(1686) : 하신서의 죄를 물어 주살誅殺했으며, 토사 위유능韋有能을 이동시켜 그 영토를 영종현永從縣에 편입시키다.

강희 30년(1691) : 여평부의 고동묘高洞苗인 금도金倒, 대창大倉, 만괘晩掛, 보홍補哄 등이 여행자를 약탈하고 살해하자, 지부知府 장렴張瀲이 이목吏目 유발劉浡을 보내 체포하도록 하다. 또한 부장 후기侯奇는 묘족에게 병사를 파견해 그들을 진압하도록 하다. 마침내 묘족들은 유발과 관병 20여 명을 살해하고 열 개가 넘는 채들이 연합해 모두 반란을 일으키다.[63]

강희 38년(1699) : 도균의 백묘白苗인 갑다채甲多寨 등이 난을 일으키자, 참장參將 장응금張應金이 그들을 무찔러 평정하다.

강희 40년(1701) : 황평黃平의 혁이묘革夷苗인 노계奴計와 나우羅尤 등이 개리도사凱里都司인 호안국胡安國을 생포해 부상을 입히고, 토관土官 하찬원何瓚遠을 살해하자, 순무 왕연王燕이 병사를 파견해 노계 등을 진압하고 주살하다.

강희 42년(1703) : 동인과 진간鎭筸의 홍묘紅苗가 난을 일으키자, 제독 이방술李芳述이 그들을 토벌해 진압하다.[64]

강희 43년(1704) : 여평부에서 황명黃明이라는 묘족이 반란을 계획하자, 그를 생포해 주살하다.

강희 46년(1707) : 보안주普安州 삼강三江의 농묘獾苗가 불법 행위를 하자, 안롱진安籠鎭의 총병 이득승李得勝이 병사를 이끌어 그들을 평정하다.

강희 50년(1711) : 채강蔡江의 동묘洞苗인 노오老吳와 대전大田 등이 난을 일으키다. 이에 앞서 제독 왕문웅王文雄이 여평의 정동신頂洞汛을 채강으로 옮기고 그 이름을 서산영西山營으로 바꾸자, 동묘들이 이에 불만을 품고 반란을 일으키다.

이러한 사건 연표는 명말 이후 귀주성을 뒤흔든 동요가 심각했던 탓에, 실제 행정력으로 그것을 차단하는 건 불가능했다는 사실을 말해준다. 다른 한편 이러한 일련의 사건을 통해서, 청 제국으로부터 추방당해 소수민족 지역으로 들어갔던 한족들의 역할을 짐작할 수 있다.

옹정 초엽(1723~1733)의 정복 전쟁

옹정 초기부터, 귀주성 남쪽과 남동쪽의 소수민족은 무력으로 개토귀류 정책을 실시해야 한다는 실마리를 청 정부에게 제공했다.

1) 남쪽 지역 : 정번과 광순(귀양 남쪽)의 중가족은 한족과 묘족을 대상으로 악명 높은 인신매매에 열중했다. 옹정 4년(1726) 운귀총독雲貴總督에 임명된 악이태는[65] 단독으로 소수민족에 대한 무마 정책을 주도했으며, 자신이 만든 개혁 정책을 실제로 적용한 인물이기도 했는데, 이 지역 주민들을 공포에 떨게 한 인신매매에 대해 그가 제정한 규정들이 남아 있다. 옹정 4년의 상주문에서 그는 중가족이 한족은 물론 심지어 다른 소수민족들까지 성별을 가리지 않고 생포한 후, 이 지역으로 피신한 한족 범법자들과 공모해서 다른 성省이나 특히 높은 가격을 받았던 사천성에 되판다고 말했다.[66] 결국 중가족의 수장인 아근阿近이라는 인물이 자신 주변에 있는 상당수 소수민족을 규합해, 묘왕苗王[67]이라 자칭하면서 산간산散幹山에 근거지를 마련했다.

고기탁(高其倬, 1676~1738)이 여전히 운귀총독에 있을 당시인 옹정 5년(1725) 이후,[68] 청 정부는 병력을 보내, 아근과 그 형제들을 생포해서 처단했다. 이후 소수민족에 대한 진압이 시작되었다. 이어 고기탁은 광순, 장채長寨, 보정普定 일대와 안순 남쪽에서 도둑들의 소굴盜藪인 광서성 경계 지역에까지, 모든 요충지에 영신營汛(군사 초소)

의 설치를 제안했다. 이러한 정책은 소수민족 반란으로 이어졌으며, 옹정 4년(1726) 악이태(고기탁은 그의 후임이다)에 의해 진압되었다. 그해 여름 청 왕조의 병사들이 일곱 채를 불살랐지만, 반란 주동자의 체포에는 실패했으며, 반란 세력의 끈질긴 저항 때문에 관군은 장채長寨(광순 남부)로 퇴각할 수밖에 없었다.

이러한 일련의 상황이 만족스럽지 못했던 악이태는 병사를 지휘한 장군을 해임시키고, 총병總兵 석례합石禮哈으로 교체했으며,[69] 석례합이 반란자들을 차례로 격파했다. 일단 반란 세력이 축소되자, 관군은 무기를 몰수하고 군영軍營을 새로 건설했다. 군사 요충지를 점거하고, 소수민족들에게는 변발을 강요하는 한편, 의복을 바꿔 입으라고 강제했다. 이러한 정책과 병행해, 보갑제保甲制를 실시했다. 또한 인구를 조사하고 토지를 측정했다. 이렇게 해서, 다음 지역이 모두 청 제국 통제 하에 놓이게 되었다. 우선 광순, 정번, 진녕鎭寧을 포함하는 모든 지역으로, 900리에 걸친 680채와, 둘째, 영녕永寧, 영풍永豊, 안순에서 광서성 경계 지역에 이르는 1,398채와 그 지역 5,900호戶 이상이 그것이다.[70]

2) 남동지역 : 옹정 5년(1727)부터 여평부 묘족에 대한 첫 번째 공격을 시작으로 남동 지역에 대한 작전이 시작되었다. 그것은 호남성 경계 지역에 자리 잡고 있었던 화묘花苗 집단에 대한 공격이었다. 유충채謬沖寨라고 부르는 그들의 촌채는 진입이 어려운 구릉 정상에 자리 잡고 있는 덧에, 그곳의 묘족들은 이에 농업을 팽개치고 약탈로 생활하는 자들이었다. 그들의 약탈 행위를 종식시키기 위해, 귀주와 호남에서 군대가 동원되었다. 가혹한 진압을 통해, 수장들이 처형되고 생존자들은 행정 당국의 직접적인 통제를 받았다.[71]

같은 해(1727년), 악이태의 요구에 따라, 여전히 토사가 다스리는 광서성 사성泗城 토부土府[72]에 대한 개토귀류를 단행해, 홍수하紅水河 이북 지역에 영풍주永豊州를 개설하고 귀주성에 귀속시켰다.[73] 이러한 정책의 목적은 안룡安龍, 책형冊亨, 영풍永豊(현재 貞豊), 나전羅殿 일대를 직접 통치하는 데 있었다.[74] 이러한 진압으로 남쪽 지역이 안정되자, 한족은 남동 지역 요새를 공략할 수 있게 되었다.

어려운 작전으로 간주된 남동 지역에 대한 공략 임무는 이 지역 일대에서 이미 상당한 경험을 쌓아 온 장광사張廣泗에게 주어졌다.[75] 장광사는 강희 61년(1722) 사주부思州府 지부知府로 임명되었으며, 옹정 4년(1726) 여평부 지부로 자리를 옮겼다. 결국 그는 중가족 공격에서 악이태를 잘 도운 공을 인정받아, 옹정 5년(1727) 귀주안찰사貴州按察使로 승진했다. 이듬해 그는 남동 지역 일대에 대한 공략을 매우 체계적으로 시작했다. 이미 언급한 것처럼, 이 지역 묘족은 운항이 가능한 북쪽의 청수강과 남동쪽의 도강都江을 장악하고 있었기 때문에, 적어도 공략 초기에는 귀주에서 병력을 보내는 계획을 세워야만 했다. 이를 위해 서쪽에서 공략을 시작했다. 이 당시 한족은 이론적으로 도균부都匀府 지역까지만 통제하고 있었다. 그러나 도균부 서쪽 지역은 요패夭壩가 이전에 다스렸던 소수민족 지역으로서, 그가 강희 12년(1673) 토사를 살해한 후, 이 지역이 도균부에 병합되었지만, 사실상 완전히 독립한 상태로 남아 있었다.[76] 양배楊排, 양요楊堯, 먀고乜告, 양오楊烏의 네 대채大寨가 소규모 촌채를 장악해, 그들에게 완전히 복속되어 있었다.[77] 끝으로 번앙番仰, 번강番扛, 파탁擺卓을 포함한 10개 이상의 촌채들이 단강丹江 일대 생묘와 결탁해, 이 지역 일대를 노략질했다.

따라서 청 제국의 목적이 명확하게 설정되었다. 묘족 지역에 침투하고자 한다면, 청 제국 병사들에게 군량을 용이하게 공급하기 위해 묘족 점거 지역의 입구를 장악해야만 했다. 이런 이유로 도균부, 즉 팔채八寨로 가는 길목의 최초 지점을 장악할 필요가 있었다. 옹정 6년(1728) 5월 14일 장광사가 지휘하는 군대가 귀양을 출발해 도균으로 향했다. 9월에 그 곳에 도착한 군대는 도균영의 참장參將 조문영趙文英 휘하의 병사를 합쳐 팔채로 다시 진격했다. 이내 장악한 팔채 지역은 성벽으로 둘러싸여 있었으며, 병사들은 대단강大丹江과 소단강小丹江을 향해 더 동쪽으로 진격했다. 독산주獨山州(도균 남쪽)와 마합주麻哈州(도균 북동쪽)에서 온 병사들 덕분에 여러 경로로 공격의 개시가 가능했다. 전투는 꽤 어려웠다. 군량 수송이 차단되지 않도록 팔채 일대를 보호해야만 했기 때문이다. 심지어 군대 자체를 보강해야 했으며 대포를 보내야만 했다. 여러 촌채를 불태우고, 반란세력을 참수했다. 이후 여러 산채가 스스로 항복했다. 그들 투항한 묘족들은 "피를 마시고 나무에 글을 새기며, 돌을 매장해 충성의 맹세를 다짐했다."[78]

그러나 위험이 아직 완전히 사라진 건 아니었다. 단강 지역의 묘족들은 바로 북쪽에 존재하는 청수강 일대 구고묘九股苗와 여러 차례 연합했다. 구고묘는 더 강력한 존재로 간주되었다.[79] 소수민족 지역에 대한 출입 금지 규정을 어기고 이 지역에 살았던 한족 증문등曾文登은 "개토귀류가 단행되면 나날이 오를 수밖에 없는 세금을 매년 납부해야 한다"[80]고 말하면서 묘족들에게 반란을 부추겼다. 경우에 따라 생길 수 있는 이러한 연합을 차단하기 위해, 공략을 계속해야만 했다. 따라서 장광사는 이듬해인 옹정 7년(1729) 청강淸江(현재 劍河) 방향으로 군대를 진격시켰다. 그러나 상황은 여의치 않았다. 묘족 촌채는 가파른 강안江岸의 절벽에 자리 잡고 있었으며, 다른 한편 관군이 도착하면 농사일이 바쁘다는 핑계로 거짓으로 안무책의 사용을 애걸했다. 그러므로 장광사도 밤에 강을 건너 기습공격을 감행할 생각이었다. 생포된 묘족들은 저항하지 않았으며, 대규모 학살이 자

행되었다. "묘족들이 사방의 산에서 울부짖었으며四山號泣," 증문등을 생포해 인계했다.[81]

이렇게 해서 청수강으로 가는 길목이 한족 손으로 넘어 갔다.

> "이에 청수강과 단강에 모두 군영을 다시 설치해서 강로江路를 장악하고, 병사들에게 묘선苗船 100여 척을 징발해 호남성으로 가서, 소금, 면포, 식량, 잡화 등을 사오도록 명령했다. 길에 오가는 사람들이 넘쳐나고, 한족과 소수민족이 크게 기뻐했으며 상인들이 몰려들었다."[82]

그리고 이 지역을 진원부 관할로 두었다. 북쪽 지역에 질서가 회복되었기 때문에, 이제 청조는 고주古州 지역을 〈개방〉해야만 했지만, 이 일은 앞서 전개된 공략보다 훨씬 더 어려웠다.[83]

지금까지도 고주 지역은 모두 묘족이 압도적으로 많다. 어떤 때에는 이 지역 수장들이 중국 제국의 통치를 받아들이기도 했다. 송, 원, 명대에 여러 관직을 지역 수장들에게 하사했지만, 중국 왕조와 이곳 소수민족 사이의 접촉은 매우 제한적이었다.[84] 건륭『귀주통지』에 의하면 청초 오삼계 휘하를 자처하는 마보馬寶라는 장수의 병사들이 청조 군사들에게 패한 후, 운남으로 잠입하려 했다. 이 과정에서 그는 고주 지역을 가로질러 갔는데, 이곳 묘족들이 그들의 대포, 화총, 갑옷 등을 탈취했다. 내지에서 범죄를 저지르고 묘족지역으로 들어간 한간漢奸 한 사람이[85] 묘족들에게 대포 다루는 법을 가르쳐 줬다. 또한 철을 사서 군사 장비를 늘렸으며 화약을 제조해 줬다.[86] 새로운 무기로의 무장과 전략적 위치 덕분에 강력해진 이들 묘족들은 약탈에 전념했다.

악이태는 이러한 상황을 종식시키기 위해 장광사를 보내 이 지역을 평정하려 했다. 장광사는 동쪽에서 고주를 공략하기 위해 옹정 8

년(1730) 가을, 청강을 출발해 여평으로 향했다. 고주 남동 지역 충채沖寨의 동묘를 제압할 당시, 장광사는 그 지역 일대 지형을 살필 수 있는 시간이 있었다. 그의 군대가 귀주로 진격하면서, 청조 군사들은 주변 촌락 사람들을 결집해 약 1만여 명에 달하는 묘족들의 무장 세력과 졸지에 맞닥뜨렸다. 그러나 제갈양이 한때 야영을 했다는 전설이 내려오는 고주 지역 부근의 제갈영諸葛營을 청조 병사들은 성공적으로 장악했다. 장광사는 바로 다음 지위에 있는 조문영趙文英[87]에게 성벽 건설과 지역 수비를 일임하고 귀양으로 돌아갔다.

이후 도강은 특히 소금이 오가는 상업로 역할을 했다. 이와 동시에 도로를 개설함으로써, 이 지역이 청수강 일대와 직접 연결되었다. 행정적으로 고주는 여평부 관할로 두었다.[88] 이리하여 귀주성 남동 지역의 정복이 완성된 것처럼 보였다. 청 왕조는 이미 제국의 일부라고 간주된 태공청台拱廳(현재 台江)은 공략하지 않았다. 그러나 사천 순무 원전성元展成이 새로 정복한 지역을 만족스럽게 여기는 한편, 사방에 군영을 설치할 무렵인 옹정 9년(1731), 태공 지역 묘족의 모든 촌채가 반란을 일으켰으며, 마치 아무 일도 없었던 것처럼 급히 곡식을 거둬들였지만, 일단 수확이 끝나자 주요 군영을 포위하는 한편, 군량 수급을 차단하기 위해 배략排畧을 점거했다. 군인들은 다른 부대가 와서 포위망을 풀 때까지 풀잎과 나무뿌리로 연명했다.

이러한 상황은 매우 급작스럽게 평정이 단행된 모든 지역에 불어닥친 대반란의 전조였다.

개토귀류 시행 이후 발생한 묘족의 대반란(1734~1737)

건륭 『귀주통지』는 소수민족의 불만이 어디서 비롯되었는지를 정확히 밝히지 않은 채, 단지 〈반란 주동자들〉[89]만을 언급하고 있다.

반면 위원은 여러 사실을 토대로 좀 더 생생한 상황을 제시해 준다. 그는 옹정 13년(1735), "묘족 지역의 서리들이 세량의 징수를 제대로 하지 않아 여러 곳의 촌채에서 봉기가 일어났으며, 요사한 말을 새긴 목각木刻을 유포시켜 사방을 선동한다"라고 적었다.[90] 고주 반란을 진압한[91] 직후 3월에, 또 다른 반란이 청강과 태공 사이의 지역에서 발생했으며, 도로가 차단되었다. 이후 한 달이 채 안 되어, 진원 남쪽 청수토사清水土司 관할 20여 개 촌채에서 다시 반란이 발생했다. 이후 그들은 진원과 청평清平을 공격했다. 며칠 후, 그들은 개리를 점령해 1천여 명의 주민을 학살했다. 계속해서 중안강重安江 일대가 함락되어, 연변의 모든 거주 지역이 파괴되고 주민들이 몰살되었다. 그들의 공격은 북으로 황평주黃平州, 암문사巖門司, 청평현清平縣, 여경현餘慶縣으로 계속되었으며, 결국 사주부思州府가 반란 세력의 손에 들어갔다. 그 상황이 매우 위중했다. 태공과 청강 사이에 위치한 여러 곳의 군영도 반란 세력에게 넘어 갔다.

> "반란의 형세가 사방에서 발생했으며, 귀주성에서의 병사 징발도 거의 바닥이 났다. (병사들은) 도망가느라 이 지역을 구할 겨를이 없었으며, 역로驛路도 서로 멀리 떨어져 있어, 귀양의 상황이 위급했다."[92]

이처럼 사태가 갑자기 반전된 부분적인 이유는 청조 군대가 묘족 접경지대를 점령할 시간적인 여유를 가지기 전에 묘족들이 재빨리 움직였기 때문이다. 귀주제독貴州提督 합원생哈元生은 자신이 거느린 병사 300명을 거느리고 중안강 쪽으로 진격했다.[93] 합원생의 병력 수효가 많다고 짐작한 묘족들은 평월과 도균에 대한 공격을 감행하지 못했다. 결국 6월에 운남, 사천, 호남과 광서의 군대를 징발하라는 명령이 북경에서 내려졌다. 특별히 양위장군揚威將軍이란 직위를 하사받은 합원생과, 반란 규모를 최소화하기 위해 자발적으로 나선 당시 형부상서刑部尚書 장조(張照, 1691~1745)에게 무정묘강대신撫定苗疆大臣이란 직함을 내려 군사를 통솔하도록 했다.[94] 생묘들은 사방에서 병사들이 집결하는 것을 보고, 점령 지역을 노략질한 후 본거지로 돌아갔으며, 점령 지역에 청조가 새롭게 설치한 군영를 포위하고 도로를 차단했다. 따라서 병력을 세 방향으로 나눠, 태공台拱, 청강淸江, 팔채八寨를 동시에 공격했다. 이러한 사태의 변화에 놀란 팔채 묘족들은 항복했다. 그들이 즉시 처형되자, 다시 공격에 열을 올렸다. "상당수 묘족은 스스로 처자식을 죽이고 나아가, 청조 관병官兵에 대항했다."[95] 그들이 청계현靑溪縣[96]의 현성縣城, 청강청淸江廳[97]의 유라柳羅, 단강丹江[98]을 함락시키자, 군량미와 지원 병력의 도착이 불가능했다.

이러한 상황이 매우 심각해, 일부 관원들은 개토귀류 정책을 재고하기에 이르렀다. 옹정제 자신도 다음과 같이 자신의 불안감을 표명했다.

> "질서 회복을 말하지만, 실제로는 마을이 텅 비어 있으며, 원활한 교통을 말하지만, 모든 것이 막혀 있는 상태이다…수천 명의 병사가 수개월 전부터 작전을 수행하고 있지만, 한족과 묘족 영역의 교류 가능성이 전혀 없으며, 군량미의 차단과 관원들의 부상 문제가 속출한다."[99]

다른 한편 여러 다른 부대의 지휘관, 특히 장조와 합원생 사이에 불화가 존재했으며, 이 때문에 군사 작전의 협조가 잘 이루어지지 않았다.[100] 건륭제가 황위에 오른 건륭 원년(1736), 그는 장광사에게 5개 성省의 군사 지휘권을 부여했으며,[101] 이듬해에는 합원생과 장조를 사전에 해임시키고 그에게 운귀총독雲貴總督과 귀주순무를 동시에 맡겼다.

장광사는 상주문에서 공격이 실패한 이유를 분리 공격 때문이라고 설명했다. 그러므로 그는 그러한 분리 공격을 포기하는 대신, 공격에 앞서 생묘와 숙묘 사이의 불화를 유발시켜야 한다고 제안했다. 일단 그는 일시적으로 숙묘의 환심을 산 후, 그들 가운데 강력한 세력을 제거하고 무기를 수거해야 한다고 말했다. 그렇게 한다면 외따로 격리되어 있는 생묘에 대한 공격이 좀 더 용이해져서 생묘가 반항할 수 없을 것이라고 지적했다.[102] 그는 실제로 청강 유역의 생묘를 공격하기 위해 군사를 진군시켰다. 생묘는 차츰 자신들의 영토를 상실했으며, 북쪽의 단강丹江, 남쪽의 고주古州, 서쪽의 도균都匀과 팔채八寨, 그리고 동쪽의 청강과 태공까지 펼쳐진 광대한 평원인 우피대정牛皮大箐으로 후퇴했다. 당시 묘족은 진격이 어려운 그 지역으로 후퇴하면 청 제국 병사들의 공격을 피할 수 있으며 청 제국의 병사들이 지쳐서 전쟁의 포기를 기대할 수 있으리라 생각했을 것이다. 그러나 그렇게 후퇴한다면 자신들의 군량미 보급이 차단되리라는 생각을 묘족들은 하지 못했다. 굶주림에 내몰린 묘족들이 은신처를 탈출하자, 각 입구에 진을 치고 있던 청 제국 병사들이 그들을 마구잡이로 학살했다. 이어 병사들은 수악首惡, 차악次惡, 협종脅從의 세 종류로 분류한 숙묘로 눈을 돌렸다. 병사들은 그들을 차례로 소탕했으며, 해당 부류에 걸맞는 처분을 내렸다.

이런 작전을 통해, 1,224채를 파괴했으며, 388채를 사면했다. 전투에서 17,600여 명을 참수하고 25,000여 명을 포로로 잡았다. 또한 총과 쇠뇌 46,500개, 칼과 창, 궁노弓弩, 창과 갑옷 148,000여 개를 노획했다. 끝으로 반란 세력의 전지田地를 몰수해 구위九衛에 둔전을 설치하고, 병사를 양성해서 그곳을 지키도록 했다.[103] 이로써 반란이 종식되었다. 진압은 무자비했지만, 일벌백계의 방식으로 시행되었으며, 다시 건륭 5년(1740) 이후 묘족, 요족, 동족의 거주 지역과 광서성에서 다시 소요가 발생했다.[104] 그 진압에 1년 이상이 걸렸다. 이후 여력이 소진되고 운신의 폭이 좁아진 소수민족은 결국 새로운 질서에 순응하는 것처럼 보였다.

이후 50년 동안 청대 사료에는 소수민족의 반항에 관련된 언급이 전혀 나타나지 않지만, 그들은 겉으로만 새로운 질서를 받아들였으며, 묘족들의 세력이 조금이라도 재규합되면, 소소한 사건만으로도 그들의 잠재적인 불만이 다시 되살아났다. 한족 경제 체제에서 비롯된 중압감이 커짐에 따라, 긴장이 고조되어 건륭 말엽과 가경 초엽의 특징적인 상황인 처절한 반란이 다시 발생했다.

건륭 60년~가경 11년(1795~1806)의 대규모 반란

위원은 그의 「건륭호귀정묘기乾隆湖貴征苗記」에서 주저하지 않고 그러한 반란의 원인을 정직하게 드러냈다. 그는 다음과 같이 언급했다.

> "오호라! 제가 건륭 60년(1795) 호남 묘족 반란에 관해 들은바, 대체로 당시 상주문과 문서에 등장하는 내용이 매우 달랐습니다…건륭 56년(1791) 영수청永綏廳(호남성) 구보채勾補寨의 묘족이 소의 절도에 관한 사건을 관에 고소했는데,[105] 그 사건이 전체 묘채로 번져, 마침내 석만의石滿宜가 반란을 일으켰습니다. 비록 그 반란은 진압되었지만, 묘족에서 비롯된 화근의 단서가 이미 생겨나고 말았습니다."[106]

묘족들의 불만은 커져만 갔으며, 특히 영수청에서 그러했다.

"처음에, 영수청이 묘채 한 가운데 들어설 당시, 성城 밖 주위는 온통 묘족이었습니다. 그러나 수십 년이 채 되지 않아, 모두 한족이 차지한 민지民地가 되었습니다. 동물도 궁지에 몰리면 (사람을) 무는 것처럼, 이 때문에 간악한 묘족이 객민을 몰아내고 옛 땅을 되찾아야 한다고 주창하니, 여러 묘채들이 다투어 살인하고 모든 묘족 가구가 그에 응했습니다."[107]

건륭 60년(1795) 정월 13일, 귀주성 동쪽의 송도청松桃廳에서 반란이 시작되었다. 그 반란은 송도청 대채영大寨營 출신의 석류등石柳鄧이 주도했다. 그는 주민들을 선동한 죄로 체포됐지만, 이것이 오히려 반란 세력의 분노를 가중시켜 송도청 부근의 정대영正大營을 불사르고 약탈했다. 이렇게 해서 반란의 서막이 올랐으며, 거의 도처에서 연달아 봉기가 일어나 청 제국이 커다란 혼란에 빠졌다.

같은 해(1795) 정월 19일에는 호남성 영수청의 또 다른 묘족인 황과채黃瓜菜 출신의 석삼보石三保가 반란을 일으켰다. 이어 석삼보를 본받아 오반생吳半生, 오롱등吳隴登, 오팔월吳八月이 봉황청 부근의 진간鎭筸에서 반란을 일으켰다. 마지막으로는 좀 더 동쪽 지역인 건주乾州에서 다른 묘족이 반기를 들었다.[108] 24일 진간진鎭筸鎭 총병總兵 명안도明安圖와 영수청 부장副將 이살납伊薩納이 그들을 저지하려 했지만 결국 전사했으며, 묘족은 계속해서 영수청, 건주, 진간을 점령했다.

며칠 사이에, 반란이 귀주, 호남, 사천(秀山과 酉陽)으로 확대되었다. 반란이 빠르게 확대된 사실로 미뤄, 예비 모의가 있었다는 사실을 알 수 있다. 마소교馬少僑는 청대 묘족 반란에 관한 그의 연구를 통해 건륭 59년(1794)부터 석류등과 석삼보는 봉황청 압보채鴨保寨의 백호百戶인 오롱등과 함께 〈축객복고토逐客復古土(객민을 몰아내고 옛 토지를 되찾는다)〉는 혈맹을 맺었다고 지적했다.[109] 흥미롭게도 반란 주동자들은 가난한 농민이 아니었다. 이미 2장에서 언급한 것처럼,[110] 오팔월과 석삼보는 대지주였으며 오롱등은 마을의 수장인 백호百戶였다.

상황이 매우 위급했다. 같은 해(1795) 2월 1일, 묘족은 오팔월의 지휘 아래 다시 동쪽으로 더 진격해, 한족 영토인 포시浦市를 점령했다. 이 무장 봉기는 오늘날까지도 호남성의 이 지역 일대 묘족들의 기억 속에 남아있다. 심지어 이 전투에 관련된 에피소드도 전해 내려온다.[111] 2월 초순, 운귀총독 복강안(福康安, 1754~1796)[112] 휘하에 있는 귀주성과 운남성의 병력, 그리고 유명한 관료인 화신(和珅, 1750~1799)[113]의 동생인 사천총독 화림(和琳, 1753~1796)[114] 휘하의 사천 병력, 아마도 한 사람은 복령福寧이라 추측되는 호광 독무督撫[115] 휘하의 병력을 동원했다. 복강안은 송도청 부근의 정대영正大營을 장악해 귀주성 관할의 이 지역 일대에 대한 질서를 회복시켰으며, 그러한 목적을 달성하기 위해 주저하지 않고 점령 지역을 철저하게 불태웠다.[116] 한편 화림은 수산현秀山縣 일대 묘족을 평정하고,[117] 이후 송도청에서 복강안 병력과 합쳐 호남성의 질서를 회복시키기 위해 함께 출병하기로 결정했다. 3월 11일 이들 병력은 계속 전투를 벌이면서 성城 밖에 이르렀으며, 마침내 포위망을 풀었다. 또한 호남제독 유군보劉君補는 병력 2천 명을 인솔해서 보정保靖에서 총병 장정언張廷彥과 함께 영수청 서북 지역을 공략했다. 묘족이 다리를 파괴한 탓에, 뗏목을 만들어 강을 건넜다. 4월 13일 복강안의 대군도 영수청에 도착해 황과채黃瓜荒를 토벌했다.[118]

묘족들이 도로를 차단한 탓에 군량미 보급이 중단되는 등의 몇 가지 어려움이 있었지만, 청조 병력은 다시 노계瀘溪와 건주에 대한 공략을 개시했다. 이 사이 오팔월은 건주 부근의 평롱平隴에서 오왕吳王

을 자칭했다. 청조 진영에 가서 그들의 은근한 제안에 현혹된 오롱 등의 계략으로, 그 다음 달[119] 오팔월이 체포되었지만, 그의 두 아들 오정례吳廷禮와 오정의吳廷義가 오팔월을 대신했다. 전투는 지지부진하게 계속되었으며, 묘족은 세차게 저항했다. 청 왕조의 장수들은 거짓 승전보를 북경에 보고했다는 이유로 질책을 받았다.[120] 가경 원년(1796) 이듬해 5월 복강안이 사망했으며, 6월에 화림이 다시 건주乾州(호남성)를 점령했고, 액륵등보(額勒登保, 1748~1805) 등이 오팔월의 본거지인 평롱을 공략했다. 이어 화림이 그해 8월에 사망했다.

따라서 청 정부는 장군 명량(明亮, 1735~1822)[121]을 파견하기로 결정했는데, 그는 평롱 탈환 후, 오정의가 후퇴해 자리 잡고 있던 귀주성 동인부에 대한 공격을 시작했다. 석류등과 그의 아들처럼, 오정의도 체포됐다. 프랑스 기메 박물관(Musée Guimet) 박물관에 보존되어 있는 건륭 연간의 작전을 그린 그림 가운데에는 이 호남성-귀주성 일대 반란의 진압을 표현한 그림이 정확하게 두 점 포함되어 있다. 그 하나는 송도청 부근에 위치한 박목산欙木山의 탈환을 묘사한 것으로서, 그 정상에는 오정례吳廷禮가 진지를 구축했던 촌채가 있다.[122] 다른 또 하나는 명량의 지휘 아래 평롱의 함락을 그린 그림이다.[123] 가경 2년(1797) 초, 호북성에서 백련교도白蓮教徒 반란이 발생했다. 명량은 정복 지역의 증가로 여러 곳에 다수를 설치한 군영에 분산 배치된 2만여 명의 군사만을 놓아 둔 채, 호북성 반란 지역으로 가야만 했다.[124]

건륭 60년(1795)의 반란은 이렇게 끝났다. 반란 진압은 이전보다 훨씬 더 무자비했다. 호남성의 진압 정책에서 중요한 역할을 한 고위 관리 부내(傅鼐, 1758~1811)는 이 지역에 다수의 위장圍牆, 둔보屯堡, 조잡碉卡을 설치해, 한족 식민자들의 지위를 강화해야 한다고 제안했다. 그 자신도 19세기 초엽 봉황청鳳凰廳(호남성)에 887개의 조잡을, 영수청에는 신보汛堡와 조루碉樓 132개를, 건주에는 신보와 조잡 121개를, 고장평古丈坪과 보정현保靖縣(호남성 영순부 관할)의 경계 지역에는 신보와 조루 69개를 각각 설치했다.[125] 끝으로 한족의 전략적 위치를 강화시키기 위해 명대에 이미 위장을 설치했던 곳에 위장을 다시 세웠다.[126] 그것은 북쪽으로 건주, 남쪽으로 봉황청鳳凰廳까지 그 길이가 100여 리 이상이었으며, 부내의 말을 빌리면 〈그 경계를 엄히 구분하는〉 시설이었다.[127]

병사들의 배치와 군사 시설물의 설치에도 불구하고, 이곳 지역의 질서가 완벽하지 않았던 것처럼 보인다. 청조 당국자들은 이후 묘족의 토지를 한족 객민이 취득하는 것을 금지시켰지만, 실제로는 토지 획득을 위한 투쟁이 계속되었다. 반란 지역에서 차지한 토지에 병사들을 항상 배치했던 부내의 정책에서처럼, 일부 관리들 때문에 그러한 투쟁이 내내 발생했다. "병사들에게 식량을 공급하기 위해 토지를 몰수하고, 묘족으로부터 한족 스스로를 보호하기 위해 지역의 방어를 강화해야 한다"라는 말이 부내 정책의 근간이었다.[128]

그러나 반란은 계속되었다. 가경 6년(1801) 호남성 영수청 관할 계롱雞籠, 조마耤麻, 풍통風桶 촌채의 반란에 뒤이어 귀주성 송도청 지역의 40여 촌채 주민들이 반란을 일으켰다. 가경 7년(1802) 용수청 묘족 수장인 용육생龍六生이 천왕天王이라 자칭했다. 그는 수천 명을 규합하고 300석의 식량과 은을 모아, 여러 갈래로 분산해서 귀주 쪽으로 진격했다. 그의 반란은 실패했지만, 가경 9년(1804) 영수청 출신의 또 다른 묘족 수장인 석종사石宗四와 석귀은石貴銀이 다시 반란을 일으켰다. 이 둘은 이미 건륭 60년(1795) 반란 당시 주요 역할을 한 인물로서, 묘족들이 자신의 영토를 재정복할 수 있도록 도왔다. 부내가 이끄는 병력이 장기간의 전투에 참여했으며, 이 전투는 묘족이 진압된 가경 11년(1806)에 마침내 종결되었다.

건륭 60년(1795)에 시작된 대규모 반란은 10년 이상 계속되었으며, 무엇보다 한족과 소수민족 관계를 더 악화시키는 결과를 가져왔다. 20세기 초에도 여전히 남아 있던 다음의 두 속설을 통해 이러한 반란 과정에서 생겨난 두 민족의 의식을 알 수 있다. 그 첫 번째는 묘족들 사이에서 유행한 것으로서, 〈구리와 철이 서로 융합되지 않는 것처럼, 묘족들도 한족과 융합할 수 없다銅不沾鐵, 苗不沾客〉이라는 말이며, 두 번째는 한족들 사이에서 유행한 〈천 자루의 칼에 맞서 싸울지언정, 묘족들과는 교류하지 않는다寧願挨千刀, 不願與苗子相交〉라는 말이다.[129]

이러한 반란 당시 귀주 남동부의 소수민족들이 북부 지역의 동족을 돕지 않았던 이유를 생각해 보아야 한다. 그들 사이에 연대감이 존재하지 않았거나 접촉이 없었던 것은 아닐까? 현재에도 묘족의 언어가 상당히 다양하다는 사실을 우리는 알고 있다.[130] 반면 중국 학자 마소교馬少僑는 가경 2년(1797) 안룡安龍 지역에서 발생한 중가족 반란은 묘족과 연대해서 발생했다는 사실을 언급한 바 있다.[131] 당시 반란자들은 귀양에서 운남으로 가는 길을 일시적으로 차단하는 데 성공했다.

이러한 문제와 함께 건륭~가경 연간 묘족 반란에 대한 결론을 내리기에 앞서, 당시 사용된 군사 기술과 특히 성벽에 대한 몇 가지 설명을 언급하고자 한다.

군사 기술

이미 우리는 묘족의 병장기와 그 수효가 상당했다는 사실을 일부 언급한 적이 있다. 명·청 왕조가 내린 여러 차례의 금령禁令 때문에, 묘족들이 다량의 화약 무기를 보유했는지의 여부를 정확히 단언하기는 어려울지도 모른다. 그러나 위원은 건륭 60년(1795) 반란 당시, 〈묘족은 단지 칼을 지녔을 뿐, 총기는 가지고 있지 않다〉라고 말했다.[132] 반면 18세기 말엽 다른 저자들은 그 정확한 명중도 탓에 두려워했던 묘족의 총을 언급하고 있다.

이러한 총기류 외에, 묘족들은 적들에게 정확하게 적중시킬 수 있는 독화살을 지녔다. 이 문제에 대해 흥미로운 사실을 말해주는 두 개의 상주문이 존재한다. 첫 번째는 운귀총독인 고기탁高其倬이 옹정 2년(1724)에 올린 상주문이며, 두 번째는 옹정 2년~옹정 3년(1724~1725)에 광서순무廣西巡撫를 역임한 적이 있는 이불(李紱, 1675~1750)이 건륭 3년(1725)에 올린 상주문이다.[133] 위 두 상주문을 통해 묘족의 쇠뇌 때문에 상당한 피해를 입었다는 사실을 알 수 있다. 쇠뇌에 사용된 독약은 분명 중국 서남 지역 주민들이 폭넓게 사용했던 것이라 할 수 있다. 위 두 저자의 설명에 의하면 어떤 것은 식물을 원료로, 어떤 것은 뱀의 독을 원료로 굉장히 다양한 종류의 독약이 제조됐다. 식물을 원료로 만든 초약草藥은 맹독성이 있지만, 2~3개월이 지나면 그 효력이 급속히 감소했다. 뱀에서 뽑아낸 독약蛇藥은 초약보다 독성이 덜하지만, 오랜 기간 보관할 수 있는 장점이 있었다.

한족이 묘족의 독을 두려워한 사실은 과장이 아니지만, 그 치료약도 가지고 있었다. 그러나 묘족에게는 위 두 종류의 독약보다 훨씬 더 강력한 독약이 있었다. "이 약에 뱀의 독을 섞어 화살에 바르면, 그 독이 온몸에 퍼져 치료가 불가능하다." 이것은 어떤 독약이었을까? 위 두 관료는 그것을 알아보려 애썼다. 묘족 지역을 여러 차례 조사한 끝에 그들은 "그 독약은 사약蛇藥에 독수毒樹에서 추출한 즙을 섞어 만든 살약撒藥"이라는 사실을 알아냈다. '살撒'이란 말은 즙汁을 의미하는 광서성의 방언이다. 살약은 그 정확한 명칭이 기재되지 않은 나무의 즙으로 만든 독이다. 저자들은 그 나무가 귀주성에서는 생장하지 않으며 광서성 남부의 숲속과 좌강左江, 그리고 우강右江에서만 생장生長한다고 언급했다. 연한 붉은 빛을 띠는 이 즙을 채취해 돌 위에 떨어뜨려 응고시켜 만든다.[134] 광서성 북서부 사성泗城에서는 이 독즙이 많이 거래되었다. 독즙을 추출할 수 있는 나무가 적고 만들기도 어려워, 사성 주민들은 묘족에게 금값처럼 비싸게 팔았다.

그 다음으로, 해당 나무를 자세히 알려줘 그것을 철저히 잘라버리기 위해 고기탁과 이불은 광서성 관료들에게 이 독을 분비하는 나무가 어떤 종류인지를 파악하라고 명령했다. 마침내 독즙을 분비하는 나무 세 그루를 남녕부南寧府 융안현隆安縣[135]에서 찾아내 벌목했다. 그러나 독즙이 추출되는 모든 나무를 베는 건 매우 어려운 일이었다. 광서성 남쪽 지역은 숲이 지나치게 울창해 한족들이 쉽게 들어갈 수 없었다. 또한 다른 해결책을 강구했다. 즉 해독제를 만들도록 권장해, 결국 그 목적을 달성했다.

지금 용어를 사용해서 말한다면, 묘족의 전략은 게릴라 전술이 일반적이었다. 건륭 60년(1795) 반란을 일정 기간 동안 지휘한 부내는 다음과 같이 언급했다.

> "묘족이 우리 군영으로 진격할 때는 전혀 전열戰列대로 움직이지 않고, 3~5명씩 무리를 이뤄 전진해서 나무나 바위 속으로 흩어지기 때문에 그들의 흔적을 찾아낼 수 없다. 어떤 때는 산 정상을 뒤덮기도 하고, 어떤 때는 골짜기 밑으로 흩어지며, 은신처에서 적들에게 사격을 가하는데 백발백중이다."[136]

그러나 그들은 무리를 지어 공격을 시작할 때도 있다. 건륭 60년(1795) 대열을 이뤄 송도로 가는 병사들을 공격할 당시, 〈깃발을 흔들고 징을 치며 함성을 지르면서〉 공격한 묘족의 수효가 4천명 내지

5천명이었다.[137] 묘족은 빨리 산을 기어오르며, 뛰고 달리는 민첩성이 매우 뛰어나, 장기간의 훈련을 해도 청 제국의 병사들은 그들과 경쟁하기 어려웠다. 호남성에 주둔한 7천여 명의 군사들에 대한 훈련을 언급한 한 사료에서[138] 부내는 "매년 10월부터 이듬해 1월까지 병사들에게 육체 훈련을 시키고, 그 나머지 시간에는 농한기를 이용해 달리기, 높이뛰기, 언덕 오르기를 훈련시켜야 한다"라고 말했다.[139]

한족은 또한 그들만의 중요한 요충지를 장악하고 있었다. 묘족들에게는 없는 지도 덕분에 무엇보다 한족은 특정 공간에 대한 전반적인 이해가 가능했다. 특히 강희제 이래 청조 황제들은 지도를 대규모로 제작했다.[140] 18세기 예수회 선교사들은 귀주성은 물론 다른 성省들도 돌아보고 〈유럽식〉 지도 제작에 필요한 정보를 찾아냈으며, 특히 군사 전문가들이 중국 고유 방식으로 제작한 지도는 매우 자세하며 정확하다. 엄여익이 18세기 말에 귀주와 호남성 묘족 지역을 대상으로 작성한 지도를 통해 그러한 사실을 알 수 있다.[141] 특정 표시가 들어 있는 그의 지도에는 부府와 그 밖의 행정 단위는 물론, 방어시설의 존재 여부와 관계없이 표시된 군영軍營과 초소를 발견할 수 있다. 도로와 함께 묘족의 촌락인 채寨도 표시되어 있다.

청 제국은 방어 시설의 축조 기술에도 뛰어났다. 이미 앞에서 그러한 시설물이 상당히 많았다는 사실을 언급했다. 여기서는 당시의 흥미로운 한 사료를 통해 그 실상을 알 수 있는 관장關牆에 관련된 몇 가지를 언급하기로 하겠다. 그 자료는 일본에 수장된 『묘족수고본』으로서,[142] 책 제목은 『귀주묘채도貴州苗寨圖』지만, 건륭 60년(1795) 반란 이후 호남성 동쪽 묘족 지역에 건설된 관장에 관한 설명이 들어 있다. 이 책 말미에 그 일부를 복사해 실은 『귀주묘채도』는 42쪽이 두 개의 표지판 사이에 길게 접혀진 형태로 되어 있다. 고풍스런 제목을 쓴 종이 띠가 예전에는 겉면에 있었던 것처럼 보이지만, 현재는 사라진 상태다. 첫 페이지의 반절 정도에 간단한 글이 적혀 있지만, 이 책이 어떻게 제작되었는지에 대해서는 언급하지 않았다.

이 책은 마치 칼라로 된 사진 책자처럼 보이며, 북쪽부터 각 부문별로 관장關牆을 보여준다. 성벽은 매우 험준한 산지 풍경을 보여주는 중간 부분에 뚜렷하게 부각되어 있다. 관장 밑에 표현된 모든 지역은 한족 영역이며, 그 위의 모든 지역은 묘족 영역이다. 묘족의 촌채는 숲 속에서 그 흔적을 찾기 어려운 지붕들이 모여 있는 것처럼 표현되었다. 중앙에 있는 것이 방어 시설이다. 한쪽 구석이나 그림 중간에 종종 글이 들어 있다. 그 글은 거리와 방어물 수효를 말해준다. 이 그림을 통해 흥미롭게도 다음과 같은 사실을 입증할 수 있다. 첫째, 관장의 흔적이 부내(傅鼐, 1758~1811)가 언급한 사실과 일치한다는 점이다.[143] 가장 북쪽의 시작점은 건주 남쪽에 위치한 만계灣溪며, 가장 남쪽 지점은 봉황청鳳凰廳 북동쪽에 있는 전승영全勝營이다. 둘째, 명대의 관장이 자리잡고 있었던 곳에 관장이 건설되었다는 사실이다. 엄여익의 지도에서도 발견되는 명대의 관장은[144] 길이가 짧지만 북쪽에서 남쪽으로 길게 연장되어 있다.

다른 한편 이 책에는 관장 건설 자체에 대한 자세한 설명이 들어 있다. 정확히 돌출 형태로 된 이 관장은 성채 모양으로 이루어졌으며, 무엇보다 "부근에 돌이 있는 지역은 그 돌을 사용하고, 돌이 멀리 있는 곳은 흙을 단단하게 해서 담을 쌓는다"라고 한 부내의 말을 상기시켜주는 한편,[145] 지붕을 덮었다.[146] 관장은 전체가 연결되어 있었다. 첫째, 두 단계로 건설되는 사각형 모양의 초대哨臺는 사면四面에 창안槍眼을 두었으며, 그 출입문은 동쪽, 즉 한족 영역을 향하고, 아래쪽에 창안을 만들었다. 이것은 계단을 통해 들어와 이후 내부로 들어갔다는 사실을 암시한다. 둘째, 조루碉樓는 초대와 비슷하게 만들었지만, 1층이 더 높으며, 거기서 적과 전투를 전개할 수 있었다. 셋째, 더 먼 곳에는 일자 모양이나 사각형으로 만들어 요철 모양의 띠처럼 보이는 잡조卡碉를 만들었는데, 잡조마다 수효를 달리해 부속 건물을 설치하고 문을 통해 출입했다.[147] 끝으로 일정 거리마다 관문을 통해 이런 성벽을 넘나들 수 있었다.

이러한 성벽 양쪽에는 여러 개의 또 다른 시설물이 별도로 혹은 한데 모여 세워져 있었다. 그 건물은 주요 전략 지점에 세운 조루였을 것이다. 예를 들어 두 번째 그림에는 강물이 흘러가도록 성벽이 단절되어 있는데, 다리를 설치해서 한족 지역의 성벽을 따라 있는 길을 건널 수 있었으며, 그 다리를 보호하기 위해 강 양쪽에 일곱 개의 조루와 두 개의 잡조를 설치했다. 이미 언급한 것처럼, 묘족들이 완전히 영토를 빼앗긴 채 거세게 저항한 진간鎭筸 지역은 흥미롭게도 성벽 너머 위협적인 자태로 서 있는 방어물로 사실상 뒤덮여 있어, 그것이 오히려 묘족 지역에 들어서 있는 생각이 들 정도이다. 청대 건축된 성벽이 끝나는 지점 남쪽에는 서로 연결되어 있지는 않지만, 그 옛날 명대 세운 시설물이 명대와 동일하게 남쪽 끝인 왕회영王會營까지 서 있는 모습을 볼 수 있다. 이러한 일련의 그림은 한족 질서가 굳건히 자리 잡았다는 사실을 말해준다.

〈만이蠻夷〉에 대한 승리를 축하하기 위해, 쇠를 녹여 철주鐵柱를 세웠던 고대 중국의 수세기에 걸친 전통을 되살리려 한 악이태도 자신의 승리를 기념하고자 했다. 그는 옹정 10년(1732) 묘족에게 몰수한 무기로 높이 1장丈(약 3.3m), 지름 2척尺(약 0.66m) 크기의 철주를 제작하도록 했다. 그는 이 철주를 귀양 남쪽 남명하南明河의 한 섬에 있는 아름다운 갑수루甲秀樓에 세우도록 했다. 가경 2년(1797) 당시 운귀총독이었던 늑보(勒保, 1740~1819)[148]가 안룡 지역의 중가족 진압을 기념하기 위해 그 옆에 두 번째 철주를 세웠다.[149] 1937년 발간된 귀주성 여행 가이드에 따르면[150] 사람들은 여전히 그 철주에 새겨진 인상적 연대기 앞에서 정복전쟁을 되새기고 있다. 마원(馬援, 기원전 14~기원후 49)의 정복 이후 18세기가 지난 지금 중국 영역을 건설하려는 사람들의 의식이 전혀 변하지 않았다는 사실은 흥미로운 일이다.

제4장 주註

1 이 속담은 이미 명대에 인용되고 있다. 乾隆『貴州通志』권37, 「藝文」, 24쪽 상 참조. [이 언급은 席書, 「위제생청왕양명선생강학서(爲諸生請王陽明先生講學書)」라는 글에 등장한다. 석서(席書, 1461~1527)는 호가 元山이며, 四川省 봉계현(蓬溪縣) 출신이다. 弘治 3년(1490)에 進士에 급제해, 공록대부(光祿大夫), 禮部尙書 등을 역임했다. 아마도 이 글은 그가 正德 연간(1506~1521)에 귀주제학부사(貴州提學副使)로 있을 당시에 쓴 것으로 짐작된다.]

2 역주 유관(流官) : 중앙 정부가 지방에 파견한 관리를 의미하며, 일정 기간이 만료되면 다른 지역으로 옮겨간다는 의미에서 이런 용어를 사용했다. 소수민족 지역의 유력자를 그 지역의 우두머리로 임명하는 토사제도와 대비해서 사용하는 경우가 많다.

3 본서 82쪽 참조.

4 余貽澤, 『中國土司制度』, 重慶, 1944, 75쪽과 그 이하에는 청대 역대 황제 치하에서 새로 인정한 토사 목록표가 등장한다. 순치 연간에는 252개의 토사를 인정해줬으며, 귀주성의 수효가 제일 많았다. 이어 운남 59개, 사천 27개, 광서, 45개, 감숙 26개였다. 강희와 옹정 연간에는 운남과 사천성의 토사가 증가해, 운남이 9개에서 27개로, 사천이 96개에서 50개로 각각 증가했다. 이러한 상황은 중국 내륙의 토사들을 가장 많이 없애려 했던 옹정제의 정책과 상반되는 건 아니다. 사실상 옹정 연간에 광서, 귀주, 감숙성의 토사 수효가 감소했음을 알 수 있다. [저자의 설명 중 사천의 토사가 96개에서 50개로 증가했다는 언급은 명백히 모순이다. 다만 여이택의 저서에 의하면 명대 사천 지역의 토사 수효는 모두 85개였다.]

5 본서 465쪽 참조.

6 『平臺記』는 옹정 원년(1723)에 처음 출간되었다. 『平臺記』는 주일귀(朱一貴, 1690~1722) 반란 진압을 다룬 저서로서, 대만 통치 방법에 관한 다양한 지침을 언급하고 있다. 저자는 특히 농업 개발의 장려, 네덜란드와 일본의 침략 가능성에 대한 대비, 대만 토착민을 특별 지역에 정착시켜야 한다는 주장을 했다. A.

W. Hummel, 1943, vol. I, 440~441쪽 참조.

7 藍鼎元, 「論邊省苗蠻事宜疏」. 『小方壺齋輿地叢鈔』, 153쪽 상~하 所收. [이 글은 『皇朝經世文編』권86, 「兵政」(苗防上)에도 실려 있다. 여기서는 이 글을 참조했음을 밝힌다. 이하 남정원이 언급한 해당 원문은 다음과 같다. "楚蜀滇黔兩粵之間, 土民雜處, 曰苗曰猺曰獞曰犵狫, 皆苗蠻之種類也. 其深藏山谷, 不籍有司者, 爲生苗, 附近郡邑, 輸納丁糧者, 爲熟苗, 與良民無異. 但性頑嗜殺…此可以敎化施恩, 法令馴服者也. 但土民之頑順, 惟視土司, 土司多冥頑不法. 坐縱其行兇殺奪, 而因以爲利, 卽使事迹敗露, 大吏督責, 無參罰處分之加乎其身, 是以無所忌憚, 而敢於無所不爲也… 苗民受土司荼毒, 更極可憐. 無官民之禮, 而有萬世奴僕之勢. 子女財帛, 總非本人所自有. 愚聞黔省土司, 一年四小派, 三年一大派, 小派計錢, 大派計兩, 土民歲輸土徭, 較漢民丁糧加多十倍. 土司一日爲子娶婦, 則土民三載不敢婚姻. 土民一人犯罪, 土司縛而殺之, 其被殺者之族, 尙當斂銀, 以奉土司, 六十兩四十兩不等, 最下亦二十兩, 名曰玷刀銀. 種種朘削, 無可告訴. 聞昔年有闔村離散, 呈請地方大吏, 改土籍歸流官管轄, 遂有更生之慶, 曾未幾時, 而土司輦賂關說, 又復改還. 土屬丁壯擧家屠戮, 妻子沒賣爲奴. 其他土部不得不呑聲飮泣, 忍受摧殘. 然其望見天日, 願如漢民沾被皇恩…土司無俸可罰, 無級可降. 革職則子孫承襲, 仍舊爲太土司…愚以爲惟有削土之一法, 可令土司畏懼. 請題定削土則例, 照所犯重輕, 削奪村落里數, 以當罰俸降級. 所犯重大, 至革職者, 相其遠近强弱, 可以改土爲流, 卽將土地人民, 歸州縣管轄, 勿許承襲. 幷土民有不甘受土司毒虐, 願呈開土籍爲漢民者, 亦順民情, 改歸州縣. 其深山窮谷, 流官威法所不及之處, 則將所削之土, 分立本人子弟爲衆土司, 使其地小勢分, 事權不一, 而不能爲害. 將來敎化日深, 皆可漸爲漢民. 至山中生苗, 責成附近土司, 招徠嚮化, 一體恩撫. 如此數年之間, 生苗可化爲熟苗, 熟苗可化爲良善." 저자의 번역이 본문과는 약간의 뉘앙스 차이가 있다고 판단해, 여기서는 원문을 근거로 번역했음을 밝힌다.]

8 이 용어의 사용에 대해서는 본서 242쪽과 그 이하 참조.

9 다른 저자들의 언급에 의하면 처음은 현물로, 그 다음은 은으로 세금을 납부했다. 이 설명이 좀 더 타당성이 있다고 판단된다. 그 이유는 18세기 중엽까지도 묘족들은 사실상 동전을 사용하지 않았기 때문이다. 이 점에 대해서는 본서 401쪽과 그 이하 참조.

10 특히 학교의 설치를 통해 그것이 가능하다고 생각했다.

11 王履階, 「改土歸流說」. 『小方壺齋輿地叢鈔』, 154쪽 상~하. [개토귀류 관련 문제에서 일상적으로 거론되는 글 가운데 하나이다. 따라서 여러 곳에서 그의 글을 볼 수 있는데, 여기서는 鄂西土家族苗族自治州民族事務委員會 編, 『鄂西少數民族史料集錄』(내부

자료), 1986, 199~201쪽에 나오는 원문을 참조했음을 밝힌다. 王履階의 이력은 불분명하지만, 雍正 연간의 인물로 추측된다. 이 부분 역시 저자의 번역에 의거하지 않고, 원문을 역자가 직접 번역했다. 그러나 일부 문장은 매끄러운 번역이 불가능했다. 이하 왕리계 관련 원문은 다음과 같다. "滇黔粵蜀之民, 被其流毒者數百年. 有良田而不知耕, 有奇材而不知用, 有寶藏而不知采. 取其性情而不知廉恥, 畏兵威而不知感懷, 非獨稟質異人也, 亦地之形勢使然歟. 曰議改土歸流正爲是數端也. 苗疆犬牙相錯數省中, 惟與四川雲貴毗連者, 獨多膏肥之地, 四隅准則幅員, 幾及二千里. 芨戶口, 區土地, 扼險要, 建城池, 踞其險, 彼失所恃, 駐以兵, 使有所憚. 以地形言, 宜改一者一. 峻嶺矗層霄, 箐深窮百里, 輪囷大木生, 自鴻荒竹箭琅玕, 一望蒼碧, 此中土美利也. 彼第視爲薪蒸之物, 不甚愛惜. 苟能節取, 則材木不可勝用, 宜改者二. 天地精英所聚, 久則必宣, 山川清淑之華, 積而必發. 苗鐵固推重一時, 銅銀備國用, 藥餌資養生, 他省珍寶視之, 彼民泥沙賤之. 微其物産, 亦少助庫, 藏于微芒, 宜改者三. 至信可格, 豚魚勝德, 可感異物. 苗雖頑, 同是人耳. 人同此心, 心同此理, 父兄亦知親, 長上亦知戴, 悉意撫綏, 忍自甘化外哉. 宜改者四. 苗俗雖悍, 苗情則直, 官吏于正供外, 不取絲毫, 亦知感戴之不能忘. 昔趙翼知鎭遠府, 貸穀出入如一, 卽滿路謳歌, 有成效也. 能數年潛移默化, 詎天良之不發于中哉. 宜改者五也."]

12 역주 폭원(幅員) : 넓이의 넓고 좁음을 '폭(幅)'이라 하고, 四方의 주위(周圍)를 '員'이라 한다.

13 원문에는 '묘족들은 돼지나 물고기와 다름없다'라고 되어 있다. [앞의 원문에서도 확인할 수 있듯이, 이 부분은 저자가 원문을 지나치게 확대 해석했다. 따라서 저자와는 달리 해석했다.]

14 역주 조익(趙翼) : 청대 문학가이자 역사가. 강소성(江蘇省) 상주(常州) 출신으로 건륭 26년(1761) 進士에 급제해 귀서병비도(貴西兵備道) 등을 역임했다. 이후 관직을 사양하고 학문 연구와 저술에 힘썼다. 그가 남긴 『이십이사차기(二十二史箚記)』는 왕명성(王鳴盛)의 『십칠사상각(十七史商榷)』, 전대흔(錢大昕)의 『二十二史考異』와 더불어 청대 역사학의 3대 명저로 알려져 있다.

15 첫째, 淸 제국 전체 동전 주조에 필요한 원료를 공급하는 운남 지역 동광(銅鑛)의 중요성, 둘째, 이미 일부 지역은 인구 과잉 상태였던 당시, 개간할 수 있는 경작지가 여전히 남아 있었다는 사실을 기억할 필요가 있다.

16 서남 지역의 행정은 명백히 후진적이었다. 인구를 등재하지 않았으며, 경작지도 토지대장에 등록하지 않았다. 그 결과 세금 징수도 다소 자의적인 방법으로 이루어졌으며, 중앙정부로 가는 액수도 많지 않았다.

17 鄂爾泰에 관한 좀 더 자세한 사항은A. W. Hummel, 1943, t.I, 601~602쪽 참조.

18 鄂爾泰, 「改土歸流疏」. 『皇朝經世文編』권86, 「兵政」(蠻防上), 3쪽 하~4쪽 상. [저자는 이 글이 『皇朝經世文編』권88에 실려 있다고 표기했지만 권86이며, 앞서 등장한 남정원(藍鼎元)의 글에 바로 뒤이어 실려 있다. 원문은 다음과 같다. "爲翦除夷官, 淸查田土, 以增租賦, 以靖地方事. 竊以苗猓逞兇, 皆由土司. 土司肆虐, 幷無官法. 恃有土官土目之名, 行其相殺相劫之計. 漢民被其摧殘, 夷人受其荼毒, 此邊疆大害, 必當翦除者也. 臣受恩深重, 職任封疆. 日夜籌思, 若不盡改土歸流, 將富强橫暴者, 漸次擒拏, 懦弱昏庸者, 漸次改置. 縱使田賦兵刑盡心料理, 大端終無頭緒. 稍有瞻顧, 必不敢行, 稍有懶怠, 必不能行, 不敢與不能之心, 必致負君父而累官民. 故以臣愚昧, 統計滇黔, 必以此爲第一要務. 然改歸之法, 計擒爲上策, 兵剿爲下策. 令自投獻爲上策, 勒令投獻爲下策."]

19 鄂爾泰, 「正疆界定流土疏」. 『皇朝經世文編』권86, 「兵政」(蠻防上), 5쪽 하. [이 부분에 대한 저자의 해석은 상당 부분 원문과 일치하지 않는다. 해당 원문은 다음과 같다. "臣查何世瑺摺內, 一爲正軍田之疆界, 一爲定苗民之管轄. 就黔而論, 均屬可行. 但其中有當斟酌變通者…(臣查土司改流)…但有應改者, 有不應改者, 有加改可不改者. 有必不可改, 必不可改, 必不可不改者. 有必應改, 而不得不緩改者. 有可不改, 而不得已竟改者. 審時度勢, 順情得理, 庶先無成心, 而有濟公事. 若不論有無過犯, 一概勅令改流, 無論不足以服人, 兼恐卽無以善後…."]

20 鄂爾泰, 「全定古州苗疆疏」. 乾隆 『貴州通志』권35, 「藝文」(疏), 52쪽 참조. [鄂爾泰의 글에 의하면, 당시 청수강 일대는 귀주성과 호남성 사이의 왕래가 용이했지만, 도강(都江) 일대는 여전히 生苗가 버티고 있었으며, 지형도 매우 험했다.]

21 매우 놀랍게도 이미 이 당시의 유럽인들이 그러한 군사시설물의 중요성을 주장하고 있었다. Du Halde, *Description de l'empire de la Chine et de la Tartarie chinoise*, 1730, t.I, 70쪽에는 귀주 남동 지역 묘족 마을에 대해 다음과 같이 기술돼 있다. "중국인들은 북쪽, 동쪽, 서쪽에 요새를 축조했다. 그러한 요새는 그 축조가 매우 어려운 곳에 자리 잡고 있다는 점에서, 소수민족들의 침입을 차단하기 위한 목적으로 건설된 것이다."

22 험한 지형 때문에 조사가 종종 매우 어려웠으며, 불가능하기도 했다. 따라서 『古州雜記』, 379쪽 상에는 다음과 같이 기록되어 있다. "(고주의 경작지는) 산봉우리나 평지 한구석에 있어, 높낮이가 존재하며 그 크기도 일정하지 않고, 넓거나 좁은 모양이 사실은 해당 지형에 의지해 형성된 탓에, 토지 조사를 통한 면적

계산이 불가능하다. 묘민들의 토지 매입(의 가격)은 단지 산등성이가 몇 개 있는지를 근거로 계산하며, 벼를 몇 움큼 혹은 몇 근을 수확하는지를 계약서에 기입한다." [해당 원문은 다음과 같다. "山頭地角, 高下田丘, 方圓大小, 闊狹形勢悉依地而成, 不能以丈量計畝. 苗民置産惟計田幾丘, 收禾若干把, 或計收穫若干斤, 以登劵据."]

23 은납화를 위해 단순한 세금 부과에서 인정(人丁) 단위로 전환한 이른바 탄정입지(攤丁入地)라는 稅制 개혁은 全省에 시행되지 않았다. 이 세제 개혁은 康熙 50년(1711) 이후 광동성에서 처음 실시되었지만, 귀주성에서는 건륭 42년(1777)에 이르러서야 비로소 확산되었다. 李光璧, 1957에 실린 唐棣, 「略論淸代的地丁制度」, 44~53쪽 참조.

24 『黔南識略』권27, 8쪽 상~하. [이 부분의 기록에 따르면, 土目이 고용한 佃戶들이 경작해서 토사들에게 세금을 납부하는 토지가 公田이었으며, 그 나머지 토지를 苗民들이 함께 경작한 후, 土目들이 경작한 면적에 따라 경작물을 분배한 토지가 私田이었다. 해당 원문은 다음과 같다. "土目之佃戶則土兵也. 分地而耕, 納租於主者, 是爲公田. 其餘衆苗通力合作, 土目按畝收利者, 則屬私田. 自改土以來, 其公田已屬糧冊, 而私田存於土目, 爲口食之資…."]

25 『黔史』권4, 29쪽 하. 이 자료에는 더 이상의 상세한 내용이 나오지 않으며, 관련 규정을 다른 곳에서도 찾을 수 없다.

26 魏源, 『聖武記』권7, 「雍正西南夷改流記」(상), 8쪽 하. 위원에 대한 자세한 내용은 A. Hummel, 1943, t.II, 850~852쪽 참조. [해당 원문은 다음과 같다. "四年夏, 官兵焚其七寨…令總兵石禮哈搜討, 盡殲首從, 勒繳弓弩四千三百餘, 毒矢三萬餘, 皮盔皮甲刀標各數百…."]

27 兪益謨, 「戒苗條約」. 『苗防備覽』권21, 「藝文志」(下) 13쪽과 그 이하. [이 글은 점령 이후 묘족들의 행동을 규제하는 내용을 담고 있다. 무기 관련 내용은 다음과 같다. "一爾等順苗旣繳, 不許再製. 大兵退後, 如有執刀鎗行走者, 卽係逆苗拿獲, 定行誅戮."]

28 『苗防備覽』권8, 「風俗考」(上), 14쪽 상. [저자는 『苗防備覽』권9로 표기했지만, 이 내용은 同書, 권8 「風俗考」(上)에 등장하며, 매년 세 번씩 주귀(做鬼) 행사를 한다고 번역했는데, 원문에는 1년 혹은 3년에 1번씩으로 기록되어 있다. 원문은 다음과 같다. "苗中以做鬼爲重, 事或一年三年一次. 費至百金或數十金, 貧無力者賣産質衣爲之. 此習爲苗中最耗財之事, 亦苗中致窮之一端也. 近日革去此俗, 苗中稱便."]

29 傅鼐, 「治苗」. 『皇朝經世文編』권88, 「兵政」(苗防), 2쪽 상. [해당 원문은 다음과 같다. "…俗又信鬼多淫祀. 每歲各寨中宰牛延巫, 所費不貲. 故用歉則性益貪, 性益貪則劫

奪易起. 今則作鬼跳鼓藏諸習, 嚴行禁止. 計苗寨中, 歲可省牛數萬頭, 歲可省費數十萬金, 而每歲秋糧又撥田爲之完納, 則耕種所獲, 祗以自給, 而耗費者少矣." 다만 이 원문에 등장하는 도고장 부분은 아마도 소수민족이 장례식을 거행할 때 떠들썩하게 지내는 모습을 언급한 것이다.]

30 콜레쥬 드 프랑스(Collège de France)에서 진행된 한 강의에서, 스타인(R. A. Stein)은 18세기에 이와 유사한 조치가 역시 전통적인 관념에 위배된다고 간주된 한족의 의례에도 적용되었다는 사실을 환기시켰다. 전통 관념에 위배되는 의례라는 의미의 '음(淫)'이라는 단어가 과다한 비용 소요에도 사용되었다. 이러한 의례를 금지해야 한다는 주장의 근거는 그러한 의례에 종종 지나치게 많은 비용이 들어갔기 때문이다. 현재에도 인도네시아 정부가 셀레브(Célèbes) 섬 중부의 토라쟈(Toradja) 주민들에게 이와 유사한 정책을 시행하려 했다는 사실은 흥미롭다. 이곳 주민들은 장례식을 거행할 때 관습적으로 다수의 물소를 희생시키며, 그 희생된 물소의 수효가 가족의 富를 상징한다. 이 관습을 금지시키면 엄청난 불만이 제기될 게 두려워 감히 금지시키지 못한 인도네시아 정부는 이로 인한 채무를 최소한으로 제한하기 위해 다음과 같이 규정했다. 즉 장례시 희생의 수효는 최대 10마리며, 희생된 수효대로 세금을 부과한다는 것이다. 그러나 이런 법령에도 불구하고 부유층들은 여전히 100마리 이상의 물소를 희생으로 바쳤다.

31 최근 한족의 그러한 관행도 비판의 대상이 되었다. 1966년 우리들이 중국에 머무를 당시, 춘절을 맞이해 축제가 한창일 무렵 광동성 佛山에 위치한 도자기 공장을 방문했다. 공장 안에 걸려 있는 흑판은 노동자들이 쓴 글씨로 뒤덮여 있었는데, 그 내용을 요약하자면 춘절 기간에 과음과 과식을 피하고 절약을 약속하는 글이었다. 지금까지도 묘족들에게 이와 유사한 약속을 지키도록 하는지를 확인하는 건 매우 흥미로운 일일 것이다.

32 魏源, 『聖武記』권7, 8쪽 하. 아울러 앞서 인용한 부내(傅鼐), 「治苗」에는 "生苗와 熟苗를 불문하고 치발(薙髮)을 명했다"라고 기록되어 있다.

33 乾隆 『貴州通志』권35, 「藝文」(疏), 61쪽 상~63쪽 하. [乾隆 『貴州通志』권35, 「藝文」(疏)에 등장하는 글은 張廣泗, 「設立苗疆義學疏」이다. 다만 저자는 서술 목적에 필요한 부분만을 골라서 번역했으며, 실제 원문을 충실히 번역하지는 않았지만, 여기서는 일부 대목을 제외하고는 저자의 번역을 그대로 따랐다.] 이 부분의 원문은 본서 584쪽과 그 이하에 실었다. 동일 시기 청 왕조는 역시 후진적으로 생각한 대만에

대해서도 유사한 정책을 펼쳤다는 사실을 주목할 필요가 있다. 개토귀류에 대한 이론을 언급하면서 본서 442쪽에서 이미 등장한 남정원(藍鼎元)은 대만의 정복은 효율적인 교육제도의 설치가 이루어져야 비로소 가능하다고 전적으로 믿었다. 그는 “학교 설립과 대만 민간 풍속의 변환이야말로 대만에 대한 군사 정복을 준비하는 데 필수적이다”라고 언급했다. Hisayuki Miyakawa, “The Confucianisation of South China,” Arthur F. Wright, *The Confucian Persuasion*, Stanford University Press, Stanford, California, 1960, 43~44쪽.

34 역주 동지(同知) : 명청시대 지방 행정 단위인 府의 총책임자인 知府 밑에 있는 官職名이다. 正五品이었으며, 每府마다 1~2명을 설치해 소금, 稅糧, 수리 등의 업무를 同知와 나누어 담당했다.

35 역주 통판(通判) : 同知와 마찬가지로 知府 밑에서 지부를 보좌한 官職名이며, 동지와는 달리 正六品이었다.

36 역주 주동(州同) : 청대 知州의 보좌관을 의미하며, 직예주(直隷州)의 州同은 同知에 버금가는 지위로 從六品이었다.

37 역주 주판(州判) : 청대 知州의 보좌관을 의미하며, 州同과 함께 租稅와 水利 등 직예주(直隷州)의 일을 분담했다. 모두 從七品이었다.

38 이 책은 두 부분으로 구성되어 있다. 첫 번째는 康熙 연간에 편찬된 성유(聖諭)이며, 둘째 부분은 현학(縣學)의 生員들을 교육시키기 위해 雍正 연간에 편찬된 광훈(廣訓)이다. 商衍鎏, 『淸代科擧考試述錄』, 三聯書店, 1958, 4쪽. [「성유」는 康熙 9년(1670)에 반포되었으며, 각각 7개 글자로 이루어진 총 16개조이며, 「광훈」은 雍正 2년(1724)에 완성되었다.]

39 역주 학정(學政) : 제독학정(提督學政)의 준말로 조정에서 各省에 파견한 省 단위 최고 교육 관리를 말한다. 巡撫나 巡按과 마찬가지로 正三品이었다.

40 본서 296쪽과 302쪽 참조.

41 『古州雜記』, 378쪽 하. [해당 원문은 다음과 같다. “苗人素不識字, 不文劵. 則貸賣田産惟鋸一木刻, 各執其半以爲符信. 今則附郭苗民悉敎絃誦, 數年來入郡庠者, 接踵而起, 且有擧孝廉者一人.”]

42 두 번째 등급의 시험에 합격한 사람을 일컫는 호칭. [위 각주 41)의 원문에서 확인할 수 있는 것처럼 원문에는 효렴(孝廉)이란 단어를 사용했다. 효렴은 漢 武帝 당시 지방의 유능하고 청렴한 인재를 천거해서 관리로 기용하는 제도를 말한다. 그러나 이러한 관리 선발 방식이 사라진 명청시대에 이르러서는 거인(擧人)을 가리키는 명칭이 되었

다.]

43 光緖『湖南通志』권84, 「武備」(7), 15쪽 상~하. [해당 원문은 다음과 같다. "傳敏又奏苗疆要務五款. 一請禁民苗結親. 民以苗爲窟穴, 苗以民爲耳目. 民娶苗婦生子, 肖其外家, 虐殺拒捕, 視爲常事. 凡已經昏配者, 姑免離, 離其聘定未成者. 自本年爲始, 不許違例, 嫁娶犯者, 重治罪. 已經昏娶之兵, 則遠移別汛, 民則著保甲取結, 汛守弁員, 稽其出入…."]

44 이러한 언급은 결혼이 묘족의 풍속에 따라 이루어졌다는 사실을 말해준다.

45 17세기에 다시 활발하게 시행되기 시작한 보갑의 정의는 I. Taueber, Wang Nai-chi, "Population Reports in the Ch'ing Dynasty," *Journal of Asian Studies*, vol.19, 403쪽에 등장한다. "보갑은 중앙정부의 정책을 지방에 시행하고, 사회 안전을 유지하며, 질서와 합법성을 드러내는 중국 고유의 기구이다. 10戶가 패장(牌將)의 휘하에 있는 1牌(패)가 되고, 10패가 甲長이 통솔하는 1甲을 이룬다. 10甲이 다시 保長이 통솔하는 1保가 되며, 여러 단계의 수장들이 상호 책임을 진다. 각 단계 수장들의 좀 더 명백한 의무는 도둑, 도박, 범법자들의 은닉, 불법 주조, 소금 판매, 약탈이나 수상한 자들의 출현을 지방관에게 보고하는 것이다. 그러나 광대한 중국 제국의 운용에 보갑 조직의 주요한 공헌은 주민들을 밀착 통제하는 데 있다."

46 역주 진홍모(陳宏謀) : 廣西省 계림(桂林) 출신으로 雍正 원년(1723) 進士에 올라 적어도 12개 省 이상에서 按察使, 巡撫, 布政使 등을 역임한 옹정~건륭 연간의 유명한 관리이다.

47 嚴如熤, 『苗防備覽』권22, 「雜識」, 21쪽 상~하. 진홍모에 대한 좀 더 자세한 사항에 대해서는 A. Hummel, 1943, t.I, 86~87쪽 참조. [乾隆 29년 당시 陳宏謀는 吏部尙書에 있었다. 따라서 본문에 등장하는 청읍(廳邑)이 어느 지역을 지칭하는지 불분명하다. 원문은 다음과 같다. "奏許民苗結婚. 當其時急於化苗, 以民苗婚姻洽比, 可使氣類相感, 自當聞風慕義仍著令. 凡結親者, 必設立婚書報官, 以便稽查. 於禁弛之中, 寓防維之意久之, 而娶苗婦者日衆, 官不勝其繁, 報官之令不行. 地方棍徒, 勾結痞苗, 販賣苗婦射利. 沿邊廳邑, 幾於村有苗婦, 其父母兄弟往來探視. 與內地姻婭無異, 或傭工親貫家中, 徑路無不諳熟. 一旦變生, 呼吸村落, 徧受其害, 苗婦雖在外數十年, 無不從其寨人歸者. 傳曰非我族類, 其心必異…."]

48 이러한 인신매매가 당시 매우 중요한 사안이었다는 점을 뒤에서 다시 언급할 예정이다. 진홍모는 분명 이러한 결혼 신고를 통해 위장 결혼을 차단하려 했을 것이다.

49 이러한 종류의 불법이 종종 보고되곤 했다. 예를 들어 『峒溪纖志』, 60쪽 하에는 다음과 같이 기록되어 있다. "묘인들은 漢人을 납치해서 촌채에 숨겨둔다. 그들의 도망을 염려해, 나무로 만든 신발을 발에 자물쇠처럼 채워놓으므로, 죽을 때까지 도망갈 수 없다. 묘족이 납치한 한인들에게 자물쇠를 채워놓지 않을 경우에는 6월 뙤약볕에 그들을 내어 놓는데, 그것을 쇄일(曬日)이라 한다. 겨울에는 옷을 벗겨 거리에 내놓는데, 그것을 쇄상(曬霜)이라 한다." 이 자료에는 또 "묘족이 사람을 살 때에는, 주먹으로 키를 재서 그 가격을 매기는데, 그 가격은 주먹 하나당 1金씩이다"라고 기록되어 있다. [해당 원문은 다음과 같다. "木靴. 苗人掠得漢人, 藏之峒內. 恐其逃逸, 以木靴將其鎖, 使之終身莫出. 曬日曬霜. 苗掠漢人不鎖之外, 六月曝日中, 曰曬日. 冬月去衣使露處, 曰曬霜. 一拳一金. 苗人買人, 量人以拳, 每一拳, 價一金."]

50 역주 왕연(王燕) : 순천부(順天府, 현재 북경) 완평(宛平) 출신으로, 본문의 서술과는 달리 康熙 36년(1697) 貴州巡撫로 부임했다. 乾隆 『貴州通志』권18, 「秩官」, 3쪽 상 참조.

51 乾隆 『貴州通志』권35, 「藝文」(疏), 34쪽. [이 글은 王燕, 「묘만겁로처분당인지제의소(苗蠻刦擄處分當因地制宜疏)」이며, 해당 원문은 다음과 같다. "…近因兇苗刦擄之案, 部覆俱照野賊苗蠻擾害之例議處, 以革職降調而去任者接踵. 全黔多係熟苗, 原與漢民無異, 嗣後過有爲盜者, 文武各官, 請照漢民爲盜之常例…."]

52 兪益謨, 「戒苗條約」. 嚴如熤, 『三省邊防備覽』권21, 「藝文志」(下), 13쪽 상~16쪽 하. [이하 유익모(兪益謨)의 「계묘조약(戒苗條約)」관련 원문은 다음과 같다. "爾等出邊坐草拿人搶掠牲畜, 不過希圖取贖. 否則賣於各土司, 得取銀兩. 今本軍門, 已經下令, 凡有被拿之人, 一概不取贖. 如有土司承買者, 查出參處. 爾苗內若能將被拿之人送出者, 地方官量給賞賚. 爾殺內地一人者, 我定要兩苗抵命. 爾搶內地一人者, 我定要拿你全家償還…如若爲惡不悛, 照前梗化, 本軍門輕師壓境. 另有剿殺之方, 斷不用搜箐攻寨, 曠費時日也…爾苗旣造戶口冊籍, 情願納糧當差, 卽與內地百姓一般. 大兵撤後, 如有抗不納糧當差者, 卽係逆苗, 管爾官員申報, 到日定行指名, 捉拿正法…." 한편 유익모의 지위를 저자는 호광총독(gouverneur général du Huguang)이라 서술했지만, 강희 연간 내내 유익모는 호광총독의 지위에 오른 적이 없다. 본문에 등장하는 강희 43~44년 당시 호광총독은 유성룡(喩成龍)이란 인물이었다.]

53 李光璧, 1937, 252쪽에 있는 王竹樓, 「1795年的苗民大起義」에 인용된 同治 『保靖縣志』의 「詳設市場」에서 재인용. [해당 부분은 저자의 언급대로 同治 『保靖縣志』권

12, 「藝文」(詳), 6쪽 하~7쪽 상에 등장하는 왕흠명(王欽命)의 글이다. 그러나 전체적으로 보면 무리를 지어 시장에 나가도록 규정한 게 아니라, 정해진 시간에만 교역을 할 수 있었던 묘인들이 한데 모여 있으면 안 되며, 시장 기일에 앞서 먼저 시장에 와서도 안 된다는 내용을 담고 있다.]

54 兪益謨, 「戒苗條約」. 嚴如熤, 『三省邊防備覽』권21, 「藝文志」(下), 15쪽 상. [해당 원문에 의하면 소수민족 지역에서 주로 생산되는 木耳, 칠(漆), 黃楊木과 남목(楠木) 등의 물건 판매를 허용한다는 내용이다. 다만 하천의 물이 불어야 이러한 상품의 수송이 가능하다는 말을 굳이 덧붙인 이유는 흥미롭다. 이는 전반적으로 소수민족 지역의 상품 수송이 지형의 제약을 받았다는 사실을 다시 한 번 알려준다.]

55 兪益謨, 「戒苗條約」. 嚴如熤, 『三省邊防備覽』권21, 「藝文志」(下), 13쪽 상. [해당 원문은 다음과 같다. "…改過自新, 各各安生樂業, 就如內地的百姓一般, 若再不遵王化作歹, 爲非本軍門…."]

56 본서 347쪽 참조.

57 아래 시대별 묘족 반란은 乾隆 『貴州通志』권24, 「武備」(師旅考), 1쪽 상~10쪽 하를 참고로 작성했다. 아울러 본서 〈지도 11〉 참조.

58 역주 본문에는 '궁채(弓寨)'로 적혀 있지만, '귀궁채(歸弓寨)'의 오류이다.

59 역주 이 부분은 본문을 그대로 옮겼지만, 사료에 등장하는 내용과는 매우 다르다. 乾隆 『貴州通志』권24, 「武備」(師旅考)에 의하면 강희 4년(1665) 낭대(郎岱) 토사인 롱안번(隴安藩)이 반란을 일으키자, 오삼계에게 그들을 토벌하라고 명령했다. 이 작전에서 오삼계는 당시 수서선위사(水西宣慰使)인 안곤(安坤), 안곤의 아들인 안중성(安重聖), 안중성의 부인이자 롱안번의 여동생인 롱씨(隴氏)를 살해했다. 따라서 강희 4년의 사건에서 해당 지역을 네 府로 나눴다는 기록은 등장하지 않는다. 저자가 인용한 乾隆 『貴州通志』의 해당 부분에는 동일한 연도에 발생한 여러 사건들이 동시에 기록되어 있지만, 저자는 그중 특별한 부분만을 간추려 서술했다. 그러나 어떤 경우에는 해당 사건이 서로 연관되어 있기 때문에, 불가피할 경우 해당 사안을 첨부했음을 밝힌다. 다음에 등장하는 강희 5년(1666)의 사건이 그러한 예 가운데 하나이다.

60 이들은 실제 그 이름이 '아(阿)'로 시작되는 중가족(仲家族)이며, 옹정 초년에도 반란을 일으켰다.

61 역주 감문곤(甘文焜) : 字는 병여(炳如)이며 漢軍 정람(正藍) 旗人 출신이다. 그가 雲貴總督으로 부임한 시기는 강희 7년(1668)이다.

62 역주 하등교(何騰蛟) : 字는 운종(雲從)이며 귀주성 黎平府 출신이다.

63 이 사실은 劉獻廷, 『廣陽雜記』, 中華書局 : 北京, 1957, 163쪽에도 언급되어 있다.

64 해당 사료에는 이 반란의 발생 원인에 대해 전혀 언급되어 있지 않다. 반면, 이 반란의 진압 과정은 매우 자세한 정보를 얻을 수 있다. 馬少僑, 『淸代苗民起義』, 20~21쪽에 의하면, 청 왕조에게 항복을 거부한 묘족 마을에서 석이달(席爾達)이 주도한 이 작전에서 5,000여 명 이상의 묘족이 살해되었다. 또한 약 4,500여 호가 투항해 포박을 당했으며, 그 수효는 8,400여 명에 달했다. 점령 지역의 묘족들은 1인당 잡량(雜糧) 2升을 납부해야만 했다. 아울러 진주부(辰州府)에 건주(乾州)와 봉황(鳳凰)의 두 청(廳)을 새로 설치해 묘강(苗疆)을 나눠 통치하도록 했다. 1966년 북경역사박물관에서는 江蘇省 출신의 화가 우지정(禹之鼎, 1649~1702)이 진간(鎭筸) 지역에서 강희 43년(1702) 석이달이 전개한 군사 작전을 묘사한 가로와 세로 60센티미터×70센티미터의 컬러 도판을 볼 수 있었다. 이 도판의 명칭은 「묘족인민항청전도(苗族人民抗淸戰圖)」이다. 만주족의 승리를 찬양하는 이 그림들은 삼엄한 제국 군대들의 공격으로 바위에 떨어져 깊은 계곡에서 시신이 부서지는 묘족들을 묘사했다. 우지정은 무엇보다 초상화로 명성이 높은 화가이며, 그의 초상화에는 백묘(白描) 기법이라는 특별한 화법이 등장한다. A. Hummel, 1943, t.II, 941쪽 참조.

65 역주 당시 악이태는 옹정제로부터 雲南巡撫와 아울러 광서 지역까지 관할하라는 명령을 받았다.

66 「주위엄집검성한간천판(奏爲嚴緝黔省漢奸川販)」. 『雍正硃批諭旨』권25, 28쪽.

67 이는 乾隆 『貴州通志』권24, 「武備」(師旅考), 11쪽 상에 등장하는 표현이다(…有阿近者, 勾結群苗, 據散幹山寨, 自稱爲苗王).

68 역주 악이태의 뒤를 이어 운귀총독으로 부임한 高其倬은 옹정 9년~11년(1731~1733) 사이에 그 지위에 있었다.

69 역주 廣順州의 장채(長寨)에서 처음 시작된 아근(阿近) 일당의 반란을 진압할 당시, 副將 유업준(劉業浚)이 종각영(宗角營)으로 퇴각하는 한편, 묘족 반란을 진압할 수 없는 세 가지 이유를 거론하자, 總兵 석례합(石禮哈)으로 교체한 일을 말한다.

70 이 부분의 언급은 乾隆 『貴州通志』권24, 「武備」(師旅考) 외에 개토귀류 정책 시행을 다룬 魏源, 『聖武記』권7, 「雍正西南夷改流記」(上)에서 군사 작전 관련 부분을 아울러 이용했다. 또한 본서 〈지도 12〉 참조.

71 乾隆『貴州通志』권24,「武備」(師旅考), 11쪽 하~13쪽 상. [해당 원문은 다음과 같다. "…黎平府屬有花苗一種, 介黔楚之交. 喜鬪好殺獷悍難馴, 而謬沖寨三面削壁, 路通一線, 諸苗恃此爲險. 不務耕業, 專以刦掠爲生…."]

72 역주 당시 사성(泗城) 土府의 수장은 잠영신(岑映宸)이란 인물이었다. 그는 병사 4천 명과 함께 官軍과 대치하다가, 오몽(烏蒙)과 진웅(鎭雄)에 개토귀류가 단행되었다는 소식을 듣고 병사를 철수했지만, 악이태가 인장(印章)을 거둬들이고 浙江으로 압송했다.

73 역주 紅水河가 광서와 귀주성을 구분하는 천연의 경계선이라는 점에 착안해, 홍수하 이북의 장패(長壩), 상랑(桑郎), 나곡(羅斛)과 서륭(西隆)의 나번(羅煩), 책형(冊亨) 등의 21寨를 귀주성에 귀속시켰다. 남북으로 약 300리, 동서로 약 700여 리에 달하는 크기이다.

74 乾隆『貴州通志』권24,「武備」(師旅考), 12쪽 상~하.

75 장광사에 대한 자세한 사항에 대해서는 A. Hummel, 1943, t.I, 43~45쪽 참조.

76 본서 258쪽 참조.

77 乾隆『貴州通志』권24,「武備」(師旅考), 12쪽 하~13쪽 상. 이미 제2장에서 언급한 대채(大寨)인 야두(爺頭)와 小寨 동새(洞崽) 사이의 대립을 이곳에서 다시 볼 수 있다는 사실이 흥미로우며, 그러한 대립 상태가 사라진 지 오랜 후에도 『묘족수고본』에 다시 등장한다.

78 魏源,『聖武記』권7,「雍正西南夷改流記」(상), 9쪽 하. [해당 원문은 다음과 같다. "相繼赴軍乞降, 飮血刻木, 埋石爲誓."]

79 『묘족수고본』에 의하면 구고묘(九股苗)는 입까지도 무장한 존재로 등장한다. 북경대학 도서관에 소장된 수고본 가운데 하나인『苗蠻風俗圖志』에는 다음과 같이 기록되어 있다. "그들은 한 층 더 사납다. 머리 위에는 얼굴을 보호하는 면갑(面甲)이 달린 투구를 쓰며, 상반신은 아래까지 내려오는 갑옷을 걸친다. 나머지 몸은 쇠사슬로 된 갑옷을 두른다. 다리는 쇠로 만든 각반으로 보호하는데, 각반은 매우 튼튼하다. 한쪽 손에는 나무로 만든 방패로 몸을 보호하고, 다른 한 손으로 창을 휘두른다. 또한 입에는 칼을 물고 있다. 그들은 마치 나는 것처럼 빨리 뛰며, 쇠뇌를 들고 있는데, 시위를 당기려면 세 사람이 필요하다." 또한 乾隆『貴州通志』권7,「地理」, 16쪽 상 참조. [『苗蠻風俗圖志』는 확인하지 못했지만, 乾隆『貴州通志』에는 다음과 같이 기록되어 있다. "九股苗…性尤剽悍, 頭頂鐵盔, 後無遮, 肩前有護面兩塊, 則鑄於盔極重. 身披鐵鎧, 上如背搭, 止及乳. 下用鐵鍊週身, 形如圈

籠綴於上, 坐則縮, 而立則伸, 約重三十觔. 下以鐵片纏腿, 健者結束. 尙能左執木牌, 右持標桿, 口銜利刃, 捷走如飛…埒强弓, 名曰偏架, 長六七尺, 三人共張, 矢無不貫….” 저자가 『苗蠻風俗圖志』를 근거로 번역한 부분과 乾隆 『貴州通志』에 나오는 내용이 약간 다르다는 사실을 유념할 필요가 있다.]

80 역주 曾文登은 개토귀류가 실시되어 승과(升科)를 단행하면 그 액수가 해마다 배에 달할 것(時九股苗爲漢奸曾文登所煽, 言改流升科, 額將歲倍)이라 말하면서 구고묘를 선동했다.

81 魏源, 『聖武記』권7, 「雍正西南夷改流記」(상), 10쪽 상. [저자는 당시 일부 한족 군인들이 농사일에 매달렸다고 서술했지만, 실제 원문에는 “及官軍至, 以農忙佯乞撫, 廣泗亦佯許之, 而潛舟宵濟…”로 기록되어 있으므로, 묘족들이 농번기라는 이유를 들어 관군에게 거짓으로 평화를 제의하는 내용이다.]

82 魏源, 『聖武記』권7, 「雍正西南夷改流記」(상), 10쪽 상. [해당 원문은 다음과 같다. “于是淸水江丹江皆奏設重營, 以控江路, 令兵役雇苗船百餘, 赴湖南市鹽布糧貨, 往返倡道, 民夷大忭, 估客雲集.”]

83 역주 古州 지역은 땅이 비옥할 뿐 아니라 다른 묘족들과도 격리되어 있어서 이른바 향화(嚮化)가 어려웠다. 따라서 三省 가운데 가장 군사력이 막강하다고 평가되었다. 元代 고주팔만동군민장관사(古州八萬洞軍民長官司)가 설치되었던 이 지역은 주변이 약 80여 리, 호수(戶數)가 4천~5천이었으며, 인구도 2만여 명에 달했다.

84 乾隆 『貴州通志』권24, 「武備」(師旅考), 12쪽 하.

85 이 부분은 乾隆 『貴州通志』권24, 「武備」(師旅考), 21쪽 상의 설명에 따른 것이다. 그러나 I. de Beauclair, “A Miao Tribe of South-west Kweichow and its Cultural Configuration,” *Bulletin of the Institute of Ethnology*, no.10, 1960, 134쪽에 인용된 『黎平府志』에 의하면 이 한간(漢奸)은 오삼계의 휘하의 장군인 黃明이란 인물로, 광서성에서 청 관군에게 패한 후, 피난처를 찾고 있던 수백 명과 함께 고주로 피신했으며, 고주에서 21년 동안 살면서 소수민족 여인과 결혼해 세 아이를 두었다.

86 『大淸律例增修統纂集成』권20, 17~18쪽의 서술을 믿을 수 있다면, 묘족의 경계 지역 500리 이내에서는 황과 초석의 개발과 판매가 한족들에게 공식적으로 금지되었다. 위반시 적용하는 일련의 형벌이 규정되었으며, 판매량과 제조량에 비례해 형벌을 부과했다. 그러나 묘족들도 고주나 호남성과 귀주성 경계 지역

과 같은 그들 영토에서 생산되는 유용한 광물을 소유하고 있었다. 李光璧, 『明淸史論叢』, 253쪽에 등장하는 王竹樓, 「1795年的苗民大起義」 참조. 또한 『淸高宗實錄』권421, 1쪽 하에 기술된 "고주지역 묘족들은 유황을 생산한다. 그들이 그러한 생산에서 오는 수혜를 포기하리라 기대할 수는 없다. 그러므로 고주 지역의 세 군영과 좀 더 남쪽에 있는 군영에 유황을 공급하기 위해 그들이 생산한 황을 구입해야만 한다"라는 내용 참조.

87 역주 저자는 '문영월(Wen yingyue, 文英鉞)'이라는 인명을 등장시키고 있지만, 건륭 『귀주통지』에 등장하는 고주 공략에 관련된 인물 가운데 이런 인물은 등장하지 않는다. '조문영(趙文英)'의 착오라고 판단된다. 더구나 이 부분을 설명하는 乾隆 『貴州通志』권24, 「武備」(師旅考)에는 "…按察司張鉞及文英紹周嘉賓, 通勘上下兩江, 上自三角坉至三硐, 下自諸葛營至溶洞, 濬淺灘, 辟險磧, 伐巨林, 鑿怪石, 舟楫上下…乃建城設鎭於諸葛營…"이라고 적혀 있으므로 실제로 조문영뿐 아니라 여러 사람에게 이러한 임무를 위임했다고 보아야 한다.

88 역주 아울러 도균부(都勻府)의 팔채(八寨)와 丹江, 진원부(鎭遠府)의 淸水江에 협영(協營)을 설치하고 수천 명의 병사를 증원시켜, 古州의 외위(外衛)로 삼았다. 이어 청강협(淸江協)도 鎭으로 바꿔 고주를 나누어 관할하도록 했다.

89 일례로 乾隆 『貴州通志』권25, 「武備」(苗疆師旅始末)에는 옹정 12년(1734) 2월 묘족의 수장인 포리(包利)와 홍은(紅銀)이 반란을 일으켜 고주를 침범했다고 기술되어 있다.

90 魏源, 『聖武記』권7, 「雍正西南夷改流記」(下), 14쪽 하. [해당 원문은 다음과 같다. "苗疆吏以徵糧不善, 遠近各寨蜂起, 徧傳木刻妖言四煽…."]

91 역주 雍正 13년(1735) 總兵 한훈(韓勳)이 古州의 왕가령(王家嶺) 일대의 묘족을 진압한 일을 말한다. 이 진압 작전 이후 묘족이 다시 淸江과 태공(台拱) 일대에 모여 반란을 일으켰으며, 번초둔(番招屯) 일대가 다시 묘족에게 포위되었다.

92 魏源, 『聖武記』권7, 「雍正西南夷改流記」(下), 15쪽 상. 아울러 본서 〈지도 13〉 참조. [해당 원문은 다음과 같다. "逆氛四起, 本省兵徵調殆盡, 奔救不遑, 驛路四隔, 省城戒嚴."]

93 역주 저자는 단지 귀주성의 장군이라고 언급했지만, 그 장군은 당시 귀주제독(貴州提督)으로 있던 합원생(哈元生)을 말한다. 그는 자신의 병사를 이끌고 출동해 淸平의 양노역(楊老驛)을 압박했다.

94 張照에 대한 자세한 사항에 대해서는 A. Hummel, 1943, t.I, 24~25쪽 참조. [魏

源,『聖武記』권7에는 "哈元生乃以親兵三百自出督師, 扼淸平之楊老驛. 賊聞提督親至, 意必有重兵, 故不敢犯平越都匀以上. 六月詔發滇蜀楚粤六省兵會剿, 特授哈元生揚威將軍, 湖廣提督董芳副之. 七月又命刑部尙書張照爲撫定苗疆大臣, 副都御史德希壽副之"라고 기술되어 있으므로, 실제로는 호남과 호북, 광서와 광동을 모두 포함한 병력을 소집시켰다.]

95 魏源,『聖武記』권7,「雍正西南夷改流記」(下), 16쪽 상.

96 역주 청계현(靑溪縣) : 思州府에 속해 있던 縣이다.

97 역주 청강청(淸江廳) : 鎭遠府를 가로지르는 청수강 상류 쪽에 위치했던 지역이다.

98 역주 단강(丹江) : 小丹江과 大丹江 사이에 위치한 丹江廳을 말한다.

99 『雍正東華錄』권26. 馬少僑,『淸代苗民起義』, 26쪽에서 재인용.

100 역주 이 작전에 무정묘강대신(撫定苗疆大臣)이란 직함으로 참여한 刑部尙書 장조(張照)와 합원생(哈元生) 사이의 의견 충돌을 의미한다. 당시 장조는 묘강(苗疆)의 상황을 살펴본 후 개토귀류 정책이 적절하지 않다는 밀주(密奏)를 올려 점령 지역을 포기해야 한다고 주장했다. 이 때문에 같이 작전을 수행한 합원생의 副將 자격으로 있던 湖廣提督 동방(董芳)과 의견 대립이 생겼으며, 결국 합원생과도 대립하게 되었다. 그 결과 합원생과 동방이 이끄는 군대가 운집한 지 수개월이 지났지만, 戰功을 올리지 못했으며, 그 틈을 이용한 반란 세력이 다시 淸平, 黃平, 시병(施秉) 일대를 공격하기에 이르렀다. 이 부분에 대한 자세한 정황은『聖武記』권7,「雍正西南夷改流記」(下)에 등장한다.

101 역주 『聖武記』권7,「雍正西南夷改流記」(下)의 기술에 따르면, 건륭 원년(1736) 10월 장광사는 7省의 작전을 관할하는 총책임자의 지위를 제수받았다(授張廣泗七省經略).

102 역주 張廣泗에게 7省 경략(經略)을 담당하라는 명령을 내린 직후라고 판단되는 건륭 원년(1736)에 동방(董芳), 합원생, 원전성(元展成)이 처벌되었으며, 이후 장광사가 올린 上奏 내용이다. 해당 원문은 다음과 같다. "張照等所以無功者, 由分戰兵, 守兵爲二, 而合生苗熟苗爲一也. 兵本少而復分之使單, 賊本衆而復敺之使合. 且各路首逆自古州敗退, 咸聚於上下九股淸江丹江高坡諸處, 皆以一大寨領數十百寨, 雄長號召, 聲勢犄角, 我兵攻一方, 則各方援應, 彼衆我寡, 故賊日張, 兵日挫. 爲今日計, 若不直搗巢穴, 殲渠魁, 潰心腹, 斷不能渙其黨羽, 惟有暫撫熟苗, 責令繳凶獻械, 以分生苗之勢. 而大兵三路同搗生苗逆巢, 使彼此

不能相救, 則我力專而彼力分, 以整擊散, 一擧可滅, 而後再懲從逆各熟苗, 以期一勞永逸."

103 魏源, 『聖武記』권7, 「雍正西南夷改流記」(下), 18쪽 상. [해당 원문을 보면 저자의 설명과 약간 다른 부분이 있다. 일단 원문을 살펴보기로 하자. "…六月, 復乘兵威搜剿附逆熟苗, 分首惡次惡脅從三等, 涉秋徂暑, 先後掃蕩, 共燬除千有二百二十四寨, 赦免三百八十有八寨, 陣斬萬有七千六百有奇, 俘二萬五千有奇, 獲銃礮四萬六千五百有奇, 刀矛弓弩標甲十有四萬八千有奇. 宥其叛俘, 收其叛產, 設九衛屯田, 養兵戍之." 따라서 포로는 '27,000여 명'이 아닌, '25,000여 명'이며, 그 포로 가운데 반절을 처형한 게 아니라, 용서해 준 것이다.]

104 역주 湖南省 정주(靖州)와 무강(武岡)의 요족(瑤族), 역시 호남성 성보현(城步縣) 횡령(橫嶺)의 묘족, 그리고 廣西省의 요족이 반란을 일으켰다. 이 반란은 總督 반제(班第)가 진간(鎭筸) 總兵 유책명(劉策名)으로 하여금 진압하도록 했으며, 이어 장광사(張廣泗)가 흠차대신(欽差大臣)으로 임명되어 군사 업무를 통괄했다.

105 이 사건은 한족이 저질렀으며, 그렇지 않다면 묘족들 스스로 관청에 소송을 제기하지도 않았을 뿐 아니라, 그들 자체에서 이 사건을 해결했을 것이다.

106 魏源, 『聖武記』권7, 「乾隆湖貴征苗記」, 43쪽 상~48쪽 하. 이하 설명은 대부분 위원의 이 언급을 근거로 했다. [해당 원문은 다음과 같다. "嗚呼, 以臣所聞乾隆六十年湖苗之役, 蓋與當時奏牘頗殊云…乾隆五十六年, 永綏廳勾補寨苗訟竊牛于官, 而病及闔寨, 遂激石滿宜之亂, 雖旋撲滅, 而苗禍已胚."]

107 역주 "初, 永綏廳懸苗巢中, 環城外寸地皆苗, 不數十年盡占爲民地. 獸窮則齧, 于是奸苗倡言逐客民, 復故地, 而群寨爭殺, 百戶響應矣."

108 역주 호남성 건주청(乾州廳)에 있는 삼차평(三岔坪)의 묘족들이 일으킨 반란을 말한다.

109 馬少僑, 『清代苗民大起義』, 39쪽. 저자는 이 설명에 대한 사료를 제시하지 않았다. 아마도 그 사료는 석류등이 주도한 반란에 대해 福康安이 올린 상주문으로 추측되는데, 그의 상주문에 이 사실이 언급되어 있다. 이 자료는 「복강안보고위묘족석류등기의주접(福康安報告爲苗族石柳鄧起義奏摺)」이라는 제목으로 北京歷史博物館에 진열되어 있다.

110 본서 256쪽과 257쪽 참조.

111 1963년 북경에서 출간된 貴州省民間文學工作組 編, 『苗族民間故事選』에 수록

된 「乾嘉起義的故事」 참조. 이 책에 등장하는 특히 오팔월 관련 이야기에 의하면 그가 포시(浦市)를 점령했을 때, 그는 황궁을 공격하기 위해 북경까지 군대를 진격시킬 의도를 가지고 있었다. 하지만 북경까지 가는 길을 몰랐기 때문에, 그는 도로를 정탐하기 위한 정찰대를 파견했다. 그들이 돌아오지 않자, 그는 포시 안에 진을 쳤다. 그러나 정찰대는 辰州의 병사들에게 바로 살해됐으며, 곧바로 청조 군대가 당도해 포시를 탈환했다. 이후 이야기는 주로 포시가 함락되기에 앞서, 자신의 병사를 소개시키기 위한 오팔월의 전략에 관련된 것이다. 『中國民間文學史』, 人民出版社 : 北京, 1958, 권2, 394쪽에 의하면, 건륭 60년(1795)의 묘족 반란, 오팔월의 행동, 호남성 묘족반란의 진압 책임자인 부내(傅鼐)의 잔혹성을 읊은 묘족들의 민간 노래와 그 밖의 다른 노래를 한 데 묶어 『湘西兄弟民族的山歌』라는 제목으로 출간되었다.

112 역주 복강안(福康安) : 만주 양황기인(鑲黃旗人) 출신으로 字는 요림(瑤林)이다. 雲貴, 四川, 민절(閩浙, 복건성과 절강성), 兩廣 총독을 역임했으며, 감숙(甘肅)의 回民 반란과 대만의 임상문(林爽文) 반란 평정에도 공을 세운 인물이다.

113 역주 화신(和珅) : 원명은 선보(善保)이며 건륭 연간에 군기대신(軍機大臣), 보군통령(步軍統領) 등을 역임했다. 탐관오리로 유명한 인물로서, 嘉慶帝 즉위 후 사사(賜死)되었다.

114 위 두 인물에 대해서는 A. Hummel, 1943, t.I, 253~255쪽과 286~287쪽 참조.

115 역주 역자가 이곳을 督撫라 번역한 이유는 魏源, 『聖武記』 권7, 「乾隆湖貴征苗記」에 등장하는 "…雲貴總督忠銳嘉勇公福康安, 四川總督和琳及湖廣督撫合兵剿之…"라는 기사 때문이다. 저자는 복녕(福寧, Fu Ning)의 지위를 밝히지 않았지만, 그는 건륭 55년(1790)부터 건륭 58년(1793)까지 호북 순무로 재직한 인물이다. 아울러 잠깐 동안 필원(畢沅)의 뒤를 이어 건륭 59~60년(1794~1795) 사이에 호광총독으로 있었으며, 이 당시 호북 순무는 다른 인물이었다. 그러므로 이 언급은 건륭 59~60년 사이에 복녕이 호광총독으로 있을 당시, 순무 휘하 병사까지 동원한 사실을 언급한 것으로 생각할 수 있다.

116 역주 督撫는 總督과 巡撫를 의미하며, 당시 호광총독은 필원(畢沅)이었다. 그는 건륭 51년(1786) 처음 호광총독에 부임했으며, 이후 건륭 53년(1788)부터 그가 사망한 嘉慶 2년(1797)까지 호광총독으로 있었다. 그러나 건륭 59~60년(1794~1795) 사이에는 福寧도 호광총독의 지위에 있었다. 魏源, 『聖武記』 권7, 「乾隆湖貴征苗記」에도 "時湖廣兩總督畢沅駐辰州, 總軍需, 福寧總兵鎭筸"이

라는 설명이 등장한다. 따라서 본문에 등장하는 복녕의 지위는 호광총독으로 봐야 한다. 또한 저자는 복강안이 송도청(松桃廳) 부근의 대정영(大正營, Dazhengying)을 장악했다고 서술하고 있지만, 『聖武記』에는 "福康安旣解嗅腦松桃大營諸圍, 招撫各寨"라고 기록되어 있는 것으로 미뤄, 복강안은 묘족들이 포위한 후뇌(嗅腦)와 송도 일대의 포위망을 제거했다는 설명이 타당하다. 더구나 송도청 부근의 지명은 '대정영'이 아닌 '正大營'이다. 아울러 복강안이 점령 지역에 불을 질렀다는 언급도 실제 『聖武記』에는 등장하지 않는다.

117 역주 저자는 검양(黔陽) 지역 일대를 장악했다고 기술했지만, 四川省 유양주(酉陽州) 관할 수산현이다. 魏源, 『聖武記』권7에는 "和琳亦定秀山縣苗, 以總兵袁國璜守棚門, 而自會福康安於松桃, 乃遣總兵花連布將精兵三千援永綏"라고 기술되어 있다.

118 역주 이 부분의 저자 설명을 그대로 옮기면 다음과 같다. "한편 화림은 검양 지역의 질서를 회복시킨 후, 송도에서 복강안 병력과 합세해, 호남 지역의 질서를 회복시키기 위해 그와 함께 떠나기로 결정했다. 3월 11일 그들 군대가 영수청을 점령하고 호광제독 린쥰푸(Lin Jun-fu)를 석방시킨 다음, 보정을 되찾기 위해 출발했다." 그러나 이 설명은 위원, 『聖武記』권7에 등장하는 원문과 큰 차이가 난다. 일단 원문을 살펴보기로 하겠다. "三月十一日, 連戰至城外, 圍解. 湖南提督劉君輔以兵二千自保靖與總兵張廷彦合攻永綏西北. 苗據花園, 斷浮橋, 劉君輔結筏渡…." 따라서 원문의 내용으로 미뤄, 유군보를 구출한 게 아니라 영수청(永綏廳) 외곽의 포위망을 풀었으며, 또한 보정을 되찾기 위해 병력을 출발시킨 것이 아니라, 보정에서 장정언의 부대와 함께 영수청 서북 지역으로 출병한 사실을 알 수 있다. 아울러 본문에 표기된 'Lin Jun-fu'는 'Liu Jun-fu(劉君輔)'의 오기이다.

119 역주 청조 병력이 노계와 건주를 공격한 시기는 건륭 60년(1795) 4월이며, 그 해 8월 吳八月이 칭왕(稱王)했으므로, 오팔월은 10월에 체포되었다.

120 역주 복강안과 화림은 건륭 60년(1795) 박수영(爆水營), 천성채(天星寨), 금두파(禽頭坡) 등을 정복했다고 연이어 상주했지만, 건주성(乾州城)을 다시 점령해야 한다는 질책을 받았다. 그들이 실제로 거짓 승전보를 상주했는지 여부는 분명하지 않다.

121 A. Hummel, 1943, t I, 579~580쪽 참조.

122 분류 기호는 M.G. 17031이다. 이 그림의 오른쪽에는 「공극박목산(攻克爆木

山)」이란 제목의 글이 적혀 있다. 이 공격은 복강안과 화림의 지휘 하에 천성채(天星寨)에서 시작되었다. 산지가 험하고 계곡이 깊어 이 작전의 수행이 어려웠다. 결국 네 시간의 공격 끝에 요새화된 촌채(그림에 첨부된 설명에는 木城으로 서술되었다)를 함락했으며 다수의 묘민이 처형되었다. 해당 원문에는 乾隆 무오년(戊午年)으로 표기됐지만, 오류임이 분명하다. 건륭 연간의 戊午年에 해당하는 연도는 건륭 3년(1738)이 유일하다. 이후 다시 무오년이 등장하는 해는 60년 후인 가경 3년(1798)이다. 그러나 오정례의 반란이 발생한 연도는 옹정 6년(1728)이나 가경 3년(1798)이 아니며, 1798년의 두 해 전인 가경 원년(1796)에 복강안은 이미 사망했다. 그러므로 이 전투는 실제로 오팔월의 사망 직후인 건륭 60년(1795)이나 가경 원년(1796) 초에 발생했다.

123 분류 기호는 M.G. 17025이다. 이 그림은 乾隆 병진년(丙辰年)으로 표기되어 있다. 실제로 이 전투는 명량이 복강안과 화림 사망 후, 그 둘의 직무를 이어받은 직후인 가경 원년(1796) 전개되었다. 분명 중국인 화가가 그린 이 두 그림은 유럽 화가들이 사용한 〈중국 황제들의 정복〉 스타일로 그려져 있다. 이 문제에 대한 좀 더 자세한 사항에 대해서는 P. Pelliot, "Les Conquêtes de l'empereur de Chine(「중국 황제의 정복 전쟁」)," *T'oung Pao*, XX, 1921, 184~274쪽 참조. 이 두 그림을 복사한 본서 〈도판 16〉과 〈도판 17〉 참조. 아울러 M. Pirazzoli T'serstevens, *Gravures des conquêtes de l'empereur de Chine K'ien-long au Musée Guimet*(『기메 박물관 소장 중국 건륭제 정복 전쟁 관련 동판화』), Paris, 1969.

124 역주 당시 명량(明亮)은 달주(達州)에 도착했으며, 오히려 액륵등보(額勒登保)가 湖北省으로 이동해 그 지역을 정벌했다.

125 傅鼐, 「修邊」. 『皇朝經世文編』권88, 「兵政」(19), 3쪽 상~4쪽 하. [저자는 봉황청의 조잡 수효를 '987개'라고 했지만, 원문에 의하면 '887개'이다. 역자가 표기한 쪽수는 臺灣 國風出版社刊本 『皇朝經世文編』에 따른 것이다.]

126 본서 86쪽 참조.

127 傅鼐, 「修邊」. [이상 傅鼐, 「修邊」에 나오는 해당 원문은 다음과 같다. "…築圍牆百數十里, 其界畫嚴矣. 而又度險扼衝, 籌設屯堡, 聯以碉卡. 計鳳凰廳境內, 共設堡卡碉臺八百八十七座, 永綏廳境內, 汛堡碉樓共一百三十二座. 乾州廳境內, 汛堡卡碉共一百二十一座. 古丈坪連保靖縣境內, 汛堡碉樓共六十九座….")

128 馬少僑, 『清代苗民起義』, 45쪽에 나와 있는 「둔전양용설잡방묘(屯田養勇設卡

防苗)」에서 재인용.

129 馬少僑, 1957, 50쪽 참조.

130 본서 600쪽의 〈부록 7〉 참조.

131 馬少僑, 1957, 50쪽 참조. 아울러 이러한 사실을 간략하게 언급한 『黔史』권4, 33쪽 참조.

132 魏源, 『聖武記』권7, 「乾隆湖貴征苗記」, 43쪽 하. [위원의 이 언급은 오팔월 등이 건주 일대를 공격할 당시의 상황을 말하는 것이다. 묘족의 공격으로 火光이 백십 리를 비췄다는 언급에 이어 "軍中止短刀, 無火槍"이라 말했다. 따라서 이는 묘족의 무장 상황이 아닌, 청조 병력의 무장 상황을 묘사한 말이다. 즉 위원은 무기도 제대로 갖춰져 있지 않으며, 진간으로 이어지는 길마저 차단되어 명안도(明安圖)가 이끈 병사들이 속수무책으로 죽어가는 정황을 언급했다. 여기서는 저자 서술상의 전개와 독자들의 혼란을 피하기 위해 그대로 주어를 '묘족'이라 썼지만, 이 문장의 주어는 청조 군대가 되어야 한다.]

133 『皇朝經世文編』권88, 「兵政」(23), 10쪽 하~11쪽 상에 나오는 高其倬, 「청제묘노독약소(請除苗弩毒藥疏)」와 李紱, 「진해노독약방소(陳解弩毒藥方疏)」이다. 이불에 대한 자세한 사항에 대해서는 A. Hummel, 1943, t.I, 455~457쪽 참조.

134 해당 원문의 설명이 명확하지 않다. 즉 어떤 과정을 거쳐 독수의 즙을 돌 위에 떨어뜨리는지를 언급하지 않았다. 단지 "滴在石上, 凝結而成"이라고 기술되어 있다.

135 **역주** 융안현(隆安縣) : 여기서 언급된 융안현은 광서성 남쪽 남녕부의 북서쪽에 위치한 곳을 말하며, 발음은 동일하지만, 전혀 다른 융안현(融安縣)이 광서성 북쪽 柳州 관할에 존재한다는 사실을 염두에 둘 필요가 있다. 저자는 柳州의 融安으로 표기했다.

136 王竹樓, 「1795年的苗民大起義」, 李光璧, 1957, 254쪽에 있는 傅鼐, 「復總督百齡書」에서 재인용.

137 民國 『貴州通志』, 「前事志」(20). 王竹樓, 1957, 255쪽에서 재인용. [저자가 재인용한 民國 37년(1948)간본 『貴州通志』는 권수가 별도로 표시되지 않은 방대한 분량의 지방지이다. 저자의 출처대로 이 내용은 「前事志」(20), 79쪽 상에 등장하며, 石柳鄧이 반란을 일으켰을 당시, 雲貴總督 福康安이 정대영의 포위망을 격파하고 이어 송도로 진격할 때의 정황이다. 해당 원문은 다음과 같다. "…賊衆執旗, 鳴鑼吶喊, 立聚四五千人. 官兵奮力抵敵, 殺斃甚多….")

138 傅鼐, 「練勇」. 『皇朝經世文編』권88, 「兵政」(19), 1쪽 하와 2쪽 상. [저자의 이

설명은 사실이지만, 부내의 원문에는 의용군에 해당하는 용병(勇兵)과 둔전의 둔정(屯丁)의 훈련 방법은 달라야 한다는 것을 강조하면서, 용병은 매년 7월에 훈련을 시작해 이듬해 4월까지 90차례를 실시하며 계절마다 대대적인 훈련을 1회 실시해야 하는 반면, 둔정은 본문의 설명대로 10월에 시작해, 이듬해 정월까지 36차례를 실시해야 한다고 말했다. 또한 둔정은 농한기를 이용해 불시에 훈련을 실시해야 한다고 지적했다.]

139 북경 북서쪽 교외에는 서남 지역 전쟁, 특히 金川 반란에 참여하는 병사들을 훈련시키기 위해 마련한 다수의 보루(碉堡)가 있다는 사실을 알 수 있다. *Guide Nagel Chine*, 629쪽 참조.

140 이 문제에 대한 좀 더 자세한 사항은, Henri Bernard, "Les étapes de la cartographie scientifiques pour la Chine et les pays voisins depuis le XVIe s. jusqu'à la fin du XVIIIe s.(「16~18세기 말엽 중국과 인접 국가들에 대한 지도 제작 과정」)," *Monumenta Serica*, vil.I, 1935, 447쪽과 그 이하 참조.

141 본서에 복제된 〈지도 3〉 참조.

142 이 책은 유명한 도서관인 일본 天理圖書館에 보관되어 있다.

143 변방 지역의 방어 시설 개선을 언급한 글로, 본서 477쪽에 인용된 부내(傅鼐)의 〈修邊〉 참조.

144 본서 〈지도 18〉 참조.

145 역주 傅鼐의 「修邊」에 등장하는 언급으로, 그는 관장(關牆)의 설치를 위해 "關牆則近石處用石, 遠石處用土堅築"이라 설명했다.

146 본서 478쪽 각주 125)에 언급한 傅鼐, 「修邊」 참조.

147 역주 저자가 『묘족수고본』을 인용해서 설명하고 있는 군사 시설물도 설득력이 있지만, 傅鼐의 「修邊」에 등장하는 설명이 좀 더 명쾌하다. 부내는 "關牆則沿山歷澗建之. 礟臺則擇地勢衝要處立之. 哨臺則於關牆之間修之. 卡碉屯堡則因地制宜, 其形或爲品字, 或爲一字, 或爲梅花, 無成格也"라고 기술했다. 따라서 잡조와 둔보는 특별한 지형을 가리지 않고 설치한 반면, 다른 시설물은 해당 지역의 지형을 중요하게 고려했다는 사실을 알 수 있다.

148 역주 늑보(勒保)는 건륭 60~가경 2년(1795~1797)까지 운귀총독으로 있었다.

149 『黔南識略』권1, 11쪽 상~하. 이 인물에 대한 좀 더 자세한 사항에 대해서는 A. Hummel, 1943, t.I, 444~446쪽 참조.

150 『貴州名勝古蹟概說』, 1937, 25쪽 하 참조.

제 5 장

식민지 경영자들의 마을

Un exemple
d'Acculturation
chinoise

La Province du
Guizhou au XVIIIe siècle

청조의 보호를 받는 한정적인 공간이자, 그 안에서는 한족들이 주인으로 행세할 수 있는 새로운 도시의 형성이야말로 귀주성에 한족이 정착했다는 사실을 말해준다. 그러한 도시는 청 왕조의 법률이 적용되는 핵심 지역인 동시에, 청대의 관습이 성행하는 곳이며, 새로 도착한 사람들의 근거지가 되었던 장소이다. 그것은 또한 관료와 상인들을 오가게 만든 교차로이자, 약간은 남중국해의 중국인 공동체처럼 고향을 떠난 사람들의 주요 근거지였다.

이러한 도시들의 역사를 추적하기란 쉽지 않다. 명대 이전 사실을 거의 모르며, 심지어 고대 시기 주요한 근거지였던 귀주성 동쪽의 도시들에 대해서도 그러하다. 당·송 시기의 경우 단지 도시들의 명칭만 존재할 뿐이다. 또한 귀주 지역이 이전 시기보다 더 중요해진 원대의 사정도 여전히 알 수 없다. 현재 귀양貴陽 지역에 해당하는 순원順元의 설치를 언급한 비문碑文[1]에도 도시에 관련된 설명은 들어 있지 않다. 명대에 이르러서야 겨우 이러한 무지 상태에서 벗어날 수 있게 되었다. 명대에 이르러 여러 도시들이 체계적으로 성벽을 쌓게 되었으며, 사료를 통해 성벽 안에 들어선 주요한 건축물과 공공건물에 관련된 여러 사실을 알 수 있다. 새롭게 만들어진 몇몇 중심 지역을 제외하면, 청대 도시 생활은 명대에 형성된 틀 안에서 전개되었다

여기서는 이러한 도시들의 수효와 그 분포 상황은 어떠했는지, 그

리고 기능상의 차이와 주민들의 생활은 어떠했으며, 끝으로 새로 이주한 사람들이 도시 주변의 묘족들을 어떤 방법으로 장악했는지를 살펴볼 예정이다.

1 도시의 수효와 그 분포

도시를 연구할 경우, 사료의 부족에서 비롯되는 여러 가지 어려움에 직면한다. 도시의 수효와 그 분포를 언급하기 전에, 〈도시〉라는 단어를 어떻게 정의해야 하며, 어느 정도 인구가 있어야 도시로 간주할 수 있는지, 또한 도시 주민이 얼마나 있으며, 그들이 어떻게 분포되어 있는지를 명확히 할 수 있어야 한다. 그러나 바로 이처럼 다양한 문제 때문에, 도시에 대한 정의를 내릴 수 없다. 도시를 정의하기 위해 우리가 이용할 수 있는 유일한 기준은 지방 행정 단위에 따른 구분이다. 지방 행정 단위가 여러 범주로 나뉘어 있다는 사실을 우리는 알고 있다. 아마도 인구보다는 전략적이며 정치적 중요성에 따라 당시 사람들이 구분했던 부府, 청廳, 주州, 현縣이 그것이다. 예를 들어 동인銅仁, 석천石阡, 사주思州는 그 면적은 작았지만, 수세기 동안 부府로 남아 있었다.

주로 건륭 『귀주통지』를 근거[2]로 건륭 연간 귀주의 지방 행정단위 현황을 다음과 같이 정리할 수 있다.

〈표 5-1〉 건륭 연간 귀주성의 지방 행정 단위[3]

부府	예속 행정 단위		
	주州	현縣	청대 설치된 성城
귀양貴陽	정번定番, 광순廣順, 개주開州	귀축貴筑, 용리龍里, 귀정貴定, 수문修文	장채청長寨廳,[4] 대당大塘
안순安順	진녕鎭寧, 영녕永寧	안평安平, 청진淸鎭, 보정普定	귀화청歸化廳, 낭대청郎岱廳
평월平越	황평黃平	평월平越, 옹안甕安, 여경餘慶, 미담湄潭	
도균都勻	독산獨山, 마합麻哈	도균都勻, 청평淸平, 여파荔波	팔채청八寨廳, 단강청丹江廳, 도강都江, 소단강小丹江, 상강上江
진원鎭遠		청계靑溪*, 시병施秉, 천주天柱, 진원鎭遠	청강청淸江廳, 태공청台拱廳
사남思南		안화安化, 인강印江, 무천婺川	
석천石阡		용천龍泉	
사주思州		옥병玉屛	
동인銅仁		동인銅仁	송도청松桃廳
여평黎平		개태開泰, 영종永從, 금병錦屛	고주청古州廳, 하강下江
대정大定 : 강희 4년(1665) 부府로 승격해 평원平遠,	평원平遠, 검서黔西, 위녕威寧	필절畢節	수성水城

검서黔西, 위녕威寧을 관할했지만, 강희 26년(1687) 주州로 하강			
남롱南籠* : 원래는 안순부安順府 관할 남롱청南籠廳이었지만, 옹정 5년(1727) 부로 승격함	보안普安, 영풍永豊	보안普安, 안남安南	
준의遵義 : 부로 승격되기 이전에는 사천성 관할이었으나, 옹정 6년(1728) 귀주성 관할로 됨	정안正安	준의遵義, 동재桐梓, 수양綏陽, 인회仁懷*	

따라서 청 건륭 연간 당시 귀주성의 전체 지방 행정 구역은 13개 부府, 14개의 주州, 34개의 현縣과 15개의 성城으로 구성되었다.

위 〈표 5-1〉을 통해, 우선 묘족 지역의 연속적인 정복과 지방 행정 구역의 설치시기가 놀랄 만큼 일치한다는 사실을 알 수 있다. 명대부터 내려온 10개 부에, 강희 연간 이족을 정복한 후 귀주성 서쪽 지역에 대정부를, 귀양 남쪽의 중가족에 대한 군사 정벌 이후 남롱부를 설치했으며, 광서와 귀주 사이에 새로운 변방지역[5]을 설치해 한족 통제 하에 두었다. 북서쪽에 위치한 준의부는 이러한 현상과는 약간 다른 경우에 속한다. 파주播州 지역 토사를 정복한 후, 이미 준의부는 일정 기간 사천성 관할로 되어 있었기 때문이다.

건륭 『귀주통지』에는 행정적인 면에서 그것이 어느 범주에 속하는지를 정확하게 언급하지는 않았지만, 모두 옹정과 건륭 연간에 귀주성 남부, 남서부, 북동 지역을 정복한 후 축조된 성城의 수가 많다는 점도 주목할 만하다. 이 시기 이후 이들 가운데 10여 곳은 청廳으로 승격되었다는 사실을 우리는 알고 있다.[6]

그러므로 18세기 초반 이후 상당한 정도의 도시망이 구성되었던 것처럼 보인다. 귀주성과 다른 성의 예를 비교할 수 있는 청대 전체 성省 행정 구역 일람표가 아직 존재하지 않는다. 그러나 19세기 말 정황을 보여주는 구동조瞿同祖(Ch'u T'ung-tsu)의 도표 덕분에 이웃 성과 비교해 귀주성이 지니는 매우 정확한 의미를 알 수 있다.[7]

2 성채城砦

명대 성벽 건설은 일반적인 현상이었지만, 귀주성의 경우는 매우 독특한 양상을 지닌다. 귀주성의 지방 행정 구역은 사실상 낯설고 심지어 적대적인 영역 속에 있는 일종의 고립된 영역과 같았다. 다른 지역과는 다르게 귀주성의 성채는 도시와 농촌의 구분을 설정하지 않았을 뿐 아니라, 영원히 보호해야만 했던 중화 세계와 이민족 세계의 경계도 없었다. 아울러 해당 관원들의 주요 관심사는 성벽의 건설과 강화였다는 사실도 놀랄 일이 아니다. 지방 행정 도시는 한족이 모여 있는 보호 구역이었으며, 군사들이 여러 도로를 감시하고 보호할 수 있었던 드높은 성채였다. 그러한 사실을 보여주는 가장 좋은 예는 반강盤江 서쪽과 운남 서부 사이, 다시 말해 이족이 사는 지역으로서 당시 그들의 공격을 매우 두려워했던 지역에 관도官道를 따라 천계天啓 6년~숭정崇禎 4년(1626~1631) 사이에 성城으로 둘러싼 11개의 마을을 세운 일이다.[8]

방어 기능을 할 수 있도록, 그러한 행정 구역들은 잘 구획된 곳에 마련되어야만 했다

장소의 선택

동인, 평월, 도균 등에서 볼 수 있는 것처럼, 장소 선택에는 전략적 우월성이 무엇보다 중요했다. 위 세 지역은 묘족을 통제할 수 있는 요충지에 자리잡고 있었다.[9] 그러나 그러한 지역이 제공하는 물질적 조건도 중요한 고려 대상이었다. 그러므로 평지가 충분해 구릉으로 올라가는 어려움이 없이 도시를 확대할 수 있을 정도로 충분한 평지가 있는 곳을 선호했다.[10] 『전행기정滇行紀程』의 저자는 상업이 매우 발달한 안순을 귀주성의 수도로 삼아야 한다고 생각한 적이 있지만, 결국 귀주성에서 평원이 가장 발달한 귀양을 수도로 택했다고 말했다.[11] 강희 『귀주통지』에 들어 있는 귀주성 주요 도시의 지도를 살펴보면,[12] 모든 도시들이 접근이 어려운 산지와 하천으로 둘러싸여 있다는 사실을 알게 된다.

하천을 이용해 도시로 식량을 공급하는 일이 무엇보다 중요했다. 가능한 방법을 동원해 하천이 성城 안으로 들어오도록 계획했다. 성 안을 관통하는 관성하貫城河가 흘렀던 귀양이 그러한 예에 속한다.[13] 이 관성하는 남쪽으로 흘러, 성벽을 따라 서쪽에서 남쪽으로 흐르는 남명하와 합류했다. 하천을 성城 안으로 끌어들이기 위한 수리 공사가 종종 필요했다. 위녕주威寧州에서는 성城 북쪽에 물을 저장할 수 있는 호수를 파고, 수로를 이용해 그 물을 성안으로 끌어 왔다.[14]

일부 도시들은 어쩔 수 없이 외부에서 식량을 구입해야 했으므로, 여러 어려움이 발생했다. 일례로 명 정통正統 연간(1436~1450) 당시 묘족에게 포위된 평월은 식수가 완전히 고갈되어, 일부 주민들이 갈증으로 사망했다. 이 사건을 계기로 마을 서쪽에 있는 저수지의 물을 수성水城과 연결된 성벽 주변으로 끌어온 다음, 수로를 개설해 주민들이 손쉽게 물을 공급받도록 했다.[15]

일부 도시들은 우물과 샘물을 충분히 식수로 이용할 수 있었다. 그러한 곳에서 나는 식수 가운데 여러 곳은 물맛이 좋기로 유명했다. 그러한 샘물 가운데 하나로, 귀양 북동쪽 용왕묘龍王廟 앞에 있던 용정龍井을 들 수 있는데, 〈맑고 차가운〉 그곳의 물은 결코 마르지 않아 모든 주민들이 즐겨 마셨다.[16] 더구나 〈3일 동안 계속 비가 내리지 않을 경우〉[17] 빈번하게 발생한 화재 위험에 대비해, 귀주성은 상당량의 물을 비축해 둬야만 했다. 이런 이유로 청대 관성하를 준설해 물을 충분히 확보해 두었다.[18]

이런 점을 염두에 두고 선택한 지역에 다시 성채 건설의 문제를 고려해야 했다.

성채의 건설

원대 일부 도시들은 이미 성벽이 있었을 것이다. 적어도 순원부는 성벽이 있었다.[19] 하지만 이 시기 이후 사료에는 이 문제가 전혀 언급되지 않았으며, 성벽이 단지 명청시대에 이르러 건설되었다는 암시뿐이다. 명 천순天順 2년(1458)에 잠시 우부도어사右副都御史로 있던 백규(白圭, 1415~1475)는 순원부의 유지遺址를 찾으려 했다고 언급했다. 순원부의 유지가 명대 형성된 도시 북쪽에 있을 거라 생각했지만, 이미 그 흔적을 전혀 찾아볼 수 없었다.[20] 귀주성의 도시화가 단지 명대 이후에야 시작되었다는 보충 증거를 찾고자 한다면, 백규의 일화는 꽤 흥미로운 일이다.

강희 연간과 건륭 연간에 간행된 『귀주통지』에는 여러 지역의 성채 건설에 관련된 사실이 꽤 많이 있으며, 이를 통해 앞에서 언급한 여러 행정 구역에 건설된 성벽 일람표를 아래와 같이 작성할 수 있다. 다음 〈표 5-2〉는 각 행정 구역의 성벽 건설 시기, 길이, 높이와

문門의 수효를 알려준다.

〈표 5-2〉 14~18세기 주요 성벽 건설 일람표[21]

지역	길이(장)	높이(장)	두께(장)	문의 수효	망루의 수효
- 귀양貴陽	1,746+600	2.2	?	5	?
- 정번定番	510	1.5	?	4	?
- 광순廣順	?	?	?	?	?
- 개주開州 * 귀축貴筑	510	1.2	?	4	?
- 용리龍里	538	1.7	?	4	?
- 귀정貴定	1,070	1.1	?	4	?
- 수문修文	1,314	1.8	?	4	?
= 장채長寨	480	1	?	?	?
= 대당大塘	298	?	?	4	4
- 안순安順	1,674	2.5	?	4	4
- 진녕鎭寧	480	?	?	?	?
- 영녕永寧	185	1.4	?	2	?
- 안평安平	900	1	0.6	4	4
- 청진淸鎭 * 보정普定	796	1.5	1	5	5
= 귀화歸化	600	1	0.4	4	?
= 랑대郎岱	?	?	?	?	?
- 평월平越	1,400	2.2	1.5	4	4
- 황평黃平 * 평월平越	530	1.5	0.8	4	?
- 옹안甕安	690	2	1	4	?
- 여경餘慶	317	1.6	1	3	?
- 미담湄潭	388	1.5	1	2	?
- 도균都勻	1,072	2	1	5	?
- 독산獨山	?	1	0.3	?	?

- 마합麻哈 * 도균都匀	400	1.2	0.6	4	?
- 청평淸平	663	1	?	4	?
- 여파荔波	182	1	?	3	?
= 팔채八寨	648	1.1	?	5	?
= 단강丹江	625	1.4	?	4	?
= 계구鷄口	340	?	?	4	?
= 소단강小丹江	260	?	?	4	?
= 상강上江	639	?	?	4	?
- 진원鎭遠	45+120	?	?	2	?
- 청계靑溪	?	?	?	?	?
- 시병施秉 * 진원鎭遠	?	?	?	?	?
= 청강淸江	?	?	?	?	?
= 태공台拱	?	?	?	?	?
- 사남思南 * 안화安化	770	1.5	0.8	5	?
- 인강印江	512	?	?	4	?
- 무천婺川	540	?	?	4	?
- 석천石阡	660	1.8	1.5	4	?
- 용천龍泉	361	1.8	?	4	?
- 사주思州	320	1.5	?	3	3
- 옥병玉屛	1,674	2	?	5	?
- 동인銅仁 * 동인銅仁	369	1.6	?	7	?
= 송도松桃	506	1	1	4	?
- 여평黎平 * 개태開泰	1,224	2.1	1	4	?
- 영종永從	150	0.7	0.3	1	?
- 금병錦屛	625	1.3	1.2	4	?
= 고주古州	792	1.2	0.7	4	?

= 하강下江	?	?	?	?	?
- 대정大定	934	1.5	?	4	?
= 평원平遠	726	1.5	?	4	?
- 검서黔西	1,674	1.8	?	4	?
- 위녕威寧	1,080	1	0.2	4	?
- 필절畢節	1,476	1.5	1.5	5	?
= 수성水城	372	1	0.6	3	?
- 남롱南籠	287	1.8	?	4	?
- 보안주普安州	497	1.8	1.6	4	?
= 영풍永豊	250	0.7	0.4	4	?
- 보안현普安縣	234	2	?	4	?
- 안남安南	797	1.7	0.7	4	?
- 준의遵義	950	2	?	4	?
- 정안正安 * 준의遵義	?	?	?	?	?
- 동재桐梓	540	0.5	?	4	?
- 수양綏陽	479	2.3	?	4	?
- 인회仁懷	463	?	?	4	?

〈범례〉
- : 명대 건설된 성벽
= : 청대 건설된 성벽
* : 치도治都가 해당 부府 안에 있는 탓에, 별도의 성벽이 없는 행정 구역

〈표 5-2〉는 명대 설치된 행정 구역에는 그 당시부터 모두 성벽이 설치되어 있었다는 사실을 알려준다. 진원부의 일부 지역조차도 보호를 받았다. 우선 한쪽에는 감시가 용이한 다리 하나가 유일한 통로인 남쪽으로 흐르는 원강沅江, 그리고 다른 쪽에는 통제를 잘 할 수 있는 관문을 지나야 넘을 수 있는 산악 지역에 존재한 탓에 천연적으로 충분히 보호받을 수 있었다. 물론 명대 묘족은 진원부로의 침입이 가능하다는 사실을 여러 차례 입증해 준 바 있다. 따라서 서쪽

에 120장丈 길이의 성벽을 쌓아 산지와 하천을 연결시키도록 했다. 이어 동쪽과 서쪽에서 각각 마을로 들어갈 수 있는 두 개의 문 위에 망루를 건설했다.[22] 청대에 이르러, 한족의 침투로 〈개방된〉 지역의 행정구역에만 새로운 성벽을 건설했다.

명초부터 18세기까지 약 300년이 넘도록, 명대에 형성된 틀 안에서 도시 생활이 전개되었다고 말할 수 있다. 한편 여러 사료는 단지 다음 세 곳만 그 위치가 변경되었음을 말해준다.

1) 우선 사주思州의 위치가 변경되었다. 사료에 의하면[23] 영락 13년(1415) 성벽이 설치된 사주는 융경隆慶 3년(1569)에 폐기되고, 그 주민들은 평계위平溪衛에 정착했다. 이후 만력 5년(1577) 평계위에서의 생활이 불편하다고 느낀 주민들이 본래 장소로 귀향을 요구하자, 〈다시 돌을 입혀〉 성벽을 쌓았다.

2) 광순부의 이동. 숭정崇禎 2년(1629)까지 성벽이 없었던 광순은 성벽을 쌓을 당시, 공사가 채 끝나기 전에 위치가 변경되었지만, 그 이유는 알 수 없다. 이후 일반 주민들은 원래의 장소에, 군인들은 두 번째 장소에 주둔했던 것처럼 보인다.[24]

3) 끝으로 여러 차례 장소를 옮긴 정안주성正安州城을 들 수 있다.[25] 만력 연간에 파주播州를 평정한 후 사녕리思寧里의 휼수원潏水園이라는 곳에 성을 쌓았다. 이후 토적土賊들이 이곳을 점령하자 다시 삼강리三江里로 옮겼다. 청 제국이 성립된 후 다시 덕계리德溪里의 토평土坪으로 옮겼지만, 이러한 이동 과정에서 성벽을 쌓은 적은 없었다.

다른 한편, 사료는 성벽의 확대에 대해서도 거의 언급하지 않았다. 다음 두 경우에만 그 이유를 밝히고 있다. 첫 번째 경우는 오직 전략적 이유 때문에 만력 30년(1602) 성벽을 확장한 사주思州이다. 성채 옆에 솟아 있는 높은 산에서 성 안으로 지나다니는 묘족을 감시하고 마을을 견고하게 방어하기 위해, 산 주변에 성벽을 쌓기로 했다. 둘째 경우는 귀양이다. 귀양부성貴陽府城은 홍무 15년(1382) 석성石城을 쌓았다. 그 길이는 1,746장丈이었으며 다섯 개의 문이 있었다. 이족이 성을 점령한 후인 17세기 초엽 외성外城에 석벽을 보강해 성 안으로 몰려든 주민들을 보호했으며, 이 공사는 천계 6년(1626)에 끝났다. 이 석벽은 반달 모양이었으며, 두 곳에서 옛 성벽과 연결되었다. 총 길이는 600장이었으며 네 개의 문이 있었다.[26]

성城의 거주민이 증가하지 않았지만, 이처럼 증축한 예가 드물었다고 단언하기는 어렵다. 경계가 뚜렷하지 않은 채로 성 안에 존재한 공간이 축소되거나, 성 밖城鎮에도 사람들이 모여들었다는 점에서 그러한 예가 존재할 가능성이 매우 크다.[27] 17세기 지도와 훨씬 더 정확하게 작성된 20세기 초엽의 지도를 서로 비교할 수 있는 귀양의 경우[28]에는 성 밖으로 도시가 크게 확대되지는 않았다. 20세기 초엽 귀양의 지도를 보면 성문 바로 남쪽에 위치한 소규모 성 밖 도시만 등장한다. 그러므로 지도가 작성된 20세기 초엽 귀양의 인구는 약 2만 명 정도였을 것이다.

따라서 단지 지방 행정 단위를 구분하는 기준인 성벽의 길이로 18세기 도시의 인구가 많았다고 단언할 수 없다. 아마도 그 전형적인 예인 남경南京처럼, 건물이 없는 꽤 넓은 공간이 성 내부에 포함된 경우가 빈번하다. 이러한 상황은 귀정貴定, 수문修文, 여평黎平, 검서黔西, 필절畢節, 위녕威寧과 같은 일부 지역의 성벽이 상당한 공간을 차지했던 이유를 설명해 줄 수 있을 것이다.

끝으로, 이러한 도시들의 지도에 대한 몇 가지 설명을 할 필요가 있다. 현존하는 대략적인 지도와 사료를 통해 보건대, 그러한 도시들 대부분은 원형이었다. 네 개의 각루角樓로 보강된 안순의 사각형 성채는 예외적인 경우인 것처럼 보인다. 다른 지역과 마찬가지로, 망루가 있는 곳에서 성벽이 끝나며, 그러한 망루를 통해 적이 다가오는 것을 관찰했다. 귀양, 안순, 평월처럼 몇몇 지역의 출입문은 다시 반월 모양의 월성月城을 쌓아 더 견고하게 만들었는데, 좁고 긴 통로 형태의 월성에도 출입문이 있었다.

그러한 성벽의 보호 아래, 한족들은 〈내지〉 성省의 도시와 유사한 분위기를 재창출하는 데 좀 더 편안함을 느꼈다.

3 한족의 촌락

성벽 안에 한족 마을이 형성되었다. 성화成化 6년(1470) 사주성思州城을 중건한 후, 노질盧秩이란 인물이 남긴 글을 통해 그 과정을 알 수 있다.[29]

"연이어 건물을 세우고 지붕에는 기와를 덮어 바람, 비, 서리와 눈을 막았으며, 주변 벽에 네 개의 문을 냈다. 층루層樓를 세우고 종과 북을 설치해 인시寅時(새벽 3~5시)에 시간을 알렸다. 네 문은 큰 거리로 통하도록 만들었으며, 지세地勢를 살펴 관공서와 창고를 세웠다. 네 모퉁이에는 상인과 일반 백성들이 모이는 곳이 있으며, 성 안팎에 건물이 즐비하고 사람이 몰려들어 빈 곳이 드물었다. 음악 소리가 가득하고, 닭과 개가 가득 뛰어놀았다. 떠도는 사람들이 다시 생기지 않았으며, 삭막한 풍광은 옛일이 되었다. 대부분 관리들은 머물 데가 마련되어 공무公務를 보고, 백성들은 의지할 데가 생겨 편안해졌다. 불량한 무리들이 못된 획책을 하려는 시도가 사라졌다. 불안한 일이 생길지도 모른다는 걱정이 사라졌으니, 당연히 이제 모든 사람이 안심하고 편안히 잠을 잔다."

이러한 시간과 중국적인 공간의 출현에 대한 중요성을 당시 사람들이 지나치게 강조했을지도 모른다.

사회적 시간

이 지역에 새롭게 등장하게 된 관리와 상인들은 사회적 시간이 필요했으며, 동일한 단위로 나뉜 그 시간에 따라 자신들의 일상생활을 계획했을 것이다. 또한 그들의 주요 관심사 중 하나는 물시계, 종, 북을 걸어두는 고루鼓樓를 각 고을에 설치해 사회적 시간을 재창출하는 것이었다. 그러한 누대는 종종 성벽 출입문 위에 건설되기도 했지만, 도균의 경우처럼 성벽 밖에 있는 산 정상이나 마을에 세워지기도 했다.[30] 성화成化 10년(1474) 귀양에 종루鐘樓를 세우고 남긴 비기碑記는 그러한 건물의 건설이 지닌 중요성을 말해준다.[31]

"남쪽 교외에서 돌을 깎고 북쪽 벌판에서 목재를 선별했으며, 상점에서 옹기를 빚고 수공업장에서 쇠를 다듬었으며, 기술사들과 인부들은 반드시 번갈아가면서 일을 했다. 공사를 시작해 수개월 후, 돌로 누대의 기초를 마련했다. 누대의 넓이는 3.7제곱미터였으며, 높이는 약 2미터였다. 그 가운데 공간을 만들어 거리와 통하도록 했다. 다시 여러 층의 처마를 두었으며, 그 높이가 16미터였다."

"이어 커다란 종 하나를 주조하고, 커다란 북 네 개를 제작했다. 또한 사람을 귀주성 남쪽 지역으로 보내 기술자를 모집해서, 구리로 된 물시계[32]를 만들도록 했다. 모든 채비가 갖춰지자, 길일을 택해 누대에 종을 걸고 북을 설치했으며, 그 밑에 물시계를 놓았다. 이후 저녁에는 북을 치고, 새벽에는 종을 울렸으며, 다시 물시계가 정확하게 작동하니, 절기節氣가 명확해지고 낮과 밤이 분명해졌다. 주변 지역 사람들은 모두 높게 솟은 누각을 볼 수 있으며 (종과 북) 소리를 들을 수 있었다. 관리들은 제 시간에 잠자리에 들고 아침에 일어날 수 있었으며, 돈벌이를 하는 자들도 성문 출입 시각을 정확히 알 수 있게 되었다. 또한 소수민족들도[33] 자식을 들쳐 업고 주변에 몰려들었는데, 누각의 모습이 마치 용이 몸을 휘감고, 호랑이가 웅크려 있으며, 고래가 포효해 천둥소리를 내는 것과 같아, 얼굴색이 변하고 기운을 뺏길 정도였다. (그 위엄 때문에) 함부로 날뛰며 복종하지 않는 마음이 사라져버리는 사람도 있으니, (누각은) 변방 지역의 영원함을 바란다는 사실을 진정으로 명백히 보여준다."[34]

조직된 공간

지방 도시는 조직된 공간이었다. 지방 도시는 행정과 문화의 중심지였으며, 상업 교차로이자 종교적 중심지였다.

1) 행정과 문화의 중심지

중국의 다른 성省처럼, 모든 도시는 그 행정 지위에 따라 다양한 종류의 행정 기구가 자리 잡고 있었다. 우선 성도省都에는 다른 성省과의 협력, 군사 작전, 민간 업무를 담당하는 운귀총독雲貴總督과 같은 성급省級 관리들이 주재했다. 두 번째로는 총독의 통제를 받는 순무巡撫가 성省 행정을 담당했다. 세 번째는 징세 감독과 그 밖의 다른 재정 문제를 담당하는 승선포정사承宣布政使가 존재했다. 네 번째는 법률과 역참을 담당한 제형안찰사提刑按察使가 있었으며, 마지막으로는 교육문제를 전담하는 제독학정提督學政이 존재했다.

한편, 다른 성省의 부府와 마찬가지로 부의 최고책임자인 지부知府, 지부 다음 지위인 동지부同知府나 동판同判이 존재했다. 주州에는 최고 책임자인 지주知州와 동지주同知州가 있었으며, 현縣에는 지현知縣과 동지현同知縣이 주재했다. 끝으로 일부 지역에는 분순귀동도分巡貴東道와 분순귀서도分巡貴西道를 설치하고, 안찰사의 직접 관할 하에 두었으며 특히 지방 행정의 감독과 재판의 판결 책임을 담당했다.[35]

지방관들은 주민들에 대한 행정 책임 뿐 아니라, 교육도 담당했다. 한족의 주요 업무 가운데 하나는 관할 성省의 학교 수를 증가시키는 것이었다. 명대 여러 부, 주, 현에는 학교 수가 차츰 증가했다.[36] 명초 성省에서 시행하는 시험에 응시하려는 학생들은 운남성의 성도省都로 가야 했다. 그러나 가정 14년(1535) 지방 정부는 과거 응시자가 증가해 귀주성 성도인 귀양에 공원貢院을 설치할 수 있을 정도가 되었다고 생각했다. 명말에 파괴된 귀양의 공원은 순치 16년(1659) 다시 건립되었다. 강희 연간에 호사號舍[37]가 700칸으로 증가했다. 옹정 연간에 이르러 그 수효를 다시 늘렸다.[38] 청대에는 의학義學의 설립을 위한 노력이 대대적으로 이루어졌다. 강희 44년(1705) 귀주안찰사는 각 부 · 주 · 현에 특히 소수민족 아이들을 대상으로 하는 의학의 설치를 명령했다. 몇 년 뒤인 옹정 연간에는 새롭게 정복한 지역의 도시에 유사한 교육기관이 설립되었다는 사실을 이미 확인한 바 있다.[39] 건륭 『귀주통지』에 따르면, 건륭 6년(1741) 귀주성

전역에 73개의 의학義學이 존재했다.[40]

2) 상업 중심지

상업중심지라는 말의 의미로 본다면 모든 도시에 그것이 존재했지만, 그 기능은 꽤 중요했다. 다른 성省으로부터 접근이 용이한 외곽 지역에 상인 집단이 먼저 형성되었다는 사실을 이미 살펴본 바 있다. 그러한 상인의 출현으로 중국 내지의 전통적인 분위기가 새로 형성된 도시에 확산되었다. 관원들이 중국 문화의 〈수출 담당자〉였다면, 상인들은 물질문화를 활성화시키는 역할을 했다. 대상인들이 모이는 곳은 사치품이 존재했다.[41]

진정陳鼎은 사남思南에 "곡물이 쌓여 있으며 중국 문화가 확산되고 있다"라고 언급했다.[42] "사남을 석천石阡이나 사주思州와 비교한다면 하늘과 땅 차이가 난다"라고 그는 덧붙였다. 선박을 이용해 상인들이 오갔던 동인은 마치 중국의 내지와 같았다.[43] 17세기 말, 또 다른 저자는 상인들이 몰려든 안순부安順府는 "호화로운 민가民家 못지않게, 시장의 건물들도 웅장하고 화려했으며, 담벼락은 하얀 돌로, 기와는 돌 조각으로 만들었다. 그 모든 풍경이 귀양과는 비교할 수 없을 정도이다"[44]라고 적었다.

수공업에 관한 자료는 거의 존재하지 않는다. 다만 동인부의 경우처럼, 묘채 지역에서 쇠를 불리는 작업을 금지시켰다는 언급이 확인된다.[45] 다른 한편, 특정 지역에서 특산물 제조에 관련된 언급을 발견할 수 있는데, 당시 문인들에게 매우 호평을 받은 피지皮紙가 사주, 정번, 보안普安, 준의, 수양綏陽에서 제조되었다.[46] 귀양에서는 웅황雄黃을 가공했으며,[47] 사주와 준의에서는 돌을 다듬는 공예가 존재했다.[48]

3) 종교 생활의 중심지

귀주성에 들어온 사람들은 이주하면서 고향의 신神들도 함께 가져왔기 때문에 새로 형성된 고을은 차츰 종교 중심지가 되었다. 결국 새롭게 형성된 도시에서도 중국 내지의 좀 더 유구한 마을에서 비롯된 여러 신들을 알게 되었다. 그러한 신들에 대한 의례儀禮의 형성 방법은 다양하다. 공식적인 의례도 존재했지만, 그것과 동시에 민중 의례 역시 형성되었다.

공식적인 의례 장소

아주 오랜 고대 시기 이래 관원들의 임무 가운데 하나는 〈자연의 힘〉과 신격화된 영웅들을 숭배하는 것이었다. 따라서 청대에도 공식적으로 희생을 바쳐야 하는 신들의 명단이 존재했다.[49] 이러한 신들 가운데에는 대지와 곡물의 신인 사직社稷, 농업을 관장하는 신인 신농神農, 바람의 신, 구름의 신, 번개의 신, 우신雨神, 산신山神, 하신河神, 마을의 신인 성황城隍, 관제關帝, 문창文昌은 물론이고, 공자와 유명한 관원들처럼 영웅시된 인물, 효성과 정절貞節의 상징인 지역의 유명인이 들어 있다.

귀주성에서도 모든 마을에 이러한 신들을 경배하기 위한 건물을 짓도록 했다. 그러나 그러한 건물 축조는 완만하게 이루어진 것처럼 보인다. 명대 모든 마을에 공자 사당과 문창신과 같은 신을 모시는 사당이 실제로 존재했지만, 청대에는 그러한 사당들이 훨씬 더 늦게 등장했다. 옹정 5년(1727) 황제의 명령에 따라 농업신을 모시는 사당先農壇이 모든 마을에 건립되었다는 건륭 『귀주통지』의 기록이 그러한 예이다.[50]

그 외의 숭배 장소

이처럼 공식적인 숭배 장소 외에도, 주민들이나 승려들이 숭배한 상당수의 신들이 존재한다. 건륭 『귀주통지』에 등장하는 명단을 통해 살펴보건대, 그러한 종류의 신들은 매우 다양했다.[51] 그러나 다양한 사원을 도관과 특정인을 모시는 사당, 그리고 다른 한편으로는 불교 사원의 두 부류로 크게 나눌 수 있다.

도관道觀과 유명인을 기리는 사당

18세기까지 내내 존속한 가장 오래된 사원은 도관이다. 그 첫 번째 도관은 송 태조太祖 건덕乾德 연간(963~968)에 건립된 삼청관三淸觀으로서, 사남부 인강현印江縣에 있었다. 귀주 동쪽에 위치한 다른 세 개의 도관도 원대에 건립된 것이다. 황평현黃平縣의 복지관福智觀, 옹안현甕安縣의 후암관後巖觀, 귀양의 대도관大道觀이 그것이다. 명청 시대에는 전적으로 도교 신들을 숭배했으며 지속적으로 그 수효가 증가한 도관과 더불어, 역사적으로 유명한 사람들을 모시는 사당이 증가했다.

귀주성에 안착한 외부 유입자들은 계속해서 자신의 고향에서 숭배한 영웅들을 기념했다. 사천에서 귀주로 온 모든 이민자들 사회에서는, 유명한 건축가로서 아들의 도움으로 기원전 250년 무렵 성도成都 북쪽 관구灌口의 수리공사를 전개한 이빙李氷을 숭배했다.[52] 그를 숭배하기 위해 지은 사묘의 이름은 천주묘川主廟 혹은 이랑묘二郎廟였다. 이빙의 사묘 가운데 가장 오래된 것은 명 정통正統 연간(1436~1450)에 사남부에 건립된 천주묘이다. 귀양부에는 새로 지은 부성府城 안에 숭정 연간(1628~1644)에 천주묘를 건립했다. 평월부에서도 이미 강희 31년(1692)에 천주묘가 존재했다. 이미 살펴본 것처럼, 이러한 사묘들은 사천성에서 가장 가까운 귀주성 지역에 세워졌지만,

대정大定과 같은 귀주성 서쪽 지역에서도 건립되었다.

전설에 의하면 복건성 포전현浦田縣 미주도湄洲島에서 태어났으며 바다를 지키는 여신인 천후天后 사당을 18세기 당시 복건성 출신 상인들이 고주古州에 건립했다. 고주에 형성된 광주 출신 이민자들도 천후를 섬겼다.[53] 준의부에도 천후를 모시는 사관이 건립되었다.[54]

강서성 출신자들은 귀양, 수문, 황평黃平, 검서, 평원平遠, 대정, 삼합三合에 허진군許眞君 혹은 허정양許旌陽으로도 불리는 허손許遜을 숭배하는 사당을 지었다. 허손은 철로 된 배를 타고 하늘을 날아다닌 신선으로서, 당시 창궐한 교룡蛟龍으로부터 강서성을 구한 인물이다.[55] 대정과 삼합三合에서는 그러한 사묘가 이민자 단체의 본거지이기도 했다.

이처럼 외부에서 들어온 숭배 대상 외에, 수 세기 동안 이 지역의 〈식민화〉 과정에서 중요한 역할을 한 사람들에 대한 새로운 숭배가 등장했다는 점도 염두에 두어야 한다. 한대漢代 남쪽으로 내려와 귀양, 여경餘慶, 사남 등에서 소수민족 진압 작전을 여러 차례 전개했던 유명한 장군인 마원馬援을 숭배하는 사원의 등장이 그러한 예이다.[56] 이미 살펴본 것처럼, 3세기 초 서남 지역에 평화를 정착시킨 제갈량을 섬기는 사묘祠廟가 명대 귀양과 진원에, 그리고 건립 시기는 알 수 없지만, 시병施秉, 석천, 동인, 영풍, 고주 등에 많이 등장했음을 알 수 있다.[57] 당 · 송시대 역사적 인물에 대한 경배 장소는 전혀 발견되지 않는다. 그러나 이미 확인한 바와 같이, 당 · 송시대 중국 정부는 이 지역에서 〈현상 유지〉 정책을 견지했다는 점에서 그러한 사실은 전혀 놀랄 만한 일이 아니다.

명 왕조가 들어선 이후 다시 영토 확장이 시작되자, 이 시기의 훌륭한 관원들과 압제를 벗어나게 해준 장군들에 대한 경배가 증가했다. 예를 들어 진원부鎭遠府에는 지부로 있을 당시, 주민들에게 선정

善政을 베푼 장수양張守讓을 기리는 장공사張公祠가 있다.[58] 평월부에도 묘민을 제압한 총병總兵 호종의胡從儀[59]를 기리는 호공사胡公祠를 세웠다.[60] 청대에도 그러한 상황은 동일했다. 〈훌륭한 관원〉인 순무 전문(田雯, 1635~1704)[61]을 기리기 위해 세운 귀양의 전공사田公祠가 그러한 예이다.[62]

불교 사원

사묘나 도관처럼 불교도 번성했는지를 살펴보기로 하자. 도관과 마찬가지로, 초기 불교 사원은 귀주성 동쪽, 다시 말해 중국화가 된 탓에 도시화가 먼저 이루어진 지역에 세워졌다. 가장 오래된 사원은 당대唐代에 세워진 황평의 구성舊城 안에 있는 보상사寶相寺였다. 또 다른 사원은 송대 인강현印江縣에 건설된 서암사西巖寺이다.[63] 한편 영천사靈泉寺는 원 대덕大德 연간(1297~1308)에 당시 안무사安撫使인 구빈苟彬이란 인물이 개주開州에 세운 절이다.[64] 또한 강서 출신의 상인이 원대 지정至正 연간(1341~1368)에 귀양에 대흥국사大興國寺라는 절을 세웠다.[65] 명대에 이르러 사원의 수효가 상당히 증가했다. 『대명일통지』는 거의 모든 부府에서 사원의 수효가 증가했다는 사실을 말해준다.[66] 이웃 성省에서 온 승려가 건립한 사원도 있다.[67] 일례로 대흥국사는 홍무 2년(1369) 호남성 장사長沙 출신의 승려가 재건한 절이다. 그러나 관원의 주도로 절을 세운 경우도 있는데, 명대 총병總兵 왕국정王國正이 세운 수문현修文縣의 조수사潮水寺가 그러한 예이다. 또한 사남부의 관음각觀音閣은 가정 연간(1522~1567)에 이위상李渭嘗이 세운 절로서, 경전을 보관하고 강학講學을 했다.[68] 이러한 사원들은 차츰 문화 중심지가 되었다. 이처럼 명말 여러 사원들은 장서藏書의 기능을 했는데, 진원부의 중산사中山寺가 그러한 예이다. 또 다른 예는 귀양의 대흥국사의 승려 법인法印이 만력 30년(1602) 북경에 올라가 대장경의 하사를 요청했다. 한편 홍무 연간(1368~1398)에 건립된 평월의 삼교사三敎寺는 숭정 12년(1639) 이 지역 주민 번사공樊師公이란 인물이 돈을 기부해 불경을 구입했다.[69]

그러나 이러한 사원들이 단지 도시 내에만 건립된 건 아니었다. 성 밖에도 많이 건립되었으며, 산등성이에도 자리를 잡았으며,[70] 뒤에서 살펴볼 예정이지만 나들이의 매력을 느낀 성내城內 주민들의 소풍 지역으로 이내 변모했다.

생존을 위한 투쟁에서 안락한 삶으로의 전환

좀 더 정확히 말하자면, 이러한 도시 주민들의 삶은 어떠했을까 하는 문제를 알아보고자 한다. 종종 그러하듯, 불행하게도 이 문제를 우리들은 관료 계층에 한정해서 살펴볼 수밖에 없다. 우리가 이용하는 모든 자료들은 사실상 이러한 지배층의 산물이며, 어쩔 수 없이 그러한 자료에는 여타 주민들에 관련된 문제들이 적을 수밖에 없다. 이런 점에서 상인 계층의 삶에 관련된 자료는 사실상 찾기 어렵다. 수공업자나 아이들 그리고 여자에 관련된 자료 역시 매우 드물다.

1) 일상적으로 먹게 된 미곡의 확보 문제

도시 생활의 환락을 발견하기에 앞서, 도시 주민들은 생존에 대한 보장을 염려해야만 했다. 그러므로 자신들이 사는 도시의 식량 공급에 많은 관심을 기울였다. 아마도 곡물 공급 관련 문제가 끊임없이 제기된 것처럼 보인다. 만사화(萬士和, 1516~1586)[71]는 귀양에서 소비된 모든 쌀을 묘족이 공급했다는 매우 중요한 사실을 알려준다.[72]

"미곡 무역이 부족하게 되면, 많은 이자를 주고 다른 사람으로부터 (미곡을) 빌려야 한다. 따라서 하루라도 묘민들의 미곡이 성내城內로 들어오지 않으면 사람들이 굶어야 하고, 빌릴 수도 없어 먹을 것을 달라고 울부짖는 수밖에 없다. 평소에도 그러한데, 만일 홍수와 가뭄, 해충으로 인한 재해가 발생했음에도, 그것에 대한 대비와 경계를 제대로 하지 못하는 변고가 생긴다면 장차 어찌 될 것인가? 이전 기유년己酉年의 재해로 백성들을 거의 반절이나 구덩이에 묻은 적이 있다…."

이러한 사단이 발생한 원인은 곡물을 미리 비축하지 않은 탓이라고 생각한 그는 개인이 관리하는 의창義倉의 건립을 제안하면서, 어려운 시기가 닥치면 의창에서 곡식을 빌려줘야 한다고 말했다. 의창에서 사용할 용도로 어떤 곡식을 배정해야 하는지는 밝히지 않았다.

청대 강희 28년(1689)에 이르러서야 비로소 귀주성 모든 지역에 연납捐納을 통한 상평창常平倉의 개설이 언급되었다.[73] 상평창의 기능은 춘궁기春窮期에 적절한 가격으로 쌀을 팔고 추수가 끝난 후 다시 곡물을 사서 곡물을 저장하는 것이었다. 그러나 전례前例와는 달리, 상평창은 행정 당국이 직접 관리했다.

이러한 수단을 동원해서 기근의 피해 범위를 상당히 축소할 수 있다 하더라도, 일상적으로 소비되는 곡물의 공급 문제는 여전히 남아 있었다. 『검남식략』에 따르면 18세기 귀양의 주민들은 나날이 치솟는 곡물가격을 지켜봐야만 했다.

"귀양성 주민들이 먹는 쌀은 정번과 광순에 전적으로 의지하고 있다. 만일 정번의 쌀이 며칠만 들어오지 않아도 쌀 가격이 치솟아, 가장 비쌀 때에는 1두斗에 3전錢, 그 다음이 1전 6~7분分이며, 가장 싼 경우에도 1전 1~2분에 달한다."[74]

귀주성의 상당 수 지역에서는 쌀이 사치품이었다. 농촌에서는 농민들이 혼례와 같은 축제일이나 세금 납부를 위해 쌀을 비축해 놓았다. 보통의 경우 농민들은 잡곡을 먹었다.[75]

2) 몸을 보호하는 거주 공간

왕양명(王陽明, 1472~1529)이 귀주성 용장龍場으로 추방되어 용장역 역승驛丞으로 있을 당시, 그 자신이 초가집을 지었다고 전해온다.[76] 17세기 말 귀주성 서쪽 평원에 서판書判으로 부임한 한 관원은 부청府廳을 비롯한 마을의 모든 집이 초사草舍로 되어 있다고 서술했다.[77] 『검남식략』에 따르면 18세기 말 귀양의 "가난한 사람들은 흙을 쌓아 담을 만들고 지붕은 풀로 덮었던 반면, 부자들은 대나무를 엮어서 담을 세운 다음, 진흙을 발랐으며, 기와로 지붕을 얹었다."[78]

그러나 일부 고위 관리들은 여러 상황이 호전되자 거주지 일부를 안락하게 바꾸려 했다. 일단 그들의 거주지를 살펴보기로 하자.

3) 관원들 거주 공간의 치장

사료에는 관원들의 거주 공간에 대한 언급이 등장하지 않지만, 적어도 한 증거는 순수 관상용 정원에 대한 실상을 알려준다. 광동에서 유입된 소금으로 고주청古州廳이 번영하게 된 18세기 말에 고주청 동지同知를 지낸 임부林溥는 꽤 유쾌한 필치로 자신의 거주 공간을 묘사했다.

"무정府廳의 규모는 매우 넓어, 귀주성에서 제일이다. 옛날 제갈량이 세운 성터에 자리 잡고 있으며, 안에 있는 제갈대諸葛臺는 화청花廳의 왼쪽에 있다.”

산등성이에 온통 자라고 있는 파초芭蕉의 아름다움에 매료된 그는 파초 외에도 상당량의 다른 초목이 자라는 정원에 200여 그루를 심도록 했으며, 그는 정원의 초목을 매우 자세하게 소개했다.

“관청에는 홍매紅梅 한 그루, 고백古柏 한 그루, 단계丹桂 세 그루, 월계月桂 한 그루가 있는데, 모두 그 둘레가 한 아름 정도이다. 또한 벽도碧桃 한 그루, 능수버들 다섯 그루, 유엽매楡葉梅 한 그루, 크고 작은 석류石榴 열 그루, 이梨(배나무)·행杏(살구나무)·이李(자두나무)가 각 열 그루, 비파枇杷(장미과의 상록 교목) 두 그루, 임금林檎(능금나무) 한 그루, 자신이紫辛夷 두 그루, 해당海棠 두 그루, 수부용水芙蓉 둘, 두견杜鵑 한 무덤, 황다미黃茶蘼가 있는 시렁 하나, 백포도 두 그루, 협죽夾竹과 복숭아나무桃 두 그루, 불수감佛手柑 한 그루, 향연香橼 한 그루, 울창한 자죽慈竹, 귤나무 한 그루, 천축자天竺子 네다섯 그루, 크고 작은 파초芭蕉 이백여 그루, 자죽紫竹 수십 그루, 귤 한 그루, 색이 다른 월계月季 서너 그루…가 있다.”

그의 언급을 다시 인용하면, 커다란 정원의 다른 쪽에는 연지蓮池가 있으며, 옛날에는 홍연紅蓮과 백연白蓮을 심었다. 임보가 동지로 부임해, 그곳을 수리하고 다시 연을 심도록 했다.

“여름에 물이 불어나면, 연잎이 군데군데 무리를 이뤄 사랑스럽게 자랐으며, 연못을 둘러싸고 자라는 여러 그루의 버드나무가 늘어져 있다. 그 주변엔 난간을 설지해 버드나무를 감싸도록 했다… 끝으로 연못 서쪽 한쪽에는 정자가 있고, 〈원향遠香〉이라는 액자가 붙어 있었다.”[79]

임부는 자신이 그 정원에 있는 것을 매우 즐거워했다는 사실을 언급했다.

> "한가할 때, 물가로 나아가 기둥에 기댄 채, 푸른 물과 붉은 난간에 버드나무 가지와 함께 꽃가지의 그림자가 사라졌다 다시 나타나는 풍광을 보면, 내가 마치 그림 속에 있는 듯한 착각이 든다. 그리고 만리나 떨어진 황량한 곳에서 관리 노릇을 하는 고충을 졸지에 잊을 수 있다."[80]

실제로 임부는 문명과 동떨어지지 않았기 때문에 그런 언급을 했을 것이다. 광동에서 오는 배에는 상당히 예민한 미각을 채워주는 소금과 같은 상품이 들어왔으며, 그 가운데에는 중국인들이 그 향을 매우 좋아하는 말리화茉莉花도 있었다. 당시 고주 주민들도 말리화를 재배하기에 이르렀으며, 임보는 한 여름 베개 밑과 작은 휘장 안에 말리화를 두었다. 아울러 그는 "그런 말리화의 향기는 강남, 진秦 · 회淮 지역 사람들의 취향과 비교해도 결코 뒤지지 않는다"라고 말했다.[81]

4) 도시 경관의 개선

어떤 점에서 본다면, 당시 관원들은 도시 미관에 상당한 신경을 썼다. 성벽 안에 존재하는 구릉의 환경 개선을 통해 도시 미관을 가꿨을 것이다. 안순부의 경우가 그러했는데, 이곳 보정현普定縣에는 숲이 우거진 고지대에 전망이 좋은 보루가 있었다. 원 태정泰定 2년(1324) 이곳에 탑을 세워 도시를 조망하도록 했으며, 그 때문에 탑산塔山이라고 불렸다. 용리현龍里縣에서는 성城 동쪽에 위치한 자허산紫虛山 정상에 돌을 다듬어 평평하게 만든 후 누각을 세웠다. 영녕부永寧府도 수풀이 우거진 야산 정상에 초정草亭을 세웠다.[82]

호수를 정비해, 도시 미관을 꾸미기도 했다. 그 향기가 수십 리까지 퍼진다는 연꽃으로 유명한 귀정현貴定縣이 그러했다. 좀 더 전형적인 예는 귀축현貴筑縣 남문南門에 위치한 남명하南明河와 그 지류가 만나는 곳에 형성된 연못이다. 함벽담涵碧潭으로 불린 이 연못은 강 중간의 암초에 석재를 보강해 수세水勢를 완화시켰다. 이어 만력 연간(1573~1620)에 강동지江東之란 인물이 갑수루甲秀樓의 건립 계획을 세우고, 여러 개의 아치가 있는 다리를 만들어 육지와 연결시켰다.[83] 지금도 남아 있는 이 3층 누각은 수 세기 동안 그곳을 산책하기를 즐겼던 한편 귀주성 순무를 역임한 전문田雯처럼 개인적인 비용으로 누각의 복구를 서슴지 않았던 여러 문인들에게 큰 인기를 끌었다. 운귀 총독을 지낸 악이태도 그 매력에 빠져, 「갑수루」란 시에서 이렇게 말했다.[84]

> 오기만鰲磯灣[85] 밑의 버드나무 잎이 늘어져 있고,
> 강가에 서 있는 팥배나무에선 향기가 나네.
> 위층에 올라 흐르는 강물을 바라보니,
> 홍교虹橋[86]의 풍광이 강남 못지않도다…

풍광을 좀 더 인위적으로 만드는 작업은 이내 성벽 밖으로 확대되었다. 도시를 둘러싸고 있는 산에는 점점 작은 도로가 생기고 여러 건축물이 들어서서, 산책과 명상, 그리고 순례 지역이 되었다. 귀양성에서 동쪽으로 1리 떨어진 동산東山의 경우가 그러했다. 이곳은 만력 초년에 동산각東山閣을 지어 먼 산의 아름다운 풍경을 조망했으며, 그 외부에 지은 사단社壇에서 도읍을 한 눈에 볼 수 있었다. 동인부 동인현銅仁縣 서쪽에 있는 범정산梵淨山에는 범정사라는 절이 세워져 매년 6월 수천 명의 참배객이 분향하러 왔다.[87]

4 새로운 세계에 대한 인식

비록 정착을 하긴 했지만, 자신들에게는 완전히 새로운 세계와 맞닥뜨린 한족 식민지 경영자들이 어떠한 태도를 가졌는지 살펴보는 건 흥미로운 일이다. 이 문제를 다루는 데 필요한 자료는 풍부하며, 심지어 지나치게 많다고 할 수 있다. 성省 단위의 지방지인 『통지通志』나 기타 지방지에 기재된 「예문지藝文志」의 존재 덕분에 그렇게 말할 수 있다. 다른 자료도 있지만, 지방지의 「예문지」에는 지방 행정을 담당한 관원들이 저술한 산문체의 〈기記〉, 길이를 기준으로 장르를 구분한 시詩가 들어 있으며, 그러한 자료들은 종종 놀라운 수법으로 그들 자신의 의식을 드러낸다.

중국 문학사가들은 대체로 그러한 작품들을 하찮은 것으로 치부해서 무시하는 편이다. 물론 그 작품 가운데 〈걸작〉은 많지 않으며, 매우 틀에 박힌 주제에 대한 설명이나 진부한 표현을 사용하는 경우가 빈번하다. 사회사社會史 연구자들은 비교적 양이 많은 작품들 속에서 의미있는 자료를 골라내기도 하지만, 역사가들이 중요한 자료라고 여기는 작품일수록, 사회사가社會史家들은 그것을 곧 바로 〈천재적〉 작품이라고 생각하지는 않는다.

귀주성 한 곳을 놓고 볼 때, 그러한 종류의 문학 총서가 매우 풍부하다. 나는 주로 건륭 『귀주통지』의 「예문지」를 이용했는데, 이 「예문지」에는 적어도 열 네 종류의 다른 문체가 들어 있으며, 그중 세 부분은 완전히 시詩만을 게재하고 있다.[88] 또한 강희 『귀주통지』도 참조했는데, 여기에 실린 작품 상당수가 다시 건륭 『귀주통지』와

『준의부지遵義府志』에 실려 있다. 마지막으로 청대 당수의唐樹義가 19세기 말엽 여조훈黎兆勳과 막우지莫友芝와 공동으로 편찬한 『검시기략黔詩紀略』을 이용했다. 그러나 『검시기략』은 특히 귀주성 풍광을 읊은 명대 시만 실었다.

나는 다음에서 주요 논제에 따라 그러한 문학 작품의 일부를 번역했다.

귀주성의 가혹한 자연환경

귀주에 도착한 여행자들은 자연조건이 매우 혹독하다는 사실에 놀랐다. 서남 지역에서 많은 경험을 했던 양신(楊愼, 1488~1559)조차도, 「반강도중盤江道中」이라는 짤막한 시에서 그에게 엄습한 장기瘴氣에 대한 두려움을 주저하지 않고 드러냈다.[89]

험준한 반강 계곡에는,
매년 장기가 쌓여 있네.
2~3월에도 풀 한 포기 나지 않으며,
초록빛 기운이 음산하게 요동치니,
그곳을 건너야 비로소 안심하네.

장기에 대한 두려움 외에도, 정봉程封의 「반강盤江」이란 시에 드러나 있는 것처럼, 오르기 어려운 절벽, 깎아지른 바위, 낭떠러지에 대한 두려움도 존재했다.[90]

반강은 가로질러 철교가 놓여 있는데,
놀란 마음에 문득 되돌아가려 하네…

이 물결이 면전緬甸까지 흐른다 하지만,
만리萬里나 떨어진 수원水源을 생각하며 애달파하네.

옹정 9년(1731) 귀주포정사로 부임하기 위해 귀주로 간 만주 양홍기인鑲紅旗人 출신 상안(常安, ?~1747)도 자신의 눈앞에 펼쳐진 험준한 지세에 놀란 마음을 「도검到黔」이란 시에서 다음과 같이 표현했다.[91]

비스듬히 서 있는 산봉우리의 기세가 기이하고,
가파른 절벽에는 관문關門이 버티고 있네.
산등성 어지럽게 서 있는 소나무 사이로 비가 그치자,
옛 역참 앞문에는 안개가 피어오르는구나.
수백 개의 샘물이 거세게 흐르는 바위 사이로,
푸른 빛 자욱한 계곡에 천년수千年樹가 서 있도다.
원숭이 울음과 호랑이의 울부짖는 소리가 오히려 서글프게 들리는데,
별이 빛나고 달은 차가운 길을 급히 재촉하네.

귀주 지역에 처음 도착한 사람들이 조금씩 알게 된 소수민족들은 사람의 발길을 거부하는 이러한 자연에 함몰되어 있었다. 하남성 신양信陽 출신인 하경명(何景明, 1483~1521)은 「편교행偏橋行」이라는 시를 통해 그가 편교로 들어가는 관문에서 만난 〈황량한〉 묘족 지역의 풍광을 다음과 같이 상기시켰다.[92]

해는 성城 넘어 1장 반이나 떠오르고,
편교偏橋의 장관長官은 북을 두드리네.
남쪽 산에는 야묘野苗들이 잔뜩 모여 사는데,

굶주린 그들이 몰려 와 (한족의) 우리에 있는 가축을 날것으로 먹네.
3척 길이의 대나무 화살촉과 7척의 쇠뇌를 들고,
아침에는 사람을, 밤에는 호랑이를 향해 쏜다네.
방도, 담장도 없는 채중砦中에서,
남자 아이는 만족蠻族의 노래를, 여자 아이는 춤을 추고 있네.
수만 사람이 모여 일족을 이루고 있는데,
희생한 동물의 피를 바치며 독충毒蟲의 하사下賜를 기원하네.
달군 것처럼 뜨거운 모래, 독수毒水, 쓰디쓴 풀뿌리뿐이지만,[93]
산을 오르내리는 그들을 어찌 막겠는가?
묘민들의 불온한 움직임을 얕보지 말고,
성덕聖德을 가진 조정朝廷이 그들을 교화시켜야 한다네.[94]

귀주제학부사貴州提學副使로 부임하기 위해 귀주로 간 강소성江蘇省 의홍현宜興縣 출신 만사화萬士和의 시를 들어보기로 하자. 현재 위녕威寧 지역에 해당하는 오살이란 곳을 가면서 읊은 「오살도중烏撒道中」[95]이라는 제목의 이 시에서 그는 황제가 보낸 관리를 격렬히 반대한 귀주성 서쪽 지역 이족彝族의 저항 정신을 언급했다.

산봉우리가 겹겹이 있는 높은 곳에 위치한 이곳은,
구름이 없어져야 겨우 길이 난다네.
불을 놓아 이제 막 경작을 시작하는 한 여름,
저녁이 되었는데도 우마牛馬는 돌아오지 않네.
장기瘴氣가 만족蠻族 촌락의 나무를 뒤덮고 있으니,
푸른 안개가 걷혀도 나무꾼은 길을 잃어버리네.
이런 귀국鬼國[96]이 아직 교화로 순치되지 못했으니,
시장으로 가는 소금과 차를 탐낼 뿐이로다.

이와 비슷한 지역에 당도한 일부 관원들은 마치 유배지와 같은 처절한 심정을 느꼈는데, 명대 허방재許邦才가 귀주성 남서쪽 영녕 지방에 도착한 후 남긴 「초지영녕初至永寧」[97]이란 시가 그러했다.

상상을 초월할 만큼 바람과 먼지가 많고,
꽃과 새는 서로 경쟁하는 것처럼 많은데,
산동에서 온 나그네가,
무슨 이유로 이곳에 왔는지 자문自問하네.

서남 지역을 다녀온 후 「염방역도중炎方驛道中」이란 시에서 자신의 쓸쓸한 감정을 토로한 17세기 고탁高晫도 그러했다.[98]

사방에 가을 기운이 완연하니,
온 산이 모두 한 가지로다.
구름 사이로 뻗은 소나무에서 푸른빛이 흩어지고,
내린 비에 사방은 낙화로 얼룩지는구나.
험한 길 사이로 오르는 봉화烽火 연기 밖으로,
시문柴門이 만족蠻族과 북족僰族 마을 사이에 자리 잡고 있네.
천만 리 굽이쳐 흐르는 반강盤江에,
수심어린 얼굴을 비춰볼 뿐이네.

차이의 발견

그러나 귀주성에 처음 온 사람들 모두가 이처럼 험준한 자연에 실망한 것만은 아니다. 일부 사람들은 상이한 자연 환경에서 비롯된 차이에 대한 흥미와, 나아가 낯선 환경에서 오는 즐거움을 발견하기도 했다. 귀주성 남서쪽 안남에 도착한 감정을 읊은 용문광龍文光의 「과안남過安南」이라는 시가 그러하다.[99]

산 정상에는 외딴 마을이 보이고,
내 일행은 새벽 일찍 갈 길을 재촉하네.
새들이 갖가지 소리를 내며 지저귀고,
이름 모를 꽃들이 피어 있네.
산간 계곡에는 방아가 자리잡고,
산에는 화경火耕으로 바쁘다네.
수심 가득한 촌로村老에게 물으니,
3개월간 갠 날이 없었다네.

이러한 차이의 발견으로부터 이국취향으로 빠져 들어간 속도는 매우 빨랐다. 숭정 연간(1628~1644) 귀양貴陽 지부知府를 지낸 절강성浙江省 수수현秀水縣 출신의 주무시朱茂時가 쓴 「검중곡黔中曲」[100]을 일단 살펴보기로 하자.

겹겹이 있는 산에는 3척 평지도 없으며,
반강盤江의 좁은 구석에 철교가 놓여 있네.
짧은 치마에 수놓은 소매가 있는 옷을 입은 만족蠻族 여인은,
마치 그네에 매달린 것처럼 끈을 붙잡고 산을 오르네.

또한 환상과 꽤 풍부한 상상력으로 이족의 여관女官에 대해 매우 이국적인 묘사를 하고 있는 전문(田雯, 1635~1704)의 「여관시女官詩」란 시를 들어보기로 하자.[101]

여관을 보면 마치 한 폭의 그림을 보는 것 같으니,
염입본閻立本[102]이 그린 직공도職工圖가 생각나네.
여관을 보면 마치 기이한 꿈을 꾸는 듯하니,
그 기괴한 모습이 평범하지 않구나.
여관을 보면 마치 폐허가 된 절과 같으니,
서늘한 기운과 참혹한 모습이 마치 도깨비 같구나!
매달려 있는 희미한 등불과 바리때에는 귀신이 머물고,
오래된 불상은 사자와 용으로 변해 나를 쫓아오는 듯하다.
요사스런 살쾡이가 뼈를 갈아 눈썹을 칠하고,
갑옷을 입은 아수라가 생황을 부네.
푸른 모직 옷을 입은 여자는 봉두 머리고,
주먹을 쥔 파란 눈의 남자는 구레나룻이 있네.
여관의 기개는 장부丈夫와 다름없고,
불처럼 붉은 대포大布로 몸을 감쌌구나.
9척의 등나무 지팡이에는 붉은 산호가 박혀 있고,
두 귀에는 진주조개를 박은 금귀걸이가 걸려 있네.
허리 밑에는 두 개의 칼[103]을 차고 있으며,
수놓은 치마는 땅에 닿고, 저고리에는 연화蓮花가 새겨 있네.

낯선 환경은 종종 세상을 초월해 있다는 인상을 주었다. 이러한 자연 환경 속에서 당시 시인들은 중국의 고전적인 풍경의 아름다움을 재발견했다. 이미 언급한 것처럼 귀주에 노착해서 놀랐던 상안은 이처럼 새로운 우주에 차츰 민감해졌다. 그는 자신의 임무를 수행하기 위해 다닌 여정에서 느낀 즐거움을 주저하지 않고 이야기했다. 그는 진원에서 편교偏橋까지의 여행을 통해 얻은 인상을 묘사했다. 그의 언급에 따르면, 우리는 그가 당대唐代 풍경과 같은 여러 요소들을 이토록 먼 귀주성에서 재발견했다고 믿을 정도이다. 다음은 상안의 「만제자진원부편교晩霽自鎭遠赴偏橋」라는 작품이다.[104]

비온 뒤 산이 빛나고 기온이 온화해지는데,
겹겹의 산을 지나니 벌써 해가 지려 하는구나.
수없는 돌계단 넘어 겨우 하늘이 보이고,
수백 갈래 샘물이 고개 마루를 갈라놓네.
붉은 기운의 비가 내리고 푸른 대나무에 앉은 새들이 지저귀는데,
가마에 앉아 흰 구름을 헤아린다네.
바람 소리에 늦은 저녁 종소리가 들리니 분명 산사山寺가 있을 터,
황혼의 달 빛 아래 저 멀리 계곡 물 소리가 들리는구나.

심지어 관원들은 자신이 다스려야 할 이 가련한 고장에 대해 종종 일말의 동정심을 가졌던 것처럼 보이지만, 그처럼 대단한 동정심을 항상 품고 있을 수는 없었다. 바로 앞에서 묘족의 야만성을 거침없이 환기시킨 바 있는 하경명도 불행한 소수민족에 대한 동정심을 가진 관료였다. 그는 귀주성 동쪽 청평에 대한 소감을 「청평령淸平令」이라는 시에서 다음과 같이 적었다.[105]

청평의 현령縣令으로서,
나는 도대체 무엇을 해야 할지 모르는 사람이네.
관서官署 앞에는 커다란 야상野桑이 자라고,
관서 뒤에는 산 개오동나무가 자라고 있구나.
사나운 호랑이가 현성縣城에 출몰하고,
파란 원숭이가 관사官舍 앞에서 울어대네.
어제 성 밖을 나가,

말을 타고가다 부락에 내렸는데,
부락민들이 그 길을 가로막으며,
몸에 지닌 칼로 내 말을 죽였다네.
돌아와 처자식을 살펴보니,
기와 한 장 없는 처소에 살고 있구나.
나무 사이로 가을바람이 불고,
대낮에 낙엽은 뜰에 뒹구네.
밤새도록 현성이 텅 비어 있으니,
설움에 눈물이 하염없이 흐른다네.

그렇다고 해서 단지 과객에 불과한 하경명의 동정심을 지나치게 중요시할 필요는 없을 것이다. 그의 또 다른 시 「안남安南」[106]은 귀주성 남서쪽 안남에 위치한 한 마을이 자신의 성채로 보호를 받고 있다는 데서 비롯된 식민 지역에 대한 만족감, 그리고 주민들의 풍속이 어떻든 간에, 항상 정해진 규정에 따라 상업이 시행된다는 사실을 입증시켜 주는 상인들 자체에 대한 신뢰를 새삼스럽게 보여준다.

굽이굽이 길을 따라 고갯마루를 넘어,
마을에 다다르니 벌써 황혼을 알리는 종이 울리네.
성城은 험하고 묘족 지역을 통과하기 어려운데,
통행세가 올라 상인들이 오가지 못한다네.
가을 기운이 서린 교외에 말들이 방목하고,
해가 비치는 벼랑에 벌들이 모여드네.
풍습은 내지와 다르지만,
일반 생활이야말로 똑같구나.

끝으로, 추방의 설움과 식민 지역에 대한 신뢰를 한꺼번에 꽤 잘 표현하고 있는 명대 강영과江盈科의 「검중잡시黔中雜詩」[107]라는 작품의 두 단락을 번역해 보기로 하겠다.

만족의 언어가 홍힐로족洪犵狫族에게까지 퍼져 있고,
이 지역 풍습이 차츰 자강묘紫薑苗로 퍼져간다네.
산에서 하는 경작은 모두 화전火田이며,
모든 사람들은 칼을 차고 다닌다네.

....

이 산들의 끝은 어디일까?
종일 말을 타고 다녀도 온통 험한 산뿐이구나.
마을은 텅 비어 연기 나는 데가 없으며,
쓸쓸한 산골 장터엔 군영 깃발만 나부끼네.
하늘이 끊어져 기러기는 날지 않아도,
고갯마루의 원숭이는 구름의 깊이를 알고 있겠지.
한대漢代 관리들의 교화 정책이 넓어지기를 기대하건만,
아직 한족 행정으로 소수민족을 제어하지 못하고 있네.

귀주성은 묘족의 땅, 낯선 땅, 그리고 〈야만족〉의 땅이었지만, 한족들이 자신의 사명을 최대로 발휘할 수 있는 땅이었으며, 그럴 만한 흥미를 지닌 대상이기도 했다.

5 묘족에 대한 인식

그러나 한족은 시에서 언급된 이국적 취향이라는 전형적인 인식에 만족하지 않았다. 한족들은 묘족의 존재와 그들과의 접촉에서 비롯된 역사적·철학적 문제를 바로 제기했다. 다른 한편으로, 날이 갈수록 절박해진 이 〈야만족〉과의 긴밀한 관계를 수립해야 할 필요성 때문에, 우리가 보통 민속학이라 부를 수 있을 정도로, 그들의 본질에 대한 이해를 한층 심화시켜야만 했다.

묘족은 어떻게 될 수 있을까?

기존의 생각과는 달리, 그들의 뇌리 속에서 당연히 제기된 이런 대립적인 문제에 대한 한족 지식인들의 반응은 그들의 의식구조를 알려주는 한족 고유의 사유방식일 뿐 아니라, 그러한 사유방식 자체도 매우 흥미롭다. 이런 문제에 있어서, 유럽의 식민지 정복자들의 반응은 종교나 민족에 관련된 문제를 보여주고 있는 반면, 유교주의적 관료들은 문명의 기준이라는 문제를 환기시켰다.[108] 일부 육체적 특징과 유전적 결함으로 한족과는 완전히 다른 별도의 존재로 남아 있다는 사실을 제외하면, 묘족은 본질적으로 한족과 다르지 않다. 그들이 문화의 세례를 아직 받지 못했다는 점이 유일한 차이이다. 그들의 주변부적인 상황과 그들 지역이 지닌 어려운 접근성 때문에, 그들은 실혜實惠를 누리지 못하고 있다. 즉 그들은 화외化外 상태에 머물고 있는 것이다.

일부 저자들 가운데에는 이러한 사고방식이 한층 강하게 등장하며, 묘족을 원시 중국 사회의 고대적 요소로서 간주하는 한편, 뒤 이어 그들이 외딴 곳에 존재한 탓에 야만인으로 회귀했다고 생각했다. 사실상 동화, 즉 문화변용이라는 현상의 실체는 그들을 이전 상태로 되돌리는 것이었다. 중심부와의 접촉을 상실한다 해도, 이전 문화 상태로 회귀할 수 있다고 생각했다. 그러므로 고대에 어떤 부족의 후예가, 그 시기를 정확히 알 수는 없지만 대체로 전국시대 무렵 어떻게 특정 집단에서 분리되어 특정 소수민족이 되었는지를 설명하는 〈역사 위주〉의 이론이 반복적으로 등장했다. 이미 우리는 고대시기에 추방된 대장장이 종족인 〈삼묘三苗〉에 대한 신화를 언급한 바 있다. 그들의 역사는 꽤 모호하지만, 특히 상징으로서의 가치가 있다. 예를 들어 귀양부貴陽府의 송가묘宋家苗는 춘추 시대 송나라의 후예로서, 초楚 왕국에 의해 남쪽으로 쫓겨난 민족이다.[109] 희족姬族의 후예로서 고대 주씨周氏와 인척관계에 있다고 알려진 요묘夭苗의 경우도 그러하다. 일부 학자들은 『주례周禮』에 그들 의례儀禮의 흔적이 남아 있다고 믿고 있다.[110] 유력 토사 가문들이 이런저런 방법으로 자신들을 중화中華의 모某 가문과 연결시켜 족보를 재구성할 수 있었던 건 다른 무엇보다 이처럼 역사와 유사한 개념을 채택해서였다.

당시 중국에 이미 존재한 생각이긴 하지만, 새로운 용어로 등장했던 이러한 문화적 동질성의 상실이란 개념을 내지에서 막 귀주에 도착한 한족들은 다시 한 번 경험할 수 있었으며, 그곳에서 자신들의 과거 문화를 잊어버리고 〈다시 야만인으로 변모해서流而變蠻〉, 서서히 소수민족의 관습들을 채택했던 추방자나 죄수들과 같은 독특한 사람들이 당시 사료에는 다수 등장한다.

이처럼 근본적인 태도에서 비롯된 두 가지 결과를 주목할 필요가 있다. 한편으로는 묘족의 문화가 존재할는지도 모르기 때문에 그것의 독창성을 보존하는 일은 당연하지만, 다른 한편으로는 모든 묘족들은 한족으로 되돌아갈 수 있다는 점이다. 묘족들의 어떤 해악도 묘족들의 발전에 방해가 되지 않는다. 묘족들이 중국 문화에 동화될 줄 안다면, 그들 또한 그렇게 할 수 있을 것이다. 중화 문명과 대적할 수 있는 다른 문명이 존재하지 않는다는 점에서 추호도 의심을 받지 않은 한족의 우월성은 묘족의 본성과 관련이 있는 게 아니라, 한족의 문화를 실천할 수 있는 적응성과 관련된 것이다. 묘족이 한족 문화의 실천과 동화를 중단한다면, 그 어떤 수단으로도 그들이 나락으로 떨어지는 걸 방지할 수는 없을 것이다.

실질적인 이해의 필요성

이러한 전제 덕분에 한족들은 망설임 없이 묘족에 대한 체계적인 연구를 시작했다. 장기적인 면에서 묘족에 대한 중국화가 불가피하다 해도 하루아침에 그것을 실현할 수 없기 때문에, 그곳에서 관직을 수행하는 관원들은 현상에 대한 이해가 필요하다는 사실을 깨달았다.

각 묘족들의 그림과 간단한 설명과 함께 여러 묘족들을 열거하고 있는 강희 『귀주통지』에서 모든 지식인들이 언급한 사항이 바로 그 점이다.

"묘족들을 구분하지 않고, 또 그들의 관습을 모른다면, 그들의 본성을 이해하고 통치할 수 있는 방법이 없다. 그러므로 그들의 전통을 완전히 바꿔 그들을 발전시키고, 그들의 습관을 침범하지 않은 채 획일적인 행정을 실시하며, 그들이 즐겁게 교육을 받는 한편 조화 속에서 살 수 있게 하는 것이야말로 이 지역 관원들에게 부여된 임무가 아니겠는가? 바로 그런 이유 때문에 각 민족에 대한 간단한 설명과 함께 자세한 그림을 제시한다."

첫 번째 임무는 그들을 구분하는 것이었다. 그들을 구분해서 좀 더 정확한 명칭을 그들에게 부여하고, 그들의 위치를 정해준다면 실제로 묘족들은 좀 더 잘 순종할 것이다. 따라서 묘족이라는 모호한 개념이 갑자기 등장하게 되었으며, 종종 꽤 단순한 여러 기준들에 따라 경험적으로 구분한 많은 하위 그룹들이 생겨났다. 동묘東苗,[111] 서묘西苗,[112] 화묘花苗,[113] 백묘白苗,[114] 흑묘黑苗,[115] 청묘靑苗,[116] 단군묘短裙苗,[117] 구이용가狗耳龍家,[118] 마등용가馬鐙龍家,[119] 저시힐로豬屎犵狫,[120] 과권힐로鍋圈犵狫,[121] 전발힐로翦髮犵狫,[122] 타아힐로打牙犵狫[123] 등이 그것이다.

그리 과학적이지 않은 이러한 일련의 명칭을 보면 웃음이 날지도 모르지만, 최근에도 여전히 매우 정통한 유럽학자들까지도 여성들이 걸친 윗옷 색깔을 기준으로 통킹 상류에 사는 민족을 백 타이족과 흑 타이족으로 구분한다는 사실을 염두에 두어야 한다.

약간 성급하게 구분된 그러한 그룹들의 특징, 관습, 그리고 풍속을 정확히 하기 위해, 중국 정부는 정보 수집을 위한 요원들을 주저하지 않고 현장에 파견했다. 이미 우리들은 지도 제작을 위해 파견된 관리를 언급한 바 있으며, 그러한 임무의 일부는 유럽 선교사들이 담당하기도 했지만, 그것은 이 지역을 좀 더 잘 이해하는 데 기여했다. 종족을 좀 더 정확하게 파악하기 위한 원정대도 파견되었다. 건륭 16년(1751) 건륭제는 서남 지역 전역에 조사요원들을 파견해 남녀 전통 복장과 함께 다양한 소수민족들의 명단을 작성하도록 했다. 같은 해에, 운남성에도 사람을 파견해 당시 이 지역에서 사용되는 모든 유형의 문자를 수집하도록 했다.[124]

지방관원들도 그들의 주도로 다양한 조사를 실시했다. 그러한 조사의 일부는 소수민족들의 의례와 관습에 관련된 것이었으며, 본서 2장에서 등장하는 청춘남녀들의 만남, 소를 희생시키는 행위와 같은 토착민들의 특징들을 언급할 때 사용한 건 지방 관원들의 그러한 조사 자료였다. 일부 또 다른 조사는 묘족들이 사용한 언어 자료인데, 『묘방비람』에는 묘족, 요족, 힐로족, 토인들이 사용한 어휘들이 들어 있다. 『묘방비람』의 저자는 이 네 소수민족이 사용한 단어의 발음과 의미를 한자 발음으로 표기하고 그 뜻을 적었다. 그 가운데에는 일부 매우 간단한 표현도 들어 있다. 아마도 언어학자들이 많은 관심을 가질 수 있다는 판단 아래, 그러한 소수민족 단어를 본서의 부록에 실었다.[125]

그러한 조사 결과는 『묘족수고본』과 「관원수책官員手冊」이라는 두 형태로 지금까지 전해져 내려온다. 현재 남아 있는 『묘족수고본』의 발간 시기는 모두 청대이다. 그 대부분은 이국적 취향이 유행했던 19세기에 연속적으로 이루어진 복사본이다.[126] 그러나 이러한 자료가 이미 명대에도 존재했으며,[127] 종종 투박한 동판銅版 형태로 된 초기 판본은 사료적 가치를 지니고 있어서 19세기 유럽 여행가들의 이야기 속에도 등장한다는 사실을 잊지 말아야 한다. 『통지通志』, 『묘방비람』, 『검남식략』과 같은 「관원수책」에 들어 있는 대부분의 언급은 매우 정확하다. 이 책 내내 인용한 그러한 자료들의 내용들이 독자들에게 신뢰를 줄 수 있기를 기대한다.

제5장 주註

1 본서 부록 577쪽 참조.

2 乾隆 『貴州通志』 권3, 「地理」(建置), 1쪽 상~70쪽 하 참조.

3 역주 중국의 행정 구역은 시대마다 그 변화가 매우 커, 이러한 표로 일목요연하게 설명하기가 쉽지 않다. 저자는 乾隆 『貴州通志』에 근거해 이 표를 작성했지만, 실제 강희~건륭 연간 사이에 변화한 귀주성의 행정 구역 변화가 그 자료에 모두 담겨 있지는 않다. 따라서 많은 부연 설명이 필요하지만 〈표 5-1〉에 역자가 *표를 한 부분은 설명이 필요하다. 우선 진원부 청계현(靑溪縣)을 저자는 진원부 관할로 표기했지만, 이는 건륭 35년(1770) 이전의 일이며 乾隆 36년(1771) 청계현을 思州府 관할로 두었다. 또한 南籠府는 가경 2년(1797) 興義府로 바꿔 청대 내내 그 명칭을 사용했으며, 永豊州도 같은 해에 貞豊州로 改稱했다. 아울러 준의부 소속 仁懷縣도 雍正 9년(1731) 인회청으로 바뀌었으며, 乾隆 41년(1776) 仁懷直隷廳으로 승격시켰다.

4 廳의 지위에 대해서는 본서 512쪽 참조.

5 역주 저자는 새로운 변방 지역(nouvelle frontière)라는 표현을 썼지만, 광서성 서융주(西隆州) 소속의 紅水江 이북에 있는 나번(羅煩)과 책형(冊亨) 등을 雍正 5년(1727) 興義府 소속으로, 역시 雍正 5년(1727) 광서성 경원부(慶遠府) 소속 여파현(荔波縣)을 都匀府에 편입시킨 사실 등을 가리킨다.

6 청대 각 省의 행정 구역 변화를 보여주는 『禹貢』의 「淸代地理沿革表」 참조. 귀주성 부분은 『禹貢』, 권7, 1-2-3, 21~24쪽 참조.

7 Ch'u Tung-tsu, *Local Government in China under the Ch'ing*, Harvard University Press, Cambridge, Massachusetts, 1962, 3쪽.

8 이 성채의 건립에 관한 언급은 乾隆 『貴州通志』 권41, 「藝文」(記二), 51쪽 상~52쪽 하에 나와 있는 섬계적(閃繼迪), 「창건십일성비기(創建十一城碑記)」에 나온다. [저자는 반강 동쪽이라고 기술했지만 원문에는 서쪽으로 되어 있다.]

9 乾隆 『貴州通志』 권4, 「地理」, 16쪽 상~20쪽 하에 나오는 〈形勝〉이란 부분은

각 府의 위치가 지리적으로 얼마나 중요한 곳에 있는지를 설명해준다.

10 乾隆『貴州通志』권7, 378쪽 하에는 고주가 완전한 평지 쪽으로 확대될 수 있음에도 불구하고, 산지에 위치하고 있다는 사실에 대한 놀라움이 언급되어 있다.

11 『滇行紀程』, 17쪽 참조. [해당 원문은 다음과 같다. "安順府元爲習安州, 明爲安順州, 今陞府, 城圍九里. 闤市宮室皆宏敞壯麗…昔嘗議立省會于此, 因秤土輕重不及貴陽, 故舍此從彼, 今移提督駐此….")]

12 본서 부록의 〈지도 21〉과 〈지도 22〉 참조.

13 역주 다른 사료를 참조하지 못했지만, 적어도 乾隆『貴州通志』권5, 「地理」(山川), 3쪽 상~하에 나오는 관성하의 기록에 의하면, 강희 7년~강희 12년(1668~1673) 사이에 雲貴總督을 지낸 감문곤(甘文焜)과 강희 6년~강희 10년(1667~1671) 貴州巡撫를 지낸 동봉채(佟鳳彩)가 관성하를 준설한 이유는 빈번한 화재 발생 때문이었다. 이어 강희 48년(1709)에는 관성하의 홍수로 城이 잠기자, 巡撫 진선(陳詵)이 다시 개착(開鑿)했다.

14 乾隆『貴州通志』권5, 「地理」(山川), 48쪽 상. [실제 이러한 종류의 수리공사는 귀주성뿐 아니라, 다른 지역에서도 흔히 등장하는 상황이다. 다만 저자는 이런 수리공사가 위녕주의 어떤 하천에서 전개되었는지를 명확히 밝히지 않았다. 아마도 "北海子, 在城西北三里, 昔人築二壩, 引水衛城"이라는 언급이 있는 것으로 미뤄, 北海子라는 곳의 수리공사인 듯하다.]

15 康熙『貴州通志』권8, 3쪽 상.

16 乾隆『貴州通志』권5, 「地理」(山川), 3쪽 하 ; 『黔遊記』권7, 355쪽 하. [『黔遊記』는 따로 확인하지 못했지만, 乾隆『貴州通志』에 등장하는 龍井의 설명은 이 책 저자의 언급과 다소 다르다. 즉 "龍井, 在城內龍王廟前. 水出石隙, 味甚清冽, 安賊圍城, 井忽涸. 有人探入, 見一穴深窅, 莫可窮極"이라는 설명으로 미뤄, 오히려 이 샘물이 매우 영험하다는 의미를 강조하고 있다. 또한 물맛의 표현을 저자는 '푸르고 달콤하다(bleutée et douce)'고 번역했지만, '맑고 차갑다'는 의미가 원문에 더 가깝다.]

17 乾隆『貴州通志』권45, 「藝文」, 55쪽 하와 56쪽 상에 있는 李良年, 「黔陽雜咏」이라는 시에는 3일 동안 비가 오지 않으면 금연하도록 했다(寒食晴過三朝, 便禁煙)이라는 말이 등장할 정도로, 집을 튼튼하게 짓지 않은 검양과 같은 대도시에서는 화재 위험이 많았다. 또한 『黔書』, 29쪽에서도 화재가 귀주성의 가장 큰 재앙 중 하나라고 언급하면서 "일단 화재가 발생하면 종종 수백 家를 태울 정도

로 불이 번지며, 작은 화재일 경우에도 수십 家가 불탄다(一遇火, 往往延焚數百家, 少亦數十家)"라고 기술했다.

18 乾隆『貴州通志』권5, 「地理」(山川), 2쪽 하. [앞서 언급한 것처럼 康熙 연간 당시 雲貴總督을 지낸 감문곤(甘文焜)과 巡撫 동봉채(佟鳳彩)가 화재에 대비해 관성하(貫城河)를 준설한 일을 말한다.]

19 본서 부록 577쪽 참조.

20 乾隆『貴州通志』권41, 「藝文」(記二), 7쪽 상 참조. [이글은 白圭, 「鐘鼓樓碑記」이다. 그러나 제목에서 알 수 있듯이, 백규의 목적은 종루를 찾는 데 있었다. 그리고 그 종루 지역에 원대 순원도원수부(順元都元帥府)가 존재했다는 사실을 언급했다. 한편 저자는 본문에서 당시 백규가 귀주순무에 있었다고 말했지만, 그는 天順 2년(1458) 남지후(南和侯) 방영(方瑛)과 함께 귀주성 東苗를 공략했으며, 당시 그는 右副都御史의 지위에 있었으므로, 여기서는 당시 지위를 기재했다. 이어 그는 成化 3년(1467)에 兵部尚書에 올랐다.]

21 **역주** 저자의 설명에 의하면 *표를 붙인 지역은 치도(治都)가 해당 부(府) 안에 있는 탓에, 별도의 성벽이 없는 행정 구역이다. 다만 이러한 설명으로는 예를 들어 동인부의 동인과 같은 지역의 행정 구역상 차이를 알기 어렵다. 따라서 〈표 5-2〉 에 *표를 붙인 지명의 연혁을 간단하게 소개할 필요가 있다. 1. 開州와 貴筑 : 귀축현은 본래 부곽(附郭)의 형태로 있다가, 명 萬曆 29년(1601) 귀축장관사(貴筑長官司) 지역에 신귀현(新貴縣)을 설치했으며, 康熙 26년(1687)에 귀축현으로 되었다. 2. 청진(清鎮)와 보정(普定) : 보정현은 본래 보정위(普定衛) 지역이었던 곳을 康熙 11년(1672)에 縣으로 개칭했으며, 청진현은 위청위(威清衛) 지역에 강희 26년(1687)에 설치되었다. 보정현에 부곽이 있었다. 3. 황평(黃平)과 평월(平越) : 부곽으로 존재했던 평월현은 明代 평월위군민지휘사사(平越衛軍民指揮使司) 관할이었으며, 강희 11년(1672) 縣을 설치했다. 한편 황평은 명대 黃平所로 있던 곳을 康熙 11년(1672) 黃平州로 바꿨으며, 雍正 5년(1727) 土司와 吏目을 폐지했다. 이어 嘉慶 3년(1799) 진원부(鎮遠府) 관할로 바뀌었다. 4. 마합(麻哈)과 도균(都匀) : 본래 명칭인 마협(麻峽)을 洪武 16년(1383) 마합(麻哈)으로 개칭했으며, 弘治 8년(1495) 麻哈長官司를 麻哈州로 바꿨다. 5. 시병(施秉)과 진원(鎮遠) : 施秉縣은 正統 9년(1444)에 縣으로 되었으나, 康熙 26년(1687)에 편교위(偏橋衛)를 편입시켰다. 6. 사남(思南)과 안화(安化) : 附郭으로 존재한 안화 지역이 思南府로 예속된 시기는 永樂 11년

(1413)이었으며, 萬曆 30년(1602) 당시 長官使 장용(張瑢)이 후사가 없는 탓에 세습 문제로 수십 년 동안 분쟁이 발생하고 해결되지 않자, 안화현을 설치하고, 현치(縣治)를 思南府 南門에 두었다. 7. 동인(銅仁)과 동인(銅仁) : 동인은 부곽으로 남아 있다가 명 萬曆 26년(1598) 縣으로 개칭되어 동인부 관할이 되었다. 8. 여평(黎平)과 개태(開泰) : 개태는 부곽으로 있다가 洪武 18년(1385) 五開衛를 설치했으며, 雍正 3년(1725)에 開泰縣을 설치해 여평부 관할로 두었다. 9. 정안(正安)과 준의(遵義) : 唐代 이래 진주(珍州)로 불린 정안주는 元代 다시 진주(眞州)로 개칭되었으며, 洪武 29년(1396) 眞安州로 다시 개칭해 四川에 예속되었다. 雍正 2년(1724) 정안주로 바뀌었으며, 雍正 5년(1727) 귀주 관할에 두었다.

22 康熙『貴州通志』권8, 3쪽 하~4쪽 상.

23 康熙『貴州通志』권8, 5쪽 하.

24 乾隆『貴州通志』권8, 「營建」, 1쪽 하. [해당 원문은 다음과 같다. "廣順府城明萬曆二十九年設州無城. 崇禎二年知州李紹沆議請題建工未竣. 都司陳謙議改建新城於北岡上. 今州治仍舊城, 而以新城駐防兵."]

25 乾隆『貴州通志』권8, 「營建」, 9쪽 하. [이 부분에 대한 저자의 설명이 지나치게 간략해 원문과 큰 차이가 난다. 일단 해당 원문에는 "正安州城明萬曆間平播州之後, 卜築於思寧里潏水園. 後爲土寇竊據, 又遷於三江里至. 國朝定鼎之後, 再遷於德溪里土坪, 先後皆未建. 有城垣, 嗣後吳逆背叛, 人民避兵至古鳳, 地方相沿, 以爲州治. 迨雍正九年, 題改建城於土坪. 其後查得土坪水泉不繼, 今仍議建州城於古鳳"이라 적혀 있다. 따라서 정안주성이 홍수로 이전했다는 본문의 설명(celui-ci fut d'abord inondé)은 분명 휼수원(潏水園)이라는 지명을 잘못 해석한 것이다. 또한 청초에는 성벽이 존재했지만, 오삼계의 반란이 발생하자 고봉(古鳳) 지역으로 州治를 옮겼으며, 다시 雍正 9년에는 토평(土坪)으로 이전했지만, 오히려 수량이 풍부하지 않다는 이유로 예전처럼 고봉 지역에 축성했다는 사실을 알 수 있다. 따라서 이전의 이유를 알 수 없다는 저자의 설명과는 달리, 명대 축성(築城) 지역의 이전 이유는 불분명하지만, 청대의 이전 이유는 꽤 분명히 알 수 있다.]

26 康熙『貴州通志』권8, 「營建」, 5쪽 하 ; 乾隆『貴州通志』권8, 「營建」, 1쪽 하. [康熙『貴州通志』는 살펴보지 못했지만, 乾隆『貴州通志』에 의하면 思州府城은 明 永樂 13년(1415)에 처음 축조되어 隆慶 3년(1569)에 평계위로 옮겼으며, 萬曆 5년(1577) 다시 옛 성터로 옮기고 보강공사를 단행했다. 또한 乾隆『貴州通志』에 "(萬曆)三十年, 知府蔡

懋昭, 以後山高峻, 俯瞰城中, 敵至難守, 乃議築後山石城一百二十丈增築, 敵臺十二"라고 서술한 것으로 미뤄, 본문에 서술된 내용에서 저자는 그 증축 시기를 '萬曆 10년(1582)'이라고 했지만, '만력 30년(1602)'의 일이다. 한편 天啓 6년(1626) 증축한 貴陽府城도 두 곳에서 옛 성벽과 연결되어 있다는 설명과는 달리, 總督 장학명(張鶴鳴)과 巡撫 왕감(王瑊)이 북문에 연결해서 외성을 쌓았다. 다만 이 부분에 대한 康熙『귀주통지』의 내용은 확인하지 못했다.]

27 많은 사람들이 성 밖에 존재하는 드문 상황을 유럽 사람들이 19세기에 목격한 바 있다. 특히 古州는 乾隆『貴州通志』에 의하면 성 주위가 792丈이었으며, 乾隆『貴州通志』권7, 「地理」, 378쪽 하에 의하면 944丈이었다. 한편 *Mission lyonnaise*, t.I, 339쪽에는 城鎭의 길이가 1 킬로미터 이상이었다.

28 程光裕, 『中國都市』(現代國民基本知識叢書), 1952, 152쪽.

29 盧秩, 「重建思州城碑記」. 乾隆『貴州通志』권41, 「藝文」(記二), 8쪽 상. [해당 원문은 다음과 같다. "…始於成化庚寅訖工於甲午歲…悉建連屋, 其上覆以陶瓦, 防風雨霜雪之凌. 周闢四門, 架層樓以置鐘鼓, 爲寅夜之儆界. 四門以晝通衢. 因地勢以公署逋逃. 四歸商民聚處, 環城內外櫛比蜂屯, 鮮有空隙. 絃誦洋溢, 鷄犬熙蕃. 非復萍浮星散, 昔之蕭索也. 蓋吏有所據以治事. 民有所倚以爲安. 不逞之徒, 消其覬覦之謀. 去其鮠廐之危, 宜其皆安堵, 奠枕於今日矣."]

30 乾隆『貴州通志』권5, 「地理」(山川), 21쪽 하. [都匀縣 城內에 있는 東山이란 곳 정상에 설치한 鼓樓를 말한다.]

31 白圭, 「鐘鼓樓碑記」. 乾隆『貴州通志』권41, 「藝文」(記二), 6쪽 하~8쪽 상. [해당 원문은 다음과 같다. "…始於是年四月八日, 鑿石南郊, 掄材北野, 陶於肆, 冶於場, 役匠與夫必更番…明年甲午五月七日, 樓基以石爲臺, 高六尺周方一十六丈有奇. 虛其中, 以爲通衢, 屋重其簷通, 高五丈有奇…."]

32 현재 남아 있는 가장 오래된 물시계는 元 至正 21년(1361) 廣州에서 만들어진 것이다. 이 시계는 北京歷史博物館에 보존되어 있다.

33 원문에는 이들 소수민족을 추결椎結이라 표현했는데, 이는 소수민족이 머리를 방망이 모양으로 묶은 데서 비롯되었으며, 주달관(周達觀)은 캄보디아 주민들을 지칭하기 위해 이미 이 용어를 사용한 바 있다. [周達觀(1266~1346)은 浙江省 온주(溫州) 출신으로 元 成宗(재위 1294~1306) 연간에 현재 캄보디아 일대인 진랍(眞臘)을 정복하는 사절단을 따라갔다. 이때의 경험을 토대로 출간한 책이 『진랍풍토기(眞臘風土記)』이다.]

34 역주 저자는 白圭의 「鐘鼓樓碑記」를 두 부분으로 나눠 설명했다. 전반부는 이미 원문을 기재했으며, 후반부의 해당 원문은 다음과 같다. “鑄爲大鐘者一, 製爲大鼓者四. 又走使滇南募匠, 製爲銅壺滴漏. 俱以良旦懸鐘簨鼓於樓, 而奠壺於其下. 自是暮鼓晨鐘, 更漏有準. 節侯不爽, 晝夜分明. 遠近之人, 莫不聳觀而趨聽. 使夫在公者, 不失其夜寢, 夙興之期, 養生者, 各遂其出作入息之候. 又外而使椎結之衆, 襁負其子而來環, 而觀之若龍蟠虎踞鯨吼雷轟, 莫不改容, 而奪氣. 有以潛消其陸梁梗化之心, 洵可昭示來許垂之不朽者. 於是乎書.” 그런데 저자는 ‘梗化之心洵可照示’ 부분을 끊어 읽지 않고 같이 읽어 ‘소수민족들이 변화를 얼마나 부정적으로 생각했는지를 명백히 볼 수 있다’라고 번역했다. 그러나 문장의 의미로 미뤄, 이처럼 휘황한 누각의 위용에 눌려 함부로 행동하고(陸梁), 완강하게 저항하는 마음(梗化之心)이 없어졌다는 의미로 해석하는 것이 옳다.

35 乾隆『貴州通志』권16, 「秋官」. [분순귀동도(分巡貴東道)는 雍正 8년(1730)에 설치되어 진원(鎭遠)에 주재했으며, 분순귀서도(分巡貴西道)는 명대 세워진 분수귀녕도(分守貴寧道)가 설치되고 몇 번의 변화를 겪은 후, 康熙 28년(1689) 설치되어 大定에 주재했다가 바로 安順으로 옮겼다.]

36 乾隆『貴州通志』권9, 「營建」(學校), 1쪽 상~16쪽 하에는 각 지역의 학교 연대 설립이 기재되어 있다.

37 역주 호사(號舍) : 호사란 원래 지방 학교에 있는 학사(學舍)를 의미하지만, 여기서는 과거 응시생들이 머무는 공간을 말한다. 보통 여기서 침식(寢食)을 했다. 귀양의 과거 시설이 대대적으로 확대된 시기는 강희 11년(1672)이었다.

38 乾隆『貴州通志』권9, 「營建」(學校), 13쪽 상. [귀주성 貢院의 건립은 본문의 설명대로 嘉靖 14년(1535) 당시 巡按御史 왕행(王杏)의 주도로 이루어졌다.]

39 본서 455쪽과 456쪽 참조.

40 乾隆『貴州通志』권9, 「營建」(學校), 15쪽 상~19쪽 하.

41 본서 390쪽 각주 139) 참조.

42 陳鼎, 『黔遊記』권7, 358쪽 하. 또한 『黔南識略』권16, 6쪽 상에는 사천에서 온 연상이 언급되어 있다.

43 嚴如熤, 『苗防備覽』권9, 「風俗考」(下), 15쪽 하. [원문에 “…舟楫可通, 商旅所集, 風景猶類中州…”라고 적혀 있으므로 선박을 이용해 상인들이 오갔다는 설명보다는 이 지역이 河運이 가능하다는 의미일 것이다.]

44 『滇行紀程』, 17쪽. 안순부에서는 벌레로 만든 백랍을 매우 많이 팔았다(『黔南

識略』권4, 5쪽 상~하 참조). Hosie, *Three Years in Western China*, 1897, 36쪽에 따르면, 19세기에도 이 백랍을 상당히 많이 팔았다. 이렇게 수집한 백랍은 호남성에 팔았다. [『滇行紀程』에는 "…闤市宮室皆宏敞壯麗, 人家以白石爲墻壁, 石片爲瓦, 估人雲集, 遠勝貴陽…"이라고 적혀 있기 때문에 본문에서 말하는 기와와 담벼락은 일반 민가의 형상을 말한다. 한편 『黔南識略』에 나오는 기사는 안순부(安順府) 일대에 자생하는 백랍충수(白蠟蟲樹)라는 나무에서 채취한 벌레로 만든 일종의 백랍을 호남성 일대에 판 내용을 담고 있다. 다만 귀주성은 원료 공급지였으며, 백랍을 실제 만든 곳은 호남성이었다고 서술되어 있다.]

45 『黔南識略』권20, 13쪽 상. ["…工匠不務淫巧. 惟鍛鐵之工例禁, 不準入苗寨, 而苗民有以善鍛, 世其家者, 尤宜嚴禁…"이라는 언급으로 미루어 보아, 아마도 묘인들의 상업 활동보다는 철을 단련해 무기 제조를 금지시키기 위한 방책이었다고 판단된다."]

46 乾隆『貴州通志』권15, 「食貨」(物産), 3쪽 상과 6쪽 상 ; 『黔南識略』권3, 10쪽 하, 권28 4쪽 상, 권31, 10쪽 하 참조.

47 乾隆『貴州通志』권15, 「食貨」(物産), 3쪽에는 雄黃을 깎아서 인물 형상과 술잔 등을 만들었다는 기록이 나온다.

48 乾隆『貴州通志』권15, 「食貨」(物産), 6쪽. [사주부에서는 金星石이라는 특수한 돌이 출산되어, 이것을 다듬어 벼루를 만들었다는 기사가 등장하지만, 준의부에서는 이와 유사한 기록이 등장하지 않는다.]

49 Ch'u T'ung-tsu, 1962, 164쪽 참조.

50 乾隆『貴州通志』권10, 「營建」(壇廟), 1쪽 상~37쪽 상 참조.

51 乾隆『貴州通志』권10, 「營建」(壇廟)에 따르면, 寺院과 寺觀을 구분하는 한편, 자연을 경배하는 제단과 특정인을 기리는 제단을 구분해서 기재했다.

52 乾隆『貴州通志』권10, 「營建」(壇廟), 2쪽 상, 5쪽 상, 8쪽 상, 13쪽 상. 위 두 영웅에 대한 자세한 사항에 대해서는 M. Kaltenmark, "Le dompteur des flots(「물길의 조련사」)," *Han-Hiue(漢學) : Bulletin du Centre d'études sinologiques de Pékin*, vol.III, fasc. 1-2, 1948, 39쪽과 그 이하 참조.

53 『古州雜記』, 379쪽 상. 천후 신앙에 관한 좀 더 자세한 사항에 대해서는 De Groot, "Les fêtes annuellement célèbrées à Emoui(Amoy)(「하문廈門의 연례 축제」)," *Etude concernant la religion populaire des Chinois*(E. Chavannes의 불어판 번역), Paris, 1886, *Annales du Musée Guimet*, t.XI, 261쪽과 그 이하 참조.

54 본서 〈도판 16 a)〉 참조.

55 乾隆『貴州通志』권10,「營建」(壇廟), 2쪽 하, 9쪽 하 참조. 허손(許遜)이란 신선에 관한 전설에 대해서는 M. Kaltenmark, 1948, 32쪽, 49쪽과 그 이하 참조.

56 乾隆 『貴州通志』권10, 「營建」(壇廟), 2쪽 상, 5쪽 하, 8쪽 상 참조. M. Kaltenmark, 1948, 73쪽 각주 251에는 乾隆『貴州通志』권10,「營建」(壇廟), 8쪽 상을 인용해 사남부 마원 장군 사묘에 관련된 흥미로운 이야기가 등장한다. "송대 전우공(田祐恭)이라는 사람의 어머니는 당시 임신 중이었는데, 꿈에서 복파(伏波)라는 신이 자신의 집에 강림했다. 이후 우공이 태어났는데, 그가 태어난 후 이 사묘는 영험함을 잃었다. 우공이 혁혁한 무공을 세우고 사망한 후, 신이 말을 타고 이 사묘로 들어가는 광경을 사람들이 목격했는데, 이후 다시 이 사묘가 영험함을 발휘했다." [해당 원문은 다음과 같다. "伏波廟在城東, 祀漢馬援, 最靈應. 宋田祐恭母方娠夢神降其宅, 乃生祐恭, 祠不復靈. 及卒, 人見神躍馬入祠, 靈如初."]

57 乾隆『貴州通志』권10,「營建」(壇廟), 2쪽 상, 7쪽 상, 9쪽 상, 11쪽 하, 14쪽 상과 乾隆『貴州通志』, 379쪽 참조. 여기에는 고주 지역 묘족들이 제갈량을 섬겼다는 암시가 등장한다.『黔語』권 하, 14 하쪽에는 "묘족들이 伏月과 납월(臘月), 즉 5월과 12월에 제갈량에게 제사를 올렸다. 아픈 사람이 있으면 제갈량에게 닭과 술을 올린 다음, 제갈대(諸葛臺)에 자신의 병을 낫게 해달라고 치성을 드린다(본서 532쪽 참조). 묘족들은 졸지에 실신할까 두려워 감히 제갈대에 오르지 못한다"라고 기록되어 있다. 운남, 귀주, 사천의 소수민족들이 행하는 이러한 경배에 대해서도 M. Kaltenmark, 1948, 23쪽 각주 72) 참조.

58 乾隆『貴州通志』권10,「營建」(壇廟), 7쪽 상.

59 역주 산서성 출신이며 天啓 4년(1624) 유격(游擊)으로 보정 지역에 대한 진압을 도왔다. 崇禎 3년(1630) 반란을 일으킨 묘족 왕광(汪狂) 등을 진압해 보정총병관(保定總兵官)에 올랐다.

60 乾隆『貴州通志』권10,「營建」(壇廟), 5쪽 상.

61 역주 그가 귀주순무로 제수된 해는 康熙 26년(1687)이었으며, 재임 기간 동안 그는 무력 수단을 통한 묘족의 제압보다는 그들을 순화시키는 것이 더 좋은 방법이라고 생각했기 때문에 文治에 주력했다.

62 乾隆『貴州通志』권10,「營建」(壇廟), 2쪽 하.

63 역주 저자는 서암사(西巖寺)의 표기를 'Xiyaisi'라고 했지만, 'Xiyansi'의 오기이다. 鎭遠府 印江縣에 위치한 절로서, 송대 세워졌지만, 무너진 후 명 嘉靖 연

간에 복구했다. 전란으로 다시 훼손된 이 절을 康熙 19년(1680)에 중건했다.

64 역주 저자는 영천사(靈泉寺)의 병음 표기를 'Lingguansi'라고 했지만, 'Lingquansi(영천사)'가 맞으며, 이 절을 세운 구빈의 표기도 Gou Lin으로 했지만, 'Gou Bin(苟彬)'이 맞다. 한편 그가 영천사란 이름을 지었다고 서술한 부분도 본문에는 오히려 절의 창건자로 나온다. 참고로 본문에는 "靈泉寺在開州乖西司. 元大德間, 安撫司苟彬建"으로 기술되어 있다.

65 이상의 설명은 乾隆『貴州通志』권10, 「營建」(壇廟), 7쪽 상, 2쪽 하, 1쪽 상 참조. 최초로 건립된 사원에 대한 정보가 여러 사료에 전혀 등장하지 않는 탓에, 당시 종교 생활에 대한 정보도 사실상 들어 있지 않다. 진원(陳垣)은 명말 운남과 귀주의 불교를 연구한 그의 저서『明季滇黔佛教考』, 中華書局 : 北京, 1962, 3쪽에서 명대 이전 시기의 불교에 대해서는 전혀 알 수 없다고 지적했다. 乾隆『貴州通志』권10, 「營建」(壇廟)에는 思州府에 유일하게 唐代 시기의 승려가 언급되어 있다.

66 『大明一統志』권88에는 寺院과 도관(道觀), 그리고 사묘(祠廟)들의 명칭이 각 부별(府別)로 기재되어 있다.

67 명대 운남은 물론 귀주도 이웃하는 호광이나 사천, 혹은 훨씬 더 먼 성에서 온 승려들이 다수였다는 사실을 알 수 있다. 乾隆『貴州通志』권32, 「人物」(流寓), 16쪽 하에도 강서 출신 승려가 기재되어 있다. 이미 본서 3장 357쪽에서 지적한 것처럼, 서하객은 귀양 남쪽 백운산에서 북경과 남경 출신 승려 두 사람을 만났다고 언급했다. 陳垣, 1962, 37쪽에 의하면 귀주성에 있는 대부분의 승려는 사천 출신으로, 그 비율이 70~80%에 달했다. 저자는 그처럼 사천 출신이 많은 이유에 대해 명확한 이유를 제시하지 못했다. 전란으로 힘든 시기에 상당수 세속인들이 여러 어려움을 피하기 위해 〈스스로 삭발했음〉이 분명하다. 다시 한 번 진원의 연구를 인용한다면, 그의 책 291쪽에서『黔南會燈錄』에 기재된 명대 100여 명의 승려 가운데 21명은 전란으로 어쩔 수 없이 승려가 된 사람이라고 지적했다. 사람들이 들어가기 어려운 귀주성의 산악 지역은 아마도 평화로운 오아시스로 비쳤을지도 모른다.

68 乾隆『貴州通志』권10, 「營建」(壇廟), 1쪽 상, 3쪽 상, 7쪽 상 참조. [저자가 大興國寺, 潮水寺, 觀音閣 관련 해당 쪽수를 1쪽부터 언급한 부분은 분명 저자의 실수이다. 역자가 확인한 『四庫全書』본 乾隆『貴州通志』권10, 「營建」은 처 부분이 '단묘(壇廟)'이며 후반부에 '사관(寺觀)'을 기재하고 있기 때문이다. 따라서『사고전서』본에 의하면 대

홍국사가 21쪽 상, 조수사가 24쪽 상, 관음각이 29쪽 상에 각각 기재되어 있다. 한편 대홍국사는 본래 원 至正 연간 여릉(廬陵) 출신의 商人 팽여옥(彭如玉)이 처음 건설했다. 또한 조수사는 崇禎 말년 순안어사(巡按御史) 전방기(錢邦芑)가 이곳에 은거한 이후, 그 이름을 지비암(知非庵)으로 바꿨다.]

69 이상의 설명은 乾隆 『貴州通志』권10, 「營建」(壇廟), 6쪽 상, 1쪽 상, 3쪽 하 참조. [다만 平越府 三敎寺의 경우 저자는 이 절이 崇禎 연간에 건립되었다고 설명했지만, 실제로는 洪武 연간에 副使 조지병(趙之屛)이란 인물이 건립했으며, 기부자가 돈을 내 불경을 구입한 시기가 崇禎 12년(1639)의 일이다. 참고로 해당 원문은 다음과 같다. "三敎寺在府城內. 明洪武間副使趙之屛建. 崇禎十二年郡人樊師公捐資請藏經於寺, 其子都建閣貯之." 따라서 기부한 돈으로 불경을 구입했는지 혹은 불경 보관을 위한 건물을 지었는지의 여부는 정확하지 않다. 여기서는 저자의 해석을 그대로 따랐지만, 원문의 의미로 보건대, 오히려 기부한 돈으로 그의 아들이 건물을 지었다고 보는 게 옳다.]

70 이처럼 산등성이에 절을 짓는 데는 분명히 당시 승려들이 개척자적인 역할을 했다. 진원(陳垣)은 도시 주변 구릉에 건설된 상당수 절은 승려들의 주도로 이루어졌다고 지적했다(陳垣, 1962, 159쪽과 그 이하 참조). 운남과 귀주에서 모두 서하객은 일반 사람들 누구도 머물기 원하지 않는 장소에 살고 있는 승려들을 만났다. 따라서 『徐霞客遊記』권2, 231~232쪽에는 보안(普安)의 낭떠러지 정상에 사는 한 승려를 보고 놀라는 장면이 등장한다. 그들 승려는 산을 개간하고, 텃밭을 가꾸며 소작인들에게 그 토지를 임대한다고 서하객은 서술했다. 서하객이 외딴 지역에 당도할 때마다 그가 머물렀던 곳은 그러한 승려들의 거처였으며, 그는 다음 여정과 피해가야 할 위험성을 묻곤 했다.

71 역주 만사화(萬士和) : 字는 사절(思節), 號는 이암(履庵)이며 강소성 의흥현(宜興縣) 출신이다. 嘉靖 20년(1541)에 進士에 올라, 강서안찰사(江西按察使)와 창장총독(倉場總督), 남경예부상서(南京禮部尙書) 등을 역임한 인물이다. 만력 초 장거정(張居正)과의 불화로 사직했다.

72 萬士和, 「義倉記」. 乾隆 『貴州通志』권40, 「藝文」(記一), 21쪽 상~하. [해당 원문은 다음과 같다. 이 부분도 저자는 상당 부분을 번역하지 않은 채로 서술했다. "…貿易不足者, 出重息以稱貸於人. 故苗粟一日不則飢, 稱貸不得, 嗷嗷待哺而已. 平歲如此, 設有水旱螟螽之災, 備戒不虞之變, 將若之何. 往己酉歲祲, 民之塡溝壑者, 幾半…."]

73 乾隆 『貴州通志』권15, 「食貨」(積貯), 1쪽 상. [康熙 28년(1689)에 河南道御史 주사황(周士皇)이 연납(捐納)을 실시해 상평창을 개설해야 한다고 주장했으며, 이어 공과급

사중(工科給事中) 담선(譚瑄)이 변방 지방에도 연납으로 받은 곡식을 저장해서 흉년에 대비해야 한다는 상소를 올렸다.]

74 『黔南識略』권1, 14쪽 하~15쪽 상. [해당 원문은 "…城食米全賴定番廣順. 若定番之米數日不至, 價則陡昂, 市價以斗米三錢爲最貴, 一錢六七分爲中平, 一錢一二分爲最賤…"으로 되어 있다. 저자는 이 부분을 쌀의 품질에 따른 가격 차이로 서술했지만, 가장 비쌀 때와 약간 가격이 낮아졌을 때로 번역하는 게 옳다.]

75 『黔南識略』권1, 15쪽 상 참조. 한편 여평부(黎平府)의 묘족들은 수확한 쌀로 세금을 납부한 후, 그 나머지를 호남성에 팔았다. 『黔南識略』권21, 11쪽 상 참조.

76 乾隆『貴州通志』권44, 「藝文」, 19쪽 하. [이 사실은 王陽明, 「적거용장결초암거(謫居龍場結草庵居)」라는 글에 등장한다.]

77 『古州雜記』권7, 359쪽 상. [이 부분의 번역을 저자는 완전히 하지 않았다. 저자가 인용한 부분을 모두 번역했음을 밝힌다.]

78 『黔南識略』권1, 15쪽 상.

79 역주 해당 부분의 원문은 다음과 같다. "…夏時水漲, 蓮葉田田可愛. 遶池垂柳數株, 爲置曲欄, 以擁護之長條…池西翼, 然有亭, 顏其額曰遠香…."

80 역주 해당 부분의 원문은 다음과 같다. "…公餘, 臨流憑檻, 綠水紅欄, 與柳影花枝, 互相掩映, 幾疑身入畫圖, 頓忘萬里遐荒, 作吏之苦也."

81 역주 해당 원문은 "茉莉花夜來香先自粤來, 今則民間徧植. 每當盛暑摘置枕函, 夢回酒醒, 香迷斗帳, 不減江南秦淮風味也"이다. 저자는 '두장'이란 단어를 모기장으로 번역했지만, 나는 여기서 작은 휘장으로 번역했다. 전후 의미로 보아 임보는 말리화가 잠을 깨우고 숙취 해소에도 좋다는 언급과 함께 작은 주머니나 휘장 안에 설치하면 적어도 발전 지역 사람들의 고상한 취미와 비교해도 결코 손색이 없다는 사실을 강조했다고 생각했기 때문이다.

82 乾隆『貴州通志』권5, 「地理」, 10쪽 상, 6쪽 상, 12쪽 상. [탑산과 용리현 누대에 관련된 해당 원문은 다음과 같다. "塔山…在城內南隅. 元泰定二年建塔於上, 常有白光自塔頂出. 山多樹木, 四時青葱, 爲郡中勝境."과 "紫虛山在城東門, 內壘石峻嶒. 頂結平臺, 上建紫虛閣." 원문의 뜻을 살피면, 탑산의 경우는 이곳의 풍광이 매우 아름답다는 사실을 강조하고 있으며, 용리현의 자허각도 주변에 암석이 많고 험한 곳을 고르게 한 후, 누각을 세웠다는 의미이다.]

83 乾隆『貴州通志』권5, 「地理」, 3쪽 상 ; 권42, 「藝文」, 15쪽 하 ; 康熙『貴州通志』

권28, 7쪽 상 참조. [康熙『貴州通志』를 참조하지는 못했지만, 江東之란 인물이 甲秀樓를 세웠다는 언급은 乾隆『貴州通志』권42, 「藝文」(記三), 21쪽 상~23쪽 상에 등장하는 田雯, 「重修甲秀樓碑記」에 기재되어 있다.]

84 乾隆『貴州通志』권45, 「藝文」, 57쪽 상. [해당 원문은 다음과 같다. "鰲磯灣下柳毿毿, 芳杜洲前小駐驂. 更上樓瞰流水, 虹橋風景似江南…."]

85 귀양 南門에 흐르는 南明河에 있는 오기만(鰲磯灣)에 갑수루(甲秀樓)가 서 있었다. 乾隆『貴州通志』권5, 「地理」, 3쪽 상 참조.

86 홍교(虹橋)는 永樂 2년(1404) 남명하 위해 세워졌으며, 남명하가 굽이쳐 흐르는 상류에 갑수루가 있다. 본서 〈도판 20〉 참조.

87 乾隆『貴州通志』권40, 「藝文」, 29쪽 하 ; 『黔遊記』7, 385쪽 하 참조. [귀양의 東山에 관련 기사는 乾隆『貴州通志』권40, 「藝文」, 29쪽에 나오는 謝三秀, 「東山記」에 근거한 내용이며, 범정산에 관련된 내용은 乾隆『貴州通志』권5, 「地理」, 55쪽 상~하에 등장하지만, 본문의 내용과는 약간 다르게 기재되어 있다. 즉 佛寺라는 표현 대신 범우(梵宇)라고 기록되어 있으며, 이외에도 배불대(拜佛臺), 설법대(說法臺), 연단대(鍊丹臺), 장경암(藏經巖) 등의 다양한 건물이 있었다고 서술되어 있다. 따라서 직접 확인하지 않았지만, 범정산(梵淨山) 관련 서술은 아마도 『黔遊記』에 근거한 것으로 추측된다.]

88 역주 이 부분은 저자의 서술을 보완할 필요가 있다. 저자는 乾隆『貴州通志』의 총 46권 가운데 14권이 예문지에 해당한다고 설명했는데, 이는 혼란을 가져올 우려가 있다. 일단 건륭『귀주통지』가운데 「예문」에 해당하는 부분은 권40~권45이다. 권40~권42에는 「記」(1, 2, 3)가, 권43에는 文, 議, 敎, 說이, 賦와 詩가 게재된 권44에는 다시 五言古와 七言古가 분리되어 있으며, 권45에는 五言律과 七言律이, 마지막 권45에는 「雜記」가 실려 있다. 따라서 저자의 '14장이 있다'라는 표현은 총 권6으로 되어 있는 「藝文」의 구분을 모두 포함해서 언급했음을 뜻한다.

89 楊愼, 『昇庵全集』(萬有文庫本) 권14, 152쪽.

90 乾隆『貴州通志』권45, 「地理」, 37쪽 하. [해당 원문은 다음과 같다. "盤江中斷鐵橋開, 乍見心驚首欲回…聞說波流通緬甸, 河源萬里今人哀."]

91 乾隆『貴州通志』권44, 「藝文」, 44쪽 하. [해당 원문은 다음과 같다. "斜插尖峰形勢奇, 平懸峭壁重關固. 亂松坡上雨初晴,古驛門前烟欲暮. 電激巖頭百道泉, 翠迷谷口千年樹. 猿啼虎嘯幾愁聞, 星炯月寒頻怯步…."]

92 乾隆『貴州通志』권45, 「藝文」, 47쪽 하. [해당 원문은 다음과 같다. "城頭日出一丈

五, 偏橋長官來擊鼓. 山南野苗聚如雨, 饑向民家食生牿. 三尺竹箭七尺弩, 朝出射人夜射虎. 砦中無房亦無堵, 男解蠻歌女解舞. 千人萬人爲一戶, 殺血祈神暗乞蠱. 沙蒸水毒草根苦, 上山下山那敢杜. 蠢爾苗民爾毋侮, 虞廷雨階列干羽."]

93 이 두 구절은 묘족들이 자신의 적을 독살시키기 위해 사용한 여러 가지 방법들을 의미한다. 본문에 등장하는 '고(蠱)'는 독을 가진 파충류를 의미하는 것으로, 묘족들은 물론 한족들도 용기에 담아 집안에서 기르거나 자연에서도 생장했다. 그러한 독충을 다양한 방법으로 이용해 사람을 죽였다. 柳固, 「苗人的蠱毒」, 『藝風』11-12, 1934, 42~44쪽 참조.

94 한족들에 의해 묘족이 교화되어야 한다는 의미이다. 실제로 저자는 묘족들이 스스로 교화하기 위해서는 일찍이 순제(舜帝)가 사용한 聖德을 베풀어야 한다는 사실을 암시하고 있다. Couvreur, *Les Annales de la Chine*, 43쪽에 등장하는 '무간우양계칠순유묘격(舞干羽兩階七旬有苗格)'이라는 구절 참조.

95 乾隆『貴州通志』권45, 「藝文」, 27쪽 하. [해당 원문은 다음과 같다. "地當高處峰隨轉, 雲到窮時路更賒. 夏半火刀方布種, 晚來牛馬不歸家. 瘴烟寒鎖蠻村樹, 嵐霧晴迷客子槎. 干羽未能馴鬼國, 祗貪關市中鹽茶."]

96 간우(干羽)는 방패로 무장하고 부채를 든 무언극을 말하는데, 그것을 이용해 순제(舜帝)는 묘족들이 스스로 복속하도록 그들을 설득했다. 본서 539쪽 각주 94) 참조. 한편 귀국(鬼國)이란 단어는 아마도 나귀국(羅鬼國)을 의미하는 것처럼 보이며, 종종 나귀국은 이족(彝族)이 사는 지역 명칭을 지칭하는 데 사용된다. 『黔書』, 42쪽 참조.

97 乾隆『貴州通志』권45, 「藝文」, 47쪽 하~48쪽 상. [해당 원문은 다음과 같다. "風塵誰自料 花鳥故相猜, 問是山東客, 何由萬里來."]

98 乾隆『貴州通志』권45, 「藝文」, 37쪽 하. [해당 원문은 다음과 같다. "秋色來何極, 遠山接近山. 松穿雲滴翠, 花過雨飛斑. 鳥道烽烟外, 柴門蠻僰間. 盤江千萬轉, 祗自照愁顏."]

99 乾隆『貴州通志』권45, 「藝文」, 13쪽 상. [해당 원문은 다음과 같다. "絶頂見孤城, 征驂向曉行. 鳥啼多異響, 花發不知名. 石澗閒雲碓, 山田趁火耕. 愁聞耆老說, 三月未曾晴."]

100 乾隆『貴州通志』권45, 「藝文」, 55쪽 상. [해당 원문은 다음과 같다. "疊嶂曾無三尺平, 盤江袂處鐵橋橫, 短裙窄袖花蠻女, 宛在鞦韆索上行."]

101 康熙『貴州通志』권30, 16쪽 하. [康熙『貴州通志』를 참조하지 못했지만, 이 出斐의

시는 乾隆『貴州通志』권44, 「藝文」, 57쪽 하~58쪽 상에 기재되어 있다. 여기서는 乾隆本을 참조했으며, 해당 원문은 다음과 같다. "我觀女官如觀畵, 閻立本繪職貢圖. 我觀女官如異夢, 奇形詭狀非一徒. 我觀女官如破寺, 陰風慘淡魍魎呼. 古鬼昏燈揭鉢立, 老佛變相獅龍趨. 妖狸髑髏抹粉黛, 脩蘿甲冑呼笙竿. 雌者青氈包蓬首, 雄者碧眼拳髭鬚. 女官氣概偉丈夫, 火浣大布纏其軀. 九尺藤杖紅珊瑚, 金環兩耳垂蠙珠. 腰下斜挂雙湛盧, 繡裙拖地蓮花襦."]

102 송대 이후 염입본의 작품으로 알려진 이 그림은 실제로는 梁 나라 元帝 작품이다. 현재 보존되어 있는 이 그림은 11세기 복사본으로 현재 南京博物館에 보존되어 있다. 이 문제에 대한 자세한 사항에 대해서는 金維諾, 「職工圖的時代與作者讀畵札記」, 『文物』7기, 1960, 14~17쪽 참조.

103 원문에는 담로(湛盧)라 표기되어 있다. 고대 시기에 名劍으로 알려진 이름이다.

104 乾隆『貴州通志』권45, 「藝文」, 40쪽 상. [해당 원문은 다음과 같다. "蠻光雨後轉氤氳, 行過屛山日欲曛. 石磴千層天際出, 飛泉百道嶺頭分. 鳥栖翠竹啼紅雨, 人坐籃輿度白雲. 風送晚鐘何處寺, 昏黃月下隔溪聞."]

105 乾隆『貴州通志』권44, 「藝文」, 21쪽 하. [해당 원문은 다음과 같다. "清平之縣令, 不識何爲者. 庭前長野桑, 庭後長山櫝. 猛虎上我城, 青狨啼我舍. 昨日出城去, 騎馬到部下. 部民道遮之, 持刀殺其馬. 入門顧妻子, 所居無完瓦. 秋風吹樹木, 白日落原野. 永夜空城中, 哀哀淚如瀉."]

106 康熙『貴州通志』권32, 28쪽 상. [이 하경명의 시 역시 乾隆『貴州通志』권45, 「藝文」, 6쪽 하를 참조했다. 원문은 다음과 같다. "崎嶇踰嶺路, 到郭已昏鐘. 城險苗難越, 關高賈不通. 郊烟秋牧馬, 崖日煖收蜂. 民俗殊中域, 生涯亦頗同."]

107 乾隆『貴州通志』권45, 「藝文」, 28쪽 하~29쪽 상. [해당 원문은 다음과 같다. "…蠻語兼傳洪犵狫, 土風漸入紫薑苗. 耕山到處開憑火, 出戶無人不佩刀…何處關山是盡期, 馬蹄終日歷嶔崎. 村虛寂寂寒烟火, 野鎭蕭蕭閃戍旗. 天斷不聞陽雁過, 雲深只有嶺猿知. 我期漢吏寬文綱, 莫把繁文縛屬夷…."]

108 유럽에서 문명(Civilisation)이란 단어는 18세기 말에 비로소 등장했다는 사실을 주목할 필요가 있다.

109 乾隆『貴州通志』권7, 「地理」, 11쪽 하 참조. [해당 원문은 다음과 같다. "宋家在貴陽, 本中國之裔. 春秋時宋爲楚子所蠶食, 俘其民而放之南…."]

110 『峒溪纖志』권8, 55쪽 상. 이와 마찬가지로 17세기 유럽 학자들 사이에서는 아

프리카와 아시아 민족을 노아의 후예라고 주장하는 시도도 있었다는 사실을 주목할 필요가 있다. 예를 들어 그런 사실을 주장한 아타나제 키르체르(Athanase Kircher)의 이론 참조. [독일의 예수회 학자인 아타나시우스 키르체르(Athanasius Kircher, 1601 혹은 1602~1680)를 말한다. 그는 중국학, 성서학, 생물학, 지질학, 이집트학 등에서 많은 연구 업적을 남긴 덕분에 일부 학자들은 그를 세계적 명성을 날린 최초의 학자로 평가하기도 한다.]

111 역주 동묘(東苗) : 귀축(貴筑), 수문(修文), 용리(龍里), 청진(淸鎭)과 광순(廣順) 일대에 살았으며, 姓氏를 가지지 않았다. 소를 잡아 제사를 지내고 산에 가서 잡은 새를 조상에게 바치는 풍습이 있었다.

112 역주 서묘(西苗) : 馬, 謝, 何, 羅, 雷 등의 姓氏를 가졌으며 貴陽과 平越 두 곳에 존재했다. 소를 잡아 풍년을 기원하는 제백호(祭白虎)라는 제사를 지냈으며, 성질이 온순해서 법을 잘 따랐다.

113 역주 화묘(花苗) : 貴陽, 大定, 遵義 등지에 분포해 살았으며, 姓氏가 없었다. 이 책에서 언급하고 있듯이 초봄 청춘남녀들이 들에 모여 가무(歌舞)를 펼치는 도월(跳月)이라는 풍속이 있었다.

114 역주 백묘(白苗) : 龍里, 貴定, 검서(黔西) 등지에 분포했다. 들에서 투우(鬪牛)를 벌여, 이긴 쪽이 길하다고 생각하는 풍습이 존재했으며, 제사장의 주재로 소를 잡아 제사를 올렸다.

115 역주 흑묘(黑苗) : 도균(都匀), 팔채(八寨), 丹江, 鎭遠, 여평(黎平), 淸江, 古州 등지에 분포해 살았다. 그 부류가 매우 다양하며 각각의 풍습이 달랐다. 검은 옷을 입은 데서 그 명칭이 유래했으며 성격이 매우 호전적이었다고 알려져 있다. 역시 跳月의 풍습이 있었다.

116 역주 청묘(靑苗) : 黔西, 鎭寧, 修文, 귀축(貴筑) 등에 살았으며, 매우 호전적이라고 알려져 있다.

117 역주 단군묘(短裙苗) : 도균, 팔채 일대에 살았으며 남자는 짧은 웃옷과 통이 넓은 바지를 입었으며, 여자도 민소매를 입었다. 술을 좋아해서 취하면 산에서 그냥 누워 자는 습관이 있었다.

118 역주 구이용가(狗耳龍家) : 安順과 大定, 그리고 광순주(廣順州)의 강좌사(康佐司)에도 존재했다. 본문에서 저자는 그들이 개모양의 귀걸이를 했기 때문에 구이용가라고 지칭한다고 했지만, 실제는 여자의 머리 모양 때문에 비롯된 이름이다.

119 역주 마등용가(馬鐙龍家) : 진녕(鎭寧)의 곡서보(谷西堡)와 정영사(頂營司) 일대에 분포했으며, 주로 농사를 지었다.

120 역주 저시힐로(豬屎犵狫): 石阡, 黎平, 古州, 平遠, 淸平 일대에 분포해 살았으며, 외출할 때는 칼과 활을 가지고 다녔다.

121 역주 과권힐로(鍋圈犵狫): 平遠州 일대에 분포했으며, 부인들이 푸른 띠로 바구니 모양의 머리를 한 데서 이름이 비롯되었다.

122 역주 전발힐로(翦髮犵狫): 貴定, 施秉, 黃平州 일대에 분포해 살았다.

123 역주 타아힐로(打牙犵狫): 黔西, 平越, 淸鎭 일대에 분포했다.

124 翦伯贊, 『中外歷史年表』, 中華書局 : 北京, 1962, 739쪽 참조.

125 본서 〈부록 7〉 참조.

126 P. J. Edkins, "The Miau-tsi tribes, their History," *Chinese Recorder*, 1870, 74쪽 참조. 여기에는 그러한 복사본의 판매가 북경과 상해에서 크게 성행했으며, 그러한 판매를 통해 유럽인들에게 그 자료가 알려졌다고 언급되어 있다.

127 한권으로 된 『貴州諸夷圖』에는 명대 등장한 이러한 종류의 자료가 다수 열거되어 있다. 특히 高儒, 『白川書志』(北京, 1957), 71쪽 참조. 또한 錢曾, 『讀書敏求集』(총서집성본), 75쪽에는 明 宣德 9년(1434)에 간행된 『貴州諸夷圖』의 재판본에 대한 언급과 함께 35개의 도판이 들어 있다.

결 론

Un exemple
d'Acculturation
chinoise

이 연구를 시도하면서 나는 복잡한 중국화 과정의 특정 현상, 다시 말해 한족 문화와 〈주변〉 문화가 접촉했던 당시를 살펴보고자 했다.

극복할 수 없는 장벽으로 오랫동안 인식되어 왔을 뿐 아니라 운남으로 가기 위한 길목으로 간주된 귀주 지역은 15세기 이후(귀주성은 1416년에 설치되었다) 한족들의 침투가 점점 더 적극적으로 행해진 지역이 되었다. 그러나 2세기 동안 귀주성은 여전히 잘 알려지지 않은 곳으로서, 위험을 무릅쓴 모험가들과 나라에서 추방된 자들이 가는 지역에 불과했으며, 이곳을 언급한 여러 저자들은 이곳의 소수민족을 정상적인 규범과는 완전히 동떨어져 있는 사람들로 인식하는 데 그쳤다.

이처럼 혐오스러웠던 귀주성은 실제로 그러했다. 청대 대다수 지리서를 통해 귀주성의 자연을 정확하게 알 수 있는데, 그 모습은 오히려 〈반反자연적〉이라고 말해야 옳을 것이다. 고저가 심한 풍광, 현기증이 나는 협곡, 지하에 흐르는 하천, 매우 깊은 동굴, 들쭉날쭉한 지평선은, 평탄한 대지와 충적토로 형성된 계곡 그리고 넓은 수전水田이 많은 중국 농민들의 일상 세계보다는 남쪽 화가들의 상상 세계에 더 잘 어울리기 때문이다. 그렇지만 일부 지역의 매우 비옥한 토지, 상업화가 가능한 풍부한 광물(구리, 납, 수은, 철), 당시 목재가 점점 귀해져서 훨씬 더 가치가 높아진 숲이 귀주성에 존재하고 있는 탓에, 언제든지 한족의 관심을 끌 수밖에 없었으며, 식민지 경영자들과 상인들은 자신들이 챙길 수 있는 몫이 더 많은 귀주로 몰려들 수밖에 없었다.

이러한 현상은 여전히 연구가 잘 안되어 있지만, 역사적 의미가 깊은 남명南明 정부 세력이 와해된 후 등장한 혼란, 호광湖廣이나 강서성과 같은 주변지역에서 발생한 전례 없는 인구의 급증, 결국 중국 북쪽 지역에서 정권 창출에 성공한 만주 제국이 먼 서남 지역(운남, 미얀마, 베트남)에 대해 드러낸 이해관계 등이 등장한 18세기 이후에 비로소 출현했다. 18세기 이전까지는 결코 들어갈 수 없다고 생각했던 귀주성의 산악 지역을 중국 기술자들이 차츰 개발해, 그곳에 사방으로 뻗은 도로망을 건설했는데, 도로에 만든 모든 다리와 석재로 포장된 마차용 도로는 당시 기술력의 절정을 보여준다.

따라서 매우 근본적인 문제가 제기되었는데, 그것은 다름 아닌 이 지역 소수민족과의 관계였다. 당시 사료를 통해 그러한 일부 집단의 특성을 파악할 수 있다. 이 책에서 우리는 귀주성 남쪽에서 말을 기르고, 가죽을 가공하며 연맥燕麥을 경작한 이족彝族, 면화를 경작한 남부 지역의 포의족布依族, 그리고 마지막으로 귀주성 거의 전역에 살면서 경작, 소의 사육과 함께 숲을 개간하고 철을 생산해낸 묘족苗族을 집중적으로 조명했다. 우리는 삶의 방식뿐 아니라 사회 체제, 풍속과 신앙에서 보이는 이들 소수민족의 다양성 외에도, 수 세기에 걸쳐 진행된 일종의 통합 과정 때문에 거의 모든 지역에서 이른바 토사土司, 다시 말해 한족이 그 권위를 보장해 준 한편, 그들 자신들은 이미 한족 문화에 경도된 지역 수장들이 자리 잡아 갔다는 사실도 확인했다.

경제적 차원에서 본다면, 한족 객민客民의 정착은 농업, 광산 개발, 상업이라는 세 분야에서 이루어졌다. 이 세 분야를 통한 한족의 정착 과정은 묘족에게 전혀 유리하지 않았다. 최근에 발생한 분쟁으로 공한지가 된 곳을 경작하는 것에 만족했던 식민지 경영자들이, 소수민족들이 경작하는 비옥한 땅을 옹정 연간에 이르러 어떻게 장악했는지를 우리는 이미 살펴보았다. 둔전屯田이라는 오래된 제도를 부활시켜 안전을 명목으로 토지 점유자들을 추방시킨 대신, 한족을 위한 소규모 핵심 지역을 〈소수민족〉 지역의 한 복판에 설치했다. 이처럼 희미한 실마리를 열어 놓은 뒤, 초기 무력 점령자들은 자신들이 세운 일부 공헌을 뒤로한 채 민간 점령자들로 교체되었으며, 이후 그들이 합법적인 개발자로 등장했다. 격퇴당한 〈묘족〉은 어쩔 수 없이 산간 지역의 경작지로 후퇴했다.

한족들의 광산 개발은 즉각적인 피해를 가져오지 않았다 하더라도, 일부에서는 광산에 대한 토사들의 권한이 탈취당하기도 했다. 그러나 관원이나 개인 개발자들이 대다수 광산을 개발하고 모든 이익을 그들이 차지했기 때문에, 광산 개발이 귀주성 지역 주민들에게 전혀 이익을 가져다주지 못했지만, 오늘날 기준으로 본다면 수적으로 그리 많지는 않다 하더라도 프롤레타리아 계층이 광산 개발로 형성되었다. 당시 수많은 유럽의 광산이 수천 명의 노동자를 고용했다고 우쭐대지 않았을까? 이처럼 가난한 노동자들을 유지하는 데 따른 식량 문제가 등장했으며, 여기서 인용한 일부 사료에는 그 반향이 등장한다.

아마도 상인의 침투가 가장 심각한 결과를 초래했던 것처럼 보인다. 마음에 꼭 드는 상품, 아름다운 옷감, 갖가지 기구를 외상으로 구매하고, 정해진 기일 안에 갚지 못한 탓에 묘족들이 부채를 안게 되었으며, 결국 그들은 한족 상인들에게 자신의 토지를 양도하고 전호佃戶로 전락했다. 둔전과 맞물린 이러한 과정을 통해 묘족들의 비옥한 토지의 양도가 가속화되었다. 여기에 더해, 한족이 들어오기 전까지는 일부 중심지역에 국한된 동전의 사용이 확대되어 물물교환 위주였던 소수민족 경제 체제를 붕괴시켰다.

어떤 의미에서 한족의 대량 유입은 분명 유리한 점도 있었다. 그러한 예로 농업 기술의 향상, 잠상업의 도입, 이웃 성省에서 수입한 소금 등을 들 수 있다. 그러나 그러한 양상이 그 당장에는 묘족들에게 부정적이었음이 분명하다.

두 민족 공동체의 공존은 이내 심각한 문제를 야기했으며, 이제 소수민족들이 감당하기 어렵게 된 자치권을 부여해준 이전 시기의 토사 제도 자체를 재고할 수밖에 없었다. 여러 사료를 검토해 보면, 당시 관원들이 과거의 제도를 포기하고 직접 통치改土歸流를 설치하려는 그럴듯한 이유를 찾아볼 수 있다. 소수민족의 그것과는 다른 도덕이라는 명목으로 한족들은 복수 행위를 금지시켰으며, 가족 윤리를 최우선에 두었다. 또한 한족들은 소수민족의 전통 신앙을 비난하는 한편, 희생으로 사용하는 소의 수효를 제한하고, 소요의 근원이 될 수 있다는 이유로 그들 고유의 대규모 축제를 통제하려 했다. 사실상 묘족의 전통사회 해체를 염두에 둔 이러한 정책 외에도, 소수민족의 점진적인 동화를 염두에 둔 일련의 다른 정책들이 등장했다. 한족과 소수민족 사이의 결혼을 장려하고, 학교 수효를 늘렸다. 하지만 그러한 유화 정책으로는 불충분했기 때문에, 한족은 결국 〈생묘〉를 굴복시키기 위해 매우 엄격한 특별법을 제정해야만 했다.

이러한 상황을 통해 우리는 18세기 내내 여러 차례에 걸쳐 발생한 (특히 1734~1737년과 1795~1806년) 묘족과 한족의 피비린내 나는 대립의 이유를 좀 더 잘 이해할 수 있다. 그 사건과 전투에 등장한 군사 기술에 대한 자세한 연구를 통해 두 민족 공동체 사이에 놓인 갈등이 얼마나 깊었는지를 우리는 강조할 수 있다.

역사가로서의 우리들의 최초의 노력은 말하자면 문제의 외적인 분석에 국한된 것이다. 서로 대립한 두 민족의 정신 상태, 대립에 대한 각 진영의 사고방식과 같은 가장 민감한 문제는 여전히 연구 대상으로 남아 있다. 이 책에서는 불행하게도 이러한 문제를 충분히 다루지 못했다. 최근 중국인들이 출간한 묘족의 서사시(본서 476쪽 참조)는 한족과 묘족의 대립을 언젠가는 묘족의 시선으로 다룬 연구가 등장할 수 있을 거라는 기대감을 갖게 만든다. 그러나 현재로선 중국인 식민경영자들의 시각으로만 여러 사건을 볼 수밖에 없다.

따라서 우리는 이 책 마지막 장에서 그러한 중국인들의 삶과 의식 구조는 어떠했는지를 살펴보려 노력했다. 대체로 적지敵地로 간주된 공간에 존재했다는 점에서 한족에게도 족쇄였던 성벽으로 둘러싸인 도시 속에 갇혀 있던 그들 식민지 경영자들은, 자신들이 정착한 먼 세계를 이런저런 방법으로 재창출하려고 애썼다. 그들은 유럽 교회의 종루鐘樓와 유사한 종고루鍾鼓樓를 건설해 도시의 시간을 규정하고 또 창출하려 했다. 그들은 사묘祠廟를 세워 그들 고향에서 숭배한 신들을 모셨으며, 이러한 사묘에 등장하는 성상聖像들을 통해 그들 출신 지역을 일람할 수 있는 도표를 작성할 수 있을 정도이다. 아울러 서남 지역으로 진격한 위대한 영웅들, 그리고 당연히 모든 사람이 존경한 마원과 제갈량, 한족에게는 문화의 상징인 공자를 숭배했다. 그들은 개인적으로 인공 정원을 조성했으며, 정원 안의 정자와 연못은 그들에게 장강 유역의 풍경을 상기시켰다.

도시라는 그러한 좁은 공간에서 그들은 일단 경계의 눈초리로, 이어 놀라운 시선으로, 그리고 결국 흥미로운 시각으로 주변 묘족을 바라보기에 이르렀다. 이러한 사실을 밝히기 위해 나는 지방관들이 편집했거나 지방지에 잘 수록되어 있는 다수의 시를 이용했다. 또한 그림을 통해 소수민족에 대한 이해를 놀라운 정도로 가능하게 해주는 그 유명한 『묘족수고본』을 이용했다. 소수민족에 대한 경계심도

가끔 등장하는 이 책에는 그들에 대한 동류의식과 함께, 소수민족이라는 지울 수 없는 표지가 있다 하더라도 대한족大漢族에 합류할 수 있다는 신념이 들어 있다. 한족 문화의 수용을 통해 충분히 그렇게 될 수 있으며, 한족 문화 수용의 첫걸음은 강희제와 옹정제가 작성한 『성유광훈聖諭廣訓』을 외우고 성심껏 공부하는 것이었다.

이 연구는 매우 일반적인 중국화 현상에 대한 특정 사례 연구만을 염두에 두었으며, 이 책의 연구 결과를 성급하게 일반화해서는 안 된다. 예를 들어 동일한 시기의 운남, 베트남, 남쪽 지역의 중국 해양 식민지와 같은 다른 지역과의 비교 연구를 진행하는 게 바람직하다. 분명히 그러한 연구를 통해 꽤 다른 결론이 도출될 수 있으며, 동시에 명확한 비교가 가능해질 것이다.

부 록

Un exemple
d'Acculturation
chinoise

La Province du
Guizhou au XVIIIe siècle

1 본문에 인용된 사료 번역

1. 원 왕조가 겪은 귀주성 진입의 어려움

범회范滙, 「팔번순원선위사제명비기八番順元宣慰司題名碑記」

여기에서는 팔번순원선위사八番順元宣慰司의 고위 관리를 기념하기 위해 세운 비문碑文을 번역해 싣는다.

이 비문은 지정至正 연간(1341~1368)에 선위사宣慰使 범회라고 알려진 인물이 쓴 것이다.[1]

전해 내려오는 바에 따르면, 팔번八番[2]과 순원順元[3]은 야랑夜郎과 장가牂柯[4]의 외곽에 위치했으며, 옛 귀방鬼方[5] 지역에 해당되는 곳이다. 여러 종류의 소수민족들이 뒤섞여 살면서, 반란과 복종을 거듭했다. 우리나라 병사들이 들어가, 이 지역을 호령하게 되자, 여러 부족들이 귀순하기에 이르렀으며, 비로소 선위사와 도원수부都元帥府를 설치하고, 모든 소수민족들을 통괄해서 그들을 진압했다.[6] 또한 귀주라는 명칭을 순원(원 왕조를 따른다)으로 바꾸고, 군사들을 성중城中에 주둔시키는 한편, 만호부萬戶府 하나, 진무사鎭撫司 하나, 안무사安撫司 열, 장관사長官司 다섯을 거느리도록 하며, 순원, 사주思州, 파주播州의 세 선무사 지역도 모두 (순원선위사)가 관할하도록 하니, 그 임무가 막중하게 되었다. 그러나 토사들이 서로 세습하고, 다른 한편으로는 (그 자리를 두고) 서로 싸움을 벌이니, 도로가 막히고 이웃 지역인 남조南詔(현재 운남), 영요嶺徼(현재 광동과 광서), 양강兩江(강남과 강서), 계동谿洞(호광) 사람들이 (경계를) 침범하고 자기들끼리 종종 싸움이 발생한다.[7]

변방의 정사政事가 차츰 이완되어도 (그들에 대한) 경계를 염두에 두지 않았기 때문에, 적절한 재능을 갖춘 변방 담당 관원을 찾기 어렵다고 말한다. 지정至正 10년(1350) 가을 선위사겸 도원수 악륵철諤勒哲을 대성臺省으로 임명했으니, 어질고 용맹하며 사리가 분명한 자를 오랫동안 기다린 결과이다. 정사政事를 맡은 지 수개월 만에, 그 명령이 엄정해지고 정기旌旗의 색깔이 바뀌었다. 이로써 기강紀綱을 바로잡고, 법을 만들었으며, 여러 폐단과 진흥시켜야 할 일을 헤아려 시행했으나, 대부大府에는 아직 제명題名이 존재하지 않으니 어찌 (그가 행한) 권선징악을 (널리) 알릴 수 있겠는가? 이에 비석을 세우도록 명령했으며, 그의 업적을 정리하고 글을 지어 (비석에) 새기라고 나에게 위촉해, 후세 사람들이 개벽 이래 현재까지 변방 행정의 득실得失과 크고 작은 재능을 보고 듣도록 했다. 이렇게 한다면 역대 (정책에 대한) 지적과 그에 대한 논의가 공론公論으로 자연히 존재하게 되니, (어찌 그것을) 두려워하지 않겠는가?

2. 오랫동안 사람의 발길이 닿지 않은 숲

오진역吳振棫, 『검어黔語』

다음의 두 원문은 오진역이 19세기 중엽에 편찬한 『검어』에서 발췌했다.[8] 그 내용은 주로 18세기 귀주성 남동쪽의 두 숲에 관련된 역사이며, 그러한 종류의 저서 가운데 유명한 작품이다.

귀주성 전역에서 숲이 감소하고 있었지만, 19세기 중국인들이 귀주성의 숲에 대해 얼마나 무서운 인상을 가졌는지를 살펴보는 일은 흥미롭다. 오진역은 숲을 사실상 매우 위험하고 잘 알 수 없는 한편, 격리된 장소로 소개하고 있으며, 모험을 무릅쓰고 들어가는 사람도 매우 드물 뿐 아니라, 도적이나 반란 세력이 은닉하기 좋다는 사실 때문에 행정당국도 숲을 두려워한다고 언급했다.

중국의 법 적용은 숲의 외곽지대에 국한되었다. 역사적으로 볼 때, 한족의 침입에 좀 더 잘 저항하기 위해 묘족들이 여러 차례 숲 속으로 도피한 이유는 바로 그 점 때문이었다.[9]

두 번째 원문은 비한족 주민의 관점에서 시행된 동화 정책의 예상치 못한 결과를 보여준다. 귀주와 호남성 경계 지역에 살던 홍묘족紅苗族은 한족에게 토지를 탈취당했으며, 그것을 되찾으려 한 이유로 잔혹하게 진압당한 사실은 그러한 교훈을 잘 말해준다. 이어 홍묘족은 그들보다 힘이 약한 토지 소유자들로부터 토지를 강탈했는데, 그 강탈 방법이야말로 한족이 사용한 방법과 매우 유사하다는 사실을 알려준다.

「우피정牛皮箐」[10]

운남과 귀주 사람들은 대나무와 나무가 울창한 곳을 정箐이라 하는데, 정이란 명칭이 붙은 곳이 많이 있지만, 우피정보다 더 넓은 곳은 없다. 그곳은 현재 단강청丹江廳 청치廳治의 동남쪽, 남쪽으로는 고주古州, 팔채八寨, 도강都江과 서로 잇닿아 있는데, 대체로 수백여 리이다. 험한 계곡이 굽이쳐 있고 다시 높은 산이 자리 잡고 있으며, 울창한 수목이 오래된 철색鐵色을 띠고 있어 그 수령樹齡을 알 수 없다. 낙엽이 수 척尺이나 쌓여 땅을 볼 수 없으며, 일 년 내내 안개, 비, 얼음, 눈이 존재해 봄이 없는 곳이다. 승냥이의 이빨이 부지불식간에 사람들을 해치며, 살모사는 독을 들이쉬고 내뿜으니, 태장太章과 수해豎亥[11] 이래 그곳에 수레 자국과 말발굽 흔적, 그리고 사람이 들어간 적이 없었다. 옹정 연간(1723~1736)에 경략經略 장광사張廣泗가 병사를 나누어 이 지역에 숨어든 융족戎族을[12] 소탕한 후에, 마침내 여러 갈래의 미로迷路 같은 좁은 길이[13] 차츰 생겼지만, 도둑들의 소굴이 될까 우려해, 건륭 3년(1738)에 봉금封禁하라는 명령을 내렸다.[14]

「구천리九千里」[15]

하강청下江廳은 통판通判 한 명이 있으며, 여평부黎平府 남쪽 180리에 있고, 다시 하강 서남쪽 160리에 위치한 곳으로 일명 구천리라 한다. 그 면적은 도첩圖牒[16]에 나와 있지 않으며, 어떤 사람은 서쪽으로 고주古州의 쇄랍채碎拉寨, 남쪽으로 광서성廣西省 사은思恩의 대붕大棚, 서남쪽으로 여파荔波의 납의채拉義寨와 접해 있는데, 수백 리에 불과하다고 말한다. 산이 깊고 대숲이 울창하며, 생묘들의 소굴로 중국인들은 그곳을 밟아본 적이 없다. 그곳에 (중국인들이) 들어간 건 건륭 50년(1785) 이후의 일이며, 그때서야 비로소 산에 올라 벌목하는 사람들이 있었지만,[17] (그런 지역도) 내지와 가까운 곳이었으며, 감히 깊이 들어가지 못했다. 예전에 이익을 탐해 무역을 하는 자들이 그곳에 들어갔지만,[18] 바로 억류당해 다시 (내지로) 나오지 못했다. 그래서 그 지역의 넓이가 얼마나 되는지를 알고 또 깊이 연구하는 사람이 없었다.

가경 연간(1796~1821) 초엽, 귀주성과 호광湖廣 지역 군사들이 진간鎭筸, 동인銅仁 일대를 진압할 당시,[19] 홍묘紅苗가 몰래 들어가 생묘生苗들을 속이고 그들을 소작인으로 만들어 산지山地를 경작했다. 홍묘는 본디 교활한 반면, 생묘는 어리석어 그런 사실을 알아차리지 못했다. 이후 차츰 (생묘들의) 토지를 침범하고 몰래 흙 속에 비석을 매장하고는, 생묘와 함께 그것을 발견해, 이전 자신들의 조상들이 대대로 경작했던 곳이라 하면 생묘들은 그 사실을 전혀 눈치채지 못한다. 이에 노과老果 등의 생묘들이 무리를 모아 홍묘를 내쫓고 그 기세가 흉흉해진다. 해당 관청은 사람을 보내 (생묘들로부터 빼앗은) 이전 토지를 되돌려 주도록 타이르고, 홍묘를 살해한 생묘를 치죄治罪하고 나서야 생묘의 무리들이 해산했다. 이 모두가 도광道光 3년(1823)의 일이다.[20]

3. 경작지로의 복귀를 위한 조치

왕연王燕, 「권민개간황전소勸民開墾荒田疏」

다음 글은 황무지를 다시 개간하기 위해 일반 백성들에게 권고한 사항이다. 강희 35년(1696) 귀주순무로 임명되어 귀양에서 올린 상주문이다. 이 글은 17세기 말엽 귀주성의 농업이 얼마나 피폐했는지를 알려준다.

"…제가 부임한 후 양책糧冊을 조사해본 결과, 전성全省의 황전荒田이 여전히 4/10에 달했으며, 끼니를 해결하기 어려운 묘민과 한족漢族들도 적지 않았습니다.

농업이야말로 식량(문제)을 해결하기 위한 근본이라고 생각이 들어, (저는) 모든 지역의 묘민과 한족들에게 황전을 개간해서 세금과 식량에 충당하도록 권유했습니다. 2년 동안 황전의 개간을 보고한 사실이 매우 드물고, 귀양부貴陽府 관할 각 토지의 보고에 따르면 방기放棄된 토지가 많아, 4~5년 뒤에는 풍작이 들어도 본래 들인 자본을 건질 수 없으며, 세량稅糧의 징수액 또한 지역마다 많은 차이가 나기 때문에 황무지를 개간하는 사람이 적습니다. 저는 포정사布政使와 양·역도糧·驛道가 만나 개간이 가능한 토지가 얼마나 존재하는지에 대한 (조사를) 시행할 수 있도록 조치했습니다. 이후 그 명령에 의거해, 포정사와 회동한 양역귀동도糧驛貴東道 고항예高恒豫는 다음과 같이 자세히 설명했습니다. '귀주성은 험한 산이 중첩되어 있으며 숲이 많아, 경작지가 모두 산중에 존재하고, 토질이 차갑고 척박한 (탓에) 추수시 곡물이 잘 영글지 않아 내지의 비옥한 경작지 (생산량)의 1/3에도 미치기 어렵습니다. 산전山田을 개간하는 데 (필요한) 인력과 농우農牛, 종자도 다른 성省에 비해 배가 더 필요합니다. 4~5년이 지나야 겨우 약간의 수확을 거둬들일 수 있지만, 노동력과 농우, 종자 비용을 충당하지 못합니다. 6년이 지나서 제대로 수확이 이루어지면 세금을 부과할 수 있지만, 세금을 납부하고 나면 겨우 입에 풀칠할 정도이며, 종전에 개간을 하기 위해 들인 비용은 결국 보상받을 길이 없기 때문에, (결과적으로) 경작지에 세량稅糧이 많아져 개간을 게을리하는 것입니다.'

(이미) 세금을 적게 납부하는 황전을 제외하고, 현재 세금이 많은 황전에 대해 어리석은 신臣이 다음과 같이 청합니다. 매무每畝당 은 1전錢 1분分~1전 5분, 미米(도정한 쌀) 1두斗 1승升~ 1두 5승을 징수하고, 행여 은과 쌀米을 동일하게 계산해서 그 둘로 동시에 징수할 경우, 은 1전 혹은 쌀 1두를 경감輕減하도록 청합니다. 또한 은 1전 6분~2전, 쌀 1두 6승~2두를 납부해야 하는 사람들은 그 양을 1/3로 경감하도록 청합니다. 은 2전 또는 쌀 2두 이상을 납부해야 하는 사람들은 그 반절을 경감하도록 청합니다. 이렇게 한다면 묘족과 한족은 모두 열심히 개간을 할 것입니다. 이곳에 부임한 이 우매한 신하의 생각으로는 이러한 종류의 황전에서 (얻을 수 있는) 이익을 오랫동안 방치하는 것은, 세금을 경감시켜 백성들에게 개간을 권장하는 것보다 못합니다.

엎드려 바라건대, 황상皇上의 큰 은혜로 이후 귀주의 개간된 황전荒田의 세액을 기준에 의거해 경감시켜서, 정한 대로 운용된다면 6년 후에는 세량이 많아지고 (다른 지역) 관리들의 부러움을 사게 될 것이며, 개간에 소요된 비용도 거둬들일 수 있을 것입니다.

장차 가난한 백성들은 황상皇上이 은혜를 더해 지극한 인정仁政을 베푸셨다는 소리를 듣게 되면, 춤추지 않는 사람이 없으며, 다투어 농우農牛와 종자를 갖춰 온 힘을 다해 개간에 힘쓸 것입니다. 이후 황전은 점차 비옥한 토지로 변할 뿐 아니라, 묘족과 한족들 모두 의식이 풍족해질 것입니다….

국가의 경비가 대단히 많은데, 신이 어찌 감히 세금의 경감을 입에 올리겠습니까? 다만 신이 오늘 요청드리는 바는 현재 황전으로 남아 있어 징세를 할 수 없는 경작지의 세금을 경감시키는 건 징세액이 없는 경작지에 징세를 하는 것과 같다는 점입니다. 또한 황상께서는 귀주 한 성의 묘족과 백성들을 보위하기 위한 비용과 군량을 내지에서 징발해서 (귀주성으로) 보내는 비용이 매년 거의 40만 량에 달합니다."

4. 묘족들에 대한 교육

장광사張廣泗, 「설립묘강의학소設立苗疆義學疏」

다음 자료는 옹정 7년(1729)~옹정 10년(1732) 사이 귀주순무로 있던 장광사가 새로 행정구역에 편입된 묘족 지역에 의학 설립을 요청하는 글이다.[21] 꽤 장문의 이 글은 청 정부가 비한족 주민들에 대한 정책에서 교육을 무엇보다 중시했던 사실을 알려준다. 장광사에게는 모범적인 동화이자 완벽한 상호 화해라고 할 수 있는 〈자발적인〉 한화漢化가 이루어지는 건 비한족에 대한 중국식 교육이었다. 그러나 비한족에 대한 교육의 실시에 대한 장광사의 입장은 꽤 유연했다. 그는 비한족에 대한 교육이 가져올 수 있는 문제점을 고려했을 뿐 아니라, 그러한 변화에는 시간이 필요하다는 사실도 알고 있었다.

학정學政에 관련된 일을 삼가 진언하오니, 살펴보시고 현명한 말씀을 내려주시기 바라옵니다. 신臣은 귀주성이 비록 먼 변방에 있는 지역이지만, 성조聖朝의 평화와 번영, 그리고 (황상의) 덕과 은택恩澤이 이곳에도 미치고 있음을 목도했습니다. 백년 이래 이곳의 백성과 사물이 모두 귀순歸醇하고 인문人文이 번성한 까닭에, 내지의 숙묘熟苗들도 그러한 번영을 보고 감격해 하며, 모두 스승을 따라 (학문을) 배워 과거에 응시할 수 있다는 점을 알고 있으니, (이는) 황제께서 특별히 묘적苗籍을 설치해 묘족도 과거에 응시할 수 있도록 한 은혜를 입은 덕분입니다. 현재 각 부·주·현에서 세과歲科를 실시하면 묘족 아이들이 시험에 응시해 생원生員에 합격하는 자가 1~2명이 있어, 그들에게 상을 주고 (생원)으로 선발하고 있습니다. 이것을 계기로 (숙묘) 외에 생묘도 따라서 (과거에) 응시해 풍습이 개선되니, 모든 사람들이 중국의 영역으로 귀부歸附해서 진실로 그 즐거움과 이익을 모두 누리게 되었습니다. 이는 참으로 황상의 어짊과 위엄이 멀리 전파되어 그 교화가 오랫동안 융성하고, 말없는 가르침이 은연중에 끝없이 확산된 게 분명합니다.

이번에 학신學臣[22]으로 임명된 서본(徐本, 1638~1747)이 항목별로 상주하기를, '새로 편입된 묘족 학생들은 이미 양민良民이며 그의 자제들 또한 진학을 생각하고 있으므로, 동천東川과 호남성의 예에 따라[23] 묘족이 사는 인근 향촌에 의학義學을 설립해 경서經書[24]를 공부한다면, 수년 후에는 과거에 나아갈 수 있으며 내지의 묘적에 편입시켜, 한족들과 동일하게 그들을 관리할 수 있을 것입니다'라고 했습니다. 따라서 신이 묘인들을 조사한 (결과), 그들도 마음과 몸으로는 인륜을 알고 있는 부류이며, 다행히도 모든 사람이 황제의 적자赤子라는 황제의 자비로움을 (스스로) 체득하고 있습니다. (그러한 사람들을) 모두 계산하면 새롭게 편입된 2~3천 리에 이르는 상·하 유역의 묘족 지역의 호수戶數가 수십만을 넘고 있습니다. 아울러 청하옵건대, 군영을 설치해 방비하고, 전문 관리를 두어 교육을 담당하도록 해야 합니다. 그들을 안무按撫하고 편안하게 하고 난 다음에는, 반드시 그들 가운데 특출한 사람을 (뽑아) 그곳에 안착하도록 해서, 예의를 익히게 하고 차례대로 그들을 순화시킨다면 차츰 풍속이 한결같게 되는 효과를 볼 수 있을 것입니다. 이것이 의학을 설립해 새로 편입된 묘족의 자제들을 가르치고자 하는 요청을 드리는 까닭이며, 이는 실로 묘족 지역을 진흥시키고 고무하는 가장 중요한 일일 것입니다.

이런 이유로 포정사사布政使司의 포정사布政使 악미달(鄂彌達, ?~1761)[25]이 저와 함께 (이 문제를) 상세히 의논하고자 왔으며, 신등臣等이 상·하류의 새로 편입된 각 지역을 다시 조사한 결과, 그곳의 묘족은 종류가 다양했습니다. 예를 들어 상류 부근의 안순安順, 진령鎭寧 등의 부·주

府·州의 지방에는 중묘狆苗가, 그 하류 부근인 도균都匀, 진원鎭遠 등의 부府에는 흑묘黑苗가, 그 부근의 여평부黎平府의 한 변방 지역인 고주古州에는 동묘洞苗가 살고 있는데, 모두 그 성격이 난폭하고 습속이 야만스러우며 완고해, 종래에 교육의 효과가 미치지 않았던 곳입니다. 과거 광서성 사성泗城 토부土府의 관할이었던 영풍주永豊州의 토민들은[26] 본래 생묘가 아니었지만, 토부土府가 악습에 젖어 토민들이 학문을 배워 지식을 갖게 되면 가혹한 정사를 펼치기가 불편하다고 생각해, 독서를 허락하지 않았던 (결과), 어리석게도 날뛰며 완고한 지경이 생묘와 다를 바 없게 되었습니다. 이들 묘민이 이미 폐하의 은덕을 입었으니, 일단 불행에서 벗어나 생활이 편안해진다면 그들을 교육시켜 개도開道할 수 있는 방법이 반드시 적지 않을 것이며, 이것이야말로 묘민을 향화向化시키는 유일한 방법입니다. 그 처음에는 취학하는 자제들의 수효가 많지 않을 것이며, 묘채苗寨도 역시 그러할 것입니다. 무릇 왕래하는 한간漢奸이 있다면, 당연히 금지시켜야 하며, 만약 교육을 핑계로 유생儒生 등이 이곳에 머무르고자 한다면, 한시적으로 그를 (선생으로) 뽑되, 해당 문무 관원들이 그를 철저히 조사하지 않아서 (생기는) 사단이 발생하지 않도록 해야 합니다.

영풍주永豊州는 늘 장기瘴氣가 있는 곳이어서, 사람들이 그곳에 가기를 꺼려하므로,[27] 신등臣等은 먼저 영신營汛이 자리 잡고 있는 곳을 선택한 후, 묘호苗戶의 많고 적음을 구분해 각각 의학을 설립해서 수업을 하도록 할 것이며, 그들이 점차 감화되고 그 기운이 더욱 왕성하게 된 연후에, 비로소 지역에 따라 학교를 나눠서 실시한다면 실효實效를 볼 수 있을 것입니다.

하류 부근 여평부의 고주古州를 조사해 본즉, 이미 중진重鎭으로 자리 잡아 묘족들의 수효가 매우 많으므로 두 곳에 의학을 설립할 예정입니다. 청평현清平縣 부근의 대단강大丹江과 소단강小丹江 일대, 도균부 부근의 팔채, 진원 부근의 청수강淸水江 일대인 옛 시병施秉, 그리고 또한 상류 부근의 안순, 진녕鎭寧 등지의 파정擺頂, 위원威遠 일대 영신에는 모두 장수와 수비守備 등의 관원을 주재시키고 의학義學 한 곳을 설립하며, 새로 설치된 동지同知와 통판通判이 통제와 행정을 총괄하도록 하겠습니다.

영풍주의 주치州治는 민구珉球[28]에 있으며, 책형冊亨과 나곡羅斛의 주동州同과 주판州判이 나누어 주재하는 곳으로, 영신營汛이 모두 이곳에 자리 잡고 있으므로 이 지역에 각각 의학 하나를 설치해야 하며, 영풍주의 지주知州, 주동, 주판이 이 지역 일대에 대한 조사를 담당하도록 하겠습니다. 또한 영풍주에는 이미 학정學政 한 명이 설치되어 있으며, 아직 과거에 응시한 학생이 없지만, (학정이 제반 사항을) 관할할 수 있으므로 장차 이 세 곳에 설치하는 의학은 영풍주의 학정과 상의해 행정과 교육을 할 수 있도록 하겠습니다. 교육 담당자의 경우, 각 인근에서 유생의 (실력을) 파악해 뽑고, 장차 건립될 의학에 필요한 건물과 매년 필요한 수리비와 음식에 드는 비용은 모두 신등臣等이 기부금의 (액수를) 헤아려 운용하며, 의학 설립을 빌미로 묘족들에게 규정 외의 돈을 거두지 못하도록 하겠습니다. 각 지역의 군영이 자리를 잡은 이후에[29] 비로소 이 모든 일을 시행할 예정이지만, 교육의 경우 이 묘족들은 내지의 뛰어난 사람들과 다르기 때문에, 그들의 지식을 일깨워 차차 예법을 알게 하도록 하는 게 중요합니다. 모든 의학에는 당연히 『성유광훈聖諭廣訓』을 비치하고, 각 조항별로 강의를 진행해 학생들로 하여금 숙독하도록 한 연후에, 경서經書를 읽도록 해야 합니다. 만일 묘족들의 자제 가운데 열심히 교과를 따라와 학문의 깨우침이 나날이 발전하는 사람이 있다면, 해당 관할 관원이 불시에 그것을 조사해 (학업 성취도에 따라 그것을) 가상히 여기는 상을 하사함과 동시에 그 부모와 형에게도 상을 내려, 학문을 장려한다는 사실을 보여줘야 합니다. 이렇게 수년이 흐른 후, 차츰 문의文義를 깨우치는 자가 있으면, 해당 관원이 학정 아문衙門에 통보해 과거를 치르게 할 것입니다.

이에 간청하건대, 황상께서는 하늘같은 은혜를 베풀어 학신들이 이런 묘족들을 기존의 묘적에[30] 편입시키지 못하도록 하고, 다만 새로 편입된 묘족들의 자제 중 적당한 사람 1~2명을 뽑아 여러 묘족들을 감화시키도록 한다면, 그들은 (자신들을) 발전시키려는 (당국의) 노고가 오래 지속될 것이라는 사실을 알게 되고, 그러한 노력이 오래되면 자신들이 보고 느낀 일체를 따라야 한다는 마음이 들어 문명화된 (존재)로 변할 것이며, 사납고 완고한 (성질)이 사라질 것입니다. 묘족 지역을 다스리는 도리에 있어 (이러한 정책보다) 도움이 되는 일은 없으며, 이 모든 건 황상께서 풍속을 다스리고 백성들의 어리석음을 깨우치는 넓은 은혜에서 비롯된 것입니다.

5. 乾隆『貴州通志』에 등장하는 청대 귀주성 성급省級 관리 일람표[31]

乾隆『貴州通志』에 등장하는 청대 귀주성의 성급省級 관리 부임시기

1) 운귀총독雲貴總督

이름	부임연도
조정신趙廷臣	順治 16년(1659)
양무훈楊茂勳	康熙 원년(1662)
변삼원卞三元	康熙 4년(1665)
감문곤甘文焜	康熙 8년(1669)
악선鄂善	康熙 13년(1674)

주유덕周有德	康熙 18년(1679)
조량동趙良棟	康熙 19년(1680)
채육영蔡毓榮	康熙 21년(1682)
범승훈范承勳	康熙 25년(1686)
정사공丁思孔	康熙 33년(1694)
왕계문王繼文	康熙 33년(1694)
파석巴錫	康熙 37년(1698)
패화락貝和諾	康熙 44년(1705)
곽률郭瑮	康熙 49년(1710)
장진석蔣陳錫	康熙 55년(1716)
장문환張文煥	康熙 59년(1720)
고기탁高其倬	康熙 61년(1722)
양명시楊名時	雍正 3년(1725)
악이태鄂爾泰	雍正 4년(1726)
고기탁高其倬[32]	雍正 9년(1731)
윤계선尹繼善	雍正 11년(1733)
장광사張廣泗	乾隆 원년(1736)

2) 귀주순무貴州巡撫

이름	부임연도
조정신趙廷臣	順治 15년(1658)[33]
변삼원卞三元	順治 16년(1659)
나회금羅繪錦	順治 18년(1661)
동봉채佟鳳彩	康熙 6년(1667)
조신길曹申吉	康熙 10년(1671)

양옹건楊雍建	康熙 18년(1679)
모천안慕天顔	康熙 23년(1684)
마세제馬世濟	康熙 26년(1687)
전문田雯	康熙 27년(1688)
위기제衛既齊	康熙 30년(1691)
국흥방閰興邦	康熙 31년(1692)
왕연王燕	康熙 37년(1698)
고기룡高起龍	康熙 42년(1703)
우준于準	康熙 43년(1704)
진선陳銑	康熙 44년(1705)
유음추劉蔭樞	康熙 47년(1708)
황국재黃國材	康熙 56년(1717)
김세양金世揚	康熙 58년(1719)
모문전毛文銓	雍正 원년(1723)
장겸張謙	雍正 3년(1725)[34]
하세기何世璂	雍正 3년(1725)
심정정沈廷正	雍正 5년(1727)
장광사張廣泗	雍正 6년(1728)
원전성元展成	雍正 10년(1732)

3) 귀주포정사사貴州布政使司[35]

이름	부임연도
황중통黃中通(좌)	順治 15년(1658)
동현충董顯忠(우)	順治 16년(1659)
안민顔敏(좌)	順治 17년(1660)
서달徐炟(좌)	順治 17년(1660)

황지린黃志遴(좌)	康熙 2년(1663)
동현충董顯忠	康熙 6년(1667)
반초선潘超先	康熙 7년(1668)
가정柯鼎	康熙 18년(1679)
장인蔣寅	康熙 26년(1687)
동안국董安國	康熙 30년(1691)
석문성石文晟	康熙 33년(1694)
단달례丹達禮	康熙 33년(1694)
왕육현王毓賢	康熙 36년(1697)
맹세태孟世泰	康熙 37년(1698)
장건적張建績	康熙 41년(1702)
지흔遲炘	康熙 50년(1711)
백황白潢	康熙 54년(1715)
양명시楊名時	康熙 58년(1719)
유정침劉廷琛	康熙 59년(1720)
배율도裴倖度	康熙 60년(1721)
유사서劉師恕	雍正 원년(1723)
신대성申大成	雍正 4년(1726)
조병규祖秉圭	雍正 5년(1727)
혁승액赫勝額	雍正 5년(1727)
악미달鄂彌達	雍正 6년(1728)
장윤수張允隨	雍正 8년(1730)
갈삼葛森	雍正 8년(1730)
상안常安	雍正 10년(1732)
풍광유馮光裕	雍正 11년(1733)
진덕영陳德榮	乾隆 4년(1739)

6. 귀주성의 이색 풍경을 읊은 시

이미 우리들은 이 책 서두에서 홍량길(洪亮吉, 1746~1809)이 귀주성의 하천과 관련해서 소개한 글을 언급한 적이 있다.[36] 그의 글을 통해 우리들이 귀주성의 혹독하고 매서운 지형을 알 수 있었지만, 다음의 시를 통해 자신의 눈앞에 새로운 세계가 등장할 때마다 그것을 항상 호의를 가지고 바라보는 매우 예민한 사람이었음을 알게 된다. 귀주학정貴州學政으로 귀주성에서 3년(1792~1796) 넘게 거주한 까닭에 그는 귀주성을 꽤 잘 알고 있었다.[37]

다음에 번역된 「검중악부십이수黔中樂府十二首」는 『관령충한집關嶺衝寒集』에서 뽑았다.[38] 그의 시는 귀주의 현실적이며 이국적인 양상을 우리들에게 알려준다. 습한 기후, 험난한 도로, 동물군群, 소수민족과 같은 저자가 택한 모든 주제는 귀주성의 독특한 양상과 일치하는 한편, 독자들을 공포 속으로 몰아넣는 게 아닌, 오히려 읽으면 실질적인 즐거움을 느끼게 한다. 〈묘족〉을 야만적이며 사나운 존재로 묘사하지 않고, 다른 풍속을 지닌 매우 매력적인 사람들로 묘사했다. 방직, 어로漁撈, 찻잎의 채집, 채소 수확과 같은 일상생활이나 결혼, 잔치, 도월跳月과 같은 대규모 집단 축제가 어떠하든, 독자들을 불편하게 하는 묘사는 전혀 들어 있지 않다. 오히려 읽고 있으면 안락한 기분이 든다. 홍량길은 귀주성을 돌아다니면서 매우 진지한 즐거움을 느꼈다는 인상을 받는다. 어떤 순간에도 그는 적대적인 감정을 갖지 않았다.

1) 새신요賽神謠

이 시는 소수민족의 토속 신앙을 암시한다. 그러나 향香을 사용하고 있다는 점에서 이러한 토속 신앙이 한족들의 영향을 받았다는 사실을 알 수 있다.

> 산 허리에 10가구가 있는데,
> 손으로 세어 봐도 100명이 되지 않네.
> 나무 꼭대기에는 새賽 집이 위태롭게 걸려 있는데,
> 토지신土地神을 모시는 곳이라 하네.
> 문 앞으로는 세찬 바람이 불어오고,
> 뒷문으로는 비가 들이치는데,
> 좁은 틈새에 낀 신神에겐 짝이 없다네.
> 마을 소녀가 향을 피우며 제사를 지내자,
> 배腹 안에서 가을 뱀이 말을 한다네.

2) 타호요打虎謠

18세기에도 여전히 이 지역의 호랑이는 거주자와 여행객들에게 위험한 요소였다. 본서 196쪽에서 언급한 것처럼, 「여부요輿夫謠」에 그 사실이 등장한다. 호랑이의 시신을 그대로 두고 떠난다는 암시가 들어 있는 이 시는 호랑이에게 잡아먹힌 희생자의 영혼이 절망감으로 다시 활동을 시작해 호랑이가 새로운 먹잇감을 찾도록 돕는 한편, 그가 사망하게 되면 다시 눈물을 흘린다는 중국의 오랜 전설과 관련이 있다는 사실을 보여준다.

줄무늬가 선명한 사나운 호랑이.
굽은 수우水牛의 뿔.
소에 올라탄 채,
호랑이를 공격하려 하네.
호랑이는 날카로운 발톱으로, 소는 예리한 우각牛角으로,
서로 맞붙어 싸우니,
산에서 나는 비린내가 숲으로 퍼지고,
피가 풀밭으로 튀는구나.
호랑이가 쓰러지면 창귀倀鬼가 등장하니, 기도하러 간다네.

3) 기룡요起龍謠

용은 귀주에서 매우 독특한 역할을 한다. 이 시는 봄이 되면 용이 양용갱養龍坑(본서 283쪽 참조)이라는 특정 장소에서 암말을 잉태하러 온다는 이족彝族의 전설을 암시해 준다.

귀주는 특히 비가 많아 음습한데,
바위 밑에 용이 얼마나 있는지 알 수 없구나.
바위 사이의 용혈龍穴을 보러 사람들이 오는데,
용이 일어나면 그 머리가 항아리만 하고,
그 소리는 종이 울리는 듯하다.
하늘이 개어도 바람과 천둥소리 요란한데,
백보百步나 되는 용당龍堂은 마치 무덤처럼 움푹하네.
숲을 헤집고 다니는 목마牧馬는 다시 모을 수 없을 정도로 많은데,
날이 새면 용종龍種이 될 망아지가 태어난다네.

4) 망어요網魚謠

『묘족수고본』에는 추위에도 아랑곳 하지 않고 옷을 빈약하게 입은 채, 고기를 잡기 위해 사철 내내 물속에 들어가는 묘족과 힐로족이 등장한다. 다음은 그것을 묘사한 시이다.

서둘러서 산에 오르고, 하산은 천천히 한다네.
화려한 꽃들이 사방 가득 너울거리고,
꽃밭을 거니니 낭군이 필요하겠는가!
의복이 물에 다 젖어도 일렁이는 봄 냇물을 두려워하지 않네.
나무 그늘 아래서 속옷을 벗고,
냇가에서 반나절 동안 물속을 뒤지더니,
여덟 번을 접은 바지 사이에서 잉어를 꺼내는구나.

5) 누천요漏天謠

우리에게는 이미 친숙한 광경이기도 한(본서 168쪽 참조) 쉬지 않고 내리는 귀주의 비를 만난 여행자들의 이야기이다.

동쪽의 황평黃平에서 서쪽의 보정普定까지[39]
10개 역참에 끝없이 비가 내리네.
구름 사이로 가끔 해가 나면,
온 동네 사람들이 진흙 묻은 옷을 말리려 하네.
첩첩의 높은 산에 가을비 그치지 않으니,
인황人荒 대신 인루人漏라 하는구나.
한 늙은이가 80세가 되도록,

맑은 날이 없었다고 말하네.

6) 도월요跳月謠

이 시는 이미 2장에서 언급한(본서 269쪽과 그 이하 부분 참조) 집단 축제를 묘사한 것으로, 이 축제는 보통 산등성이에서 열렸다.

일 년 중 좋은 계절은
중추절 전과 정월 보름 밤 후라네.
앞에는 푸른 비단으로 된 띠를 감고,
피처럼 붉은 치마를 둘렀네.
갈대로 만든 피리 소리가 사람을 휘감으면,
서로 눈길을 주고받네.
산을 오르내리는 사내는,
벌써 누구를 간절히 원하는지를 알고,
하늘에 낀 검은 구름이 달을 가리네.

7) 적소요摘蔬謠

이 시에서 저자는 묘족들의 하루 끼니가 매우 빈약하다는 사실을 환기시킨다. 귀주성은 소금이 부족했다는 사실을 이미 언급한 바 있다(본서 390쪽과 그 이하 참조). 고기는 소를 잡아 세사를 지른 후 행하는 잔치에서 주로 먹었던 것처럼 보인다(본서 273쪽 참조).

부엌엔 소금이 없어 음식 만들기가 어렵고,
채반엔 고기 한 점 없다네.

다행히 밭 한구석에 푸른 채소가 있으니,
산촌 사람들은 늘 그런 채소만 먹는구나.
매우 노란색 호박, 자색紫色의 가지를 대나무에 가득 짊어지고 가는데,
손을 잠시 내밀어 나무 가지 끝의 홍시를 딴다네.

8) 채다요采茶謠

다른 시와 달리, 이 작품은 귀주 지역의 독특한 양상을 보여주지 않는다. 여기서 표현된 감정은 차라리 중국적이다.

오늘 아침 나 홀로 왔는데,
어제도 찻잎을 하나도 못 땄지만,
옛일을 생각하며 노래를 짓네.
지난 봄 산기슭에서 찻잎을 따다가,
귀로歸路에 유유자적하니 늦어도 싫지 않다네.
차 바구니를 베개 삼아 잠을 잤는데,
어릴 적 만발했던 꽃이 머리까지 올라오고,
나비 한 쌍이 내 뺨에 앉아 있구나.

9) 연객요宴客謠

이 시도 묘족들의 집단 축제를 언급하고 있지만, 여기서는 주로 잘 차린 음식과 술이 등장한다.

남자는 결혼해서 여자를 맞아들이고,

여자는 출가出嫁를 원한다네.
잡풀 한 가운데 회색 방석을 깔고,
낯선 손님들을 맞이하네.
8척 길이의 석대石臺에는
동서남북으로 술독이 있으며,
앉은 자리 옆에는 누군가가 끌고 온 누런 송아지가 있으니,
고향을 떠나 온 그 소도 손님이로구나.

10) 가녀요嫁女謠

이 시에는 청춘남녀가 집단으로 만나는 장면의 묘사와는 다른 개념의 일이 언급되어 있다. 어쩌면 상속 문제 때문에 자유로운 결혼을 용납할 수 없었던 지역의 수장首長 가문에서 벌어지는 관습을 암시하고 있는지도 모른다.

소녀의 나이 열다섯이면 결혼이 늦었다 걱정하며,
열셋이면 결혼이 빠르다 하네.
싫든 좋든 열세 살 소녀는 오래전 정혼定婚을 했으니,
지참금은 산양 뿔 열 개와 백미白米 백 자루라네.
결혼시키려 아끼지 않고 재산을 써버렸는데,
그것을 되찾으려 해도 응하지 않으니,
누런 양을 안은 채 물가에서 통곡하네.

11) 직금요織錦謠

본문에서 언급한 대로(본서 265쪽 참조), 한족들이 매우 귀하게 여

긴 묘족들의 아름다운 직조품을 이 시는 언급하고 있다.

엄마는 붉은 비단을 짜고,
딸은 고운 색실을 짠다네.
대나무로 된 작업장은 겨우 한 칸뿐인데,
비단을 짜며 사방을 둘러보네.
구석에 있는 사내에게 때때로 눈길을 주지만,
열 가락 손마디에서 고운 비단이 나오네.
봄날 새들이 처마 위에 나란히 정렬해 있으며,
비단에 새겨 있는 한 송이 꽃이 살아 있는 듯하구나.

12) 예람요曳纜謠

이 시는 산악지역 고유의 풍속을 말해 준다. 실제로 산등성이가 매우 가파른 탓에, 가마꾼들은 가마를 메고 나아가기가 어려웠다. 따라서 의자에 묶은 끈을 이용해 일부 짐을 나르는 보조 일꾼의 도움을 받았다. 끈을 이용해 배를 예인하는 사람처럼 그들을 염부縴夫라 불렀다. 이러한 모습은 운남, 감숙, 영하寧夏에서도 등장한다.[40]

관리가 오면 가마꾼이 쉬지 않고 오가는데,
널빤지를 묶은 두 끈을 손으로 잡고 있구나.
산에 오를 땐 앞서 가고,
내려올 땐 뒤에 있다네.
머리에서 난 땀방울이 구레나룻 사이로 쉬지 않고 흐르며,
나무막대 위에는 향기 나는 꽃이 꽂혀 있네.
그들의 말은 마치 생묘生苗의 말처럼 알아들을 수 없지만,
그가 좋은 관리라면 하늘 위라도 보낼 수 있으리라.

7. 한족의 소수민족 언어에 대한 이해 : 엄여익嚴如熤, 『묘방비람苗防備覽』에 등장하는 네 소수민족의 언어

서론

외국어를 이해해야 한다는 실질적인 필요성 때문에 중국인들은 어휘소사전을 다수 출간했다. 개인이 출간한 경우도 있으며, 명대 설치해 순치順治 원년(1644) 다시 문을 연 사이관四夷館에서 국가가 편찬한 경우도 있다. 사이관에서는 중앙아시아의 여러 비한족과 조공국朝貢國의 언어를 주로 연구했다. 그러나 서남 지역 비한족 언어에 대한 연구는 상대적으로 소홀했던 것처럼 보인다.

우리가 이용할 수 있는 18~19세기 초엽 출간된 서적 가운데, 다음 두 저서만 서남 지역 소수민족 언어를 다뤘다. 우선 『묘방비람』으로서, 그 책에는 다음 네 소수민족 어휘가 들어 있다(『묘방비람』 권8, 「風俗考」(상), 5쪽 하~8쪽 상 ; 同書, 권9, 「風俗考」(하), 10쪽 상~11쪽 상 ; 同書, 권9, 「風俗考」(하), 6쪽 상~7쪽 하; 同書, 권9, 「風俗考」(하), 2쪽 상~3쪽 하 참조)[41]

- 211개의 단어와 표현을 담은 묘족苗族 어휘(권8, 5쪽 하~8쪽 상)
- 102개의 단어와 표현을 담은 요족猺族 어휘(권9, 10쪽 상~ 11쪽 상)
- 115개의 단어와 표현을 담은 힐로족犵狫族 어휘(권9, 6쪽 상~7쪽 하)
- 140개의 단어와 표현을 담은 토인土人 어휘(권9, 2쪽 상~3쪽 하)

『묘방비람』보다 약간 뒤에 출간된 『초동지략楚洞志略』(『총서집성叢書集成』본)은 호남성 북서 지역 묘족 언어를 다루고 있으며, 『묘방비람』보다 단어의 수효가 적고 완전하지 않지만, 이 두 책에 등장하는 단어는 꽤 연관성이 높다.

이러한 어휘들은 그 수록된 단어의 수량은 다르지만, 동일한 방식으로 작성되었음을 알 수 있다. 위 두 자료에는 일상적으로 사용하는 물건, 동물, 친족親族(parenté)을 나타내는 명사에 대한 관심이 매우 높게 나타난다. 한편 동사와 그 밖의 여러 표현들이 많지 않지만, 그러한 단어 선택이야말로 한족과 소수민족 사이의 관계를 알려주는 표시이다. 아래의 예가 그러한 경우이다. 즉 〈빚이 있다, 다른 사람을 살해하다, 강탈하다, 연합해 싸우다, 어떤 사람에게 최고의 감정을 느끼게 하다, 합의를 못하다, 어떤 일에 개입하다〉와 같은 동사와 일련의 표현들이다.

『묘방비람』의 저자에 따르면 위 네 소수민족의 어휘들은 호남성 북서 지역에서 사용되었던 말들이다.

묘족 언어는 귀주성 극동지역, 송도, 동인 등의 지역에서도 사용되는 상서湘西 방언군方言群에 속하며 현재 언어학자들도 그렇게 간주한다. 중국사회과학원 소수민족어언연구소少數民族語言研究所에서 편찬한 『中國少數民族語言簡志』(苗族과 猺族 부분)에 등장하는 상서湘西 방언과 묘족 언어를 비교하면, 18세기 저자들의 불완전한 표기에도 불구하고 일치되는 점이 꽤 많다는 사실을 대번에 알 수 있다. 그러한 예의 일부를 보면 다음과 같다.

단어의 뜻	현재 상서湘西 방언	『묘방비람』의 표기
묘	qɔ^{1} ɕioŋ^{1}	guo xiong
태양	n̥he^{1}	nai
달	l̥ha^{5}	la
쌀	l̥hie^{5}	li

꽃	pen^{2}	pen
나무	qɔ^{2} ntu^{5}	guo zhu
물고기	ta^{1} mɟ m^{48}	da mo
수전水田	la u^{1}	la wu
할머니	a^{37} niaŋ ^{2}	a niang
할아버지	a^{27} phɯ^{1}	a pu
어머니	a^{37} mi^{48}	a mi

중국어 표기에 사용된 사성四聲의 구분이 묘족 언어의 성조聲調와 일치하는지를 알아보는 일은 흥미로운 일이다.

다른 한편 현대 학자들이 강조한 문법적 독특함도 다시 찾아볼 수 있다. 첫째, 묘족 언어에는 상서 방언에 등장하는 guo라는 단어가 무생물이나 사람을 지칭하거나(qɔ^{1}), ta^{1}라는 단어가 동물을 지칭하는 것(dà)과 같은 두 방식의 표기가 존재한다. 이러한 단어들은 그 단어가 별도로 혹은 피한정어被限定語와 한정어限定語가 없는 문구에만 사용된다. 둘째, 일부 호칭 앞에 사용해 존중의 뜻을 의미하는 접두사 a가 존재한다는 점이다.

일상 생활에 관련된 대부분의 어휘를 살펴보면, 중국어에서 차용한 단어는 거의 찾아보기 어렵다. 그러나 wa(기와, 瓦), suo(자물쇠, 鎖), yan(담배, 煙), 그리고 a ba(100, 百), a wan(10,000, 萬)처럼, 숫자와 용량을 나타내는 일부 단어는 중국어에서 차용되었다.[42]

요족 언어에는 예상하지 못한 여러 어려움이 존재한다. 『묘방비람』의 저자는 호남성 북서 지역에 사는 요족들의 정확한 분포 지역을 밝히지 않았다. 그러나 A. 오드리쿠르(A. Haudricourt)는 요족의 언어를 검토한 끝에 묘족과 요족 언어와의 상관성(본서 297쪽 참조)에 관한 언급에서 등장하는 동요東猺(즉 布努)의 방언 그룹과 유사하다고 지적했다. 〈눈, 코, 귀〉라는 단어는 포노와 바엥(Ba eng) 언어군 사이에 존재하고 있는 것처럼 보인다. 다른 한편, 요족 방언 분포도에서 포노족은 호남성 북서 지역 중앙의 서포현漵浦縣 일대에 분포되어 있는데, 이는『묘방비람』에서 언급된 위치와 비교적 일치한다.

나머지 다른 두 민족의 언어는 매우 간략하다. A. 오드리쿠르는 흘료족 언어의 경우, 〈입, 손, 황소, 물소〉와 같은 본서에 등장하는 어휘들이 한때 힐로족의 언어를 태족 언어로 분류한 S.R. 클라크(S.R. Clarke, *Among the Tribes in South West China*, Londres, 1911)와 A. 보니파시(A. Bonifacy, "Etudes sur les langues parlées par les populations de la haute Rivière Claire(「클레르강 상류 주민들의 구어 연구」)," B.E.F.E.O., 1905, 5, 306~327쪽)가 수집한 어휘들과 어느 정도 일치하다는 사실을 알려준다. 반면 중국인들은 흘료족의 언어를 묘족-요족 언어군으로 분류하며, A. 오드리쿠르의 연구를 다시 한 번 인용해서 말한다면, 본서에 등장하는 어휘 속에서 중국어의 위상을 설명해주는 사실이 존재한다.

〈토인〉의 언어에서 제기되는 첫 번째 어려움은 토인이 정확히 어떤 종족인지를 알 수 없다는 점이다. 중국 저자들이 매우 빈번히 사용하는 토인이란 단어는 다양한 의미를 지닌다. 우선 토인은 단순히 토착 지역민을 의미할 수 있다. 하지만, 여러 다른 사료와 귀주성 여러 지역에 그들이 존재한다고 언급하고 있는『묘족수고본』에서 확인할 수 있듯이, 어떤 특정 소수민족을 의미할 수도 있다.『동계섬지峒溪纖志』, 55쪽 하에 의하면, 그들은 귀주성 동쪽에 위치한 신첨사新添司에 분포하며 위소衛所의 군인과 결혼한 사람들이었다. 또한『동계섬지』의 저자는 여평부 시병施秉의 토인들은 파주播州(현재 준의)에서 이주한 후예라고 언급했다.[43] 그러나 20세기에도 중국인들은 그들을 따로 분류해 중국의 공식적인 소수민족 중 하나로 규정하고 있다. 현재에도 토인들은 호남성 북서 지역 일대에 분포한 소수민족을 의미한다. 따라서 토인들의 언어를 다른 소수민족 언어와 함께 기록해야 한다고 생각한다. A. 오드리쿠르의 연구를 다시 한 번 인용하면, 중국인들은 토인을 이족彝族과 동일한 종족으로 분류한다. 본서에 등장하는 토인 어휘 중 〈불〉과 〈하늘〉 등의 단어들은 이러한 구분에 부합된다. 그렇지만 토인 언어를 다룬 연구는 아직 등장하지 않았다.

다음에 기재된 소수민족 언어를 표현하기 위해, 중국 병음 표시를 이용했다. 그러나 원칙적으로 관화官話를 사용했던 조사자들은 그들이 일상적으로 사용한 방언에서 차용된 문자를 기재했을 가능성도 있다. 『묘방비람』의 저자인 엄여익嚴如熤은 호남성 서포현溆浦縣 출신이지만, 그가 직접 소수민족 방언을 직접 조사했는지 여부를 자신의 저서에서 전혀 언급하지 않았다.

1) 한족漢族과 묘족苗族의 언어 대조

두 번째 칸에 따로 '-'가 첨부된 어휘들은 『묘방비람』과 『초동지략楚洞志略』에 동시에 들어 있는 단어들이다. 『초동지략』에 표시된 발음이 다를 경우, 해당 단어를 괄호 안에 넣었다. X표가 있는 단어들은 『초동지략』에만 나오는 단어이다. 끝으로 일부 단어에는 성조聲調를 표시했음을 밝힌다.

天	各達 -ge-da
地	羅 luo
日	奈 nai
月	喇 la

雲	覩 du
天晴	魯內 -lu-nei
天陰	乍內 -zha-nei
天晚	茫內 -mang-nei
夜行	晦際 -hui-ji
風	箕 ji
雨	儂 nong
雪	拍 -pai
山	補 bu
上山	溜補 liu-bu
路	能勾 neng-gou
塘	名印 ming-yin
田	蜡屋 1) la wu
	補 2) bu
耕田	鑠喇 shuo-la
耕地	鑠落 shuo-luo
瓦屋	背瓦 bei-wa
茅屋	補楚 bu-chu
木	果柱 guo-zhu
花	盆 pen
大官	猛貴 meng-gui
小官	得官 de-guan
兵	乍金 zha-jin
民	果乍 guo-zha
苗	果雄 guo-xiong
祖父	阿譜 -a-pu

祖母	阿娘 -a-niang
父	阿巴 -a-ba
母	阿米 -a-mi
伯	馬龍 -ma-long
叔	馬要 ma-yao
兄	阿那 -a-na
弟	得苟 -de-gou
姊	阿亜 a-ya
妹	亜苟 ya-gou
子	得帶 -de-dai
女	得帕 -de-pa
姑	阿孟 a-meng
姨	能龍 neng-long
外祖	阿達 a-da
竹	木籠 mu-long
舅	阿內 a-nei
娘	能 neng
孫	茁 zhuo
夫	幫 bang
妻	歐 ou
妻舅	唪補 nai-bu
親家	把截 ba-jie
朋友	同年 tong-nian
自	委 -wei
人	蒙 -meng
說話	破多 po-duo

寫字	身讀 shen-du
娶親	內戳 -nei-chuo
嫁女	張得帕 -zhang-de-pa
有喪	達內 da-nei
葬	兩內 liang-nei
祭	綽滚 -zhuo-gun
請客	請內哈 -qing-nei-ha
叩頭	不備 bu-bei
頭	多北 duo-bei
耳	果謀 guo-mo
眼	合眉 he-mei
口	哈攏 ha- long
手	阿斗 a-dou
脚	果落 guo-luo
肚	果體 guo-ti
鬆	果北 guo-bei
看見	乍蒙 zha-meng
大	隆 -long
小	得 -de
肥	脹 zhang
瘦	瘠 ji
醜	乍內 zha-nei
好	若內 ruo-nei
哭	業 ye
笑	咒 zhou
坐	重 zhong

立	鑠 shuo
臥	卜夢 bu-meng
快走	獸 shou
慢走	達 da
會水	阿 a
來	擺(攏) -bai(long)
去	散(徹) -san(che)
黃牛	大躍 da-yue
水牛	大業 da-ye
虎	大瓜 mu-gua
馬	大美 da-mei
騎馬	藏美 cang-mei
羊	大客 da-ke
猪	大把 da-ba
雞	大哈 da-ha
狗	大狗 da-gou
魚	大某 da-mo
鵝	大奴 da-nu
鍋	果碗 guo-wan
罐	果著 guo-zhu
碗	果折 guo-zhe
凳	果灰 guo-hui
桌	記擺 ji-bai
錢	錢當 qian-dang
銀	硬 ying
銅	果 guo

錫	驀 mo
布	扐 le
籠	果搭 guo-da
背籠	果的 guo-de
鐵	果勞 guo-lao
箱	果補 guo-bu
鼓	播儂 bo-nong
鑼	果鉦 guo-zheng
銃	砲 pao
鎗	寫 xie
刀	果滕 guo-teng
鎖	果索 guo-suo
戥	聽硬 ting-ying
鹽	仇 chou
油	刪 shan
火	斗 -dou
燒火	北斗 bei-dou
向火	奴斗 nu-dou
冷	嫩 nun
熱	格內 ge-nei
小米	糟儂 zao-nong
大米	糟奴 zao-nu
糯米	糟糯 zao-nuo
柴	果斗 guo-dou
吃飯	攏利 -long-li
喝酒	欱酒 he-jiu

茶	忌 ji
喝茶	欱忌 he-ji
肉	牙 ya
吃肉	能牙 neng-ya
吃煙	欱煙 he-yan
被	將潑 jiang-po
帽	果帽 guo-mao
衣	阿 a
鞋	磽 qiao
袴	鎮可 zhen-ke
一	哈 -ha
二	偶 -ou
三	補 -bu
四	彼 -bi
五	罷 -ba
六	著(着) -zhu, zhuo, zhe, zhao
七	中 -zhong
八	億 -yi
九	仇 -chou
十	個 -ge
百	阿巴 -a-ba
千	阿釆 -a-ba
萬	阿萬 -a-wan
升	果賞 guo-chang
斗	果斗 guo-dou
石	果斗 guo-dou (?)

正月	喇哈 la-ha
二月	喇偶 la-ou
三月	喇補 la-bu
四月	喇彼 la-bi
五月	喇罷 la-ba
六月	喇著 la-zhu
七月	喇中 la-zhong
八月	喇億 la-yi
九月	喇仇 la-chou
十月	喇個 la-ge
十一月	喇冬 la-dong
十二月	喇柔呼 la-rou-hu
初一日	哈昧喇 ha-mei-la
初二日	偶昧喇 ou-mei-la
初三日	補昧喇 bu-mei-la
初四日	彼昧喇 bi-mei-la
初五日	罷昧喇 ba-mei-la
初六日	著昧喇 zhu-mei-la
初七日	中昧喇 zhong-mei-la
初八日	億昧喇 yi-mei-la
初九日	仇昧喇 chou-mei-la
初十日	個昧喇 ge-mei-la
過年	桂錢 -gui-qian
東	勾朧代 -gou-nong-dai
西	勾朧莽 gou nong mang
南	紀中 -ji-zhong

北	紀達 -ji-da
上	溜 liu
下	落 luo
高	率 shuai
低	亞 ya
平	排 pai
欠債	斗折 -dou-zhe
還債	必折 -bi-zhe
公道	苦理 ku-li
不公道	乍腮 -zha-sai
是	業 ye
不是	肘業 zhou-ye
殺人	打內 -da-nei
搶奪	這忒內 -zhi-te-nei
幫鬪	戮緊 lu-jin
偷竊	業內 -ye-nei
人凶	阿內內窩 -a-nei-nei-wo
挽人解念	樉歹 jiang-dai
和事不成	肘跌掌 -zhou-die-zhang
和事之人	牙郎, 行人 ya-lang, xing-ren
主盟之人	背箭 bei-jian
防事	木掌 mu-jang
不官事	張掌 zhang-zhang
水	阿 +a
天雨	儂 +nong
和事	跌掌 +die-zhang

2) 한족과 요족猺族의 언어 대조

天	昂 ang
地	列 lie
日	聽 ting
月	他 ta
星	扛 kang
風	康 kang
雲	假合 jia-he
雷	抹 mo
電	歛 han
雨	⿰犭農 nong
露	當窗 dang-chuang(cong)
霧	烏合 wu-he
霜	滓⿰木衮 zi-gun
雪	兵滂 bing-pang
春夏	動溫 dong-wen
秋冬	動鞏 dong-gong
山	補野 bu-ye
土	假功 jia-gong
水	棣 di
父	罷 ba
母	嫚 man
祖父	抱 bao
祖母	抱嫚 bao man
伯	庇 bi

兄	老奤 lao-ba
弟	老弟 lao-di
姐	哥 ge
妹	了鬼 liao-gui
夫	紀男 ji-nan
妻	嫛 ou
兒	當 dang
女	嫳 pie
孫	當省 dang-sheng
妻父	搭 da
妻母	度 du
妻兄	了怒 liao-nu
妻弟	當怒 dang-nu
人	鬼 gui
老人	果男 guo-nan
生子	董當 dong-dang
葬	乃 nai
死	擡 tai
開路	送亡 song-wang
娶親	少領 shao-ling
嫁女	了嫳 liao-pie
髮	綆庇 geng-bi
眉	紿庇美 dai-bi-mei
鬚	庇儞 bi-er(?)
眼	郎扛眄 lang-kang-mian
鼻	郎孔標 lang-kong-biao

耳	郎假爸 lang-jia-ba
口	郎假 lang-jia
指	後當剮 hou-dnag-gua
指甲	後骫 hou-wei
掌	郎把浦 lang-ba-pu
臂	紿賽 dai-sai
脚膝	郎抗几 lang-kang-ji
脚肚	郎撇骯 lang-pie-wan
脚背	鼓踛 gu-lu
脚板	郎把踛 lang-ba-lu
打	冒 mao
相罵	打免 da-mian
相殺	打噠 da-da
屋	別窩 bie-wo
燒屋	扛跛 kang-bo
打劫	冒客 mao-ke
銃	礮 pao
帽	卯 mao
衣	拗 yao
袴	考 kao
裙	橙 chen
裹脚	介筒 jie-tong
穀	哂 fou
米	助 zhu
飯	餩 gai
菜	味 wei

酒	沼 zhao
茶	己 ji
肉	巖 yan
煙草	霧 wu
盌	襶 dai
杯	餞 jian
鍋	勆檼 lang-wen
鼎鍋	降 jiang(xiang)
箸	擣 dao
馬	哶 mu
牛	崵 yong(wong)
雞	介 jie
狗	亮 liang
猪	面 mian
猫	當虣 dang-bao
吃	囊 nang
飮	號 hao
火	倒 dao
向火	裸倒 luo-dao
凳	紿檞 dai-jie
床(牀)	紿綜 dai-zong
桌	紿套 dai-tao
被	葹 bao
睡	背 bei
行	詣 yi
路	果 guo

3) 한족과 힐로족犵狫族의 언어 대조

天	板闈 ban-wei
地	府都 fu-du
人	靈 ling
天晴	凱 kai
風	急 ji
雨	浪(上聲) lang shang sheng
雲	皮亮 pi-liang
山	補 bu
上山	留補 liu-bu
溪	夯屋 hang-wu
路	回勾 hui-gou
田	籽菜 zi-cai
茅屋	背楚 bei-chu
瓦屋	補楚 bu-wa
木	蓋頭 gai-tou
竹	蓋腦gai-nao
小官	躰貴 leng-gui
大官	聊貴 liao-gui
兵	曹 cao
客民	凱(上聲) kai shang sheng
苗	雙 shuang
祖	阿怕 a-pa
祖母	阿屋 a-wu
父	阿痲 a-ma

娘	阿奶 a-nai
伯	阿波痲(去聲) a-po-ma qu sheng
叔	阿幼 a-you
兄	阿古 a-gu
弟	阿已 a-yi
姐	阿亞 a-ya
外祖	家公 jia-gong
外祖母	家婆 jia-po
妻	屋 wu
夫	保 bao
媳	妹 mei
子	得 de
女	得怕 de-pa
朋友	把那 ba-na
自	唯 wei
人	穆 mu
說話	烏要 wu-yao
寫字	隨紙 sui-zhi
討親	覓處 mi-chu
嫁女	張得怕 zhang-de-pa
有喪	擡來 tai-lai
葬	惱來 nao-lai
祭神	扯鬼 chi-gui
請客	請納凱 qing-na-kai
頭	扯北 chi-bei
耳	蓋謀 gai-mou

眼	蓋眉 gai-mei
上	蓋撈 gai-lao
手	蓋葡 gai-pu
脚	蓋達 gai-da
肚	蓋休 gai-ti
看見	泡載 pao-zai
不看見	更迷載 geng-mi-zai
好	肉様 rou-yang
醜	窄様 zhai-yang
肥	脹 zhang
瘦	柴 chai
睡	躃 bai(?)
走快	撇得尙 pie-de-shang
走慢	撇得栗 pie-de-li
過水	投屋 tou-wu
過船	投隘 tou-yi
黃牛	泥擡 ni-tai
水牛	泥屋 ni-wu
虎	沼 zhao
馬	美 mei
騎馬	藏美 cang-mei
猪	陪 bei
雞	艮 gen
狗	果卉 guo-ben
錢	成當 cheng-dang
銀	昂 ang

銅	塘 tang
鐵	羅 luo
布	臺 tai
背籠	果索 guo-suo
打鼓	扒緲 pa-miao
打鑼	扒老 pa-lao
鳥鎗	銃 chong
刀	解毛(去聲) jie-mao
戥	替昂 ti-ang
稱	替 ti
鹽	納 na
油	阿撒 a-sa
火	婆臺 po-tai
燒火	抵臺 di-tai
天熱	回 hui
天冷	才(去聲) cai
小米	搓糧 cuo-liang
大米	搓謀 cuo-mou
糯米	搓茂 cuo-mao
吃飯	囊裡 nag-li
喝酒	叶 xie
喝茶	旗(去聲) cai
吃肉	囊芽 nang-ya
帽	蓋幕 gai-mu
戴帽	頭蓋幕 tou-gai-mu
衣	亞 ya

靴	窠 ke
褲	正卡 zheng-ka
升	賞 chang
斗	戴 dai
過年	貫者 guan-zhe
上	留莽 liu-mang
下	落莽 luo-mang
高	率 shuai
低	矮 ai
殺人	打來 da-lai
搶物	皮賴 pi-lai
相鬪	廝排 si-pai

4) 한족과 토인土人의 언어 대조

天	墨 mo
地	理 li
土	理 li
人	郡(上聲) na
日	磽 qiao
月	舒舒 shu-shu
雲	麥浪翁 mai-lang-wen
霧	所帕 suo-pa
風	熱暑 re-shu
大雨	墨者 mo zhe
細雨	墨者宣 mo-zhe-xuan

下雪	舒舒者 shu-shu-zhe
大山	卡斜 ka-ke
小山	卡斜鼻 ka-ke-bi
水	轍 zhai(che)
河	受 shou
路	喇 la
池	熊節 xiong-jie
田	細列格 xi-lie-ge
火	米 mi
燒火	米那(上聲) mi-na
巖	什体各落哄 shi-ti-ge-luo-hong
火	土烏 tu-wu
熟	古 gu
冷	撒 sa
樹	卡 ka
木柴	卡物 ka-wu
竹	猛 meng
花	卡帕 ka-pa
喝酒	喇兒 la-er
坐	猛背 meng-bei
官	夸 kua
民	馬那 ma-na
祖	布帕 bu-pa
祖母	帕八 pa-ba
父	阿把 a-ba
母	阿捏 a-nie

伯	阿取 a-qu
伯娘	捏取 nie-qu
叔	阿卑 a-bei
嬸娘	阿蟻 a-yi
兄	阿科 a-ke
弟	阿米 a-mi
姐	阿大 a-da
妹	阿米 a-mi
子	必 bi
媳	帕 pa
女	必物 bi-wu
外祖	卡公 ka-gong
外祖母	卡布 ka-bu
夫	那(上聲)把 na-ba
妻	那(上聲)假力 na-jia-li
閨女	補遂 bu-sui
作揖	戳咱 chuo-za
叩頭	卡打背 ka-da-bei
頭	卡打 ka-da
眼	落布 luo-bu
眉	落布須加 luo-bu-xu-jia
鼻	饔起 yong-qi
面	骨 gu
口	哲 zhe
齒	是是 shi-shi
舌	亦腊 yi-la

鬚	喇帕 la-pa
耳	甕切 weng-qie
手	潔 jie
掌	潔裡皮 jie-li-pi
胸	歷科沖 li-ke-chong
肚	阿拱 a-gong
足	騎 qi
好看	察裹家 cha-guo-jia
醜	奚腊 xi-la
笑	揑 nie
哭	齊 qi
水牛	苑 yuan
黃牛	坳坳 yao-yao
馬	馬 ma
羊	弱 ruo
猪	止 zhi
狗	哈裹 ha-guo
虎	力 li
猴	額 e
魚	送 song
雞	匝 za
鴨	撒 sa
碗	切背 qie-bei
杯	切背背 qie-bei-bei
箸	補止 bu-zhi
鍋	踏梏 ta-ku

桌	席彆 xi-bie
鵝	壓 ya
椅	科椅 ke-yi
凳	尖及 jian-ji
一	腦聾 nao-long
二	揑聾 nie-long
三	梭聾 suo-long
四	惹聾 re-long
五	五聾 wu-long
六	鵝聾 e-long
七	泥聾 ni-long
八	節聾 jie-long
九	格聾 ge-long
十	墨聾 mo-long
百	那日屋戳 na-ri-wu-chuo
金	翁可 weng-ke
銀	我 wo
鐵	寫 xie
錫	言 yan
鹽	腊布 la-bu
油	設是 she-shi
穀	力布 li-bu
醋	奚扯 xi-che
米	哲 zhe
肉	實 shi
帽	毛 mao

衣	西八 xi-ba
袴	枯 ku
銅	銅 tong
被	夕納 xi-na
鞋	戳歇 chuo-xie
襪	襪 wa
扣子	西八布擂 xi-ba-bu-lei
帶子	麥肉腊 mai-rou-la
欠債	挖 tuo
書	赤 chi
讀書	赤秀 chi xiu
寫字	赤赤鴨 chi-chi-ya
活	赧跛大 nan-bo-da
死	赦胡 she-hu
說話	煞力 sha-li
相打	打偕 da-jie
青	浪夾 lang-jia
藍	信夾 xin-jia
紅	米納節 mi-na-jie
黃	黃 huang
白	阿使 a-shi
綠	綠 lu
不知	哈 ha-tai
睡	列 lie
起	隹 zhui

2 본문에 인용된 사료 원문

(1) 왕사성王士性, 『검지黔志』

其開設初, 只有衛所, 後雖漸改流, 置立郡邑, 皆建於衛所之中. 衛所爲主, 郡邑爲客, 縉紳拜表祝聖, 皆在衛所, 衛所治軍, 郡邑治民, 軍卽尺籍來役成者也. 故衛所所治, 皆中國人, 民卽苗也. 土無他民, 止苗彝, 然非一種, 亦各異俗, 曰宋家, 曰蔡家, 曰仲家, 曰龍家, 曰曾行龍家, 曰羅羅, 曰打牙犵狫, 曰紅犵狫, 曰花犵狫, 曰東苗, 曰西苗, 曰紫薑苗, 總之槃瓠子孫. 椎髮短衣不冠不履, 刀耕火種樵獵爲生, 殺鬪爲業, 郡邑中但征賦稅, 不訟鬪爭, 所治之民, 卽此而已矣.

(2) 광로鄺露, 「귀문관鬼門關」

鬼門關在化流四十里, 兩峰對中成關門, 諺云, 鬼門關十人去九不還. 日暮墨雲霾合陰風蕭條, 蒼鷳啼而鬼鏁合, 天雞叫而蛇霧開, 唐宋詩人謫比而死者, 踵相接也. 行數武, 有一大石甕, 中髑骨五色腸皆石乳疑化, 予大書四大字, 詩人鮓甕. 見者毛骨倒竪, 黃魯直詩, 人鮓甕中危萬死, 鬼門關外更千岑. 沈佺期詩, 昔傳瘴江路, 今到鬼門關, 此地無人老, 遷流幾客還.

(3) 진정陳鼎, 「관음동觀音洞」

觀音洞, 深五百餘里, 從洞中行, 秉七日炬, 可達都匀境, 從來少人窮其穴者, 明有直指方君, 曾盡遊焉. 余有好奇之癖, 因臭十日炬, 裹一旬糧而入, 初數里甚宏敞, 愈入愈窄, 止可容身, 若是者十餘里, 及後愈窄, 側身以行者三里三里之後, 則可馳五馬駕高軒矣. 中有樓台殿閣, 人物花草之景, 皆碧乳融成者也. 至七十里, 擧炬四照, 則無涯矣. 因循石壁以行, 壁之畔有泉一泓, 甘香如醴, 泉之畔有銅斧一, 可容十升. 壁上有題句云, 隆慶三年・錢塘方紹宗於此煮泉, 筆墨淋灕, 字書遒勁, 大可愛, 是蓋直指公所書也. 余亦續題云, 康熙十年江陰人陳鼎亦於此煮泉. 行十餘里, 則不復曠蕩矣. 竟行九日半, 乃都匀府之東盡境, 乞廝地方, 再五里則苗僰中矣.

(4) 양신楊愼, 「관령곡關嶺曲」

倦枕愁雞鳴. 問郎今日程.

中路不可宿. 長途須早行.

北登雞公背. 南望象鼻屽.

相逢試相問. 往來定誰難.

關索嶺, 四十三盤高.

前有安龍菁, 行人莫辭勞.

(5) 장주張澍, 「여부요輿夫謠」

輿夫謠. 山劍鍔石狼牙. 冬暉短郵路賒. 兩髁腫向前爬. 口無食身無衣. 豈樂此忘剝膚. 破茅屋藿也無. 菜面壤鳩形婦. 三歲兒嗷嗷口. 一思之心搗臼. 雪載塗風吼地. 嶺逾高防顚墮. 寒皸瘃那敢淚. 肩苦穿足若輭. 大山坡巙巇巇. 多虎跡懼不免. 晩回歸得百錢. 買米煮濕薪煙. 腹未果倦伏眠. 縣差來勢破壁. 夢糢糊驚怯魄. 出符票拴至驛.

(6) 애필달愛必達,[44] 『검남직략黔南職略』

山多戴土, 樹宜杉. 土人云, 種杉地必豫, 種麥及包穀一兩年, 以鬆土性, 欲其易植也. 杉閱十五六年始有子, 擇其枝葉向上者, 擷其子, 乃爲良, 裂口墮地者棄之, 擇木以愼其選也. 春至, 則先糞覆亂草, 旣乾而後焚之, 然後撒子於土, 面護以杉枝, 厚其氣以禦其芽也. 秧初出謂之杉秧, 旣出而復移之, 分行列界相距以尺, 沃之以土膏, 欲其茂也. 稍壯有拳曲者, 則去之, 補以他栽, 欲其亭,亭而上達也. 樹三五年卽成林, 二十年便供斧柯矣. 郡內至淸江以下, 至茅坪二百里, 兩岸翼雲承日無隙, 土無漏陰棟梁桀桷之材靡不備具. 坎坎之聲鏗訇空谷, 商賈絡繹於道, 編巨筏放之大江, 轉運於江淮間者, 産於此也.

(7) 엄여익嚴如熤, 『묘방비람苗防備覽』, 「묘강풍속苗疆風俗考」[45]

結棚於寨外, 先一日殺牛, 倩苗巫衣長衣, 手搖銅鈴, 吹竹筒名作米鬼. 次日宰母豬, 吹竹筒請神名作雷鬼. 第三日宰雄豬祭享名作總鬼. 第四日設酒肉各五碗, 米餅十二枚, 置火牀上, 燒黃蠟擊竹筒祀祖名報家先. 然後集親鄰族友, 男女少長畢至, 鳴鑼鼓放銃請牛鬼. 第五日棚左右各置一樁繫黑白二牛各一, 先讓極尊之親揖四方, 畢用槍以刺餘以序進, 一人持水隨撥血不淋於地, 牛旣仆, 視其首之所向以卜休咎, 首向其室則歡笑, 相慶以鬼來歆也. 否則衆皆愀然不樂. 主人惶悚無地, 以鬼不茹將降不祥也. 苗巫鳴鐸誦祝, 衆撾鼓鳴金吹角, 燒柴以祭. 祭畢以一肩遺先刺者胸膛遺巫, 後肩分親黨, 餘肉及臟腑烹食之. 又別割一牲, 火燎毛以烹之, 名火燀肉. 置牛首於棚前, 刳長木空其中, 冒皮其端以爲鼓, 使婦女之美者, 跳而擊之. 擇男女善歌者, 皆衣優伶五綵衣, 或披紅氈, 戴折角巾, 剪五色紙兩條垂於背, 男左女右旋繞而歌, 迭相唱和, 擧首頓足, 疾徐應節, 名曰跳鼓藏. 或有以能歌鬪勝負者, 男子出紬絹, 女子出簪環, 以爲綵結. 隊對歌徹夜不休, 以爭勝負者收其綵, 不善歌者不入隊, 所歌皆本其土風, 或淫褻語, 歌已雜坐牛飲歡飽謔浪, 甚至乘夜相悅而爲桑中濮上之行.

(8) 엄여익, 『묘방비람』[46]

往時苗中尙有客賬, 營賬二端, 其害亦大. 營賬爲汛兵所放, 客賬多衡寶江右客民住市場者, 放之. 制錢人百爲一挂, 月加息錢五. 至三月不完, 輒歸息作本計, 周歲息凡四轉,息過本數倍矣. 約苞穀雜糧熟時, 折取息錢, 或乘其空之催討將田地折算. 又有放新穀, 放貨穀之者. 名放新穀, 則當靑黃不接之時, 計貸錢若干, 秋收還穀若干. 貸穀則賖以布鹽什物, 計貸若干, 秋收還穀若干. 借者必令浼富苗作保, 貧不能償, 保人代賠, 故苗中有債必完. 往往收穫甫畢, 盎無餘粒, 此債未淸, 又欠彼債, 盤剝旣久, 田地罄盡. 奸苗石柳坉等, 聲言驅逐客民, 奪還苗地, 而群寨響應.

(9) 오진역吳振棫, 『검어黔語』, 「곡견지시槲繭之始」[47]

遵義食槲繭利, 自太守陳公始…山東歷成人…乾隆三年, 來守遵義, 地故多槲僅供爨薪, 公曰此吾鄕登萊間樹, 可蠶也. 遂自山東購山蠶種, 且以蠶師來, 中道蛹出而罷. 六年, 復遣人, 歸期以冬至, 蛹得不出. 明年乃蠶, 蠶大熟乃遣蠶師四人, 敎四鄕蠶. 又築廬于城水田壩, 命善織者, 敎民以手經指緯之法, 授以種, 資以器, 八年得繭至八百萬. 自是, 郡人戶養蠶, 今百餘年, 爲黔富郡. 道光十八年, 陳公入祀名宦, 而郡人則建祠祀公久矣. 春秋蠶功成, 酒食歌舞樂, 陳公如生, 不忘惠也.

(10) 전문田雯, 「도금요淘金謠」

淘金戶, 戶戶無寧居.
背上都盧, 西走巴渝.
巴渝田可耕, 依山蓋屋.
孖孲兩兒女, 禿速一黃犢.
苛政十倍, 橫索官錢.
先賣黃犢, 後鬻兒女.
不如巫州歸去, 涕淚漣漣.
踉蹌入藉, 淘今猶故.
楚山高兮沅江深, 瑤村無路.

(11) 전문田雯, 『검서黔書』, 「염가鹽價」

河東, 昆吾, 波斯, 闕宵, 于闐, 骨咄, 莫不有鹽, 而黔獨無, 仰給於蜀, 微蜀則黔不知味矣. 蜀之鹽不一産, 要皆出於井. 順慶之井久堙, 塗搻之井有禁, 所轉致者惟戎州耳, 又不可以舟東通, 肩瘡蹄血而後至. 其來也, 不易則値不得不昂, 値昂而民之艱食者比比矣, 黔民洵苦矣哉, 三之月忘, 獨藜莧腸哉. 當其匱也, 代之以狗椒之性辛, 辛以代鹹, 祇誑夫舌耳, 非正味也. 卽遇其饒, 亦止沾脣而量腹, 如水之交, 不在綸羹也. 尙安問其爲紫爲赤爲瑞爲散與夫, 爲苦爲飴爲形爲巨桃也哉, 無他, 困於錐刀故也. 鹽之値取於穀, 穀日賤而鹽不肯平, 十鍾不能易一斟, 安得而不苦其乏. 夫鹽, 木枝可生, 陸地可生, 豈山國獨不生. 毋亦牢盆之術未精, 管商之政未講耶. 不然, 卽輸滇淮而足之, 奚不可, 然不必也. 緩關市之征而驟居奇蠡, 則幾矣.

(12) 남정원藍鼎元, 「논변성묘만사의소論邊省苗蠻事宜疏」

楚・蜀・滇・黔・兩粵之間, 土民雜處曰苗, 曰猺, 曰犵狫, 皆苗蠻之種類也. 其深藏山谷不籍有司者, 爲生苗. 附近郡邑, 輸納丁糧者, 爲熟苗. 熟苗與民無異, 但性頑嗜殺…敎化施恩, 法令馴服者也. 但土民之頑順, 惟視土司, 土司多冥頑視不法. 坐縱其行兇殺奪, 而因以爲利, 卽使事跡敗露, 大吏督責, 無參罰處分之加乎其身, 是以無所忌憚, 而敢於無所不爲也… 苗民受土司荼毒, 更極可憐, 無官民之禮, 而有萬世奴僕之勢. 子女財帛總非本人所自有. 愚聞黔省土司, 一年四小派, 三年一大派, 小派計錢, 大派計兩, 土民歲輸土徭, 較漢民丁糧加多十倍. 土司一日爲子娶婦, 則土民三載不敢婚姻. 土民一人犯罪, 土司縛而殺之, 其被殺之族, 尙當斂銀, 以奉土司, 六十兩, 四十兩不等, 最下亦二十四兩, 名曰玷刀銀. 種種朘削, 無可告訴. 聞昔年有闔村離散. 呈請地方大吏, 改土籍歸流官管轄, 遂有更生之慶, 曾未幾時, 而土司筆賂關說, 又復改還. 土屬丁壯擧屠戮, 妻子沒賣爲奴. 其他土部不得不呑聲飮泣, 忍受摧殘, 然其望見天日, 願如漢民沾被皇恩…愚以爲惟有削土之一法, 可令土司畏懼. 請題定削土則例, 照所犯重輕, 削奪村落里數, 以當罰俸降級, 所犯重大至革職者, 相其遠近强弱可以改土爲流, 即將土地人民歸州縣官管轄, 勿許承襲. 併土民有不甘受土司毒虐, 願呈改土籍爲漢民者, 亦順民情改歸州縣. 其深山窮谷, 流官威法所不及之處, 則將所削之土, 分立本人子弟爲衆土司, 使其地小勢分, 事權不一, 而不能爲害. 將來敎化日深, 皆可皆爲漢民. 至山中生苗, 責成附近土司, 招徠嚮化一體思撫. 如此數年之間, 生苗可化爲熟苗, 熟苗可化爲良善.

(13) 왕리계王履階, 「개토귀류설改土歸流說」

滇・黔・粤・蜀之民被其流毒者, 數百年. 有良田而不知耕, 有奇材而不知用, 有寶藏而不知采取, 就其性情而不知廉恥, 畏兵威而不知感懷, 非獨禀質異人也… 議改土歸流正爲是數端也. 苗疆犬牙相錯於數省中, 惟與四川雲貴毗連者, 獨多膏肥之地, 四隅準測幅員, 幾及二千里, 籍戶口, 區土地, 扼險要, 建城池, 踞其險, 彼失所恃, 駐以兵, 使有所憚, 以地形言, 宜改者一.

峻嶺轟層霄, 箐深窮百里, 輪囷大木生, 自鴻荒・竹箭琅玕, 一望蒼碧, 此中土美利也 °彼第視爲薪蒸之物, 不甚愛惜, 苟能節取, 則材木不可勝用, 宜改者二.

天地精英所聚, 久則心宣, 山川淸淑之華, 積而必發. 苗鐵固推重一時, 銅銀備國用, 藥餌資養生, 他省珍寶視之, 彼民泥沙賤之, 微其物産, 亦少助庫, 藏於微芒, 宜改者三.

至信可格, 豚魚勝德, 可感異物, 苗雖頑, 同是人耳, 人同此心, 心同此理, 父兄亦知親, 長上亦知戴, 悉意撫綏, 忍自甘化外哉, 宜改者四.

苗俗雖悍, 苗情則直, 官吏於正供外, 不取絲毫, 亦知感戴之不能忘…數年潛移默化, 詎天良之不發於中哉, 宜改者五.

(14) 악이태鄂爾泰, 「갑수루甲秀樓」

鰲磯灣下, 柳毶毶.

芳杜洲前, 小駐驂.

更上層樓, 瞰流水.

虹橋風景, 似江南.

(15) 양신楊愼, 「반강행盤江行」

可燐盤江河. 年年瘴癘多.

青草二三月. 綠炯生碧波.

行人好經過.

(16) 정봉程封, 「반강盤江」

盤江中斷, 鐵橋開.

乍見心驚, 首欲回.

聞說波流, 通緬甸.

河源萬里, 今人哀.

(17) 상안常安, 「도검到黔」

斜揷尖峯, 形勢寄.

平懸峭壁, 重關固.

亂松坡上, 雨初晴.

古驛門前, 烟欲暮.

電激巖頭, 百道泉.

翠迷谷口, 千年樹.

猿啼虎嘯, 幾愁聞.

星炯月寒, 頻怯步.

(18) 하경명何景明, 「편교행偏橋行」

城頭日出一丈五, 偏橋長官來擊鼓.
山南野苗聚如雨, 飢向民家食生粘.
三尺竹箭七尺弩, 朝出肘人夜射虎.
砦中無房亦無堵, 男解蠻歌女解舞.
千人萬人爲一戶, 殺血祈神暗乞蠱.
沙蒸水毒草根苦, 上山下山那敢杜.
蠢爾苗民爾毋侮, 虞庭兩階列干羽.

(19) 만사화萬士和, 「오살도중烏撒道中」

地當高處峯隨轉, 雲到窮時路更賒.
夏半火刀方布種, 晩來牛馬不歸家.
瘴烟寒鎖蠻材樹, 嵐霧晴迷客子槎.
干羽未能馴鬼國, 祇貪關市中鹽茶.

(20) 허방재許邦才, 「초지영녕初至永寧」

風塵誰自料, 花鳥故相猜.
問是山東客, 何由萬里來.

(21) 고탁高晫, 「염방역도중炎方驛道中」

秋色來何極, 遠山接近山.
松穿雲滴翠, 花過雨飛班.

鳥道烽煙外, 柴門蠻僰間.

盤江千萬轉, 祇自照愁顔.

(22) 용문광龍文光, 「과안남過安南」

絶頂見孤城, 征驂向曉行.

鳥啼多異響, 花發不知名.

石澗閒雲堆, 山田趁火耕.

愁聞耆老說, 三月未曾晴.

(23) 주무시朱茂時, 「검중곡黔中曲」

疊嶂曾無三尺乎, 盤江狹處鐵橋橫.

短裙窄袖花蠻女, 宛在鞦韆索上行.

(24) 전문田雯, 「여관시女官詩」

我觀女官如觀畫, 閻立木繪職貢圖.

我觀女官如異夢, 奇形詭狀非一徒.

我觀女官如破寺, 陰風慘淡魍魎吁.

古鬼昏燈揭鉢立, 考佛變相獅龍趨.

妖狸髑髏抹粉黛, 修羅甲冑呼笙竽.

雌者青氈包蓬首, 雄者碧眼舉髭鬚.

女官氣概偉丈夫, 火浣大布纏其軀.

九尺藤杖紅珊瑚, 金環兩耳垂蠙珠.

腰下斜挂雙湛盧, 繡裙拖地蓮花襦.

(25) 상안常安, 「만제자진원부편교晩霽自鎭遠赴偏橋」

巒光雨後轉氤氳, 行過屏山日欲曛.

石橙千層天際出, 飛泉百道嶺頭分.

鳥栖翠竹啼紅雨, 人坐藍輿度白雲.

風送晩鐘何處寺, 昏黃月下隔溪聞.

(26) 하경명何景明, 「청평령淸平令」

淸平之縣令, 不識何爲者.

庭前長野桑, 庭後長山檟.

猛虎上我城, 靑狨啼我舍.

昨日出城去, 騎馬到部下.

部民道遮之, 持刀殺其馬.

入門顧妻子, 所居無完瓦.

秋風吹樹木, 自日落原野.

永夜空城中, 哀哀淚如瀉.

(27) 하경명何景明, 「안남安南」

崎嶇踰嶺路, 到郭已昏鐘.

城險苗難越, 關高賈不通.

郊烟秋牧馬, 崖日煖收蜂.

民俗殊中城, 生涯亦頗同.

(28) 강영과江盈科, 「검중잡시黔中雜詩」

蠻語兼傳紅犵狫, 土風漸入紫薑苗.

耕山到處皆憑火, 出入無人不佩刀.

何處關山是盡期, 馬蹄終日歷嶔崎.

村墟寂寂寒烟火, 野鎭蕭蕭閃戍旗.

天斷不聞陽雁過, 雲深只有嶺猿和.

我期漢吏寬文網, 莫把繁文縛屬夷.

(29) 범회范滙, 「팔번순원선위사제명비기八番順元宣慰司題名碑記」

八番順之相傳爲夜郎牂柯之表殆, 古鬼方之境歟. 蠻獠積落雜處, 叛服不常. 入我國家, 軍徇其地, 諸部悉歸順, 始置宣慰使都之帥府, 總戎以鎭之. 更貴州爲順元, 屯駐城中. 領萬戶府一, 鎭撫司一, 安撫司十, 長官司五, 而順元思播三宣撫地, 皆聽撫鎭, 其任重矣. 然而土司相襲, 或有爭奪, 則道路梗塞, 外連南詔嶺徼兩江溪洞侵削鬪鬩, 往往有之. 閫政稍弛, 則戒不虞, 故官於閫府者號稱才難. 至正十年秋, 宣慰司都元帥諤勒哲公,[48] 以臺省宿望仁勇兼著蒞. 政未數月, 號令肅然, 旌旗改色. 於是紀網立法度行百廢興, 而大府未有題名, 何以昭勸懲. 乃命立石屬余次序, 而題著之. 將鐫刻以俟來者, 乃考諸聞見, 自開闢以迄於今, 邊政之得失, 才諝之崇卑,[49] 則公論自在, 將歷指而議之, 可不懼哉.

(30) 오진역吳振棫, 『검어黔語』, 「우피정牛皮箐」

黔滇人謂竹木蒙翳處爲箐, 以箐爲名者, 所在多有, 然未有大於牛皮箐者. 地在今丹江廳治之東南, 而南瓦古州八寨都江迆邐, 蓋數百餘里. 狠谷遭迴, 複嶺盤鬱, 樹古鐵色, 不知其年. 落葉數尺, 俯履無地, 霧雨冰雪, 四時不春. 豺牙宓厲, 虺毒歕欱. 自章亥以來, 未嘗有車轍馬跡涉其境者. 雍正間經略張公分兵入箐, 搜捕伏戎後, 遂稍稍開通, 以(幽+頁)徑歧雜懼爲盜窟. 乾隆三年, 乃下封禁之令.

(31) 오진역, 『검어』, 「구천리九千里」

下江廳設通判一, 地在黎平府南一百八十里, 下江西南又一百六十里, 地名九千里者, 其廣袤無圖牒可考. 或云西接古州之碎拉寨, 南接粤西思恩屬之大棚, 西南接荔波之拉義寨, 計其地不過數百里耳. 山箐阻深, 生苗據爲巢窟, 華人無有涉其地者. 乾隆五十年後, 始有人梯山伐木, 然亦與內地毘連處, 不敢深入也. 往時負販者, 流貪利貿易至, 輒被留不能復出, 然則其地之縱橫廣狹, 孰得而窮究耶. 嘉慶初, 黔楚軍興, 鎭筸銅仁紅苗竄入, 詭爲生苗, 佃種山地, 紅苗故黠, 而生苗愚不之覺也. 後乃稍稍侵佔, 又陰埋碑土中紿生苗, 共發之即指爲先世遺業. 生苗無以解, 於是生苗考果等悉其衆, 以逐紅苗, 勢洶洶, 有司乃往諭遣紅苗歸故土, 而罪生苗之殺紅苗者, 苗衆乃解散, 蓋道光三年事也.

(32) 왕연王燕, 「권민개간황전소勸民開墾荒田疏」

…臣抵任後, 查閱糧冊, 闔省荒田尙有十分之四之多, 而目擊苗民艱於粒食者, 亦復不少. 緣思耕耘爲謀食之本, 隨徧行各屬勸諭民苗, 開墾荒田, 以足賦足食. 兩載以來, 墾荒者奉報寥寥, 據貴陽府申稱, 府屬田畝, 多有拋荒墾. 至四五年後, 縱有收成不償工本, 而徵糧料則又輕重懸殊, 故墾荒者少. 臣即批行布政司會同糧驛, 道通行確查作何勸墾. 去後, 玆據布政使孟世泰, 會同糧驛貴東道高恒豫詳稱, 黔省重巒叠箐, 田畝均在萬山之中, 土性寒冷瘠薄, 不堪秋成耔粒, 難抵內地膏腴田產三分之一. 開墾山田, 人工牛種又倍於他省. 治四五年後, 始有些少收穫, 不償人工牛種之費. 六年成熟起科, 除辦賦外, 僅足餬本年播種之口, 從前墾荒工本, 終無所取償, 是以賦重之田, 多懈於開墾. 除輕則荒田不議外, 其重則荒田, 若蒙題請將每畝徵銀一錢一分至銀一錢五分, 徵米一斗一升, 至米一斗五升, 或銀米並徵約算相同者, 請減徵銀一錢或米一斗. 徵銀一錢六分至二錢, 徵米一斗六升至二斗者, 請減三分之一. 徵銀二錢, 徵米二斗以上者, 請減一半, 則民苗踴躍開墾矣. 等因前來, 臣愚以爲此等荒田, 與其久抛地利, 不若量減科, 則勸民開墾. 伏祈皇上宏恩, 嗣後貴州荒田開墾, 准照減則循例, 六年徵賦厚其羨餘, 使開荒工費, 咸足取償. 將見窮簷婦子, 聞聖主加惠至仁, 未有不鼓舞爭先備辦牛種, 肆力開墾者. 此後不獨荒田漸可成熟, 而苗民衣食有賴….

國家經費浩繁, 臣何敢輕言減賦, 但臣今日所諸者, 乃現在荒田無徵之賦, 如減重就軽, 似可使無徵之額爲有徵之賦. 且我皇上爲貴州一省, 保衛民苗歲費兵餉, 撥內地錢糧協濟者, 幾四十萬兩….

(33) 장광사張廣泗, 「설립묘강의학소設立苗疆義學疏」

爲敬陳學政事宜仰祈睿鑒事. 該臣看得黔省雖屬遐邊, 叨蒙聖朝, 休養德澤. 於玆百年, 民物歸醇, 人文日盛. 所以內地熟苗觀感興起, 皆知從師受學出而應試, 仰荷聖恩, 特設苗籍取進之例. 現在每屆歲科於各府州縣有苗童者, 取進生員一二名不等, 以示獎拔. 因之此外生苗率皆聞風嚮化, 稽首歸誠共附版圖, 咸叨樂利. 是誠我皇上仁威遠播, 治化攸隆, 默喩潛移, 有不期然而然也. 今陞任學臣徐本條秦, 新附苗生既爲良民 其子弟亦思上進. 請照東川・湖南之例, 於苗人就近鄕村設立義學, 課讀經書, 數年之後, 果能赴考. 附入內地苗籍, 一體酌量錄取等. 因臣查苗人亦屬血氣心知之倫, 玆幸霑沐聖慈, 概予悋徠, 共爲赤子. 總計上下兩游新附苗疆, 延袤二三千里, 人戶不下數十萬. 并經題請安設營制, 以資防維, 酌立耑官, 以司敎養. 於撫導綏戢之餘, 必當誘植彼之秀異者, 敎以服習禮義, 庶幾循次陶淑, 而後可漸臻一道同風之效. 是所請設立義學, 課誨新附苗人子弟, 實爲振勵苗疆之要務. 玆據布政使司布政使鄂彌達議詳前來, 臣等復查上下兩游新闢各處, 苗人種類不一. 如上游附近安順鎭寧等府州地方者, 則爲狆苗. 其下游附近都匀鎭遠等府地方者, 則爲黑苗. 府近黎乎一邊之古州, 則爲洞苗. 俱屬生性獷悍, 習俗野頑, 從未經聲敎所及. 至於永豊州向係廣西泗城, 土府之地, 所轄土民, 原非生苗可比, 因土府陋習, 恐土民向學, 有所知識, 則不便於彼之苛政, 不許讀書, 以致蠢頑, 竟與生苗無二. 是此等苗民, 既以頂戴皇仁, 一日出諸水火, 而登之衽席, 則教育訓迪之方, 必不可少, 惟是苗民向化. 伊始其子弟就學者, 爲數無多. 兼之苗寨. 凡有漢奸往來, 正當嚴禁. 若因課讀而遂使生儒等居停於此, 設或一時選擇不得其人, 該文武稽查有所不周, 即致生事. 以及永豊州地面, 尙有烟瘴之處, 人亦憚於前往. 是以臣等酌擬, 似應先就已安營汛之處, 分別苗戶多寡, 各爲設立議學, 使之課讀, 俟其逐漸觀感依向愈殷. 然後隨地分設, 庶資實教也. 査下游附近黎平府之古州, 已安重鎭, 週圍苗戶繁多, 應設立義學二所. 附近淸平縣之大小丹江, 附近都匀府之八寨, 附近鎭遠之淸水江舊施秉, 又上游附近安順·鎭寧等府州之擺頂威遠汛等處, 均有安駐將備等官, 各應設立義學一所, 責成新設之同知通判, 統爲稽査董率. 其永豊州治係在珉球而冊亨羅斛, 乃州同州判分駐之地, 俱安營汛, 在此三處, 各設立義學一所, 責成該知州州同州判就近稽査. 又永豊州已設學正一員, 旣尙無應試生童, 可以管束, 卽將此三處所設義學, 交與該學正董率勸導. 至課讀之人, 應在各附近, 選擇考成生儒前去. 所需設立義學館舍, 及每年修脯等費, 俱係臣等酌捐應用, 毋許籍端派累苗人. 除俟各處營制安駐已竣即爲奉行外, 但訓課此等苗人, 非同內地俊秀, 要在開其知識, 使漸曉禮法. 應於每處義學俱先將聖諭廣訓, 逐條講解, 俾今熟讀, 然後課以經書. 如苗民子弟中, 能勉力趨學, 日就領悟, 則令各該管官, 不時稽査, 隨予嘉賞, 並將其父兄一體奬賚, 以示鼓勸. 俟數年之間, 有稍識文義者, 即送該管官, 申送學政衙門考試. 仍仰懇皇上天恩, 准令學臣, 不必入在向定籍之內, 祇就此新附苗人子弟中, 酌取一二名, 以風苗衆, 庶彼見, 有進步之榮, 久而久之, 咸切觀感之念, 陶以文敎, 消其悍頑. 於苗疆治理, 不無裨補, 皆出自聖主訓俗, 牖民之洪恩也.

(34) 홍량길洪亮吉, 「검중악부십이수黔中樂府十二首」

새신요賽神謠

山腰十數家, 屈指無百人.
樹頭營危巢, 云以祀土神.
前門飄風後門雨, 偪仄半間神乏侶.
村女纔燒一瓣香, 社公腹內秋蛇語.

타호요打虎謠

斑斑猛虎文，彎彎水牛角.
牧童騎牛來，乘便虎欲撲.
虎憑爪鋭牛角尖，兩兩轉鬪來山巖.
腥風沾林血粘草，虎臥病創倀出禱.

기룡요起龍謠

黔中怪底淫霖注，石腹龍藏不知數.
聞來龍穴看起龍，頭大如瓮聲疑鐘.
晴天亦覺風雷湧，百步龍堂陷如冢.
排林牧馬算不收，日盻生駒得龍種.

망어요網魚謠

上山忙下山綏，花深深波滿滿.
蹈波不須郎，儂衣正將浣.
腰肢不怕春波濕，村樹陰邊裏衣脫.
沿回半晌即出波，八幅裙拖鯉魚出.

누천요漏天謠

東黃平西普定，十驛雨中行不竟.
有時雲際露日光，萬戶爭曝泥衣裳.
蠻山重疊愁霖透，不說天荒說天漏.
考翁白詫八十年，生日未逢晴正晝.

도월요跳月謠

一年中好時節, 前中秋後元夕.
錦袜碧當胸, 羅裙紅染血.
蘆笙吹徹人欲還, 眼波一瞥即上山.
上山亦識儂心切, 天際黑雲來罩月.

적소요摘蔬謠

厨中若無鹽, 盤內久無肉.
幸喜一方田, 青青菜畦足.
山家食料常如此, 瓜蒂深黃茄色紫.
筠藍挑滿手暫停, 牽得樹梢紅柿子.

채다요采茶謠

今晨儂獨來, 昨算歡未遇.
製得憶歡歌, 沿山采茶去.
春慵不嫌歸路遲, 茶藍枕首眠少時.
村花滿頭紅未放, 胡蝶一雙釘頰上.

빈객요宴客謠

男行欲成婚, 女行欲出嫁.
團團茅紫筵, 纔把生客迓.
石臺却有八尺長, 東西南北羅酒漿.
座旁誰牽牛一隻, 黃犢離村亦爲客.

가녀요嫁女謠

十五愁嫁遲, 十三欣嫁早.
嫁女雖十三, 偏愁歡已老.
山羊十角米百擡, 嫁女不惜傾家財.
歡來牽儂儂不宿, 却抱黃羊水邊哭.

직금요織錦謠

阿姊理紅絲, 阿妹理彩綫.
竹閣止一間, 織絲看四面.
眼波時向郎邊瞥, 十指纖纖化工出.
春禽怪底齊上樓, 織得一堤花欲活.

예람요曳纜謠

上官來役夫走, 百板雙繩齊在手.
上山居前下山後, 排頭雨汗揮不停.
鬢上都挿山花馨, 生苗出語眞無緒.
官好牽他上天去.

1 范滙라는 이름은 乾隆 『貴州通志』권17, 「秩官」(職官), 2쪽 하에 원대 이 지역 관리들의 명단에 등장한다. 범회가 쓴 이 비문은 乾隆 『貴州通志』권41, 「藝文」(記二), 1쪽 상~하에 실려 있다. [이 乾隆 『貴州通志』에 의하면 범회는 順元宣慰司副使였다.]

2 역주 현재 貴陽과 혜수(惠水) 일대에 존재한 소수민족의 총칭이다. 구체적으로는 와룡번(臥龍番), 大龍番, 小龍番, 程番, 羅番, 石番, 洪番, 노번(盧番)을 가리키며, 至元 16년(1279) 이 지역에 팔번나전군민선위사사(八番羅甸軍民宣慰使司)가 설치되었다.

3 역주 이곳에는 至元 19년(1282) 順元等路軍民宣慰司가 설치되었으며, 팔번과 순원을 합쳐 至元 29년(1292) 八番順元宣慰司都元帥를 현재 貴陽 지역에 세웠다.

4 이 두 지역의 위치에 대해서는 본서 68~69쪽 참조.

5 귀방이란 지명은 수세기 동안 꽤 다양한 지역을 가리키는 데 사용되었다. 商代와 周代에 대체로 현재 귀주성 일대에 해당하는 형(荊)과 초(楚) 지역 서쪽을 가리키는 데 사용되었다. 이런 이유 때문에 근대 시기에 이르러 흔히 귀주성을 귀방이라고 불렀다. [저자의 이런 설명에도 불구하고, 귀방의 위치는 오랫동안 북방에 거주한 소수민족으로 알려져 왔다. 대체로 漢~唐 시기 班固, 범엽(范曄), 공영달(孔穎達), 안사고(顔師古) 등과 같은 학자들이 그렇게 생각한 반면, 宋~元代에 이르러 朱熹, 모기령(毛奇齡)과 이 글의 저자인 范滙 등은 이들이 서남 지역에 살았다고 주장했다.]

6 『元史』권91, 「百官」(7), 4쪽 상~하에 의하면, 宣慰司는 군사와 민간 업무를 관할했다. 그러한 업무 수행을 위해 중국을 道로 나누어 군현(郡縣)을 총괄하도록 했으며, 行省에서 政令이 발포되면 하위 행정 단위에게 반포하고, 군현의 행정적 요구가 있으면 省에 전달했다. 변방 지역에 군사를 동원할 일이 생기면, 도원수부(都元帥府)를 겸할 수 있고, 그 다음 지위로 元帥府를 두었다. [해당 원문은 다음과 같다. "宣慰司, 掌軍民之務, 分道以總郡縣, 行省有政令則布于下, 郡縣有請則達于省. 有邊陲軍旅之事, 則兼都元帥府, 其次則止元帥府."]

7 사료에 의하면 宋代는 물론 심지어 五代 시기부터 토사들이 이웃 지역을 종종 침범해 토지를 차지하기 위한 싸움이 벌어졌다. 본서 293쪽 참조.

8 본서 61쪽 참조.

9 본서 473쪽 참조.

10 『黔語』卷上, 8쪽 상 참조. 이 숲의 위치는 본서 뒤에 있는 〈지도 6〉 참조. [해당 원문은 다음과 같다. "滇黔人謂竹木蒙翳處爲箐, 箐爲名者所在多有, 然未有大於牛皮箐者. 地在今丹江廳治之東南, 而南亙古州八寨都江迆邐, 蓋數百餘里. 狠谷遭回, 復嶺盤, 鬱樹古鐵色, 不知其年. 落葉數尺, 俯履無地, 霧雨氷雪, 四時不春. 豺牙宓厲, 虺毒歕欱, 自章亥以來, 未嘗有車轍馬跡涉其境者. 雍正間經略張公分兵入箐, 搜捕伏戎後, 遂稍稍開通, 以(幽+頁)徑岐雜, 懼爲盜窟, 乾隆三年乃下封禁之令."]

11 두 사람 모두 夏나라의 전설적인 모험가로 그 행적이 四方의 極地에 이르렀다고 전해진다. 『淮南子』(四部叢刊本) 권4, 「추형훈(墜形訓)」, 2쪽 상 참조.

12 본서 473쪽 참조.

13 이 원문에 등장하는 顯자는 이 글의 의미와 맞지 않으며, '그윽하다' 혹은 '숨다'라는 의미의 '幽'자로 읽어야 한다. 본서 189쪽에서 볼 수 있듯이, 이 자료는 묘족들이 다니는 길을 한족들은 잘 모른다는 사실을 암시한다. [정확한 발음은 알 수 없지만, 顯자의 의미는 머리가 움푹 들어간 모습이나 머리가 크고 눈이 깊은 얼굴을 말한다. 따라서 외진 곳에 길이 나 있다는 의미가 타당하지만, 저자가 '비밀스럽다'라고 번역한 건 지나친 확대해석이라 볼 수 있다. 왜냐하면 원문에 언급된 길은 이미 장광사가 이 지역을 평정하고 난 이후에 생긴 것이기 때문이다.]

14 18세기 말~19세기 초엽의 사실을 담고 있는 『古州雜記』권7, 379쪽 상에는 일군의 한족들이 이 지역을 개간하려 했지만, 성공하지 못했다(掘不及地而止)는 언급이 등장한다.

15 『黔語』卷上, 7쪽 상~하. 아울러 본서 말미에 있는 〈지도 6〉 참조. 이미 본서 466쪽에서 언급한 것처럼 『黔語』에서 말하는 九千里가 있는 貴州省 남동 지역은 옹정 연간에 이르러 비로소 〈개방〉되었다.

16 역주 지도와 서책을 말한다.

17 본서 396쪽 참조.

18 본서 399쪽 각주 185) 참조.

19 본서 475쪽 이하 참조

20 역주 해당 본문은 다음과 같다. "下江廳設通判一, 地在黎平府南一百八十里,

下江西南又一百六十里，地名九千里者。其廣袤無圖牒可攷，或云西接古州之碎拉寨，南接廣西思恩屬之大棚，西南接荔波之拉義寨。計其地不過數百里耳。山箐阻深，生苗據爲巢窟，華人無。有涉其地者，乾隆五十年後，始有人梯山伐木，然亦與內地毗連處，不敢深入也。往時負販者流，貪利貿易至，輒被留，不能復出。然則其地之縱橫廣狹，孰得而窮究也。嘉慶初黔楚軍興鎮筸銅仁，紅苗竄入，詭爲生苗佃種山地。紅苗故黠而生苗愚不之覺也。後乃稍稍侵占，又陰埋碑土中，給生苗共發之，則指爲先世遺業，生苗無以解。於是生苗老果等悉其衆，以逐紅苗，勢洶洶。有司乃往諭遣紅苗歸故土，而罪生苗之殺紅苗者，苗衆乃解散。蓋道光三年事也。"

21 본서 454쪽 참조. 이 글은 乾隆『貴州通志』권35,「藝文」(疏), 60쪽 하~64쪽 상에 실려 있다.

22 서본(徐本)은 옹정 5년~옹정 8년(1727~1730) 제독귀주학정(提督貴州學政)을 역임했으며, 그 후 장광사(張廣泗)가 이 상주문을 올릴 당시 제독학정을 지낸 안사성(晏斯盛)으로 교체되었다. 따라서 서본은 귀주학정 이후 승진했을 것이다. 학신이 정확히 어느 정도의 지위인지는 알 수 없다. [서본은 雍正 7년(1729) 貴州按察使로 발탁되었으며, 이듬해인 雍正 8년(1730) 江蘇按察使로 옮겼다.]

23 옹정 11년(1733) 雲南布政使에 임명된 후, 운남 지역 소수민족들에 대한 교육을 열렬히 주장한 것으로 유명한 陳宏謀(1696~1771)의 경우를 살펴보는 일도 흥미롭다. A. Hummel, 1943, t.1, 86~87쪽 참조.

24 좀 더 뒤에서는 장광사가 이러한 관점을 더 이상 고집하지 않았다는 사실을 확인할 수 있다. 그는『聖諭廣訓』을 먼저 가르쳐야 하며(본서 455쪽 각주 38) 참조), 그 다음에 비로소 유교 경전을 가르쳐야 한다고 생각했다.

25 그는 옹정 6년(1728)~옹정 9년(1731)에 재직했다.

26 嘉慶 2년(1797) 이후 정풍현(貞豊縣)으로 불린 永豊州는 옹정 5년(1727) 귀주성 남서 지역에 위치한 안룡부(安龍府)에 편입되었다. 본서 467쪽 참조.

27 본서 171쪽 참조.

28 정확히 위치를 알 수 없는 민구(珉球)라는 지명의 등장은 꽤 흥미롭다. 永豊州는 당시 安龍府 관할이었다는 사실을 이미 언급한 바 있다.

29 아마도 이 부분은 문장 하나가 빠진 듯하다. 사실상 '除…外'부분은 그 문장만으로는 번역하기가 어렵다.

30 이 부분에 대한 해당 원문은 상당히 부정확하다. 어느 묘적(苗籍)에 관한 것인지를 정확히 알 수 없다. 그러나 그 의미는 분명하다. 생묘 가운데 선발된 자들

은 그들이 지닌 묘적에 관계없이, 과거에 응시시켜야 한다는 의미이다.

31 역주 저자가 열거한 총독·순무의 이름과 그들의 부임 시기는 착오가 많아 역자가 바로잡았음을 밝힌다.

32 역주 당시에는 명칭이 운광총독(雲廣總督)으로 바뀌어 있었다. 이후 다음 총독인 윤계선(尹繼善)이 총독으로 있을 당시인 옹정 13년(1735)에 다시 雲貴總督으로 명칭이 바뀌었다.

33 역주 저자는 조정신(趙廷臣)과 변삼원(卞三元)의 부임연도를 알 수 없다고 서술했지만, 그들은 각각 순치 15년(1658)과 순치 16년(1659)에 부임했다. 순치 15년에 貴州巡撫가 처음으로 설치되었다.

34 역주 장겸(張謙)도 부임연도를 알 수 없다고 표기했지만, 그는 옹정 3년(1725) 잠깐 귀주순무를 지냈으며, 같은 해에 하세기가 다시 부임했다. 따라서 하세기의 정확한 부임 시기는 1726년이 아닌 1725년이다.

35 역주 귀주성은 순치 16년(1659)부터 좌우포정사를 설치했으며, 강희 6년(1667)부터 다시 1명으로 되었다. 따라서 저자가 언급한 포정사 이름과 그 부임 시기가 상당히 다르다. 고쳐서 적었음을 밝힌다.

36 본서 57쪽 참조. 무엇보다 洪亮吉은 중국 인구 문제에 대한 그의 견해로 유명한 인물이다. F. Lung, "A Note on Hung Liang-chi, the Chinese Malthus," *T'ien Hsia Monthly*, oct. 1935, 248~250 쪽 참조.

37 A. Hummel, 1943, t.I, 374쪽 참조.

38 이 문집은 『卷施閣集』권15, 4쪽 하~6쪽 하에 들어 있다.

39 위 두 지역은 雲南으로 통하는 길목에 있는 貴陽의 양쪽에 위치한다.

40 『粵滇雜記』, 385쪽 하 참조.

41 역주 소수민족 언어를 인용한 嚴如熤, 『苗防備覽』의 표기에서 알 수 있듯이, 『묘방비람』에서는 묘족 언어, 힐로족 언어, 요족 언어의 순서대로 기재되어 있다. 한편 묘족의 언어라고 해도, 『묘방비람』에는 대체로 현재 호남성 湘西 지역에 거주하는 묘족들의 언어를 기재하고 있으며, 토인의 경우 호남성의 永順과 保靖 지역에, 힐로족은 노계(瀘溪)와 乾州廳 지역에, 그리고 마지막으로 요족은 永順과 保靖, 영수청(永綏廳), 건주청(乾州廳), 봉황청(鳳凰廳) 지역에 사는 언어를 기재하고 있다. 이런 점에서 엄여익의 저서에 기재된 소수민족 언어는 모두 호남성에 살았던 소수민족 언어라고 볼 수 있으며, 따라서 귀주성에 사는 다양한 소수민족들의 언어와 분명 다른 점이 있을 것이라는 사실을 고려해야

한다.

42 「苗語中的漢語借詞」,『中國語文』 5기, 1962, 218~229쪽에는 대부분 귀주 지역에 사는 묘족들의 언어 가운데 중국어에서 차용된 단어들에 대한 흥미로운 음성학 연구가 들어 있다. 그 차용 시기에 따라 차용된 언어를 두 그룹으로 나눈 이 연구에 따르면, 고대 시기에 묘족 언어와 동화된 단어들은 용량 단위, 가축과 도구의 이름처럼 일상적으로 사용된 단어라는 사실을 확인시켜 준다. 최근에 차용된 단어들은 대부분 정치, 경제, 사회과학에 속한 단어들이다.

43 역주 『峒溪纖志』上卷에 등장하는 해당 원문은 다음과 같다. ["土人在新添司, 與衛人間通婚, 漸染漢俗. 在施秉者, 播入流裔. 在邛水者, 鬪狠輕生."]

44 역주 저자는 '愛必達'을 『黔南職方紀略』의 저자인 '羅繞典'으로 표기했다.

45 역주 이 글은 嚴如熤, 『苗防備覽』권8, 「風俗考」(上), 15쪽 상~16쪽 상에 기재된 내용이다. 이 글의 맨 끝에는 "雖知亦不禁, 名曰放野. 蓋樂甚則流, 無禮以節之也"라는 문장이 더 있다.

46 역주 이 글은 嚴如熤, 『苗防備覽』권22, 「雜錄」, 21쪽 하~22쪽 상에 등장한다. 이런 이유로 한족들이 이 지역에 들어오는 것을 엄금해야 한다는 취지의 글이다.

47 역주 이글은 吳振棫, 『黔語』卷下에 나오는 글이며, 이어 본서에도 다시 등장하는 서계평(徐階平)의 일화도 동시에 소개되어 있으며, 잠사(蠶事)에 관련된 글이 첨부되어 있다.

48 역주 저자의 참고 자료와 역자가 참고한 자료의 판본이 달라, 여러 곳의 글자가 다르다. 다만 이 부분은 의미가 완전히 달라, 역자가 참고한 乾隆『貴州通志』에 근거해 이렇게 고쳤다. 저자는 이 부분을 '…都元帥完澤公以省臺…'로 표기했다. 다만 이 자료가 碑文인 탓인지는 모르지만, 건륭 『귀주통지』에도 악륵철공(諤勒哲公)이라는 이름이 본문에 덧붙인 형태로 되어 있음을 밝힌다.

49 역주 역시 이 부분도 저자의 한문 표기와 역자가 참고한 사료의 표기가 달라, 별도의 설명이 필요하다. 역자가 참조한 乾隆『貴州通志』(사고전서본)에는 이 문장의 '卑'자가 '畢'자로 표기되어 있다. 여기서는 저자의 표기대로 번역했음을 밝힌다.

참고문헌

1. 사 료

특히 중국 쪽 연구에서 빈번히 언급된 자료지만, 내가 이용할 수 없었던 자료는 그 앞에 별표(*)를 붙였다.[1]

(1) 명대明代 이전

1. 李吉甫(758~814), 『元和郡縣志』(叢書集成本), 12卷
2. 樊綽, 向達 校注, 『蠻書校注』, 中華書局 : 北京, 1962
3. 歐陽修(1007~1072), 『新唐書』, 藝文印書館
4. 陸游(1125~1210), 『老學庵筆記』10卷
5. 朱輔(11세기), 『溪蠻叢笑』(說海叢書本) 1卷
6. 范成大(1126~1193), 『桂海虞衡志』(說海叢書本) 10卷
7. 周去非, 『嶺外代答』(知不足齋叢書本)10卷
8. 『宋史』, 藝文印書館
9. 徐松(1781~1848), 『宋會要輯稿』, 中華書局 : 北京, 1957
10. 孛蘭肹, 趙萬里 校注, 『元一統志』, 中華書局 : 上海, 1966
11. 『元史』, 藝文印書館
12. 『新元史』, 藝文印書館

(2) 명대

1) 정전류政典類와 개인 저서

13. 李賢(1408~1466), 『大明一統志』(1461) 90卷
14. 谷應泰, 『明史記事本末』(叢書集成本, 1658), 80卷
15. 『明史』(四部備要本)

16. 『明會要』, 中華書局 : 北京, 1957
17. 萬曆 15年『大明會典』, 218卷
18. 『明史藝文志補編 · 附編』, 商務印書館 : 北京, 1959
19. 宋應星(1587~1666), 『天工開物』, 商務印書館 : 上海, 1954
20. 李時珍(1519~1593), 『本草綱目』, 商務印書館 : 上海, 1957
21. 張天復, 『皇輿考』(玄覽堂叢書本), 12卷
22. 朱彝尊(1629~1709), 『明詩綜』(康熙 44年), 世界書局 : 臺北, 1961, 100卷
23. 徐鼒(1810~1862), 『小腆紀傳』, 中華書局 : 北京, 1958, 65+5卷

2) 지방지

주사가朱士嘉가 작성한 『중국지방지종록(中國地方志綜錄)』에 포함되어 있는 중국 내 지방지 외에, 동경 존경각문고尊經閣文庫에는 허일덕許一德의 편찬으로 추정되는 萬曆 『貴州通志』가 소장되어 있다. 앞서 언급한 주사가의 중국 소재 지방지 목록 속에는 만력 연간본이 포함되어 있지 않다는 사실을 염두에 둘 필요가 있다.[2]

3) 개인문집

24. 王守仁(1472~1528), 『王陽明全集』(國學基本文庫), 上海中央書店, 1934, 38卷
25. 楊愼(1488~1559), 『升菴全集』(萬有文庫), 80卷
26. 謝肇淛, 『五雜俎』(國學珍本文庫), 上海, 1934, 12卷

4) 서남지역과 특히 귀주지역 여행기

27. 何喬新(1427~1502), 「勘處播州事情疏」. 『紀錄彙編』卷51
28. 王軾, 『平蠻錄』(『紀錄彙編』) 卷40
29. 『土官底簿』(『四庫全書珍本初集』) 2卷

30. 高岱,「剿清平苗」.『鴻猷錄』(『紀錄彙編』) 卷79
31. 高拱(1512~1578),「靖夷紀事」. 乾隆『貴州通志』卷39
32. 田汝成,『炎徼紀聞』(叢書集成本), 4卷
33. 王士性(1546~1598),『黔志』(叢書集成本)
34. 李化龍(1554~1611),「平播疏」. 乾隆『貴州通志』卷34
35. 李化龍(1554~1611),「播地善後事宜疏」. 乾隆『貴州通志』卷34
36. 邢慈靜,『追逐黔塗略』(『黔南叢書』本), 1卷
37. 包汝楫,『南中紀聞』(『叢書集成』本), 1卷
38. 江之春,『安龍紀事』(中國歷史研究資料叢書), 1卷
39. 徐霞客(1586~1641),『徐霞客遊記』, 上海大衆書局 : 上海(발행 시기 불분명), 4卷
40. 鄺露(1604~1650),『赤雅』(『嘯園叢書』本), 3卷
41. 毛奇齡(1623~1716),『蠻司合志』(『西河合集』本), 15卷
42. 善一如純,『黔南會燈錄』3
43. 唐樹義(1793~1854)·莫友芝(1811~1871)·黎兆勳,『黔詩紀略』, 33卷

(3) 청대

1) 고문서古文書 · 정전류政典類 · 사료집史料集

44.『雍正硃批諭旨』(1738年 序文), 112卷
45. 王先謙, 光緖『東華錄』, 425卷
46. 南開大學歷史系 編,『清實錄經濟資料輯要』, 中華書局 : 上海, 1959
47.『清代抄檔』. 彭澤益,『中國近代手工業史資料』, 三聯書店 : 北京, 1957
48. 李文治,『中國近代農業史資料』, 三聯書店 : 北京, 1957
49. 賀長齡 編,『皇朝經世文編』, 120卷
50.『清朝文獻通考』(『萬有文庫』本), 308卷
51.『清朝通典』(『萬有文庫』本), 120卷
52.『清朝通志』(『萬有文庫』本), 126卷

53. 『大淸一統志』(1774년 서문), 500卷
54. 『淸史稿』, 536卷
55. 洪亮吉, 『乾隆府廳州縣圖志』, 50卷
56. 張應昌, 『淸詩鐸』, 中華書局 : 上海, 1960
57. 鄧文成, 『淸詩紀事初編』, 中華書局 : 上海, 1965
58. 『授時通考』, 農業出版社 : 上海, 1963
59. 『大淸律例增修統纂集成』, 1905, 40卷

2) 문집

60. 劉獻廷, 『廣陽雜記』, 中華書局 : 上海, 1957
61. 洪亮吉, 『洪北江詩文集』

3) 유럽 소장 지방지

62. 衛既齊 · 薛載德, 『貴州通志』(康熙 31년), 36卷
63. 張廣泗, 『貴州通志』(乾隆 6년), 46卷
64. 王復宗, 『天柱縣志』(康熙 22년), 2卷
65. 黃培杰, 『永寧州志』(道光 17년), 12卷
66. 方齊壽 · 楊大鏞, 『石阡府志』(光緒 2년), 8卷
67. 鄭珍 · 莫友芝, 『遵義府志』(道光 21년), 49卷
68. 胡翯羽, 『三合縣志略』(民國 29년), 45卷
69. 郭輔相 · 王世鑫, 『八寨縣志稿』(民國 19년), 30卷
70. 曾國荃 · 郭嵩燾, 『湖南通志』(光緒 11년), 288+19卷

4) 특정연구

71. 顧炎武, 『天下郡國利病書』, 120卷
72. 顧祖禹, 『讀史方輿紀要』, 中華書局 : 上海, 1955, 129+4卷

73. 田雯, 『黔書』(叢書集成本) 4卷
74. 愛必達, 『黔南職略』(乾隆 14년), 32卷
75. 猶法賢, 『黔史』(光緒 15년 『黔志四種』), 4卷
76. 張澍, 『續黔書』(光緒 15년 『黔志四種』本), 4卷
77. 李宗昉, 『黔記』(『小方壺齋輿地叢鈔』本), 4卷
78. 羅繞典, 『黔南職方紀略』(光緒 31년), 9卷
79. 黔霖, 『黔西古蹟考』(『小方壺齋輿地叢鈔』本), 4卷
80. 吳振棫, 『黔語』(咸豊 4년), 2卷

5) 묘족 관련 전문서

81. 陸次雲, 『峒溪纖志』(『小方壺齋輿地叢鈔』本), 3+1卷
82. 陸次雲, 「跳月記」. 『北墅緒言』(康熙 3년과 康熙 5년 서문)
83. 陳鼎, 「滇黔土司婚禮記」(『小方壺齋輿地叢鈔』)
84. 藍鼎元, 「論邊疆省苗蠻事宜疏」(『小方壺齋輿地叢鈔』)
85. 王履階, 「改土歸流說」(『小方壺齋輿地叢鈔』)
86. 檀萃, 『說蠻』(『小方壺齋輿地叢鈔』本)
87. 董誥, 『皇淸職貢圖』(乾隆 26년), 9卷
88. 諸匡鼎, 「猺童傳」(『小方壺齋輿地叢鈔』)
89. 舒位, 嘉慶 2년 『黔苗竹枝詞』(『香艷叢書』本), 1卷
90. 『欽定平苗紀略』(嘉慶 2년), 55+2卷
91. 龔柴, 「苗民考」(『小方壺齋輿地叢鈔』)
92. 徐家幹, 『苗疆聞見錄』(『黔南叢書』), 1卷
93. 吳文溥, 『苗疆指掌』(『 南野堂全集』과 『南野堂續集記』所收), 1卷
94. 嚴如熤, 『苗防備覽』(嘉慶 25년), 22卷
95. 貝靑喬, 『苗俗記』(『小方壺齋輿地叢鈔』本), 1卷
96. 方亨咸, 「苗俗記聞」(『小方壺齋輿地叢鈔』)
97. 吳有蘭, 『楚洞志略』(『叢書集成』本)
98. 魏源, 『聖武記』(道光 22년), 14卷.

6) 여행기

99. 許纘曾, 『滇行紀程』(『叢書集成』本)
100. 閔敍, 『粤述』(『小方壺齋輿地叢鈔』), 1卷
101. 黃元治, 『黔中雜記』(『小方壺齋輿地叢鈔』), 1卷
102. 陳鼎, 『黔遊記』(『小方壺齋輿地叢鈔』)
103. 楊名時, 「自滇入都程記」(『小方壺齋輿地叢鈔』)
104. 謝階樹, 「貴州道中記」(『小方壺齋輿地叢鈔』)
105. 檀萃, 『黔囊』(『小方壺齋輿地叢鈔』)
106. 洪亮吉, 『黔中詩集』(『洪北江詩文集』)
107. 趙翼, 『粤滇雜記』(『小方壺齋輿地叢鈔』)
108. 蔣攸銛, 『黔軺紀行集』(『黔南叢書』本)
109. 林溥, 『古州雜記』(『小方壺齋輿地叢鈔』)
110. 孫崑謹, 『黔行紀程』(『雙虞壺齋日記』本)
111. 劉書年, 「黔行日記」(『黔南叢書』에 수록된 『劉貴陽遺稿』에 所收)

7) 지리서地理書

112. 晏斯盛, 「黔中水道考」. 乾隆 『貴州通志』
113. 洪亮吉, 「貴州水道考」. 『洪北江全集』
114. 洪亮吉, 「獅子崖記」. 『小方壺齋輿地叢鈔』
115. 洪亮吉, 「少寨洞記」. 『小方壺齋輿地叢鈔』
116. 許元仲, 「飛雲洞記」. 『小方壺齋輿地叢鈔』
117. 彭而述, 「飛雲洞記」. 乾隆 『貴州通志』
118. 梁玉繩, 「遊龍巖記」. 『小方壺齋輿地叢鈔』

2. 연구서(중국어와 일본어)

(1) 명청시대사明淸時代史

119. 李光璧,『明朝史略』, 湖北人民出版社 : 武漢, 1957
120. 謝國楨,『南朝史略』, 人民出版社 : 上海, 1956
121. 李洵,『明淸史』, 人民出版社 : 北京, 1956
122. 翦伯贊,『中國史綱要』, 人民出版社 : 北京, 1963

(2) 전문연구서 · 논문

123. 陳垣,『明季滇黔佛教考』, 中華書局 : 北京, 1962
124. 程光裕,『中國都市』.『現代國民基本知識叢書』, 中華文化出版事業委員會 : 臺灣, 1952
125. 董玉瑛, 「從淸初至鴉片戰爭中國資本主義因素的萎縮和成長」, 李光璧, 1957 所收
126. 傅彬甫,「關於淸朝田賦問題的一些參考材料」, 李光璧, 1957 所收
127. 顧峯,「楊愼對西南民族史硏究的貢獻」,『民族團結』4期, 1964
128. 郭影秋,『李定國紀年』, 中華書局 : 北京, 1961
129. 何炳棣,『中國會館史論』, 臺灣學生書局 : 臺灣, 1966
130. 侯仁之,『徐霞客』(中國歷史小叢書), 中華書局 : 北京, 1962
131. 胡耐安,「明淸代土司」,『大陸雜志』10期, 1959
132. 黃開華,「明代土司制度設施與西南開發」(上,下),『新亞學報』6卷, 1~2期, 1959
133. 江應樑,『明代雲南境內的土官與土司』, 雲南人民出版社 : 昆明, 1958
134. 金維諾,「職貢圖的時代與作者讀書札記」,『文物』7期, 1960
135. 李光璧,『明淸史論叢』, 湖北人民出版社 : 武漢, 1957
136. 凌惕安,『淸代貴州名賢像傳第一輯』, 商務印書館 : 上海, 1944

137. 彭信威,『中國貨幣史』, 人民出版社 : 上海, 1957
138. 曲六乙,『中國小數民族戲劇』, 作家出版社 : 北京, 1964.
139. 任美鍔,『徐霞客遊記』.『中國古代地理名著選讀』卷1, 科學出版社 : 北京, 1959
140. 商衍鎏,『淸代科擧考試述錄』, 三聯書店 : 北京, 1958
141. 唐棣,「略論淸代的地丁制度」, 李光璧, 1957 所收
142. 全漢昇・王業鍵,「淸雍正年間的米價」,『中央硏究院歷史語言硏究所集刊』30本(上冊), 1959
143. 王業鍵,「淸雍正時期的財政改革」,『中央硏究院歷史語言硏究所集刊』32本, 1961
144. 全漢昇・王業鍵,「淸代的人口變動」,『中央硏究院歷史語言硏究所集刊』32本, 1961
145. 王明倫,「鴉片戰爭前雲南銅礦業中的資本主義萌芽」,『歷史硏究』3期, 1956
146. 王世襄,「談淸代的匠作則例」,『文物』7期, 1963
147. 王毓銓,『明代的軍屯』, 中華書局 : 北京, 1957
148. 謝華,『湘西土司輯略』, 中華書局 : 上海, 1959
149. 佘貽澤,『中國土司制度』, 臺灣學生書局 : 臺灣, 1968
150. 張國淦,『中國古方志考』, 中華書局 : 上海, 1962
151. 張效乾,『徐霞客紀念論集』, 中華文化出版事業 : 臺北, 1956
152. 趙泉澄,『淸代地理沿革表』, 開明書店 : 上海, 1941
153. 鄒樹文,「蟲白蠟利用的起源」,『農業遺産硏究集刊』1冊, 1958
154. 竺可楨,『地理學家徐霞客』, 商務印書館, 1948

(3) 서남지역과 귀주지역 연구서・논문

155. 百友,「大苗山苗族風俗」,『中國民族』3期, 1957
156.『布依語調査報告』, 科學出版社 : 北京, 1959
157. 沈從文,「湘西土家族織錦」,『民族團結』9期,1959
158.「仡佬族(兄弟民族介紹)」,『中國民族』6期, 1960

159. 京滇公路周覽會貴州分會宣傳部 編, 『貴州名勝古蹟概說』, 貴陽文通書局 : 貴陽, 1937
160. 吳澤霖 · 陳國鈞, 『貴州苗夷社會研究』, 貴陽文通書局 : 貴陽, 1942
161. 貴州省野生植物聯合研究室 編, 『貴州經濟植物圖說』(12卷), 貴州人民出版社 : 貴陽, 1960~1962
162. 童振藻, 「牂牁江攷」. 『嶺南學報』1卷, 4期, 1930
163. 胡慶鈞, 「明代水西彝族的奴隸制度」, 『歷史研究』Z1期, 1964
164. 華西, 「貴州小數民族史上若干問題的討論」(1~2), 『中國民族』12期~1期, 1962~1963
165. 華西, 「布依族的東源及其古代社會經濟的發展」, 『民族研究』4期, 1960
166. 華西, 「仡佬族的民族來源和遷徙」, 『民族研究』6期, 1960
167. 華西, 「太平天國革命時期張秀眉領導的苗族農民起義」 『民族研究』8期, 1959
168. 中國科學院少數民族語言研究室編, 『景頗語法綱要』, 科學出版社 : 北京, 1959
169. 狩野直禎, 「狆家苗の平定さめぐつて」, 『東洋史研究』18卷, 3號, 1959
170. 中國科學院少數民族語言研究室編, 『傈僳語法綱要』, 科學出版社 : 北京, 1959
171. 凌純聲 · 芮逸夫, 『湘西苗族調査報告』, 民族出版社 : 上海, 1947
172. 柳固, 「苗人的蠱毒」, 『文化月刊』12期, 1935
173. 中國語文雜志社編, 『國內小數民族語言文字的槪況』, 中華書局 : 北京, 1954
174. 馬少僑, 『淸代苗民起義』, 湖北人民出版社 : 武漢, 1957
175. 馬學良, 邰昌厚, 「貴州東南部苗語語音的初部比較」, 『語言研究』1期, 1956
176. 苗延秀, 『大苗山交響曲』, 新文藝出版社 : 上海, 1954
177. 中國科學院民族研究所少數民族語言研究組苗語小組, 「苗語槪況」, 『中國語文』1期, 1962
178. 中國科學院民族研究所少數民族語言研究組苗語小組, 「苗語中的漢語借詞」, 『中國語文』5期, 1962

179. 苗原, 「古代與近代時期的苗族社會經濟」, 『民族研究』5期, 1960
180. 中國音樂研究所 編, 『苗族蘆笙』, 音樂出版社 : 北京, 1957
181. 貴州省民間文學工作組 編, 『苗族民間故事選』, 人民出版社 : 北京, 1963
181bis. 錢穆, 「古三苗疆域考」, 『燕京學報』12期, 1932
182. 早益靑, 「土族(兄弟民族紹介)」, 『中國民族』2期, 1960
183. 王輔世, 「貴州威寧苗語量詞」, 『語言研究』2期, 1957
184. 王文萱, 「苗人起源傳說之研究」, 『新政治』38-12
185. 王竹樓, 「1795年的苗民大起義」, 李光璧, 1957년 所收
186. 徐松石, 『粤江流域人民史』, 中華書局 : 北京, 1939
187. 嚴中平, 『淸代雲南銅政考』, 中華書局 : 上海, 1957
188. 楊成志 · 余永梁, 「關於苗族書籍之書目」, 『國立中山大學語言歷史研究所集刊』3
189. 楊漢先, 「大花苗移入烏撒傳說考」, 『中國文化硏究匯刊』3, 1942
190. 楊漢先, 「大花苗的氏族」, 『中國文化硏究匯刊』3期, 1943
191. 喩世長, 『布依語語法硏究』(語言學專刊), 科學出版社 : 北京, 1956
192. 喩世長, 「布依語幾個聲母的方言對應硏究」, 『語言硏究』1期, 1956
193. 於曙巒, 「貴州苗族雜談」, 『東方雜誌』20-14
194. 雲峯 · 華西, 「貴州小數民族史上若干問題之討論」, 『民族團結』, 1963
195. 『中國小數民族語言簡志叢書』編委會 編, 『中國小數民族語言簡志』(苗族部分), 科學出版社 : 北京, 1959

3. 서양어 연구서와 논문

(1) 개설서

196. E. Balazs, *La Bureaucratie céleste, Recherches sur l'économie et la société de la Chine traditionnelle*, Gallimard : Paris, 1968
197. H.S.J. Bernard, "Les étapes de la cartographie scientifique pour

la Chine et les pays voisins depuis le XVIème s. jusqu'à la fin du XVIIème s." *Monumenta Serica*, vol.1, 1935~1936
198. K.N. Biggerstaff, "Some notes on the Tung-hua-lu and the Shi-lu," *Harvard Journal of Asiatic Studies*, vol.4, no.2, 1939
199. Ch'u T'ung-tsu(瞿同祖), *Local Government in China under the Ch'ing*, Harvard University Press : Cambridge, Massachusetts, 1962
200. G. B. Cressey, *Land of the 500 Million, A Geography of China*, McGraw-Hill Book Co. : New York, Toronto, Lond- res, 1955
201. P. Demiéville, "La Montagne dans l'art littéraire chinois," *France-Asie*, automne, 1965
202. E-tu Zen Sun, *Ch'ing Administrative Terms, A Translation of the Terminology of the Six Boards with Explanatory Notes*, Harvard East Asian Studies 7, Harvard University Press, 1961
203. E-tu Zen Sun(任以都), "Ch'ing Government and the Mineral Industries before 1800," *Journal of Asian Studies*, XXVII, 4, August 1968
204. E-tu Zen Sun et Shiou-chuan Sun, *T'ien kung k'ai wu, Chinese Technology in the seventeenth Century*, The Pennsylvania State University Press, 1966
205. J. K. Fairbank, S. Teng, *Ch'ing Administration, Three Studies*, Harvard-Yenching Institute Studies XIX, Harvard University Press, 196
206. J. K. Fairbank(ed.), *The Chinese World Order,* Harvard East Asian Series 32, Harvard University Press : Cambridge, Massachusetts, 1968
207. A. Fauvel, *Les séricigènes sauvages de la Chine*, E. Leroux : Paris, 1895
208. W. Franke, *An Introduction to the Source of the Ming History*,

University of Malaya Press : Singapore, 1968
209. W. Fuchs, "Materialen zur Kartographie der Manju Zeit," *Monumenta Serica*, I, 1935~36
210. M. Granet, *Danses et légendes de la Chine ancienne*, F. Alcan : Paris, 1926
211. E. Haenisch, "Das Ts'ing shi kao und die sonstige chinesische Literatur zur Geschichte der letzten 300 Jahre," *Asia Major,* 6, 1930
212. J. Hall, "Notes on the Early Ch'ing Copper Trade with Japan," *Harvard Journal of Asiatic Studies*, vol.12, no.3-4, 1949
213. Hervey de Saint Denis(Marquis d'), *L'ethnographie des peuples étrangers à la Chine*, Genève, 2 vols., 1876~1882
214. Hisayuki Miyakawa, "The Confucianization of South China," in Arthur F. Wright, *The Confucian Persuasion*, Stanford University Press : Stanford, California, 1960
215. Ho Ping-ti(何炳棣), "American Food Plants in China," *American Anthropologist*, vol.25, no.2, 1955
216. Ho Ping-ti, "The Salt Merchants of Yang-chou : A Study of Commercial Capitalism in Eighteenth Century China," *Harvard Journal of Asiatic Studies*, vol.17, no.1-2, 1954
217. Ho Ping-ti, *Studies on the Population of China(1368-1953)*, Harvard University Press : Cambridge, Massachusetts, 1959
218. Ho Ping-ti, *The Ladder of Success in Imperial China, Aspects of social Mobility(1368-1911)*, Columbia University Press : New York, Londres, 1962
219. Ho Ping-ti, "The Significance of The Ch'ing Period in Chinese History," *Journal of Asian Studies*, vol. 26, no. 2, 1967
220. C. O. Hucker, "Governmental Organization of the Ming Dynasty," *Harvard Journal of Asiatic Studies*, vol.21, no.1

(January), 1958
221. R. Hoepli, "Malaria in Chinese Medicine," *Sinologica*, 4, 1956
222. Hsieh Chia-min, "Hsia-ke Hsu - Pioneer of Modern Geography in China," *Annals of the Association of American Geographers*, vol.48, no.1, 1958
223. M. Kaltenmark, "Le Dompteur des flots," *Han-hiue(漢學), Bulletin du Centre d'Etude Sinologique de Pékin,* vol.3, 1948
224. Liang Fang-chung, "The Single-Whip method(I-t'iao-pien-fa) of taxation in China," traduit du chinois par Wang Yu-ch'uan, Harvard University, Chinese Economic and political Studies, Special Series, 1956
225. F. M. Lebar ; Gerald C. Hickey ; John K. Musgrave, *Ethnic Groups of Mainland Southeast Asia*, Human Relations Area Files Press : New Haven, 1964
226. G. H. Luce, "Chinese Invasions of Burma in the Eighteenth Century," *Journal of the Burmese Research Society*, 1925
227. W. F. Mayers, *The Chinese Government*, Ch'eng-wen Publishing Company : Taipei, 1970
228. J. Needham et Wang Ling, *History of scientific thought*, in *Science and Civilisation in China*, vol. II, Cambridge University, 1956
229. C. H. Peake, "A Comparison of the various Editions of the Ch'ing shi kao," *T'oung-pao,* Second series, vol.35, 1940
230. L. Petech, *China and Tibet in the early XVIIIth Century : History of The Establishment of the Chinese Protectorate in Tibet*, E. J. Brill : Leiden, 1950
231. V. Purcell, *The Chinese in Southeast Asia*, Oxford Univer- sity Press, : Londres, Kuala Lumpur(second edition), Hong Kong, 1965
232. Richard(le père), *Géographie de l'Empire de Chine*, Mission

Catholique : Shang hai, 1905
233. R. Stein, "Jardins miniatures d'Extrême-Orient", *B.E.F. E.O.*, 1942
234. "Symposium on Historical, Archeological and Linguistic Studies on Southern China, South East Asia and the Hong Kong Region," Hong Kong University Press, 1967
235. I. B. Tauber and Nai-chi Wang, "Population Records in the Ch'ing Dynasty," *Journal of Asian Studies*, vol.19, no. 4, 1960
236. O. B. van der Sprenkel, "Population Statistics of the Ming China," *Bulletin of the School of Oriental and African Studies*, vol.15, no. 2, 1953
237. H. J. Wiens, *China's March toward the Tropics,* Shoe String Press : Hamden, 1954
238. Yang Lien-sheng, *Money and Credit in China, A short History,* Harvard-Yenching Institute Monograph Series, 12, 1952

(2) 귀주성과 그 주민을 다룬 연구

239. R. G. Agnew, "The Music of the Ch'uan Miao," *J. W. C. B. R. S.*, II
240. I. de Beauclair, "Tracht und Ornamentik der Pa Miao in Anshun Kreis der Provinz Kweichow," *Studia Serica*, vol.2, 1942
241. I. de Beauclair, "The Koh Lao of Kweichow and their History according to the Chinese Records," *Studia Serica*, vol.5, 1946
242. I. de Beauclair, "Die Ta Hoa Miao der Provinz Kweichow," *Gesellschaft für Natur und Völkerkunde Ostasiens*, vol.37, 1954
243. I. de Beauclair, "The Representatives of the Lao in Kweichow Province," *Annals of the Academia Sinica*, no 3, 1956
244. I. de Beauclair, "Cultural Traits of non-chinese Tribes of Kweichow Province," *Sinologica*, vol.5, 1956
245. I. de Beauclair, "A Miao Tribe of Southeast Kweichow and its

Cultural Configuration," *Bulletin of the Institute of Ethnology Academia Sinica*, no.10,1960
246. S. Behrsing, "Ein neuer chinesischer Beitrag zur Yal-Forschung," *Zeitschrift für Ethnologie*, 74, 1942
247. J. Bertrand(le Père), "Education des vers à soie du chêne au Kouei-tcheou," *Annales forestières*, vol. II, 1853
248. F. S. A. Bourne, "Report of a Journey in South-western China : with short vocabularies of the Lolo, Shan and Miao-tsu dialects," *British Government blue book*, 1888
249. H. Braütigam, "Über Miao-Alben," *Mitteilungen des Instituts für Orientforschung*, Berlin, Bd.9, 2-3, 1963
250. H. Brelich, "Chinese Methods of Mining Quicksilver," *Mining Journal, Railway and Commercial Gazette*, no.77, 1935
251. E. C. Bridgman, "Sketches on the Miau-tsze," *Journal of the Royal Asiatic Society North China Branch*, no.3, 1859
252. Cavalerie(le père), "Chez les Chouy kia," *Annales de la société des Missions étrangères*, no.9, 1899
253. Chiu Chang-kang, "Die Kultur der Miao-tse nach älteren chinesischen Quellen," *Mitteilungen aus dem Museum für Völkerkunde in Hamburg*, Bd. 18, 1937
254. Chouzy(Mgr.), *400 lieues à travers le Koang-si et le Koei-tcheou*, Missions Catholiques, 1885
255. Clarke(père S. R), *Among the Tribes in South-West China*, Londres, 1911
256. A.R. Colquhoun, *Across Chrysê, A Journey of Exploration through the South China Border Lands from Canton to Mandalay*, New York, 2 vols., 1883
257. H. Cordier, "Les Lolos(玀玀), état actuel de la question," *T'oung-pao*, Second series, vol.8, no.5, 1907

258. P. Daudin, "Les Miao du Koei Tcheou," *France-Asie*, no. 12, 1947
259. W. Eberhard, "Die Miao-Alben des Leipziger Völkermuseums," *Archiv für Anthropologie*, vol.26, 1941
260. W. Eberhard, "Kultur und Siedlung der Randvölker Chinas," *T'oung-pao*, 36, 1942
261. W. Eberhard, *Untersuchungen über den Aufbau der chinesischen Kultur, II, Lokalkulturen im alten China, Teil 2, Die Lokalkulturen des Südens und Ostens, Monumenta Serica monograph*, III, Pekin, Catholic University, 1942
262. J. Edkins, "The Miau-tsi Tribes, their history," *Chinese Recorder*, vol.3, 1890
263. Feng Han-yi and J. K. Shryock, "The Historical Origins of the Lolo," *Harvard Journal of Asiatic Studies*, vol.3, no.2, 1938
264. R. F. Fortune, "Introduction to Yao Culture," *Lingnan Science Journal*, 18, 1929
265. E. Gaspardone, "Sseu-ma Siang-jou chez les barbares, III, 2, Le Tsang k'o," *Sinologica*, vol.9, no.3-4, 1967
266. D. C. Graham, "The Ch'uan Miao of Southern Szechuan," *J. W. C. B. R. S.*, vol.I, 1922~1923
267. D.C. Graham, "More Notes about the Ch'uan Miao," *J. W. C. B. R. S.*, vol.3, 1926~1929
268. D. C. Graham, "The Ceremonies of the Ch'uan Miao," *J. W. C. B. R. S.*, vol.9, 1937
269. D. C. Graham, "The Customs of the Ch'uan Miao," *J. W. C. B. R. S.*, vol.9, 1937
270. D. C. Graham, "The Legends of the Ch'uan Miao," *J. W. C. B. R. S.*, vol.10, 1938
271. D. C. Graham, "The Vocabulary of the Ch'uan Miao," *J. W. C. B. R. S.*, vol.10, 1938

272. D. C. Graham, "Songs and Stories of the Ch'uan Miao," *Smithsonian Miscellaneous Collection*, vol. 123, no.1, 1954

273. A. G. Haudricourt, "Introduction à la phonologie historique des langues Miao-Yao," *B.E.F.E.O.*, vol. 44, no.2, 1954

274. A. Hosie, *Three years in western China, A Narrative of three years in Sseu-ch'uan, Kweichow and Yun-nan*, Londres, 1897

275. W. H. Hudspeth, "The Cult of the Door amongst the Miao in South-west China," *Folk-lore*, vol. 33, 1922

276. R. F. Its, "Miao(istoriko-ethnografičeskii očerk)," *Vostočno-aziatskii etnografičeskii sbornik*, Travaux de l'Institut ethnographique Miklukho Maklai, nouvelle série, t.LX, Académie des Sciences d'URSS, Moscou, 1960

277. F. Jäger, "Über Chinesische Miaotse-Albums," *Ostasiatische Zeitschrift*, Bd.4(1915~1916) ; Bd.5~6(1916~1918)

278. E. C. Kemp, "The Highways and Byways of Kweichow," *Journal of the Royal Asiatic Society of London*, vol.1, no. 5, 1861

279. Leclère, "Etude géologique et minière des provinces voisines du Tonkin," *Annales des Mines*, Octobre-novembre, 1901

280. Lee Chee-boon, "Local History, Social Organization and Welfare(of the Yao)," *Lingnan Science Journal*, 18, 1929

281. O. Lehmann, "Die geographischen Ergebnisse der Reise durch guidschou," in *Akademie der Wissenschaften. Vienna, Mathemtisch-natur-wissenschaftliche Klasse, Denkschriften*, Wien, 100 bd., 1926

282. Lesserteur et Lions(Mgr), "Les Yi jen," *Missions catholiques*, 1877

283. Lin King-yu, "The Economics of Yao Life," *Lingnan Science Journal*, 18, 1929

284. Lin Yueh-hua(林耀華), "The Miao-Man Peoples of Kweichow. Annotated Translation of the Miao-Man section of the Ch'ien nan

chih fang chi lueh," *Harvard Journal of Asiatic Studies*, vol.5, no.3-4, 1941

285. Lin Yueh-hua, *The Lolos of Liang shan*, trad. du chinois par Ju-shu Pan, HRAF Press : New Haven, 1961

286. Ling Zeng-seng, "Recherches ethnographiques sur les Yao de la Chine du Sud,"(Thèse), Paris, 1929

287. C. Madrolle, "Quelques peuplades Lolo," *T'oung-pao*, second series, vol.9, no.4, 1908

288. M. P. Mickey, "The Hai P'a Miao of Kweichow," *J.W.C. B.R.S.*, vol.15, 1944

289. M. P. Mickey, "The Cowrie shell Miao of Kweichow," *Papers of the Peabody Museum*, vol.32, 1947

290. *La Mission Lyonnaise d'exploration commerciale en Chine, 1895-1897,* 2 vols., Lyon, 1898

291. G. Moréchand, "Le Chamanisme des Hmong," *B.E.F.E.O.*, vol.54, 1968

292. C. F. Neumann, "Die Urbevölkerung einiger Provinzen des chinesischen Reiches," *Asiatische Studien*, erst. Teil, Leipzig, 1837

293. Ollone(Cmdt. d'), *Ecritures des peuples non-chinois de la Chine, quatre dictionnaires Lolo et Miao-tseu*, Leroux : Paris, 1912

294. Ollone(Cmdt. d'), *Langues des peuples non-chinois de la Chine*, Paris, 1912

295. Perny(le Père), "Province du Kouey-tcheou, son aspect physique, son climat, sa population, son industrie, ses richesses, ses curiosités naturelles," *Annales de la Propagation de la foi*, vol.31, 1859

296. C. M. H. Plaifair, "The Miautzu of Kweichow and Yunnan from chinese descriptions," *China Review*, vol.5, 1876~1877

297. Ruey Yih-fu(芮逸夫), "Terminological Structure of the Miao Kinship System," 『中央研究院歷史語言硏究所集刊』, 29本(下冊), 1957

298. C. Sainson, *Nan-tchao ye-che, Histoire particulière du Nan-tchao, traduction d'une histoire de l'ancien Yunnan*, Leroux : Paris, 1904

299. R. Salzer, "Die Yao : ihre Namen und Bezeichnungen," *Oriens*, vol.13-14, 1960~1961

300. F. M. Savina(le Père), *Histoire des Miao*(second édition), Missions catholiques : Hong Kong, 1930

301. A. Schotter, "Notes ethnographiques sur les tribus du Kouy-tcheou, Chine," *Anthropos*, vol.3, 1908, vol.4, 1909

302. J.E. Spencer, "Kweichow : an internal Chinese Colony," *Pacific Affairs*, no. 2, 1940

303. A. Steinmann, "Batik," *Ciba Review*, no. 58, 1947

304. A. Steinmann, "Das Batiken in China : zur Verbreitung der Batikechnik in China und in den angrenzenden Gebieten," *Sinologica*, vol.2, no.2, 1949

305. H. Stubel, "The Yao of the Province of Kuang-tung," *Monumenta Serica*, vol.3, 1938

306. H. Stubel, "Ein Dorf der Ta-hua Miao in Yun-nan," *Mitteilungen der Deutschen Gesellschaft für Natur und Völkerkunde Ostasiens*, vol.37, 1954

307. T'ang Tsai-fu(唐在復), "Le mariage chez une tribu aborigène du sud-est du Yun-nan, d'après une relation de Tch'en Ting(陳鼎)," *T'oung-pao*, second séries, vol.6, no.5, 1905

308. Vaulserre(Vicomte de), "A Travers le Yunnan et du Yunnan au Tonkin par le Kouei-tcheou et le Kouang-si," *Tour du Monde*, 1901

309. P. Vial, "Les Lolos, Histoire, religion, moeurs, langue, écriture,"

Etudes Sino Orientales, fasc. A, Shanghai, 1898
310. W. S. Wells, "Topography of Kwei-chou : its extent, subdivisions, surface, inhabitants, productions, rivers and mountains," *Chinese Repository*, vol. 18
311. H. Wist, "Die Yao im Süd China, nach Berichten neuer Chinesischer Feldforschung," *Bässler Archiv*, vol.23, no.3,
312. C. L. Wu, "Glimpses of the Miao Tribes in Kweichow," *China Quarterly*, vol. V, 1939~1940
313. S. Zaborowski, "Les Lolos et les populations du sud de la Chine d'après les ouvrages chinois," *Revue de l'Ecole d'Anthropologie*, Paris, 1905

4. 공구서

(1) 연표

314. 翦伯贊,『中外歷史年表 : 公元前 4500年~公元1918年』, 中華書局 : 北京, 1962
315. 陳垣,『二十朔閏表』, 中華書局 : 北京, 1962

(2) 지도

316. 張其昀,『中華民國地圖集』(5권), 臺灣國防研究院 : 臺北, 1961~ 1965
317. 顧頡剛, 章巽, 譚其驤,『中國歷史地圖集』(古代部分), 中華書局 : 上海, 1955
318. A. Herman, *An Historical Atlas of China*(再版本), Aldine Publishing Company : Chicago,1966

319. 『中國分省地圖』(再版本), 地圖出版社 : 北京, 1965

(3) 인명록과 목록

320. Chiang Chen-yu, *Catalog of the Chinese Collection of the University of Singapore*, vol.II, The University of Malaya Press : Singapore, 1965
321. 鄧衍林, 『中國邊彊圖籍錄』, 商務印書館 : 上海, 1958
322. J. Dzen-Hsi Lowe, "A Catalog of Official Gazetteers of China in the University of Washington," *Bibliotheca Asiatica*, no.1, 1966
323. H. Hervouet, *Catalogue des monographies locales chinoises dans les bibliothèques d'Europe*, Mouton : Paris, La Haye, 1957
324. Y. Hervouet, *Catalogue des périodiques chinois dans les bibliothèques d'Europe*, Mouton : Paris, La Haye, 1958
325. Kai Ming-ch'iu, *A Classified Catalog of Chinese Books in the Chinese-Japanese Library of the Harvard Yenching Institute*, Harvard University, 1938
326. Teng and Biggerstaff, *An annotated Bibliography of Selected Chinese Reference Works*, Harvard-Yenching Institute Studies, vol. II, Cambridge, Massachusetts, 1950
327. Yuan-tung-li, *China in Western Literature, A Continuation of Cordier's Bibliotheca Sinica*, Far Eastern Publications : Yale University, New Haven, 1958
328. 上海圖書館編, 『中國叢書綜錄』, 中華書局 : 上海, 1959~1962
329. 朱士嘉, 『中國地方志綜錄』, 商務印書館 : 上海, 1958
330. 朱士嘉, *A Catalog of Chinese local Histories in the Library of Congress*, Washington, 1942

(4) 색인집

331. 『八十九種明代傳記綜合引得』, 中華書局 : 北京, 1959

332. 『二十五史人名索引』, 中華書局 : 北京, 1964

333. *Index to Thirty-three Collections of Ch'ing Dynasty Biographies*, Harvard-Yenching Institute, Sinological Index Series, no.9, Japanese Council for East Asian Studies : Tokyo, 1960

334. 姜亮夫 編, 陶秋英 校, 『歷代人物年里碑傳綜表』, 中華書局 : 北京, 1965

335. J. Lust, *Index Sinicus : A Catalog of Articles relating to China in Periodicals and other Collective Publications, 1920-1955*, Cambridge, England : W. Heffer and Sons Ltd., 1964

336. 佐伯富(Saeki Tomi), 『中國隨筆雜著索引』, 京都大學東洋史研究會 : 京都, 1960

337. 余秉權, 『中國論文引得』(据香港大學憑平山圖書館所藏期刊及縮影膠片), 香港, 1963

참고문헌 주註

1 역주 저자의 이런 설명에도 불구하고 참고문헌에서는 실제로 별표(*)를 발견할 수 없다. 실제로 저자의 참고문헌에는 상당한 오류가 존재한다. 일단 이 연구서가 오래전에 출간된 탓인지는 모르지만, 저서와 논문을 구분하지 않은 채 참고문헌을 정리했다. 또한 연도나 사람 이름이 빈번히 잘못 기재된 것은 물론이고, 심지어 저서를 마치 논문처럼 기재한 경우도 발견된다. 따라서 이런 종류의 오류를 별도로 언급하지 않은 채 역자가 바로잡았음을 밝힌다. 물론 역자도 인터넷을 이용해 자료를 확인한 경우가 많아 정리가 완벽하다고는 할 수 없다. 다만 아예 서지사항이 완전히 틀린 경우도 있어, 일단 인터넷을 최대한 검색해 보충했다. 하지만 인용된 일부 자료는 정확한 서지사항을 끝내 찾을 수 없어, 저자의 표기를 그대로 따랐음을 밝힌다. 다른 한편, 저자는 참고문헌의 기재 방식을 일반적인 예에 따르지 않고, 자신의 독특한 방식으로 사료를 분류해 실었다. 그러나 저자가 어떤 기준으로 자신이 이용한 사료를 특정 항목에 집어넣는지는 밝히지 않았다. 이 부분은 저자의 의도를 존중한다는 의미에서, 저자가 분류한 방법을 그대로 따랐다. 그럼에도 불구하고 저자의 분류가 매우 생소하거나 그릇된 것이 아니라는 사실도 아울러 밝힌다.

2 역주 현재 이 만력 연간 판본은 일본 존경각문고본(尊經閣文庫本)을 복사해 民族硏究所에도 소장되어 있다. 정확하게는 萬曆 25年刊本(1597)이며, 주사가(朱士嘉)의 지방지 목록이 1958년에 나왔다는 점을 고려하면, 그 이후에 복사했을 가능성이 크다. 中國科學院北京天文臺 主編, 『中國地方志聯合目錄』, 中華書局 : 北京, 1985, 803쪽 참조.

3 역주 저자는 이 책에 대한 서지 사항은 표기하지 않았다. 따라서 어떤 판본을 인용했는지 알 수 없다. 이 책은 강희 42년(1703)에 서문이 들어 있으며, 『선종전서(禪宗全書)』제24번에 들어 있다. 주로 귀주 지역의 선사(禪師)에 관한 일화를 담고 있으며, 1995년 편찬된 『검령총서(黔靈叢書)』에도 들어 있다. 저자는 이 책의 지은이를 선일순(善一純)으로 표기했는데, 선일여순(善一如純)의 오류이다.

색 인

ㄴ

도판과 지도

▌도판목록▐

▌지도목록▐

〈도판〉

I. 접근이 어려운 산악 지대

1. 귀주성 지도

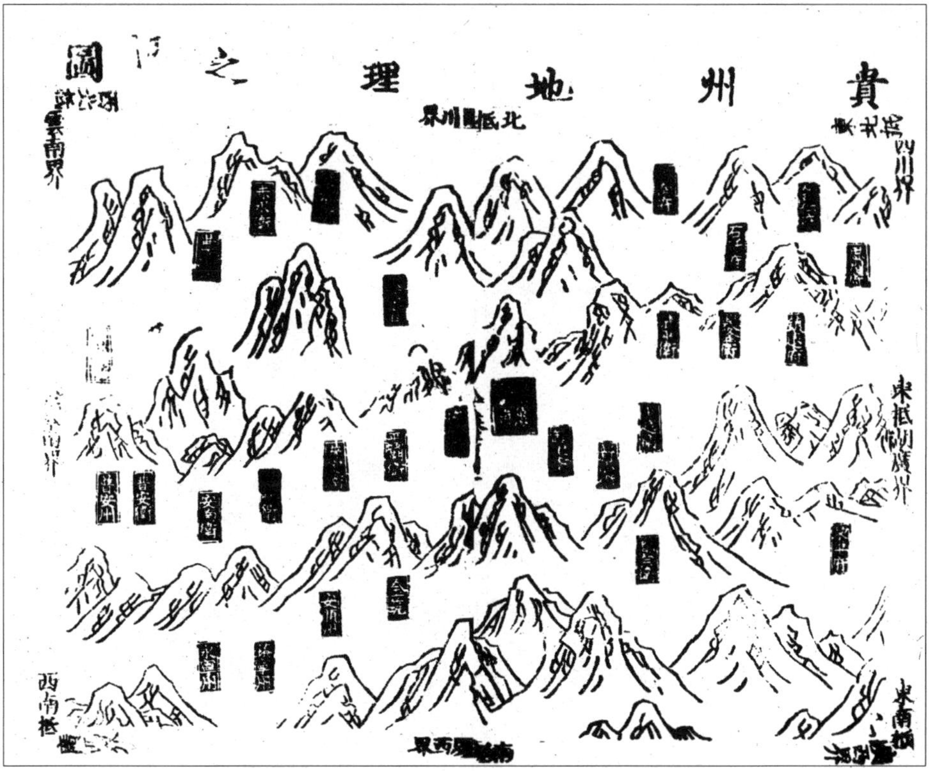

〈도판 1〉 귀주성 전도(全圖)(天順 『大明一統志』 권88)

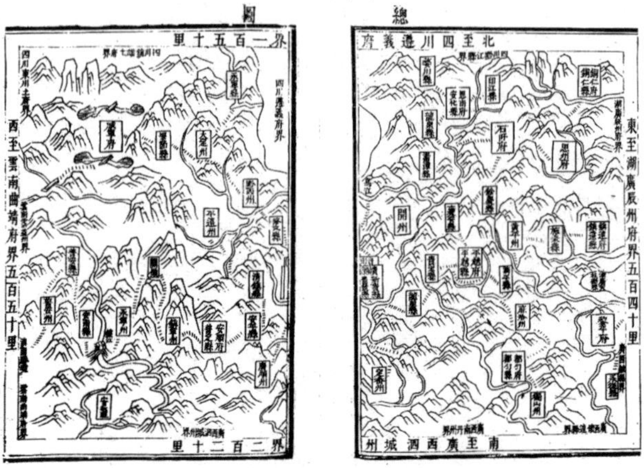

〈도판 2〉 귀주성 전도(康熙『貴州通志』권1)

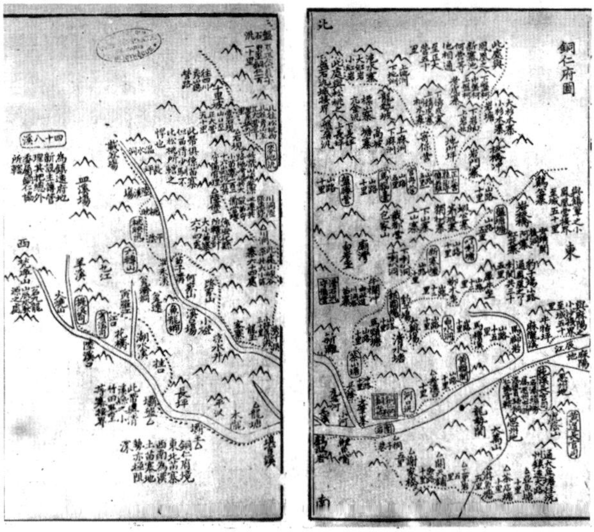

〈도판 3〉 동인부(銅仁府) 지도(『苗防備覽』권1)

위 지도를 통해 귀주성이 어떻게 변해갔는지를 살펴볼 수 있다(본서 158쪽과 482쪽 참조)

2. 『리용사절단 보고서(*Mission lyonnaise*)』에서 인용한 그림 두 점

〈도판 4〉

a) 귀주의 다리(『리용사절단 보고서(*Mission lyonnaise*)』, t. I, 89쪽/ 본서 190쪽 참조)

b) 운남과 귀주의 관도(官道)(『리용사절단 보고서(*Mission lyonnaise*)』, t. I, 92쪽)

II. 묘족

기메 박물관(Musée Guimet)에 소장된 19세기 말『초남묘강도설(楚南苗疆圖說)』에서 뽑은 6점의 그림(소장번호 32.229)

1. 상업 활동

〈도판 5〉

a) 경작과 직조(織造)(『초남묘강도설』그림 5) : 기메 박물관 동판

b) 변방 접경 지역의 시장(『초남묘강도설』그림 6) : 기메 박물관 동판

2. 의례(儀禮)와 풍속

〈도판 6〉

a) 윤창(輪唱)(『초남묘강도설』그림 9) : 기메 박물관 동판

b) 희생(犧牲)으로 바치는 소(『초남묘강도설』그림 11) : 기메 박물관 동판

3. 한족의 영향

〈도판 7〉

a) 세금 납부(『초남묘강도설』그림 4) : 기메 박물관 동판

b) 한족들의 학교(『초남묘강도설』그림 3) : 기메 박물관 동판 - 이 그림에는 출입문 위에 의학(義學)이라는 글씨가 적혀 있다(본서 524쪽 참조)

III. 반란과 정복

1. 파리 한학(漢學)고등연구원(Institut des Hautes Etudes chinoises de Paris)에 수장된 연대 불명의 『묘종도설(苗種圖說)』에서 인용한 그림 두 점(소장번호 E.XII.7.9)

〈도판 8〉

a) 평원(平遠)의 묘족 군사(이 그림에는 쇠뇌가 등장한다. 본서 265쪽 참조)

b) 한족 죄수를 호송하는 청강(淸江) 지역의 중가족(仲家族) 전사(戰士)(이 그림에는 죄수 목에 채운 칼이 등장한다. 본서 465쪽 참조)

2. 『초남묘강도설』에서 인용한 그림 두 점

〈도판 9〉

a) 훈련 중인 묘족 병사(『초남묘강도설』그림 2) : 기메 박물관 동판

b) 한족에 저항하는 묘족(『초남묘강도설』그림 12) : 기메 박물관 동판

3. 기메 박물관에 소장된 「건륭제의 군사 정복」에서 인용한 그림 두 점(소장 번호 M.G. 17025와 17031)

〈도판 10〉 가경 원년(1796) 평롱(平隴, 호남성 서부)의 정복

〈도판 11〉 묘족 수장 오정례(吳廷禮)의 근거지인 귀주 동쪽 송도(松桃) 부근의 박목산(𡿨木山)에 대한 공격(본서 477쪽 참조)

4. 호남성의 대성벽

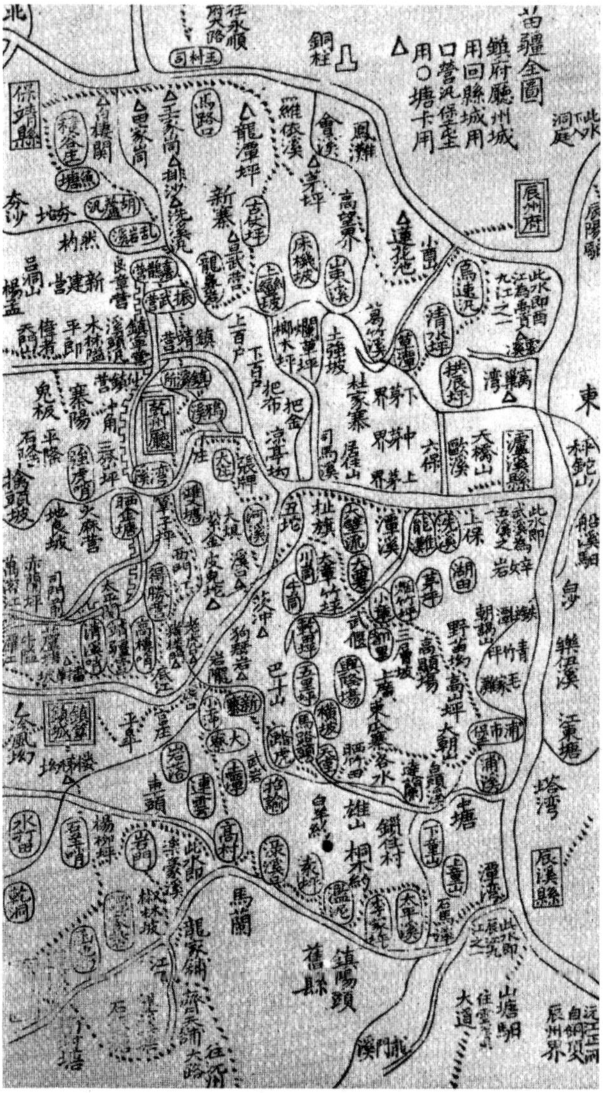

〈도판 12〉 명대 축조된 성벽의 흔적이 등장하는 18세기 말엽의 지도(『묘방비람』권1에서 인용)

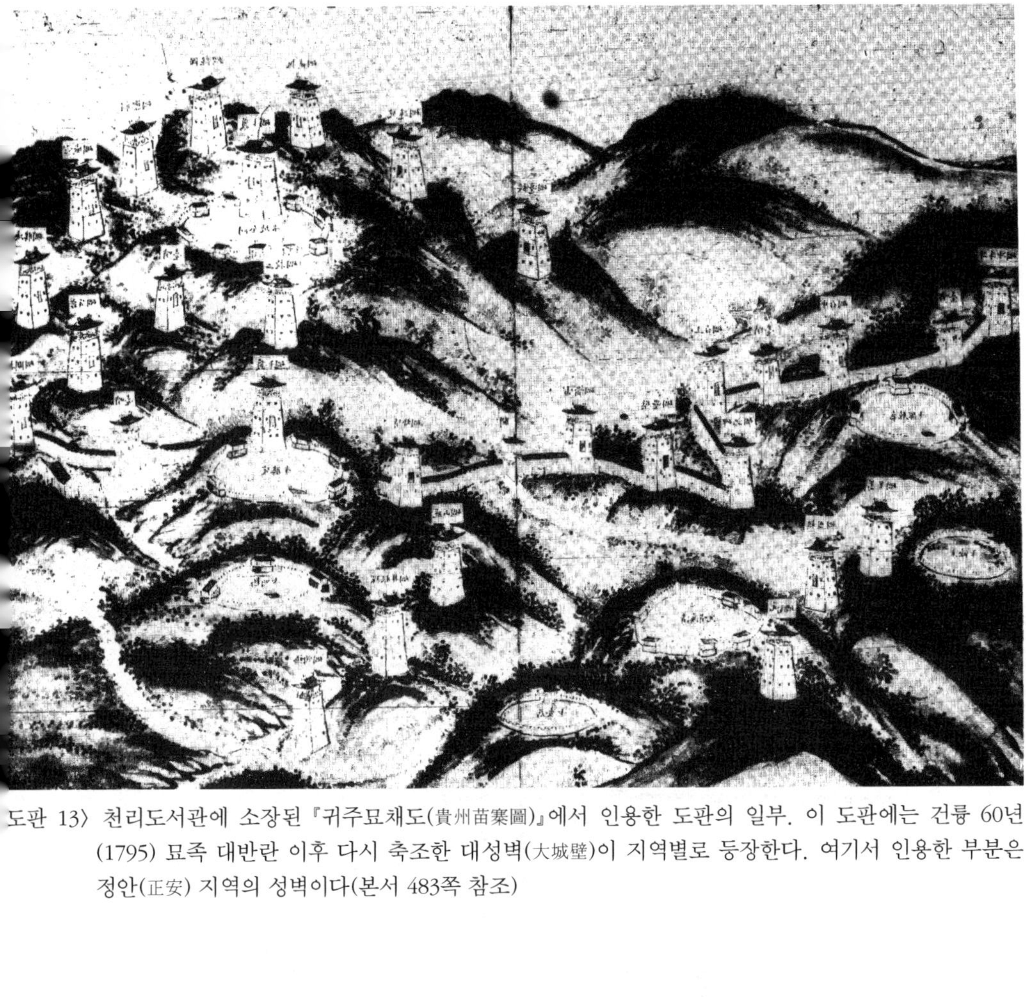

도판 13〉 천리도서관에 소장된 『귀주묘채도(貴州苗寨圖)』에서 인용한 도판의 일부. 이 도판에는 건륭 60년 (1795) 묘족 대반란 이후 다시 축조한 대성벽(大城壁)이 지역별로 등장한다. 여기서 인용한 부분은 정안(正安) 지역의 성벽이다(본서 483쪽 참조)

IV. 식민지 경영자들의 도시

1. 중국 사료에서 인용한 지도

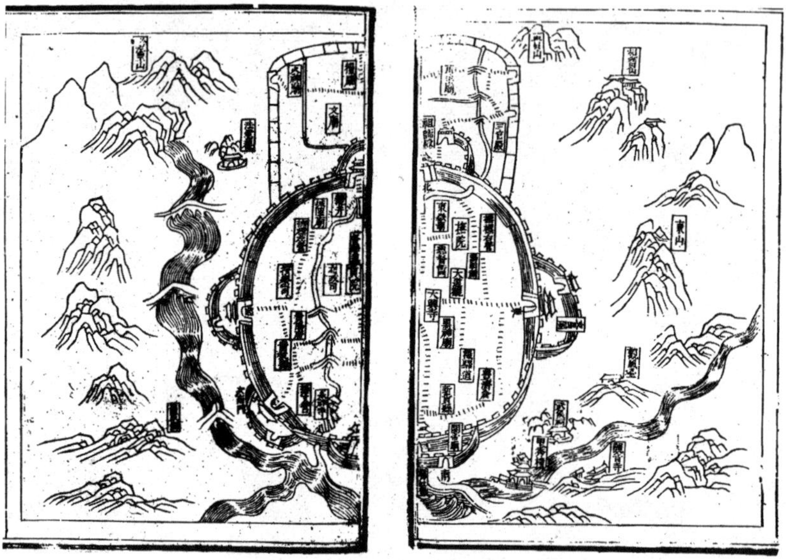

〈도판 14〉 귀양(貴陽) 지도(康熙『貴州通志』권1, 4~5쪽)

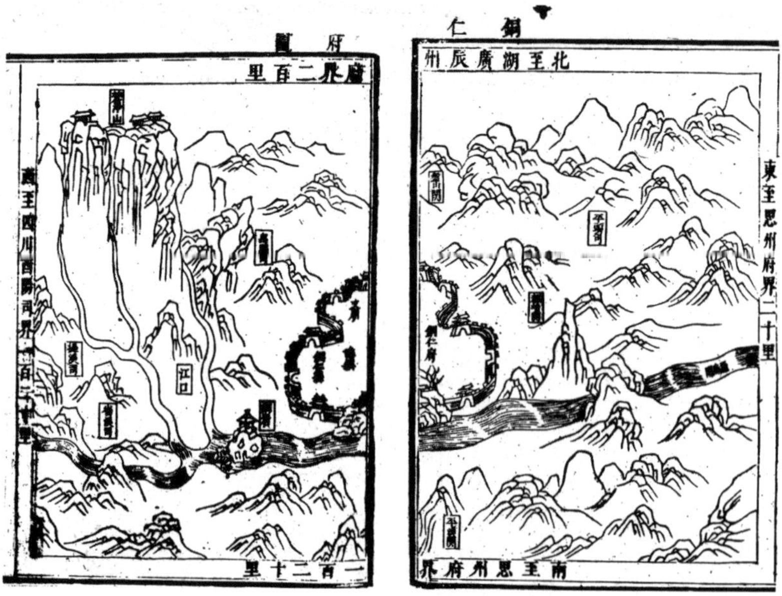

〈도판 15〉 동인(銅仁) 지도(康熙『貴州通志』권1, 13~14쪽)

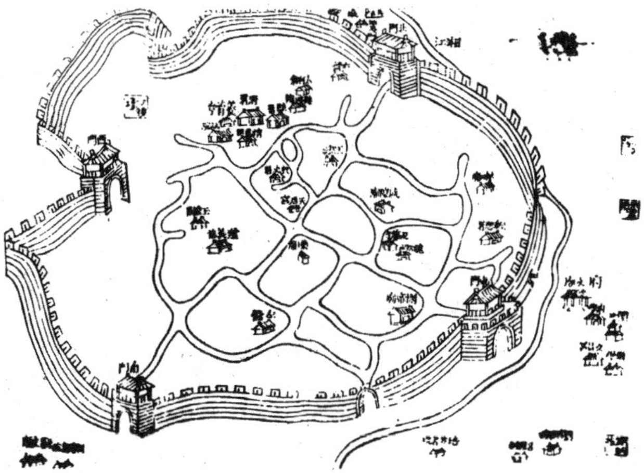

〈도판 16〉 a) 준의(遵義) 지도(道光『遵義府志』권1, 16~17쪽)

2. 소수민족 지역에 신설된 〈한족〉 지역

〈도판 16〉

b) 귀양 교외에 축조된 갑수루(甲秀樓). 이곳에는 묘족에 대한 청 왕조의 승리를 기념하는 기념비가 서있다(본서 484쪽과 535쪽 참조) : 황위(黃煒), 『西南巡禮』, 上海書局 · 홍콩, 1957, 58쪽

〈지 도〉

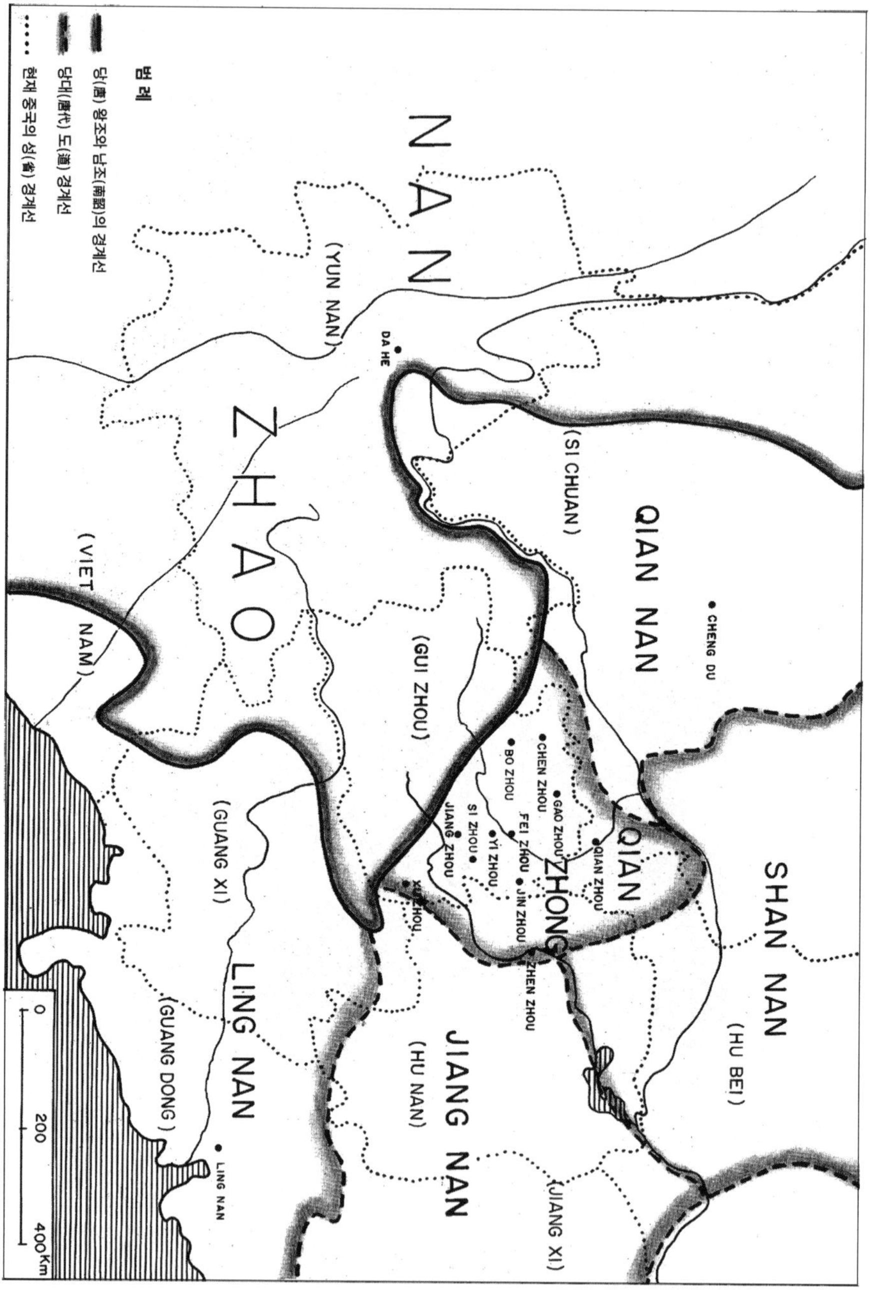

〈지도 1〉 당대(唐代) 서남지역

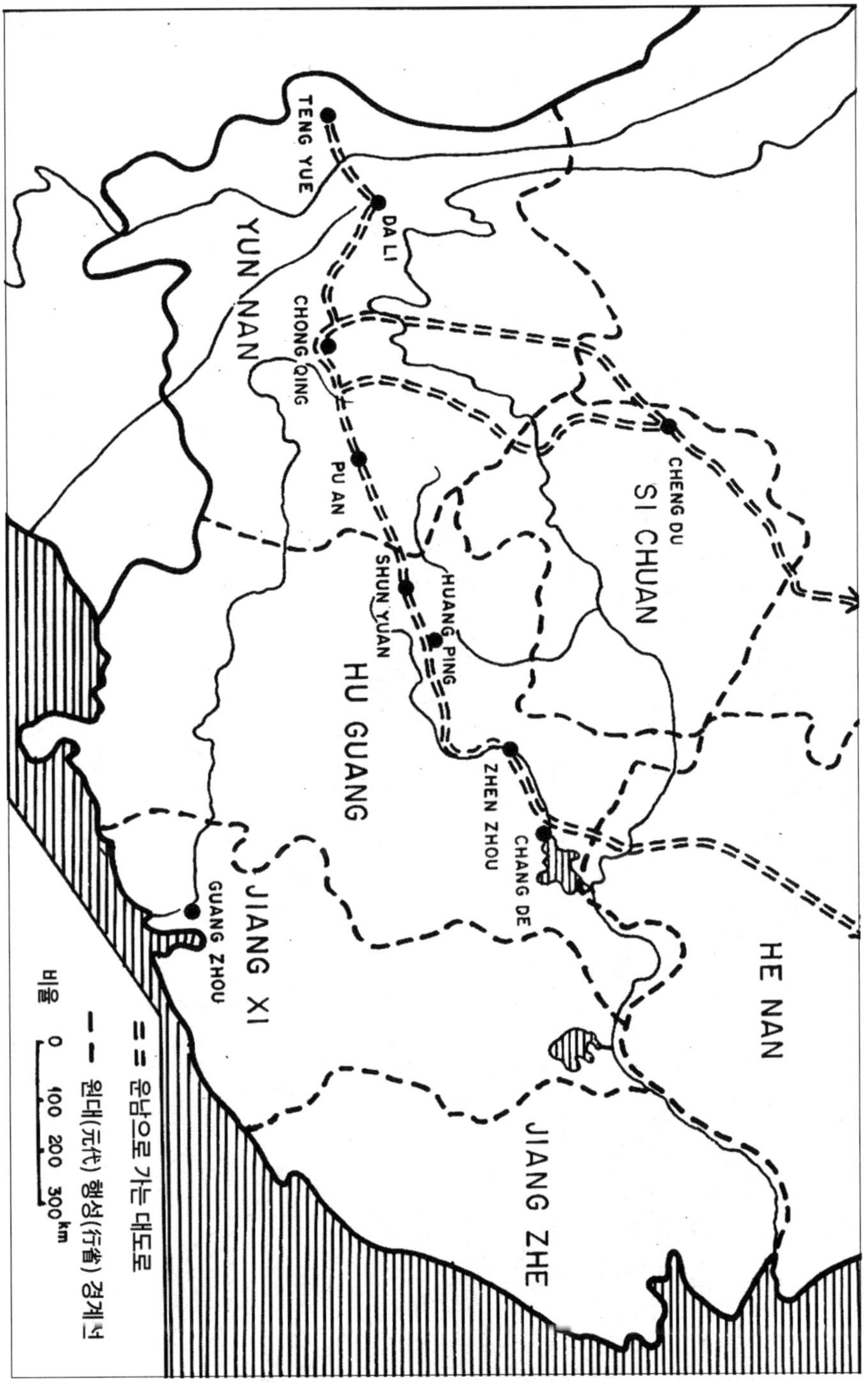

〈지도 2〉 원대(元代) 서남지역

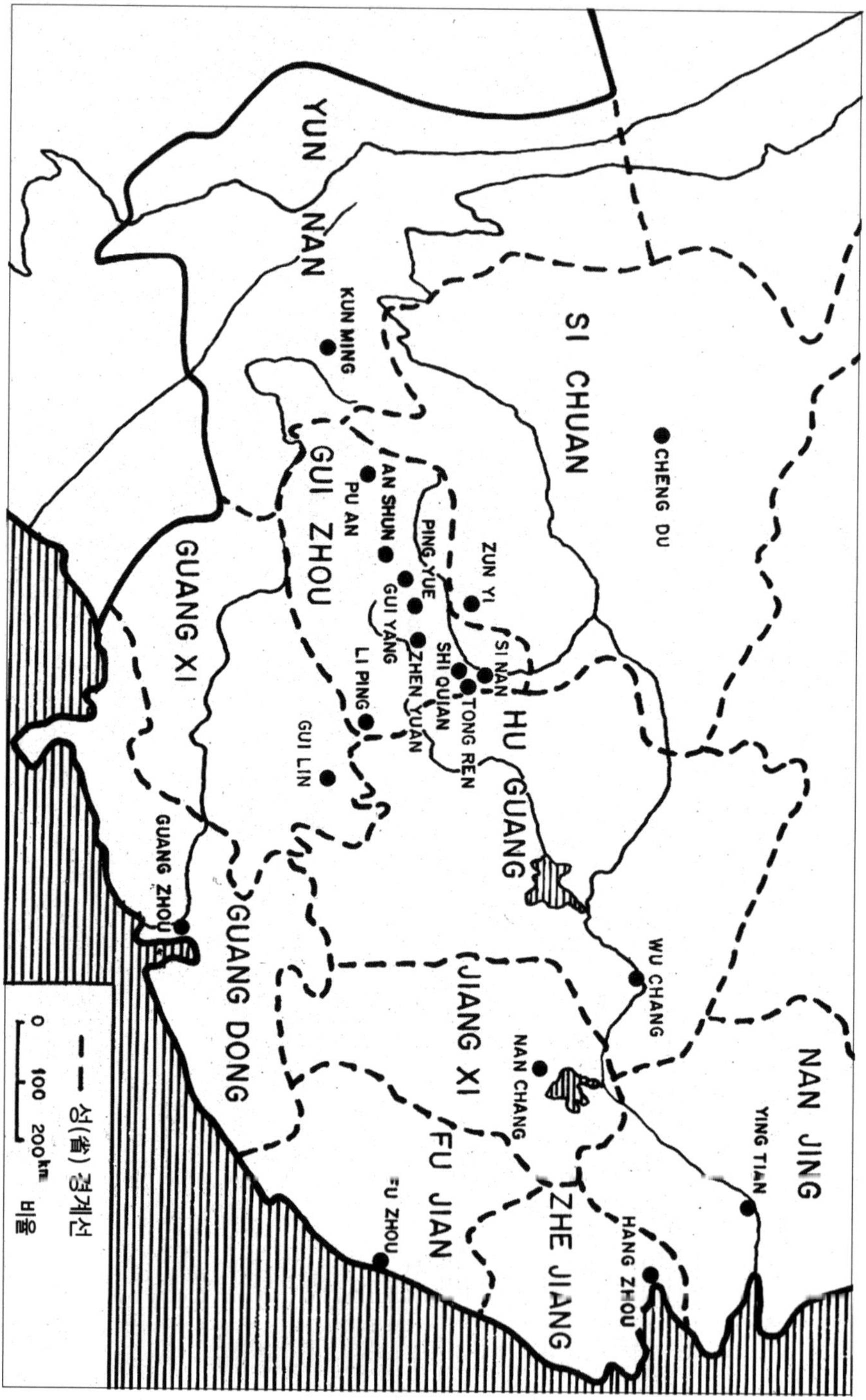

〈지도 3〉 명대(明代) 귀주성 설치

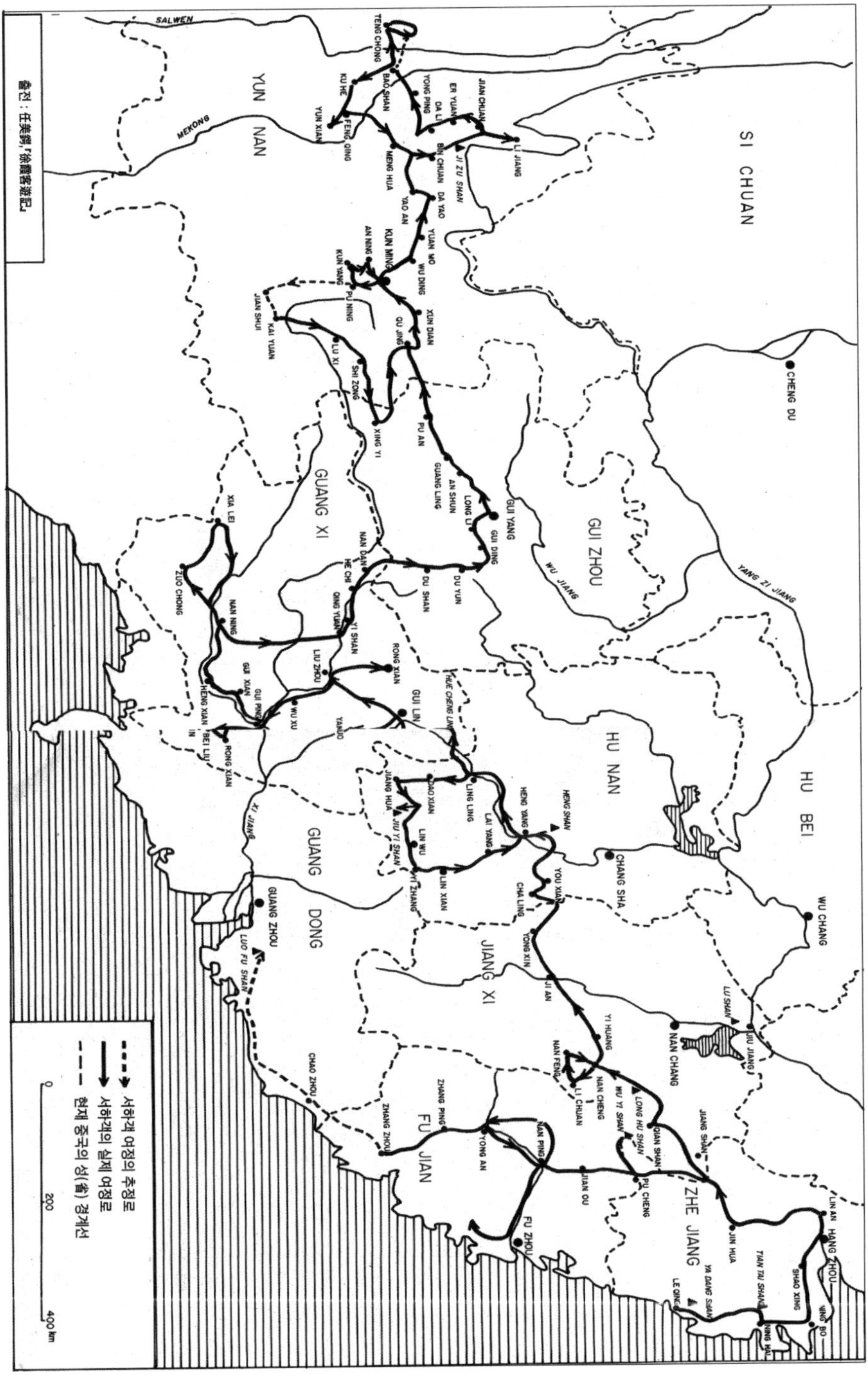

〈지도 4〉 서하객(徐霞客)의 남쪽 지역과 서남 지역 일대 여정

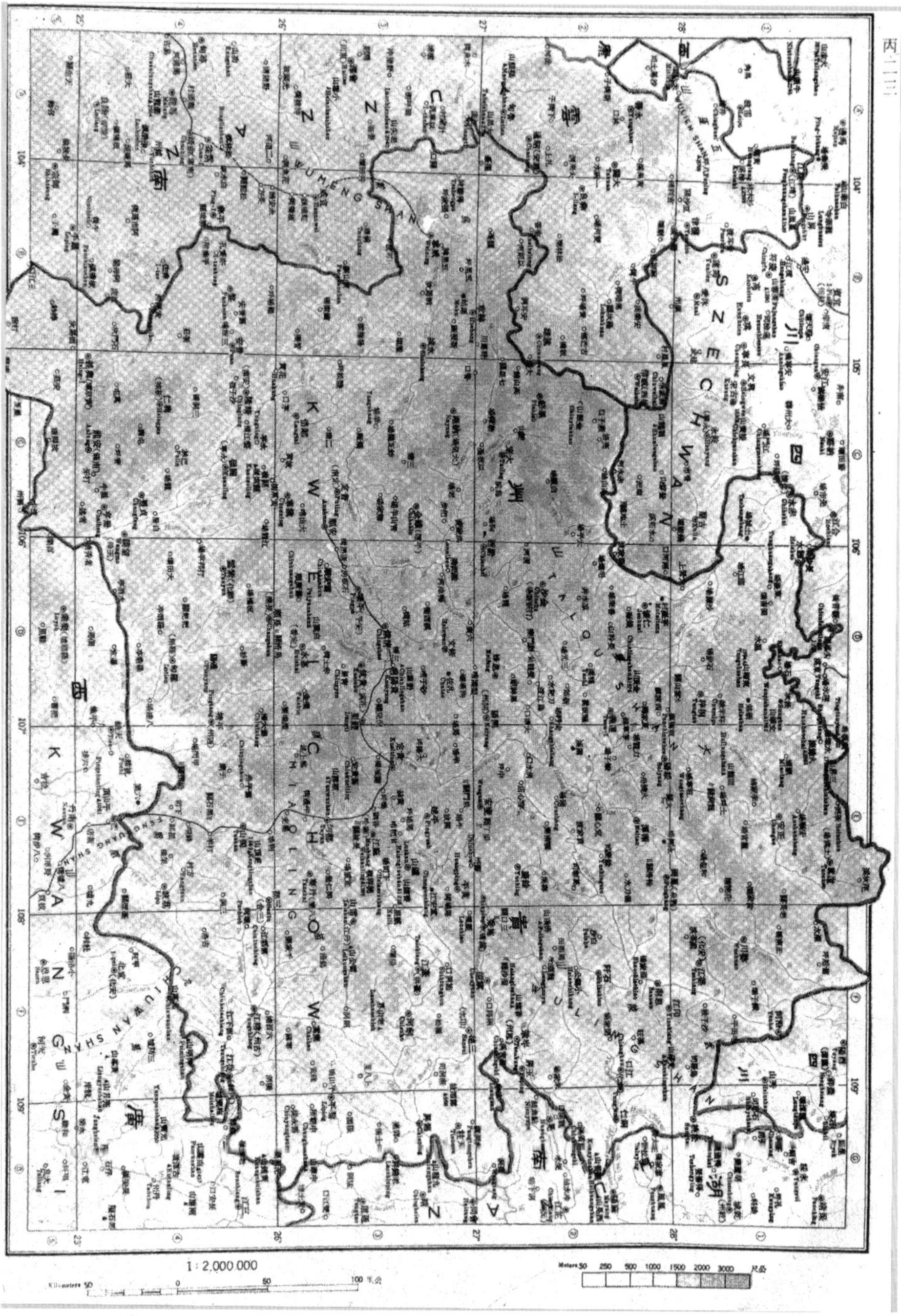

〈지도 5〉 귀주성 전도(全圖)(Chang Chi-yuan 常吃元, *National Atlas of China*, Taiwan, 1964, vol.IV, C 23에서 轉載)

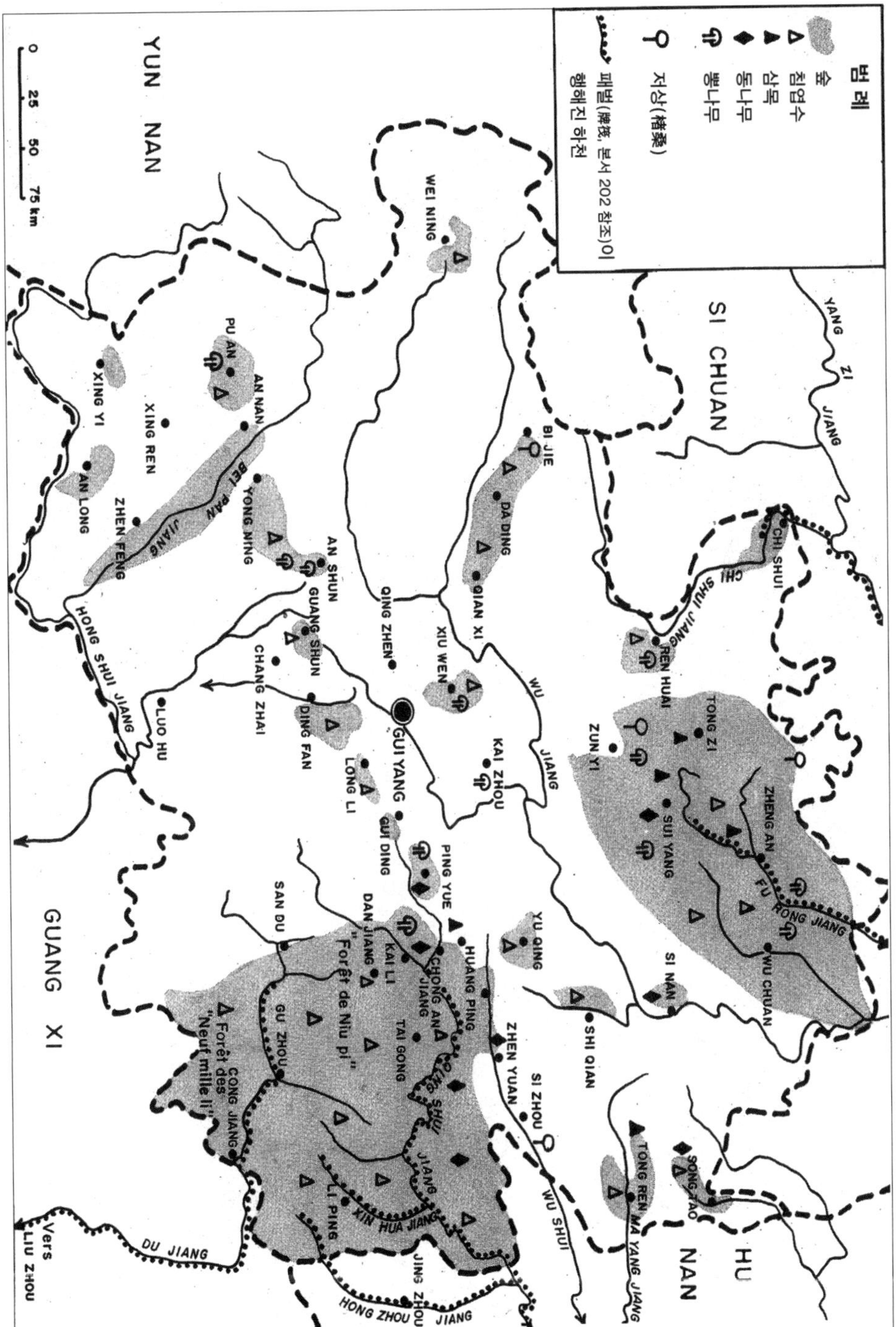

〈지도 6〉 18세기 여러 사료를 종합해 작성한 귀주성의 삼림 상황

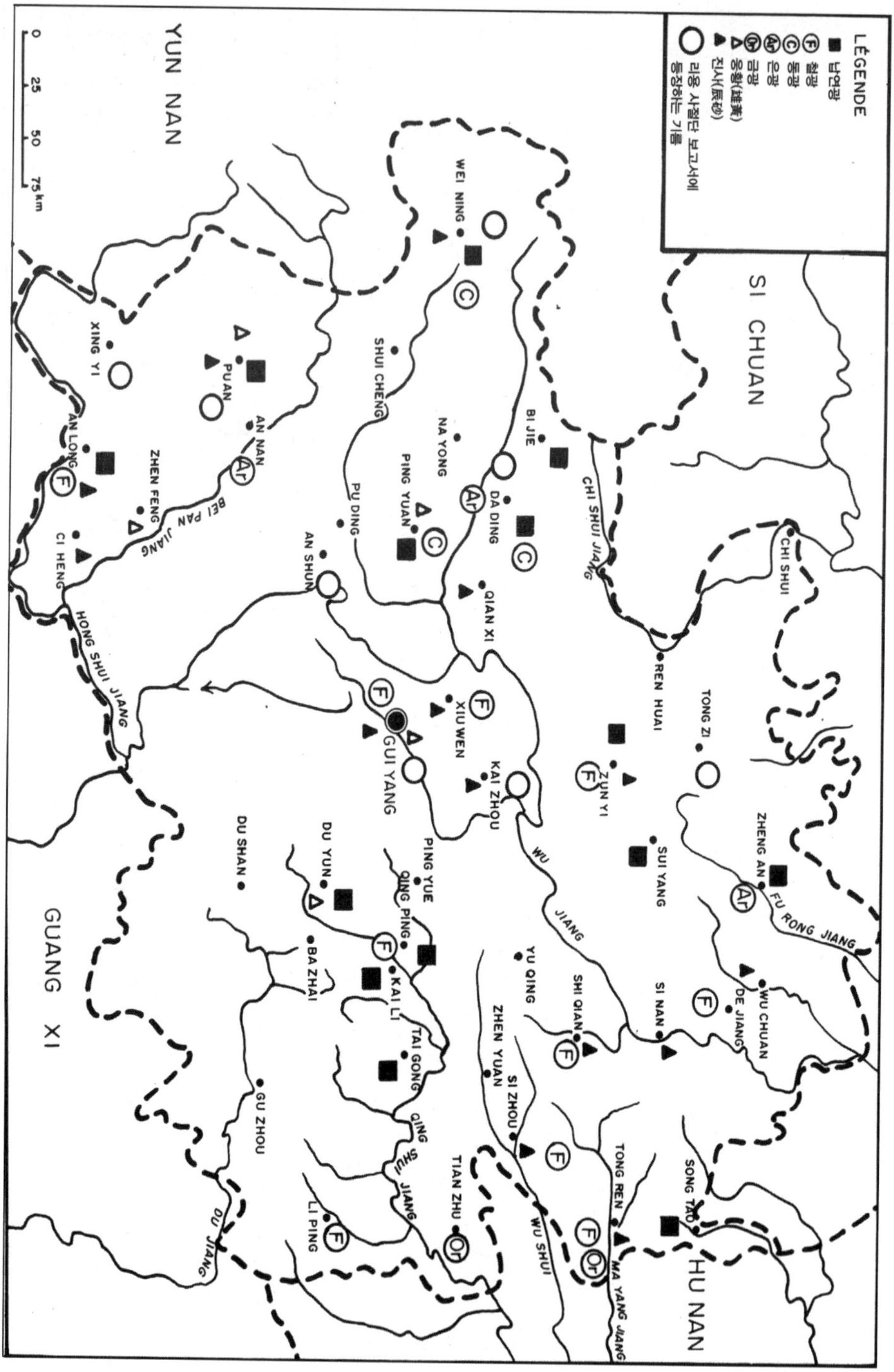

〈지도 7〉 18세기 귀주성의 광물 자원

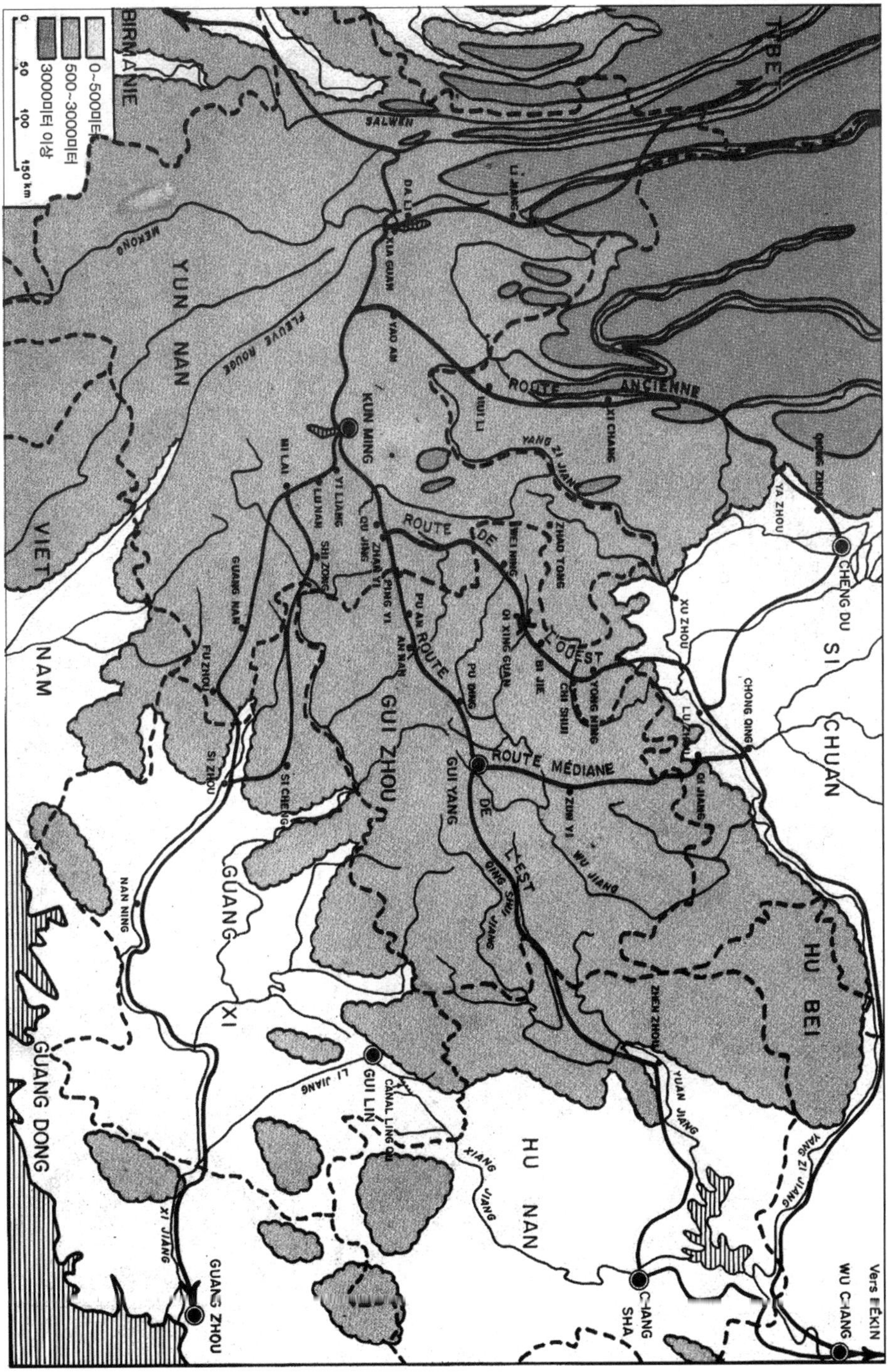

〈지도 8〉 귀주와 운남을 연결하는 도로[顧祖禹, 『독사방여기요(讀史方輿紀要)』]

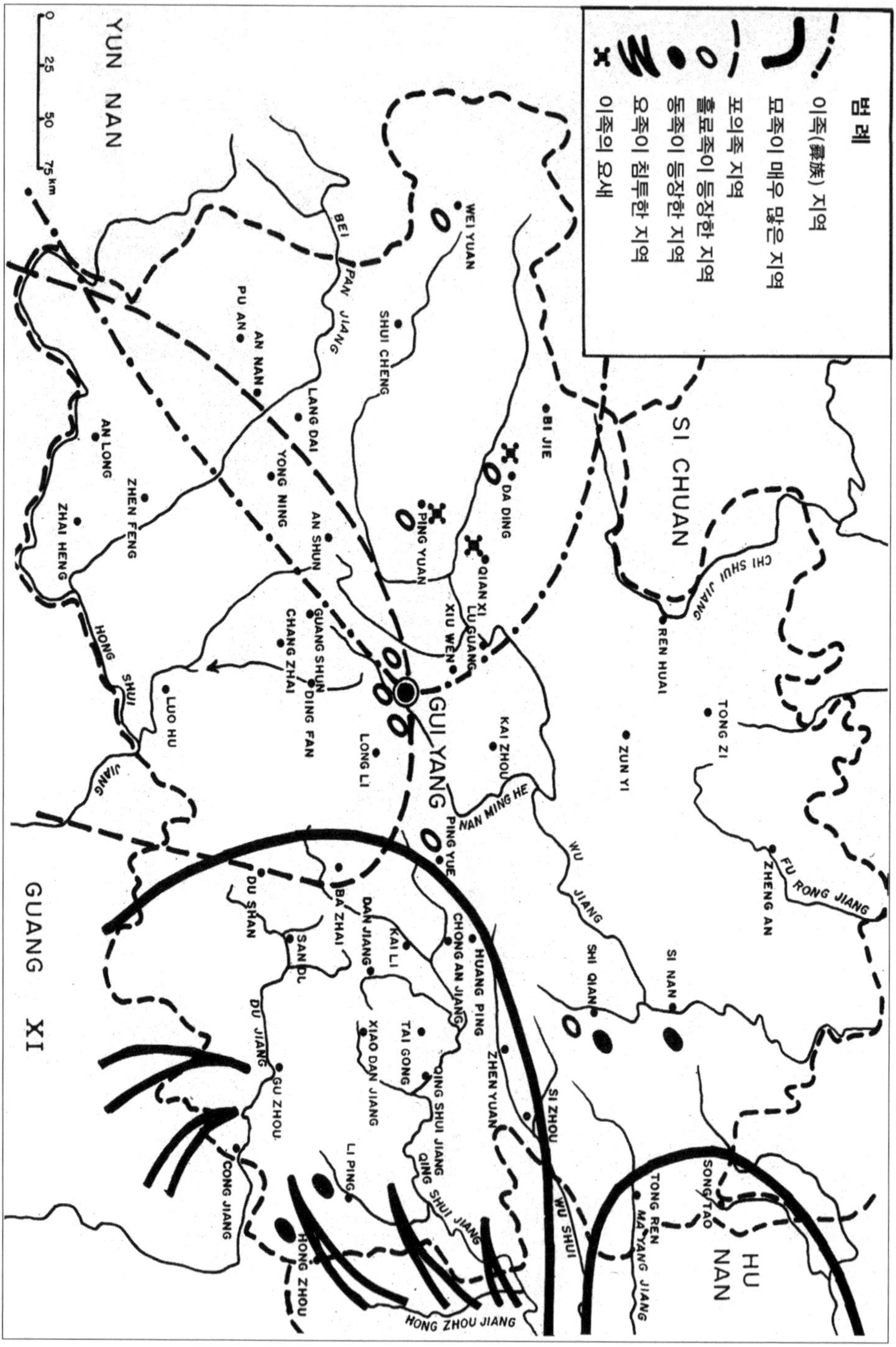

〈지도 9〉 18세기 귀주성의 소수민족 분포도

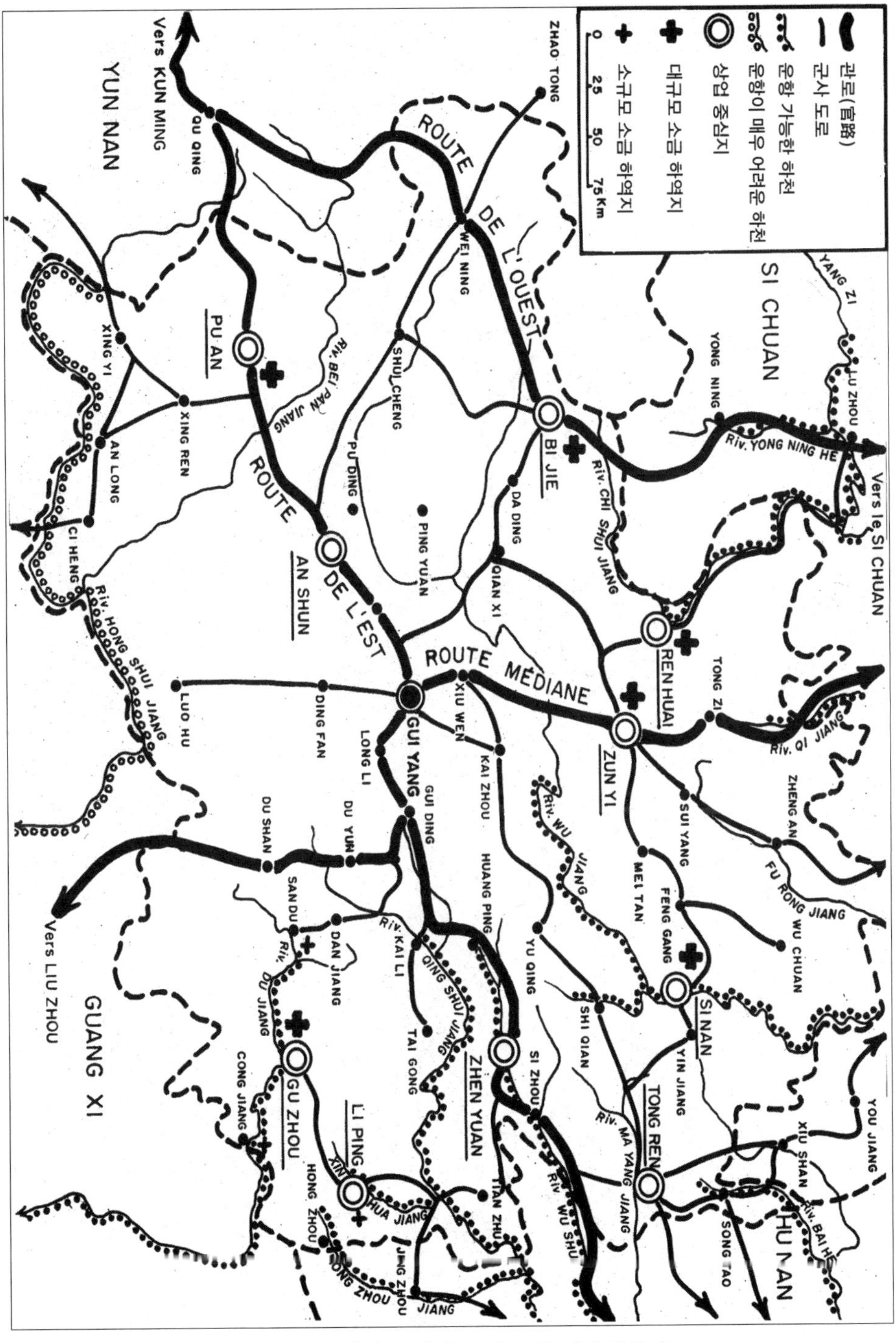

〈지도 10〉 상업로, 상업 도시, 소금 집산 중심지

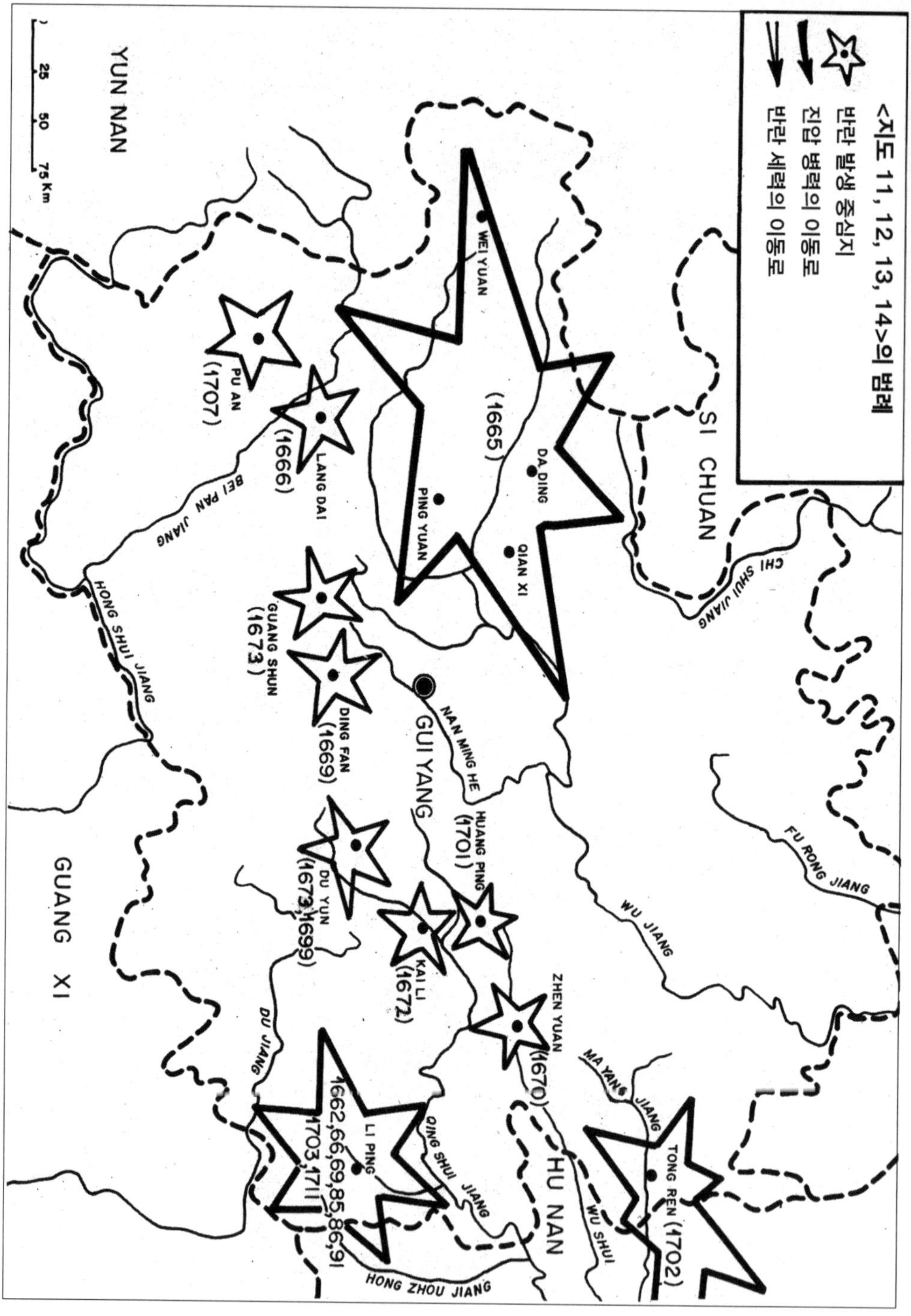

〈지도 11〉 청초(清初) 소수민족 반란

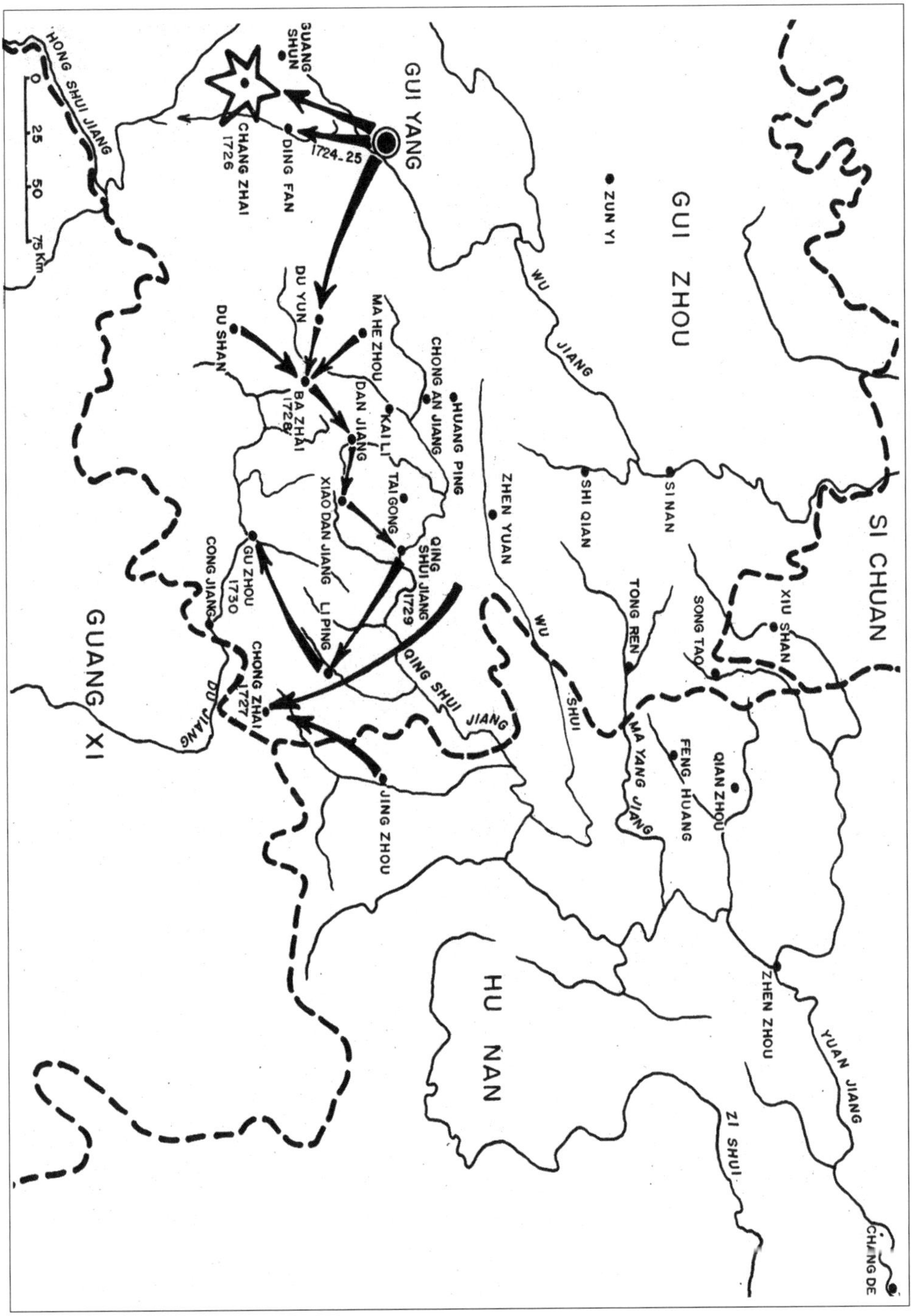

〈지도 12〉 옹정 2년~옹정 8년(1724~1730) 한족의 소수민족 반란 진압

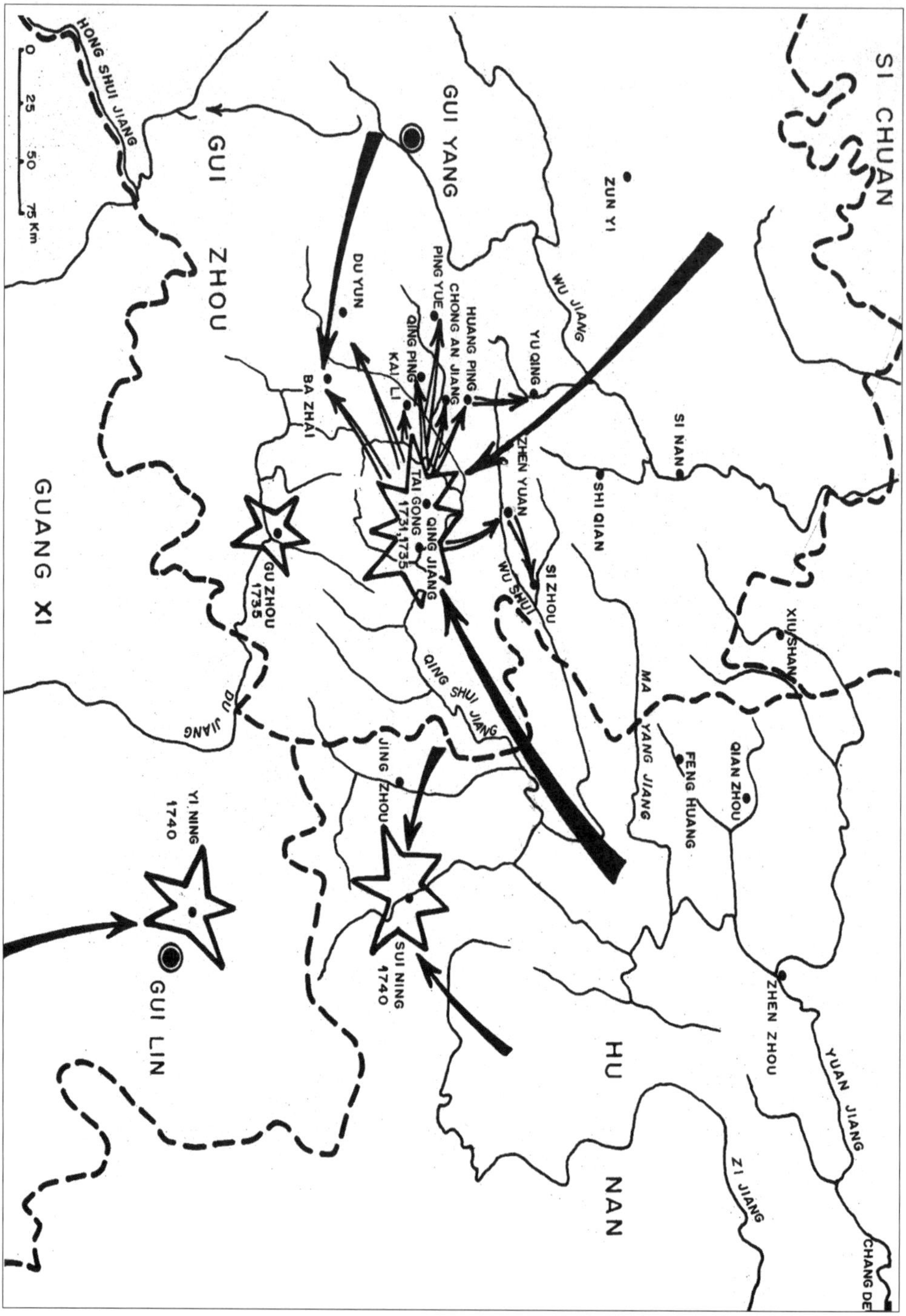

〈지도 13〉 옹정 12년~건륭 2년(1734~1737) 묘족 반란

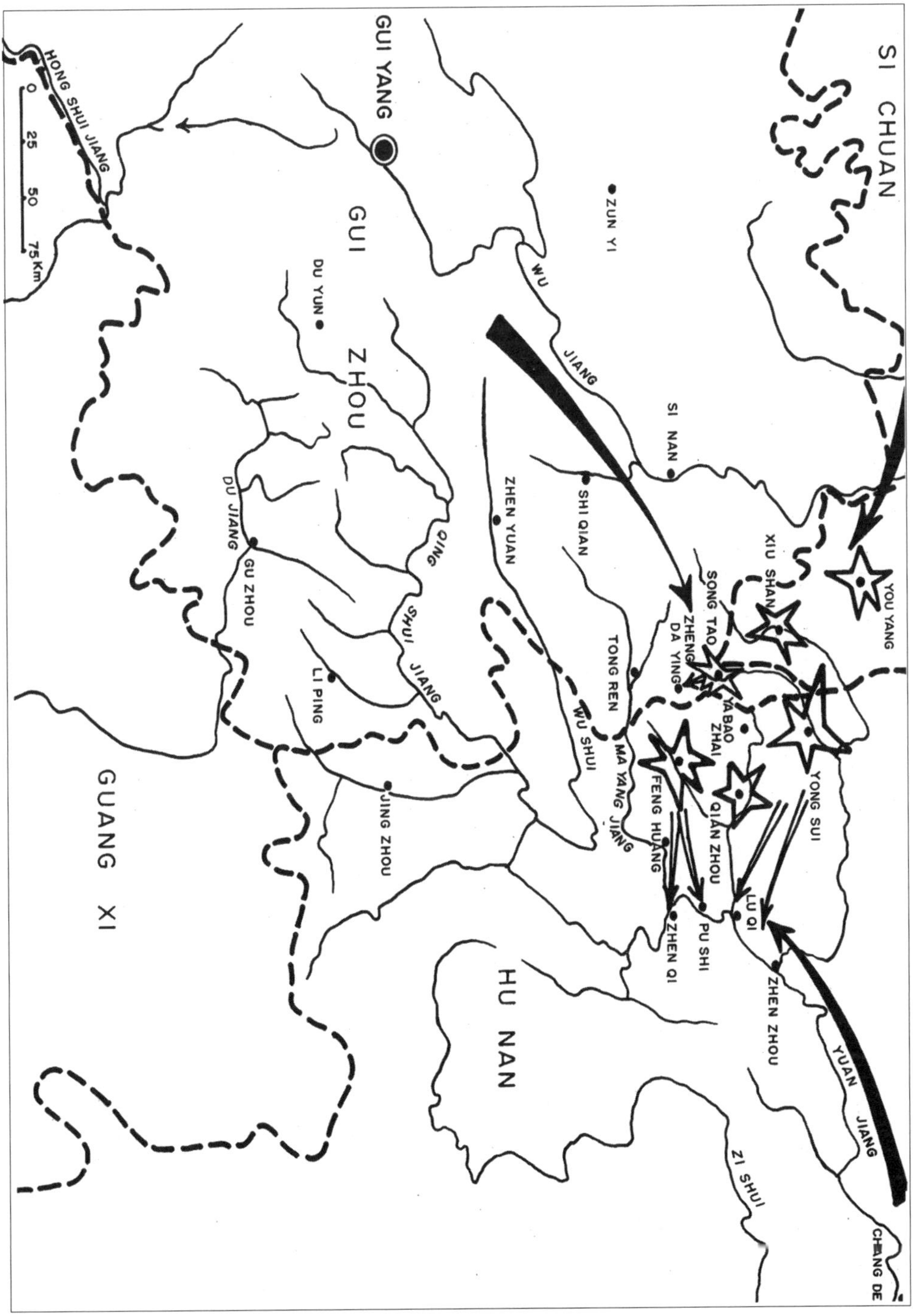

〈지도 14〉 건륭 60년~가경 11년(1795~1806) 묘족 반란